Stefan Terzibaschitsch

Seemacht USA

Band 1

STEFAN TERZIBASCHITSCH

SEEMACHT USA

Rüstung · Organisation
Dislozierung · Entwicklung

mit 658 Fotos, z.T. in Farbe, 264 Schiffszeichnungen/Skizzen, 252 Tabellen, 50 Organigrammen und vier Karten

Geleitwort von Thomas H. Moorer, Admiral U.S. Navy (Ret.)

BECHTERMÜNZ VERLAG

Die meisten Schiffszeichnungen stammen von Herrn E. Kaiser und Herrn W. Kramer. Sie wurden in folgenden Maßstäben abgedruckt:
Flugzeugträger, Schlachtschiffe, Amphibische Mehrzweckschiffe und große Flottenversorger in 1:2000; Schiffe unter 55 m Länge in 1:625; alle anderen Schiffe in 1:1250

Genehmigte Lizenzausgabe für
Bechtermünz Verlag im
Weltbild Verlag GmbH, Augsburg 1997

Umschlagmotiv: Die „Cape St. George“ (CG-71)/Ingalls Shipbuilding Photo
Umschlaggestaltung: ARTelier, München
Gesamtherstellung: Delo-Tiskarna, Ljubljana
Printed in Slovenia

ISBN 3-86047-576-2

Dieses Werk wird in dankbarer Verehrung
Herrn Vizeadmiral a. D. Prof. Friedrich Ruge (†)
gewidmet

Inhalt

Geleitwort		10
Einführung		11
Vorwort		13
1.	**Entwicklung der amerikanischen Schiffbaupolitik seit 1966**	15
1.1	*Allgemeine Entwicklung*	15
1.2	*Trägerwaffe*	19
1.21	Flugzeugträger	19
1.22	Bordflugzeuge	22
1.3	*Schlachtschiffe*	24
1.4	*Surface Combatants*	25
1.41	Kreuzer	25
1.42	Zerstörer	27
1.43	Fregatten	29
1.5	*Unterseeschiffe*	30
1.51	Strategische Unterseeschiffe	31
1.52	Angriffs-Unterseeschiffe	34
1.6	*Kampfboote*	36
1.7	*Amphibische Streitkräfte*	36
1.8	*Minenfahrzeuge*	38
1.9	*Hilfsschiffe*	39
1.91	Flottenversorger	39
1.92	Sealift	40
1.93	Tender und sonstige Hilfsschiffe	42
	Abschließende Bemerkungen	43
2.	**Organisation und Gliederung der U.S. Navy**	52
2.2	*Spitzengliederung*	52
2.21	Der Präsident der USA und die Ministerien (departments)	52
2.22	Die administrative und die operative Befehlskette	55
2.23	Der Chief of Naval Operations (CNO)	57
2.231	Das Naval Material Command	60
2.232	Weitere dem CNO unterstellte Behörden und Kommandos	63
2.233	Operative Streitkräfte unter dem Oberbefehl des CINCUSNEUR	67
2.234	Operative Streitkräfte unter dem Oberbefehl des CINCLANTFL	75
2.235	Operative Streitkräfte unter dem Oberbefehl des CINCPACFL	85
2.236	Administrative Gliederung der dem Oberbefehl des CINCLANTFL und des CINCPACFL unterstellten operativen Streitkräfte	87
2.237	Die Naval Reserve	92
2.238	Das Military Sealift Command (MSC)	96
3.	**Mannschaftsbestand der U.S. Navy**	102
3.1	*Personalstärke*	102
3.2	*Admirals-Flaggstellen der U.S. Navy*	104
4.	**Stützpunkte, Einrichtungen und Werften**	107
4.1	*Stützpunkte und Einrichtungen*	107
4.2	*Werften*	121
5.	**Flaggen, Embleme und Rangabzeichen**	126
5.1	*Flaggen der U.S. Navy und der Küstenwache*	126
5.2	*Embleme*	127
5.3	*Rangabzeichen* (Farbteil I–IV)	128

6.	**Kennungssystem, Namensgebung und Klassifikation der Kriegsschiffe**	129
6.1	*Kennungssystem*	129
6.2	*Namensgebung*	130
6.3	*Schiffsklassifikation*	133
7.	**Farbanstriche von U.S.-Kriegsschiffen**	144
8.	**Kampfsysteme**	146
8.1	*Waffensysteme*	146
8.11	Schiffs-Lenkwaffen	146
8.111	Kennzeichnung der Flugkörper	159
8.12	Schiffsgeschütze	159
8.13	U-Jagd-Waffen	171
8.14	Torpedos	171
8.15	Minenwesen	175
8.2	*Elektronische Systeme (Schiffselektronik)*	176
8.21	Kennzeichnung der elektronischen Anlage	177
8.22	Radar-Frequenzbereiche	179
8.23	Lenkwaffen-Feuerleitsysteme	179
8.24	Geschütz-Feuerleitsysteme	180
8.25	Radaranlagen und deren Antennen	184
8.26	Unterwasser-Ortungsanlagen (Sonar)	195
8.27	Anlagen für elektronische Kampfführung	199
8.28	Satellitenverbindungsanlagen	203
	Abschließende Bemerkungen	204
9.	**Luftwaffe der U.S. Navy, der „Naval Air Reserve Force“ und des Marine Corps**	205
9.1	*Die Naval Aviation*	205
9.12	Gliederung der Naval Aviation	208
9.121	Bordgestützte Geschwader (Carrier Air Wing = CVW)	209
9.122	Landgestützte Geschwader	211
	Geschwader im Bereich des COMNAVAIRLANT	211
	Geschwader im Bereich des COMNAVAIRPAC	212
	Geschwader des Naval Air Training Command	214
9.13	Die Staffel (Squadron)	214
9.131	Staffeln der U.S. Navy	215
9.2	*Geschwader und Staffeln der „Naval Air Reserve Force“ (NARF)*	219
9.3	*Sonstige fliegende Einheiten der Seeluftwaffe*	220
9.4	*Die Luftwaffe des U.S. Marine Corps (USMC)*	220
9.42	Gliederung der Luftwaffe des Marine Corps	221
9.43	Aktive Geschwader, Gruppen und Staffeln des Marine Corps	225
9.44	Luftwaffenreserve des Marine Corps	228
9.5	*Flugzeuge und Hubschrauber der U.S. Navy, des Marine Corps und der Küstenwache*	229
9.51	Bezeichnung der Flugzeug- und Hubschraubertypen (Aircraft Designation System)	229
9.52	Kennungen von Geschwadern, Staffeln und anderen fliegenden Einheiten (Visual Identification System)	231
9.53	Bei der U.S. Navy, beim Marine Corps und bei der Küstenwache in Gebrauch befindliche Flugzeuge und Hubschrauber	234

10. **Das U.S. Marine Corps (USMC)** 244
10.1 *Landverbände des Marine Corps* 244
10.2 *Luftwaffe des Marine Corps* 245

11. **Die Küstenwache (United States Coast Guard) – USCG** 247
11.1 *Beziehungen der Küstenwache zur U.S. Navy* 248
11.2 *Schiffs-Klassifikation der Coast Guard* 248
11.3 *Schiffe der Küstenwache* 249
11.4 *Flugzeuge und Hubschrauber der Küstenwache* 264
11.5 *Stützpunkte, Werften, Abschnittskommandos* 265

12. **Konservierte Schiffe der Einsatz-Reserve** 268
12.1 *Die Naval Inactive Ship Maintenance Facilities der U.S. Navy* 268
12.2 *Die Maritime Administration (MARAD) und die National Defense Reserve Fleet (NDRF)* 269

13. **Literaturverzeichnis** 272

14. **Abkürzungs- und Stichwort-Verzeichnis** 273

15. **Schiffsklassen der U.S. Navy** 277
Erläuterungen zum nachfolgenden Schiffsteil 277
15.1 *Haupt-Kampfschiffe* 281
15.11 Flugzeugträger 281
15.12 Überwasser-Kampfschiffe 327
15.121 Schlachtschiffe 327
15.122 Kreuzer 335
15.123 Zerstörer 391
15.124 Fregatten 443
15.13 Unterseeschiffe 486
15.131 Strategische Unterseeschiffe 486
15.132 Angriffs-Unterseeschiffe 499
15.133 Sonstige Unterseeschiffe 533
15.2 *Übrige Kampfschiffe* 541
15.21 Kampfboote 541
15.22 Amphibische Schiffe 550
15.23 Minenfahrzeuge 606
15.3 *Hilfsschiffe* 615
15.31 Flottenversorger 615
15.32 Flottentender 652
15.33 Frachter, Transporter und Tanker 677
15.34 Werkstatt- und Reparaturschiffe 714
15.35 Versuchs- und Forschungsschiffe 721
15.36 Schlepper, Bergungsfahrzeuge und Sonderschiffe 760
15.4 Hafendienst- und Depotfahrzeuge 782

Verzeichnis der Schiffe der U.S. Navy in der Reihenfolge ihrer Kenn-Nummern (Kenn-Nummern-Verzeichnis) 796
Einige Gliederungsmodelle 805
Schiffsnamenverzeichnis 813
Bildnachweis 828
Nachtrag 829
Aktualisierung der Schiffsklassen von Band 1 + 2 853

Geleitwort

vom ehemaligen Vorsitzenden der Vereinigten Stabschefs Admiral Thomas H. Moorer

The two volumes of this excellent work, SEEMACHT USA, set forth in complete but succinct detail (well supported by excellent photographs) the organization, both ashore and afloat, of the United States Navy. In addition, one will find an excellent description of the weapon systems and supporting equipment in use by the United States Navy and Marine Corps, including some detail concerning the reserve forces. Herein is emphasized that the United States is a maritime power with full access on both coast lines to the great oceans, the Atlantic and the Pacific. This requires the full development of seagoing technology, particularly with respect to Naval Aviation, which is an essential component of both the forces at sea as well as the United States Marine Corps.

The reader will draw the clear conclusion that the United States Navy is a technical force, whereas an army is a manpower force. Hence, in order for the United States Navy to operate ships and aircraft, under, on, and above the sea, including the amphibious forces which lift the United States Marine Corps ground troops, equipment with range, endurance, and staying power are essential.

Thomas H. Moorer
Admiral, U.S. Navy (Ret.)

Einführung

Vor 15 Jahren, zur Zeit des massivenEngagements der USA in Vienam, das auch die U.S. Navy einschloß, dokumentierte eine Zählung der schwimmenden und fliegenden Einheiten der amerikanischen Marine deren eindeutige Stärke und Überlegenheit auf den Weltmeeren. Ende 1965 bestand die US-Flotte aus insgesamt 1323 aktiven Schiffen. 661 Kriegs- und Hilfsschiffe befanden sich in der Reserveflotte. Diese Einheiten bildeten ein beruhigendes Polster für den Fall einer notwendigen schnellen Vergrößerung der Flotte. Weitere 181 Schiffe befanden sich damals im Bau. Die Seeluftwaffe umfaßte insgesamt ca. 7800 Maschinen (Flugzeuge und Hubschrauber). Das Gros und den mächtigen Kern der Flotte bildeten die 15 Angriffs-Flugzeugträger (CVA/CVAN) mit ebenso vielen Fluggeschwadern (CVW) an Bord. Hinzu kamen noch 9 U-Jagd-Flugzeugträger (CVS), die jederzeit in etwas schwächere Angriffsträger umgewandelt werden konnten, wie in einigen Fällen geschehen. Alles in allem formte dieses Potential eine maritime Streitmacht, die ein unbestrittenes und wirksames Instrument amerikanischer und damit westlicher Sicherheitspolitik darstellte. Dies galt materiell wie personell. Unter den damaligen Bedingungen konnte die U.S. Navy noch aus dem vollen schöpfen, ihr Zustand und ihre globale Einsatzfähigkeit gaben keinerlei Anlaß zur Sorge.
Im Laufe der letzten 15 Jahre hat sich das Bild jedoch gründlich gewandelt. Die USA mußten sich nicht nur aus Vietnam zurückziehen, Vietnam wurde zum Trauma mit nachhaltigen Folgen. Die wirtschaftlichen, gesellschaftlichen und politischen Auswirkungen des Krieges bestimmten die amerikanische Politik im Innern wie nach außen. Nicht nur, daß z. B. die pazifistischen Tendenzen in weiten Teilen der Jugend zu Desertionen bislang unbekannten Ausmaßes führten, fehlende Motivation, Ziellosigkeit, Verdrossenheit, Unsicherheit wirkten unmittelbar in die Regierung hinein. Den USA fehlte Selbstbewußtsein, sie spielten ihre Rolle als Welt- und Supermacht mehr schlecht als recht.
Die U.S. Navy war von diesen Entwicklungen besonders stark betroffen. Sie war – insbesondere in den Ost-West-Krisen zwischen 1945 und Mitte der 60er Jahre – als unstreitiges Instrument amerikanischer Außenpolitik das wesentliche Element des Krisen-Managements, im Libanon 1958 ebenso wie in Cuba 1962 oder in den Nahost-Krisen. In den 70er Jahren hat sich jedoch der Schiffsbestand der U.S. Navy um mehr als die Hälfte reduziert. Die verbliebenen Kräfte als Eineinhalb-Ozean-Marine reichen nicht mehr aus für die Aufgaben, die eine globale Sicherheitsstrategie an sie stellen muß.
Die Administrationen der Präsidenten Johnson, Nixon, Ford und schließlich Carter unterließen es weitgehend, der Navy in ausreichendem Maße diejenigen Mittel zur Verfügung zu stellen, die sie benötigte, um ihren Bestand zumindest zu erhalten und weiterhin außenpolitisches Instrument sein zu können.
Quantitative wie qualitative Einbußen waren die unausweichliche Folge. So wirkte sich z. B. die Abschaffung der Allgemeinen Wehrpflicht gerade auf die Marine folgenschwer aus. Die Freiwilligen-Streitkräfte sollten in ihrer Entlohnung der Entwicklung in der freien Wirtschaft angepaßt werden, was jedoch im Laufe der Jahre nicht zuletzt wegen der wirtschaftlichen Probleme in den USA nicht gelang – und nicht gelingen konnte. Ein Exodus an längerdienenden und geschulten Unteroffizieren war die Konsequenz. Damit war das personelle Rückgrat der Flotte zumindest angeschlagen.
Die Sowjetunion hat die amerikanische Schwächeperiode erkannt und ihre Chance konsequent genutzt. Sie ist in das entstandene Machtvakuum auf den Weltmeeren massiv

eingebrochen. Die maritime Balance zwischen den USA und der UdSSR, zwischen West und Ost, hat sich in den letzten Jahren dramatisch verändert. In dem selben Maß, wie sich die maritime Präsenz der USA verringert hat, ist jene der Sowjetunion größer geworden. Die frühere amerikanische Überlegenheit ist einer quantitativen Überlegenheit der sowjetischen Seekriegsflotte gewichen. Einzig im Bereich der Trägerwaffe ist den USA ein beträchtlicher Vorsprung geblieben.
In qualitativer Hinsicht rechnen die Amerikaner damit, daß ihre strategischen Unterseeschiffe ebenso wie die Atom-Angriffs-U-Schiffe denen der Sowjets überlegen sind und sie auf dem Gebiet der elektronischen Kriegführung im Vorteil sind. Verbindlich klären lassen sich diese Fragen jedoch nicht. Die „Probe auf's Exempel" wäre für die Welt tödlich. Der Ernstfall darf allein schon angesichts der gewaltigen Vernichtungskraft „konventioneller" Waffen – vom atomaren Potentional ganz zu schweigen – nie eintreten.
Gegen Ende der 70er Jahre haben die Afghanistan- und die Irankrise im Bewußtsein der amerikanischen Öffentlichkeit einen deutlichen Wandel eingeleitet. Die eigene Ohnmacht aus Schwäche wurde erkannt, die es der Sowjetunion in nur wenigen Jahren erlaubt hat, weltweit an Einfluß zu gewinnen. Schlagartig wurden die Diskussionen um den Wert oder Unwert der Marine als außenpolitisches Instrument beendet. Noch die Carter-Administration hat die Weichen für die künftige Entwicklung gestellt. Die Wahl von Ronald Reagan zum Präsidenten im November 1980 schließlich hat die tiefgreifende Wende in den USA vor aller Welt deutlich gemacht. Der neue Präsident hat von Beginn an den festen Willen bekundet, daß die USA ihre Rolle als Welt- und Supermacht in wiedergefundenem Selbstbewußtsein ernsthaft und mit Nachdruck wahrzunehmen gedenken. In der neuen weltumspannenden Sicherheitsstrategie der USA soll die Marine wieder einen entscheidenden Part spielen. Sie wird in erheblichem Umfang von den Rüstungsprogrammen der neuen Regierung profitieren und damit in die Lage versetzt, ihre lange Jahre gewahrte, inzwischen an die Sowjetunion nahezu verlorene maritime Dominanz wiederzugewinnen. Dies ist jedoch ein langwieriger Prozeß und inwieweit es überhaupt gelingen wird, muß die Zukunft zeigen.
In den letzten Jahren hat sich die westliche Öffentlichkeit verständlicherweise vor allem mit der sowjetischen Aufrüstung zur See befaßt, mit dem atemberaubenden Wachstum der sowjetischen Seekriegsflotte, den zugrundeliegenden Strategien, den operativen Möglichkeiten, ihren amphibischen Kapazitäten, ihren Schiffen, Flugzeugen, Waffen- und elektronischen Systemen. Abgesehen von den einschlägigen Flottenhandbüchern, die allerdings aus Platzmangel auch nur begrenzt Informationen bieten können, gibt es in Europa seit Jahren kein größeres Werk über die Marine der Vereinigten Staaten, das umfassend, detailliert und zuverlässig die Vielfalt der amerikanischen Seerüstung darstellt. Die beiden Bände „Seemacht USA" wollen diese Lücke schließen. Gerade zu einem Zeitpunkt, zu dem in den USA eine politische Wende eingetreten ist und der Marine wieder ein höherer Stellenwert zugestanden wird, scheint dies sinnvoll und notwendig zu sein.
Grundlage jeder politisch-historischen Analyse der bisherigen und künftigen Entwicklung der amerikanischen Seemacht ist die Kenntnis ihrer verschiedenen Komponenten, nicht zuletzt ihres wesentlichen Elements, einer weltweit einsetzbaren starken Flotte.
Im Mittelpunkt der Darstellung steht daher der Schiffsbestand der U.S. Navy, der weitgehend illustriert vorgestellt wird. Darüber hinaus werden die immer noch sehr starke Seeluftwaffe ebenso eingehend behandelt wie die Küstenwache mit ihrem „schlafenden" U-Abwehr-Potential und das Marinekorps, der über Land ausgestreckte „lange Arm" der Navy. Wichtig schien auch eine detaillierte Darstellung der Organisation und Gliederung, der vorhandenen Waffensysteme und elektronischen Anlagen, aber z. B. auch der Stützpunkte und Werften. Damit soll ein Beitrag geleistet werden, die Kenntnis der amerikanischen Flottenstärke auf den neuesten Stand zu bringen.

Vorwort

Diese bewußt großangelegte Darstellung aller Komponenten der U.S. Navy wäre in über zweijähriger Bearbeitungszeit nicht zu realisieren gewesen ohne die tätige und beratende Mithilfe vieler Freunde und Bekannter diesseits und jenseits des Atlantiks. Ihnen allen gegenüber stehe ich in großer Schuld, ihnen allen sei für die Informationen, die sie in reicher Fülle zur Verfügung stellten, herzlich gedankt.

An erster Stelle zu nennen ist der ehemalige Vorsitzende der Joint Chiefs of Staff der USA, Admiral Thomas H. Moorer, der seit langem meinen Publikationen mit großer Sympathie begegnet und zum vorliegenden Werk ein Geleitwort verfaßt hat.

Die überaus genauen und übersichtlichen Schiffszeichnungen hat im wesentlichen Eberhard Kaiser beigetragen, dem ich auch für seine darüber hinaus gehende wertvolle Beratung besonders danke. Einige Zeichnungen stammen von Klaus-Dieter Schack. Die Herren A. Didrichs, Hauptmann W. Globke und Commander (ret.) E. B. Mezger, USNR beurteilten kritisch einige Manuskript-Teile. Meine maritimen Freunde aus den Staaten A. D. Baker III (Bearbeiter von „Combat Fleets of the World“), N. Polmar (u. a. Autor von „Ships and Aircraft of the U.S. Fleet“), P. H. Silverstone und Chr. C. Wright („Warship International“) versorgten mich in uneigennütziger Weise mit Einzelinformationen und wertvollen Unterlagen. Dies gilt ebenso für eine Reihe amtlicher Stellen, von denen ich nennen möchte:

- Office of Naval Informations (Mr. R. A. Carlisle)
- Commander Military Sealift Command (Mr. L. C. Lanning und L. R. Ranger)
- U.S. Coast Guard (Dr. R. L. Scheina, der mit sehr interessanten Unterlagen aus dem Bereich der Küstenwache aushalf).

Wesentlicher Bestandteil dieses Buches sind – wie bisher stets – die Fotos. Ich habe mich bemüht, neben den amtlichen Fotos so weit wie nur möglich auch Fotos privater Schiffsfotografen zu verwenden. An erster Stelle gilt es, meinem jungen österreichischen Freund Wilhelm Donko zu danken, der weder Mühe noch Kosten und „Gefahr“ gescheut hat, um auch für dieses Buch in amerikanischen Marine-Stützpunkten Schiffsaufnahmen zu machen. Weiterhin danke ich in besonderer Weise Mr. F. J. Kahrl von der Werft Bath Iron Works, der seit geraumer Zeit meine Arbeit durch Übersendung von Fotos unterstützt. Fotos lieferten auch die Werften General Dynamics, Electric Boat Division in Groton, Conn. (Mr. A. E. H. Piramian) und Newport News S. B. & D. D. (Mr. Stephenson) in Newport News, Va. sowie das Werk RCA in Moorestown, N. J. (Mrs. M. S. Musto). Durch immerwährende Hilfsbereitschaft zeichnete sich auch der europäische Pressevertreter von Litton/Ingalls, Herr D. Koerber, aus. Von den privaten Personen, die durch Fotos und Einzelinformationen aushalfen, möchte ich nennen: die Herren G. Albrecht, S. Breyer, G. Koop, Dr. Dr. N. Krivinyi, J. Kürsener, A. Merz Pradignac et Leo und vor allem meine treuen italienischen Korrespondenten Maggiore A. Fraccaroli, G. Ghiglione, G. Gotuzzo und L. Grazioli. Einige wenige Fotos stammen aus der Sammlung des United States Naval Institute (Mrs. P. Maddocks), von M. Bar, Real Photographs und Wright & Logan.

Zu beklagen ist der Tod meines langjährigen Foto-Korrespondenten Avv. Arrigo Barilli, der Ende Juli 1980 im Alter von 80 Jahren in Bologna verstarb. Ungenannt bleiben müssen die Namen von vielen Schiffs-Kommandanten und -Presseoffizieren, die meiner Bitte nach Schiffsfotos entsprachen.

Für zahlreiche Zuschriften von Lesern meiner bisherigen Bücher danke ich auf diesem Wege. Ich bitte um Verständnis dafür, daß angesichts meines permanenten Weiterwirkens im Beruf, in der Musik und in der Marine-Arbeit gelegentlich briefliche Diskussionen größeren Umfangs nicht geführt werden konnten. Dennoch wurden manche Anregungen dankbar aufgenommen und verwertet.

Im Herbst 1981
Postfach 1734
71207 Leonberg

Stefan Terzibaschitsch

Vorwort zur II. Auflage

Zwischen dem Erscheinen der ersten Auflage dieses Werkes, Ende 1981, und der hier nun vorliegenden zweiten Auflage sind 15 ereignisreiche Jahre vergangen. Während der beiden Regierungsperioden von Präsident Reagan wurde die Navy erfolgreich aufgebaut und vergrößert. Das gesteckte Ziel, die Unterhaltung von 600 aktiven Kriegsschiffen, konnte während dieser Zeit – bis auf 50 Schiffe – beinahe erreicht werden. Es war der Zusammenbruch des sowjetischen Imperiums Anfang der 90er Jahre, durch den der sogenannte „Kalte Krieg“ zu seinem Ende kam und der zugleich die militärische Bedrohung durch die ehemalige Sowjetunion beendete. Zur gleichen Zeit sahen sich die Vereinigten Staaten mit großen finanziellen Problemen konfrontiert (stark überhöhtes Staats-Defizit), so daß die Clinton-Administration mit Vehemenz an den rigorosen Abbau der Gesamtstreitkräfte ging, mit dem noch während der Regierung Bush begonnen wurde. Dieser Abbau wirkte sich bei der Navy in besonders krasser Weise aus. Die Anzahl der aktiven Kriegsschiffe („Ship Battle Force“) ging bis 1996 von vormals 550 auf knapp 345 zurück. Fast jede Schiffskategorie verlor zahlreiche Einheiten, von denen sehr viele noch relativ neu und unverbraucht waren. Der Zahl der abgehenden Schiffe steht nach wie vor eine geringere Zahl von neu hinzukommenden Einheiten gegenüber. Parallel hierzu läuft auch die Reduktion der Marinefliegerverbände.

Die zweite Auflage von „Seemacht USA“ veranschaulicht all diese Veränderungen im Detail. Sämtliche 1981 in der ersten Auflage vorgestellten Schiffsklassen werden hier aktualisiert. Da zahlreiche dieser Klassen zwischenzeitlich die Flotte verlassen haben, wird hier auf den Verbleib der dazugehörigen Schiffe eingegangen.

Das in den aktuellen Texten verwendete Hinweiszeichen # deutet jeweils auf die Seitenzahlen der beiden Bände der ersten Auflage.

Wohlgemerkt: in der zweiten Auflage sind zum Zwecke der besseren Vergleichsmöglichkeit die ursprünglich vorhandenen Schiffsklassen z. T. übernommen worden.

Neu hinzugekommene Klassen werden detailliert beschrieben und in Text und Zeichnung vorgestellt.

All dies bewirkt, daß mit den beiden Auflagen von „Seemacht USA“ der zeitliche Rahmen der letzten 20 Jahre umspannt wird. Über Entwicklungen, gegenwärtigen Stand und künftige Tendenzen beim Schiffbau der amerikanischen Marine wird minutiös berichtet.

Die beiden Aegis-Klassen der Navy *Ticonderoga* (CG-47) und *Arleigh Burke* (DDG-51) unterliegen gegenwärtig einer beständigen Kampfwertsteigerung, deren Umfang im Rahmen dieser Neuauflage noch nicht abschließend bewertet werden kann. Dies wird in einer möglichen nächsten Auflage nachgeholt.

Im Herbst 1996

Stefan Terzibaschitsch, Postfach 1734, 71207 Leonberg

1. Entwicklung der amerikanischen Schiffbaupolitik seit 1966

1.1 Allgemeine Entwicklung

Die Geschichte der U. S. Navy in den letzten 15 Jahren ist mit der allgemeinen Entwicklung der Vereinigten Staaten in diesem Zeitraum eng verbunden. Der Bestand an Schiffen und Flugzeugen, aber ebenso an Personal ging nach der Herauslösung aus dem nicht zu gewinnenden Krieg in Vietnam beständig zurück. Die wirtschaftliche und militärische Schwächung der USA wurde von der Sowjetunion folgerichtig erkannt und genutzt. In dem Maße, in dem die militärische Präsenz der Vereinigten Staaten rund um die Weltkugel abnahm, wurde die Präsenz der Sowjetunion stärker. Dort aber, wo die USA und die NATO kein Vakuum hinterlassen, hat die Sowjetunion – zumindest militärisch – ihren Einfluß nicht erweitern können. Dafür erweiterte sie ihn – wenigstens zeitweilig – in Afrika und in Ostasien und nutzt die verworrene Situation am Persischen Golf, um sich durch den Einmarsch in Afghanistan eine günstigere strategische Position in diesem Raum zu verschaffen. Eine Position, die es ihr gestattet, den Persischen Golf und die Arabische See von Land aus zu überwachen und zu bedrohen. Zur gleichen Zeit bedeutet die Besetzung Afghanistans die Schaffung einer verstärkten Einfluß-Sphäre gegenüber dem relativ schwachen Pakistan und ein Schritt zur Umzingelung Rot-Chinas.

Es muß der Ordnung halber vermerkt werden, daß es die vier letzten amerikanischen Regierungen zu vermeiden versucht haben, ständige Flottenpräsenz in diesem Raum zu demonstrieren. Hiermit sollte dem verständlichen Wunsche der Anliegerstaaten Rechnung getragen werden, die sich in diesem Gebiet eine verdünnte militärische Zone wünschen. Während die U. S. Navy nur gelegentlich einen Trägerverband in den Indischen Ozean entsandte, war die sowjetische Marine dort beständig anwesend; sie setzte ihre Schiffe als das ein, wozu sie geschaffen sind: als beeinflussendes Element zur Erlangung politischer Vorteile an der Westküste Afrikas und in der Arabischen See. Die Amerikaner hielten sich trotzdem bewußt zurück. Die Insel Diego Garcia sollte in der Tat nicht mehr als eine Marine-Funkstation werden und die schwachen, mehr symbolischen amerikanischen Kräfte im Persischen Golf unter dem Kommando des „Commander Middle East Force", bestehend aus einem schwach bewaffneten Flaggschiff und – in der Regel – zwei kommandierten Zerstörern bzw. Fregatten, konnten kaum als Gegengewicht zur sowjetischen Präsenz in diesem Gebiet angesehen werden.

Die Veränderung der Situation durch die Ereignisse im Iran und in Afghanistan brachten für die Amerikaner die bittere Erkenntnis, daß sie nunmehr – um ihre und der freien Welt Interessen in dem an Rohöl so reichen Gebiet zu wahren und zu verteidigen – mit einer stark geschwächten 1 1/2-Ozean-Marine drei Ozeane mit Schiffen und Flugzeugen zu beschicken haben würden. Dank der Flexibilität der U. S. Navy gelang es, zeitweilig für das Spannungsgebiet am Golf von Oman ausreichend Seestreitkräfte bereitzustellen, dies aber – aus Mangel an einer ausreichend soliden Anzahl an Kriegsschiffen – nur durch die effektive Schwächung ihrer Trägerverbände im Mittelmeer und im West-Pazifik. Genau dies aber entsprach der sowjetischen Beurteilung der amerikanischen Schwäche zur See: man schaffte einen Krisen-Schwerpunkt und zwang damit die Amerikaner, ihre Streitkräfte in anderen Gebieten zu verdünnen. Somit benutzt die Sowjetunion ihre in den vergangenen 15 Jahren permanent angewachsene und ge-

stärkte Flotte als Instrument ihrer Politik, um ihrerseits den Amerikanern das Gesetz des Handelns aufzuzwingen.
Die erschreckend kurzsichtige Marine-Politik der Regierung Carter erleichterte den Sowjets ihr Vorgehen. Der bekannte Kolumnist der „Navy Times", der pensionierte General Ira C. Eaker, beurteilte all dies noch vor den Präsidentschaftswahlen des Jahres 1980 mit folgenden Sätzen:

> „Zwischen der nationalen Sicherheit der USA und ihrer Außenpolitik gab es stets eine Wechselbeziehung.
> - ☐ Präsident F. D. Roosevelt half ab 1941 den Briten, Hitler zu bezwingen,
> - ☐ Präsident Harry Truman verhinderte, daß Griechenland kommunistisch wurde und daß Süd-Korea in die Hände der Kommunisten fiel,
> - ☐ Präsident John F. Kennedy reagierte energisch, um zu verhindern, daß Kuba Abschuß-Rampe für sowjetische Flugkörper wurde.
>
> Ähnliche Weisheit und Entschlossenheit vermißt man bei Präsident Carter:
> - ☐ er ließ zu, daß Kuba nicht nur U-Boot-, sondern auch Bomber-Basis für die Sowjetunion wurde,
> - ☐ er gestattete auch, daß die Ausbreitung des sowjetischen Einflußes in Afrika durch Entsendung kubanischer Truppen Raum griff,
> - ☐ er verhinderte den Verkauf von Kampfmaschinen und Kriegsschiffen an das befreundete und verbündete Taiwan,
> - ☐ er gestattete die Verschlechterung der Beziehungen zur Südafrikanischen Union, obwohl die Benutzung der südafrikanischen Marine-Stützpunkte im höchsten amerikanischen nationalen Interesse liegt,
> - ☐ er verbesserte die Beziehungen zu Vietnam, obwohl dort über 45.000 Amerikaner ihr Leben gelassen haben, und half damit einem Regime, das mehrere Millionen Kambodschaner und Laoten umbringen ließ,
> - ☐ er vernachlässigte den ausreichenden Aufbau der Streitkräfte durch eine Reihe von falschen Entscheidungen und handelte dadurch gegen die primären nationalen Interessen,
> - ☐ er schaffte durch seine naive Politik der Gläubigkeit an die sowjetische Rechtschaffenheit die Voraussetzung für den Einmarsch in Afghanistan,
> - ☐ er reagierte erst in diesem Augenblick logisch, indem er die stark geschwächte Navy an den neuen Kriegsherd beorderte, dadurch aber die Flottenstärke im Mittelmeer und im West-Pazifik stark reduzierte,
> - ☐ er war dazu noch im Iran höchst glücklos beim gescheiterten Versuch, die 52 Geiseln zu befreien."

Die Quittung hierfür und für manches andere im Bereich der Innen- und der Wirtschaftspolitik war denn auch der überwältigende Sieg Ronald Reagans bei der Präsidentenwahl am 5. November 1980.
Diese Zeilen wurden genau zu dem Zeitpunkt geschrieben, an dem die neue Reagan-Administration ihre Tätigkeit begonnen hat. Nachfolgend soll analysiert werden, in welchem Zustand sich die Marine der Vereinigten Staaten zur Zeit dieses Wechsels befindet und zum Schluß werden Aspekte der erklärten Marine-Politik der neuen Regierung dargelegt. Auf die informativen Übersichtstabellen am Ende dieses Abschnitts wird ausdrücklich hingewiesen. Beim Studium einiger dieser Übersichten wird deutlich, daß die U. S. Navy gegenwärtig in der Zahl der Schiffe und Flugzeuge den tiefsten Stand seit dem Zweiten Weltkrieg erreicht hat. Zwar könnte man argumentieren, daß die Kapazität der Schiffe und ihrer Kampfsysteme in den letzten 35 Jahren beträchtlich zuge-

nommen hat, jedoch gilt dies in gleichem Maße auch für die sowjetische Entwicklung, so daß letztlich Stückzahlen doch ein halbwegs verläßliches Vergleichsmittel darstellen. Diese Stückzahlen müßen dennoch jede für sich betrachtet werden. Es kann nicht übersehen werden, daß die hohen sowjetischen Stückzahlen auch eine Reihe von kleineren Einheiten beinhalten, so Minenräumer und Kampfboote, die es bei der U. S. Navy so gut wie überhaupt nicht gibt. Andererseits darf auch nicht außerachtgelassen werden, daß in den US-Neubauprogrammen der letzten Jahre die „high mix"-Komponente immer schwächer vertreten ist, während die Sowjets gerade in der letzten Zeit eine Reihe von höchst kampfkräftigen Einheiten produzieren. Die Zahlen in den Tabellen, im Zusammenhang gesehen mit etlichen einschlägigen Veröffentlichungen Siegfried Breyers über diese neuen Typen, sprechen für sich. Was aber versteht man unter „high-mix"- bzw. „low-mix"-Schiffen? Diese beiden Ausdrücke sind bereits einige Jahre alt; sie entstanden, als klar wurde, daß die Navy es sich nicht mehr leisten konnte, nur hochwertige, sprich sehr teure Schiffe zu bauen, die dann ihrer sehr hohen Kosten wegen in nur kleiner Anzahl gebaut werden könnten. Was immer noch zählt, ist auch die erforderliche *Anzahl* an Schiffen. Um diese auch nur annähernd zu erreichen bzw. zu halten, muß eben auch eine Anzahl von *etwas* preiswerteren Schiffen gebaut werden – in diesem Falle sind es Fregatten. Ein Blick auf die gegenwärtigen Schiffskosten läßt jedoch erkennen, wie fragwürdig diese Relationen geworden sind. 1981 kostet:

ein Atom-Flugzeugträger	rd. 2,6 Milliarden $
ein Trident-Unterseeschiff	rd. 1,5 Milliarden $
ein AEGIS-Kreuzer	rd. 1,2 Milliarden $
ein konventioneller Zerstörer	rd. 500 Millionen $
eine Lenkwaffenfregatte	rd. 500 Millionen $
ein Minenräumer (Leitschiff)	rd. 100 Millionen $
ein Tragflächen-Kampfboot	rd. 65 Millionen $
ein mittlerer Oeltanker	rd. 200 Millionen $

Ein atomangetriebener Lenkwaffenkreuzer (CGN-42 als Leitschiff) würde 1,65 Milliarden $ kosten, das Folgeschiff CGN-43 immerhin noch 1,23 Milliarden. Es ist also weitgehend eine Frage der „Erschwinglichkeit", was man heutzutage gerade noch im Rahmen dessen bauen kann, was man bereit und imstande ist, auszugeben. Bei all den hohen Preisen wären an sich nur noch „low-mix"-Schiffe erschwinglich. Um aber heute mit den Sowjets mithalten zu können, muß man auch „high-mix"-Schiffe bauen, und das nicht zu knapp, da

- ☐ allein Atom-Träger die Luftüberlegenheit zur See garantieren und für sich die stabilsten und widerstandsfähigsten Schiffe sind, die es gibt;
- ☐ nur Atom-Kreuzer in Notfällen zusammen mit den Trägern oder auch selbständig in ein Krisengebiet gesandt werden können, um dort für längere Zeit die effektive Flugzeugabwehr zu übernehmen;
- ☐ sie groß genug sind, um eine Menge Flugkörper auch für den zweiten Schlagabtausch und ausreichend wertvolle Elektronik mitzuführen;
- ☐ sie einen oder zwei Hubschrauber an Bord haben, die Unterseeschiffe weit außerhalb der Reichweite des Schiffs-Sonars aufspüren können;
- ☐ sie niedrige Durchschnitts-Betriebskosten und auch niedrige Entwicklungskosten aufweisen sollten, weswegen man tunlichst allzuviele Neuentwicklungen vermeiden und bewährte Typen modifizieren sollte.

All dies zusammen aber, die großen und die kleinen Kampfschiffe, werden im amerikanischen Marine-Sprachgebrauch etwas nebulös als „Naval General Purpose Forces" bezeichnet. Hierzu gehören also diejenigen Schiffe, denen folgende Aufgaben obliegen:

1. Kontrolle der Seewege
2. Angriffs-Aktionen auf Landziele
3. Friedenspräsenz

Um all dies zu erreichen, erscheint folgendes erforderlich:

zu 1. Herstellung und Beibehaltung der maritimen Überlegenheit zur See zum Schutz der lebenswichtigen See-Nachschubwege

zu 2. Unterstützung amphibischer Landungen und Unterstützung von Landungsoperationen durch Feuerunterstützung von Schiffen und Flugzeugen aus

zu 3. Vorhaltung von Seestreitkräften in Übersee zur potentiellen Abschreckung, zur Beeinflußung von Krisensituationen und zum Nachweis amerikanischer Verpflichtungen im betroffenen Gebiet.

Um all diese Aufgaben zu bewältigen, ist die Zahl von (am 30.9.1980) 540 aktiven Schiffen aller Kategorien absolut unzureichend. Man muß berücksichtigen, daß sich in dieser Zahl allein schon 53 z. T. sehr veraltete Schiffe der „Naval Reserve Force" (NRF) befinden und daß diese Zahl 540 auch diejenigen Schiffe beinhaltet, die sich in der Werft, in der Ausrüstung und bei Ausbildungsfahrten befinden. Von den 540 Einheiten sind außerdem nur 382 „Kampfschiffe", die übrigen sind Hilfsschiffe ohne Gefechtswert. Nach Schiffsarten verteilen sie sich am 30.9.1980 wie folgt:

Battle Group Forces	
13 CV, 26 CG/CGN, 80 DD/DDG	= 119
Convoy-, Escort-, ASW-Forces	
72 FF/FFG, 20 FRAM-DD/NRF, 3 MSO, 22 MSO/NRF, 1 PHM	= 76 + 42 NRF
Submarine Warfare Forces	
80 SS/SSN, 41 SSBN	= 121
Amphibious Warfare Forces	
12 LHA/LPH, 47 LPD/LSD/LST, 4 LCC/LKA, 3 LKA/NRF	= 63 + 3 NRF
Mobile Support, Auxiliary, and other Forces	
83 + 8 NRF	= 83 + 8 NRF
Naval Fleet Auxiliary Force (MSC)	
25	= 25
insgesamt	487 + 53 NRF = 540

Die Bauvorgaben der Carter-Regierung waren zuletzt so gehalten, daß – unter Berücksichtigung der natürlichen Abgänge – die Zahl 540 unmöglich würde gehalten werden können. Zwar führte gerade diese Administration erstmalig Schiffsbau-Fünfjahrespläne ein, die jedoch vom Kongreß wie auch von Fachleuten stets sehr skeptisch aufgenommen wurden, weil bei ihnen von Jahr zu Jahr nichts so beständig war wie die Unbeständigkeit. So avisierten diese Pläne

1977 166 Neubauten
1978 156 Neubauten,
1979 67 Neubauten,
1980 97 Neubauten,
1981 85 Neubauten,

wobei mit dem beliebten Trick gearbeitet wurde, die meisten Neubauten auf die „späteren Jahre" zu legen.

All dies bewog den Kongreß zu der Meinung, er wäre noch der einzige, der für eine stärkere Marine Sorge tragen würde. Während der „hearings", den Anhörungen vor den einzelnen Ausschüssen, waren hohe Marineoffiziere oft in der peinlichen Lage, Dinge vertreten zu müssen, die die Regierung aufgestellt hatte, ohne die wirklichen Notwendigkeiten der Navy zu respektieren. Immer wieder wurden – insbesondere in den letzten zwei, drei Jahren – zusätzliche Mittel durch den Kongreß bewilligt, um Beschaffungen zu finanzieren, die nach dessen Meinung unbedingt notwendig waren. Zur Reduktion der Flotte trug partiell auch die negative Situation bei den Marinewerften bei. Einmal mußten gelegentlich ältere, jedoch noch wertvolle Schiffe ausgesondert werden, weil es an Mitteln mangelte, um sie noch einmal gründlich zu überholen. Das hierfür vorgesehene Geld mußte zur Deckung der erhöhten Operationskosten im Indischen Ozean samt teurer gewordenem Treibstoff „verbraten" werden. Dann aber fehlt es auch an ausreichender Werftkapazität. Es gibt zwar einen 10-Jahres-Plan für die Modernisierung der Marinewerften, jedoch befindet man sich dabei um 25 % hinter dem Plansoll.

1.2 Trägerwaffe

Unter dieser Überschrift gibt es nur vier Aussagen zu machen, die aber von entscheidender Bedeutung sind:

1. Es hat sich trotz aller jahrelangen Diskussionen herausgestellt, daß die Trägerwaffe zu den kampfkräftigsten Elementen der Seekriegführung gehört.
2. Sie kann das nur sein und bleiben, wenn auf den Flugzeugträgern auch weiterhin primär die besten Hochleistungsmaschinen eingesetzt werden.
3. Das bedeutet, daß die z. Zt. vorhandenen Senkrechtstarter zwar eine sehr nützliche, jedoch nur ergänzende Funktion haben können.
4. Man muß nunmehr endlich von der seit mehreren Jahren üblichen Vorstellung abrücken, daß man mit einem Minimum von nur zwölf Flugzeugträgern – auch in Friedenszeiten – auskommen kann. Um der neuerlichen Verpflichtung zur Präsenz in drei Ozeanen nachkommen zu können, müssen einfach 16 Träger vorhanden sein, damit unter Berücksichtigung von Werftliegezeiten und der Anwesenheit in anderen Operationsgebieten stets je zwei Einheiten im Mittelmeer, im West-Pazifik und in der Arabischen See einzusetzen sind.

Bei allen künftigen Überlegungen bezüglich der Beschaffung von Flugzeugträgern und den dazugehörigen Flugzeugen muß von dieser alleingültigen Prämisse ausgegangen werden.

1.21 Flugzeugträger

Wie schon vorstehend ausgeführt, wurde vor etlichen Jahren die These aufgestellt, daß die Navy mit zwölf Flugzeugträgern auskommen könne. Die Navy selbst unterstrich dabei, daß diese Zahl ein absolutes Minimum in Friedenszeiten darstellen würde, bei der im Normalfall an folgende Dispositionen zu denken wäre:

- 2 Einheiten ständig im Mittelmeer
- 2 Einheiten ständig im West-Pazifik
- 2 Einheiten an der US-Ostküste, davon 1 beschränkt einsatzfähig
- 2 Einheiten an der US-Westküste, davon 1 beschränkt einsatzfähig
- 4 Einheiten in verschiedenen Stadien der Werftüberholung und Depot-Instandsetzung.

Bei einer solchen Minimalanzahl hat bemerkenswerterweise keiner der Verantwortlichen daran gedacht, daß die Sowjets möglicherweise diese Selbstbeschränkung der Amerikaner nicht honorieren würden, sondern dafür sorgen, daß es auch weiterhin von Zeit zu Zeit zu Krisen in Spannungsgebieten kommt, sei es am Persischen Golf, in Ostasien oder wo sonst die Präsenz der „Carrier Battle Groups" erforderlich sein würde. Mit dieser Situation aber wurden die Amerikaner seit Ende 1979 konfrontiert, d. h. seit der Revolution im Iran, seit der Geiselnahme in Teheran, seit der Invasion der Sowjetunion in Afghanistan. Man war dabei froh, daß man durch den Einsatz des 13. Trägers (CV-43 *Coral Sea*), der eigentlich als überzählig angesehen wurde, wenigstens einen Flugzeugträger in den West-Pazifik entsenden konnte; die beiden dort stationierten Träger mußten im Eiltempo in die Arabische See verlegen. Zu jenem Zeitpunkt waren es somit wenigstens noch 12 halbwegs einsatzfähige Träger, denn CVN-65 *Enterprise* weilte – vermeintlich bis Ende 1980 – in der Werft. Nun ist aber die Situation seit September 1980 noch kritischer geworden: CV-60 *Saratoga* ging für 29 Monate in die Marinewerft Philadelphia, um gemäß SLEP modernisiert zu werden, *Enterprise* dagegen mußte um mindestens ein halbes Jahr oder noch länger in der Werft bleiben, weil ziemlich spät Schäden an den Hitze-Austauschern der Atomantriebsanlage festgestellt wurden und diese repariert werden mußten. Nahezu ein Jahr hat also die Navy mit nur elf Flugzeugträgern auskommen müssen. Ein neues, zusätzliches Krisengebiet durfte es während dieses Jahres also nicht geben. Der Zugang von CVN-70 *Carl Vinson* dürfte keinesfalls vor Mitte 1982 zu erwarten sein. Es gehören kaum prophetische Gaben dazu, anzunehmen, daß die Navy dann froh sein wird, wieder die Zahl 13 erreicht zu haben. Schon vernimmt man das Bedauern darüber, daß man CV-42 *F. D. Roosevelt* so schnell hat verschrotten lassen. Was würde dieses Schiff noch für einen prächtigen Schulträger an Stelle der alten *Lexington* abgeben!
Angesichts dieser verkrampften Situation meint man, seinen Sinnen nicht recht zu trauen, wenn man vernimmt, daß der damalige Verteidigungsminister Harold Brown noch Anfang 1978 ernstlich erwogen hatte, die Anzahl der aktiven Träger auf zehn zu reduzieren.
Seitdem 1974 CVN-70 *Carl Vinson* zum Bau bewilligt wurde, enthielt keiner der Fünfjahrspläne von Präsident Carter auch nur einen Flugzeugträger, vor allem keinen Atomträger, aber auch keinen reinen V/STOL-Träger von geringeren Abmessungen. Mehrere Jahre waren voll von kontroversen Dikussionen. Spätestens 1980 war sich der Kongreß darüber im klaren, daß nun schnellstens wenigstens ein Träger gebaut werden müsse, wolle man einen Rückgang zu Beginn der 90er Jahre vermeiden. Es gab da verschiedene Strömungen und – wie so oft – eine Navy-Studie! Bei dieser ging es nur darum, zu prüfen, welche halbwegs preiswerten Lösungen dazu führen könnten, daß die 12 (13) vorhandenen Träger zahlenmäßig ergänzt werden. Dabei wurden folgende Alternativen aufgezeigt:

1. Der SASC-Vorsitzende, Senator John C. Stennis, forderte einen 40.000-ts-Typ für konventionelle und für V/STOL-Maschinen.
2. Die Studie umfaßte auch einen etwa 10.000 ts verträngenden Kreuzer/Zerstörer-Typ mit Fassungsvermögen für 22 V/STOL (1 Milliarde $).
3. Ein anderer Flugzeugträger-Typ von 53.000 ts Wasserverdrängung sollte mit 30 konventionellen bzw. V/STOL-Maschinen operieren (1,4 Milliarden $).
4. Die Navy rechnete einen 30.000-ts-Typ durch, der 40 AV-8 Harrier würde aufnehmen können (928 Mio $).
5. Von Präsident Carter selbst angeboten wurde – mit einigem Widerwillen – an Stelle des 1979 durch ein Veto abgelehnten CVN der sog. CVV-Typ von 62.000 ts mit 60 konventionellen bzw. V/STOL-Maschinen (1,8 Milliarden $).

6. In den Debatten zum Etat 1980 setzte sich das Repräsentantenhaus, sehr unterstützt von Admiral Rickover und einer mächtigen Lobby, für einen weiteren *Nimitz*-Träger ein (2,4 Milliarden $).
7. Der Senat wiederum plädierte für die preiswerteste aller sehr guten Lösungen, einen nur wenig modifizierten Typ *John F. Kennedy*, der aber in diesem Jahr auch bereits an die 1,6 Milliarden kosten würde.

Letztlich aber siegte doch die Vernunft: Der Gesamt-Kongreß bewilligte im Rahmen des Etats 1980 die vierte atomangetriebene Einheit des Typs *Nimitz*. Mit ihren mehr als 2,4 Milliarden $ ist dies zwar die teuerste Alternative, aber damit erhält die Navy das Beste, und dies ohne anstehende Kosten für eine Neuentwicklung. Unabhängig aber hiervon bewilligte der Kongreß bereits zweimal geringere Summen für die Konzept-Formulierung eines „light carrier" – als Ergänzung der „Super-Carriers".
Wie auch immer: Zwischen 1982 und 1987 wird dank der Versäumnisse der vergangenen Administration kein weiterer Träger zur Flotte stoßen, wenn ...nicht, wie für FY81 erwogen, der eingemottete CV-34 *Oriskany* als Interimsträger reaktiviert werden sollte. Der Kongreß autorisierte bereits über 300 Mio $ an Mitteln für diese Maßnahme. Die Mittel selbst wurden jedoch nicht bewilligt, weil die Navy bekennen mußte, daß sie nicht wüßte, woher sie das Personal abzweigen sollte, um die *Oriskany* zu bemannen. Sie *hätte* allerdings diese Mannschaft zusammenkratzen können, wenn CV-60 *Saratoga* die SLEP-Modernisierung in der Werft Newport News (für etwas weniger Geld und ohne Hilfestellung durch die halbe Besatzung) durchlaufen würde und nicht in Philadelphia, wo die halbe Besatzung den Werftarbeitern helfen muß. So kann man wieder einmal mehr beobachten, wie falsche politische Entscheidungen für wirkliche Erfordernisse der Flotte negative Folgen haben können. Neben der *Oriskany* gibt es unter den sechs eingemotteten *Essex*-Trägern noch eine Einheit, deren Reaktivierung sich lohnen könnte: CVA-31 *Bon Homme Richard* oder CVS-38 *Shangri La*. Und eine solche Doppel-Reaktivierung wäre die einzige Maßnahme, um die Durststrecke bis 1987 zu überwinden.
Und zum Schluß noch eine gute Nachricht: Die neue Reagan-Regierung hat ihre Absicht bekundet, in den kommenden Jahren noch drei oder vier Träger des Typs *Nimitz* zu bauen, dies zu einem Approximativpreis von rd. 9 Milliarden $. Schiffe dieser Klasse stellen gegenwärtig ohnedies das Nonplusultra im Trägerbau dar. Es wäre kaum verständlich, daß Millionen für die Entwicklung neuer, ebenso großer Typen investiert werden sollten, wenn hier einfach in die Schublade gegriffen werden kann, um das z. Zt. Optimale zu erhalten. Der Atomantrieb als solcher wird angesichts der höher werdenden Rohölpreise auch für die Navy immer attraktiver, von den sonstigen Vorteilen gar nicht erst zu sprechen. Es muß allerdings zunächst einmal mit gesunder Skepsis und niemals nachlassender Hoffnung all solchen Bekundungen der neuen Administration begegnet werden. Die Finanzlage der amerikanischen Nation ist so zerrüttet, die Personalfrage so prekär, daß es Jahre dauern wird, bevor hier die Voraussetzungen für die Stärkung der Streitkräfte geschaffen werden können.
Die Qualität der amerikanischen Schiffsbauten ist hinlänglich bekannt. Wenn *Saratoga* aus der Werft kommt, werden nacheinander alle anderen Träger der *Forrestal*-Klasse SLEP durchlaufen, wonach sie bis zu einer Gesamtzeit von 40 – 45 Jahren in Dienst bleiben können. Das bedeutet, daß für die *Forrestal*-Klasse etwa Mitte der 90er Jahre Ersatz geschaffen werden muß. Hierfür müssen allerdings die Weichen schon ca. acht Jahre vorher gestellt werden.
Angesichts der Tatsache, daß es mit Ausnahme der AV-8 Harrier – die ja derzeit nur beim Marine Corps eingeführt ist – bei der Navy noch kein einsatzfähiges taktisches

V/STOL-Flugzeug gibt, kann man kaum davon ausgehen, daß in diesem Jahrzehnt ein reiner V/STOL-Träger fertiggestellt wird. Andererseits aber werden alle 12 LHA/LPH dafür eingerichtet sein, auch Harrier-Staffeln an Bord nehmen zu können. Für den Einsatz dieser Maschinen auf den vorhandenen Trägern gibt es z. Zt. keinen Grund. Daß er im Prinzip möglich ist, wurde bei einem praktischen Versuch auf CV-42 *F. D. Roosevelt* im Jahre 1977 unter Beweis gestellt.
Die letzten 15 Jahre markierten die Aussonderung aller aktiven CVA und CVS des vormaligen Typs *Essex* und die Verschrottung von CV-42 *F. D. Roosevelt.* Vom Typ *Essex* hält man noch sechs Einheiten in Reserve, die einer erneuten Reaktivierung mit einer zusätzlichen Lebenserwartung von nur wenigen Jahren nur bedingt wert wären.

1.22 Bordflugzeuge

Über die Landflugzeuge der U. S. Navy und des Marine Corps wird in einem der nachfolgenden Abschnitte noch ausführlich die Rede sein. Was die bordgestützten taktischen und die U-Jagd-Maschinen betrifft, so steht deren Situation in enger Verbindung mit der der Träger selbst. Dennoch gibt es eine Menge von zusätzlichen Problemen. Amerikanische Trägerflugzeuge werden zwar außerordentlich gepflegt und gewartet. In der Zeit jedoch, während der sie sich auf den Trägern befinden, werden sie auch besonders strapaziert und dadurch stark abgenutzt. Fast täglich geflogene Einsätze über Zeitperioden von sechs Monaten oder mehr tragen zur schnelleren Abnutzung der Maschinen bei und manch eine geht auch durch Absturz verloren. Hierfür muß Ersatz bereitgestellt werden, was insbesondere dann mit Schwierigkeiten verbunden ist, wenn die Produktionsbänder allmählich gedrosselt oder ganz stillgelegt werden.
In den letzten 15 Jahren bewährte sich die F-4 Phantom II weiterhin bestens. 1981 verfügen nur noch wenige Jagdstaffeln über Phantom-Jäger. Zunehmend werden jedoch – zunächst auf den größten Trägern, dann aber auch auf denen der *Forrestal*-Klasse – die Jagdstaffeln auf die F-14A Tomcat umgerüstet, die zur Zeit die beste Navy-Jagdmaschine ist, dies insbesondere in Verbindung mit der Verwendung des FK-Systems Phoenix mit seiner ausgezeichneten Feuerleitanlage AN/AWG-9. Ein erfolgreicher Einsatz der F-14 wäre jedoch ohne die flankierende Unterstützung der Jagdleitmaschine E-2C nicht denkbar. Die E-2C wird auch gegenwärtig noch mit sechs Maschinen pro Jahr produziert und den VAW-Staffeln zugeführt, wo sie die Version E-2B verdrängt hat. Die trotz mancher Probleme nunmehr ab etwa 1982 in beträchtlicher Anzahl hinzukommende Doppelzweck-Maschine F/A-18 Hornet, die in mancher Hinsicht schwächer ist als die F-14, wird mehrere Lücken zu schließen haben. Sie wird sowohl bei der Navy wie beim Marine Corps in Jagdstaffeln, aber auch in Angriffsstaffeln zum Einsatz kommen. Um es vorweg zu sagen: es wird der gleiche Typ sowohl in den VF/VMFA wie in den VA/VMA-Staffeln verwendet. Die Differenz wird lediglich in der Zuladung bestehen. Die F/A-18 ist vorgesehen, um

- □ bei der Navy in sechs VF-Staffeln die Phantom zu ersetzen,
- □ bei der Navy in 24 VA-Staffeln die Corsair II zu ersetzen,
- □ beim Marine Corps in neun VMFA-Staffeln die Phantom zu ersetzen,
- □ beim Marine Corps in acht VMA-Staffeln die Skyhawk (A-4M) zu ersetzen.

Zunächst sollten nur 390 F/A-18 erworben werden, inzwischen wurde das Programm auf mindestens 1 366 Maschinen erweitert (davon sind 322 für das Marine Corps vorgesehen), obwohl das Marine Corps nicht abgeneigt zu sein scheint, sämtliche VMA-Staffeln mit der AV-8B Harrier aufzufüllen. Dies würde zwar den Stückpreis der F/A-18 für die Navy stark in die Höhe schnellen lassen, jedoch hofft man, daß durch die Abnahme etlicher Maschinen durch Canada dies ein wenig ausgeglichen werden kann. Eine stärkere Verwendung der AV-8B würde insofern nützlicher sein, weil diese Maschine nicht nur für die Bodenunterstützung von Truppen besser geeignet ist, sondern auch noch jederzeit zusätzlich auf den 12 LHA/LPH eingeschifft werden könnte. Es kann nicht verschwiegen werden, daß ja für das Marine Corps die Anschaffung der F/A-18 so etwas wie eine Notlösung war, weil die Carter-Regierung die Weiterentwicklung der AV-8B jahrelang gegen den Willen des Kongresses torpediert hat. Allein der Kongreß hat die Weiterentwicklung dieser V/STOL-Maschine gerettet. Was für das Marine Corps gilt, muß nicht zwangsweise auch für die Navy gelten. Sie kann zur Zeit auf der Basis der Ergebnisse der vorhandenen V/STOL-Technologie ihre Luftüberlegenheits-Theorie *nicht* aufbauen. Nach wie vor sind die hochleistungsfähigen, konventionell startenden und landenden (CTOL-) Maschinen und damit auch die Super-Flugzeugträger Eckpfeiler der Flotte, bis mindestens in die 90er Jahre hinein. An dieser Stelle muß noch ausgeführt werden, daß die zeitliche Verschiebung der Beschaffung der F/A-18 dazu geführt hat, daß die F-14A über die zunächst beschlossene Zahl von 491 Flugzeugen weiter erworben wird. Dies führte zugleich auch zur Verlängerung der Dienstzeit der F-4, deren verbesserte Versionen F-4N und F-4S durch Umbau älterer Maschinen entstanden und eingeführt wurden. Mindestens vier Phantom-Staffeln müssen vorgehalten werden, weil von *Midway* und *Coral Sea* keine F-14 aufsteigen können. Sollte es jedoch bei der Beschaffung der F/A-18 weitere größere Verschiebungen geben, so daß die F-4 durch andere Maschinen ersetzt werden *müßte,* so erwägt man zumindest für das Marine Corps die Verwendung der Air Force-Maschine F-16; diese aber kann nicht auf Trägern eingesetzt werden. F/A-18-Probleme würden aber auch die Navy in Bedrängnis bringen, da die Produktionsbänder der A-7, die seit 1979 stillgelegt worden sind – eventuell sogar zwecks Fertigung einer zweistrahligen Version – wieder in Betrieb gesetzt werden müßten.

Schwierigkeiten gibt es auch mit dem ausgezeichneten Allwetter-Bomber A-6E Intruder. Davon fehlen so viele Maschinen, daß etliche Navy- und Marine Corps-Staffeln bis zu 17 % weniger Flugzeuge besitzen, als im Plan-Soll vorgesehen. Die Carter-Regierung wollte die Beschaffung der A-6 ohnehin auslaufen lassen, ohne daß auch nur der Beginn der Entwicklung eines Nachfolge-Musters konstatiert werden kann. Zur Offenhaltung des Produktionsbandes zwang der Kongreß der Navy immer wieder den Erwerb von 6 Maschinen pro Jahr auf; dies aber ist nicht mehr, als ein Tropfen auf den heißen Stein. Ähnlich verhält es sich bei den Schwestermodellen. Dringend benötigt werden zusätzliche ECM-Flugzeuge des Modells EA-6B Prowler. Der Bedarf an Betankungs-Maschinen des Typs KA-6D verlangt ein Minimum von 48 Maschinen (je vier für die 12 auf Trägern eingesetzten Allwetter-Staffeln!). Der Bestand ist inzwischen auf 45 Maschinen zurückgegangen, so daß die vorhandenen Flugzeuge mehr Flugstunden absolvieren müssen.

Die Jagdbomber des Typs A-4 Skyhawk verschwanden von den Trägern mit der Reaktivierung der letzten CVA und CVS des Typs *Essex* ebenso wie auch die Jagdmaschine F-8 Crusader, die nur noch in wenigen Exemplaren als leichter Foto-Aufklärer RF-8G auf fünf Trägern operiert und demnächst ebenfalls durch modifizierte F-14 und später durch F/A-18 ersetzt wird. Nicht weniger problematisch ist die Situation der zu den Fluggeschwadern gehörenden U-Jagd-Maschinen S-3A Viking, über die nachfolgend noch ausführlicher berichtet wird. Sie sind im Rahmen des sog. CV-Konzeptes für die U-Boot-Sicherung der Trägerverbände verantwortlich, werden aber, da sie von den anderen Teilnehmern des Fluggeschwaders wegen ihres Raumbedarfs als Störenfriede empfunden werden, bei weitem nicht ausreichend genutzt. Die Regierung Carter äußerte bereits die Absicht, diese gesamte U-Jagd-Komponente zu eliminieren und die Maschinen zu Luftbetankungs- bzw. Transportmaschinen umzubauen. Seitens der jeweiligen Verbandsführung überläßt man den Schutz gegen Unterwasserschiffe lieber den LAMPS-Bordhubschraubern der begleitenden „Surface Combatants".

1.3 Schlachtschiffe

Nachdem bereits in den frühen 60er Jahren der Umbau der vier in Reserve befindlichen Schlachtschiffe zwar erwogen, jedoch nicht realisiert wurde, wurde 1967/68 BB-62 *New Jersey* reaktiviert, die während der einzig gebliebenen Einsatzfahrt vor der vietnamesischen Küste wertvolle Dienste bei der Feuerunterstützung geleistet hat. Seit ihrer letzten Außerdienststellung sind erneut zwölf Jahre vergangen. Alle vier konservierten Schiffe sind jetzt 37 Jahre alt.
Von der Navy und ihrem CNO, Admiral Hayward, wurde der Anstoß des Kongresses, im Rahmen des Etats FY 81 die *New Jersey* erneut zu reaktivieren, heftig unterstützt. Solche Anstöße kommen aus den Kreisen der Parlamentarier immer dann, wenn diese der Meinung sind, die Navy müßte wieder einmal in die Lage versetzt werden, Machtprojektion auszuüben. Der Anlaß für den letzterwähnten Anstoß war diesmal der Einmarsch der Sowjet-Armee in Afghanistan und nicht zuletzt – nur fünf Monate danach – die Indienstnahme des neuen sowjetischen „Schlachtkreuzers" *Kirov,* dem seitens der Navy weit und breit nichts Vergleichbares entgegengesetzt werden kann.
In der Tat wäre es für die Navy, vor allem auch für das Marine Corps sehr nützlich, wenn diese vier stabilen und gut gepanzerten Schiffe aktiviert würden, insbesondere dann, wenn sie in der Weise umgebaut werden könnten, daß neben der „gun-support"-Komponente auch noch die „vertical assault"-Komponente hinzukommen würde. Drei Negativposten stehen jedoch dagegen:

- ☐ hohe Reaktivierungs- und Umbaukosten (ca. 500 Mio $ je Schiff):
- ☐ hohes Alter der vier Schiffe;
- ☐ hoher Personalbedarf (pro Schiff ca. 1500 Mann allein an Besatzung).

Für den jeweils 500-Mio-Umbau müßte zunächst in den Marinewerften Personalkapazität bereitgestellt werden. Admiral Hayward war der Meinung, daß trotz des hohen Alters der Schiffe eine aktive Dienstzeit von noch rd. 15 Jahren möglich sein müßte, da in den Antriebsanlagen noch ausreichend Reserve vorhanden wären und auch genügend Geschützrohre des Kalibers 40,6 cm in den Arsenalen lägen. Das größte z. Zt. anfallende Problem wäre die Bereitstellung der Besatzungen. Wegen ihrer Größe sind dies sehr mannschafts-intensive Schiffe. Auch nach dem Umbau würde ein Bedarf von rd. 1500 Mann je Schiff bestehen. Beide Häuser des Kongresses hatten aus FY 81 die Reaktivierung von *New Jersey* bereits autorisiert, die Mittel jedoch wurden mit der verständlichen Verspätung bewilligt, so daß die Navy nicht wußte, wo sie die Mannschaften hernehmen sollte. Es ist jedoch nicht auszuschließen, daß seitens der neuen Regierung Reagan in dieser Richtung Entscheidungen getroffen werden.
Unter der Überschrift „Visible and invisible power" unterstützte der Marine Corps-General Kelley die Reaktivierung der Schlachtschiffe mit folgenden Worten: „Wir haben lange Zeit Flugkörper gebaut und sie in Löcher gestopft, wo sie keiner sieht; wir wissen, daß sie dort sind, aber die Dritte Welt sieht sie nicht. Dasselbe gilt auch für die strategischen Unterseeschiffe. Nichts aber ist eindrucksvoller, als ein Schlachtschiff mit seinen mächtigen Geschützen am Horizont."

In der Tat würde die Größe dieser Schiffe Vorteile bei der Unterbringung mancher moderner Kampfsysteme bieten. Neben den legendären 40,6-cm-Geschützen, von denen je zwei Drillingstürme verbleiben würden, könnte man noch vier Leichtgewicht-Kanonen Mk 45 (Kaliber 12,7 cm) oder Mk 75 (7,6 cm) für die Nahverteidigung vorsehen sowie zwei bis vier Geschützanlagen Phalanx zur FK-Abwehr. Sowohl Harpoon wie auch Tomahawk könnten mitgeführt werden, während hier auf einen der FK-Starter für SAM-FK verzichtet werden könnte. Den größten Vorteil aber würde der Umbau im Bereich der achteren Schiffshälfte bringen: eine geräumige Plattform für mehrere V/STOL-Maschinen und/oder Hubschrauber und darunter ein entsprechender Hangar. Darüberhinaus könnte außer der Schiffsbesatzung noch ein Kontingent Truppen von rd. 1500 Mann untergebracht werden. Welches andere amphibische Schiff der derzeitigen amphibischen Flotte verfügt über eine solch offensive Kapazität?

1.4 Surface Combatants

Unter diesem Begriff vereint die U. S. Navy all diejenigen *Kampfschiff-* Gattungen und -Kategorien mit Ausnahme der Flugzeugträger, die der Überwachung der Seewege dienen. Hier spannt sich der Bogen von

- ☐ dem aktiven Schutz der „Battle Groups“ über
- ☐ den Geleitschutz amphibischer und logistischer Gruppen der Navy und von ozeanischen Geleitzügen bis zur
- ☐ Bildung eigenständiger „Surface Action Groups“ zur Aktivbekämpfung der gegnerischen Schiffsansammlungen über und unter Wasser, insbesondere von Handelsschiffen zu Beginn eines Konfliktes.

Und hierzu gehören Kreuzer, Zerstörer und Fregatten aller Kategorien, Flugzeugabwehr- wie U-Jagd-Schiffe, wobei die Navy der Meinung ist, daß gegenwärtig mehr Betonung bei den Flugzeugabwehrschiffen liegen sollte, weil die sowjetischen Backfire-Bomber die z. Zt. größte potentielle Gefahr darstellen.
Qualitativ werden die „Surface Combatants“ aufgewertet, wenn sie zum größten Teil zunächst mit Harpoon, später mit Tomahawk ausgerüstet werden. Trotzdem verbleibt noch eine respektvolle Einschätzung des entsprechenden Potentials auf der „anderen Seite“.
Den Gesamtbedarf an „Surface Combatants“ gab 1979 der damalige Verteidigungsminister Brown mit 250 an. Unter Berücksichtigung aller Abgänge und der von der Carter-Regierung präsentierten Fünfjahrespläne ist es sehr zweifelhaft, ob dieser Stand bis 1990 erreicht werden wird. Nun muß man aber bei dieser recht breit gestreuten Gruppierung erneut unter „High-mix“ und „low-mix“ unterscheiden. Hierüber mehr in den beiden nachfolgenden Unterabschnitten.

1.41 Kreuzer

Die Trennung in „high-mix“ und „low-mix“ könnte in etwa verglichen werden mit der zwischen Kreuzern/Zerstörern einerseits und Fregatten/Kampfbooten andererseits, wobei die *Ausdauer* der Schiffe sowie ihre *Waffenkapazität* das wichtigste Kriterium darstellen. Vom Standpunkt der Ausdauer und der gleichbleibend hohen Geschwindigkeit über längere Zeiträume sind atomgetriebene Schiffe vorzuziehen, von der eingesparten Treibstoffmenge gar nicht erst zu reden. Vom Standpunkt der Waffenkapazität sind diejenigen Schiffe nutzvoller, die zwei Lenkwaffenanlagen an Bord haben statt nur einer.

Der Bau von Atomkreuzern steht in engem Zusammenhang mit der Anzahl der vorhandenen Atom-Flugzeugträger. Gegenwärtig besteht die Gewohnheit, daß bei Bildung von „Nuclear Task Forces" ein Träger mit zwei großen Atombegleitern (= Atomkreuzern) gepaart wird. 1981 verfügt die Navy über drei CVN und neun CGN. Hier erscheint die Proportion auch unter Berücksichtigung der Werftliegezeiten der Kreuzer noch ausgeglichen. 1987 wird die Navy fünf Atom-Träger haben, jedoch keinen Atom-Kreuzer mehr. Nachdem die Carter-Regierung 1976 befunden hat, daß weder der 17000 ts verdrängende Typ „Strike Cruiser" noch der danach anvisierte leichtere Typ CGN-42 „erschwinglich" sind, werden von ihr im Herbst 1978 alle diesbezüglichen Planungen auf Eis gelegt. Der damalige CNO, Admiral Holloway, wiegte sich noch in der Hoffnung, daß letztlich eine Flotte von 18 „Strike Cruisers" dabei herauskommen könnte.

Andererseits ist es relativ wenig nutzvoll, wenn atomgetriebene Träger mit konventionellen Begleitern gepaart werden. Die Wirksamkeit sinkt stark wegen der Abhängigkeit der Öl verbrennenden Schiffe vom Treibstoffnachschub und von einer halbwegs ökonomischen Geschwindigkeit. Es müßten also für die 1987 vorhandenen fünf CVN mindestens noch drei oder vier CGN nachgebaut werden, damit jeder CVN mit zwei CGN operieren kann und mindestens zwei CGN in der Werft weilen können. Sollte die Reagan-Administration tatsächlich noch vier weitere CVN bauen wollen (und vor allem *können*!), so müßte zugleich ein Atomkreuzer-Programm parallel laufen. Auch hier *muß* über Kosten gesprochen werden. Der Bau von CGN-42 würde 1981 an die 1,65 Milliarden verschlingen, der Bau des ersten Folgeschiffes immer noch 1,23 Milliarden. Dies vor allem war der Grund dafür, daß die Carter-Regierung beschlossen hatte, lieber eine entsprechend große Anzahl von konventionell angetriebenen, jedoch mit AEGIS ausgestatteten, kleineren Kreuzern der CG-47-Klasse zu bauen. Zur Zeit sind 21 davon zum Bau vorgesehen. Welch eine rückschrittliche Entwicklung: vom 16000-ts-Kreuzer *Long Beach* (1962) über die beiden knapp mehr als 10000 ts verdrängenden Klassen *California/Virginia* (in den 70er Jahren) bis zur *Ticonderoga* (1983) mit knapp über 8000 ts. Über die größte FK-Reichweite verfügen jedoch die Kreuzer der Klassen CGN-9, CGN-25, CGN-35, CG-26 und CG-16, über deren Mk 10-Starter demnächst durchweg Standard SM-2 *ER* gestartet werden können, was hier eine Frage des geräumigeren FK-Magazins und der verbesserten Elektronik ist.

Ein wesentlicher Bestandteil für nur etwa die Hälfte der heute vorhandenen Kreuzer ist die Fähigkeit, ständig Hubschrauber mitzuführen. Die neue CG-47-Klasse wird für das LAMPS III-System vorbereitet, während die Kreuzer einiger anderer Klassen (CGN-35, CGN-38 und CG-26) LAMPS I-Maschinen des Typs SH-2F aufnehmen können. Angesichts der Tatsache, daß die U-Jagd-Maschinen vom Typ S-3A Viking von den Trägern nur mit Unlust eingesetzt werden, kommt den Bordhubschraubern der „Surface Combatants" innerhalb der „Battle Groups", aber auch sonst beim Schutz gegen Unterseeschiffe besondere Bedeutung zu. Es ist überhaupt der Hubschrauber, auf den sich die Hoffnung der „Surface Combatants" stützt, weil man hofft, daß dieser mit den Problemen der Jagd auf immer schneller fahrende und tiefer tauchende sowjetische U-Schiffe fertig werden könnte.

Erwähnenswert ist auch der „Halbzeit"-Umbau von CGN-9 *Long Beach.* Auch hier wurde im Januar 1977 aus Kostengründen (über 700 Mio) auf die Umwandlung in einen „Strike Cruiser" verzichtet und bei dem nunmehr in zwei Stufen durchgeführten „kleinen" Umbau nur Überholtes durch Moderneres ersetzt.

CG-26 *Belknap* kehrte 5 Jahre nach der schweren Kollision im Mittelmeer repariert und etwas aufgewertet zur Flotte zurück; als erstes Schiff der Flotte erhielt *Belknap* die Fähigkeit, FK vom Typ Standard SM-2 *ER* zu starten. Bisher sieht es so aus, als würden alle Schiffe, die über Mk 10-Starter verfügen, auch die SM-2 *ER* erhalten, während diejenigen mit Mk 13 und Mk 26-Anlagen die *MR*-Version führen werden.
Beginnend mit Folgeschiffen von *Ticonderoga,* die im Rahmen des Etats FY 82 gefordert werden, wird man offensichtlich auf die Installation von auf dem Oberdeck aufgestellten FK-Startern verzichten und die diversen FK (Standard, ASROC, Harpoon, Tomahawk) direkt aus Start-Silos verschießen, in denen sie senkrecht untergebracht sind.
Der vorläufige Verzicht auf den Einbau von AEGIS auf den schweren und so teuren CGN und die ersatzweise Wahl des kleineren Typs CG-47 (mit vielen Elementen der Zerstörer-Klasse *Spruance*) fiel insofern leichter, als die Firma RCA eine kleinere und leichtere, jedoch gleich wirksame Version der kombinierten Anlage AN/SPY-1 entwickelt hatte. Bei dem anvisierten Bau von 21 Einheiten der *Ticonderoga*-Klasse denkt man an die Verwendung von

18 Schiffen in 9 „Carrier Battle Groups“ und
3 Schiffen in selbständigen „Surface Action Groups“.

Auch dies stellt jedoch so etwas wie ein Minimum dar; man kann hoffen, daß es später möglich sein wird, beim Halbzeit-Umbau auch CG-38 bis 41 auf AEGIS umzurüsten, eventuell auch CGN-36/37.
Die letzten 15 Jahre markierten auch den Abgang der Lenkwaffenkreuzer-Umbauten der ersten Generation:

- ☐ 2 Schiffe der *Boston*-Klasse,
- ☐ 6 Schiffe der *Galveston/Providence/Little Rock*-Klasse,
- ☐ 3 Schiffe der *Albany*-Klasse.

Hinzu kam die Aussonderung des letzten typischen Schweren Kreuzers mit Geschützbewaffnung *Newport News* (CA-148), der allerdings – genauso wie dei beiden CG der *Albany*-Klasse – mit der gesamten dazugehörigen Bewaffnung und Elektronik noch immer existent ist.

1.42 Zerstörer

Wie man unschwer feststellen kann, sind moderne Zerstörer der U. S. Navy drei- bis viermal so groß, wie diejenigen, die vor 40 Jahren im Zweiten Weltkrieg gebaut worden sind. Die viel komplexer gewordenen Kampfsysteme und die Anforderungen an eine gesteigerte Wohnlichkeit machen vor allem den Unterschied. Von der Größe her sind die Grenzen zwischen Kreuzern und Zerstörern fließend geworden. Die vier für Iran gebauten und dann als „Geschenk des Himmels“ von der USN übernommenen Lenkwaffenzerstörer der *Kidd*-Klasse gleichen praktisch CG-47 minus AEGIS. Trotzdem sind erstere als Zerstörer, letztere als Kreuzer klassifiziert, ein wenig Prestige-Denken mag bei Klassifizierungsfragen auch eine Rolle spielen. 1981 ist das Jahr des Zugangs der vier ex-iranischen DDG, während 1980 der letzte von ursprünglich 30 DD der *Spruance*-Klassen abgeliefert wurde – der Nachzügler DD-997 folgt später.
Das Jahr 1980 markiert auch den Beginn der Umrüstung der zehn DDG der *Farragut*-Klasse (DDG-37, früher DLG-6) auf Standard SM-2 ER und den Start der im Rahmen normaler Werftliegezeiten durchzuführenden „kleinen“ Modernisierung von DDG der *Charles F. Adams*-Klasse. Vermutlich werden aber bei weitem nicht alle 24 Einheiten dieser Klasse in diesen Prozeß einbezogen. Man spricht z. Zt. von nur sechs

zu modernisierenden Einheiten, während bei den anderen vermutlich geringfügigere Maßnahmen Raum greifen werden. Spätestens Ende der 80er Jahre wird sich die Navy in der Zwangslage sehen, an die 42 DD/DDG der Typen *Forrest Sherman* und *Charles F. Adams* ersetzen müssen, wenn die Zahl der erforderlichen „Surface Combatants" nicht drastisch absinken soll. Vorerst gibt es nur zwei Programme, um dies zu erreichen:

- ☐ qualitativ: die erste Modernisierung der 30 DD der *Spruance*-Klasse
- ☐ qualitativ und quantitativ: das Neubauprogramm DDGX.

Mit der Modernisierung der 30 noch sehr neuen DD soll angeblich schon ab FY84 begonnen werden. De facto würden die Schiffe danach DDG sein, denn die wichtigste Veränderung würde im Ersatz der beiden Starter für ASROC und Sea Sparrow durch je eine VLS-Anlage (= *Vertical Launching System)* bestehen. Diese Start-Magazine für je 60 FK würden eine gemischte Sortierung aus Standard, Harpoon, Tomahawk und ASROC enthalten, wogegen es keine außen befindliche Starter mehr geben würde. Es bleibt zu hoffen, daß die Navy dann diese Schiffe wirklich zu DDG umklassifizieren wird, damit die Verwirrung nicht noch größer wird.
Das Neubauprogramm DDGX stellt die vorerst letzte Stufe dar, zu einem Typ von Lenkwaffenzerstörern zu kommen. Man erinnere sich daran, daß seinerzeit etliche „X"-Programme anvisiert waren, von denen nur zwei realisiert wurden

- ☐ Aus dem DX-Programm wurde später die *Spruance*-Klasse.
- ☐ Aus demDXGN-Programm wurde später die *Virginia*-Klasse.

Alles andere, was sich einst DG, DGX oder wie auch immer nannte, verschwand in den Konstruktions-Schubladen.

DDGX ist ein Anlauf, eine – wie man hofft und beabsichtigt – größere Klasse von Lenkwaffenzerstörern mit der kleineren Version von AEGIS und mit VLS zu bauen. Oder anders ausgedrückt: DDGX soll eine „preiswertere" Ausführung der CG-47-Klasse werden. Zu der Zeit, als diese Zeilen geschrieben wurden, arbeitete die Navy – unterstützt vom Kongreß und unter Mitarbeit der privaten Werftindustrie – zunächst an der Konzept-Formulierung des neuen Typs. Was vorerst bekanntgegeben wurde, ist die anvisierte Wasserverdrängung von nicht weniger (aber offensichtlich auch nicht viel mehr!) als 6500 ts., AEGIS SPY-1, zwei VLS-Anlagen, Geschwindigkeit „nicht unter 29 kn", also in jedem Falle auf die Mitwirkung in „Carrier Battle Groups" ausgelegt. Unschlüssigkeit besteht noch bei der Wahl des Antriebssystems. Gleichwertige Kandidaten sind sowohl Getriebe- wie Gasturbinenantrieb, aber auch eine neue Form von Elektroantrieb. Nur Nuklearantrieb steht hier nicht zur Diskussion; einmal ist er zu teuer bei einer größeren Serie von Schiffen, dann aber liegt gegenwärtig die unterste Grenze für Nuklearantrieb auf Überwasserschiffen immer noch bei 8000 bis 9000 ts. Etwas utopisch mutet die anvisierte Zahl von 49 DDGX-Schiffen an. Man wird sehen! Zur Zeit wurden noch keine Kostenvorstellungen bekanntgegeben. In welche Richtung sich diese jedoch entwickeln werden, das kann man sich in etwa vorstellen, wenn man erfährt, daß allein eine AEGIS-Anlage für CG-47 an die 350 Mio $ kostet. Trotz des Drängens durch den Kongreß sieht es aus, als würde das Leitschiff von DDGX nicht vor FY 85 zum Bau vergeben werden können. Auch in diesem Fall ist zu bedauern, daß sich die Navy in einer Zeit, in der es darauf ankommt, erst einmal ein solides Polster an ausreichenden Schiffseinheiten zu schaffen, immer wieder dazu hinreissen läßt, kostspielige Neuentwicklungen vorzunehmen, statt sich erst einmal etwa zwei Jahrzehnte an bereits durchkonstruierte Typen zu halten und diese lediglich mit den jeweils bekannten und bewährten – oder auch neuen – Kampfsystemen auszurüsten.

In den letzten 15 Jahren gab es den Exodus aller seinerzeit gemäß FRAM II modernisierten Schiffe der Klassen *Fletcher, A. M. Sumner* und *Gearing.* Von den 79 gemäß FRAM I modernisierten DD des Typs *Gearing* fristen 1981 noch acht Einheiten ihr Dasein als Trainingsschiffe der NRF. Sie ächzen unter der Last ihrer überlangen aktiven Dienstzeit von durchweg über 35 Jahren. Mit ihrer Aussonderung darf recht bald gerechnet werden.
Zu bedauern ist dagegen die viel zu früh erfolgte Aussonderung der beiden DDG der *Mitscher*-Klasse (DDG-35/36), die vor allem deswegen so früh gehen mußten, weil Mittel fehlten, um sie letztmalig in der Werft aufzupolieren. Abgesehen von den offensichtlich vorhandenen Schwächen ihrer Antriebsanlagen waren dies wertvolle „Surface Combatants".

1.43 Fregatten

Die Zahlen-Vorgaben der Navy bei dieser Schiffsgattung sehen einen Mindestbestand von 92 Fregatten vor. Deren Verteilung im Kriegsfalle würde wie folgt aussehen:

5 zum Schutz amphibischer Gruppen;
63 zum Schutz von ozeanischen Geleitzügen;
24 zum Schutz von vier logistischen Gruppen (UNREP).

92

Sollte die *O. H. Perry*-Klasse im FY 84 mit 54 Einheiten komplettiert werden, so würde die Navy 119 FF/FFG besitzen, also 27 mehr, als es dem Mindestbedarf entspricht. So wertvoll die Schiffe der FFG-7-Klasse auch sein mögen – insbesondere wegen des ab 1983 dort zum Einsatz kommenden Systems LAMPS III, dessen Luftkomponente der neue U-Jagd-Hubschrauber SH-60B Seahawk ist –, so sehr weiterhin die U. S. Navy natürlich auch Schutzschiffe für ozeanische Geleite benötigt, bestehen doch sowohl bei der Navy wie auch bei zivilen Fachleuten Bedenken, ob man denn von dieser Klasse Einheiten im Überfluß bauen sollte, wenn auf der anderen Seite nicht zuletzt deswegen der Bau von dringender benötigten „high-mix"-Schiffen reduziert werden muß. Andererseits war es gerade eine Lobby im Kongreß, die den Bau von FFG-7-Einheiten begünstigte, um die Vollbeschäftigung auf drei Werften ihrer Wahlkreise zu gewährleisten. Der Bau der FFG-7-Klasse stand bei Beginn mit einem Einheits-Preis von rd. 146 Mio $ auf der „low-mix"-Seite. Inzwischen mauserte sich – trotz des ansonsten mustergültigen Projektverlaufes – der Stückpreis (vor allem durch Inflation) auf fast 500 Mio $ (FY 82), so daß unter Berücksichtigung der Tatsache, daß schließlich auch die NATO-Verbündeten der USA eine nicht geringe Anzahl an Convoy-Geleitschiffen (Zerstörer und Fregatten) stellen, an das Auslaufen dieses Programms gedacht werden sollte.
Eine gewisse Ratlosigkeit und Unmut bei der Navy und beim Kongreß waren verbunden mit dem fragwürdigen Vorhaben der Carter-Regierung, im Rahmen eines als FFX bezeichneten Programms Mitte der 80er Jahre „Billig-Fregatten" zu bauen und sie nach Fertigstellung der ‚Naval Reserve Force" zur Verfügung zu stellen. Als Optionen für FFX waren sowohl amerikanische Neuentwicklungen wie auch europäische Schöpfungen auf dem Sektor des Fregatten-Baues vorgesehen, aber auch eine mögliche Verwendung der frühen Einheiten der FFG-7-Klasse (nach Zulauf der zahlreichen folgenden!). Außer der Carter-Regierung selbst war kein Mensch von dieser Idee begeistert.

Noch nie gab es speziell für den Bedarf der NRF gebaute neue Schiffe, und hierzu besteht auch kein echter Bedarf. Es wird stets Zerstörer und Fregatten einer älteren Generation geben, die so gut sind, daß sie noch in ihren letzten Dienstjahren als NRF-Trainingsschiffe fungieren können. In einer Zeit, in der es in allen Gattungen an Schiffen fehlt, kann man sich kaum den Luxus leisten, Schiffe zu entwerfen, die nicht für die wichtigsten Aufgabe bestimmt sind, für die Vergrößerung bzw. für die Verbesserung der Macht-Projektion der aktiven Flotte. So bleibt die berechtigte Hoffnung, daß dieses Vorhaben seitens der Reagan-Regierung nicht weiter verfolgt wird.
Generell stößt die intensive Fregattenbaupolitik gegen Ende der 70er Jahre auch auf die Kritik der Experten. Der bekannte amerikanische Marinefachmann und Autor Norman Polmar rechnet vor, daß zu Beginn der 90er Jahre allein die Gattung der Fregatten 27 % aller dann vorhandenen aktiven Schiffe ausmachen wird. Ohne Rücksicht jedoch auf die inzwischen so hochgeschnellten Kosten gehören selbst die FFG-7-Fregatten zu den „low-mix"-Schiffen. Im Vergleich zu den Zerstörern fehlt es hier an genügend See-Ausdauer, an ausreichender FK-Kapazität und Elektronik, ganz zu schweigen davon, daß wegen verspäteter Lieferung ein Teil von ihnen bis zu sieben Jahre ohne ihre wichtigste Komponente gefahren ist, ohne das LAMPS III-System und ohne Sonar SQS-56.
1966 befanden sich 256 Geleitschiffe diverser im Zweiten Weltkrieg erbauter Klassen konserviert in der Reserveflotte. Dieser „eiserne Bestand" verschwand restlos während der letzten 15 Jahre wie auch die nach dem Kriege konzipierten Anschlußbauten der *Dealey-* und der *Claud Jones-*Klasse mit 13 bzw. 4 Schiffen.

1.5 Unterseeschiffe

Die Gesamtzahl der amerikanischen Unterseeschiffe betrug im Jahr 1980 rd. 120 Einheiten. Die 41 Strategischen Unterseeschiffe (SSBN) haben jedoch vom Standpunkt der Einsatzziele mit den Angriffs-U-Schiffen (SSN) nur wenig gemeinsam. Auch die SSBN sind von der administrativen Gliederung her genauso in „Submarine Squadrons" zusammengefaßt wie die Angriffs-U-Schiffe (SSN) und bilden mit diesen die übergeordneten „Submarine Groups". Die primäre Aufgabe der SSBN besteht aber darin, die 16 oder 24 ballistischen FK bei Beginn eines Atomkrieges auf direkten Befehl des Präsidenten der USA auf den vorprogrammierten Weg zu bringen. Soweit sie danach noch nicht versenkt worden sind, sollen sie weiter mit etwas beschränkten Mitteln als Angriffs-Unterseeschiffe operieren. SSN dagegen sind von vornherein dazu bestimmt, in einem Kriege sowjetische SSBN und SSN zu orten, zu lokalisieren und zu vernichten. Über diese beiden großen Gruppen wird nachfolgend noch die Rede sein.
Was beiden Gruppen jedoch gemeinsam ist, das liegt vor allem im Bereich der Schiffbaupolitik. Seit längerer Zeit, d. h. zumindest während der Regierungszeit Präsident Carters, werden jährlich kaum mehr als ein SSBN und ein SSN gefordert und auch kaum mehr als eines gebaut. Im Falle der SSN ist dies um ein Mehrfaches zu wenig. Noch bestürzter wird man, wenn man sich sagen lassen muß, daß selbst bei einer höheren Bewilligungs-Rate der SSN-Zustrom nicht größer sein würde, weil für den Bau offensichtlich z. Zt. die erforderliche Werft-Kapazität fehlt. Vor 15 Jahren gab es noch vier Privat- und drei Marine-Werften, die sich mit dem Bau von Unterseeschiffen befaßten. Gegenwärtig sind es nur zwei Privat-Werften, die sämtliche amerikanischen U-Schiffe bauen sollen, dies aber nur unvollkommen schaffen. Der Rückstau an bestellten Einheiten ist so groß, daß es bis zu neun Jahren dauert, bis ein bewilligtes und

bestelltes U-Schiff abgeliefert wird. Arbeitskämpfe und Schwächen beim Werft-Management sind nur zwei Gründe für diesen geringen Ausstoß, manchmal trägt aber auch die Navy selbst dazu bei, indem sie mitten in den Bauarbeiten die Detailplanung nochmals ändert. Eines der größten Probleme besteht darin, daß es die Navy infolge finanzieller Probleme nicht mehr schafft, den Kriegsschiffbau generell für die Privat-Werften attraktiv zu machen. Langjährige Streitereien um Zahlungen und Preise und eine nicht zeitgemäße Vertragspolitik zwischen der Navy und den Werften sind ein weiterer Grund für die zu langsame Ablieferung von SSN und SSBN.
Die neue Regierung Reagan versichert, daß sie die Baurate

- ☐ der SSBN auf 1 1/2 pro Jahr und
- ☐ der SSN auf 3 bis 4 pro Jahr

erhöhen will. Dies hätte aber nur dann Zweck, wenn es gelingen würde, neue Werftkapazitäten zu erschließen. Es müßte z. B. die Ingalls-Werft wieder motiviert werden, in das U-Boot-Geschäft einzusteigen. Außerdem müßten noch die Marinewerften in Portsmouth und Mare Island wieder ins Vermögen gesetzt werden, SSN – wenn auch etwas langsamer – zu bauen.

1.51 Strategische Unterseeschiffe

Die Einführung des neuen ballistischen Systems mit dem Flugkörper Trident I (C4) vollzieht sich auf zwei Ebenen:

- ☐ Einsatz von je 24 FK dieses Typs auf den neuen SSBN der *Ohio*-Klasse (ab 1982 einsatzmäßig).
- ☐ Einsatz von je 16 Trident I auf zwölf bis 1982 umzurüstenden SSBN der *Lafayette*-Klasse (ab 1979 einsatzmäßig).

Die vorgenannte Umrüstung der älteren SSBN verläuft auf Marine-Werften relativ problemlos, weil es nur geringere Eingriffe in die Struktur der Feuerleitanlage bedarf. In die Umrüstungs-Maßnahme wurden bzw. werden einbezogen im

FY80	4 SSBN,
FY81	3 SSBN,
FY82	5 SSBN.

Der Tender *Simon Lake* wurde bereits aus dem Etat FY78 für die Aufnahme von Trident I vorbereitet, das Schwesterschiff *Canopus* folgt im FY84.
Die neue Regierung Reagan hat angedeutet, daß sie wegen der stark verzögerten Ablieferung der neuen SSBN möglicherweise weitere 12 SSBN der *Lafayette*-Klasse auf Trident I umrüsten wird.
Zugleich soll die Weiterentwicklung des weit besseren FK-Systems Trident II (D5) beschleunigt werden.
SSBN-726 *Ohio*, das Leitschiff der neuen *Trident*-Klasse, wird aus vielschichtigen Gründen mit mehr als zweijähriger Verspätung erst im Winter 1981/82 an die Navy übergeben, die Verschiebungen bei den Folgeschiffen sollen nicht so kraß sein.
Es besteht die Absicht, die Dienstdauer der 31 SSBN der *Lafayette*-Klasse durch geeignete Maßnahmen auf 30 Jahre zu verlängern. Dadurch dürften diese Schiffe vermutlich auch noch in den Genuß der nächsten Umrüstung auf Trident II kommen, falls dies nicht durch eines der SALT-Abkommen verhindert wird. Sowohl deren, wie auch die Startrohre der *Ohio*-Klasse sind so bemessen, daß sie ohne weiteres dieses Modell der Trident würden aufnehmen können.

Dagegen wurde 1980 das Polaris-System mit den A3-FK aus dem Verkehr gezogen. Zwei der zehn Polaris-SSBN wurden ausgesondert, weil ihre Uran-Ladung aufgebraucht war. Die restlichen acht Einheiten sollen noch so lange als SSN weiterfahren, bis auch ihre Urankerne aufgebraucht sein werden. Die mögliche Verwendung der z. Zt. nur stillgelegten Polaris-Startrohre für Marsch-Flugkörper („Cruise Missile") wird noch erwogen. Die Dienstzeit dieser ältesten SSBN dürfte nicht allzulang bemessen sein, da sie allesamt recht betagt sind. Somit dürfte ihr Beitrag zur temporären Aufstockung der SSN-Flotte nur von relativ kurzer Dauer sein.
Anfang 1980 umfaßte die SSBN-Flotte der U. S. Navy

- □ 31 Schiffe der *Lafayette*-Klasse mit 406 FK Poseidon C3, jeder davon mit 10 bis 14 MIRV (unabhängig vorprogrammierbaren Wiedereintritts-Sprengköpfen);
- □ 10 Schiffe der *George Washington*- und der *Ethan Allen*-Klasse mit 160 FK Polaris A3, jeder davon mit 3 MIRV.

1979 begann die Umrüstung der *Lafayette*- und 1982 der Zugang der *Ohio*-Klasse. Die endgültige Zahl der letzten ist noch immer nicht fixiert. Bis FY81 sind neun Einheiten bewilligt. Nach der gegenwärtig bekannten Disposition wird es von der *Lafayette*-Klasse etwa 1983 geben:

- □ 19 Schiffe mit 304 Poseidon-FK C3, jeder davon mit 10 bis 14 MIRV,
- □ 12 Schiffe mit 192 Trident I-FK C4, jeder mit 8 MIRV. Möglicherweise kommen bis zum Ende der 80er Jahre hinzu
- □ ca. 14 SSBN der *Ohio*-Klasse mit 336 Trident I-FK C4, jeder davon mit 8 MIRV.

Verzögerungen, Versäumnisse, Fehlentscheidungen und Unentschlossenheit der Carter-Regierung bei der Entwicklung und Weiterentwicklung wichtiger landgestützter Programme, wie MX, Cruise Missile, B-1-Bomber, Neutronen-Bombe u.a.m. zur Ablösung der veralteten B-52-Bomberflotte, erhöhten automatisch die Wichtigkeit dieser einzigen strategischen Komponente der Navy, der am schwierigsten zu ortenden SSBN-Flotte. Doch gerade hier werden ebenfalls im vollen Maße Versäumnisse und diverse Unzulänglichkeiten deutlich. Das gesamte Trident-Programm liegt viele Jahre hinter dem ursprünglichen Plansoll. Danach sollten bereits 1981 die ersten zehn Schiffe der *Ohio*-Klasse fertiggestellt sein, um die zehn ältesten Polaris-Schiffe zu ersetzen. Wie verlautet, soll die Waffenzuladung eines Trident-Schiffes so wirksam sein wie die von allen zehn Polaris-Schiffen zusammen. Das Leitschiff *Ohio* sollte aus den Mitteln des Etats FY74 gebaut werden; danach hätten in diesem Jahr drei SSBN folgen sollen. Dieses Bauprogramm verzögerte sich jedoch einmal dadurch, daß

- □ der Kongreß im Gegensatz zu seinen Aktionen der 60er Jahre hier wenig Begeisterung an den Tag legte;
- □ die Entwicklung von Trident I, das ja als Interimsprogramm bis zur Frontreife von Trident II gedacht war, ebenfalls länger gedauert hat als vorgesehen.

Erst im Herbst 1979 ging die auf Trident I umgerüstete *Francis Scott Key* (SSBN-657) auf die erste Fahrt mit 16 FK „im Bauch".
Der für den Bau von atomgetriebenen Schiffen nach wie vor verantwortliche greise, längst pensionierte Admiral Rickover bestand darauf, daß Schiffe der *Ohio*-Klasse genau so schnell sein sollten wie die nur halb so schweren Vorgänger der *Lafayette*-Klasse. Dies bescherte nicht nur die Verdoppelung der Leistung der Atomantriebsanlage, nicht nur größere Probleme bei der Eigengeräuschdämmung, sondern auch eine drastische Erhöhung des Stückpreises, der inzwischen die Hälfte des Preises für einen 94000 ts verdrängenden Atomträger erreicht hat. Ob dies in dieser Weise notwendig gewesen

ist, muß man sich angesichts der ohnedies noch schnelleren sowjetischen Unterseeschiffe fragen. So findet man z. Zt. Bestrebungen, ein preiswerteres SSBN-Modell zu entwickeln; bis zu deren Frontreife werden aber weiterhin die teuren *Ohios* gebaut. Ein stärkerer Zufluß der SSBN müßte schon deswegen angestrebt werden, weil etwa Mitte bis Ende der 90er Jahre blockartig alle *Lafayettes* – auch wenn sie ca. 30 Jahre lang im Dienst bleiben sollten – ihre Brauchbarkeitsgrenze erreicht haben dürften.
In seiner Präsentation der Haushaltsforderungen zum Etat FY79 führte der damalige Verteidigungsminister Brown aus, daß ca. 21 SSBN der *Ohio*-Klasse mit 504 FK bis 1990 fertiggestellt sein würden. Sollte dies wider Erwarten tatsächlich erreicht werden, so würde es kurz danach zum vorne erwähnten Exodus der *Lafayette*-Klasse kommen und das strategische See-Bein der nuklearen Abschreckungsmacht der Vereinigten Staaten würde nur halb so reich an Schiffen sein wie im Jahr 1980. Ermutigt durch diese niedrige Zahl, könnten sich die sowjetischen U-Schiffe eher motiviert sehen, die amerikanischen SSBN intensiver zu verfolgen. Das wiederum könnte dazu führen, daß jedem der kostbaren SSBN ein SSN zum Schutz beigegeben werden müßte. Gerade diese SSN sind es aber, deren Aufgabe in der Verfolgung sowjetischer SSBN im Nordmeer, in der Barentssee und sonst wo liegt.
Davon abgesehen kann daran gezweifelt werden, ob es bis 1990 wirklich 21 *Ohios* geben wird. Die Zahl 17 erscheint hier etwas realistischer zu sein, so daß damit 408 FK einsatzfähig sein müßten. Sollte die Reagan-Regierung jedoch wirklich *weitere* 12 *Lafayettes* auf Trident I umrüsten, so würde sich etwa 1986 folgendes halbwegs realistisches Bild ergeben:

---

8 Schiffe der *Ohio*-Klasse mit 192 FK Trident I C4
24 Schiffe des *Lafayette*-Klasse mit 384 FK Trident I C4
7 Schiffe der *Lafayette*-Klasse mit 112 FK Poseidon C3

---

39 SSBN mit 688 FK.

Zur Vermeidung eines größeren Mangels an SSBN in den 90er Jahren wurden – wieder einmal im Rahmen einer Studie – vier mögliche Alternativen aufgezeigt:

1. Erhöhung der bisherigen Baurate der *Ohios* auf mehr als ein pro Jahr.
2. Bau von kleineren SSBN mit 16 Startrohren zu einem etwas niedrigeren Preis.
3. Bau von großen, jedoch billigeren SSBN mit 24 Startrohren, jedoch mit niedrigerer Geschwindigkeit und schwächerem Sonar (ca. 15 000 ts und ca. 30 % billiger).
4. Gegebenenfalls Umwandlung eines Teiles der in Bau befindlichen SSN der *Los Angeles*-Klasse durch Einsatz einer Mittelsektion für 16 Trident-FK.

Die Alternative 4 ist nicht so schnell auszuschließen, wie man angesichts des SSN-Mangels meinen sollte. Wenn man einen Teil der bereits finanzierten SSN, die als Rückstau noch auf den Baubeginn warten, umgehend als SSBN umplanen und weiterbauen würde, so wäre die Trident-Flotte früher als geplant und für weniger Geld komplett. Dafür müßte allerdings die Absicht der Reagan-Regierung realisiert werden, jährlich mindestens 3 – 4 SSN zum Bau freizugeben.
Mit Rücksicht auf die bereits erwähnte Wichtigkeit der SSBN-Flotte als effektives Abschreckungs-Potential der U. S. Navy wird so oder so eine der vier aufgezeigten Alternativen – und dies sehr bald – gestartet werden müssen.
Zum Schluß folgt noch ein Überblick über den Einfluß der SALT I- und SALT II-Bestimmungen auf die amerikanische SSBN-Flotte.

SALT I sah für die USN die Vorhaltung von 41 SSBN mit 656 Polaris/Poseidon-FK vor. Wenn *Ohio* in Dienst kommt, müssen zwei ältere SSBN ausgesondert werden. Dies geschah bereits vorzeitig, zwar nicht weil *Ohio* in Dienst kam, jedoch weil ab Herbst 1979 Trident I erstmalig operativ zum Einsatz kam. Bei SALT II dagegen wurden einige Limits mit der Carter-Regierung ausgehandelt, die sich von der Handhabung bei SALT I unterscheiden.

Limit 1: Hier würde nicht die Anzahl der Träger, sondern die der interkontinentalen ballistischen FK begrenzt, und zwar auf 2250. Dieses Soll könnte erreicht werden entweder durch die Eliminierung
a) der Polaris-FK,
b) der B-52-Bomberflotte oder
c) der Titan-FK.

Limit 2: Es dürfen für ICBM und SLBM zusammen nicht mehr als 1200 MIRV-Träger (= FK) vorhanden sein. Danach müßte man nach Fertigstellung der 7. Einheit der *Ohio*-Klasse, etwa 1985, entweder alle Minuteman- oder alle Poseidon-FK eliminieren.

Limit 3: Begrenzung einer Kombination von MIRV-Trägern und ALCM (von Flugzeugen einsetzbaren Marsch-Flugkörpern) auf 1320. Sollten mehr als 120 ALCM-Träger vorgehalten werden, so müßten – etwa 1984 – ebenfalls entweder Minuteman III- oder Poseidon-FK eliminiert werden.

SALT II wurde allerdings – wie bekannt – während der Carter-Ära nicht unterzeichnet und auch von der Reagan-Regierung für nicht unterzeichnungswürdig befunden, zumindest in Teilbereichen.

1.52 Angriffs-Unterseeschiffe

Das Gros der amerikanischen Angriffs-U-Schiffe besteht heute aus atomgetriebenen Einheiten. Die wenigen diesel-elektrisch angetriebenen Schiffe aus vergangenen Zeiten spielen nur noch eine relativ untergeordnete Rolle. Allerdings ist zu fragen, ob man zur Einsparung von Mitteln nicht zwischendurch wieder einige Diesel-U-Schiffe bauen sollte, die in Küsten-Gewässern eingesetzt werden könnten.
Zur Zeit werden U-Schiffe der SSN-688-*(Los Angeles)*-Klasse gebaut. Admiral Rickover setzte damit durch, daß für die Navy nur die besten Unterseeschiffe gerade gut genug sind. Damit diese großen Schiffe unter Wasser 5 kn schneller laufen können, mußte die Leistung der Atomantriebsanlage verdoppelt werden, und dies brachte die Kostenerhöhung auf (1981) rd. 580 Mio $ je Schiff mit sich. Alles andere, was SSN-688 an Waffen und Elektronik aufzuweisen hat, könnte auch auf Schiffen der SSN-637-Klasse *(Sturgeon)* untergebracht werden. Diese aber würden 30 % billiger sein als *Los Angeles.* Die Fragwürdigkeit des Baues von U-Schiffen, die nur wegen ihrer hohen Geschwindigkeit so teuer sind, wird erst dann besonders deutlich, wenn man erfährt, daß Schiffe der sowjetischen *Alfa*-Klasse noch etwa 10 kn schneller sind, wenngleich damit recht geräuschvoll.
In den Fünfjahresplänen der Carter-Regierung spukt ein zum Baubeginn etwa FY85 bestimmter neuer SSN-Typ, der preiswerter sein soll und die vorläufige Arbeitsbezeichnung „Fleet Attack SSN“ (FA-SSN) führt. Dies sollte eine verkürzte, aber im Durchmesser des Schiffskörpers gleich dick gebliebene Version von SSN-688 werden. Wegen dieser Eigenschaften erhielt die Kürzung FA sehr rasch die scherzhafte Bedeutung „Fat Albert“. Es war vorgesehen, daß in etwa nach Vergabe der 37. Einheit der

Los Angeles-Klasse diese preiswertere Alternative gebaut werden sollte. Man wird sehen, ob die Reagan-Regierung dieser Alternative nähertreten wird. Es erscheint wenig wahrscheinlich, daß man angesichts der qualitativen und quantitativen Steigerung der sowjetischen Unterseeflotte künftig weniger leistungsstarke amerikanische U-Schiffe bauen wird, dies um so mehr, als man damit rechnet, daß die Sowjets in 10 bis 15 Jahren das Problem ihrer geräuschvollen Unterwasserantriebe bewältigen werden. In diesem Falle würde die Lage für die zahlenmäßig viel kleinere amerikanische Unterseeflotte ziemlich prekär werden. Daher würde man vermutlich froh sein, wenn ein etwas verbesserter Typ *Los Angeles* („reengineered SSN-688") nicht mehr kostet als der gegenwärtig gebaute.
Denn: Will die USN etwa im Jahre 2000 nicht im Bestand ihrer SSN plötzlich abfallen, will sie bis etwa Mitte der 80er Jahre auf die anvisierten 90 „first-line-SSN" kommen, so *muß* sie von nun an in jedem Jahr 3 bis 4 Einheiten zum Bau freigeben. Und dies entspricht auch den erklärten Absichten der Regierung Reagan.
Der voraussichtliche Zugang von acht ehemaligen Polaris-SSBN stellt, so sehr er grundsätzlich zu begrüßen ist, nur eine vorübergehende Maßnahme dar, da diese inzwischen an die Altersgrenze herangekommenen Einheiten – je nach Uran-Reserve – kaum länger als noch vier oder fünf Jahre im aktiven Dienst bleiben werden.
Die Navy hält nach wie vor an der Soll-Zahl von 90 vollwertigen SSN fest. Zur Zeit, da diese Zeilen geschrieben werden, verfügt die Navy über 74 SSN, von denen die fünf ältesten (*Seawolf* und vier der *Skate*-Klasse) nicht mehr dem gegenwärtigen Standard entsprechen und fünf weitere (*Skipjack*-Klasse) bald auf eine 25jährige Dienstzeit zurückblicken. Mit dem Rückstau der zum Bau vergebenen SSN dürfte es kein Problem sein, Mitte der 80er Jahre auf 90 SSN zu kommen, jedoch würde sich die während der Carter-Administration praktizierte Baurate von nur einem SSN pro Jahr in den 90er Jahren nachteilig bemerkbar machen. Hierzu einige Zahlenvergleiche. Zum Bau autorisiert wurden bzw. werden:

1960 bis 1969 = 44 SSN
1970 bis 1979 = 30 SSN
1980 bis 1989 = ca. 11 SSN (nach der bisherigen Baurate!)

Bei diesem Baufortschritt wird die Alterungs-Rate höher als die Zugangs-Rate, so daß bei einer angenommenen Dienstzeit von 25 Jahren

1990 nur noch 85 und
1995 nur noch 50

SSN übrigbleiben würden. Lediglich zur Erinnerung: Die Sowjets produzieren leicht bis zu 10 SSN pro Jahr, und diese fahren zum Teil schneller, tauchen tiefer und sind besser bewaffnet. Hierüber ist der Kongreß ebenso bekümmert wie über die zu geringe Werftkapazität und das fehlende Personal.
Trotz allem sind die Amerikaner bezüglich der Qualität ihrer Unterseewaffe noch recht selbstbewußt. Aus einer aus dem Jahr 1978 stammenden Kongreß-Studie geht hervor, daß – abgesehen von anderen, geheimgehaltenen amerikanischen Vorteilen – die Sowjets z. B. nur 15 % ihrer SSBN ständig im Einsatz haben, während bei der USN die Quote 55 % beträgt. Zur Ergänzung der Abwehrmaßnahmen durch eigene SSN verfügt die Navy über mobile und fest verankerte Ortungssysteme. Als Nachteil für die Sowjets kann angesehen werden, daß sie die Funkverbindung mit ihren U-Schiffen über Satelliten aufrechterhalten, die bei einem Kriegsbeginn zuallererst vernichtet werden dürften.
Bei den Überlegungen darüber, welchen SSN- (oder SS-) Typ die U. S. Navy künftig bauen soll, muß an erster Stelle an die „Erschwinglichkeit" gedacht werden, dann aber auch daran, daß vor lauter Elektronik die Waffen-Komponente nicht vernachlässigt

wird. Künftige SSN sollten in jedem Fall wieder mindestens sechs Torpedorohre haben statt nur vier. Dementsprechend muß auch die Anzahl der Reserveladungen erhöht werden. In den nächsten Jahren wird jeder SSN eine Palette von Waffen zur Verfügung haben. SUBROC (bzw. dessen Nachfolger), Torpedos Mk 37 und Mk 48, Harpoon, Tomahawk, Minen-Zuladung. Zur Vermeidung von längeren Umladezeiten sollte daher die Anzahl der TR erhöht werden. Wenn man von der Kostenfrage einmal absieht, so ist es sicherlich für die Navy kein Problem, das bestmögliche U-Schiff zu bauen. Worauf es aber ankommen wird, ist die Vorhaltung einer klug dosierten Mischung aus teuersten, d. h. besten, und weniger teuren, aber zweckmäßig einsetzbaren U-Schiffen.

1.6 Kampfboote

Seit jeher hat die USN ein etwas gestörtes Verhältnis zu kleinen Kampfeinheiten gehabt. Bald nach dem Ende des Vietnam-Krieges trennte sie sich schnell von fast allen Kanonenbooten der *Asheville*-Klasse, obwohl in der Praxis bereits erprobt wurde, sie mit je vier Standard-FK auszurüsten. In der Gegenwart würde die Zuladung von etlichen Harpoon-FK sie zu potenten Küsten- und Binnenmeer-Schiffen machen. Stattdessen sind es nunmehr die PGH der *Pegasus*-Klasse, an denen ein wenig lieblos herumgebaut wird. Nach einer schweren Geburt sehen diese Schiffe einer trüben Zukunft entgegen, wenn es der Navy nicht gelingt, sie durch Zuweisung klarer und abgegrenzter Aufgabenbereiche ausreichend zu motivieren. Diese Aufgabe könnten in der Überwachung bestimmter Seegebiete und im „showing the flag“ liegen, so z. B.

- ☐ des Mittelmeeres, wo sogar Zerstörer und Fregatten der 6. Flotte ergänzt bzw. entlastet werden könnten;
- ☐ der Gewässer um die Insel Kuba herum, wo von Key West in Florida aus die Bewegungen der sowjetischen Nachschub-Frachter überwacht werden könnten;
- ☐ von Japan aus der koreanischen Gewässer;
- ☐ des Persischen Golfes zur Wahrung der westlichen Öl-Interessen.

Vorerst scheint nur die zweiterwähnte Alternative Aussicht auf Realisierung zu haben. Zu den klaren Nachteilen dieser Tragflächenkampfboote gehört, daß

- ☐ ihnen Mittel fehlen, um sich auch als U-Jagd-Schiffe zu betätigen;
- ☐ ihr Tragflächensystem äußerst empfindlich ist gegen Berührungen jeder Art während hoher Geschwindigkeit.

Man kann vermuten, daß gewisse Zeit nach der Fertigstellung ein Teil oder alle PGH an befreundete Marinen abgegeben werden. Weitere Neubauprogramme sind nicht in Sicht. Diese kleinen, empfindlichen und dennoch so teuren Boote benötigt die Navy nicht an erster Stelle.

1.7 Amphibische Streitkräfte

Die Tabellen am Ende dieses Abschnitts verdeutlichen die zahlenmäßige Abnahme der amphibischen Flotte zwischen 1968 und 1981. Noch vor einigen Jahren war eine moderne amphibische Flotte gefordert worden, die 1 1/2 MAF („Marine Amphibious Force“) transportieren und an einem Krisenbrennpunkt anlanden konnte. Gegenwär-

tig beträgt aber diese Zahl 1,15 MAF. Alles, was darüberhinaus an Truppen und Material benötigt würde, müßte entweder durch „Sealift"-Schiffe, durch Flugzeuge oder aber durch diverse Handelsschiffe der Zivil-Reedereien herangebracht werden.
Der Mindestbedarf zum Transport von 1,15 MAF sind 67 Schiffe, die sich auf die folgenden Kategorien verteilen:

2	LCC
5	LHA
7	LPH
15	LPD
13	LSD
20	LST
5	LKA
67	

Theoretisch erreichte die amphibische Flotte während ihres Gesundschrumpfungsprozesses in den 60er und 70er Jahren bereits diese Zahl. Immer wieder jedoch wurde die amphibische Flotte in den letzten Jahren angezapft, um vorhandene Löcher zu stopfen. Manch einem in der Regierung, aber auch bei der Navy, paßte es nicht, daß diese Schiffe mit Truppen und Material an Bord nur „nutzlos" herumfahren und auf eine vielleicht nie kommende Gelegenheit einer Landungsoperation warten. Sie würden sie am liebsten allesamt soweit wie möglich zu U-Jagd-Schiffen umfunktionieren.
Von den vorstehend aufgeführten, nominell ausgewiesenen 67 amphibischen Schiffen sind z. Zt. zweckentfremdet eingesetzt:

2 LCC	als Flottenflaggschiffe
4 LKA	als Trainingsschiffe der NRF
2 LST	als Trainingsschiffe der NRF
2 LPD	als Flaggschiffe des COMIDEASTFOR (AGF-3 und AGF-11)

Im Ernstfall würden allerdings zumindest die LKA und LST sowie vielleicht einer der beiden LPD wieder der amphibischen Flotte zur Verfügung stehen.
Zur Gesundschrumpfung, d. h. zugleich Verkleinerung *und* Modernisierung (alle amphibischen Schiffe sind jetzt mindestens 20 kn schnell!), gehörte auch die Eliminierung sämtlicher LST der Reserveflotte, aber – bis zum Beginn der 80er Jahre – auch die Aussonderung sämtlicher aus Handelsschiffen umgebauten LKA und LPA. In der Reserveflotte befinden sich lediglich noch drei nach dem Zweiten Weltkrieg erbaute größere LST.
Deutliche Vorteile bei der Landung von Truppen von See aus sollen die schnellen Luftkissen-Landungsboote aus dem LCAC-Programm mit sich bringen. Nach ausgiebiger Erprobung auf LSD-32 *Spiegel Grove* gehen diese Boote jetzt in die Beschaffungsphase. *Spiegel Grove* aber gehört zu den acht LSD der *Thomaston*-Klasse, die demnächst wegen Erreichens der Altersgrenze die Flotte werden verlassen müssen. Mit den neuen LSD der LSD-41-Klasse (das Leitschiff wurde aus FY81 endlich finanziert!) soll Ersatz geschaffen werden, wenn auch nicht im Verhältnis 1 : 1. Es werden pro LSD vier LCAC mitgeführt werden.
Mit dem Zugang der fünf LHA der *Tarawa*-Klasse erhielt die Navy und mit ihr auch das Marine Corps die potentesten amphibischen Schiffe, die sie jemals hatte. Wegen ihrer Größe wird zwar künftig auf den Bau weiterer Einheiten verzichtet, die Navy jedoch befaßt sich auf Anregung und mit Unterstützung des Kongresses mit Konzeptarbeiten für einen Nachfolgetyp mit der vorläufigen Arbeitsbezeichnung LHDX, der ebenfalls

die gemeinsamen Eigenschaften der Kategorien LPH, LPD und LSD reflektieren würde. Noch ist allerdings dieses Programm nicht in eine akute Phase getreten.
Wenn nichts Entscheidendes eintritt, so wird die amphibische Flotte der USN Ende der 80er Jahre noch etwas kleiner sein, als sie das gegenwärtig beim Minimalstand von 63 Schiffen schon ist.
Einen von der Navy wie auch vom Marine Corps tief beklagten Mangel an Feuerunterstützungs-Kapazität verschuldete die Regierung Carter, indem sie die Produktion des bis zur Frontreife entwickelten und getesteten Geschützes Mk 71 (Kaliber 20,3 cm) suspendierte. Eine wirkungsvolle Feuerunterstützung nur mit 12,7-cm-Geschützen ist bei Landungen unmöglich.

1.8 Minenfahrzeuge

Wie in Abschnitt 15 dieses Werkes noch ausgeführt wird, ist die Minenräumkapazität der USN gegenwärtig sehr gering. Parallel zu den übrigen Schiffsgattungen schrumpfte auch die Minenräumer-Flotte beträchtlich. Es gab in der Navy

- □ 1968 2 MCS (sehr potente Minenabwehrschiffe mit Minenräumpinassen und Hubschraubern an Bord), 65 MSO und 24 MSC;
- □ 1980 3 aktive MSO und 22 MSO der NRF.

Mit ihrer 15 kn Geschwindigkeit sind diese bis zu 28 Jahre alten Holzboote zu langsam und zu alt, um mit den 20-kn-Schiffen der amphibischen Flotte mitzuhalten, denen sie bei Landungen vorausfahren sollen, um Fahrrinnen freizuräumen.
Man muß hierbei zwischen der Räumung von Flachwasser-Minen und von Tiefwasser-Minen strikt unterscheiden. Was die ersteren betrifft, so hat die Navy seit einem Jahrzehnt erfolgreiche Praktiken entwickelt, um mit Hilfe von Hubschraubern Flachwasser-Minen schneller und gefahrloser zu räumen, und zwar durch das Schleppen entsprechender Räumgeräte. Hubschrauber der Navy-Staffel HM-12 waren es, die in Verbindung mit geschleppten Geräten zur Räumung von akustischen, magnetischen und von Kontaktminen 1973 im Rahmen der Unternehmung „End Sweep" die nordvietnamesischen Küstengewässer bzw. Hafeneinfahrten freigeräumt haben. Sie waren auch dabei, als 1974/75 im Rahmen der Operation „Nimbus Star" das nördliche Ende des Suezkanals freigeräumt wurde. 1978 wurde HM-12 geteilt und es entstanden daneben noch die Staffeln HM-14 und HM-16. Sieben RH-53-Hubschrauber der Staffel HM-16 gingen bei dem glücklosen Versuch der Geiselbefreiung im Iran verloren.
Woran es dagegen der Navy gänzlich fehlt, sind ozeanische Minenräumer, die mit den modernsten Geräten zur Ortung und Eliminierung von Tiefwasser-Minen ausgerüstet sind. Die sowjetischen Fortschritte auf diesem Gebiet in den letzten Jahren machen es erforderlich, daß die Navy bei der Beschaffung von Minenräumern endlich zu sichtbaren Erfolgen kommt, dies um so mehr, als die sowjetischen Minen nicht nur die Seewege bedrohen könnten, sondern auch die Operationen der amerikanischen strategischen Unterseeschiffe. Seit Jahren wird am Entwurf eines neuen Minenräumers gebastelt. Nun standen Minenschiffe generell an der untersten Stelle der Prioritätenliste der Carter-Regierung. Zum Schluß wurde der Entwurf „kostenwirksamer" gestaltet, was bedeutet, daß er preiswerter sein, aber auch eine kläglichere Leistungs-Charakteristik aufweisen wird als ursprünglich geplant. Der mehrmals umgestaltete und verschobene Entwurf ist jetzt soweit, daß aus dem Etat FY82 das Leitschiff gefordert wurde – für allerdings nicht weniger als 100,6 Mio $. Unklarheit besteht noch hinsichtlich der zu bau-

enden genauen Stückzahl der neuen MCS. Der seinerzeitige Initiator dieses Programms, Admiral Zumwalt, sah damals 19 Einheiten vor. Der Mindestbedarf der Navy liegt angeblich bei 25 Einheiten, jedoch verlautet andererseits, daß von der neuen Klasse (bis irgendwann) nur 21 gebaut werden sollen. Der letzte Fünfjahresplan der Regierung Carter sah bis FY86 die Beschaffung von 13 Einheiten vor. Wie auch immer, bei Beginn der 90er Jahre dürfte die Minenwaffe ärmer an Schiffen sein, denn je .... Dann werden auch die 25 gegenwärtig noch vorhandenen MSO den Weg alles alten Holzes gegangen sein.
10 Jahre nach der Einführung der ersten und der zweiten Version von sowjetischen Tiefwasser-Minen verfügt die U. S. Navy – und dies noch für geraume Zeit – über keine wirksamen Gegenmaßnahmen. Sie verläßt sich dabei weitgehend auf ihre NATO-Partner in Europa.

1.9 Hilfsschiffe

Kaum sonstwo bei Zahlenvergleichen von Schiffen der USN gibt es so viel kontroverse und differenzierte Angaben wie gerade bei den „Auxiliary Ships". Und kaum sonstwo gibt es mehr Gelegenheit zu mißverständlichen Interpretationen. Bei all diesen Vergleichen ist es notwendig zu wissen, was bei einer Zählung enthalten ist und was nicht. Die Tatsache, daß infolge akuten Personalmangels immer mehr Flottenhilfsschiffe, also auch Flottenversorger, mit Zivilbesatzung fahren, führt gelegentlich zu Auslassungen auf der einen Seite und zu Hinzufügungen auf der anderen Seite. Bei allen Zahlenvergleichen sollte man stets informiert sein, was wo enthalten ist. Zur Klärung der Begriffe wird auf die Einteilung der Hilfsschiffe in Abschnitt 15 dieses Werkes hingewiesen, die aber auch aus dem Inhaltsverzeichnis ersichtlich ist. In den nachfolgenden Ausführungen werden die dort ausgewiesenen Hilfsschiffs-Gattungen etwas komprimiert dargestellt, eingeteilt in drei grob abgrenzbare Gruppen:

- ☐ Flottenversorger
- ☐ „Sealift"-Schiffe
- ☐ Tender und sonstige Schiffe

Die nicht-kommissionierten Hafendienst- und Depotfahrzeuge werden hier nicht behandelt, weil sie für die Machtprojektion der USN kaum von Bedeutung sind.

1.91 Flottenversorger

Angesichts der weltweiten Präsenz der USN in zahlreichen Seegebieten kommt einer ausreichenden Logistik die wichtigste Rolle zu. Der gegenwärtige Bestand hierzu steht ein wenig auf der mageren Seite, insbesondere weil zahlreiche Treibstoffversorger betagt sind und auch infolge des Personalmangels zahlreiche Schiffe mit Zivilbesatzung fahren müssen. Bis zum Ende der 80er Jahre dürften die Ab- und Zugänge in etwa parallel zu denen bei den Kampfschiffen verlaufen, wenngleich vermutlich noch mehr Schiffe mit Zivilbesatzung fahren werden.
Bei Ende des FY79 waren 51 % der UNREP-Schiffe über 25 Jahre alt. Es besteht gesteigerter Bedarf nach Versorgungstankern. Die früheren Fünfjahrespläne wiesen zwar den Bau mehrerer Versorgungstanker „in den späteren Jahren" aus, doch bleiben nach Vergabe der fünf Einheiten der *Cimarron*-Klasse aus FY76 bis FY78 weitere Forde-

rungen aus. Folglich wird diese Klasse mit diesen fünf Schiffen abschließen, so daß der aus FY82 geforderte Versorgungstanker ein T-AO sein wird, der für die In-See-Versorgung durch MSC-Besatzungen konzipiert sein wird.
Die permanente Präsenz der Navy im Indischen Ozean brachte zusätzliche logistische Probleme mit sich. Die Navy nutzte eine sich bietende gute Gelegenheit und erwarb das stillgelegte britische Gefechtsvorratsschiff RFA *Lyness* für ganze 20 Mio $. Das Schiff erhielt den für solche Schiffe traditionellen Namen *Sirius* und löste Anfang 1981 als T-AFS-8 im Mittelmeer T-AF-58 *Rigel* ab, der seinerseits die Versorgung im Indischen Ozean übernimmt.
Die Navy selbst veranschlagt ihren Mindestbedarf an Versorgern mit:

12 AOE/AOR
21 AO/T-AO
12 AE/T-AE
7 AFS/T-AFS/T-AF

52 insgesamt

Dies ist wiederum eine Minimum-Zahl und es sieht aus, als wären diese Zahlen von der Carter-Regierung noch vor Inkrafttreten der Verpflichtungen in der Arabischen See bekanntgegeben worden. Abgesehen von der vorstehend erwähnten Lösung des AFS-Mangels könnte man sich gut vorstellen, daß der Bau von zwei weiteren AOE dringend erforderlich ist, damit jede der drei künftig zu versorgenden Einsatzflotten allzeit über ein solch leistungsfähiges Schiff verfügt. Übrigens: RFA *Lyness* hat noch zwei Schwesterschiffe! Für weitere vergleichsweise „lumpige" 40 – 50 Mio $ könnte sie die Navy erwerben.

1.92 Sealift

Beim Wort „Sealift" denkt man unwillkürlich an das „Military Sealift Command", dieses vollwertige Navy-Kommando, das immer dann zuständig ist, wenn es darum geht, militärische Nachschubgüter für die amerikanischen Streitkräfte vom US-Kontinent nach Übersee zu schaffen, wenn es darum geht, Handelsschiffe für die Navy zu heuern, zu chartern, zu bemannen. Über das MSC wird in einem der folgenden Abschnitte ausführlich berichtet. Im Rahmen *dieser* Betrachtungen soll die aktuelle Rolle des „Sealift" in der gegenwärtigen Situation kurz aufgezeigt werden.
Einmal laufen für den MSC die normalen Friedens-Verpflichtungen weiter. Es gibt keine Probleme mit der Bereitstellung und Vorhaltung derjenigen Schiffe, deren Bestand auf die Bedürfnisse einer stark geschrumpften Flotte maßgeschneidert ist. Seit den Ereignissen in Iran und Afghanistan jedoch gewann das Wort „Sealift" noch eine zusätzliche Bedeutung. Schon unter der Regierung Carter ging man daran, eine aus allen Teilstreitkräfte bestehenden Eingreiftruppe zu bilden, die bei Bedarf innerhalb kürzester Zeit mit Flugzeugen *und* Schiffen zu einem möglichen Krisenherd gebracht würde. Der gegenwärtige Brennpunkt Arabische See bildet dabei die entfernungsmäßig ungünstigste Möglichkeit. Von der amerikanischen Ostküste beträgt die Entfernung um die Südspitze Afrikas herum rd. 12.100 Meilen und die Zuständigen haben ausgerechnet, daß die Über-See-Versorgung eines amerikanischen Expeditionskorps, das per Luft an einen Brennpunkt geflogen wird, erst nach 30 Tagen beginnen würde, wirksam zu werden. Da aber der nachweislich überwiegende Teil aller für diese Truppe

erforderlichen Güter nur auf dem Seeweg herangebracht werden kann, folgt als Fazit, daß diese Eingreiftruppe über eine logistische Organisation verfügen muß, die die erforderliche Nachschub*zeit* durch Reduktion der Nachschub*strecke* wesentlich verkürzt. Dies war die Geburtsstunde einer Flotte von ständig fahrbereiten Depotschiffen, die – in diesem Falle – vor Diego Garcia im Indischen Ozean vor Anker liegen. All dies führte zur Bildung von zwei neuen Begriffen und ihren entsprechenden Abkürzungen:

- ☐ RDF für *Rapid Deployment Force* = Benennung für die eigentliche, auf dem Gebiet des Bundesstaates Florida stationierte Eingreiftruppe
- ☐ NTPF für *Near Term Prepositioning Force* = Benennung für die Depotflotte der RDF

Beim letztgenannten Begriff muß man zwei Dinge unterscheiden. Es gibt eine NTPF, die sich bis Mitte 1980 konstituiert hat und gegenwärtig bei Diego Garcia in Bereitschaft liegt. Die Anweisung des damaligen Verteidigungsministers Brown war eindeutig: „Schaffung einer Schiffsansammlung, die in der Lage ist alles mitzuführen, was für den 15tägigen Einsatz einer MAB (*Marine Amphibious Brigade*) erforderlich ist, plus Waffenzuladung für mehrere taktische Flugzeugstaffeln sowie deren Treibstoff". Wegen des vielen schweren Gerätes einer solchen USMC-Brigade, das bei Bedarf möglichst schnell entladen werden müßte, eignen sich hierfür insbesondere die sog. Ro/Ro (*Roll-on/Roll-off*)-Schiffe, die eventuell als Decksladung noch Container mitführen können. So setzt sich die NTPF gegenwärtig aus folgenden sieben Schiffen zusammen:

- ☐ 3 Ro/Ro-Fahrzeugtransporter (T-AKR-9 *Meteor*, 10 *Mercury* und 11 *Jupiter*, die alle zur MSC-„Nucleus Fleet" gehören);
- ☐ 2 Trocken- und Stückgutfrachter (*American Courrier* und *American Champion*, die vom MSC gechartert wurden);
- ☐ 1 Wasser-Tanker (*Zapata Patriot*, ebenfalls gechartert);
- ☐ 1 Öltanker der *Sealift*-Klasse (diese Tanker sind USNS, also MSC-Schiffe, und lösen sich jeweils alle 90 Tage „vor Ort" ab).

Die NTPF kann aber auf die Dauer nicht bzw. nicht nur aus diesen Schiffen bestehen, sondern die Navy muß vorsorgen, um noch mehr Transport-Kapazität bereitstellen zu können.

Während des Jahres 1980 gab es beträchtliche Verwirrung über die Art der Zusammenstellung der künftigen NTPF und vor allem über die Eigenschaften ihrer Schiffe. Diese Verwirrung ist nicht ungewöhnlich, wenn man bedenkt, daß die Navy erst einmal mit der neuen Situation fertig werden mußte, indem sie unter den vorhandenen Möglichkeiten die für die NTPF optimale aussucht. An dieser Stelle kann nur über das z. Zt. ersichtliche Ergebnis berichtet werden. Die Carter-Regierung plante ursprünglich den Bau von Depotschiffen des Marad-Typs PD-214, der noch unter der Bezeichnung „Security"-Klasse bekanntgeworden ist. Sie verlieh diesen Schiffen die vorläufige Arbeitsbezeichnung T-AKX und brachte vorsorglich in den Fünfjahresplan zu FY81 14 solche Einheiten ein. Zwischenzeitlich aber ergaben sich andere Alternativen, die von der Navy untersucht werden mußten und deren Fülle während der Hearings zu FY81 im Kongreß zu erheblicher Konfusion geführt hat. Der Kongreß verwarf dann auch zunächst die beiden aus FY81 geforderten T-AKX. Eine der Alternativen würde zum Bau von – nicht 14 sondern nur 12 – „Jumbo-PD-214" führen, also einem vergrößerten Typ PD-214. Dann aber führten weitere Untersuchungen und Verhandlungen zu dem Ergebnis, daß der Ankauf und der entsprechende Umbau von acht Schnell-Containerschiffen des Typs SL-7 mit 30 kn Geschwindigkeit, die, bereits vorhanden, schnell zur Verfügung stehen würden, da sie aufgelegt sind. Der Kongreß bewilligte bereits aus

FY81 Mittel für diesen Ankauf; die Carter-Regierung setzte jedoch noch einmal einen T-AKX auf die Anforderungsliste von FY82, der jetzt allerdings schon – als Neubau – über 240 Mio $ kosten würde. Nach den letzten Informationen scheint festzustehen, daß PD-214 in der Originalfassung nicht gebaut wird, sondern daß nach dem erfolgten Ankauf und Umbau der SL-7-Schiffe der vergrößerte Typ PD-214 „Jumbo" zum Bau kommen wird. Alles in allem sieht es so aus, als würde künftig die NTPF aus 12 Schiffen bestehen, die ausreichend Material an Bord haben werden zur Versorgung von drei amphibischen Brigaden des USMC. Das letzte Wort hierüber wird nunmehr die neue Regierung Reagan haben.

1.93 Tender und sonstige Hilfsschiffe

Man könnte meinen, daß der Bau von gut einem halben Dutzend Tender für Über- und Unterwasserschiffe in den letzten Jahren für die U. S. Navy einen „tollen" Zugang darstellen würde. Man muß aber hierbei bedenken, daß

- ☐ diese Bauten im Grunde nur Ersatz für die alten und verbrauchten, im Zweiten Weltkrieg erbauten Tender sind, so daß sich die Gesamtzahl nicht erhöhen würde, wenn diese die Flotte verlassen;
- ☐ andererseits die Zahl der Atom-Unterseeschiffe und der Fregatten so ansteigen wird, daß – trotz der Eliminierung aller FRAM-Zerstörer – gesteigerter Bedarf besteht. Da Präsident Carters Fünfjahresprogramme nach AS-41 und AD-44 keine weiteren Tenderneubauten vorsehen, dürfte die Navy etwa Mitte der 80er Jahre in Bedrängnis kommen.

Der Bedarf an neuen Bergungsschiffen (ARS) wird mit fünf angegeben; zusammen mit den drei noch neuen ATS der *Edenton*-Klasse sollen angeblich ausreichend Schiffe dieser Sparte vorhanden sein, damit jederzeit eine Einheit zu einer der drei Einsatzflotten kommandiert werden kann. Der Etat FY82 enthält die zweite und dritte Einheit der neuen ARS-50-Klasse.

Der Bau ozeanischer Sonarschiffe (T-AGOS) hat begonnen; wie es aussieht, sollen doch mehr als nur die ersten 12 Einheiten gebaut werden. Man fragt sich allerdings, in welcher Weise im Konfliktfalle diese kleinen, langsamen und völlig unbewaffneten Schiffe geschützt werden können. Man wird kaum erwarten können, daß sich die sowjetischen Schiffe so ohne weiteres orten lassen, ohne zurückzuschießen. Ein solches Schiff könnte aber auch einfach gekapert werden. Mit dem Geheimnis von SURTASS wäre es dann zu Ende.

Nicht nur für die Verlegung von See-Kabeln wurde T-ARC-7 für 100 Mio $ zum Bau vergeben, sondern das Schiff soll auch zur Überwachung und Instandhaltung von stationären Sonaranlagen eingesetzt werden. Eine zweite Einheit enthält der letzte Carter-Fünfjahresplan zu FY82.

Was für die Flottentender gilt, gilt in gleichem Maße auch für die schweren Werkstatt- und Reparaturschiffe. Die vier AR der *Ajax*-Klasse sind längst über 35 Jahre alt und müßten sehr bald ersetzt werden.

Parallel mit der Reduktion der amerikanischen Weltraum-Aktivitäten ging auch die Zahl der Bahnvermessungsschiffe des MSC stark zurück. Hier steht nur der Umbau eines Schiffes ins Haus, das an Stelle von AGM *Wheeling* treten wird. Die wenigen noch vorhandenen AGM stehen zumeist in Verbindung mit ballistischen Programmen der Navy, aber auch der U. S. Air Force. Desgleichen ging gegenüber den Aktivitäten der 60er und der früheren 70er Jahre die Anzahl der Vermessungsschiffe und der Hydrographischen Forschungsschiffe (AGS bzw. AGOR) zurück.

Abschließende Bemerkungen

Zwei Fragen stellen sich am Ende der Ausführungen zur US-Schiffbaupolitik seit 1966:

1. Sind die Vereinigten Staaten noch eine Seemacht?
2. Wenn ja, werden sie dies auch künftig bleiben?

Die erste Frage kann ohne weiteres bejaht werden, die USA sind nach wie vor eine Seemacht, mit einigen Abstrichen zwar, aber dennoch die stärkste der Welt. Allein das Potential ihrer Träger- und SSBN-Flotte ist so überwältigend, daß von da her die (auch nukleare!) Abschreckung gewährleistet ist. Von der Stärke her jedoch reicht die Anzahl ihrer Schiffe nur für die normale Friedens-Präsenz. Wie die Ereignisse der Jahre 1980/81 gezeigt haben, ist die Navy plötzlichen Krisensituationen nicht in ausreichendem Maße gewachsen, ohne daß wesentliche Positionen in anderen Seeräumen verdünnt werden müssen. Die ein Jahrzehnt lang währende Vernachlässigung der maritimen Erfordernisse hat zu einer Situation geführt, die die nationalen Interessen der USA und damit die der ganzen freien Welt erheblich beeinträchtigen und gefährden. Die Sowjetunion hat aus einem so entstandenen Vakuum die im Sinne ihrer Globalstrategie konsequente Folgerung gezogen, nämlich alle Anstrengungen zu unternehmen, den USA den ersten Platz zur See streitig zu machen. Die Vergleiche zwischen den beiden Kriegsflotten sehen gegenwärtig ganz anders aus als noch vor 15 Jahren.
Im Zusammenhang mit der zweiten gestellten Frage würde es an Prophetie grenzen, wollte man hier eine schlüssige Antwort geben. Entscheidend ist zunächst, daß der Wechsel von der Carter- zur Reagan-Regierung zunächst einmal einen Umschwung in der Atmosphäre bewirkt hat. Die fast defaitistische Grundstimmung unter Präsident Carter wich einer eher optimistischen nach der Wahl. Dies wirkt sich auch auf militärischem Gebiet aus. Allein die im Wahlkampf und nach der Wahl geäußerten Absichtserklärungen der Reagan-Mannschaft würden zu der Folgerung ausreichen, daß die USA ernstlich gewillt sind, ihre nationale Verteidigung auf einen weit höheren Stand zu bringen. Schon die Anhebung der vorgesehenen militärischen Ausgaben für FY82 von 196,4 Mio $ auf ca. 222 Mio läßt die Vermutung zu, daß dabei auch gehörige Mehraufwendungen für die Navy mitenthalten sein werden. Nun übernahm die neue Regierung nicht nur eine desolate Navy, sondern die gesamte Wirtschaft der USA befindet sich in einer tiefen Krise, wobei sich die zweistelligen Inflationsraten auch stets auf die Planungen der Navy auswirken. Auch für die anvisierte Stärkung der Streitkräfte wird entscheidend sein, ob es der neuen Regierung gelingen wird, die im Wahlkampf recht selbstbewußt versprochene Sanierung der Staatsfinanzen zu erreichen und die Inflationsrate abzubremsen. Dies zu erreichen, wird sicherlich schwer sein. Für den Navy-Bereich wird es im wesentlichen zwei Schwerpunkte geben müssen:

- ☐ Es muß sichergestellt werden, daß wieder ausreichend Personal vorhanden ist. Dies kann – insbesondere bei den qualifizierten Fachkräften – nur dadurch geschehen, daß die Löhne an die in der freien Wirtschaft angeglichen werden.
- ☐ Diejenigen Schiffe und Flugzeuge müssen nachgebaut werden, an denen es mangelt. Dies sind aber in erster Linie „high-mix"-Einheiten, deren Bau viel Geld verschlingt.

Ein Zeitraum von nur vier Jahren erscheint hierbei zu kurz zu sein, um all dies zu erreichen. Es wird sich zeigen, ob die Sowjets zulassen werden, daß diese Versuche störungsfrei ablaufen. Bisher waren sie stets imstande, für neue Krisenschwerpunkte zu sorgen, die für die Amerikaner nicht gerade billig waren.

Ohne am demokratischen System der USA Kritik üben zu wollen, muß doch festgestellt werden, daß manch eine Schwierigkeit im System selbst liegt.
Es gibt zu viele Kompetenz-Stellen, die oft gegeneinander wirken.

- □ Die Regierung wechselt alle vier Jahre und mit ihr ein Teil des Kongresses; beide bestimmen bis in Details Bestand und Baupolitik der Navy.
- □ Der Kongreß selbst – bestehend aus verschiedenen Interessengruppen und Richtungen, die oft quer durch die Parteien reichen – kann die Militärpolitik der Regierung stützen, ergänzen und fördern, er kann sich aber völlig blockieren.
- □ Der Präsident der USA kann durch Vetos wesentliche Entscheidungen des Kongresses unterlaufen.
- □ Der für die weiträumige Marineplanung zuständige CNO (Chef der Seekriegsleitung) amtiert nur zwei, bestenfalls vier Jahre. Seine Pläne können vom Nachfolger weiterverfolgt, aber genau so gut auch wieder fallengelassen werden.
- □ Eine mächtige Lobby übt auch bei den Streitkräften und beim Kongreß starken Einfluß aus. So werden oft Bauprogramme durchgepaukt, die an Stelle von wichtigeren eher gebremst werden sollten.

Wie man sieht, hängt es von zahlreichen Komponenten ab, ob sich die Navy sanieren lassen wird. Aber wenn dies gelingen sollte, so wird es vermutlich noch viele Jahre dauern, bis die USN wieder den Stand erreicht, den sie haben muß. Während dieser Zeit aber werden auch die Sowjets alles daransetzen, ihre erreichten Positionen zu sichern und auszubauen.

Stärke der U. S. Navy 1967, 1970, 1972, 1974 und 1981

Gattung	NRF	aktiv	Reserve	insg.	in Bau
1. 6. 1967					
Flugzeugträger		24	5	29	2
Unterseeschiffe		176	22	198	33
Amphibische Schiffe		163	24	187	43
Kommandoschiffe		2	–	2	–
Schlachtschiffe		–	4	4	–
Kreuzer		14	21	35	–
Fregatten (große)		33	–	33	2
Zerstörer		225	131	356	–
Geleitschiffe		74	172	246	57
Wachschiffe		29	–	29	20
Minenfahrzeuge		99	39	138	17
Hilfsschiffe		424	70	494	39
		1 263	488	1 751	213
1. 1. 1970					
Flugzeugträger		21	7	28	2
Unterseeschiffe	19	154	19	192	23
Amphibische Schiffe		109	51	160	36
Kommandoschiffe		1	1	2	–
Schlachtschiffe		–	4	4	–
Kreuzer		11	24	35	–
Fregatten (große)		30	3	33	3
Zerstörer	23	170	121	314	8

Geleitschiffe	9	44	143	196	42
Wachschiffe	6	39	–	45	6
Minenfahrzeuge	16	73	42	131	–
Hilfsschiffe		373	89	462	26
	73	1 025	504	1 602	146
1. 6. 1972					
Flugzeugträger		16	9	25	2
Unterseeschiffe		128	12	140	23
Amphibische Schiffe		97	99	196	9
Kommandoschiffe		–	2	2	–
Schlachtschiffe		–	4	4	–
Kreuzer		9	14	23	–
Fregatten (große)		30	3	33	5
Zerstörer	19	113	70	202	16
Geleitschiffe	4	60	104	168	15
Wachschiffe		38	–	38	–
Minenfahrzeuge	23	13	57	93	–
Hilfsschiffe		245	79	324	9
	46	749	453	1 248	79
1. 1. 1974					
Flugzeugträger	1	14	5	20	3
Unterseeschiffe		116	10	126	27
Amphibische Schiffe		68	76	144	5
Kommandoschiffe		–	2	2	–
Schlachtschiffe		–	4	4	–
Kreuzer		7	15	22	–
Fregatten (große)		30	1	31	5
Zerstörer	31	61	61	153	23
Geleitschiffe		65	8	73	3
Wachschiffe		35	–	35	3
Minenfahrzeuge	25	9	23	57	8
Hilfsschiffe		244	87	331	8
	57	649	292	998	85
1. 1. 1981 (FY 81 – Bewilligungen sind eingeschlossen)					
Flugzeugträger	1	13	6	20	2
Unterseeschiffe		122	3	125	33
Amphibische Schiffe	6	59	3	68	1
Kommandoschiffe		–	–	–	
Schlachtschiffe		–	4	4	–
Kreuzer		27	2	29	4
Zerstörer	15	78	–	93	5
Fregatten (Geleitschiffe)		72	–	72	38
Wachschiffe		3	2	5	5
Minenfahrzeuge	22	3	2	27	–
Hilfsschiffe	8	161	15	184	20
	52	538	37	627	108

Anmerkungen zu der vorstehenden Tabelle:
In den Tabellen 1967 bis 1974 versteht man unter „Fregatten“ die Großzerstörer, die dann ab 1975 z. T. als Kreuzer, z. T. als Zerstörer umklassifiziert wurden, wie das in der Tabelle 1981 seinen Niederschlag gefunden hat.
In den Tabellen 1974 und 1981 wurde der Schul-Flugzeugträger *Lexington* in der Spalte NRF aufgeführt.
In allen Tabellen umfassen die Zahlen für Kreuzer, Zerstörer und Fregatten sowohl Lenkwaffenschiffe wie auch U-Jagdschiffe.
In allen Tabellen umfassen die Zahlen für Unterseeschiffe sowohl atomangetriebene wie konventionell angetriebene Angriffs-U-Schiffe wie auch die strategischen Unterseeschiffe.

Übersicht über die zwischen 1948 und 1981 bewilligten und auch wirklich gebauten Kampfschiffe und Flottenversorger

Schiffsgattung FY	48	49	50	51	52	53	54	55	56	57	58	59	60	61	62	63	64
Flugzeugträger					1	1	1	1	1	1	1			1		1	
Strategische Unterseeschiffe											3	3	3	10	10	6	6
atomangetriebene Angriffs-U-Schiffe					1	1		2	5	6	4	5	4	1	3	8	6
konventionell angetriebene U-Schiffe	5				2	1	1	1	3								
Geleitschiffe, später Fregatten					1	2	2	8	2	2			2	3	5	5	10
konventionell bewaffnete Zerstörer	5	4				3	3	5	7								
Lenkwaffenschiffe (Kreuzer, Zerstörer, Fregatten)									6	13	12	12	6	5	10	3	
Amphibische Schiffe					20	4	4	8			1	2	2	1	4	5	3
Minenfahrzeuge			1	28	22	29	5	3									
Flottenversorger (AO, AOE, AOR, AE, AFS, AF)					6	2	2		2	1				2	1	1	1

Anmerkung: Obenstehende Tabelle enthält zahlenmäßig diejenigen Schiffe, die im Rahmen der einzelnen Etats zwischen 1948 und 1981 tatsächlich gebaut worden sind; man macht Unterschiede zwischen den seitens der Navy bzw. der jeweiligen Administration geforderten Schiffen und denjenigen, die vom Kongreß zum Bau freigegeben und finanziert werden, sowie denjenigen, die letztendlich auch tatsächlich gebaut werden.
Die Zahlen bis FY 64 stammen aus einer Veröffentlichung in USNI PROCEEDINGS, diejenigen ab 1965 aus eigenen Aufzeichnungen des Verfassers.
Von den „Hilfsschiffen“ sind hier lediglich die sog. „Flottenversorger“ aufgezählt, nicht jedoch die Vermessungs-, Forschungs- und sonstigen Hilfsschiffe.

Bei den Hilfsschiffen sind *sämtliche* in der Schiffsliste enthaltenen kommissionierte Einheiten zusammengefaßt, d. h. Versorger, Tender, Sealift-Schiffe des MSC, Forschungs- und Vermessungsschiffe, Schlepper usw.
Vorstehende Tabellen sind aufgrund von jeweiligen Zählungen des Verfassers entstanden; sie geben also das Maximum aller vorhandenen Schiffe zu einem bestimmten Zeitpunkt wieder, zum Unterschied von Zahlen-Angaben der Navy, die bei den Hilfsschiffen Sonderschiffe nicht mitzählt und bei den Kampfschiffen seit einiger Zeit stillschweigend Trainingsschiffe der NRF zu den aktiven Schiffen zählt, was den wahren Zahlenvergleich erschwert.

Schiffsgattung FY	65	66	67	68	69	70	71	72	73	74	75	76	77	78	79	80	81
Flugzeugträger			1			1				1						1	
Strategische Unterseeschiffe										1	2	1	1	2		1	1
atomangetriebene Angriffs-U-Schiffe	6	6	5	3	2	3	4	5	6	5	3	2	3	1	1	2	2
konventionell angetriebene U-Schiffe																	
Geleitschiffe, später Fregatten	16	10	10														
konventionell bewaffnete Zerstörer						3	6	7		7	7			1			
Lenkwaffenschiffe (Kreuzer, Zerstörer, Fregatten)			1	1		1	1	1	1		4	6	8	9	8 + 4	7	8
Amphibische Schiffe	10	14	12		1	2	2										1
Minenfahrzeuge																	
Flottenversorger (AO, AOE, AOR, AE, AFS, AF)	7	6	5	2				1				2	1	2			

Vergleich der Gesamtausgaben für Verteidigung (ca. Milliarden $)

	1975	1976	1977	1978	1980
Sowjetunion	124	127	133	.	.
USA	88,98	91,0	104,25	113,0	157,0

Verteidigungs-Ausgaben des Brutto-Sozialproduktes (in Prozent)

	1974	1975	1976	1977
Sowjetunion		11–13 %		
USA	6,1 %	5,9 %	5,4 %	6,0 %

Gesamt-Personalstand bei den Streitkräften (in Millionen Mann)

	1974	1975	1976	1977	1978
Sowjetunion	3,525	3,575	3,650	3,675	3,638
USA	2,174	2,130	2,087	2,088	2,069

Stärkevergleich der Sowjetflotte und der U. S. Navy
(Aus dem Jahresbericht des CNO zur Einbringung der Forderungen für das Etat-Jahr FY 80 – nur aktive Schiffe)

Schiffsgattung	1969 USSR	USN	1979 USSR	USN
Flugzeugträger	0	22	2	13
Überwasser-Kampfschiffe	220	279	264	165
Unterseeschiffe	354	156	355	123
Kommandoschiffe	0	2	0	0
Kampfboote	148	9	129	3
Amphibische Schiffe	103	153	100	65
Minenfahrzeuge	165	74	176	3
Flottenversorger	56	112	147	61
Hilfsschiffe	624	119	596	22
insgesamt	1 670	926	1 769	455

Stärke der amphibischen Streitkräfte der U.S. Navy 1968, 1974, 1978 und 1981

Kategorie	aktiv	in Reserve	insg.	in Bau
Juli 1968				
LCC	5	–	5	2
LHA	–	–	–	1
LPH	8	–	8	2

LPA	15	–	15	–
LPR	8	6	14	–
LKA	18	–	18	5
LPD	8	–	8	7
LSD	26	–	26	5
LST	64	–	64	20
LFR	4	8	12	–
LPSS	2	2	4	–
insgesamt:	158	16	174	42
Januar 1974				
LCC	2	4	6	–
LHA	–	–	–	5
LPH	7	–	7	–
LPA	2	10	12	–
LPR	–	10	10	–
LKA	6	12	18	–
LPD	14	–	14	–
LSD	13	11	24	–
LST	20	38	58	–
LPSS	1	1	2	–
insgesamt:	65	86	151	5
Juni 1978				
LCC	2	–	2	–
LHA	3	–	3	2
LPH	7	–	7	–
LPA	(2*)	–	2	–
LKA	4 (1*)	–	5	–
LPD	14	–	14	–
LSD	13	–	13	–
LST	20	3	23	–
LPSS	1	–	1	–
insgesamt:	67	3	70	2
Juni 1981				
LCC	(2**)	–	2	–
LHA	5	–	5	–
LPH	7	–	7	–
LPA	–	–	–	–
LKA	1 (4*)	–	5	–
LPD	13(***)	–	13	–
LSD	13	–	13	1
LST	18 (2*)	3	23	–
	65	3	68	1

(*) Trainingsschiffe der *Naval Reserve* (NRF)
(**) als Flottenflaggschiffe eingesetzt
(***) *dazu* noch zwei als Flaggschiffe eingesetzte Einheiten dieses Typs

Navy-Darstellung der „Ship Operating Forces" 1960–1980
(nur aktive Schiffe)

Schiffsgattung	FY: 60	64	68	72	76	78	79	80
Kampf-Schiffe								
Angriffsträger CVN, CV	14	15	15	14	13	13	13	13
U-Jagd-Träger CVS	9	9	8	3	–	–	–	–
Kreuzer CG, CGN, DLG, DLGN, CA, CC	14	28	34*	28	26	28	28	27
Zerstörer DD, DDR	223	184	184	93	31	30	35	43
Lenkwaffen-Zerstörer DDG	3	29	37	38	38	37	37	36
Fregatten FF, FFG	41	40	50	66	64	65	65	70
Angriffs-U-Schiffe SS, SSN	111	104	105	94	74	80	80	82
Strategische U-Schiffe SSBN	2	21	41	41	41	41	41	41**
Hilfs-U-Schiffe AGSS	7	14	14	4	2	1	2	2
insgesamt	424	444	488	381	289	295	301	314
Sonstige Schiffe								
Kampfboote	4	6	9	16	8	3	3	3
Amphib. Schiffe	113	133	157	77	62	64	65	63
Minenfahrzeuge	81	85	84	31	3	3	3	3
Navy-Hilfsschiffe	190	249	237	149	114	88	83	79
MSC-Hilfsschiffe	–	1	4	6	19	21	26	25
Schiffe der NRF	88	85	75	53	60	57	59	41
Gesamtstand Kampfschiffe und sonstige Schiffe	900	1 003	1 054	713	555	531	540	528

* Dazu noch das Schlachtschiff BB-62 *New Jersey*

** Allerdings wurden bereits 1980 zwei SSBN ausgesondert und ein weiterer als SSN umklassifiziert

Die vorstehenden Zahlen für Hilfsschiffe verstehen sich ohne Forschungs-, Vermessungs- und Sonderschiffe. Die Endzahlen repräsentieren also *nicht* den Gesamtstand *aller* in der Schiffsliste der U. S. Navy enthaltenen Schiffe.

Fünfjahresplan der Carter-Regierung für die Flugzeugbeschaffung
Stand Januar 1979

	FY 80	FY 81	FY 82	FY 83	FY 84	FY 85	FY 81–85
A-6E	6	0	0	0	0	0	0
EA-6B	6	3	3	0	0	0	6
KX	0	0	0	6	18	32	56
F-14A	30	24	24	12	6	0	66
F/A-18	25	48	96	147	174	191	656
CH-53E	15	14	0	0	0	0	14
AH-IT	0	0	0	0	22	22	44
SH-60B	0	0	18	58	60	68	204
SH-2F	0	0	18	18	10	0	46
P-3C	12	8	12	12	12	12	56
E-2C	6	6	6	6	6	6	30
UC-12B	22	0	0	0	0	0	0
VCX	0	0	0	8	8	8	24
C-9B	2	0	0	0	0	0	0
EC-130Q	3	1	2	2	2	3	10
insgesamt	127	104	179	269	318	342	1 212

2. Organisation und Gliederung der U. S. Navy

2.1 Einführung

Obwohl die Vereinigten Staaten ca. 50 % weniger Kriegsschiffe besitzen als noch Ende der 60er Jahre während der Vietnam-Aktion, gehört die U. S. Navy nach wie vor zu den beiden stärksten Marinen der Welt. Ihre Verpflichtungen und Verantwortlichkeiten reichen rund um den Erdball. Man kann die ganze Komplexität dieser Marine nur dann recht ermessen und erfassen, wenn man einen tiefen Blick in ihre Organisation und Gliederung tut. Um den Stellenwert dieser Seemacht auch nur halbwegs gerecht zu bestimmen, genügt es nicht, nur ihre Kriegsschiffe oder ihre Flugzeuge Revue passieren zu lassen. Vielmehr ist es notwendig, weitgehend auch alles andere zu erfassen, was zu dieser Navy gehört, d. h. ihr Kommando- und Verwaltungssystem, ihre Ausbildungs-, Forschungs-, Versuchs- und Logistik-Zentren, ihr Stützpunkt- und Werftenpotential, die zu den anderen Teilstreitkräften bestehenden Verbindungen usw. Wollte man diese Materie erschöpfend behandeln, so müßte man allein über die Organisation und die Gliederung der U. S. Navy ein komplettes Buch schreiben. In den nachfolgenden Abschnitten wollen nur die wichtigsten Zusammenhänge aufgezeigt werden. Dies geschieht in einem Umfang wie nie zuvor in der deutschsprachigen Marineliteratur.

2.2 Spitzengliederung

2.21 Der Präsident der USA und die Ministerien (departments)

Oberbefehlshaber aller Streitkräfte in Friedens- wie in Kriegszeiten ist der Präsident der Vereinigten Staaten. Er übt seine Befehlsgewalt über den Verteidigungsminister (Secretary of Defense = SECDEF) aus. Andererseits muß der Präsident der USA zugleich auch in allen Entscheidungen des Etats, der Stärke der Streitkräfte, der Beschaffung von Kampfsystemen mit dem Kongress zusammenarbeiten. Ohne dessen Einwilligung läuft nichts in den Staaten, dem Präsidenten allerdings steht zur möglichen Durchsetzung seines Willens das Veto-Recht zu, von dem in der Regel aber sehr wenig Gebrauch gemacht wird.
Auf der nächst-niederen Ebene zeichnet sich bereits ab, was nachfolgend immer wieder zum Ausdruck kommen wird. Man unterscheidet generell stets zwischen einer administrativen und einer operativen Befehlskette. So unterstehen dem SECDEF auf der administrativen Seite die drei Ministerien (*departments*) des Heeres (USA), der Luftwaffe (USAF) und der Navy (USN). Das U. S. Marine Corps, obschon praktisch vierte Teilstreitkraft, untersteht dem Marineminister (*Secretary of Navy* = SECNAV).
Der operative Zweig führt vom SECDEF zur Dienststelle der Vereinigten Stabschefs des Heeres, der Luftwaffe und der Marine, denen der Kommandant des Marine Corps gleichgestellt wird, wenn es um Belange des USMC geht. Die Institution der Vereinigten Stabchefs (*Joint Chiefs of Staff*) übt gegenüber dem Präsidenten und dem SECDEF beratende Funktion in allen generellen strategischen Fragen der Verteidigung der USA

aus. Sie koordiniert überall dort die gemeinsamen Operationen, wo mehr als nur eine der vier Teilstreitkräfte eingesetzt wird.

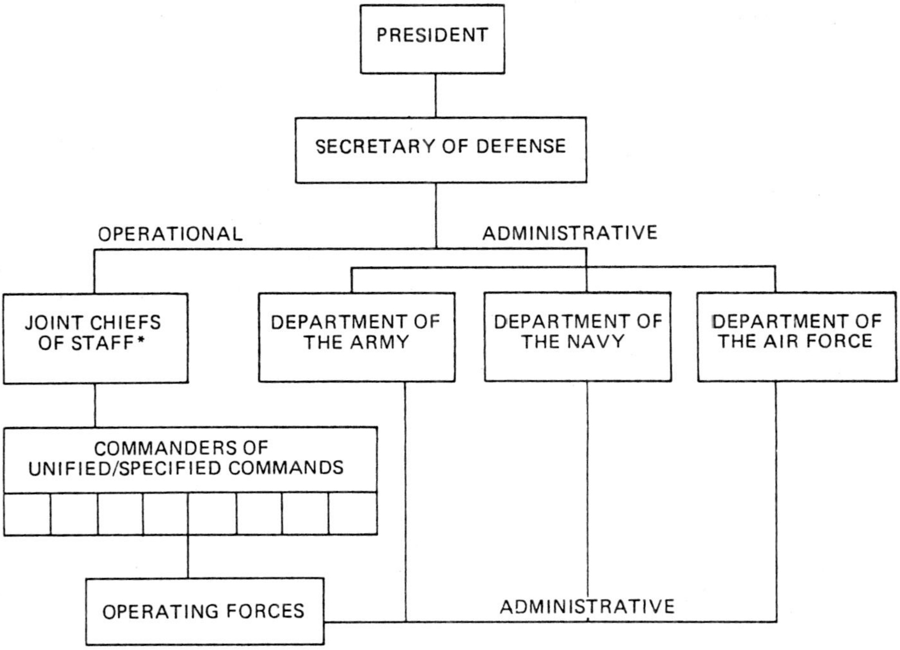

* The Joint Chiefs of Staff, consisting of the Chairman; the Chief of Staff, U.S. Army; the Chief of Naval Operations; and the Chief of Staff, U.S. Air Force; and supported by the Organization of the Joint Chiefs of Staff are the principal military advisers to the President, the National Security Council, and the Secretary of Defense. The Commandant of the U.S. Marine Corps has coequal status with the members of the Joint Chiefs of Staff on matters which directly concern the Marine Corps. In performance of their functions of advising the Secretary of Defense, and subject to the authority and direction of the President and the Secretary of Defense, it is the duty of the Joint Chiefs of Staff to serve as advisers and as military staff in the chain of operational command with respect to unified and specified commands, to provide a channel of communications from the President and Secretary of Defense to unified and specified commands, and to coordinate all communications in matters of joint interest addressed to the commanders of the unified or specified commands by other authority.

Vertreter der U. S. Navy bei den Vereinigten Stabchefs ist stets der jeweilige CNO. Der hauptamtliche Vorsitzende (Chairman) der JCS ist der ranghöchste Offizier der Streitkräfte. Er wird vom Präsidenten nominiert und vom Kongreß bestätigt In der Regel stellen im Turnus die einzelnen Teilstreitkräfte den Vorsitzenden, jedoch gibt es Ausnahmen von dieser Regel. Der Vorsitzende ist *nicht* gleichzeitig Stabschef einer Teilstreitkraft, z. B. nie zugleich CNO.
Bindeglied zwischen dem SECDEF und der Navy ist der SECNAV. Dessen Behörde, das *Department of the Navy* (NAVDEPT) wurde 1798 gegründet, seine Zusammensetzung wurde im Laufe der vielen Jahrzehnte mehrfach geändert. Dem SECNAV direkt unterstellt sind gleichberechtigt nebeneinander der Chef der Seekriegsleitung (Chief of Naval Operations = CNO) und der Kommandant des Marine Corps (COMUSMC).

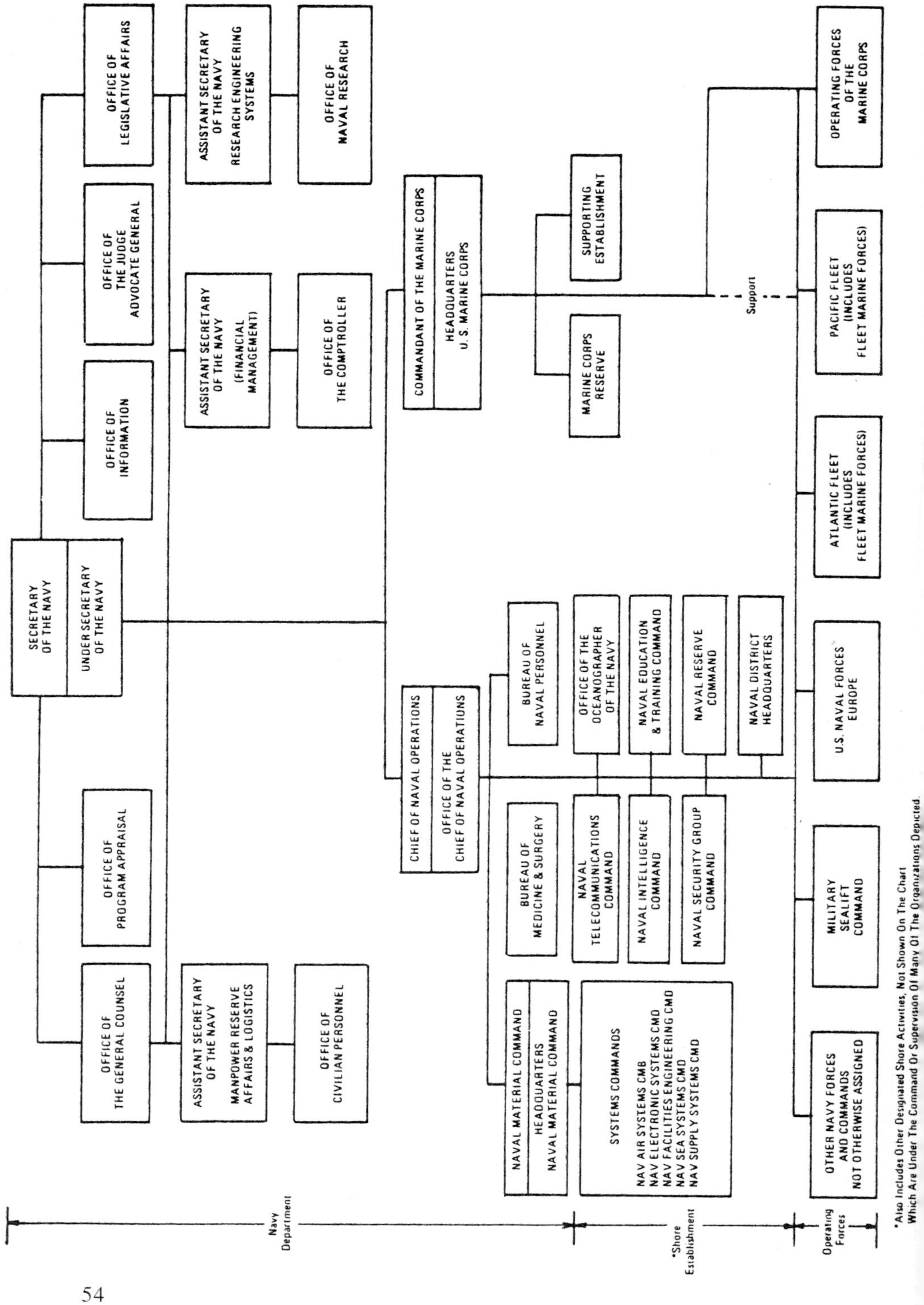
SECRETARY OF THE NAVY
UNDER SECRETARY OF THE NAVY
OFFICE OF THE GENERAL COUNSEL
OFFICE OF PROGRAM APPRAISAL
OFFICE OF INFORMATION
OFFICE OF THE JUDGE ADVOCATE GENERAL
OFFICE OF LEGISLATIVE AFFAIRS
ASSISTANT SECRETARY OF THE NAVY MANPOWER RESERVE AFFAIRS & LOGISTICS
OFFICE OF CIVILIAN PERSONNEL
ASSISTANT SECRETARY OF THE NAVY (FINANCIAL MANAGEMENT)
OFFICE OF THE COMPTROLLER
ASSISTANT SECRETARY OF THE NAVY RESEARCH ENGINEERING SYSTEMS
OFFICE OF NAVAL RESEARCH
CHIEF OF NAVAL OPERATIONS
OFFICE OF THE CHIEF OF NAVAL OPERATIONS
COMMANDANT OF THE MARINE CORPS
HEADQUARTERS U. S. MARINE CORPS
MARINE CORPS RESERVE
SUPPORTING ESTABLISHMENT
NAVAL MATERIAL COMMAND
HEADQUARTERS NAVAL MATERIAL COMMAND
SYSTEMS COMMANDS
NAV AIR SYSTEMS CMD
NAV ELECTRONIC SYSTEMS CMD
NAV FACILITIES ENGINEERING CMD
NAV SEA SYSTEMS CMD
NAV SUPPLY SYSTEMS CMD
BUREAU OF MEDICINE & SURGERY
BUREAU OF NAVAL PERSONNEL
NAVAL TELECOMMUNICATIONS COMMAND
OFFICE OF THE OCEANOGRAPHER OF THE NAVY
NAVAL INTELLIGENCE COMMAND
NAVAL EDUCATION & TRAINING COMMAND
NAVAL SECURITY GROUP COMMAND
NAVAL RESERVE COMMAND
NAVAL DISTRICT HEADQUARTERS
OTHER NAVY FORCES AND COMMANDS NOT OTHERWISE ASSIGNED
MILITARY SEALIFT COMMAND
U.S. NAVAL FORCES EUROPE
ATLANTIC FLEET (INCLUDES FLEET MARINE FORCES)
PACIFIC FLEET (INCLUDES FLEET MARINE FORCES)
OPERATING FORCES OF THE MARINE CORPS
Support
Navy Department
*Shore Establishment
Operating Forces
*Also Includes Other Designated Shore Activities, Not Shown On The Chart Which Are Under The Command Or Supervision Of Many Of The Organizations Depicted.

Der SECNAV übt über den CNO Aufsicht über die Bodeneinrichtungen wie über die operativen Streitkräfte der Navy zur See aus. Zu den letzteren gehören:

- ☐ alle wichtigen See-Kommandos, die dem CNO direkt unterstehen
- ☐ das *Military Sealift Command* (MSC)
- ☐ die Flottenkommandos an der Ost- und Westküste der USA samt den Landungstruppen des Marine Corps, der Seeluftwaffe der USN, den Überwasserstreitkräften, den strategischen und den taktischen Unterwasserstreitkräften und den diversen Schul- und Trainingskommandos.

2.22 Die administrative und die operative Befehlskette

In welcher Weise bereits von der Befehlsspitze ab die administrative bzw. die operative Befehlskette bei den Seestreitkräften funktioniert, das zeigen die beiden nachfolgenden Übersichten.

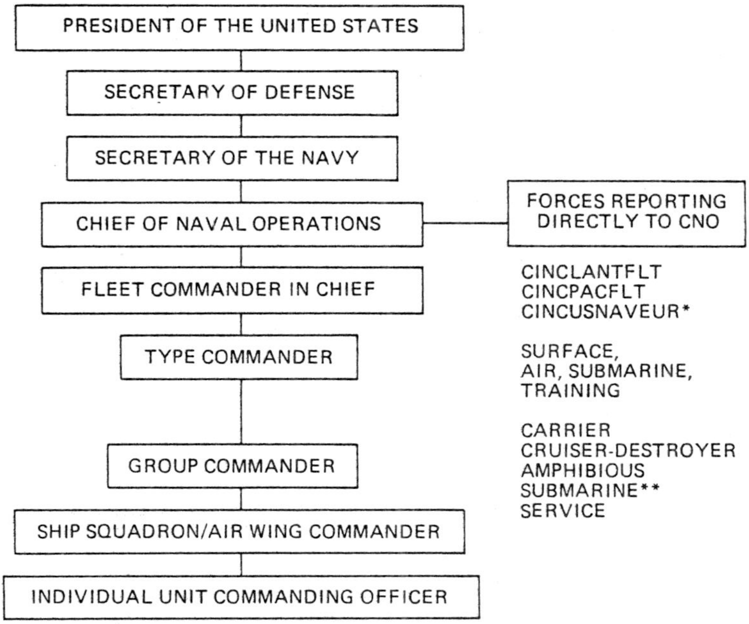

* CINCUSNAVEUR does not have administrative control of forward deployed CINCLANTFLT units, but does report to the CNO on administrative matters.

**Submarine group commanders do not have administrative control of submarine squadrons. The administrative chain of command for submarines passes directly from the type to the squadron commander. When submarines are administratively assigned to groups, the group commander exercises his administrative responsibilities as a squadron commander while retaining his operational responsibility as a group commander.

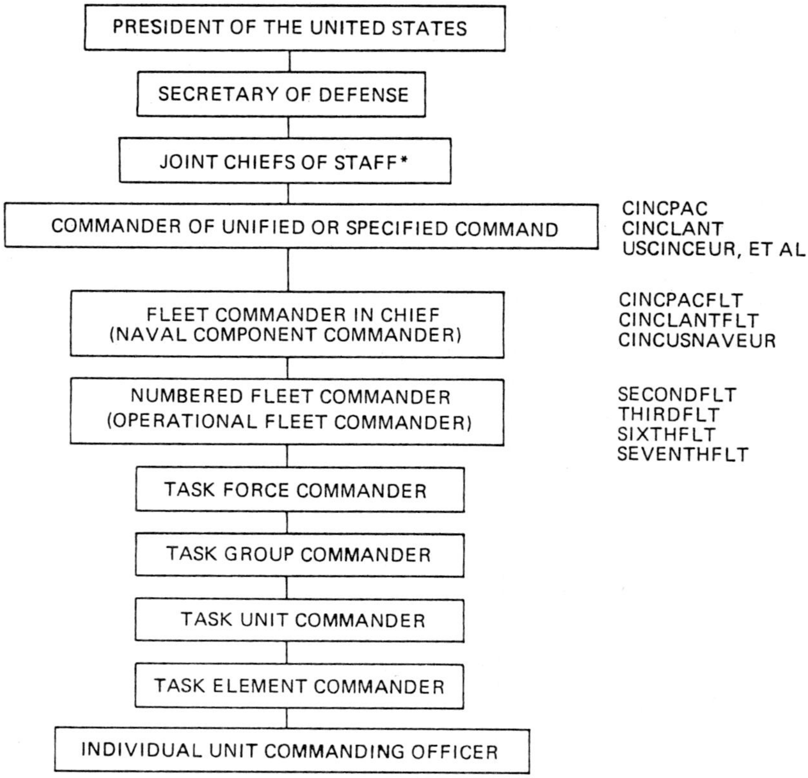

* The JCS are in the operational chain of command as advisers and as military staff with respect to the unified and specified commands; however, the JCS do not exercise operational command or control of forces, except as directed by the President or Secretary of Defense.

Die administrative Linie geht über den CNO zu den an Land befindlichen Befehlshabern. Man unterscheidet dabei die Befehlshaber

- ☐ im Atlantik (CINCLANTFL),
- ☐ im Pazifik (CINCPACFL),
- ☐ in Europa (CINCUSNAVEUR),

dann die „type commanders", d. h. die Befehlshaber der einzelnen Schiffsarten und Trainingskommandos,

- ☐ COMNAVAIRLANT (-PAC),
- ☐ COMSURFLANT (-PAC),
- ☐ COMSUBLANT (-PAC),
- ☐ COMTRALANT (-PAC)

und schließlich die „group commanders" – im deutschen Bereich den „Flottillen" entsprechend – mit den ihnen unterstellten Schiffsgeschwadern („squadrons"), Flugzeuggeschwadern („wings") bis zu den einzelnen Schiffs- bzw. Staffel-Kommandos. Bei den *Group Commanders* kennt man u. a.

☐ COMCARGRU für Flugzeugträger,
☐ COMCRUDESGRU für Kreuzer, Zerstörer und Fregatten,
☐ COMPHIBGRU für amphibische Schiffe,
☐ COMSUBGRU für Unterseeschiffe,
☐ COMSERVGRU für logistische Schiffe der Navy.

Der operative Zweig der Befehlskette geht von den vorstehend aufgeführten Befehlshabern Ostküste, Westküste bzw. Europa in Richtung der Kommandos der vier bezifferten, mobilen Einsatzflotten,

☐ der 2d Fleet an der amerikanischen Ostküste und im Nordatlantik,
☐ der 3d Fleet an der amerikanischen Westküste und im Ostpazifik,
☐ der 6th Fleet im Mittelmeerraum,
☐ der 7th Fleet im westpazifischen Raum.

Die einzelnen Flotten gliedern sich jedoch – nach Bedarf variabel zusammengesetzt und maßgeschneidert – wie noch weiter hinten ersehen werden kann, in

☐ Task Forces (Kampfverbände),
☐ Task Groups (Kampfgruppen),
☐ Task Units (Kampfeinheiten),
☐ Task Elements (Grundeinheiten).

2.23 Der *Chief of Naval Operations* (CNO)

Der CNO ist der ranghöchste Offizier des *Departments of the Navy* und entspricht einem Chef des Admiralstabes, dem Ersten Seelord und Chef des Marinestabes der Royal Navy oder dem Inspekteur der Marine bei der deutschen Bundesmarine. Natürlich ist er immer ein Vier-Sterne-Admiral. Aufgrund eines Dekrets aus dem Jahre 1966 ist der CNO dem SECNAV gegenüber voll verantwortlich für *sämtliche* Bereiche der Navy, also auch für diejenigen, die durch den stellvertretenden SECNAV (Asst. SECNAV) betreut werden. Hierzu gehört z. B. das gesamte Beschaffungswesen. Der CNO hat einen Stellvertreter, den *Vice Chief of Naval Operations (VCNO),* ebenfalls ein Vier-Sterne-Admiral. Dem CNO ist kein anderer Marineoffizier übergeordnet, es sei denn, daß der Vorsitzende der JCS ein Admiral ist. Der CNO ist in allen maritimen Angelegenheiten Berater des Präsidenten und des SECNAV, er ist aber auch Vertreter der Navy bei den JCS, deren Vorsitzender er jedoch nicht zugleich sein kann. Dem CNO untersteht zunächst seine eigene Behörde, das *Office of the Chief of Naval Operations* (OPNAV), die praktisch einem Admiralstab gleichzusetzen ist und in dem sich zahlreiche Ressortchefs befinden, wie aus der nachfolgenden Übersicht ersehen werden kann.

Dem CNO direkt unterstellt sind jedoch auch die Befehlshaber der großen Bereiche im Atlantik und im Pazifik, der Kommandant des *Military Sealift Command,* diverse weitere Kommandos sowie das Kommando der Reserveflotte, wobei hierunter nicht etwa die in Reserve befindlichen einkonservierten Schiffe gemeint sind, sondern die Masse der Navy-Reservisten, die auf Schiffen der *Naval Reserve Force* (NRF) und in den Staffeln der *Naval Air Reserve Force* (NARF) ihre periodischen Übungen absolvieren.

Siehe dazu die Übersichten auf Seite 58/59.

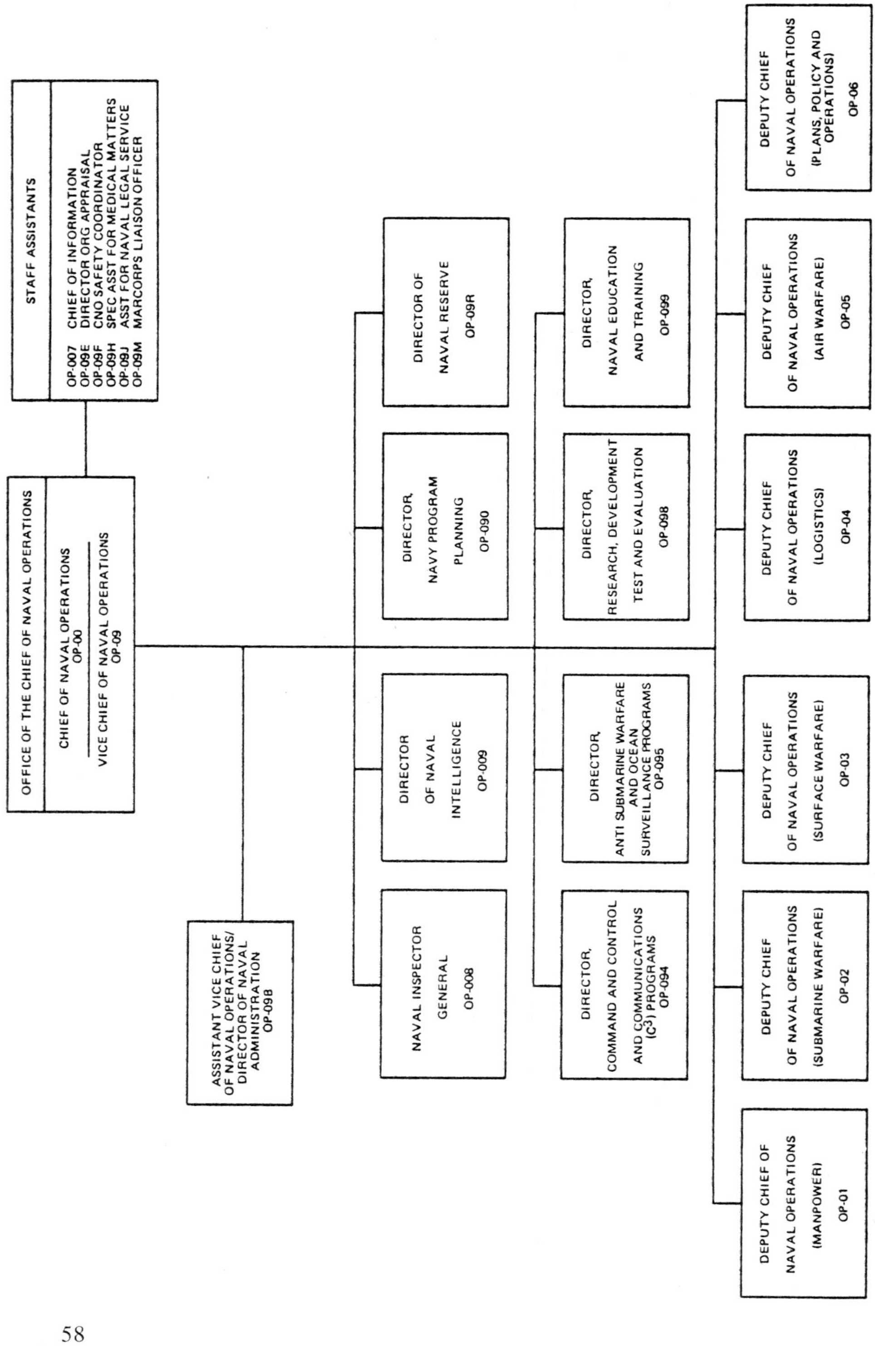

OFFICE OF THE CHIEF OF NAVAL OPERATIONS
CHIEF OF NAVAL OPERATIONS OP-00
VICE CHIEF OF NAVAL OPERATIONS OP-09
STAFF ASSISTANTS
OP-007 CHIEF OF INFORMATION
OP-09E DIRECTOR ORG APPRAISAL
OP-09F CNO SAFETY COORDINATOR
OP-09H SPEC ASST FOR MEDICAL MATTERS
OP-09J ASST FOR NAVAL LEGAL SERVICE
OP-09M MARCORPS LIAISON OFFICER
ASSISTANT VICE CHIEF OF NAVAL OPERATIONS/ DIRECTOR OF NAVAL ADMINISTRATION OP-09B
NAVAL INSPECTOR GENERAL OP-008
DIRECTOR OF NAVAL INTELLIGENCE OP-009
DIRECTOR, NAVY PROGRAM PLANNING OP-090
DIRECTOR OF NAVAL RESERVE OP-09R
DIRECTOR, COMMAND AND CONTROL AND COMMUNICATIONS (C3) PROGRAMS OP-094
DIRECTOR, ANTI SUBMARINE WARFARE AND OCEAN SURVEILLANCE PROGRAMS OP-095
DIRECTOR, RESEARCH, DEVELOPMENT TEST AND EVALUATION OP-098
DIRECTOR, NAVAL EDUCATION AND TRAINING OP-099
DEPUTY CHIEF OF NAVAL OPERATIONS (MANPOWER) OP-01
DEPUTY CHIEF OF NAVAL OPERATIONS (SUBMARINE WARFARE) OP-02
DEPUTY CHIEF OF NAVAL OPERATIONS (SURFACE WARFARE) OP-03
DEPUTY CHIEF OF NAVAL OPERATIONS (LOGISTICS) OP-04
DEPUTY CHIEF OF NAVAL OPERATIONS (AIR WARFARE) OP-05
DEPUTY CHIEF OF NAVAL OPERATIONS (PLANS, POLICY AND OPERATIONS) OP-06

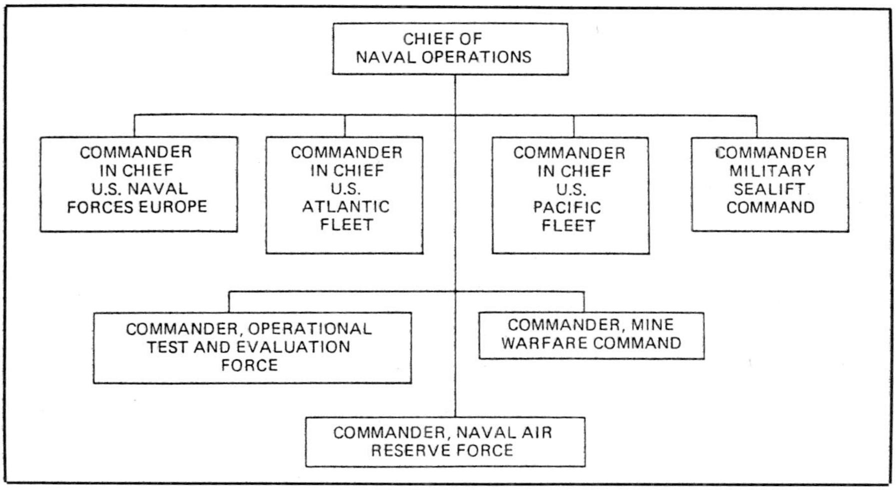
CHIEF OF NAVAL OPERATIONS
COMMANDER IN CHIEF U.S. NAVAL FORCES EUROPE
COMMANDER IN CHIEF U.S. ATLANTIC FLEET
COMMANDER IN CHIEF U.S. PACIFIC FLEET
COMMANDER MILITARY SEALIFT COMMAND
COMMANDER, OPERATIONAL TEST AND EVALUATION FORCE
COMMANDER, MINE WARFARE COMMAND
COMMANDER, NAVAL AIR RESERVE FORCE

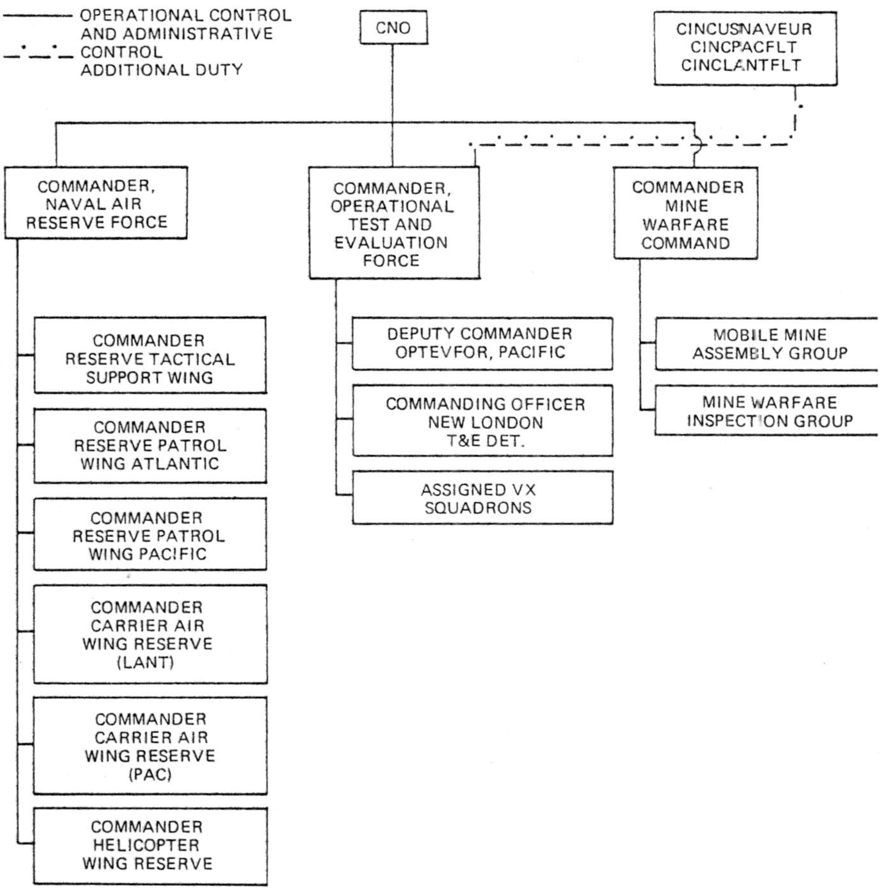
OPERATIONAL CONTROL AND ADMINISTRATIVE CONTROL
ADDITIONAL DUTY
CNO
CINCUSNAVEUR CINCPACFLT CINCLANTFLT
COMMANDER, NAVAL AIR RESERVE FORCE
COMMANDER, OPERATIONAL TEST AND EVALUATION FORCE
COMMANDER MINE WARFARE COMMAND
COMMANDER RESERVE TACTICAL SUPPORT WING
COMMANDER RESERVE PATROL WING ATLANTIC
COMMANDER RESERVE PATROL WING PACIFIC
COMMANDER CARRIER AIR WING RESERVE (LANT)
COMMANDER CARRIER AIR WING RESERVE (PAC)
COMMANDER HELICOPTER WING RESERVE
DEPUTY COMMANDER OPTEVFOR, PACIFIC
COMMANDING OFFICER NEW LONDON T&E DET.
ASSIGNED VX SQUADRONS
MOBILE MINE ASSEMBLY GROUP
MINE WARFARE INSPECTION GROUP

2.231 Das Naval Material Command

Von den zahlreichen Funktions-Kommandos und -Behörden, die dem CNO unterstehen, ist das NMC sicherlich das bedeutendste.

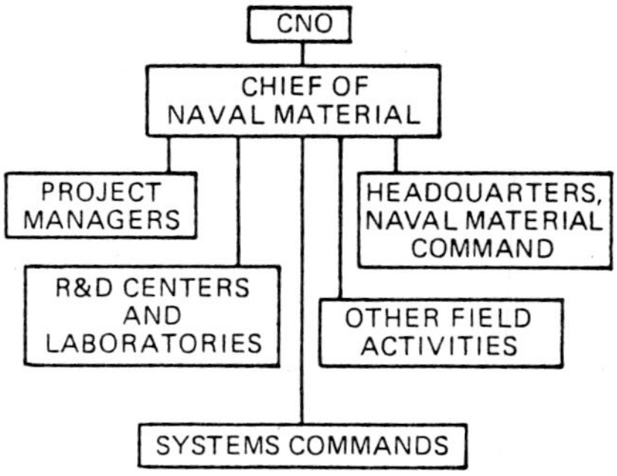

Es besteht aus dem NMC-Hauptquartier, mehreren zweckgebundenen Projektmanagement-Büros, aus Forschungs- und Entwicklungs-Zentren, Waffenentwicklungs-Zentren, Versuchslabors und Spezialbüros. Die wichtigsten Komponenten des NMC sind jedoch die fünf *System Commands,* die früher einmal als „Bureaus" bezeichnet wurden.

Die Grundaufgabe des NMC liegt in der Integration sämtlicher Aktivitäten zur Sicherung der Verfügbarkeit aller Systeme, die die operativen Streitkräfte, also die Flotte auf dem Wasser, unter Wasser und in der Luft, benötigen. Hier eingeschlossen sind die Entwicklung, das Ausschreibungswesen, der Erwerb, die Konstruktion, die Modernisierung und Reparatur aller Fahrzeuge und Flugmaschinen wie auch die Gestellung der relevanten Kampfsysteme (Waffen und Sensoren). Zum Verantwortungsbereich der NMC gehört auch die Überwachung der Navy-Weltraumaktivitäten, der ozeanographischen Forschung und Vermessung, die Beschaffung sämtlicher landgebundenen Fahrzeuge und Geräte für die Navy, aber hilfsweise auch für das Marine Corps.

Der *Chief of Naval Material* ist ein Vier-Sterne-Admiral. Die Chefs der fünf *System Commands* sind Konteradmirale, mehrere weitere Konteradmirale befinden sich im Hauptquartier des NMC sowie in den *System Commands.*

Die Project Managers

Die dem CNM unterstellten *Project Managers* unterhalten Büros, die jeweils für mehrere Jahre etabliert werden und sich wichtigen neuen Spezial-Projekten widmen, wie z. B. einem in großer Anzahl zu beschaffenden Flugzeugtyp oder einem strategischen FK-System usw. Bei Auslaufen der Entwicklungs- und Erprobungsphase für ein Projekt wird auch das entsprechende Büro aufgelöst und für neu hinzukommende Projekte werden neue Manager bestellt. Die Manager sind gewöhnlich Kapitäne zur See oder Konteradmirale. Zur Zeit der Verfassung dieser Zeilen verfügt das NMC über folgende *Project Manager*:

- ☐ *Strategic System Project Office* für die Beschaffung und Steuerung aller Aktivitäten zur Unterstützung der strategischen U-Flotte mit Poseidon-FK. Dieses Büro kümmert sich außerdem um das Satellitenwesen der Navy, in Verbindung mit der hierdurch ermöglichten Navigation, der Nachrichtenverbindung und der strategischen Aufklärung.

- *Trident System Project Office* wie vorstehend, jedoch gezielt auf die kommende Generation der strategischen U-Schiffe und deren FK ausgerichtet. Hier eingeschlossen ist die Koordination sämtlicher see- und landgestützten Komponenten dieses Systems.
- *Joint Cruise Missile Project Office* wie vorstehend, jedoch in Zusammenwirken mit der USAF auf die Entwicklung des Marsch-FK Tomahawk ausgerichtet.
- *Antisubmarine Warfare System Project Office* ist zuständig für sämtliche Probleme der Unterwasser-Ortung, der U-Schiff-Bekämpfung, der Feuerleitung, der elektronischen Gegenmaßnahmen unter Wasser, der Funkverbindung, Schulung und Ausbildung.
- *High Energy Laser Project Office* befaßt sich mit der Forschung, Entwicklung und der späteren Beschaffung von Laser-gesteuerten Waffenanlagen.

Zusätzlich zu den *Project Managern* gibt es beim NMC zwölf weitere Institutionen, deren Bezeichnungen aus den beiden nachfolgenden Übersichten ersehen werden können.

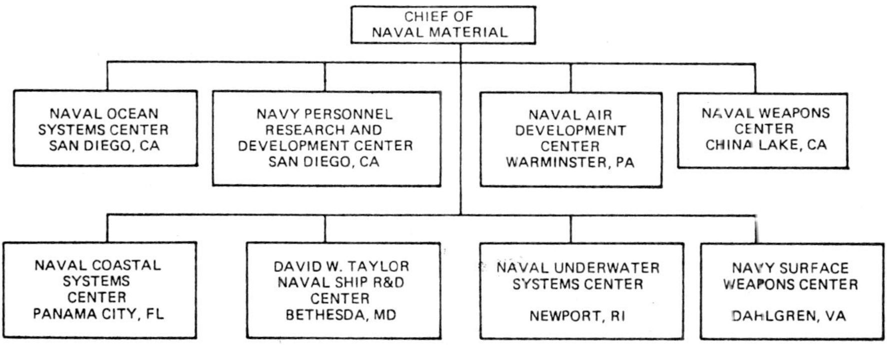

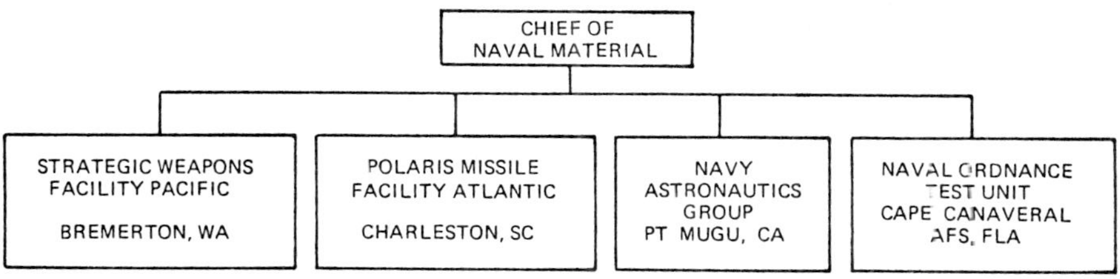

. Die Naval Systems Commands

Die *Naval Systems Commands* sind älter als das NMC selbst, nur hießen sie früher *Bureaus*. Folgende *Systems Commands* bestehen gegenwärtig:

- *Naval Air Systems Command* (früher *Bureau of Aeronautics*), zuständig für sämtliche Aktivitäten in Verbindung mit der Vorhaltung des Flugzeuginventars für die Navy und das Marine Corps.
- *Naval Electronic Systems Command*, zuständig für sämtliche Aktivitäten in Verbindung mit der Vorhaltung aller erforderlichen elektronischen Anlagen für Schiffe und Flugzeuge wie auch für die Landinstallationen und ortsfeste Unterwasserortung.

☐ *Naval Facilities Engineering Command,* zuständig für den Bau und die Unterhaltung von landgestützten Einrichtungen, wie Depots, Wohnanlagen, Kasernen; diesem Kommando unterstehen auch einige Marine-Pionierbataillone.
☐ *Naval Supply Systems Command,* zuständig für alle Versorgungsbereiche wie Verpflegung, Kleidung, Löhnung, Transporte, Ersatzteile und Treibstoff.
☐ *Naval Sea Systems Command,* das aus der Verschmelzung des früheren *Bureau of Ships* und *Bureau of Weapons* entstanden ist. Dies ist verständlicherweise das personell am stärksten besetzte Kommando. Hier werden die Grundlagen für die Entwicklung, die Entwurfsbearbeitung, die Konzeptionen, den Bau, die Modernisierung und Unterhaltung von Schiffen geschaffen.

Es würde den Rahmen dieses Buches sprengen, wollte man hier die Gliederung sämtlicher Systems Commands bis ins Detail darstellen wollen. Stellvertretend hierfür mag die nachfolgende Übersicht der Gliederung des NAVSEASYSTCOM für die Vielfalt der relevanten Aktivitäten sein:

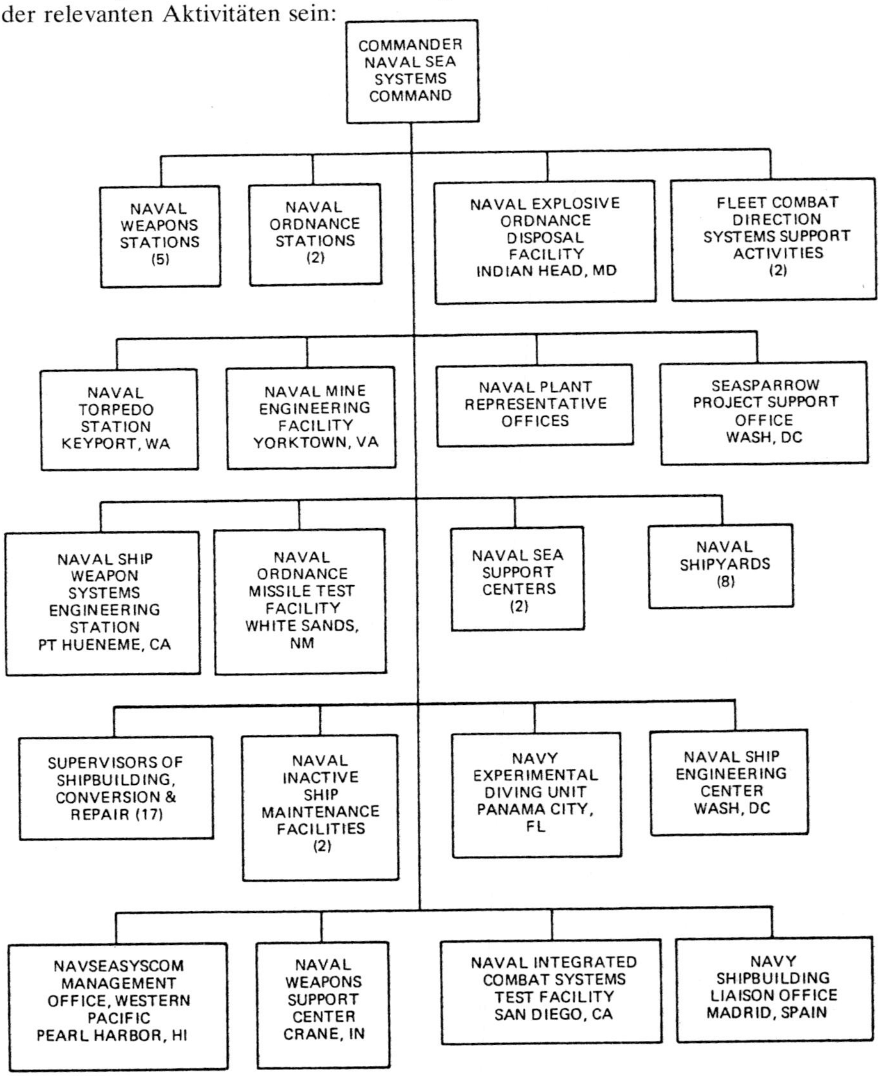

2.232 Weitere dem CNO unterstellte Behörden und Kommandos

Bureau of Naval Personnel

ist verantwortlich für die Anwerbung, Ausbildung, Löhnung und Verteilung der erforderlichen Anzahl an Offizieren und Mannschaften für die Teilstreitkraft U. S. Navy. Zu dessen Bearbeitungsbereich gehören auch Beförderungen, die Drogenbekämpfung, Alkoholiker-Rehabilitation, Betreuung ausgedienter Navy-Angehöriger, die Gewährung von Familien-Zuschüssen, die Film-Unterhaltung an Bord und an Land, die Unterhaltung des Marine-Musikkorps („Navy Band").

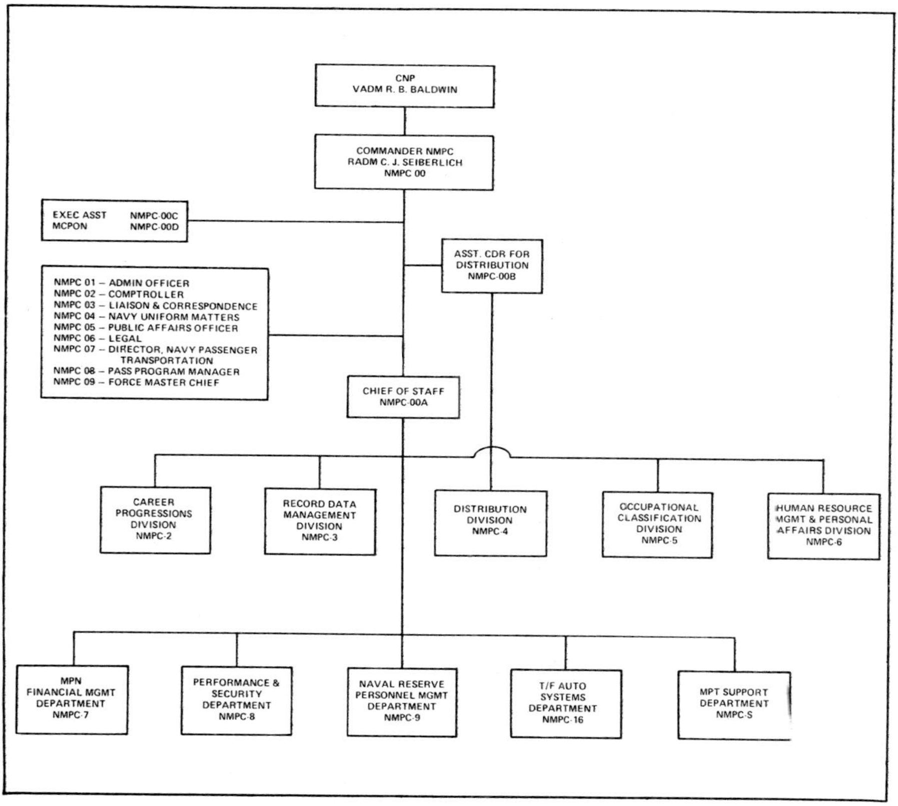

Bureau of Medicine and Surgery

ist zuständig für die beruflichen und technischen Voraussetzungen zur gesundheitlichen Betreuung des Personals der Navy und des Marine Corps sowie seiner Angehörigen. Hierzu gehört auch die Vorhaltung von Sanitätszentren und Lazaretten, von zahnärztlichen Kliniken, medizinisch-technischen Forschungszentren, Labors sowie die medizinisch-wissenschaftliche Ausbildung und Weiterschulung.

Naval Telecommunications Command

ist zuständig für die Bereitstellung, Unterhaltung und Instandsetzung sämtlicher Nachrichtenverbindungsanlagen der Navy.

Oceanographer of the Navy

ist zuständig für die Durchführung und Leitung sämtlicher ozeanographischer Programme, für die Sammlung hydrographischer, geophysikalischer und akustischer Daten zur Unterstützung der Flottenoperationen samt dazugehöriger Forschung und Entwicklung. Hierzu gehört auch die sachbezogene Unterstützung von befreundeten Nationen und die Unterhaltung von meteorologischen Wetterstationen.

Naval Intelligence Command

ist zuständig für die Nachrichtenbeschaffung und die Analyse fremder maritimer Systeme zur Unterstützung eigener nationaler strategischer Vorhaben, einschließlich entsprechender Forschung und Entwicklung. Dazu gehören noch die Planung und Durchführung von Abwehrmaßnahmen gegen mögliche entsprechende gegnerische Aktivitäten.

Naval Education and Training Command

ist zuständig für die Erziehung und Ausbildung an Land, Aufstellung von Bord-Ausbildungsprogrammen, Unterstützung befreundeter Nationen bei der Schulung und Ausbildung an US-Systemen. Diesem Kommando sind mehrere Zweig-Kommandos unterstellt:

- □ *Chief of Naval Air Training* (CNATRA), dem alle Flugzeug-Schulgeschwader und alle VT-Staffeln unterstehen;
- □ *Chief of Naval Technical Training;*
- □ *Chief of Naval Education and Training Support Command;*
- □ *Commander Training Command* LANTFL (PACFL), d, h. die COMTRALANT und COMTRAPAC;
- □ das *Naval War College* in Newport, R. I. als Führungsausbildungsstätte für Offiziere;
- □ *die Naval Postgraduate School* als weiterbildende Schule für Offiziere;
- □ das *Naval Reserve Officer Training Corps* (NROTC) zur Reserveoffizierschulung.

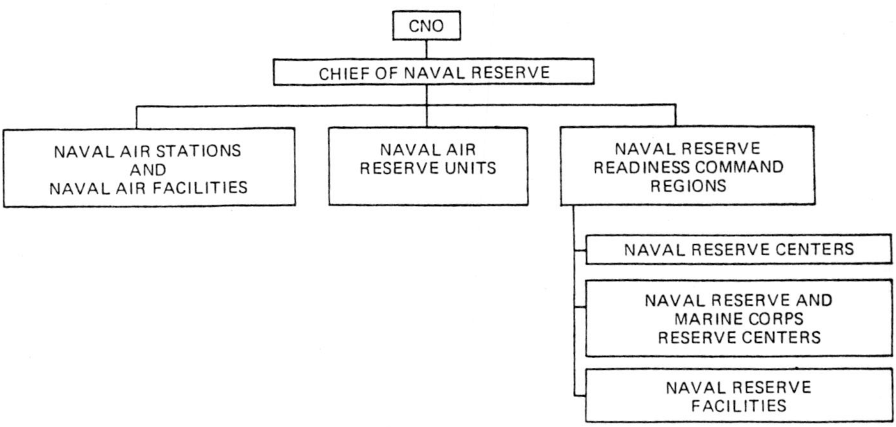

Naval Security Group Command

Marine-Abschirmdienst, zuständig für die Koordination aller Maßnahmen der Geheimhaltung und des Sicherheitswesens; Unterstützung der örtlichen Abwehrstellen, Gestellung von Kurierdiensten.

Naval Reserve Command

Bereitstellung und Vorhaltung von seegehenden und landgebundenen Institutionen zur Erfassung und Mobilmachung von Reservisten (siehe Übersicht Seite 64).

Naval Legal Service

Bearbeitung aller Rechtsfragen

Naval Districts

Die Marineabschnittskommandos waren bis 1980 zuständig für territoriale Aufgaben der Navy, für die Überwachung ihrer Landeinrichtungen, Unterstützung der Stäbe der Bereichs-Befehlshaber und andere vom CNO zugeteilte Aufgaben. Befehlshaber der *Naval Districts* waren Konteradmirale.

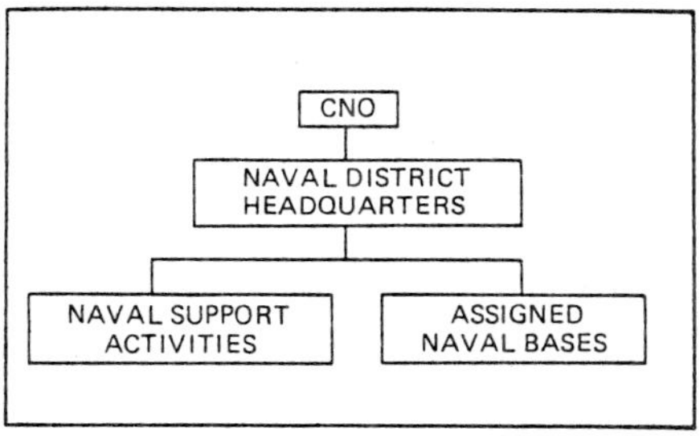

Während der Jahre der unbeschränkten und unangefochtenen Aktivitäten der U. S. Navy verfügte diese über maximal 16 Marineabschnittskommandos. Ihre Hauptquartiere waren zumeist entlang der Küsten an den Brennpunkten der Marineaktivitäten stationiert, jedoch war das gesamte Gebiet der USA durch die *Naval Districts* abgedeckt. Im Jahre 1960 gab es folgende *Naval Districts:*

Marineabschnittskommandos der U. S. Navy 1960

Naval District	Sitz	zuständig für die Bundesstaaten
1	Boston, Mass.	Maine, Vermont, N. Hampshire, Rhode Island
3	New York, N. Y.	Connecticut, New York, nördl. New Jersey
4	Philadelphia, Pa.	südl. New Jersey, Pennsylvania, Delaware, Ohio
5	Norfolk, Va.	Maryland, Virginia, West Virginia, Teile von North Carolina
6	Charleston, S. C.	Teile von North Carolina, South Carolina, Georgia, Florida, Alabama, Tennessee, Mississippi
8	New Orleans, La.	Louisiana, Arkansas, Oklahoma, Texas, N. Mexico
		Michigan, Indiana, Illinois, Wisconsin, Iowa

9	Great Lakes, Ill.	Minnesota, Missouri, Nord- u. Süd-Dakota, Kansas, Nebraska, Colorado, Wyoming
10	San Juan, P. Ricco	Karibische Inseln
11	San Diego, Cal.	Arizona, südlicher Zipfel von Nevada, Süd-Kalifornien
12	San Francisco, Cal.	Utah, größter Teil von Nevada, Nord-Kalifornien
13	Seattle, Wash.	Washington, Oregon, Idaho, Montana
14	Pearl Harbor, Haw.	Hawaii-Inseln sowie südlich und westlich liegende Inseln, einschl. Midways- und Marshall-Inseln
15	Balboa, Panamakanalzone	Panamakanalzone
17	Kodiak, Alaska	Alaska und Aleuten-Inseln
Potomac River	Washington, D. C.	District of Columbia sowie einige Städte in Virginia und Maryland
Severn River Naval Command	Annapolis, Md.	Gebiet der Stadt Anne Arundel

Die seit dem Ende des Vietnamkrieges festzustellende rund 50 %ige Schrumpfung aller Navy-Aktivitäten wirkte sich auch auf Anzahl und Zusammensetzung der *Naval Districts* aus. Im Zuge der Einsparungsmaßnahmen, insbesondere auch bei den Flaggstellen der Navy, wurden Ende der 70er Jahre einige Abschnittskommandos zusammengelegt. Sie blieben dabei zumeist an ihren gewohnten Orten, deren Leitung erfolgte jedoch durch Flaggoffiziere, die diese Aufgabe in Personalunion mit anderen Aufgaben erfüllten. So ergab sich ab 1979 folgende neue Verteilung:

Marineabschnittskommandos der U. S. Navy 1979/80

Naval District	Sitz	Bemerkungen
1	Boston, Mass.	keine eigene Flaggstelle; wird vom COM 4 mit betreut
3	New York, N. Y.	wie vorstehend
4	Philadelphia, Pa.	eigene Flaggstelle; COM 4 ist zugleich COM 1 und COM 3
5	Norfolk, Va.	keine eigene Flaggstelle; Commander NB Norfolk ist zugleich COM 5
6	Charleston, S. C.	keine eigene Flaggstelle; Commander NB Charleston ist zugleich COM 6
8	New Orleans, La.	keine eigene Flaggstelle; der Chief of Naval Reserve ist zugleich COM 8
11	San Diego, Cal.	keine eigene Flaggstelle; Commander NB San Diego ist zugleich COM 11
12	San Francisco, Cal.	keine eigene Flaggstelle; COM 11 ist zugleich COM 12
13	Seattle, Wash.	eigene Flaggstelle
Washington	Washington, D. C.	eigene Flaggstelle

Die *Naval Districts* 10, 15, 17 und das *Severn River Naval Command* wurden schon vor 1976 aufgelöst. Nachdem aber der Kongreß auf die Navy massiven Druck ausübte, ihre

Personalkosten zu reduzieren, wurde 1979 die Anzahl der Marine-Abschnittkommandos nochmals reduziert. Dabei ergaben sich folgende Veränderungen:

Naval District 9 in Great Lakes wurde aufgelöst, das bislang vom COM 9 betreute Gebiet aufgeteilt: Die Bundesstaaten Kansas, Missouri, Iowa, Illinois, Minnesota und Wisconsin übernahm der COM 8 in New Orleans. Indiana und Michigan wurden zusätzlich vom COM 4 in Philadelphia übernommen. Wyoming, Nebraska, South Dakota und North Dakota wurden dem COM 13 in Seattle zugesprochen. Colorado fiel dem COM 11 in San Diego zu. New Mexico wechselte über vom COM 8 zu COM 11.
Das Ende aller Naval Districts scheint jedoch mit Ende des Etatjahres 1980, am 30.9.1980, gekommen zu sein. Wie die Navy bekanntgab, werden „in an effort to streamline management" sechs von sieben Naval Districts aufgelöst, so daß nur noch Washington Naval District übrigbleiben wird.

Sonstige dem CNO unterstellte Marine-Behörden.

sind in der nachfolgenden Übersicht zusammengefaßt.

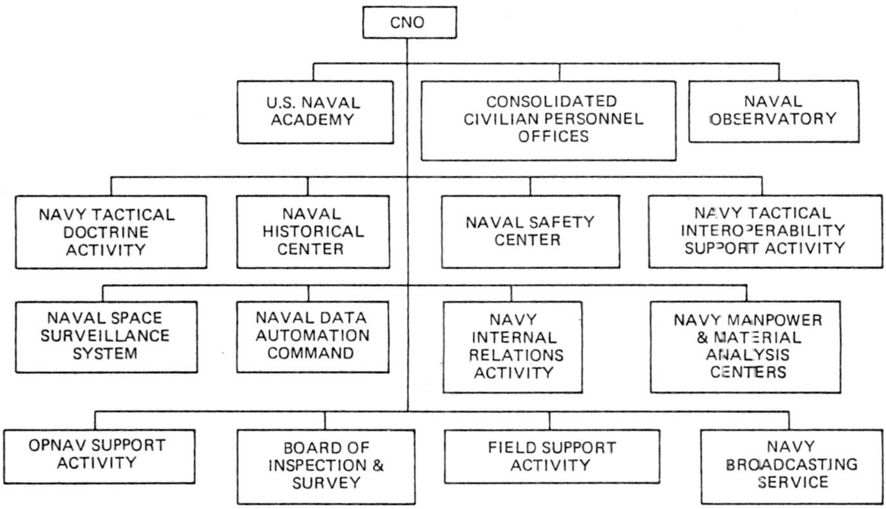

2.233 Operative Streitkräfte unter dem Oberbefehl des CINCUSNEUR

Der *Commander-in-Chief, U. S. Naval Forces, Europe* (CINCUSNEUR), ist ein Drei-Sterne-Admiral (also Vizeadmiral) mit Sitz in London, England. Seine Aufgabe besteht in der Planung und Durchführung maritimer Operationen im Bereich Europas und des Mittleren Ostens im Frieden wie im Kriegsfalle. Ihm unterstehen als operative Verbände

- ☐ die 6. Flotte im Mittelmeer und
- ☐ die Task Force 109 im Mittleren Osten unter dem Kommando des *Commander Middle East Force* (COMIDEASTFOR) sowie
- ☐ zahlreiche Landinstallationen.

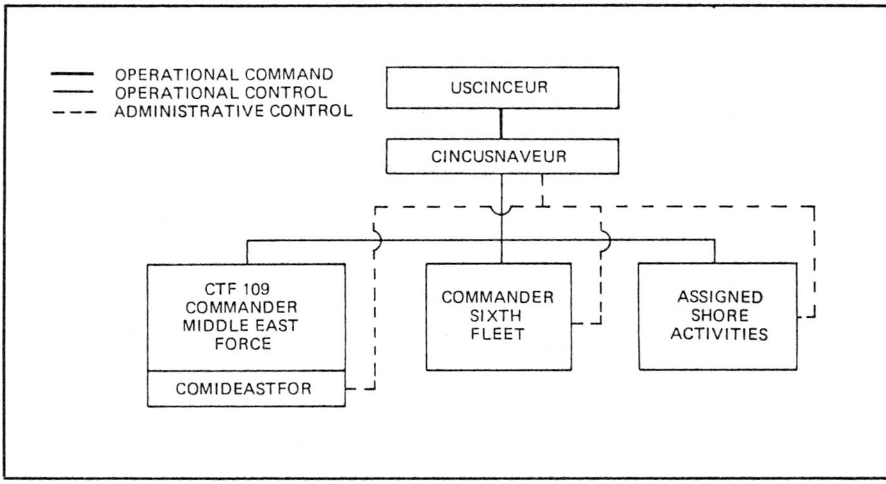

Die Middle East Force

wird als Task Force 109 bezeichnet und besteht aus dem permanenten Flaggschiff des COMIDEASTFOR, dem vormaligen Transport-Dockschiff *Coronado* (AGF-11, ex LPD-11), sowie aus gewöhnlich zwei detachierten Zerstörern der Atlantischen Flotte, deren Zugang freilich immer mit der Durchfahrt durch den Suezkanal verbunden ist, wenn weite Wege um Südafrika vermieden werden wollen. Entweder auf diesem Wege oder aber auch aus dem Pazifik können jederzeit weitere Schiffe herangeführt werden. Eine Reaktion durch die Entsendung von Schiffen der VII. Flotte im Westpazifik scheint infolge der geographischen Verhältnisse vielversprechender zu sein. In der Tat waren es Einheiten der Pazifischen Flotte, die Anfang 1979 in den Persischen Golf entsandt wurden, freilich ohne an den revolutionären Ereignissen in Iran irgend etwas ändern zu können. Der Operationsbereich der *Middle East Force* erstreckt sich über den Persischen Golf, das Rote Meer und den Nordwestteil des Indischen Ozeans.

Die 6. US-Flotte

Die Aufgabe des COM SIXTHFL, eines Vizeadmirals, besteht in der Planung und Durchführung aller Operationen zur

- ☐ Kontrolle der Wasserwege und des Luftraumes,
- ☐ Wahrung amerikanischer Interessen,
- ☐ eventuellen Evakuierung amerikanischer Bürger,
- ☐ Projektion amerikanischer Politik,
- ☐ Durchführung von „showing-the-flag“- und „good-will“-Operationen im Mittelmeerraum, im Schwarzen Meer und in den angrenzenden Zugängen und Meeresengen.

Die amerikanische Präsenz im Schwarzen Meer hat im Grunde mehr symbolischen Charakter, wenngleich die Chancen z. B. zur elektronischen Aufklärung in diesem Raum als Tatsache gewertet werden müssen. Von Zeit zu Zeit fahren zwei Schiffe durch die Dardanellen in das Schwarze Meer, um dort das Recht zum freien Zugang zu demonstrieren. Permanent operierende amerikanische Schiffe gibt es in diesem Raum nicht. Um des lieben Friedens willen überläßt man diesen Raum den Anliegerstaaten, von denen die Sowjetunion die stärkste Seemacht besitzt und diese in Notfällen – trotz gewisser vertraglicher Beschränkungen – bei der Passage durch die türkischen Meerengen praktisch ungehindert weit rascher ins Mittelmeer heranführen kann, als es die Amerikaner über den Atlantik tun können.

Angesichts der ständigen Konfrontation mit der wachsenden sowjetischen Flotte ist das Vorhandensein der 6. U. S.-Flotte im Mittelmeer nach wie vor von großer Bedeutung. Trotz aller Beschränkungen, die durch die Schrumpfung der Flotte und die zusätzlichen Verpflichtungen im Indischen Ozean diktiert sind, ist es bisher im wesentlichen gelungen, die Normalstärke der 6. Flotte zu erhalten. Zumeist erhalten die beiden Task Groups 60.1 und 60.2 je einen Flugzeugträger und die dazugehörigen jeweils ca. 12 begleitenden Kampfschiffe. Je nach Bedarf schwankt die Zahl der im Mittelmeer eingesetzten Schiffe der USN zwischen 25 und 50, einschließlich der dazugehörigen U-Schiffe und Amphibischen Einheiten. Wegen der besonderen Bedeutung der 6. Flotte für den gesamten europäischen Raum und den Nahen Osten wird nachfolgend die Gliederung dieser Flotte gründlicher dargestellt und analysiert.

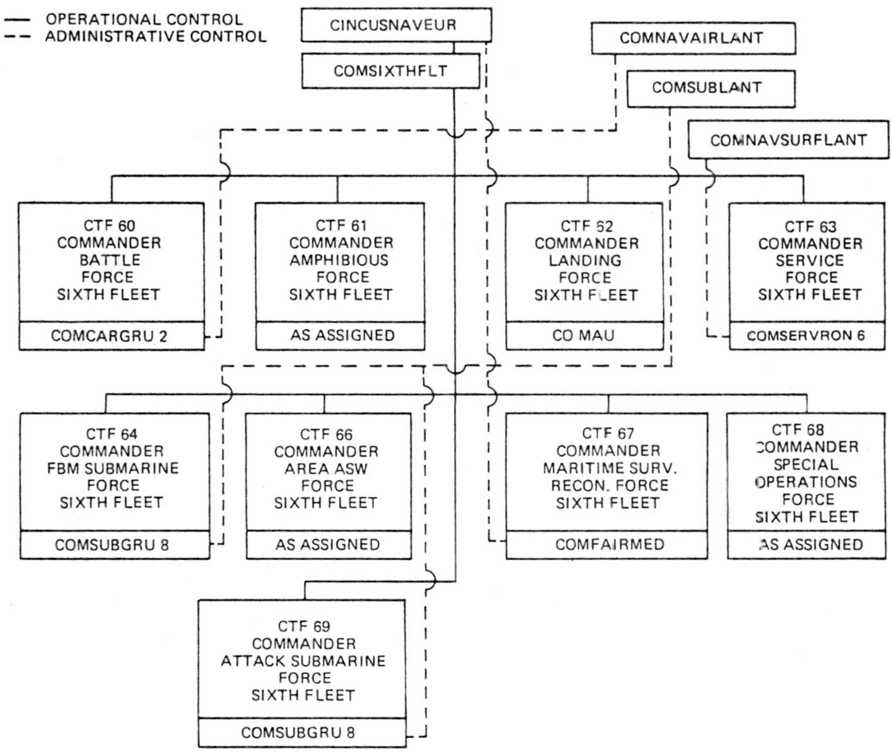

Der Land-Stab der 6. Flotte hat seinen Sitz in Neapel, Italien. Der COM SIXTHFL befindet sich in der Regel auf seinem Flaggschiff, das in Gaeta, Italien, permanent stationiert ist. Die früheren Flaggschiffe waren stets Kreuzer (CA-134 *Des Moines,* CA-139 *Salem,* CA-148 *Newport News,* CC-1 *Northampton,* CG-7 *Springfield,* CG-4 *Little Rock,* CG-10 *Albany),* die aufgrund ihrer Einrichtung geeignet waren, den großen Flottenstab neben ihrer normalen Besatzung zu beherbergen. Die modernen Lenkwaffenkreuzer sind für solche Aufgaben weniger geeignet, so daß nach Außerdienststellung von USS *Albany* im Sommer 1980 nach anderen Wegen gesucht werden mußte. Die Wahl fiel auf den geräumigen Zerstörer-Tender AD-38 *Puget Sound,* der davor schon längere Zeit Flaggschiff des COMCRUDESLANT, später des COMSURFLANT war. Beunruhigend ist eher zu wissen, daß ein solch wichtiges Schiff als Hilfsschiff nahezu unbewaffnet fährt und zu seinem Schutz in Gefahrenzeiten gesonderte Schutzschiffe bereitgestellt werden müssen. Auch mangelt es diesem Schiff an Geschwindigkeit, um in allen Situationen mit der restlichen Flotte mithalten zu können. Man kann also annehmen, daß der COM SIXTHFL im Kriegsfalle doch noch schleunigst auf ein größeres Kampfschiff umsteigen würde, unter Mitnahme nur eines Teiles seines Stabes.
Mit Ausnahme des Flaggschiffes und des in La Maddalena stationierten U-Schiff-Tenders werden die meisten anderen Schiffe – auch die von Neapel aus operierenden Flottenversorger – im Rotationsverfahren ausgetauscht, wobei die Einsatzzeiten in der Regel zwischen vier und sechs Monaten betragen.

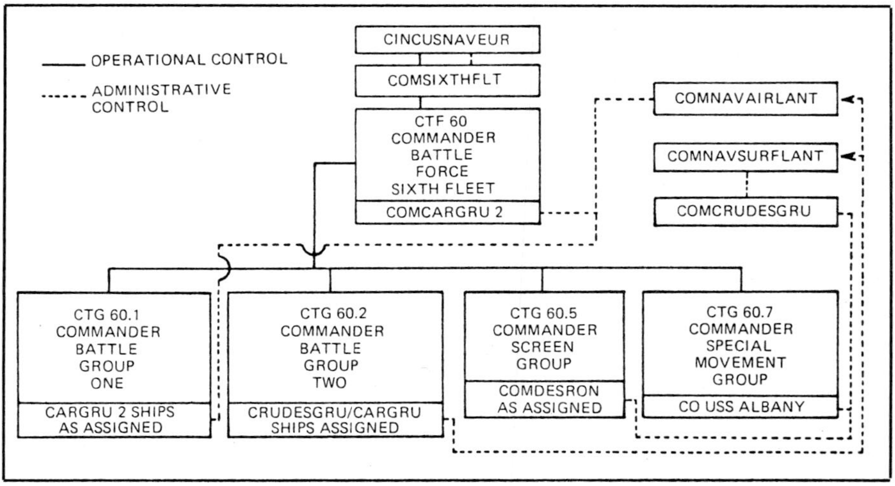

Task Force 60 ist der Flugzeugträgerverband der 6. Flotte, *der* Kernverband, durch dessen Präsenz die geringfügige maritime Überlegenheit der USA gegenüber der Sowjetunion vorerst noch in etwa gesichert erscheint. COM TF 60, ein Konteradmiral, ist stets der COMCARGRU 2. Die TF 60 bestand bislang immer aus zwei Flugzeugträgern; je einer davon bildet mit den detachierten Begleitschiffen (1-2Kreuzer, 6-8 Zerstörer und Fregatten) die Task Group 60.1 bzw. TG 60.2. Der COM TF 60 ist zugleich auch COM TG 60.1, während der COM TG 60.2 von einem COMCRUDESFLOT befehligt wird, auch einem Konteradmiral. Aus naheliegenden Gründen führt er seine Task Group nicht von einem Kreuzer, sondern vom Flugzeugträger aus. In der Regel operieren die beiden Trägergruppen voneinander völlig getrennt, die eine im westlichen Mittelmeer, die andere im östlichen. Die Trennlinie verläuft etwa durch die Südspitze Siziliens. Je nach Bedarf wird die eine oder die andere Gruppe verstärkt oder geschwächt. Seit 1980 gab es wegen der angespannten Lage im Pers. Golf nur einen Träger im Mittelmeer. Es gab nicht genug Träger, um zwei bereitzustellen! Die begleitenden Zerstörer und Fregatten bilden nominell die TG 60.5 unter dem Kommando des gerade anwesenden COMDESRON, einem Kapitän zur See. Im Einsatz jedoch unterstehen diese Begleitschiffe dem jeweiligen Kommandanten der TG 60.1 bzw. 60.2. Als TG 60.7 wird die Gruppe um das Flottenflaggschiff bezeichnet, die dem Kommandanten des Flaggschiffes untersteht und auch einige kleine Transport- und Verkehrsfahrzeuge erfaßt. Die TF 60 ist der mobilste Verband unter dem Oberbefehl des CINCUSNAVEUR. Er verbringt die meisten Wochen seines Einsatzes in See, wobei sämtliche Versorgungsgüter von Versorgungsschiffen in See übernommen werden. Diese Wochen der permanenten Fahrten sind ausgefüllt vom alltäglich und fast ganztägig stattfindenden Start- und Landebetrieb der auf den Träger stationierten Maschinen. Sie werden nur unterbrochen von einigen, zwischen drei und sechs Tagen andauernden Hafenbesuchen, die der Erholung der Besatzungen und der Durchführung derjenigen Instandsetzungsarbeiten dienen, die während der Einsatzfahrten nicht vorgenommen werden können. Niemals befinden sich beide Träger zur gleichen Zeit im Hafen, einer ist immer im Einsatz. Dagegen kommt es vor, daß sich die beiden *Task Groups* bei dem Übergang von einem Operationsgebiet in das andere treffen und eine kurze Zeit lang auch gemeinsam Übungen durchführen.

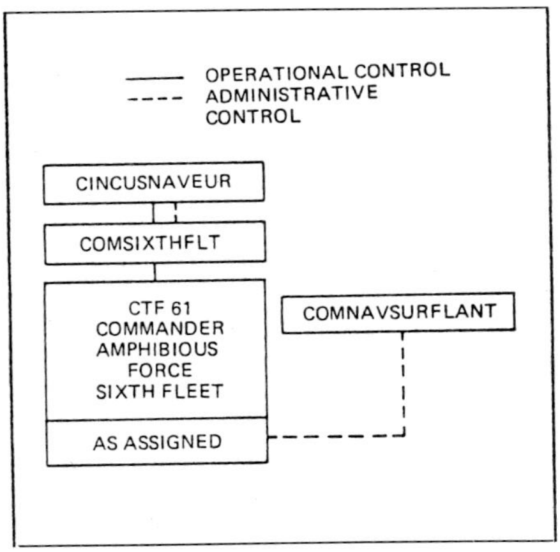

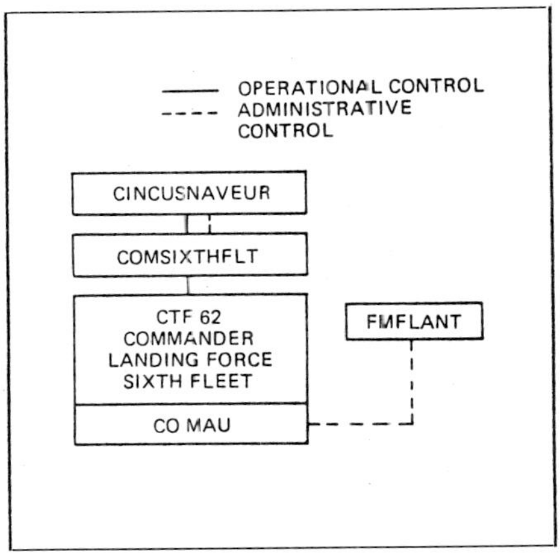

Task Force 61 ist der amphibische Verband der 6. Flotte. Er setzt sich zusammen aus etwa 5 bis 8 Schiffen eines oder mehrerer PHIBRON. Die Zusammensetzung der TG 61 ist unterschiedlich, jedoch besteht der Verband in der Regel aus einem LHA oder LPH, zwei LPD und/oder LSD, zwei LST und einem LKA. Der COM TF 61 ist in der Regel ein Kapitän zur See, der zugleich COMPHIBRON eines der beteiligten Amphibischen Geschwader ist. Schiffe der TF 61 führen alles mit sich, was für die sofortige, reibungslose Landung des eingeschifften „Battalion Landing Team“ erforderlich ist, u. a. Transport- und Kampfhubschrauber, Landungsboote, weitere Landungsmittel, Kampfwagen, Geschütze, Fahrzeuge u.v.a.m. Der eingesetzte LHA/LPH ist zugleich Sanitätszentrum für im Einsatz eventuell verwundete Soldaten. Nach wie vor erscheint es fragwürdig, warum ein so komplex zusammengesetzter Verband noch immer nicht von einem Flaggoffizier geführt wird. Ab 1981 werden auf den LHA auch AV-8A Harrier des Marine Corps eingesetzt.

Task Force 62 ist der Landungsverband der 6. Flotte. Er besteht aus einem verstärkten Bataillon des Marine Corps, das sich „Battalion Landing Team" nennt. Dessen Soldaten sind während der ganzen Einsatzperiode im Mittelmeer, d. h. etwa sechs Monate, auf den LHA/LPH/LPD eingeschifft und dessen Fahrzeuge werden in den LHA und LST mitgeführt. Der Verband wird von einem Obersten des Marine Corps geführt, dem auch die mitgeführten Hubschrauber der HMH-, HMM- und HMA-Staffeln unterstehen. Außer der Bezeichnung „Battalion Landing Team" führt dieser Verband noch die Bezeichnung „Marine Amphibious Unit".

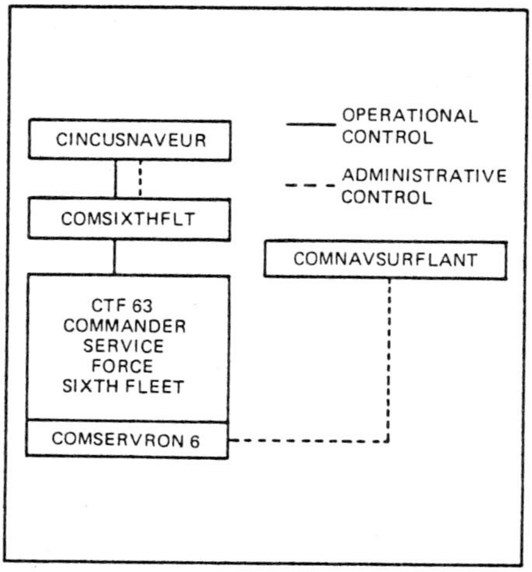

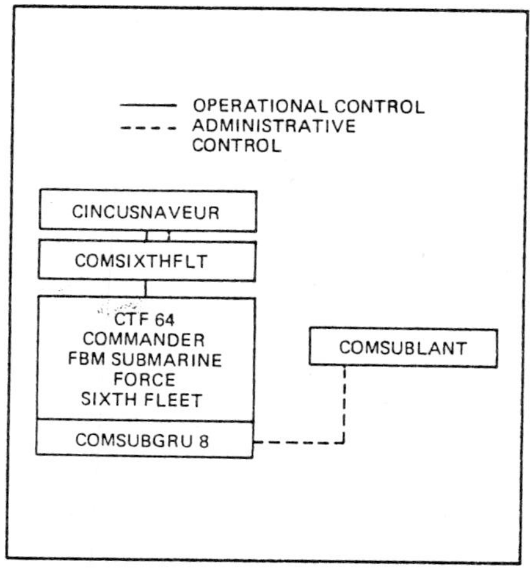

Task Force 63 ist der Versorgungsverband der 6. Flotte. Die In-See-Versorgung gehört seit vielen Jahren zur geübten Praxis aller Schiffe der 6. Flotte. Der COM TF 63 ist in Personalunion zugleich COMSERVRON 6, also Kapitän zur See, sein Sitz befindet sich in Neapel. Neapel ist zugleich Umschlagplatz für die zumeist durch MSC-Hilfsschiffe herantransportierten Güter. Diese Güter werden an die Flottenversorger der TF 63 abgegeben, die vor allem den Kategorien AOE, AOR, AO, AE und AFS angehören. Bei der TF 63 befinden sich jedoch auch Dienstfahrzeuge, wie Hochseeschlepper, Bergungsschiffe u. a. m.

Task Force 64 ist ein SSBN-Verband. Die strategischen Unterseeschiffe von SUBRON 16, die bis zum Ende der 70er Jahre noch von Rota, Spanien, aus operierten, unterstehen ebenfalls dem COMSIXTHFL, und zwar über den COMTF 64, einen Konteradmiral, in Personalunion zugleich COMSUBMED, und COMSUBGRU 8 ist. Sein Sitz befindet sich auf Sardinien (La Maddalena). Hier muß der Ordnung halber auf eine Sonderregelung hingewiesen werden, die nicht nur für die TF 64 gilt, sondern auch für die TF 69 und alle gleichartigen U-Boot-Verbände der anderen, kleineren Nationen. Die einzelnen U-Schiff-Geschwader (SUBRON) unterstehen in administrativer Hinsicht *nicht* den jeweiligen COMSUBGRU, sondern direkt dem COMSUBLANT bzw. COMSUBPAC. Die COMSUBGRU besitzen nur die operative Kontrolle über die SUBRON und ihre Boote. Darüberhinaus hat der COMSIXTHFL keinen unmittelbaren Einfluß auf die Auswahl der im Kriegsfalle seitens der Poseidon-FK anzugreifenden feindlichen Ziele. Diese werden alljährlich sämtlich von der *Nuclear Target Planning Group* der NATO in Brüssel entsprechend der gerade gültigen Situation neu festgelegt, verteilt und dann vorprogrammiert. Bei dieser Besprechung ist stets auch ein Vertreter des Stabes der 6. Flotte anwesend.

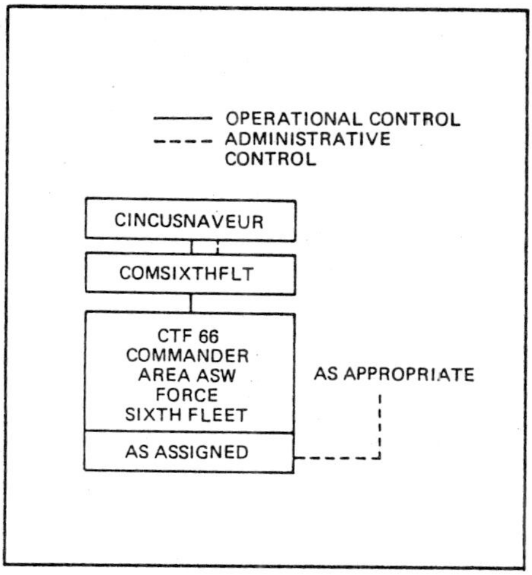

Task Force 66 ist – zumindest nominell – der U-Jagd-Verband der 6. Flotte. Soweit bekannt, ist dies in Wirklichkeit nur ein Schein-Stab, dem zur Zeit keine Schiffe unterstellt sind. Solange noch bis zum Beginn der 70er Jahre einzelne U-Jagd-Flugzeugträger (CVS) zeitweilig im Mittelmeer als dritter Träger operierten, wurde TF 66 jeweils vorübergehend aktiviert. Nachdem es jedoch inzwischen keine CVS mehr gibt (mit Ausnahme der „eingemotteten") und die U-Jagd-Aufgaben von den VS-Maschinen der normalen Flugzeugträger recht und schlecht wahrgenommen werden, ruht vermutlich die Tätigkeit von TF 66. Im Falle einer Aktivierung besteht die Bestimmung, daß der COM TF 67 zugleich auch COM TF 66 wird.

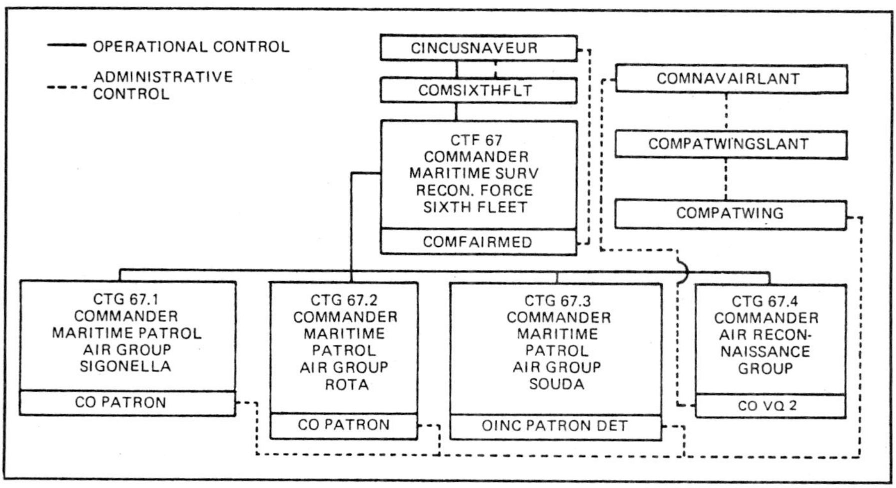

Task Force 67 ist der Luftüberwachungs- und Aufklärungsverband der 6. Flotte. Dies ist angesichts der Notwendigkeit einer lückenlosen Überwachung aller Bewegungen sämtlicher sowjetischer Kriegsschiffe im Mittelmeerraum und dessen Zugängen sicherlich eine der wichtigsten Kampfgruppen, die sich aus folgenden vier *Task Groups* zusammensetzt:

TG 67.1 (setzt sich zusammen aus den detachierten P-3 Orions der VP-Staffel, die gerade von Sigonella, Sizilien, aus operiert).

TG 67.2 (wie vorstehend, jedoch – spätestens noch bis 1979 – von Rota in Spanien operierend).

TG 67.3 (wie vorstehend, jedoch von der Souda-Bucht auf Kreta operierend).

TG 67.2 COM TG sind in diesen Fällen die jeweiligen Staffelkapitäne derjenigen VP-Staffeln, die gerade detachiert sind, wobei auch Reserve-VP-Staffeln der NARF zum Einsatz kommen.

TG 67.4 (setzt sich zusammen aus den Hercules- und Skywarrior-Maschinen der von Rota operierenden Flottenerkundungsstaffel VQ-4, deren Staffelkapitän auch COM TG 67.4 ist).

Die Personalunion zwischen COM TF 66 und 67 ist schon aus der Tatsache zu verstehen, daß die P-3 Orions nicht nur als Aufklärer, sondern auch zur U-Jagd dienen, so daß bei einer Aktivierung durchaus Überschneidungen durch gegenseitige Abkommandierung zwischen den beiden TF vorkommen könnten.

Task Force 68 ist ein nomineller Sonderverband der 6. Flotte. Dies ist offensichtlich nur eine reservierte Stabs-Bezeichnung für einen im Bedarfsfalle zusammenzusetzenden Verband, der aus nicht näher bezeichneten Komponenten bestehen würde. Man könnte sich aber vorstellen, daß es sich hierbei um Spezialeinheiten für Sabotage und Sabotageabwehr handeln könnte, bestehend aus Kommandotrupps, Kampfschwimmern der Navy u. ä.

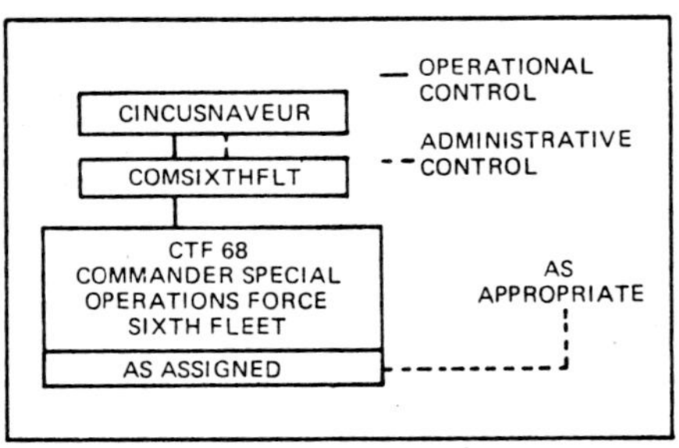

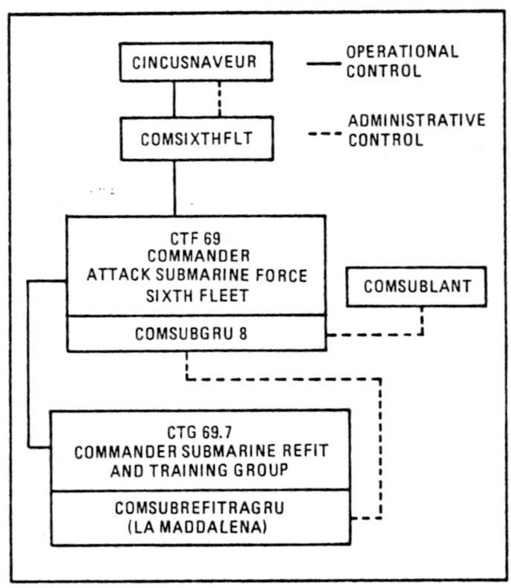

Task Force 69 ist der Angriffs-U-Verband der 6. Flotte. Hier gilt sinngemäß das bei Task Force 64 Gesagte. Als zusätzliches Element dieser Kampfgruppe besteht noch TG 69.7; sie setzt sich zusammen aus dem ständig in La Maddalena stationierten U-

Schiffs-Tender und den übrigen für Wartung, Instandsetzung und Training benötigten Fahrzeugen. Über die Anzahl der jeweils im Mittelmeer eingesetzten SSN verlautete in der Öffentlichkeit nie etwas.

Anmerkung: Es ist wichtig zu wissen, daß die 6. Flotte nicht allein ein nationaler Verband der Vereinigten Staaten im Mittelmeer ist, sondern zugleich auch ein Verband der NATO. Der COMSIXTHFL ist zugleich Befehlshaber der Alliierten Eingreif- und Unterstützungsseestreitkräfte Europa-Süd (STRIKFORSOUTH) und untersteht als solcher dem Oberbefehlshaber der Alliierten Streitkräfte Europa-Süd (CINCSOUTH) in Neapel, einem amerikanischen Admiral ohne nationale Funktionen. Einzelheiten der Unterstellungsverhältnisse von US-Seestreitkräften unter NATO-Befehl sind jedoch nicht Gegenstand dieses Buches.

2.234 Operative Streitkräfte unter dem Oberbefehl des CINCLANTFL

Einführung

Die Stellung des *Commander-in-Chief, U. S. Atlantic Fleet* (CINCLANTFL) mit Sitz in Norfolk, Virginia, ist eine der verantwortungsvollsten in der ganzen U. S. Navy. Der Stelleninhaber, ein Vier-Sterne-Admiral, ist in Personalunion auch CINCLANT und SACLANT. Die beiden letzten Dienststellungen bescheren ihm die Befehlsgewalt über sämtliche Streitkräfte im nordatlantischen Raum. Der CINCLANT ist im Frieden wie auch im Falle von begrenzten oder globalen Konflikten verantwortlich für die Planung und Durchführung aller Maßnahmen, die erforderlich sind

- ☐ zur Sicherung und Kontrolle der See- und Luftwege,
- ☐ zur Verteidigung der Vereinigten Staaten gegen Angriffe aus dem atlantischen Raum,
- ☐ zur Erhaltung der Sicherheit des atlantischen Befehlsbereiches,
- ☐ zur Unterstützung von Übersee-Operationen nationaler und verbündeter Streitkräfte.

Der Befehlsbereich des CINCLANT/SACLANT erstreckt sich von der Karibik im Süden bis zur Arktis im Norden, er umfaßt sogar Teile des Pazifischen Ozeans und reicht im Osten bis an den Bereich des CINCUSNEUR.
Der amerikanische Admiral in Norfolk trägt also zugleich vier „Hüte", zwei nationale und der NATO, wobei es sich um völlig verschiedene Verantwortungsbereiche handelt. Er ist zugleich:

SACLANT *Supreme Allied Commander Atlantic*
Ein NATO-Kommando, das dem Admiral den Oberbefehl über *sämtliche* NATO-Streitkräfte im atlantischen Raum beschert, vergleichbar dem *Supreme Allied Commander Europe* (SACEUR).

CINCLANT *Commander-in-Chief, Atlantic*
Kein Marinekommando, sondern ein nationales amerikanisches „unified command". Der CINCLANT ist Oberbefehlshaber *sämtlicher* amerikanischer Teilstreitkräfte im atlantischen Bereich, direkt unter der Verantwortlichkeit der JCS.

CINCLANTFL *Commander-in-Chief, U. S. Atlantic Fleet*
Hier besteht die Verantwortlichkeit gegenüber dem CNO, es ist ein reines Marine-Kommando.

CINCWESTLANT *Commander in Chief Western Atlantic Area*

Ein NATO-Kommando, dem sämtliche NATO-Seestreitkräfte im Westatlantik unterstellt sind, d. h. in diesem Falle die amerikanischen und die kanadischen.

Entsprechend der Bedeutung und dem großen Zuständigkeitsbereich ist die Gliederung der dem CINCLANTFL unterstellten Streitkräfte weit verzweigt, wie die nachfolgende Übersicht zeigt.

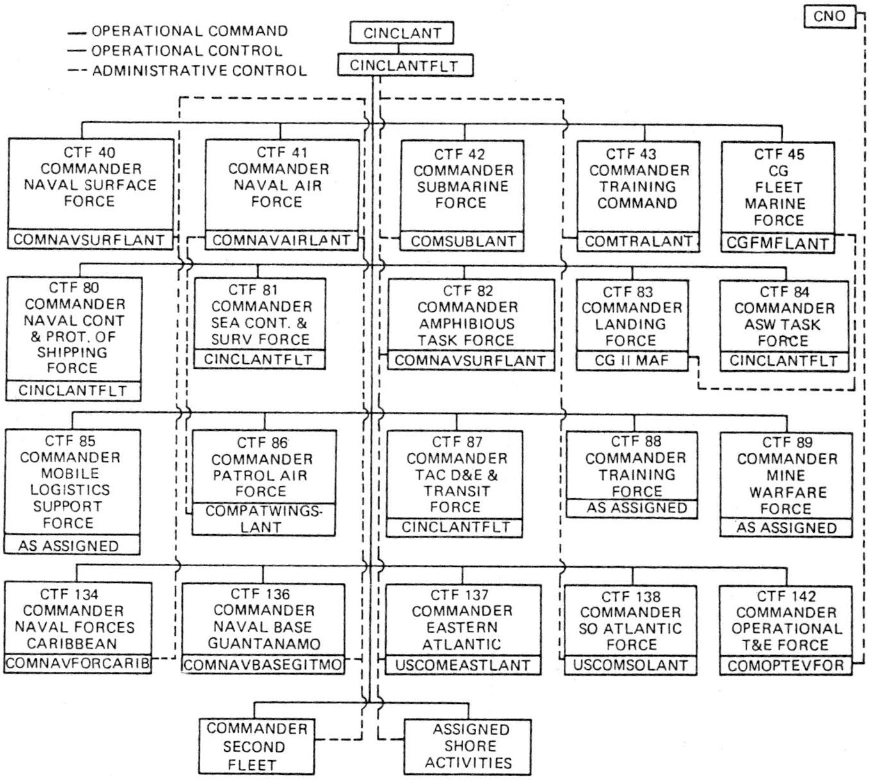

20 Kommandos und die 2. Flotte unterstehen dem CINCLANTFL und die einzelnen Kommandos sind in Form von *Task Forces* organisiert. Die zu den einzelnen *Task Forces* gehörenden Schiffe werden zu ihren Kommandos gezählt, solange sie nicht zum Einsatz kommen und dabei entweder der 2. Flotte zugeteilt werden oder durch Abkommandierung zur 6. Flotte vorübergehend in den Befehlsbereich des CINCUSNEUR übergehen. Dies gilt auch für die Flugzeugstaffeln und für die unterstellten Truppen des U. S. Marine Corps.

Die Task Forces

Befehlshaber der einzelnen *Task Forces* sind u. a. auch die drei sog. „type commanders“, d. h. die administrativen Befehlshaber der einzelnen Schiffsarten bzw. der Flugzeug- und USMC-Verbände. Der Rest der *Task Forces* besteht aus unterstellten Be-

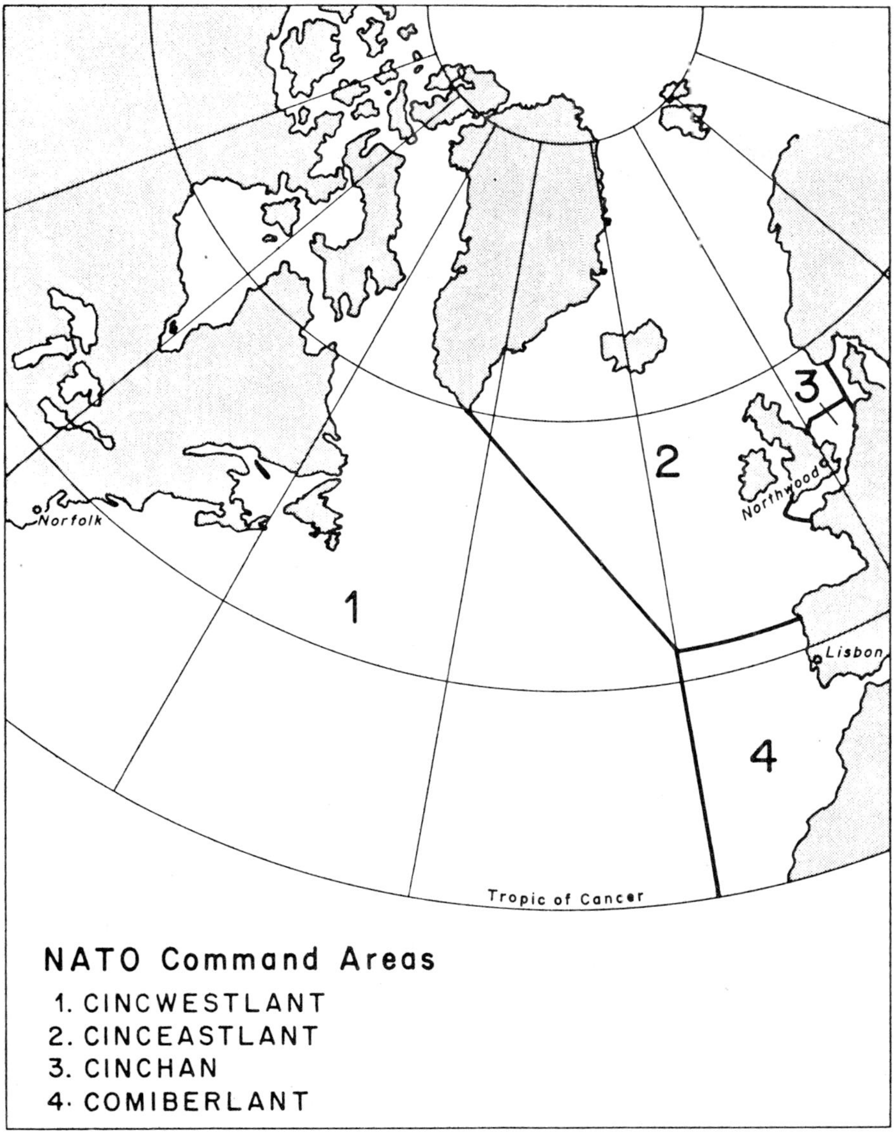

reichskommandos, aus Stützpunkt-, Trainings- und anderen Kommandos, wie nachfolgend zu ersehen ist.

Task Force 40 umfaßt Überwasserschiffe. Befehlshaber ist der COMSURFLANT, ein Konteradmiral. Einsparungsmaßnahmen waren die Hauptursache einer Reorganisation, die am 1. Januar 1975 wirksam wurde. Sie führte zur Einsparung von rd. 200 Planstellen, die durch die Zusammenlegung von Gattungskommandos erreicht wurde. Vor dieser Reorganisation gab es bei den Überwasserschiffen mit Ausnahme der Flugzeugträger, die dem COMNAVAIRLANT unterstellt waren und noch sind, drei Gattungs-Befehlshaber:

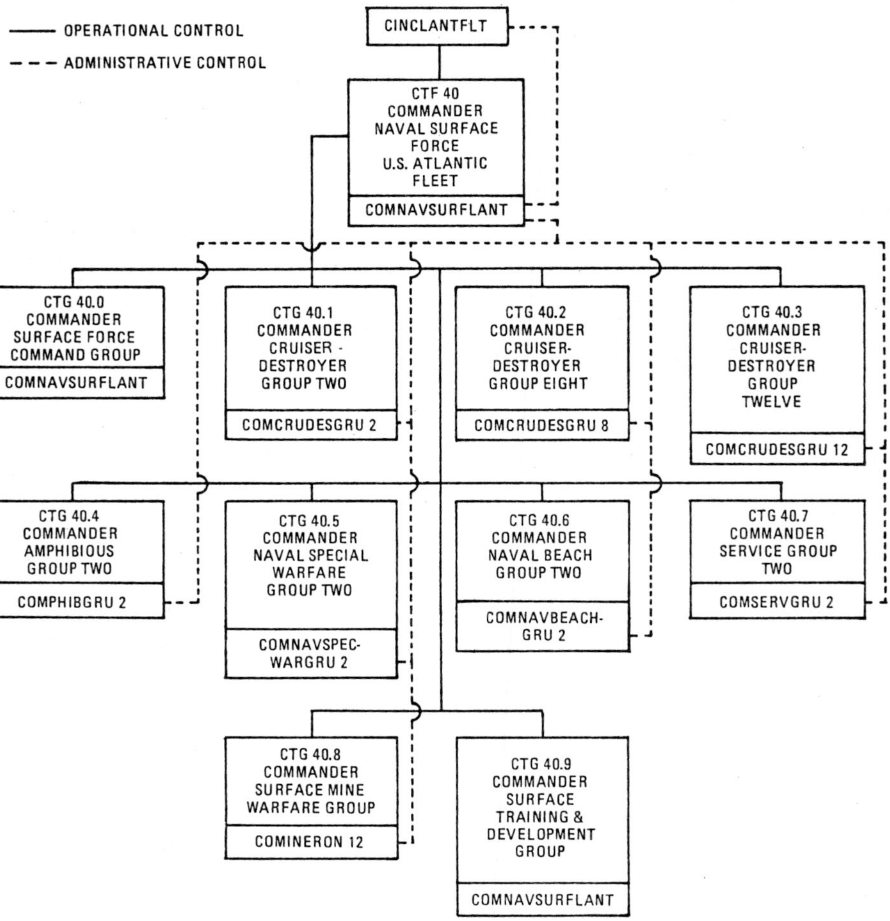

- ☐ COMCRUDESLANT, dem alle Kreuzer und Zerstörer unterstellt waren,
- ☐ COMPHIBLANT, dem alle amphibischen Schiffe unterstanden, und
- ☐ COMSERVLANT, der alle logistischen Schiffe unter sich hatte.

Die entsprechenden Gattungs-Kommandos gab es sinngemäß auch bei der pazifischen Flotte.
Ab 1. Januar 1975 wurden diese drei Kommandos zu einem einheitlichen zusammengefaßt, das unter dem Namen *Naval Surface Force* dem COMSURFLANT bzw. COMSURFPAC unterstellt wurde. Dieses Kommando bildet gegenwärtig die TF 40, dem die administrativen Stäbe der drei Kreuzer-Zerstörer-Flottillen (CRUDESGRU) angehören wie auch die einzige amphibische und logistische Gruppe, die Strandmeistergruppe, das einzige kleine Minengeschwader und einige Sonderverbände. An dieser Stelle darf darauf aufmerksam gemacht werden, daß am Schluß dieses Abschnittes sämtliche Gruppen und Geschwader der U. S. Navy gesondert mit Angabe der Stützpunkte aufgelistet werden.

Task Force 41 ist ein Seeluftwaffenverband. Er untersteht dem COMNAVAIRLANT und umfaßt die Flugzeugträger sowie die einzelnen Geschwader und Staffeln der See-

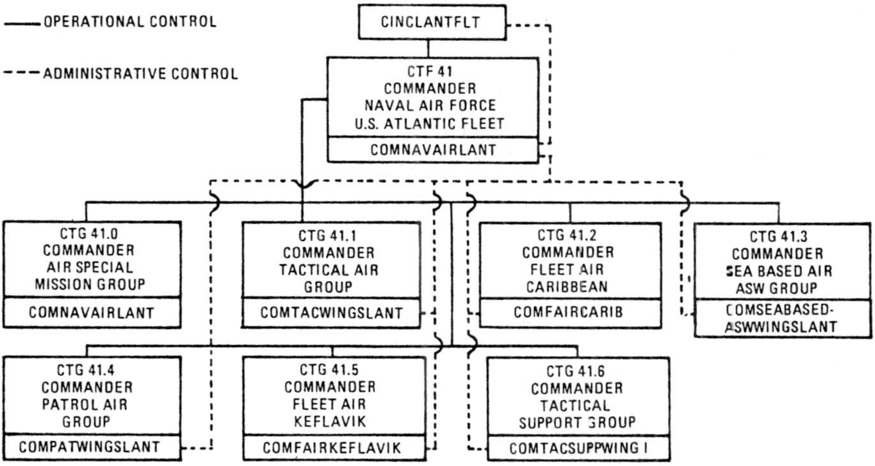
OPERATIONAL CONTROL
ADMINISTRATIVE CONTROL
CINCLANTFLT
CTF 41 COMMANDER NAVAL AIR FORCE U.S. ATLANTIC FLEET
COMNAVAIRLANT
CTG 41.0 COMMANDER AIR SPECIAL MISSION GROUP
COMNAVAIRLANT
CTG 41.1 COMMANDER TACTICAL AIR GROUP
COMTACWINGSLANT
CTG 41.2 COMMANDER FLEET AIR CARIBBEAN
COMFAIRCARIB
CTG 41.3 COMMANDER SEA BASED AIR ASW GROUP
COMSEABASED-ASWWINGSLANT
CTG 41.4 COMMANDER PATROL AIR GROUP
COMPATWINGSLANT
CTG 41.5 COMMANDER FLEET AIR KEFLAVIK
COMFAIRKEFLAVIK
CTG 41.6 COMMANDER TACTICAL SUPPORT GROUP
COMTACSUPPWING I

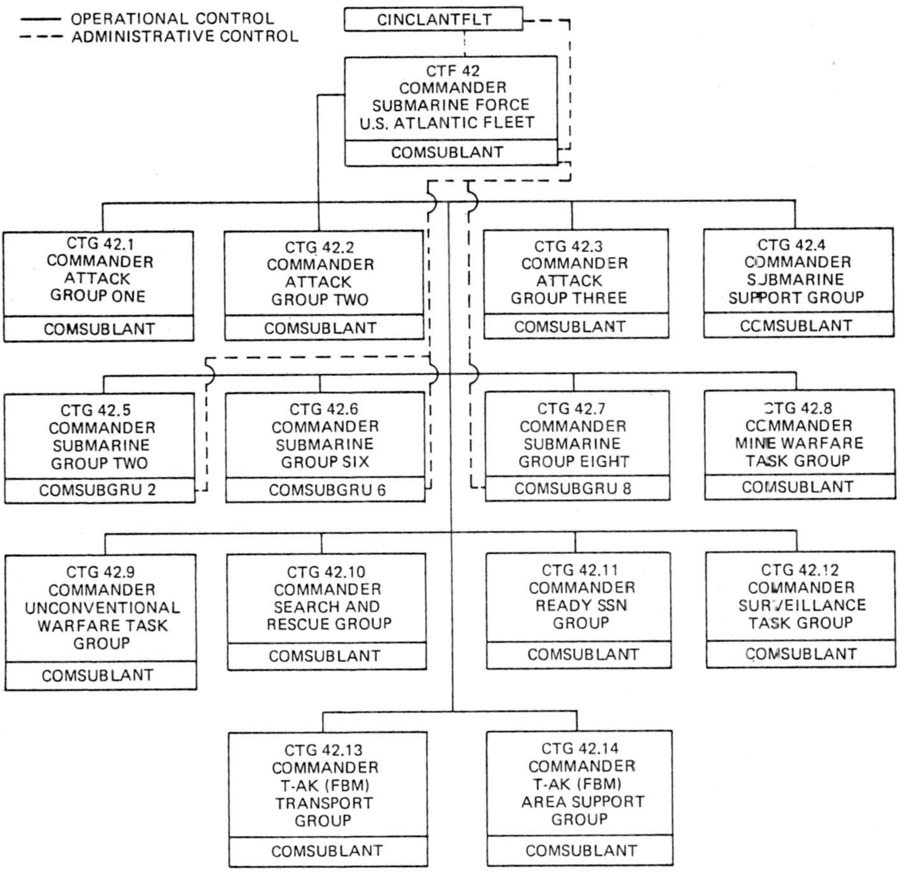
OPERATIONAL CONTROL
ADMINISTRATIVE CONTROL
CINCLANTFLT
CTF 42 COMMANDER SUBMARINE FORCE U.S. ATLANTIC FLEET
COMSUBLANT
CTG 42.1 COMMANDER ATTACK GROUP ONE
COMSUBLANT
CTG 42.2 COMMANDER ATTACK GROUP TWO
COMSUBLANT
CTG 42.3 COMMANDER ATTACK GROUP THREE
COMSUBLANT
CTG 42.4 COMMANDER SUBMARINE SUPPORT GROUP
COMSUBLANT
CTG 42.5 COMMANDER SUBMARINE GROUP TWO
COMSUBGRU 2
CTG 42.6 COMMANDER SUBMARINE GROUP SIX
COMSUBGRU 6
CTG 42.7 COMMANDER SUBMARINE GROUP EIGHT
COMSUBGRU 8
CTG 42.8 COMMANDER MINE WARFARE TASK GROUP
COMSUBLANT
CTG 42.9 COMMANDER UNCONVENTIONAL WARFARE TASK GROUP
COMSUBLANT
CTG 42.10 COMMANDER SEARCH AND RESCUE GROUP
COMSUBLANT
CTG 42.11 COMMANDER READY SSN GROUP
COMSUBLANT
CTG 42.12 COMMANDER SURVEILLANCE TASK GROUP
COMSUBLANT
CTG 42.13 COMMANDER T-AK (FBM) TRANSPORT GROUP
COMSUBLANT
CTG 42.14 COMMANDER T-AK (FBM) AREA SUPPORT GROUP
COMSUBLANT

luftwaffe. Der COMNAVAIRLANT, ein Vizeadmiral, ist verantwortlich für die Organisation, Schulung, Ausrüstung, Instandsetzung und Einsatzbereitschaft der ihm unterstellten Verbände. Angesichts der hervorstechenden Bedeutung dieses Flottenzweiges im Hinblick auf die Erhaltung der Luftüberlegenheit gegenüber der Sowjetmarine ist der COMNAVAIRLANT einer der Kommandeure im Bereich des CINCLANTFL mit der höchsten Verantwortung.

Task Force 42 ist ein U-Schiffs-Verband. Befehlshaber ist der COMSUBLANT, ein Vizeadmiral. Ihm obliegt die Planung und Durchführung offensiver und defensiver Unterwasseroperationen. Der Verantwortungsbereich erstreckt sich auf die Schulung und die Versorgung der U-Schiffs-Verbände. Zu den wichtigsten Bestandteilen der *Task Force 42* gehören als *Task Groups* die Stäbe von drei U-Flottillen *(submarine groups)*, zu denen sowohl Geschwader mit Angriffs- wie auch mit strategischen U-Schiffen gehören. Neben einem Bergungsverband und zwei Transportverbänden für den Nachschub von ballistischen Flugkörpern gibt es hier noch einige weitere kleinere *Task Groups*.

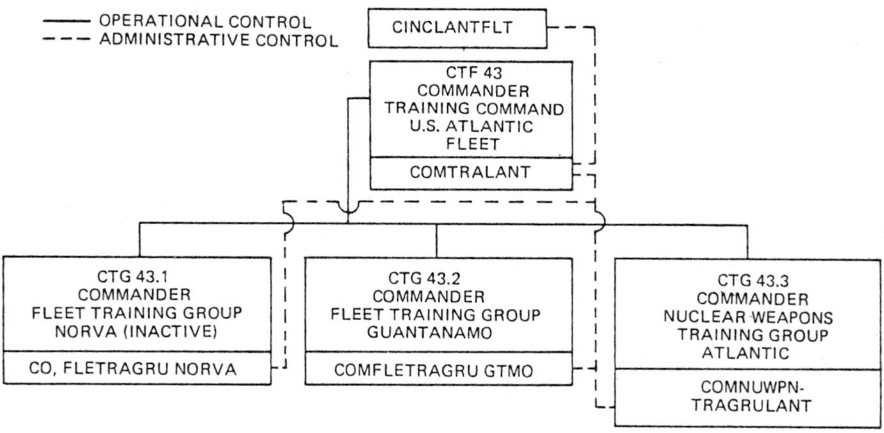

Task Force 43 ist ein Trainingsverband. Der COM TF 43 ist der COMTRALANT, ein Konteradmiral. Ihm unterstehen als *Task Groups* Trainingszentren zur Schulung von Besatzungen, die zur Bemannung neuer bzw. modernisierter Schiffe vorgesehen sind, und zwar im Stadium vor der Schiffs-Indienststellung, bei Probefahrten, Wiederholungs-Lehrgängen bei Wieder-Indienststellungen und vor den eigentlichen Einsatzfahrten.

Task Force 80, ein Schiffahrts-Überwachungskommando, und

Task Force 81, ein See-Kontroll- und Überwachungs-Kommando,
sind in Friedenszeiten Kern-Stäbe, die vom CINCLANTFL direkt vertreten werden. Im Kriegsfalle sind sie zuständig für die Gestellung von Schutz- und Geleitkräften zur Sicherung ozeanischer Konvois und amphibischer Gruppen gegen feindliche Angriffe. Die COM TF 80 und 81 stützen sich daher auf Schiffseinheiten der vorhandenen Gruppen von Flugzeugträgern, Kreuzern, Zerstörern, Fregatten und U-Schiffen.

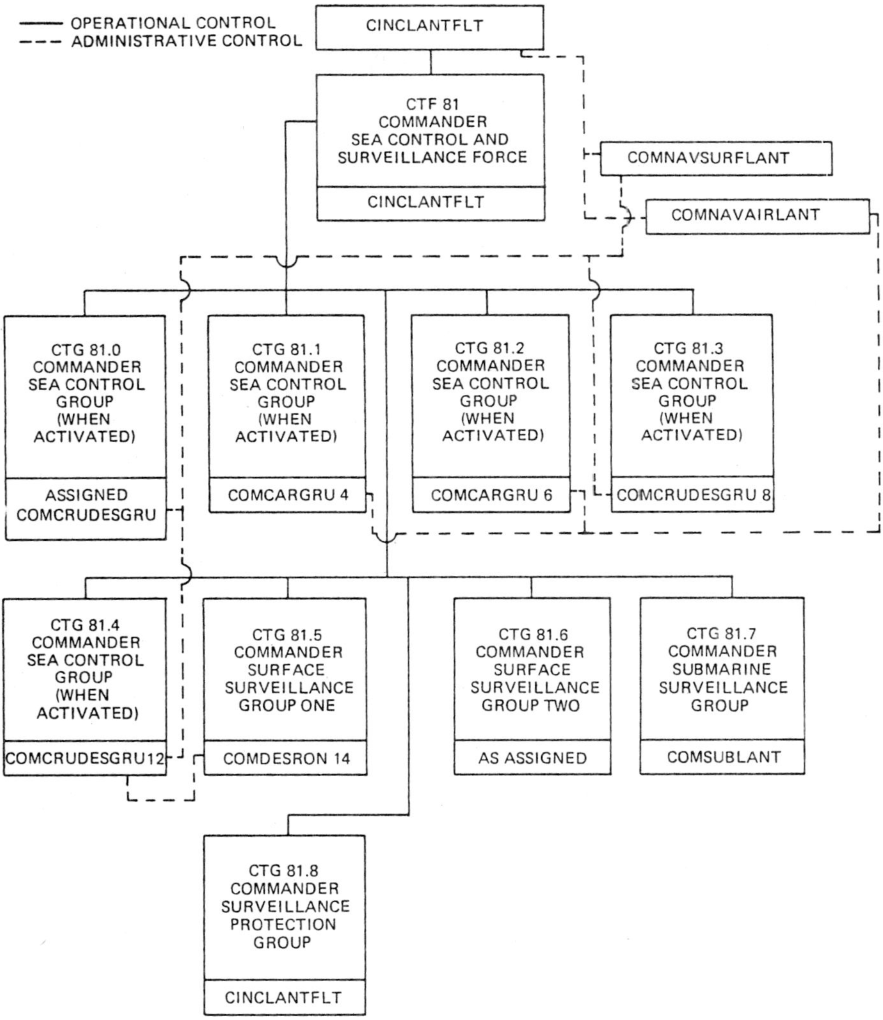

Task Force 82 ist ein amphibischer Verband. COM TF 82 ist der Deputy COMSURFLANT, d. h. der für amphibische Schiffe zuständige stellvertretende Befehlshaber der Überwasserschiffe. Ihm obliegen die Vorbereitung und Durchführung von amphibischen Operationen in Koordination mit den *Fleet Marine Forces* des USMC. Die unterstellten Schiffseinheiten bilden drei *Task Groups,* die vom COMPHIBGRU 2 und von zwei Geschwader-Kommandeuren befehligt werden.

Task Force 83 ist ein Landungsverband. Er stellt das Kontingent an Truppen, das mit TF 82 zusammen amphibische Operationen durchführt. COM TF 83 ist der Kommandierende General der *IId Marine Amphibious Force* (MAF) des Marine Corps.

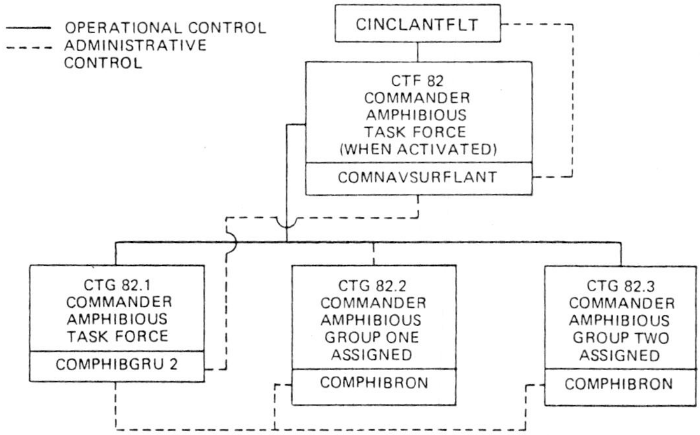

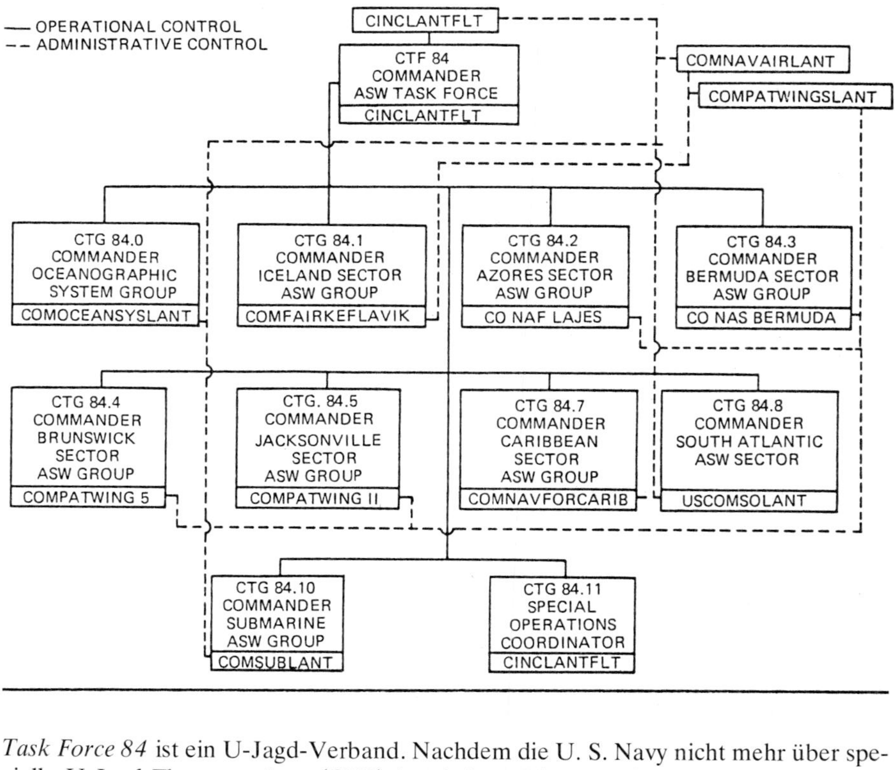

Task Force 84 ist ein U-Jagd-Verband. Nachdem die U. S. Navy nicht mehr über spezielle U-Jagd-Flugzeugträger (CVS) im aktiven Dienst verfügt, besteht TF 84 vornehmlich aus Flugzeugen der VP-Staffeln und einigen Unterseeschiffen. TF 84 untersteht im Frieden dem CINCLANTFL direkt und besteht aus mehreren *Task Groups,* die von einzelnen Bereichskommandeuren, dem COMSOLANT, den Geschwader-Kommodores der beiden *Patrol Wings* und den Stützpunkt-Kommandeuren derselben gestellt werden wie auch vom COMSUBLANT mit seinen U-Jagd-Unterseeschiffen.

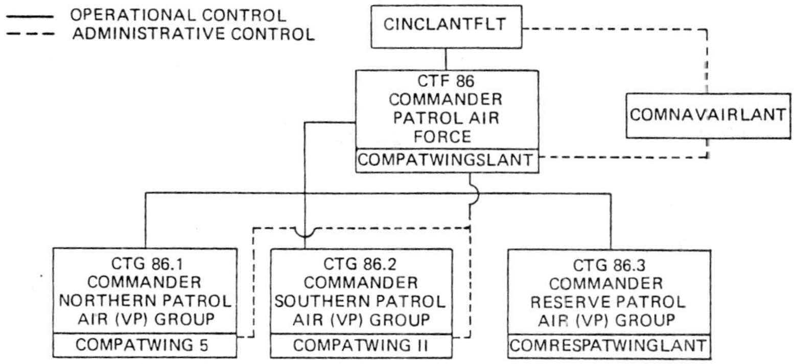

Artverwandt mit TF 84 ist

Task Force 86, ein Fernaufklärerverband. COM TF 86 ist der *Commander Patrol Wings, Atlantic Fleet,* ein Konteradmiral, dem als Kommandeur von *Task Groups* neben den beiden VP-Geschwader-Kommodores noch der Kommodore des Reserve-VP-Geschwaders unterstellt ist. Die Aufgabenbereiche von TF 84 und TF 86 dürften sich in der Praxis oft überschneiden.

Task Force 85 ist ein logistischer Verband, der offensichtlich nur im Kriegsfalle aktiviert wird, genau so wie die TF 87, 88 und 89, deren Bezeichnungen aus dem Organigramm S. 76 ersehen werden können. Als Kommandeure von TF 134, 136, 147 und 138 unterstehen dem CINCLANTFL noch die Befehlshaber der Streitkräfte im Bereich der Karibik, der Marine-Basis Guantanamo auf Kuba, des COMEASTLANT und des COMSOLANT. Letztlich gibt es noch als TF 142 den Versuchs- und Testverband, der direkt dem CINCLANTFL unterstellt ist.

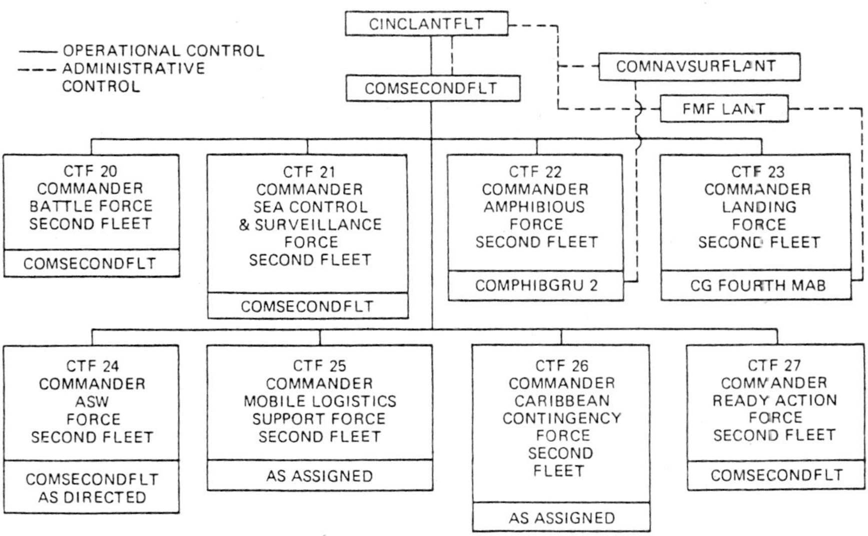

Die 2. US-Flotte

Die 2. Flotte stellt den operativen Verband unter dem Oberbefehl des CINCLANTFL dar. Ihr Befehlshaber ist ein Vizeadmiral. Aufgabe des COM IId FL ist die Planung und Durchführung aller Operationen zur Sicherung der Seewege im nordatlantischen Seebereich. Er ist auch zuständig für die maximale Einsatz-Bereitschaft der Flotte in Friedenszeiten wie im Kriegsfalle, ebenso für die Durchführung von Manövern, zumeist gemeinsam mit den Seestreitkräften verbündeter NATO-Marinen.
Kernstück der 2. Flotte ist die *Task Force 20* mit einem oder zwei Flugzeugträgern und den begleitenden Überwasserschiffen. Alle *Task Forces* sind ähnlich gegliedert wie die entsprechenden TF der 6. Flotte, so daß hier auf eine wiederholende Beschreibung verzichtet werden kann. Die Gliederung ergibt sich aus dem Organigramm auf S. 83.

Administrative Gliederung der dem Oberbefehl des
CINCLANTFL unterstellten operativen Streitkräfte ergibt sich aus dem Organigramm S. 87. Auf die summarische Auflistung der

- ☐ Schiffs-Gruppen und Geschwader am Ende dieses Abschnittes und
- ☐ der Seeluftwaffen-Geschwader und -Staffeln im Abschnitt 9 wird hingewiesen, desgleichen auf die Übersicht „Stützpunkte der U. S. Navy“ im Abschnitt 4 dieses Bandes.

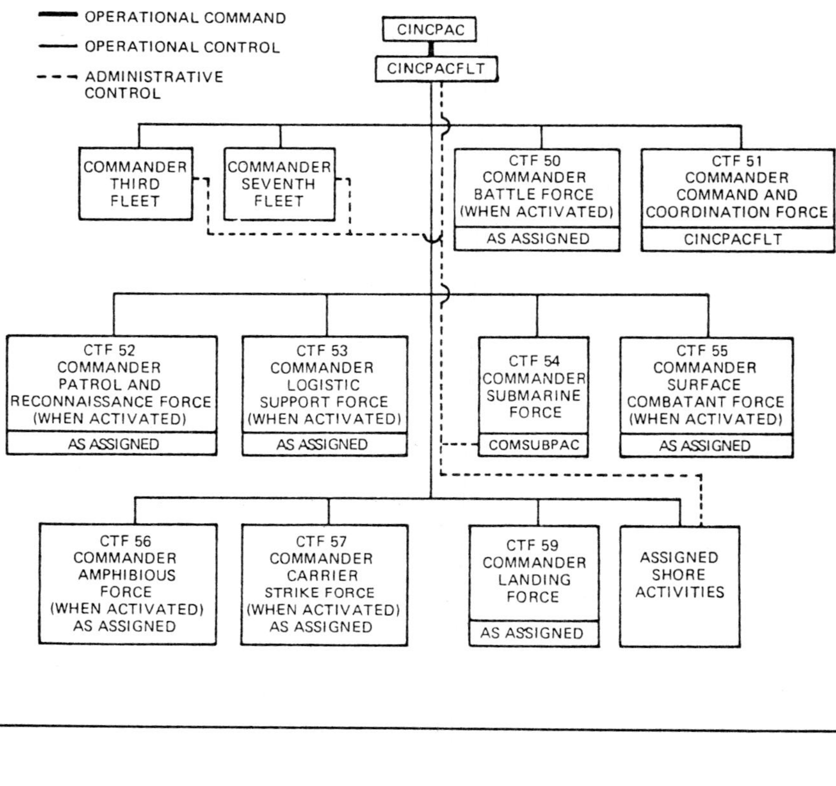

2.235 Operative Streitkräfte unter dem Oberbefehl des CINC-PACFL

Zu den Aufgaben des CINPACFL, eines Admirals mit Sitz in Pearl Harbor, gehört die Planung und Durchführung aller Maßnahmen zur Sicherung der See- und Luftwege im Pazifischen Bereich sowie zum Schutze der USA gegen Angriffe über den Pazifik.

Die Task Forces

Obwohl die Gliederung, wie sie im Organigramm S. 84 geschildert wird, derjenigen ähnelt, die für den Bereich des CINCLANTFL gültig ist, so gibt es hier noch mehr nominelle Stäbe, die erst im Kriegsfalle tätig werden würden. Im Frieden stützt sich der CINCPACFL auf die beiden operativen Flottenverbände, die

- ☐ 3. Flotte im Seeraum zwischen Hawaii und der amerikanischen Westküste und die
- ☐ 7. Flotte im westpazifischen Seegebiet, in das früher zeitweilig auch der Indische Ozean einbezogen wurde.

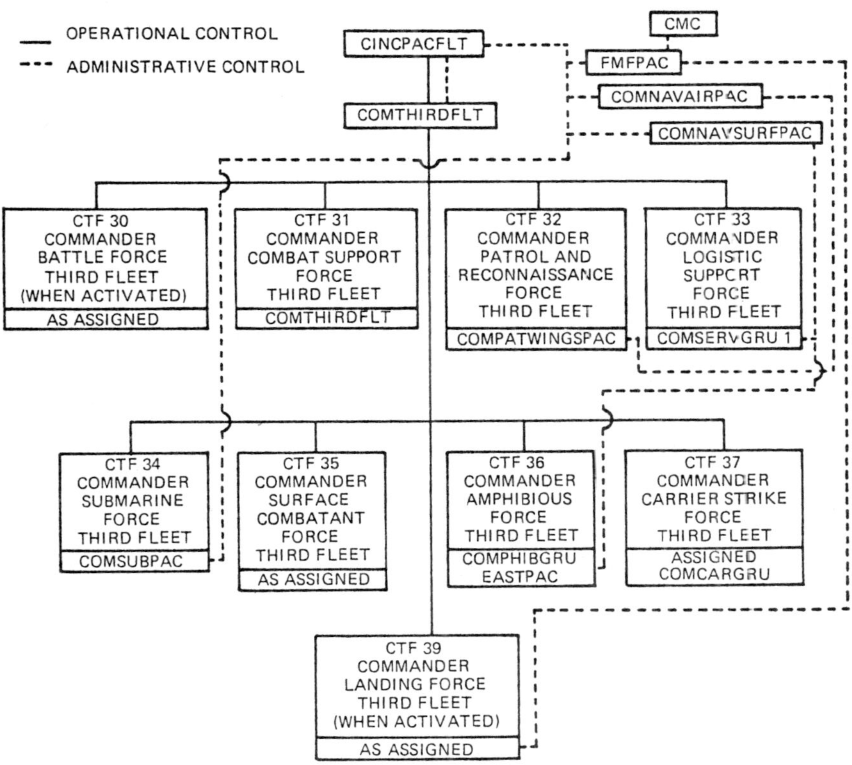

Die 3. US-Flotte

Die 3. Flotte umfaßt alle voll einsatzfähigen Schiffe im ostpazifischen Raum, die nicht gerade in den Westpazifik zur 7. Flotte abkommandiert sind. Sie hat nicht den Charakter eines geschlossenen Verbandes, wie dies bei der 6. Flotte im Mittelmeer der Fall ist. Dies kann auch dem Organigramm S. 85 entnommen werden; dort ist ersichtlich, daß mancher Verband erst bei Bedarf aktiviert werden würde. So gehören der 3. Flotte in Friedenszeiten in der Regel keine geschlossen operierende amphibische Verbände an und die dort weilenden Flugzeugträger befinden sich zumeist im Stadium der Ausbildung nach Werftliegezeiten und in Vorbereitung zum Einsatz bei der 7. Flotte. Dagegen liegt bei der 3. Flotte der Schwerpunkt mehr bei der Überwachung der See- und Luftwege durch Unterseeschiffe und Fernaufklärungsflugzeuge. Nach Westen zu reicht dabei die Stützpunktkette bis Guam.

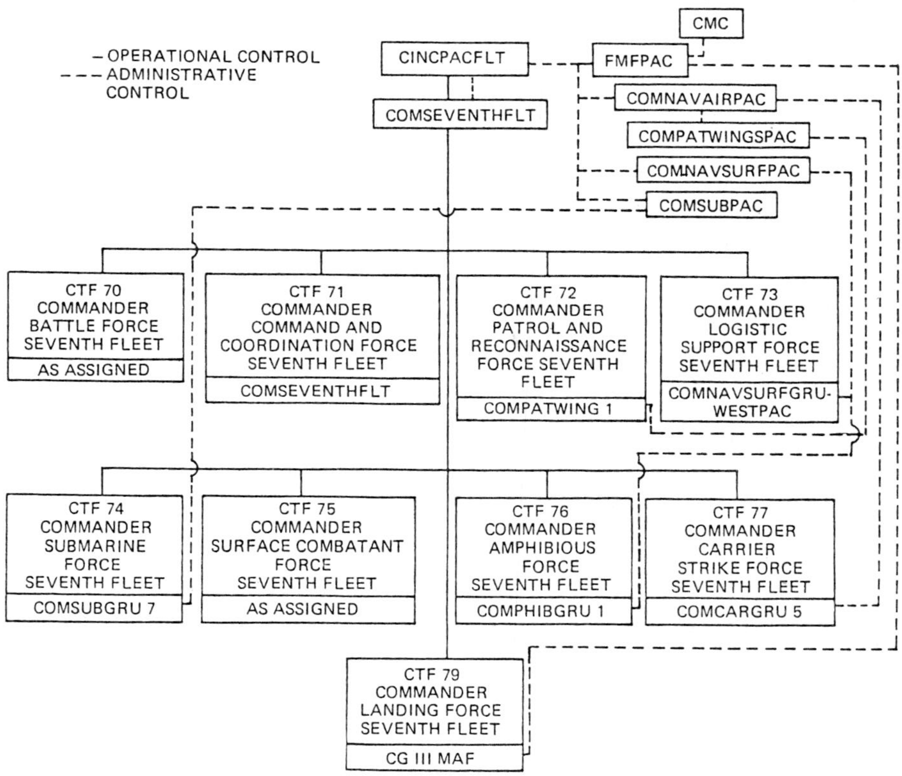

Die 7. US-Flotte

Sie entspricht – mit gewissen Abweichungen – in der Aufgabenstellung und der Zusammensetzung der 6. Flotte. Der COMSEVENTHFL stützt sich dabei auf Marinebasen auf den Philippinen und in Japan. Hier gibt es normalerweise ständig zwei Flugzeugträger und einen geschlossenen Landungsverband des Marine Corps. Der Bereich der Überwachung durch die 7. Flotte wird derzeitig auch auf den Indischen Ozean ausgedehnt, von wo aus in Zeiten der ansteigenden Spannungen auch Schiffe bis zum Eingang in den Persischen Golf operieren. Dort wie im Westpazifik begegnen sie immer

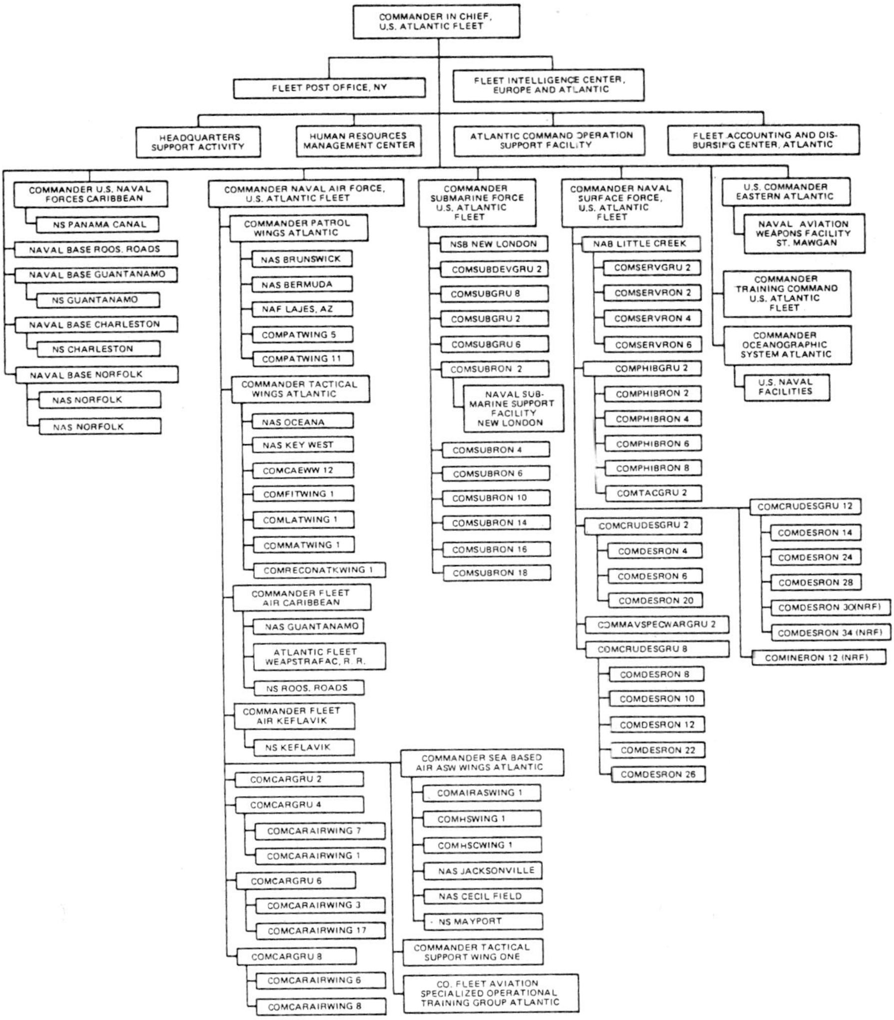

wieder auch sowjetischen Seestreitkräften, die insbesondere im Indischen Ozean regelmäßig operieren. – Die Gliederung der 7. Flotte ergibt sich aus dem Organigramm auf Seite 86.

2.236 Administrative Gliederung der dem Oberbefehl des CINCLANTFL und des CINCPACFL unterstellten operativen Streitkräfte

Sie ergibt sich aus den beiden auf S. 87/88 stehenden Organigrammen. Auf die Übersicht „Stützpunkte der U.S. Navy" wird higewiesen. Eine geschlossene Auflistung aller

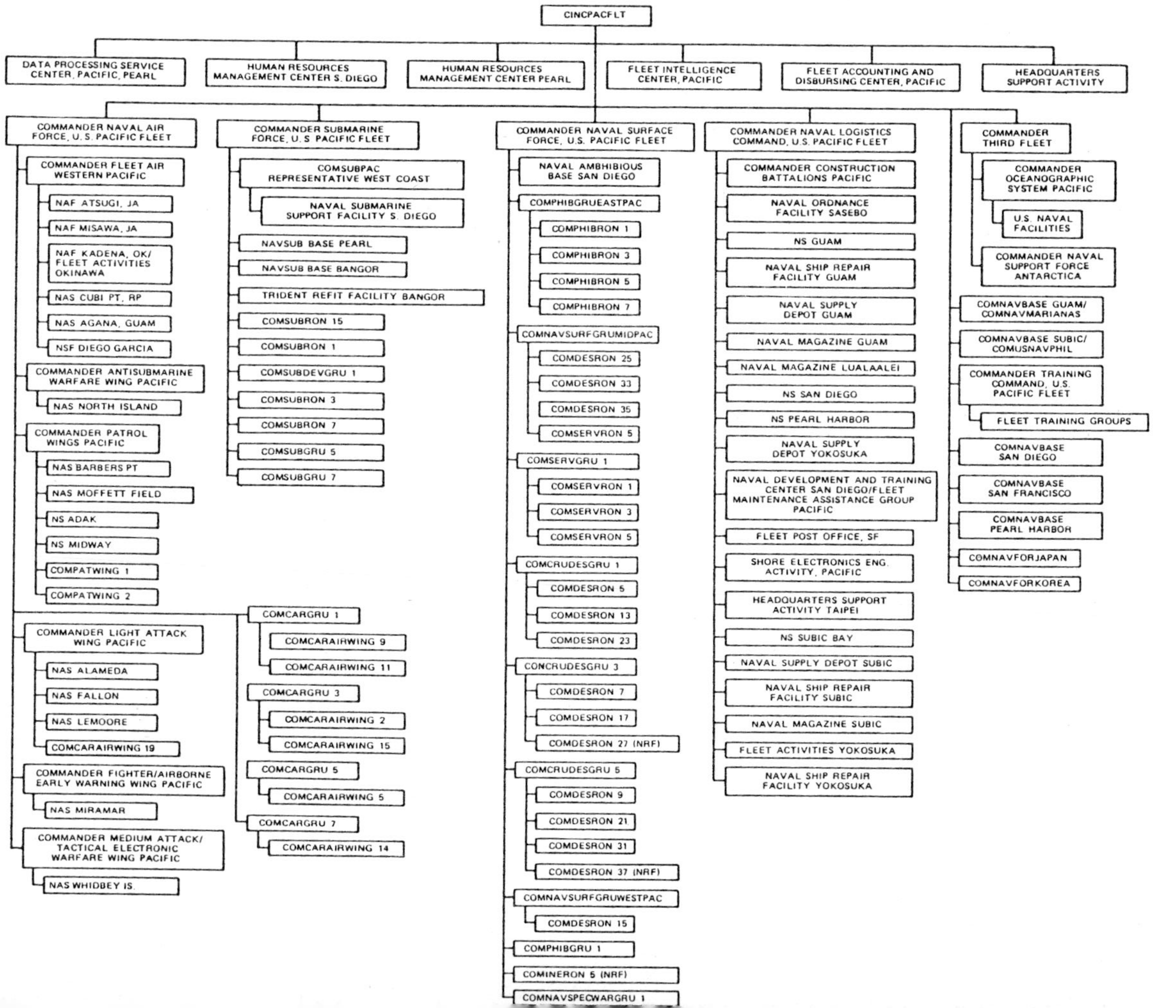
CINCPACFLT
DATA PROCESSING SERVICE CENTER, PACIFIC, PEARL
HUMAN RESOURCES MANAGEMENT CENTER S. DIEGO
HUMAN RESOURCES MANAGEMENT CENTER PEARL
FLEET INTELLIGENCE CENTER, PACIFIC
FLEET ACCOUNTING AND DISBURSING CENTER, PACIFIC
HEADQUARTERS SUPPORT ACTIVITY
COMMANDER NAVAL AIR FORCE, U.S. PACIFIC FLEET
COMMANDER FLEET AIR WESTERN PACIFIC
NAF ATSUGI, JA
NAF MISAWA, JA
NAF KADENA, OK/ FLEET ACTIVITIES OKINAWA
NAS CUBI PT, RP
NAS AGANA, GUAM
NSF DIEGO GARCIA
COMMANDER ANTISUBMARINE WARFARE WING PACIFIC
NAS NORTH ISLAND
COMMANDER PATROL WINGS PACIFIC
NAS BARBERS PT
NAS MOFFETT FIELD
NS ADAK
NS MIDWAY
COMPATWING 1
COMPATWING 2
COMMANDER LIGHT ATTACK WING PACIFIC
NAS ALAMEDA
NAS FALLON
NAS LEMOORE
COMCARAIRWING 19
COMMANDER FIGHTER/AIRBORNE EARLY WARNING WING PACIFIC
NAS MIRAMAR
COMMANDER MEDIUM ATTACK/ TACTICAL ELECTRONIC WARFARE WING PACIFIC
NAS WHIDBEY IS.
COMCARGRU 1
COMCARAIRWING 9
COMCARAIRWING 11
COMCARGRU 3
COMCARAIRWING 2
COMCARAIRWING 15
COMCARGRU 5
COMCARAIRWING 5
COMCARGRU 7
COMCARAIRWING 14
COMMANDER SUBMARINE FORCE, U.S. PACIFIC FLEET
COMSUBPAC REPRESENTATIVE WEST COAST
NAVAL SUBMARINE SUPPORT FACILITY S. DIEGO
NAVSUB BASE PEARL
NAVSUB BASE BANGOR
TRIDENT REFIT FACILITY BANGOR
COMSUBRON 15
COMSUBRON 1
COMSUBDEVGRU 1
COMSUBRON 3
COMSUBRON 7
COMSUBGRU 5
COMSUBGRU 7
COMMANDER NAVAL SURFACE FORCE, U.S. PACIFIC FLEET
NAVAL AMBHIBIOUS BASE SAN DIEGO
COMPHIBGRUEASTPAC
COMPHIBRON 1
COMPHIBRON 3
COMPHIBRON 5
COMPHIBRON 7
COMNAVSURFGRUMIDPAC
COMDESRON 25
COMDESRON 33
COMDESRON 35
COMSERVRON 5
COMSERVGRU 1
COMSERVRON 1
COMSERVRON 3
COMSERVRON 5
COMCRUDESGRU 1
COMDESRON 5
COMDESRON 13
COMDESRON 23
CONCRUDESGRU 3
COMDESRON 7
COMDESRON 17
COMDESRON 27 (NRF)
COMCRUDESGRU 5
COMDESRON 9
COMDESRON 21
COMDESRON 31
COMDESRON 37 (NRF)
COMNAVSURFGRUWESTPAC
COMDESRON 15
COMPHIBGRU 1
COMINERON 5 (NRF)
COMNAVSPECWARGRU 1
COMMANDER NAVAL LOGISTICS COMMAND, U.S. PACIFIC FLEET
COMMANDER CONSTRUCTION BATTALIONS PACIFIC
NAVAL ORDNANCE FACILITY SASEBO
NS GUAM
NAVAL SHIP REPAIR FACILITY GUAM
NAVAL SUPPLY DEPOT GUAM
NAVAL MAGAZINE GUAM
NAVAL MAGAZINE LUALAALEI
NS SAN DIEGO
NS PEARL HARBOR
NAVAL SUPPLY DEPOT YOKOSUKA
NAVAL DEVELOPMENT AND TRAINING CENTER SAN DIEGO/FLEET MAINTENANCE ASSISTANCE GROUP PACIFIC
FLEET POST OFFICE, SF
SHORE ELECTRONICS ENG. ACTIVITY, PACIFIC
HEADQUARTERS SUPPORT ACTIVITY TAIPEI
NS SUBIC BAY
NAVAL SUPPLY DEPOT SUBIC
NAVAL SHIP REPAIR FACILITY SUBIC
NAVAL MAGAZINE SUBIC
FLEET ACTIVITIES YOKOSUKA
NAVAL SHIP REPAIR FACILITY YOKOSUKA
COMMANDER THIRD FLEET
COMMANDER OCEANOGRAPHIC SYSTEM PACIFIC
U.S. NAVAL FACILITIES
COMMANDER NAVAL SUPPORT FORCE ANTARCTICA
COMNAVBASE GUAM/ COMNAVMARIANAS
COMNAVBASE SUBIC/ COMUSNAVPHIL
COMMANDER TRAINING COMMAND, U.S. PACIFIC FLEET
FLEET TRAINING GROUPS
COMNAVBASE SAN DIEGO
COMNAVBASE SAN FRANCISCO
COMNAVBASE PEARL HARBOR
COMNAVFORJAPAN
COMNAVFORKOREA

Schiffs-Gruppen und -Geschwader folgt im Anschluß gesondert, eine solche der Flugzeuge, ihrer Geschwader und Staffeln im Abschnitt 9.

Verteilung der Administrativen Kommandos auf die einzelnen Stützpunkte.

Alle aktiven Schiffe der U. S. Navy verteilen sich in etwa zu je der Hälfte auf diverse administrative Einheiten der Atlantischen bzw. der Pazifischen Flotte. Diese Einheiten sind

- □ *Groups* Gruppen, früher *Flotillas* (bei den Trägern *Divisions*) und
- □ *Squadrons* Geschwader.

Dies sind keine taktischen Einheiten für den See-Einsatz, sondern Verwaltungs-und Kommandostäbe, die an Land stationiert sind. Die Kommandeure der *Groups* von Kampfschiffen, zumeist Konteradmirale, sind jedoch im See-Einsatz zumeist Befehlshaber im Rahmen des *Task Force/Task Group/Task Unit*-Systems bei einer der vier Einsatzflotten (*Fleets*). Die Gruppen und Geschwader orientieren sich nach den Einzelnen Schiffs-*Gattungen*.

Flugzeugträger

Nach Abschaffung der Träger-Divisionen gibt es gegenwärtig nur *Carrier Groups* (CARGRU).

Bei der Atlantischen Flotte:		Bei der Pazifischen Flotte:	
CARGRU	2 Neapel	CARGRU	1 North Island
	4 Norfolk		3 North Island
	6 Mayport		5 Cubi Point
	8 Norfolk		7 Alameda

Sämtliche CARGRUs werden von einem Konteradmiral geführt.

Kreuzer, Zerstörer und Fregatten

Auch hier ist die *Group* (vormals *Flotilla*) oberste administrative Einheit. Eine CRUDESGRU besteht aus mehreren *Destroyer Squadrons* (DESRON). In den DESRONs sind sowohl Zerstörer wie auch Fregatten zusammengefaßt, während die Kreuzer den Gruppen-Befehlshabern direkt unterstellt sind. Die früher vorhandene Unterteilung der DESRONs in zwei oder mehr Zerstörer-Divisionen (DESDIV) wurde 1971 abgeschafft ebenso wie die Institution der Geleit-Geschwader (CORTRON). Gegenwärtig sind sämtliche Zerstörer und Fregatten in DESRONs zusammengefaßt. Seit dem 4. April 1978 wurden – dies jedoch vorerst nur bei der Atlantischen Flotte – zwei Typen von DESRON-Stäben entwickelt:

- □ administrative DESRON-Stäbe; sie führen niedrige Nummern und umfassen die Schiffe, solange diese im Hafen, in der Werft, in Ausbildung oder in Ausrüstung sind, und
- □ operative DESRON-Stäbe, denen die Schiffe unterstellt sind, die sich im See-Einsatz befinden.

So kommt es zum Kuriosum, daß ein und dasselbe Schiff, je nachdem wo es sich gerade befindet, zwei Zerstörergeschwadern angehört. Beide Typen von DESRON-Stäben unterstehen dem jeweiligen COMCRUDESGRU. Bei der Pazifischen Flotte wurde diese Regelung vorerst noch nicht übernommen.
Bei der nachfolgenden Aufzählung der Gruppen und Geschwader findet man bei den

im Atlantik befindlichen Geschwadern hinter der Nummer ein (A) bzw. ein (O). Dies sind Abkürzungen für „Administrative Squadron“ bzw. „Operative Squadron“.

Bei der Atlantischen Flotte:

CRUDESGRU	2		Charleston[1]
	8		Norfolk[2]
	12		Mayport[3]
DESRON	2	(A)	Norfolk
	4	(A)	Charleston
	8	(A)	Mayport
	10	(A)	Norfolk
	12	(A)	Mayport
	14	(O)	Mayport
	20	(O)	Charleston
	22	(O)	Norfolk
	24	(O)	Mayport
	26	(O)	Norfolk
	28		Newport (NRF)*
	30		Philadelphia (NRF)*
	32	(O)	Norfolk
	34		Charleston (NRF)*
	36	(O)	Charleston

Bei der Pazifischen Flotte:

CRUDESGRU	1	San Diego
	3	San Diego
	5	San Diego
SURFGRUMIDPAC		Pearl Harbor
SURFGRUWESTPAC		Subic Bay
DESRON	5	San Diego
	7	San Diego
	9	Long Beach
	13	San Diego
	15	Yokosuka
	17	San Diego
	21	San Diego
	23	San Diego
	25	Pearl Harbor
	27	Long Beach (NRF)*
	31	San Diego
	33	Pearl Harbor
	35	Pearl Harbor
	37	Seattle (NRF)*

[1] 2 CG
[2] 6 CG/CGN
[3] 1 CG

* am 1. 10. 1980 zu Surface Squadron 2 (SURFRON 2) zusammengefaßt
** am 1. 3. 1981 zu Surface Squadon 1 (SURFRON 1) zusammengefaßt

Anmerkung:
Dem Autor ist bekannt, daß es zahlreiche Leser begrüßen würden, wenn im Rahmen der vorstehenden Aufstellung auch der genaue Schiffsbestand eines jeden Geschwaders aufgeführt würde. Indessen verändert sich dieser Schiffsbestand permanent, so daß jede Auflistung nur für eine sehr kurze Zeitspanne Gültigkeit haben würde. Um aber interessierten Lesern den Schiffsbestand – übrigens auch der übrigen Schiffsgattungen – zu einem bestimmten Zeitpunkt nachvollziehbar zu präsentieren, folgen am Ende des Bandes II entsprechende Auflistungen.

Unterseeschiffe

Hier gibt es ebenfalls *Submarine Groups* (SUBGRU) – vormals Flottillen – und *Submarine Squadrons* (SUBRON). Die früher gültige weitere Untergliederung in Divisionen (SUBDIV) ist weggefallen. Strategische Unterseeschiffe (SSBN) und Angriffs-U-Schiffe (SS/SSN) werden in getrennten Geschwadern zusammengefaßt, die jedoch *eine* Nummern-Sequenz haben. Die SUBRON 14, 15, 16, 17 und 18 sind SSBN-Geschwader. Es befinden sich

bei der Atlantischen Flotte:

SUBGRU	2	Groton
	6	Charleston
	8	La Maddalena

bei der Pazifischen Flotte:

SUBGRU	5	San Diego
	7	Yokosuka

SUBRON	2 Charleston	SUBRON	1 Pearl Harbor
	4 Charleston		3 San Diego
	6 Norfolk		7 Pearl Harbor
	10 New London		15 Apra, Guam
SUBDEVRON	2 (Versuchsverband)		(Auflösung bis 1981)
			17 Bangor
SUBRON	14 Holly Loch		
	16 Charleston		
	18 Charleston		

Amphibische Streitkräfte

Je eine Amphibische Gruppe (PHIBGRU) und je vier *Amphibious Squadrons* (PHIBRON) gibt es im Atlantik bzw. im Pazifik. Sechs bis acht Schiffe verschiedener Kategorien sind in einem Landungsgeschwader zusammengefaßt. Es befinden sich

bei der Atlantischen Flotte:		bei der Pazifischen Flotte:	
PHIBGRU	2 Norfolk	PHIBGRU	San Diego
PHIBRON	2 Norfolk	EASTPAC	
	4 Norfolk	PHIBGRU	1 Okinawa
	6 Norfolk	PHIBRON	1 San Diego
	8 Norfolk		3 San Diego
			5 San Diego
			7 San Diego

Minenstreitkräfte

Die Zeiten, in denen es bei der U. S. Navy noch Minen-Flottillen (MINEFLOT) gegeben hat, die wiederum mehrere *Mine Squadrons* (MINERON) umfaßten, sind schon seit vielen Jahren vorüber. Die drei einzigen noch aktiven ozeanischen Minenräumer (MSO) sind zusammen mit dem Gros der restlichen NRF-Minenräumer in zwei Geschwader zu je vier Divisionen (MINEDIV) zusammengefaßt.

An der Ostküste befindet sich:		An der Westküste befindet sich:	
MINERON	12 Charleston	MINERON	5 Long Beach
mit den MINEDIV	121, 123, 125, 126	mit den MINEDIV	51 (Long Beach)
			52 (San Francisco)
			53 (Seattle)
			54 (San Diego)

Versorger

Zahlreiche logistische Schiffe diverser Kategorien, die wie die Kreuzer, die Zerstörer und die Amphibischen Schiffe dem COMSURFLANT (-PAC) unterstehen, sind, obwohl sie z. T. über zahlreiche weit voneinander entfernte Stützpunkte verstreut sind, administrativ in *Service Squadrons* (SERVRON) zusammengefaßt. Nur bei der Pazifischen Flotte gibt es auch noch eine SERVGRU, die von einem Kapitän zur See geführt wird. So findet man

bei der Atlantischen Flotte:		bei der Pazifischen Flotte:	
SERVRON	2 Mayport	SERVGRU	1 Oakland
	4 Norfolk	SERVRON	3 Vallejo
	6 Neapel		

2.237 Die Naval Reserve

2.2370 Einleitung

Wenn man bei der U. S. Navy von der „Reserve" spricht, so versteht man unter diesem Begriff von Fall zu Fall drei ganz verschiedene Dinge:

- ☐ die Angehörigen der *U. S. Naval Reserve,* also Reservisten, die ihren Zivilberufen nachgehen und von Zeit zu Zeit kürzere oder längere Übungen absolvieren,
- ☐ die Schiffe der *Naval Reserve Force* (NRF), auf denen ein Teil dieser Reservisten seine Übungen abhält, und
- ☐ die inaktiven, konservierten Einheiten, die entweder bei der Navy selbst (dann im Namensregister noch eingetragen!) oder bei der *Maritime Administration* (MARAD) aufgelegt sind, um im Rahmen der sog. *National Defense Reserve Fleet* im Falle einer Mobilmachung kurzfristig für eine Reaktivierung zur Verfügung zu stehen.

In diesem Abschnitt geht es nur um die beiden ersten Gruppen, während über die inaktiven Schiffe nachfolgend im Abschnitt 12 die Rede sein wird.

Aufgabenbereich und Stärke

Der *Chief of Naval Reserve* ist dem CNO direkt unterstellt. Er ist dafür verantwortlich, daß die Voraussetzungen für eine rasche Mobilmachung von Angehörigen der *Naval Reserve* im Krisen- oder Konfliktfalle geschaffen werden. Ihm unterstehen sowohl die entsprechenden Bodeneinrichtungen wie auch die schwimmenden Einheiten der NRF und die fliegenden der *Naval Air Reserve Force* (NARF). Über die letzteren wird im Abschnitt 9 ausführlicher berichtet. Dem *Chief of Naval Reserve* unterstellt sind sog. *Readiness Command Regions,* also Reservisten-Zentren, deren Leiter in ihrem Bereich für die Einsatzbereitschaft der Reservisten im Mobilmachungsfall verantwortlich sind.

Das Etatjahr 1980 brachte auch für die *Naval Reserve* größere personelle Veränderungen, über die der CNO, Admiral Hayward, vor dem Kongreß berichtet hat. Unter dem Zwang zu weiteren Einsparungen beschloß die Regierung Carter, die noch 1979 bestehende Zahl von rd. 87000 Angehörigen der sog. *Selected Naval Reserve* um 38000 Planstellen zu kürzen. Davon wären 35000 Reservisten betroffen, die fortan zur sog. *Individual Ready Reserve* gehören würden. Im Rahmen dieser würden sie jährlich insgesamt zwei Wochen zu Übungen herangezogen werden. Die restlichen 3300 Planstellen fielen – wäre es zur Verwirklichung dieser Maßnahme gekommen – ab 1980 effektiv dem Sparstift zum Opfer. Zur Zeit, da diese Zeilen geschrieben werden, besteht innerhalb des Kongresses starker Widerstand gegen eine solche Absicht der Regierung, so daß es zumindest für 1980/81 bei 87000 Reservisten bleiben wird. Die Angehörigen der *Selected Naval Reserve* unterliegen weiterhin einem intensiveren jährlichen Training, das sie befähigt, bei Mobilmachung umgehend in die vorhandenen kampfbereiten Einheiten der NRF oder der NARF voll integriert zu werden oder als Angehörige von aktiven Geschwadern und Staffeln ihren Dienst zu tun. Die Kürzungen des Etats wirken sich unmittelbar und wesentlich auf die Kampfkraft der U. S. Navy insgesamt aus – nur ein Meilenstein der permanenten Schwächung unter vielen anderen. Ergänzend soll noch erwähnt werden, daß von den 35000 Reservisten, die im Falle der Verringerung der *Individual Ready Reserve* zugewiesen sein würden, 13300 Angehörige der Marine-Pionierbataillone, also Amphibischer Unterstützungs-Einheiten sind; 4800 gehören Abwehr-, Nachrichtenverbindungs- und Forschungseinheiten an, 16900 dem Ver-

waltungs-, Sanitäts-, Depot- und Logistikbereich. Für die zusätzliche Bemannung von Kriegsschiffen würde da nicht allzuviel übrigbleiben.
Abschließend eine Übersicht über die Stärke der Naval Reserve. Die Zahlen entsprechen der Finanzierung durch den Kongreß.

FY	Personalstärke	FY	Personalstärke
73	129000	78	87000
74	116857	79	87000
75	108485	80	87000
76	99000	81	87000
77	96500	82	90000

Die Schiffe der Naval Reserve Force (NRF)

Bis 1979 unterhielt die U. S. Navy noch eine relativ stattliche Zahl von NRF-Schiffen. Dies waren zwar zumeist ältere, jedoch modernisierte Einheiten, wie z. B. Weltkriegs-Zerstörer des Typs *Gearing* FRAM I, sowie ozeanische Minenräumer der *Agile*-Klasse. Diese Einheiten zählten bei amtlichen Schiffszählungen zwar nicht zu den aktiven Schiffen, im Mobilisationsfall würden sie jedoch als voll einsetzbare Schiffe sofort mit Reservisten bemannt und eingesetzt werden können, die Zerstörer vornehmlich bei ozeanischen Geleiten, die Minenräumer sicherlich beim Küstenschutz.
Recht genaue Angaben über die Zusammensetzung der NRF gibt es aus dem Jahre 1974, als ihr noch insgesamt 68 Schiffe angehörten. Nach Kategorien und nach Bereichs-Zugehörigkeit aufgeschlüsselt, gab es am 16. September 1974 folgende NRF-Schiffszahlen:

Schiffs-Kategorie	Atlantik	Pazifik	insgesamt
DD	23	14	37
MSO	13	9	22
MSC	2	7	9
insgesamt	38	30	68

Bei den Zerstörern gehörte damals nur ein Schiff dem Typ *A. M. Sumner* FRAM II an, alle anderen waren vom Typ *Gearing* FRAM I.
Diese Schiffe waren zwar – und sind es noch – administrativ in Geschwadern und (nur bei den Minenräumern) Divisionen zusammengefaßt, sie wurden jedoch einzeln oder zu mehreren in einzelnen Häfen (Reservisten-Zentren) stationiert. Nach den damals noch vorhandenen Marineabschnittskommandos gegliedert, gab es folgende Anzahl von Schiffen und Einsatzorten:

Naval District	Einsatzort	Schiffe	
1	Newport, R. I.	3 DD, 1 MSO	= 4
	Fall River, Mass.	1 DD, 1 MSO	= 2

Naval District	Einsatzort	Schiffe	
	Portsmouth, N. H.	1 MSO	= 1
	Portland, Maine	2 MSO	= 2
3	New York, N. Y.	2 DD	= 2
	New London, Conn.	1 DD	= 1
	Brooklyn, N. Y.	2 DD	= 2
	Bayonne, N. J.	1 DD	= 1
	Perth Amboy, N. J.	2 MSO	= 2
4	Philadelphia, Pa.	4 DD	= 4
5	Baltimore. Md.	1 DD	= 1
	Washington, D. C.	1 DD	= 1
	Norfolk, Va.	2 DD	= 2
	Little Creek, Va.	2 MSO	= 2
	Little Creek, Va.	Costal/River Sq. 2	
6	Mayport, Fla.	1 DD 1 MSO	= 2
	Tampa, Fla.	1 DD	= 1
	Charleston, S. C.	1 DD 1 MSO	= 2
	St. Petersburg, Fla.	2 MSO	= 2
	Wilmington, N. C.	1 MSC	= 1
	Miami, Fla.	1 MSC	= 1
8	Galveston, Texas	1 DD	= 1
	New Orleans, La.	1 DD	= 1
	New Orleans, La.	Coastal/River Div. 22	
9	Great Lakes, Ill.	Coastal/River Div. 21	
11	Long Beach, Cal.	4 DD 2 MSO 2 MSC	= 8
	San Diego, Cal.	2 DD 2 MSO	= 4
	San Diego, Cal.	Coastal/River Sq. 1	
12	San Francisco, Cal.	3 DD 2 MSO 2 MSC	= 7
	San Francisco, Cal.	Coastal/River Div. 11	
13	Portland, Oregon	2 DD	= 2
	Tacoma, Wash.	1 DD 1 MSO	= 2
	Seattle, Wash.	2 DD 3 MSC	= 5
14	Pearl Harbor, Haw.	2 MSO	= 2
			68 Schiffe

Die *Coastal/River Squadrons* bestanden aus kleinen Fluß- und Küstenwach*booten* bzw. alten Schnellbooten. Deren Einheiten wurden nicht in die Zahl der NRF-*Schiffe* einbezogen.
All diese Schiffe fuhren mit gemischter Besatzung, die sich aus Aktiven und aus Reservisten zusammensetzten. Zu jenem Zeitpunkt befanden sich auf NRF-Schiffen:

Aktive Besatzungsmitglieder	609/7 951 Mann
Reservisten	485/5 915 Mann

Administrativ waren damals die NRF-Schiffe wie folgt organisiert:

NRF-Einheit	Anzahl der Schiffe	Standort
DESRON 27	6 DD	Long Beach, Cal.
DESRON 28	10 DD	Newport, R. I.
DESRON 30	6 DD	Philadelphia, Pa.
DESRON 34	7 DD	Charleston, S. C.
DESRON 37	8 DD	Seattle, Wash.
MINERON 12		Charleston, S. C.
MINEDIV 121	5 MSO	Fall River, Mass.
MINEDIV 123	4 MSO	Perth Amboy, N. J.
MINEDIV 126	4 MSO, 2 MSC	Orlando, Fla.
MINERON 5		Long Beach, Cal.
MINEDIV 52	2 MSO, 2 MSC	San Francisco, Cal.
MINEDIV 53	1 MSO, 3 MSC	Seattle, Wash.
MINEDIV 54	2 MSO	Pearl Harbor, Haw.

Die NRF unterlag und unterliegt noch einer steten Fluktuation an Schiffen und Mannschaften. Das Fehlen ausreichender Geldmittel bewirkte die gleitende Verringerung auch der Anzahl der NRF-Schiffe. Nachdem inzwischen sämtliche Küsten-Minenräumer (MSC) aus der Schiffsliste gestrichen wurden, waren 1979 noch vorhanden:

29	Zerstörer (DD)
3	Amphibische Schiffe (LPA und LKA)
22	Minenräumer (MSO)
4	Flottenschlepper (ATF)
58	Einheiten (insges.)

Dabei hatte sich an der vorstehenden administrativen Gliederung noch nichts Wesentliches geändert. USS *Francis Marion* (LPA-249) behielt insofern eine Sonderstellung, als sie zwar der NRF zur Verfügung stand, aber dabei dennoch aktive Einheit von PHIBGRU 2 war.
Die stets außerordentlich gespannte finanzielle Lage der Vereinigten Staaten, die von einer sehr hohen Inflationsrate gekennzeichnet ist, wirkt sich auf die gesamte Navy und damit auch auf den Schiffsbestand der NRF aus. In seinem Statement zu den Navy-Plänen des Etat-Jahres 1980 mußte der CNO, Admiral Hayward, darüber berichten, daß bei der NRF drastische Kürzungen vorgenommen werden würden. So verlassen bis 1981 die NRF:

20 Zerstörer (von 28!) und
3 Amphibische Schiffe (2 LPA und 1 LKA).

Sechs andere, modernere Schiffe werden an deren Stelle in die NRF überführt:

4 LKA der *Charleston* -Klasse und
2 AE der *Suribachi* -Klasse.

Der Kongreß versuchte, wenigstens einige der 20 zur Aussonderung verurteilten DD zu retten, deren Zustand jedoch oft außerordentlich schlecht ist.
In mehrfacher Hinsicht wirken sich diese haushaltsbedingten Entscheidungen nachteilig aus:

- Auf einen Schlag werden etwa 20 wichtige Schiffe der NRF außer Dienst gestellt, die im Kriegsfalle sehr schnell und wirksam Geleitaufgaben zugeführt werden könnten.
- Die 1980/81 einzusetzenden Ersatzschiffe sind zwar größer und moderner als die alten Weltkriegs-Zerstörer, sie besitzen aber doch nicht die Kampfsysteme wie die Zerstörer. Die Reservisten würden also künftig nicht mehr in ausreichender Weise für U-Jagd-Aufgaben geschult werden.
- Die ohnehin schon sehr knapp bemessene amphibische Flotte würde umfangreichen und benötigten Frachtraum preisgeben müssen.
- Die Anzahl der aktiven Schiffe der Flotte würde um weitere sechs Schiffe zurückgehen.

Im Raume steht weiterhin die Möglichkeit der Verlegung von

7 DD der *Barry* -Klasse und
5 DD der *Forrest Sherman* -Klasse

zur NRF (eine Einheit dieser Klasse befindet sich bereits bei der NRF). Unerfindlich ist, weswegen nicht zumindest die älteren, nicht modernisierten *Shermans* bereits 1980 an die NRF abgegeben wurden. Weitere, in dieser Richtung erkennbare Maßnahme ist die für Anfang der 80er Jahre geplante Verlegung von 12 Fregatten der Knox-Klasse zur NRF. All diese Veränderungen, die ab etwa 1980 durchgeführt werden sollen, werden sich vermutlich auch auf die Anzahl und die Zusammensetzung der *Reserve Destroyer Squadrons* auswirken.
Hinzu kommt, daß gerade bei der NRF besonders mit dem Treibstoff gespart werden muß. Bei den Seeübungen wird als Optimum angesehen, wenn die Schiffe 21 Tage je Quartal in See sind. Als Minimum für eine ausreichende Bereitschaft werden aber 16 Seetage je Quartal angesehen. Aufgrund der im Etat 1978 und 1979 bewilligten Mittel können jedoch lediglich 14 Seetage finanziell abgesichert werden.
All diese Benachteiligungen der *Naval Reserve Force* wirken sich – im großen Rahmen ähnlicher Maßnahmen gesehen – auf die Kampfbereitschaft der U. S. Navy sehr nachteilig aus. Diese mangelnde Kampfbereitschaft dürfte sich im Ernstfall verheerend auswirken und unter Umständen die Existenz der Vereinigten Staaten wie auch ihrer NATO-Verbündeten gefährden.

2.238 Das Military Sealift Command (MSC)

Einleitung

Das MSC ist die Seetransport-Organisation der U. S. Navy, die jedoch von allen Teilstreitkräften in Anspruch genommen werden kann. Es ist dem CNO direkt unterstellt, wie auch aus dem Organigramm unten ersichtlich ist.

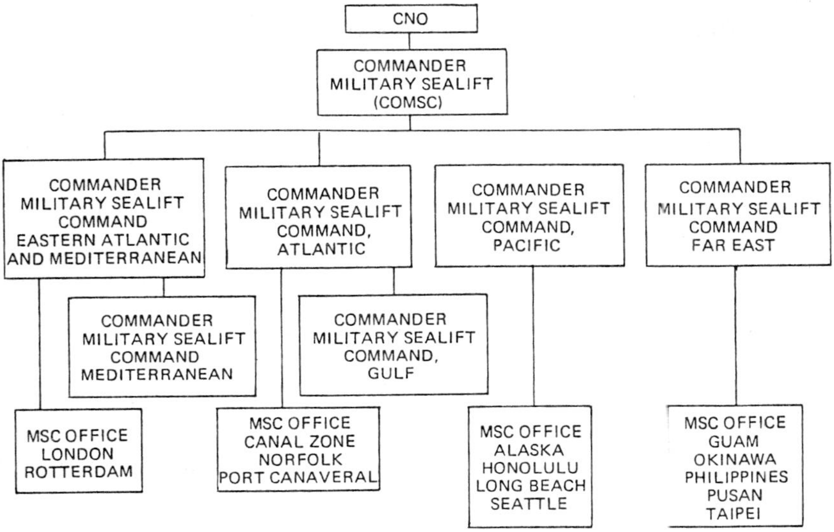

THE OPERATING FORCES OF THE NAVY

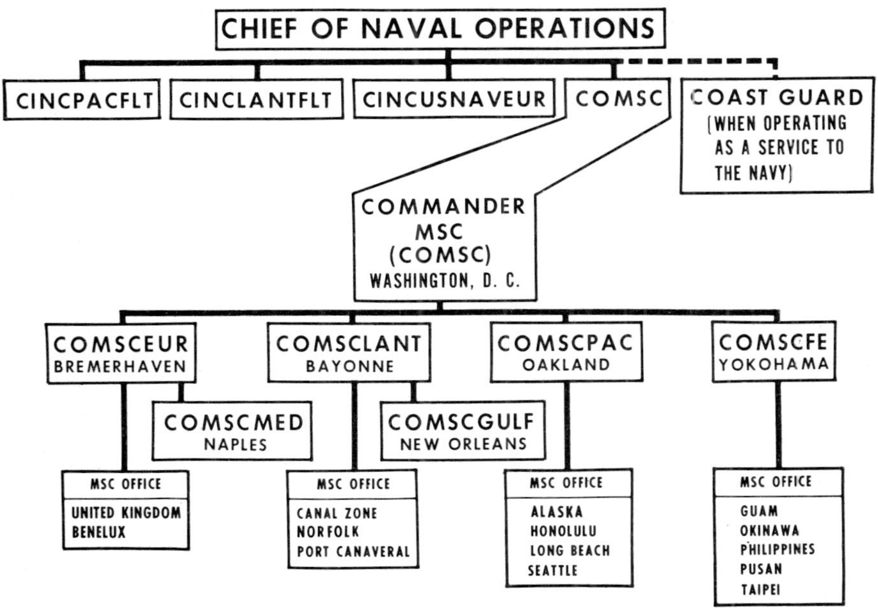

Das MSC hat den Status einer Flotte und sein Befehlshaber ist ein Konter-Admiral. Bis zum 1.8.1970 führte das MSC noch die etwas längere Bezeichnung *Military Sea Transportation Service* und die seinerzeitige Kürzung MSTS war dem Benutzer geläufiger, als das gegenwärtige MSC, das in der Schiffs-Klassifikationsliste gleichzeitig als Kürzung für Küsten-Minenräumer zu finden ist. Der damalige MSTS entstand 1949 durch die Zusammenlegung der beiden bis dahin getrennt wirkenden Transportdienste des Heeres und der Marine, d. h. des *Army Transport Service* und des *Naval Transportation Service,* zu einer einheitlichen Organisation unter der Regie der U. S. Navy.

Aufgabenbereiche

Das MSC hat zahlreiche Aufgaben zu erfüllen; zu den wichtigsten gehören:

- ☐ Seetransportaufgaben für alle Streitkräfte im Konfliktfall;
- ☐ weltweite Verteilung von militärischen Gütern in Friedenszeiten auf dem Seewege;
- ☐ Entwicklung von Plänen für die Erweiterung der Seetransport-Kapazität in Fällen von unvorhergesehenen Ereignissen und Krisen;
- ☐ Bereitstellung von Zivilbesatzungen für Hilfsschiffe der Navy, soweit diese dem MSC unterstehen;
- ☐ Vorhaltung und Unterhaltung von Spezialschiffen für die Navy und die Luftwaffe.

Organisation und Personal

Der Sitz des MSC befindet sich im Bereich des *Office of the CNO* in Washington, D. C. Dem MSC-Hauptquartier unterstellt sind vier Bereichskommandos, und zwar in

- ☐ Bremerhaven, Bundesrepublik Deutschland,
- ☐ Yokohama, Japan,
- ☐ Bayonne, New Jersey und
- ☐ Oakland, California.

Zwei weitere Unterbereichskommandos befinden sich in

- ☐ New Orleans, Louisiana und
- ☐ Neapel, Italien.

Einzelne MSC-Büros werden periodisch jeweils dort eingerichtet und unterhalten, wo gerade Bedarf besteht.
Am 1. Mai 1976 betrug die Personalstärke des MSC 5 375 Mann, davon waren

Angehörige der Navy	448
zivile Besatzungsangehörige	3771
zivile Büroangehörige	1156
	5375

Zu diesem Zeitpunkt fuhren 158 Navy-Angehörige auf MSC-Schiffen; sie bedienten dort die Funkgeräte und sorgten bei gemeinsamen logistischen Operationen für die Aufrechterhaltung der Verbindung zwischen den zu versorgenden Kampfschiffen der Flotte und den MSC-Versorgern.

Schiffe

Die Zahl der dem MSC unterstellten Schiffe schwankt ständig. Sie richtet sich nach den Bedürfnissen der Navy sowie nach der politischen und militärischen Situation. Dem

MSC unterstehen nicht nur zahlreiche Hilfsschiffe der U. S. Navy, sondern es verfügt auch über eine Anzahl von gecharterten Handelsschiffen. Anfang Juli 1980 verfügte das MSC über

- □ 40 gecharterte Handelsschiffe (28 Frachter, 10 Öltanker und 2 Schiffe zur Unterstützung wissenschaftlicher Vorhaben);
- □ 79 Schiffe der U. S. Navy *(„MSC nucleus fleet“)*, die vor dem Namen das Präfix USN führen.

Nachfolgend werden nur die letztgenannten MSC-Schiffe erfaßt, weil sie – obwohl mit Zivilbesatzungen des MSC fahrend – nominell Schiffe der U. S. Navy sind. In den Schiffslisten des Abschnitts 15 wird der Kennummer eines jeden MSC-Schiffes ein T-vorangesetzt, in den hier folgenden Übersichten jedoch nicht.
Die Stärke der Kernflotte des MSC im Jahre 1965, als die Ausweitung des Vietnam-Krieges begann, wird nachfolgend in Vergleich gesetzt mit der Stärke derselben zu Beginn des Jahres 1979 und der von Mitte 1980.

Stärke der „MSC Nucleus Fleet“

Schiffskategorie	Stärke 1965	Stärke Februar 1979	Stärke Juli 1980
AKV	4	–	–
LSV (jetzt AKR)	3	2	4
LST	32	–	–
LSM	2	–	–
AKA (jetzt LKA)	1	–	–
AF	6	1	1
AG	8	1	2
AGM	21	6	6
AGOR	10	5	5
AGS	6	9	9
AK	25	8	6
AKD	1	–	–
AKL	4	–	–
AO	19	28	29
AOG	6	3	5
AP	13	–	–
APc	1	–	–
ATF	–	4	6
ARC	–	3	3
insgesamt	162	70	76

Unabhängig von der Schiffs-Klassifikation der U. S. Navy gliedert das MSC die Schiffe seiner *„Nucleus Fleet“* in vier Gattungen:

Cargo Ships	Frachter
Tankers	Öltanker
Scientific Support	Schiffe zur Unterstützung von Spezialprogrammen
Naval Fleet Auxiliaries	Versorgungs-Hilfsschiffe

Die 78 MSC-Schiffe der *„Nucleus Fleet“* verteilen sich im Januar 1981 wie folgt:

Schiffe der „MSC Nucleus Fleet“ (Stand Januar 1981)

Kennung	Name	Kennung	Name
6 *Cargo Ships* (Frachter)			
AKR-7	Comet	AKR-11	Jupiter
AKR-9	Meteor	AK-284	Northern Light
AKR-10	Mercury	AK-285	Southern Cross
23 *Tankers* (Öltanker)			
AOG-77	Rincon	AOT-171	Sealift Indian Ocean
AOG-78	Nodaway	AOT-172	Sealift Atlantic
AOG-79	Petaluma	AOT-173	Sealift Mediterranean
AOG 81	Alatna	AOT-174	Sealift Caribbean
AOG-82	Chattahoochee	AOT-175	Sealift Arctic
AOT-149	Maumee	AOT-176	Sealift Antarctic
AOT-151	Shoshone	AOT-181	Potomac
AOT-152	Yukon	AOT-182	Columbia
AOT-165	American Explorer	AOT-183	Neches
AOT-168	Sealift Pacific	AOT-184	Hudson
AOT-169	Sealift Arabian Sea	AOT-185	Susquehanna
AOT-170	Sealift China Sea		
21 *Scientific Support Ships* (Spezialschiffe)			
AG-164	Kingsport (wird demnächst gestrichen)	AGOR-13	De Steiguer
		AGOR-16	Hayes
AGM-9	General H. H. Arnold	AGS-21	Bowditch
AGM-10	General H. S. Vandenberg	AGS-22	Dutton
AGM-22	Range Sentinel	AGS-26	Silas Bent
AGM-23	Observation Island	AGS-27	Kane
AGM-18	Vanguard	AGS-29	Chauvenet
AGM-20	Redstone	AGS-32	Harkness
AGOR-7	Lynch	AGS-33	Wilkes
AGOR-11	Mizar	AGS-34	Wyman
AGOR-12	Bartlett	AGS-38	H. H. Hess
28 *Naval Fleet Auxiliaries* (Versorgungs-Hilfsschiffe)			
AE-26	Kilauea	AO-144	Mississinewa
AF-58	Rigel	AO-145	Hassayampa
AO-57	Marias	AO-146	Kawishiwi
AO-62	Taluga	AO-147	Truckee
AO-105	Mispillion	AO-148	Ponchatoula
AO-106	Navasota	ATF-149	Atakapa
AO-107	Passumpsic	ATF-158	Mosopelea
AO-108	Pawcatuck	ATF-166	Powhatan
AO-109	Waccamaw	ATF-167	Narragansett
AO-143	Neosho	ATF-168	Catawba

Kennung	Name		
ATF-169	Navajo	AK-282	Marshfield
ATF-170	Mohawk	ARC-2	Neptune
AK-280	Furman	ARC-3	Aeolus
AK-281	Victoria	ARC-6	Albert J. Myer

Zwei unterschiedliche MSC-Fahrzeuge mit unterschiedlichen Aufgaben: Oben T-AO-57 *Marias,* ein ehemaliger Flottentanker, der auch jetzt noch für die In-See-Versorgung mit Treibstoffen zuständig ist, wie an seinem schweren Ladegeschirr und an der großen Kenn-Nummer zu sehen ist. Gr

Unten: „point-to-point tanker“ USNS *Sealift Caribbean* (T-AOT-174), eingerichtet für den Zwischentransport von den Raffinerien in den Vereinigten Staaten zu den in Übersee weilenden Flottenversorgern, zu erkennen am Fehlen jeglichen Ladegeschirrs. Gh

3. Mannschaftsbestand der U.S. Navy

3.1 Personalstärke

Das Personal der U. S. Navy rekrutiert sich seit rd. acht Jahren allein aus Freiwilligen, nachdem die allgemeine Wehrpflicht abgeschafft wurde. Die seitdem immer wieder aufkommenden Personalprobleme zeugen davon, daß dies offensichtlich nicht die beste Lösung gewesen ist. Die Wiederverpflichtungs-Quoten von Mannschafts-Dienstgraden entsprechen zumeist nicht den Erwartungen. Bei den Offizieren gibt es gelegentlich Engpässe bei der Besetzung der Planstellen für atomangetriebene U-Schiffe. Wenngleich die Schiffs- und die Seeluftwaffen-Mannschaften bestens geschult und ausgebildet sind, so ergibt sich doch insgesamt gesehen ein Qualitätsschwund durch Ausfälle wegen übermäßigen Genusses von Alkohol und Drogen. Auch war 1977 die Zahl der unerlaubten Entfernungen von der Truppe die höchste in der Geschichte der U. S. Navy. So kommt es gelegentlich vor, daß die Besatzung für ein neues Schiff erst dann zusammengesetzt werden kann, wenn ein betagtes Schiff ausgesondert wird. Beängstigend wird inzwischen auch die Anzahl der Sabotageakte, die von offensichtlich unzufriedenen oder verhetzten Besatzungsmitgliedern in Form von Brandstiftungen u. a. m. durchgeführt werden.
Genau so, wie die Anzahl der aktiven Schiffe seit dem Ende des Vietnam-Kriegs um ca. 50 % zurückging, verringerte sich auch die Zahl der Navy-Angehörigen beständig um insgesamt rund 237 000 Mann. Die nachfolgende Übersicht macht deutlich, in welcher Weise sich seit 1968 der Personalstand verringert hat. Die Mitte 1978 vorhandenen Navy-Angehörigen verteilten sich wie folgt:

- ☐ bei den strategischen Streitkräften (SSBN einschließlich Unterstützungskräfte) 3,90 %
- ☐ auf den Kampfschiffen und bei der Seeluftwaffe, einschließlich der Unterstützungskräfte 45,84 %
- ☐ auf Hilfsschiffen, bei der Abwehr, in der Forschung und Entwicklung, zur Unterstützung von Marinen fremder Nationen 5,52 %
- ☐ Personal zur direkten Unterstützung von Stützpunkten 11,68 %
- ☐ in Nebenbereichen, wie Sanitätswesen, individuellem Training, Logistik, Unterstützung diverser Bundesbehörden 15,54 %
- ☐ Kadetten, Krankenstand, Kommandierte u. a. m. 17,50 %

In seinem Statement vor dem Kongreß anläßlich der Vorstellung des Etats 1980 äußerte sich der CNO, Admiral Thomas B. Hayward, besorgt über den Gesamt-Personalstand der Navy. Obwohl die Mannschaften so gut ausgebildet sind wie noch nie zuvor, konnten die Rekrutierungsziele in nur vier der vergangenen 30 Monate erreicht werden. Dies resultiert im ungenügenden Mannschaftszugang, der letztlich Einfluß haben könnte auf den gleichzeitigen Quantitäts-, aber auch Qualitätsverlust. Weitere Schwierigkeiten ergeben sich durch die ungelösten Probleme

- ☐ der relativ hohen Desertions-Rate,

☐ des Drogen-Mißbrauchs,
☐ der nach wie vor bestehenden Rassen-Diskriminierung und vor allem
☐ der unzureichenden Entlohnung.

Um das fehlende männliche Personal halbwegs zu ersetzen, stellt die U. S. Navy – wie die übrigen Teilstreitkräfte übrigens auch – zunehmend weibliche Freiwillige ein, denen nach einem Erlaß ab 1979 der Zugang auch zu Hilfs-Kriegsschiffen der Navy freigegeben wurde. Schon vor dieser Maßnahme gab es bereits weibliche Besatzungsmitglieder im Mannschaftsstand z. B. auf Hafendienstfahrzeugen, aber auch als Piloten von Flugzeugen und Hubschraubern im Offiziersrang. Etwa Mitte 1978 gab es bei der U. S. Navy 23 832 weibliche Angehörige, davon 3 741 im Offiziersrang.
Besorgniserregend ist auch der Rückgang der Wiederverpflichtungs-Quote von Piloten der Seeluftwaffe. Sollte der bisherige Trend weiterhin anhalten, so muß damit gerechnet werden, daß es etwa 1984 38 % weniger Piloten geben wird als erforderlich.
Die Bemühungen der U. S. Navy und an erster Stelle der jeweiligen Regierung werden in den kommenden Jahren nicht allein darin bestehen, eine ausreichende Anzahl an Schiffen und Flugzeugen bereitzustellen, sondern auch darin, hierfür ausreichend Besatzungen zu verpflichten. Diese gesamte Problematik führte schon ab Mitte der 70er Jahre zu einigen mehr oder weniger untauglichen Versuchen, bei denen

☐ entweder die Anzahl der Besatzungsmitglieder bei einigen Schiffen reduziert wurde oder aber
☐ einzelne Schiffe in den Stand der verminderten Einsatzbereitschaft versetzt werden mußten.

Als einziger Ausweg aus diesem Dilemma scheint sich die Wiedereinführung einer gemäßigten Wehrpflicht anzubieten, bei der gezielt geeignetes Personal ausgesucht werden könnte. Es ist jedoch fraglich, ob die amerikanische Administration bereit sein wird, diesen gewiß unpopulären Weg zu beschreiten.
Die permanente Abnahme der Personalstärke der U. S. Navy dokumentiert die nachfolgende Übersicht:

Personalstärken der U. S. Navy 1968 bis 1981

Datum	Personalstand	Datum	Personalstand
30. 6. 68	764 572	28. 2. 75	545 818
31. 10. 68	753 233	31. 7. 75	538 312
30. 6. 69	775 869	31. 1. 76	526 966
31. 10. 69	738 719	31. 7. 76	528 211
31. 12. 69	721 707	31. 12. 76	528 578
28. 2. 70	715 543	31. 1. 77	528 700
31. 7. 70	687 606	31. 5. 77	525 194
31. 1. 71	645 036	30. 4. 78	523 472
30. 6. 71	623 248	30. 6. 78	527 316
31. 1. 72	597 902	31. 1. 79	527 234
31. 5. 72	587 430	31. 12. 79	521 857
30. 9. 72	593 135	31. 1. 80	523 373
31. 1. 73	576 449	30. 4. 80	525 559
30. 6. 73	564 534	31. 7. 80	525 777
31. 1. 74	551 276	31. 8. 80	525 044
30. 6. 74	545 903	31. 3. 81	536 483

3.2 Admirals-Flaggstellen der U. S. Navy

Die Anzahl der Admirals-Planstellen bei der U. S. Navy nahm parallel zur Reduktion des Gesamt-Mannschaftsbestandes nach Beendigung des Vietnam-Krieges ab. Einsparungen wurden an verschiedenen Stellen erzielt, so u. a.

- □ durch die Verringerung der Anzahl oder Zusammenlegung von Marine-Abschnittskommandos,
- □ durch Eliminierung einiger von Flaggoffizieren befehligter Verbände,
- □ dadurch, daß etliche Admirals-Planstellen mit Kapitänen zur See besetzt wurden.

Wenn nachfolgend die Übersicht über die wichtigsten Admirals-Planstellen einschließlich der Namen der Stelleninhaber abgedruckt wird, so geschieht dies aus zweierlei Gründen:

- □ einmal um darzustellen, welche der wichtigen Kommandostellen mit welchem Admiralsrang verbunden ist,
- □ dann aber auch, damit durch die Nennung der Namen eine Dokumentation für den Zeitpunkt der Erscheinung dieses Buches geboten wird.

Im Normalfall werden Admirale alle zwei Jahre auf einen anderen Posten versetzt. Dies hat den Vorteil einer sehr vielseitigen Verwendung und eines tiefen Einblicks in die Vielfalt der Kommando-Möglichkeiten, aber auch den Nachteil, daß sehr oft die Zeit viel zu kurz ist, um tiefgehende Veränderungen zu planen und auch durchzusetzen. Einige Ausnahmen bestätigen die Regel; so verbleibt der CINCPAC, der Oberbefehlshaber im Pazifik, in der Regel länger als zwei Jahre auf seinem Posten, und der CNO, der Chef der Seekriegsleitung, *kann* nach zwei Jahren für eine weitere Periode in seinem Amt bestätigt werden. Dann aber wird er in der Regel pensioniert, was bedeutet, daß eine noch relativ junge Befehlsgestalt vorzeitig ihren Posten und ihre Offizierskarriere aufgeben muß, nur weil sie die Zahl der für die Pensionierung erforderlichen Dienstjahre erreicht hat. Selbst eine Zeitperiode von vier Jahren ist für einen Befehlshaber, der die Richtlinien der Marine-Verteidigungspolitik entwickeln und bestimmen soll, relativ kurz. Manches, was von einem CNO initiiert wird, kommt dadurch erst gar nicht zustande, weil es vom Kongreß, von der Regierung und/oder von seinem Nachfolger nicht vertreten wird. Dazu in krassem Gegensatz steht die Handhabung bei der sowjetischen Marine, in der *ein* Oberbefehlshaber seit mehr als zwei Jahrzehnten verantwortlich zeichnet für den sehr zielbewußten und erfolgreichen Aufbau einer Flotte, die gerade im Begriff ist, die amerikanische Flotte auf vielen Gebieten zu überrunden.
Die Bedeutung der in der nachfolgenden Admirals-Übersicht verwandten Abkürzungen ist Abschnitt 2 zu entnehmen.
Bei Redaktionsschluß dieses Buches gab es bei des U. S. Navy insgesamt 352 Flaggoffiziere, von denen 8 Admirale, 31 Vizeadmirale und 31 Konteradmirale waren. Die Ende der 70er Jahre angekündigte Wiedereinführung des *Dienstgrades* Commodore Admiral hat auf die Zusammensetzung der vorstehend abgedruckten Zahlen und auf die nachfolgende Übersicht noch keinen Einfluß gehabt.
Die nachfolgende Übersicht enthält *sämtliche* Voll-Admirals-Planstellen, jedoch *nur* die für das Verständnis der Marine-Gliederung notwendigen *wichtigsten* Planstellen für Vizeadmirale und Konteradmirale.

Die wichtigsten Admirals-Planstellen der U. S. Navy

Admirale

CNO	Th. B. Hayward

VCNO	J. D. Watkins
CINCLANT/CINCLANTFL/SACLANT	H. D. Train II
CINCPAC*	R. L. J. Long
CINCPACFL	D. C. Davis
CINCSOUTH	W. J. Crowe
Chief of Naval Material	A. J. Whittle, Jr.
Dep. Director CIA	B. R. Inman

Vizeadmirale

COMSECONDFL	Th. J. Bigley
COMTHIRDFL	W. P. Lawrence
COMSIXTHFL	W. N. Small
COMSEVENTHFL	M. S. Holcomb
CINCUSNEUR	R. J. Hays
Dep. CINCPACFL	E. S. Briggs
COMSUBLANT	S. A. White
COMNAVAIRLANT	C. E. R. Kinnear II
COMNAVAIRPAC	R. F. Schoultz
COMSURFLANT	J. D. Johnson
COMSURFPAC	L. Baggett, Jr.
Chief of Naval Personnel	L. W. Zech
DCNO (Air)	W. L. McDonald
DCNO (Surface)	W. H. Rowden
DCNO (Submarines)	J. G. Williams, Jr.
COMNAVSEASYSTCOM	E. B. Fowler (noch Konteradmiral)
COMNAVAIRSYSTCOM	E. R. Seymour

Konteradmirale

a) Stabs-Planstellen

COMSUBPAC	N. R. Thunman
COMTRALANT	C. W. Taylor
COMTRAPAC	F. C. Johnson
COMBARLANT u. Com. Iceland Def. Command	R. F. Marryott
COMIBERLANT	T. F. Dedman
COMSOLANT	J. S. Elfelt
COMNAVFOR MARIANAS + Com. NB Guam	B. Demars
COMNAVFOR JAPAN	D. E. Felt
COMNAVFOR KOREA	J. G. Storms
COMNAVFOR PHIL & Com. NB Subic Bay	R. M. Dunleavy
COM TAIWAN DEFENCE COMMAND	J. B. Linder
COMIDEASTFOR+Com.USNForces Pers.Gulf	C. E. Gurney III
Com. NB Philadelphia	C. A. Brettschneider, USNR
Com NB Borfolk	J. F. Frick
Com. Mine Warfare Command	C. F. Horne III
Com. NB Charleston	R. B. Mc Clinton
Com. NB Seattle	J. D. Williams
Com. NB San Diego	J. E. Langille III

Chief Naval Reserve + CNARF		F. F. Palmer
COM Washington Naval District		W. A. Myers III
COM MSC		B. Keener III

b) Seeverbände (administrativ)

Com. Naval Surface Group Middle Pacific		C. J. Rorie
Com. Naval Surface Group West Pacific		J. A. Lyons Jr.
COMCARGRU	1	T. F. Brown III
	3	J. J. Barth, Jr.
	5	
	7	G. A. Aitcheson, Jr.
COMCARGRU	2	C. A. Easterling
	4	R. B. Fuller
	6	J. O. Tuttle
	8	J. E. Service
COMCRUDESGRU	1	H. C. Schrader, Jr.
	3	A. S. Moreau
	5	
COMCRUDESGRU	2	H. C. Mustin
	8	W. F. Mc Cauley
	12	P. C. Conrad
COMSUBGRU	5	L. Burkhardt III
COMSUBGRU	2	P. F. Carter, Jr.
COMSUBGRU	6	A. J. Baciocco
	8	C. R. Bell
COMPHIBGRU EASTPAC		W. A. Walsh
COMPHIBGRU	1	J. B. Shick Jr.
COMPHIBGRU	2	W. A. Kearns Jr.
COMSERVGRU	2	J. T. Parker Jr.

c) Seeluftwaffen-Verbände

Com. Medium Attack/Tact. Electr. Wing, PAC	
Com. Tactical Wings, LANTFL	J. H. Fetterman
Com. Light Attack Wing, PAC	G. W. Lenox
Com. ASW Wings, PAC	L. A. Williams
Com. Patrol Wings, PAC	G. W. Mac Kay
Com. Sea-based ASW-Wings, LANT	F. W. Johnston, Jr.
Com. Patrol Wings, LANT	E. A. Wilkinson
COM FLAIR WESTPAC	J. W. Austin
COMFLAIR MED	W.D. Bodensteiner
COM Fighter/AEW Wing, LANT	P. T. Gillcrist

* CINC = Commander-in-Chief
** Dep. = Deputy
*** COM = Commander

4. Stützpunkte, Einrichtungen und Werften

4.1 Stützpunkte und Einrichtungen

Eine so starke Marine, wie es die U. S. Navy immer noch ist, verfügt über eine große Anzahl von Einrichtungen, verteilt über den Kontinent Nordamerikas, aber auch sonst auf der ganzen Erdkugel. Hierzu gehören nicht nur die allerwichtigsten „Naval Bases", die Heimathäfen zahlreicher Kriegsschiffe, sondern auch Stützpunkte der Seeluftwaffe der U. S. Navy, ihrer zahlreichen Geschwader und Staffeln, ihrer Schulen, Trainingszentren wie auch Waffen- und Versuchs-Installationen.
Die beiden Nationen mit der stärksten Seerüstung, die Vereinigten Staaten und die Sowjetunion, setzen – nur im Umfang unterschiedlich – ihre Seestreitkräfte als Instrument der Politik ein. Und obwohl insbesondere die Amerikaner ihre beiden fern vom Heimatkontinent operierenden Flotten – die 6. im Mittelmeer und die 7. im westpazifischen Raum – so weit wie nur möglich von festen Stützpunkten unabhängig hält, indem sie die In-See-Versorgung der Schiffe zum festen Bestandteil der Operationen gemacht hat, so ist doch unausbleiblich, daß alle Versorgungsgüter wie Treibstoff, Waffen, Verpflegung, Munition, Ersatzteile, Post usw., die so große Flottenverbände benötigen, irgendwo umgeschlagen werden müssen, bevor sie per Flugzeug, Hubschrauber oder Versorgungsschiff an den Einsatzort gebracht werden. Ein bestimmtes Netz an festen Stützpunkten ist daher nicht nur „Zuhause", sondern auch in Übersee lebenswichtig. Dabei ist die Unterhaltung von Übersee-Stützpunkten in souveränen Staaten durchaus keine unabänderliche Angelegenheit, sondern zunächst einmal Gegenstand von klaren vertraglichen Abmachungen, dann aber auch im wesentlichen abhängig von der gerade herrschenden politischen Orientierung der betroffenen Länder. Nur wenige Beispiele mögen hier angeführt werden, um begreiflich zu machen, worum es geht und von welchen unvorhersehbaren Faktoren die Stützpunktpolitik der USA abhängig ist.
Um die hohen Kosten für die Fahrten ihrer Flugzeugträger zwischen der Ostküste der USA und dem Mittelmeer zu senken und wohl auch, um im Mittelmeer einen weiteren festen Stützpunkt zu erhalten, versuchten die Amerikaner in den frühen 70er Jahren den griechischen Hafen Piräus als Stützpunkt zu gewinnen. Es sollten dort ständig ein Flugzeugträger, ein Zerstörergeschwader und einige Hilfsschiffe „beheimatet" sein, was vom Status her bedeutet hätte, daß die Angehörigen der verheirateten Besatzungsmitglieder dieser Schiffe nach Griechenland hätten umziehen können. Es sollten dort Reparatureinrichtungen und Schwimmdocks eingerichtet werden. Für die medizinische Betreuung der Matrosen und ihrer Angehörigen sollte sogar ein in Reserve befindliches Lazarettschiff reaktiviert werden. Dann aber gab es Streitigkeiten zwischen den traditionellen Rivalen Türkei und Griechenland. Mit einer ungeschickten Politik brachten die USA das Kunststück fertig, sich bei beiden Regierungen unbeliebt zu machen, so daß aus dem Stützpunktabkommen mit Griechenland nichts wurde, einige türkische Stützpunkte bei der Gelegenheit jedoch auch verloren gingen. Im Mittelmeerbereich verfügt die U. S. Navy nach wie vor über keine festen Stützpunkte für Ihre Überwasser-Kampfschiffe. Sie werden von Neapel aus auf hoher See versorgt und besuchen im übrigen nach längeren Einsatzperioden nur für wenige Tage Häfen befreundeter Nationen, wie Piräus, Neapel, Barcelona, Genua, Toulon und neuerdings auch ägyptische Häfen. Bei den Unterseeschiffen sieht es ein wenig anders aus. In Rota an der süd-

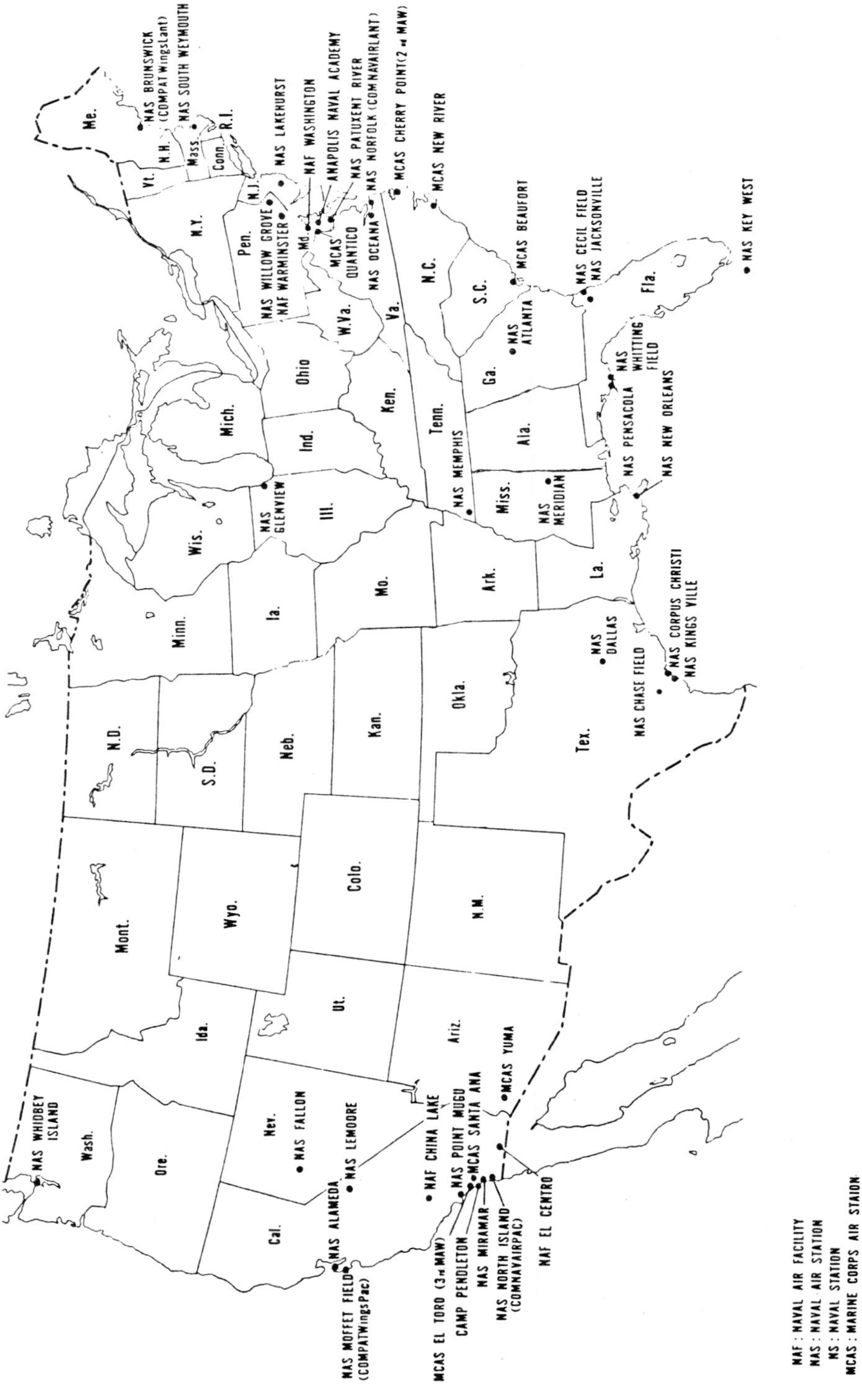
Me.
N.H.
Vt.
Mass.
Conn.
R.I.
N.Y.
N.J.
Pen.
Md.
W.Va.
Va.
N.C.
S.C.
Ga.
Fla.
Ohio
Mich.
Ind.
Ken.
Tenn.
Ala.
Miss.
Ill.
Wis.
Minn.
Ia.
Mo.
Ark.
La.
N.D.
S.D.
Neb.
Kan.
Okla.
Tex.
Mont.
Wyo.
Colo.
N.M.
Ida.
Ut.
Ariz.
Wash.
Ore.
Nev.
Cal.
NAS BRUNSWICK
(COMPAT WingsLant)
NAS SOUTH WEYMOUTH
NAS LAKEHURST
NAF WASHINGTON
ANNAPOLIS NAVAL ACADEMY
NAS PATUXENT RIVER
NAS NORFOLK (COMNAVAIRLANT)
MCAS CHERRY POINT (2nd MAW)
MCAS NEW RIVER
NAS WILLOW GROVE
NAF WARMINSTER
MCAS QUANTICO
NAS OCEANA
MCAS BEAUFORT
NAS CECIL FIELD
NAS JACKSONVILLE
NAS KEY WEST
NAS ATLANTA
NAS WHITTING FIELD
NAS PENSACOLA
NAS NEW ORLEANS
NAS MEMPHIS
NAS MERIDIAN
NAS GLENVIEW
NAS DALLAS
NAS CORPUS CHRISTI
NAS KINGS VILLE
NAS CHASE FIELD
NAS WHIDBEY ISLAND
NAS FALLON
NAS LEMOORE
NAS ALAMEDA
NAS MOFFET FIELD
(COMPATWingsPac)
NAF CHINA LAKE
NAS POINT MUGU
MCAS SANTA ANA
MCAS YUMA
MCAS EL TORO (3rd MAW)
CAMP PENDLETON
NAS MIRAMAR
NAS NORTH ISLAND
(COMNAVAIRPAC)
NAF EL CENTRO
NAF : NAVAL AIR FACILITY
NAS : NAVAL AIR STATION
NS : NAVAL STATION
MCAS : MARINE CORPS AIR STAION

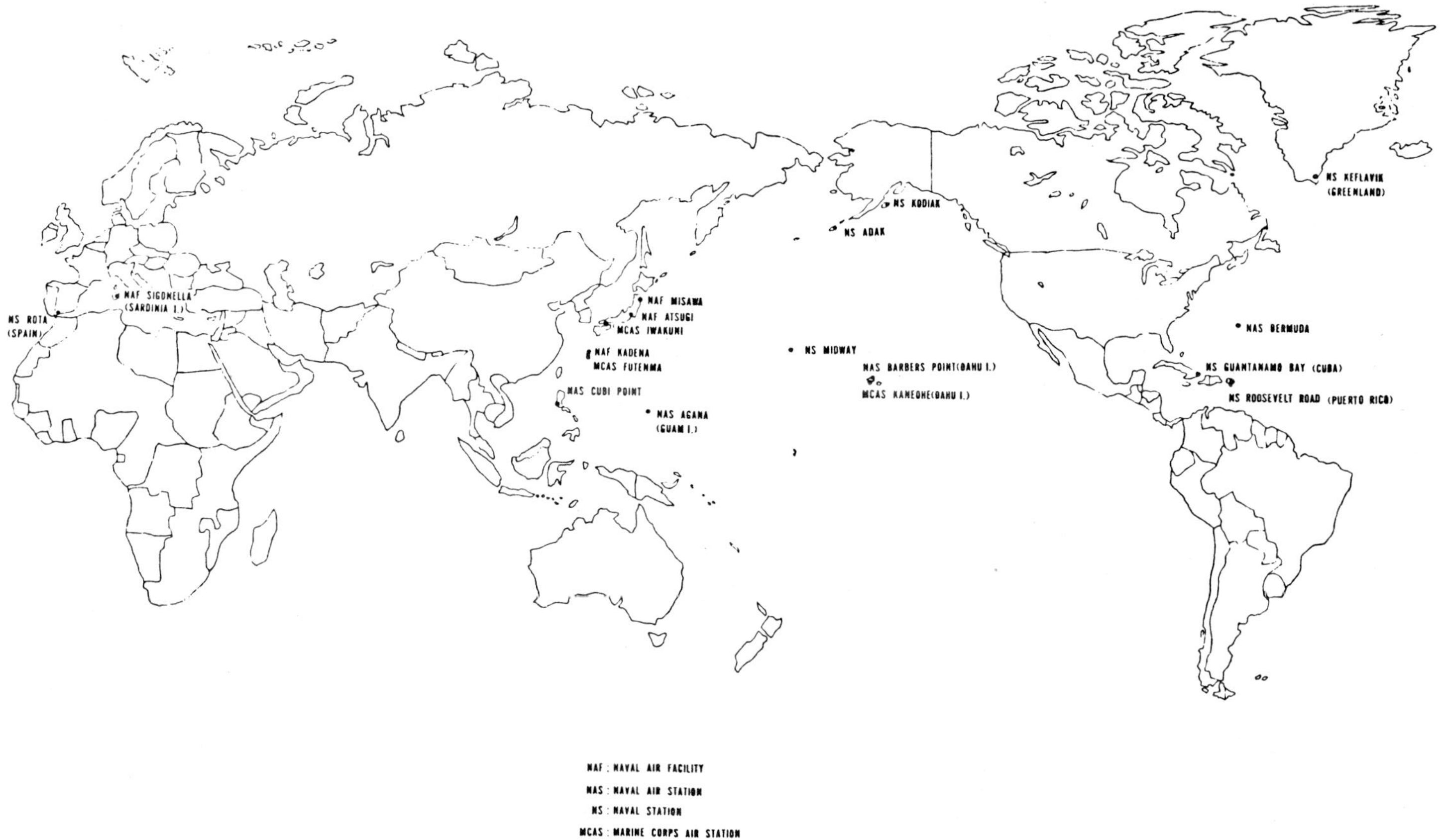
NS ROTA (SPAIN)
NAF SIGONELLA (SARDINIA I.)
NAF MISAWA
NAF ATSUGI
MCAS IWAKUNI
NAF KADENA
MCAS FUTENMA
NAS CUBI POINT
NAS AGANA (GUAM I.)
NS KODIAK
NS ADAK
NS MIDWAY
NAS BARBERS POINT(OAHU I.)
MCAS KANEOHE(OAHU I.)
NS KEFLAVIK (GREENLAND)
NAS BERMUDA
NS GUANTANAMO BAY (CUBA)
NS ROOSEVELT ROAD (PUERTO RICO)
NAF : NAVAL AIR FACILITY
NAS : NAVAL AIR STATION
NS : NAVAL STATION
MCAS : MARINE CORPS AIR STATION

spanischen Küste bei Cadiz befand sich ein Stützpunkt für die strategischen U-Schiffe von SUBRON 16. Dieser Stützpunkt wurde allerdings ab 1979 im Einvernehmen mit der spanischen Regierung aufgegeben. Dafür steht seit einiger Zeit La Maddalena auf Sardinien als fester U-Boot-Stützpunkt zur Verfügung. Hier befinden sich ständig ein U-Schiff-Tender, ein Schwimmdock sowie der Stab der SUBGRU 8. Es sind dort keine U-Schiffe beheimatet, aber sie benutzen La Maddalena als Stützpunkt für kleine bis mittlere Reparaturen, für die Versorgung und Erholung der Besatzungen.
Was im Mittelmeer mit Griechenland so gründlich mißglückte, gelang im Fernen Osten mit dem verbündeten Japan. Dank den guten Beziehungen zwischen den beiden Staaten konnte die U. S. Navy den ohnedies schon seit vielen Jahren genutzten Stützpunkt Yokosuka als Heimathafen für den Flugzeugträger *Midway* (CV-41) sowie für DESRON 15 gewinnen. Hierdurch werden jährlich viele Millionen $ eingespart und die Präsenz der USA in diesem Bereich des Pazifiks gestärkt. Nach Verlust der vietnamesischen Basen stützt sich die U. S. Navy gegenwärtig wieder verstärkt auf die Marine-Basis Subic Bay auf den Philippinen, die allerdings Ende der 70er Jahre in philippinischen Nationalbesitz übergegangen ist, so daß die Amerikaner jetzt de facto nur ein stets aufkündbares Gastrecht genießen. Daß sie im Ernstfalle das Feld nicht so ohne weiteres räumen würden, zeigt die Tatsache, daß sie sich durch die Kubaner auch nicht aus dem Stützpunkt Guantanamo haben verjagen lassen.
Auf der Insel Diego Garcia im Indischen Ozean gab es bis vor kurzem nur eine amerikanische Funkstation. Der an sich ohne weiteres mögliche Ausbau zum festen Stützpunkt würde jedoch ein Politikum darstellen. Obwohl die Sowjetmarine permanent im Indischen Ozean Kriegsschiffe unterhält und auch Stützpunkte in diesem Gebiet nutzt, scheuten sich die Amerikaner bisher, in gleicher Weise vorzugehen. Auch hier überließen sie den Sowjets die Einflußnahme auf die asiatischen und afrikanischen Staaten und begnügen sich mit gelegentlicher Abkommandierung einiger Schiffe, geführt von einem Flugzeugträger der 7. Flotte, wie z. B. im März 1979 während der iranischen Wirren. Erst seit Ende 1979 unterhalten die USA ständig starke Seestreitkräfte im Indischen Ozean und im Persischen Golf.
Überhaupt bereiteten die Ereignisse im Iran um die Jahreswende 1978/79 dem amerikanischen Einfluß einen empfindlichen Rückschlag. Die mittelfristigen Auswirkungen dieser Ereignisse können gegenwärtig bestenfalls geahnt und gefürchtet werden, definitiv vorausbestimmbar sind sie nicht. Die ohnehin schon relativ schwache Präsenz der U. S. Navy in diesem Bereich kann bestenfalls durch die verbesserten Beziehungen zu Ägypten zum Teil wettgemacht werden.
Amerikanische Fernaufklärer operieren im Rahmen des NATO-Bündnisses von den Azoren, von Island, von Südspanien und von Neufundland sowie von Sizilien und von Kreta aus. Auf dem südamerikanischen Subkontinent unterhält die Navy keine Stützpunkte, wogegen es – wie schon vorstehend erläutert wurde – gelang, vor der Haustür des kommunistischen Kuba den Stützpunkt Guantanamo zu behalten. 1979 wurde die Marine-Funkstation auf Barbados aufgegeben.
Die nachfolgenden Übersichten sollen einen Einblick in die Vielfalt des Stützpunktsystems der U. S. Navy vermitteln. Auf relevante Ausführungen im Abschnitt über das U. S. Marine Corps wird hingewiesen.

Stützpunkte und Einrichtungen der U. S. Navy auf dem Gebiet der USA

Abkürzungen:

NB	Naval Base	NSA	Naval Support Activity
NS	Naval Station	NWC	Naval Weapon Center
NAS	Naval Air Station	NWS	Naval Weapon Station
NAB	Naval Amphibious Base		
NSB	Naval Submarine Base		

Bundesstaat	Benennung	geographische Lage	Einheiten bzw. Institutionen der U. S. Navy
Alaska	NS Adak	auf der Insel Adak, 1200 Meilen westlich von Anchorage	Marine-Sicherheitsgruppe; periodischer Einsatz von VP-Staffeln; Marine-Pionier-Bataillon 62
California	NAS Alameda	in Alameda in der Bucht von San Francisco	Flugzeug-Reparaturwerk; CARGRU 7; Heimathafen von CV-43 und CVN-65; Stab CVWR-30; Staffeln VAQ-208, VA-303, 304, VAQ-38, HS-85, Teile von VR-51 und 55.
	NWC China Lake	150 Meilen östlich Los Angeles, nahe route 395	Naval Weapons Center; Forschungs- und Entwicklungszentrum für Marine- und Flugzeugwaffen; Staffel VX-5
	NWS Concord	in Concord, 35 Meilen von San Francisco, nahe route 4	Marine-Waffendepot; Heimathafen von sieben Munitionstransportern
	NAB Coronado	in der Bucht von San Diego, 3 Meilen westlich der Stadt, an der route 75	Stab COMNAVSURFPAC; Amphibische Schule der Navy; Tactical Air Control Squadron 12 u. a. m.; Naval Special Warfare Group; Coastal River Squadron 1
	NAS Lemoore	in Lemoore, 40 Meilen südlich Fresno, an der route 98	Stab Com. Light Attack Wing, PAC; CVW-9 und 15; Staffeln VAQ-130, VA-22, 25, 27, 94, 97, 113, 122, 127, 146, 147
	NB Long Beach	in Long Beach	Naval Shipyard; DESRON 9, DESRON 9, 27, MINRON 5 (Reserve) ab 1980 wieder Basis für zahlreiche Kampfschiffe

Stützpunkte und Einrichtungen der U. S. Navy auf dem Gebiet der USA

Bundesstaat	Benennung	geographische Lage	Institutionen der U. S. Navy
	Mare Island Complex	in Vallejo, an der I-80	Mare Island Naval Shipyard; Logistik-Zentrum; Waffentechnische Schule; Coastal River Division 11, SERVRON 3
	NAS Miramar	15 Meilen nördlich San Diego an der route 163	Stab Com. Fighter/AEW Wing PAC; CVW-2, 11, 14; Staffeln VFP-63, VAW-110, 112, 113, 114, 116, VA-192, VF-1, 2, 21, 51, 92, 96, 111, 114, 121, 124, 126, 154, 161, 211, 213, VC-7, VF-301, 303, VAW-88
	NAS Moffett Field	35 Meilen südlich San Francisco an der route 101	Stab Com. Patrol Wings PAC; Staffeln VP-9, 19, 31, 40, 46, 47, 48, 50; Stab Com. Fleet Air Reserve Wings PAC; VP-91
	NAS North Island	in Coronado, 4 Meilen von San Diego, an der route 75	Stab COMNAVAIRPAC; Stab Com. ASW Wings PAC; Flugzeug-Reparaturwerk; Heimathafen von 6 US-Schiffen; Staffeln VAW-117, VP-40, 50, VS-21, 29, 33, 37, 38, 41, VRC-50, HSL-31, 33, 35, HS-2, 4, 6, 8, 10, 12, HC-1, 3; Stab Com. Helicopter Wing Reserve (CAG-80); Staffeln HC-9, VR-57; CARGRU 1, 3
	Pacific Missile Test Center Point Mugu (auch NAS)	60 Meilen südlich Santa Barbara an der Coast Highway 1	Lenkwaffen-Erprobungszentrum; Naval Air Station; Navy-Astronauten-Gruppe; Marine-Fernschreibezentrum u. a. m.; Staffeln VX-4, VXE-6, VA-305, HA(L)-5, VP-65
	NB San Diego	7 1/2 Meilen vom Stadtzentrum San Diegos am Schnittpunkt der Harbor Drive und 32d Street	Flotten-Trainingszentrum; Entwicklungszentrum; Heimathafen zahlreicher Schiffe, u. a. CV-61, 63, 64; CRUDESGRU 1, 3, 5; DESRON 5, 7, 9, 13, 17, 21, 23, 31; PHIBRON 1, 3, 5, 7; MINDIV 54, SERVRON 1, SUBDEVGRU 1, SUBGRU 5, SUBRON 3

Stützpunkte und Einrichtungen der U. S. Navy auf dem Gebiet der USA

Bundesstaat	Benennung	geographische Lage	Institutionen der U. S. Navy
Connecticut	NSB New London	in Groton, östlich New London, an der route 12 und I-95	U-Boot-Schule; Zentrum für Unterwassermedizin; SUBGRU 2, SUBDEVGRU 2, SUBRON 10
District of Columbia	Washington Navy Yard	im Südosten von Washington, D. C., an der 9. und M-Str.	HQ Washington Naval District; Staffeln VFP-206 und 306 (auf Andrews Air Force Base); Naval Historical Center
Florida	NAS Cecil Field	in Jacksonville, an der I-10 und I-95	Stab Com. Light Attack Wing 1, Stab ASW-Wing 1; CVW-3, 7, 8; Staffeln VA-12, 15, 37, 45, 46, 66, 72, 81, 82, 83, 86, 87, 105, 174, VS-22, 24, 28, 30, 31, 32, HS-1, 3, 5, 7, 11
	NAS Jacksonville	12 Meilen südlich Jacksonville an der route 17	Stab Com. Patrol Wing 11, Stab Com. Helicopter ASW-Warfare Wing 1; Staffeln VP-5, 16, 24, 44, 45, 49, 56, VA-203, Stab Com. CVRW-20; Teile von VR-54, VP-61
	NAS Key West	in Key West an der route 1	Staffeln VF-171, VAQ-30; PHM-1 *Pegasus* und Schwesterschiffe
	NS Mayport	3 Meilen nördlich Jacksonville Beach, an der Atlantikküste	Flotten-Trainingszentrum; Heimathafen von 31 Schiffen; Staffel HSL-36; CARGRU 6; CV-59, 60; CRUDESGRU 12 DESRON 12, 14, 24; SERVRON 2
	NAS Pensacola	10 Meilen westlich Pensacola an der I-10	Ausbildungs- und Trainingszentrum der Seeluftwaffe; Flugzeug-Reparaturwerk; Kommando der Marineschulen; Marine-medizinisches Raumfahrtzentrum; Stützpunkt der Kunstflugstaffel „Blue Angels"; Stab Com. TRAWING 6; Staffeln VT-4, 10, 86; AVT-16 *Lexington*
	NAS Whiting Field	7 Meilen nördlich Milton an der route 87A	Stab Com. TRAWING 5; Staffeln VT-2, 3, 6, HT-8, 18

Stützpunkte und Einrichtungen der U. S. Navy auf dem Gebiet der USA

Bundesstaat	Benennung	geographische Lage	Institutionen der U. S. Navy
Georgia	NAS Atlanta	in Marietta, 15 Meilen nordwestl. von Atlanta an der route 41	Staffel VA-205, VA-54;
	NSB Kings Bay		SUBRON 16
Hawaii	NAS Barbers Point	20 Meilen westlich Honolulu an der H-1	Stab Com. Patrol Wing 2; Staffeln VP-1, 4, 6, 17, 22, VC-1, HSL-37
	NB Pearl Harbor	10 Meilen westlich Honolulu an der route 92	Stäbe des CINCPAC, des CINCPACFL und des COMSUBPAC; Stab des Com. IIId Fleet; Logistisches Kommando der Pazifischen Flotte; Pearl Harbor Naval Shipyard; Heimathafen zahlreicher Schiffe; DESRON 25, 33, 35, SERVRON 5, SUBRON 1, 7
Idaho	Naval Nuclear Power Training Unit Idaho Falls	65 Meilen westlich Idaho Falls an der route 20	Trainingseinheit für Nuklearanlagen; Einrichtungen für Marine-Reaktoren
Illinois	NAS Glenview	etwa 20 Meilen nördlich Chicago	Zentrum für Seeluftwaffen-Reserveausbildung; Staffeln VR-51, VP-60, 90
	NB Great Lakes	an der route 41	Marine-Reservisten-Trainingszentrum; Sanitätszentrum
Louisiana	NAS New Orleans	15 Meilen südlich New Orleans in Belle Chasse an der route 23	Stab des Com. NARF; Stab des Com. Res. Tactical Support Wing 1; Staffeln VR-54, VP-94, VA-204

Stützpunkte und Einrichtungen der U. S. Navy auf dem Gebiet der USA

Bundesstaat	Benennung	geographische Lage	Institutionen der U. S. Navy
	NSA New Orleans	in Algiers am Westufer des Mississippi	Stab des Chief of Naval Reserve; Reserve-Personalzentrum; Coastal River Division 22
Maine	NAS Brunswick	in Brunswick, 20 Meilen nördlich Portland an der route 1	Stab Com. Patrol Wings LANT und Stab Com. Patrol Wing 5; Staffeln VP-8, 10, 11, 23, 26, 44
Maryland	NS Annapolis	in Annapolis, 35 Meilen östlich Washington, an der route 50	Marine-Schiffsforschungs- und Entwicklungszentrum mit David W. Taylor-Versuchsanlage; Funk- und Nachrichtenverbindungszentrum
	U. S. Naval Academy Annapolis	in Annapolis, 40 Meilen westlich Washington, am Südufer des Severn	Marine-Akademie; Kadetten-Brigade
	NAS Patuxent River	bei Lexington, 60 Meilen südlich Washington an der route 235	Marine-Luftwaffenversuchszentrum und Logistik-Zentrum; Versuchszentrum für Luftkissenfahrzeuge; Staffeln VQ-4, VX-1, VXN-8, VP-30, 68
Massachusetts	NAS South Weymouth	20 Meilen südlich Boston an der route 3	Seeluftwaffen-Reservezentrum; Staffeln VP-92, HS-74
Mississippi	NAS Meridian	15 Meilen nördlich Meridian an der route 39	Marinetechnisches Trainingszentrum; Instandsetzungs-Trainings-Detachment; Stab Com. TRAWING 1; Staffeln VT-7, 9, 19
Nevada	NAS Fallon	in der Wüste an der route 50, 70 Meilen östlich Reno, 7 Meilen südöstlich Fallon	Flotten-Trainingseinheiten

Stützpunkte und Einrichtungen der U. S. Navy auf dem Gebiet der USA

Bundesstaat	Benennung	geographische Lage	Institutionen der U. S. Navy
New Jersey	Naval Air Engineering Center Lakehurst	10 Meilen westlich des Toms-Flußes an der route 70	Seeluftwaffen-technisches Zentrum und Trainingszentrum; Staffel HS-75
New Hampshire	Portsmonth Naval Shipyard	auf einer Insel des Piscataqua-Flußes, 65 Meilen nördlich Boston	Marinewerft Portsmonth
Pennsylvania	NB Philadelphia	in Philadelphia, am Ende der Broad Street	Philadelphia Naval Shipyard; marine-technische und logistische Zentren; schiffs-technisches Zentrum; Lecksicherungsschule; einkonservierte Reserveschiffe; DESRON 30
	NAS Willow Grove	in Horsham, 17 Meilen nördlich Philadelphia an der I-276	Übungszentrum der Seeluftwaffen-Reserve; Staffeln VR-52, Teile von VR-54; VP-64, 66
Rhode Island	Naval Education and Training Center Newport	in Newport an den routes 114 und 138	Marine-Ausbildungs- und Trainingszentrum; Marine-Kriegsschule („Naval War Colledge“); Offizierschule für Überwasserschiffsoffiziere; Marine-Gerichtsoffizierschule; Zentrum für Marine-Unterwassersysteme; Marine-Bezirkssanitätszentrum; Heimathafen mehrerer Schiffe; DESRON 28
South Carolina	NB Charleston	6 Meilen nördlich von Charleston an der I-26 entlang des Cooper-Flußes	Marine-Waffendepot; Charleston Naval Shipyard; Marine-Verwaltungszentrum; Polaris-Zentrum LANT; HeimathafenzahlreicherSchiffe;CRUDESGRU2,SUBGRU6, DESRON 4, 20, 36, MINRON 12, SUBRON 2, 4, 18

Stützpunkte und Einrichtungen der U. S. Navy auf dem Gebiet der USA

Bundesstaat	Benennung	geographische Lage	Institutionen der U. S. Navy
Tennessee	NAS Memphis	östlich von Millington an der route 51, 20 Meilen nördlich Memphis	Sitz des Chief Naval Technical Training Command; technisches Schiffswaffen-Zentrum; Flugzeug-Instandsetzungs-Trainingszentrum; Marine-Bezirkssanitätszentrum; zahlreiche Reserveeinheiten; Staffeln VA-204, Teile von VR-52, VR-53, VP-67
Texas	NAS Chase Field	56 Meilen nördlich Corpus Christi in Beeville, an der route 181	Stab des Com. TRAWING 3 und 4; Staffeln VT-24, 25, 26, 27, 28, 31
	NAS Corpus Christi	12 Meilen östlich Corpus Christi an der route 358	Sitz des Chief Naval Training Command;
	NAS Dallas	südwestlich Dallas am Mountain Creek-See	Seeluftwaffen-Reservezentrum; Staffeln VF-201, 202, Teile von VR-53
	NAS Kingsville	in Kingsville, 40 Meilen südwestlich Corpus Christi an der route 77	Stab Com. TRAWING 2; Staffeln VT-21, 22, 23
Virginia	NAB Little Creek	östlich Norfolk, 2 Meilen westlich des Chesapeake Bay-Tunnels an der route 60	Strandmeistergruppe 2; Marine-amphibische Schule; Landungs Trainingskommando; „Special Warfare“ Schule; Heimathafen zahlreicher amphibischer Schiffe; Tactical Air Control Squadron 21 und 22; Coastal River Squadron 2

Stützpunkte und Einrichtungen der U. S. Navy auf dem Gebiet der USA

Bundesstaat	Benennung	geographische Lage	Institutionen der U. S. Navy
	NB Norfolk	in Norfolk, am Hampton Roads an der I-64	Stäbe des SACLANT/CINCLANT, COMSURFLANT, COMSUBLANT, COMNAVAIRLANT; Heimathafen zahlreicher Schiffe; CVN-68, 69, CV-66, 67, 62, CRUDESGRU 8, PHIBGRU 2, CARGRU 4, 8, Landstab des Com. IId Fleet, Stab des Commanding General Fleet Marine Force (USMC), DESRON 2, 10, 22, 26, 32, PHIBRON 2, 4, 6, 8, SUBRON 6, SERVRON 4; Naval Special Warfare Group 2
	NAS Norfolk	im Stützpunkt der Norfolk Naval Base	Stab Com. Tactical Support Wing 1 und Stab Com. Helicopter Sea Control Wing 1; Stab Com. Fleet Air Reserve Wing LANT; Staffeln VAW-120, 121, 122, 123, 124, 125, 126, VRC-40, VRF-31, VC-6, HM-12, 14, 16, HS-15, HSL-30, 32, 34, HC-6, VAW-78, HA(L)-4, VR-56
	Norfolk Naval Shipyard	in Portsmouth, Va., südlich Norfolk, am Elisabeth-Fluß an der I-264	Norfolk Naval Shipyard
	NAS Oceana	in Virginia Beach, angrenzend an Norfolk Naval Base an der I-264	Stäbe der Com. Tactical Wings LANT, Fighter Wing 1, Medium Attack Wing 1; CVW-1, 6, 17; Staffeln VAQ-33, VA-34, 35, 42, 65, 75, 85, 171, 176, VF-11, 14, 31, 32, 33, 41, 43, 74, 84, 101, 102, 103, 142, 143, VC-2, 12, 13, HS-84
Washington	Puget Sound Naval Shipyard	in Bremerton an der Route 3 und 16, 60 Meilen westlich von Seattle	Puget Sound Naval Shipyard; Heimathafen einiger Schiffe; einkonservierte Reserve-Schiffe
	NSA Seattle	7 Meilen nordöstlich Seattle an der I-15	Reserve-Einheiten; DESRON 37, MINDIV 53

Stützpunkte und Einrichtungen der U. S. Navy auf dem Gebiet der USA

Bundesstaat	Benennung	geographische Lage	Institutionen der U. S. Navy
	NAS Whidbey Island	in Oak Harbor, 60 Meilen nördlich von Seattle an der route 20	Stäbe der Com. VAQ-Wing PAC und Medium Attack Air Wing PAC; Seeluftwaffen-Reserveeinheiten; Staffeln VAQ-129,131,132,133,134,135,136,137,138,VA-52,95,128, 145, 165, 196, Teile von VR-51, VP-69

Zentrum der Schiffs-Instandsetzungstätigkeit an der Westküste der USA: Die Marinewerft Puget Sound in Bremerton, zugleich Liegeplatz eingemotteter Kriegsschiffe. Vorliegendes Foto dürfte etwa 1969 entstanden sein. Manche der hier sichtbaren Reserve-Schiffe wurden zwischenzeitlich verschrottet.

Stützpunkte der U. S. Navy in Übersee

Land	Ort	Einheiten bzw. Institutionen der U. S. Navy
Italien	Neapel	„Naval Support Activity"; Land-Stab des Com. VIth Fleet; CARGRU 2, SERVRON 6, Staffel VR-24;
	La Maddalena, Sardinien	U-Boot-Stützpunkt mit einem Tender für SSN; Stab COMSUBMED, zugleich COMSUBGRU 8
	Sigonella, Sizilien	u. a. temorärer Einsatzstützpunkt der abkommandierten VP-Staffeln der Navy und der NARF
Island	Keflavik	Einsatzstützpunkt der abkommandierten VP-Staffeln
Bermudas		Einsatzstützpunkt der abkommandierten VP-Staffeln
Groß-britannien	London	Stab des CINCNELM/CINCUSNEUR
	Holly Loch, Schottland	SUBRON 14 und ein SSBN-Tender
Spanien	Rota	Staffel VQ-2
Portugal	Lajes, Azoren	vor allem Zwischenlandestation für Flugzeuge
Neu-Fundland	Argentia	Einsatzstützpunkt der abkommandierten VP-Staffeln
Puerto Ricco	Roosevelt Road	Staffel VC-8
Cuba	Guantanamo Bay	Staffel VC-10; Auffrischungszentrum für Schiffe der U. S. Navy und von befreundeten Marinen
Antarktis	McMurdo	Umschlag-Stützpunkt für die alljährliche Navy-Expedition in die Arktis; Nebenstützpunkt der Staffel VXE-6
Guam	Agana	Staffeln VQ-1 und 3
	Apra Harbor	SUBRON 15 und ein SSBN-Tender
Indik	Diego Garcia	Marine-Funkstation; Stützpunkt von VP-Maschinen und im Persischen Golf operierenden Seeverbänden
Philippinen	Cubi Point	CARGRU 5
	Subic Bay	Stützpunkt der VIIth Fleet; Stab COMSURFGRU WESTPAC; Heimathafen von SS-574; Werfteinrichtungen; Depots
Japan	Yokosuka	Heimathafen von CV-41 und DESRON 15; SUBGRU 7

Land	Ort	Einheiten bzw. Institutionen der U. S. Navy
Japan	NAS Atsugi	CVW-5;StaffelnVF-151,161,VA-56,93,115,VAW-115
	Sasebo	Flotten-Unterstützungseinheiten
	Misawa	Stab von Patrol Wing 1
	Naha, Okinawa	PHIBGRU 1; Staffel VC-5
	Kadena, Okinawa	Kommandierte VP-Staffeln

4.2 Werften

Im Zweiten Weltkrieg haben die USA unter Mobilisierung des enormen personellen und wirtschaftlichen Potentials für die Navy so viel Schiffe bereitgestellt, daß sie Großbritannien überflügelten und die erste Stelle unter den Seemächten einnahmen. Gegenwärtig werden den USA die Vorteile dieses ersten Platzes – zumindest zahlenmäßig – von der enorm angewachsenen Sowjetmarine streitig gemacht. Dies ist nicht zuletzt auch dadurch möglich geworden, daß es den Sowjets dank ihrer dirigistischen Staatsform möglich geworden war, ein Netz von leistungsfähigen Werften aufzubauen, auf denen alle möglichen Schiffsarten in oft nicht geringer Zahl gebaut werden. Eine der Grundlagen der amerikanischen Überlegenheit zur See, die im Zweiten Weltkrieg begründet wurde, lag in der Nutzung des gesamten Werftpotentials für den Kriegsschiffbau. Es waren Dutzende von Werften, die hier aktiviert werden konnten, von den größten, auf denen Schlachtschiffe, Flugzeugträger, Kreuzer und Zerstörer gebaut wurden, bis zu den kleinen Bootswerften, die Landungsschiffe und Minenräumer bauten. Nachdem im Kriege eine Überfülle von Schiffen und Fahrzeugen fertiggestellt wurde, zehrte die U. S. Navy jahrelang von diesem Bestand, der jedoch seine Brauchbarkeitsgrenze erreichen mußte, wo Materialkonditionen eine weitere Verwendung nicht mehr zuließen.
Trotz des zweimaligen Engagements der USA in begrenzten Kriegen, in denen verstärkt auch Navy-Schiffe zum Einsatz kamen, wurde das US-Werftpotential nicht erweitert. In den 50er und 60er Jahren – während der Schaffung der mächtigen Lenkwaffenflotte – waren zahlreiche mittlere und große Werften ausreichend mit Aufträgen eingedeckt und der Bau von Kriegsschiffen für die Navy wurde noch als ein attraktives Geschäft angesehen. Dies änderte sich wesentlich, als die USA aus dem Vietnam-Krieg wirtschaftlich so geschwächt hervorgingen, daß fortan auch beim Kriegsschiffbau beständig gespart werden mußte. Eine verfehlte Vertragspolitik der Navy gegenüber den Werften führte im Laufe des letzten Jahrzehntes dazu, daß der Bau von Kriegsschiffen für die Werften nicht mehr ausreichend lukrativ erschien. Es gab oft Jahre andauernde, auch gerichtlich ausgetragene Streitigkeiten zwischen der Navy und insbesondere den wenigen Großwerften, die ihre momentane Monopolstellung weidlich ausnutzten. Erst Ende der 70er Jahre konnten die meisten „claims“ der Werften nach Erstattung vermeintlicher oder wirklicher Mehrkosten bereinigt werden. Kostensteigerungen, eine viel zu hohe Inflationsrate, Streiks, ausbleibende oder verzögert eingehende Navy-Aufträge, all dies stand in Wechselbeziehungen, so daß insgesamt von einer ungesunden Situation im amerikanischen Kriegsschiffbau gesprochen werden kann.

Die Übersicht über die Werften, auf denen amerikanische Kriegsschiffe gebaut und/oder überholt werden, ist absichtlich so angelegt, daß daraus ersichtlich wird, welch ein geringfügiger Prozentsatz gegenwärtig überhaupt noch für die U. S. Navy tätig ist. Daß sich dabei Monopolstellungen bilden, ist nur allzu verständlich. Einige Beispiele hierfür:
Zur Zeit sind kaum ein Dutzend Privatwerften mit dem Bau neuer Kriegsschiffe beschäftigt. Vier davon sind kleine Werften. Die einzige Großwerft, die im letzten Jahrzehnt neu geschaffen wurde, ist die West-Werft von Ingalls, die nach Übernahme auch der alten Ost-Werft durch den Litton-Konzern zu einer leistungsfähigen Produktionsstätte entwickelt wurde. Solange hier – nach anfänglichen personellen und anderen Schwierigkeiten – die fünf LHA der *Tarawa* -Klasse und die 31 DD der *Spruance*-Klasse hergestellt wurden, war alles in Ordnung, aber schon jetzt ist abzusehen, daß hier das Tempo wegen des Ausbleibens einer ausreichenden Anzahl von Neubauaufträgen gedrosselt werden muß. Hierbei wird nicht ausbleiben, daß ein beträchtlicher Teil der mit viel Mühe angeworbenen und geschulten Werftarbeiter entlassen werden muß.
Der Bau von Lenkwaffenfregatten der FFG-7-Klasse beschäftigt die Bath-Werft an der Ostküste und zwei Todd-Werften an der Westküste der USA. Dies sind allesamt gute und leistungsfähige mittlere Werften, aber eine Verteilung der mit 59 Schiffen veranschlagten Klasse auf mehr Werften könnte einen schnelleren Zulauf zur Flotte ermöglichen. Die übrigen leistungsfähigen Werften, wie Avondale, Lockheed und National Steel, müssen sich mit einigen wenigen Hilfsschiffen zufriedengeben. Die so wichtige Quincy-Werft von General Dynamics, die auch schon atomangetriebene Kriegsschiffe gebaut hat, ist aus dem Navy-Geschäft völlig ausgestiegen. Die gesamte Produktion der für die Navy wichtigsten Schiffe liegt im Grunde in den Händen von nur zwei Werften, nämlich von Newport News S. B. + D. D. Co. und von General Dynamics Electric Boat Division in Groton. Zur Zeit können Flugzeugträger nur bei Newport News gebaut werden, wohl auch größere Atom-Überwasserschiffe, wenn sie künftig überhaupt noch gebaut werden. Newport News hat auch Bauaufträge für eine Anzahl von Atom-U-Schiffen. Die spezialisierte Werft in Groton hat (1979) Bauaufträge für sieben SSBN und fünfzehn SSN – zu viel, um auch im Hinblick auf die Werftkapazität, auf Streiks, Personalprobleme usw. diese Schiffe in akzeptablen Bauzeiten abzuliefern. Die Ost-Werft von Ingalls sowie die beiden Marinewerften in Mare Island und Portsmouth befassen sich nur mit Instandsetzungs-, Überholungs- und Modernisierungsarbeiten und deren vormals vorhandene Baukapazität fehlt ebenso wie die der zwischenzeitlich geschlossenen Werft New York S. B. So beschränkt sich der jährliche Ausstoß der für die USN so wichtigen Atom-Angriffs-U-Schiffe auf nur zwei bis drei Einheiten.
In der nachfolgenden Übersicht sind diejenigen Werften aufgezählt, die gegenwärtig für die USN Schiffe bauen. Die den einzelnen Werften vorangesetzte Abkürzung bildet die Werft-Schlüsselnummer, die in den Klassen-Tabellen im Abschnitt 15 dieses Werkes Anwendung findet.

Gegenwärtig für die U. S. Navy tätige private Schiffswerften

Schlüssel-Nummer	Name der Werft	Ort und Bundesstaat bzw. Land
A1	Avondale Shipyards, Inc.	New Orleans, La.
B1	Bath Iron Works Corp.	Bath, Maine
B2	Boeing Aerospace Co.	Seattle, Wash.

G1	General Dynamics Electric Boat Division	Groton, Connect.
I1	Ingalls Shipbuilding, West Bank	Pascagoula, Miss.
L1	Lockheed S. B. Co.	Seattle, Wash.
M1	Marinette Marine Corp.	Marinette, Wisc.
N1	National Steel and S. B.	San Diego, Cal.
N2	Newport News S. B. + D. D.	Newport News, Va.
P1	Petersen Builders, Inc.	Sturgeon Bay, Wisc.
T1	Todd Shipyards Corp.	Seattle, Wash.
T2	Todd Shipyards Corp.	San Pedro, Cal.
T3	Tacoma Boatbuilding	Tacoma, Wash.

Die zweite Übersicht enthält diejenigen Privatwerften, die vormals Kriegsschiffe gebaut haben. Erfaßt sind jedoch nur solche Werften, deren Schiffe sich gegenwärtig noch in der Namensliste der USN befinden, so daß sie im vorliegenden Buch behandelt werden. Wenn auch z. Zt. auf diesen Werften der Neubau von Kriegsschiffen ruht, so werden doch auf mancher Privatwerft noch Kriegsschiffe überholt und instandgesetzt.

Privatwerften, auf denen in der Vergangenheit jetzt noch vorhandene Schiffe der U. S. Navy gebaut worden waren

Schlüssel-Nummer	Name der Werft	Ort und Bundesstaat bzw. Land
A2	American S. B. Corp.	Lorain, Ohio
A3	Astoria Marine Constr. Co.	Astoria, Oregon
A4	Alabama D. D. + S. B.	Mobile, Alabama
B4	Bethlehem Steel Corp.	Quincy, Mass.
B5	Bethlehem Steel Corp.	San Francisco, Cal.
B6	Bethlehem Steel Corp.	Staten Island. N. Y.
B7	Bethlehem Steel Corp.	Sparrows Point (Baltimore), Md.
B8	Bethlehem Steel Corp.	Higham, Mass.
B9	Basalt Rock Co.	Napa, Cal.
C2	Consolidated Steel Corp.	Orange, Texas
C3	Christy Corp.	Sturgeon Bay, Wisc.
C4	Colberg Boat Works	Stockton, Cal.
C5	California S. B. Corp.	Los Angeles, Cal.
C6	Chicago Bridge + Iron Co.	Seneca, Ill.
C7	Cramp S. B. Co.	Philadelphia, Penns.
C8	Charleston S. B. + D. D. Co.	Charleston, S. Car.
D1	Defoe S. B. Corp.	Bay City, Mich.
F1	Federal S. B. + D. D. Co.	Kearny, N. J.
F2	Fulton Shipyard Co.	Antioch, Cal.
G2	General Dynamics	Quincy, Mass.
G3	Gulfport Boiler + Welding Works	Port Arthur, Texas
H1	Hiltebrandt D. D. Co.	Kineston, N. Y.
H2	Higgins Inc.	New Orleans, La.
H3	Halter Marine Service	New Orleans, La.
I2	Ingalls Shipbuilding, East Bank	Pascagoula. Miss.
K1	Kaiser Co.	Richmond, Cal.
L3	Los Angeles S. B. + D. D. Co.	Los Angeles, Cal.
L4	Levingstone S. B. Co.	Orange, Texas
M3	Martinac	Tacoma, Wash.

M4	Martinolich S. B.	San Diego, Cal.
M5	Maryland S. B. + D. D.	Baltimore, Md.
M6	Marine Ship Corp.	Sausalito, Cal.
M7	Marietta Mar. Co.	Point Pleasant, W. Virg.
M8	Moore D. D. Corp.	Oakland, Cal.
N5	New York S. B. Corp.	Camden, N. J.
N6	Northwest Marine Iron Works	Portland, Oregon
O1	Oregon S. B. Corp.	Portland, Oregon
P6	Puget Sound Bridge + Dr. Co.	Seattle, Wash.
P7	Permanente Metals Corp.	Richmond, Cal.
P8	Pusey and Jones Corp.	Wilmington, Del.
S2	Sewart Seacraft	Berwick, La.
S3	Seattle S. B. + D. D. Corp.	Seattle, Wash.
S4	Sun S. B. + D. D. Co.	Chester, Penns.
S5	Savannah Machine a. Foundry Co.	Savannah, Ga.
T4	Trumpy + Sons	Annapolis, Md.
T5	Todd Pacific Shipyards	Tacoma, Wash.
T6	Tampa S. B. Co.	Tampa, Fla.
T7	Todd Shipyards	Houston, Texas
U2	United Engineering Co.	Alameda, Cal.
W1	Wilmington Boat Works, Inc.	Wilmington, Del.
W2	Walsh-Kaiser Co.	Providence, R. I.

Ausländische Werften, auf denen in der Vergangenheit jetzt noch vorhandene Schiffe der U. S. Navy gebaut worden waren

Schlüssel-Nummer	Name der Werft	Ort und Land
B10	Boatservice	Oslo, Norwegen
B11	Brooke Marine	Lowestoft, England
U1	Upper Clyde Shipbuilders	Glasgow, UK

Ein nicht zu verachtendes schiffbauliches Potential sollte – so möchte man meinen – bei den Marinewerften (Naval Shipyards) zu finden sein. Bis zum Anfang der 70er Jahre wurden neue Kriegsschiffe auch tatsächlich auf den Marinewerften gebaut. Dies ging zwar in der Regel langsamer vor sich und es kostete auch mehr, wohl infolge des Mangels an erfahrenem Betriebs-Management. Die allgemeinen Bemühungen zur Einsparung von Mitteln, die nach Ende des Vietnamkrieges eingesetzt hatten, machten auch vor den Marinewerften nicht halt. Von den insgesamt vorhandenen elf Marinewerften wurden drei geschlossen, mit dem Ergebnis, daß es die acht verbleibenen Werften nicht mehr schaffen, all diejenigen – insbesondere älteren – Schiffe instandzusetzen, die einer Überholung dringend bedürfen. Zeitweilig betrug der „Rückstau" der nicht durchgeführten Werft-Überholungen an die 60 Schiffe. Dieser Rückstau soll angeblich etwa 1982 abgebaut werden, freilich vor allem auch deswegen, weil bis dahin etliche unbrauchbar gewordene alte Schiffe ohnehin schon die Flotte verlassen haben. Es ist daher überhaupt nicht daran zu denken, daß auf den Marinewerften wieder neue Schiffe gebaut werden könnten, wenngleich es in Verbindung damit immer wieder einschlägige Diskussionen gegeben hat.

Marinewerften

Schlüssel-Nummer	Name der Werft	Ort und Bundesstaat bzw. Land
z. Zt. aktiv und nur mit Modernisierungs-, Reparatur- und Instandsetzungsarbeiten befaßt		
C1	Charleston Naval Shipyard	Charleston, S. Car.
L2	Long Beach Naval Shipyard	Long Beach, Cal.
M2	Mare Island Naval Shipyard	Vallejo, Cal.
N3	Norfolk Naval Shipyard	Portsmouth, Va.
P2	Philadelphia Naval Shipyard	Philadelphia, Penns.
P3	Puget Sound Naval Shipyard	Bremerton, Washington
P4	Pearl Harbor Naval Shipyard	Pearl Harbor, Hawaii
P5	Portsmouth Naval Shipyard	Portsmouth, N. Hampsh.
z. Zt. nicht mehr in Betrieb		
B3	Boston Naval Shipyard	Boston, Mass.
N4	New York Naval Shipyard	Brooklyn, N. Y.
S1	San Francisco Naval Shipyard	Hunters Point, Cal.

5. Flaggen, Embleme und Rangabzeichen

5.1 Flaggen der U. S. Navy und der Küstenwache

Die abgebildete Flaggentafel beinhaltet folgende Flaggen:

1. Nationalflagge der Vereinigten Staaten

Die amerikanische Marine kennt keine Kriegs- oder Dienstflagge für ihre Kriegsschiffe. Die Nationalflagge (*Stars and Stripes*, auf Deutsch auch „Sternenbanner" genannt) wird von allen Kriegsschiffen geführt, und zwar

- ☐ im Hafen, d. h. an der Mole oder an der Reede am achteren Flaggenstock,
- ☐ auf See in der Regel am achteren Mast. Falls ein solcher nicht vorhanden ist, wird die Flagge an einem eigenen Flaggenstock geführt, der irgendwo achtern von der Schiffsmitte angebracht ist. Schiffe des MSC und auch Handelsschiffe der USA führen die Nationalflagge am achteren Flaggenstock.

2. Göschflagge

Sie besteht praktisch aus der Eckfläche der Nationalflagge; die 50 Sterne stehen symbolisch für die 50 Bundesstaaten der USA. Dies ist eine Hafenflagge, die am Bug-Flaggenstock geführt wird, während das Schiff an der Mole bzw. an der Reede vertäut ist oder sich – ohne eigene Kraft fahrend – am Haken eines Schleppers befindet. Schiffe des MSC führen ebenfalls die Göschflagge.

3. Bordflagge der U. S. Coast Guard

Wird von allen Schiffen, Fahrzeugen und Booten der Küstenwache *an Stelle* der Nationalflagge gehißt.

4. Persönliche Standarte des Präsidenten der USA

Diese Standarte findet man überall dort, wo der Präsident der USA dienstliche oder protokollarische Pflichten ausübt: in seinem Arbeitszimmer, an seinem persönlichen Fahrzeug, auf Schiffen, die er besucht oder auf denen er fährt. Früher wurde diese Standarte an der höchsten Rah des Großmastes geführt, gegenwärtig jedoch auch an der exponiertesten Stelle des gerade vorhandenen, oft einzigen Mastes.

5. Persönliche Standarte des Vizepräsidenten der USA

Verwendung wie unter 4.

6. Zeremonienflagge der U. S. Navy

Dies ist eine Bordflagge, zugleich eine Parade- und Zeremonienflagge der U. S. Navy als Teilstreitkraft, die von paradierenden oder präsentierenden Verbänden mitgeführt wird. Man findet sie auch am Wach-Stand von zu Besuch weilenden US-Kriegsschiffen.

7. Persönliche Standarte des Verteidigungsministers (Secretary of Defense)

Verwendung wie unter 4.

8. Kommandoflagge des Vorsitzenden der Vereinigten Stabschefs

(Chairman of Joint Chiefs of Staff)

9. Kommandoflagge des Chefs der Seekriegsleitung (Chief of Naval Operations)

10. Persönliche Standarte des Marineministers (Secretary of the Navy)

Verwendung wie unter 4.

11. Persönliche Standarte des stellvertretenden Marineministers (Under Secretary of the Navy)

Verwendung wie unter 4.

12. Persönliche Standarte der Beigeordneten Marineminister (Assistant Secretaries of the Navy)

Verwendung wie unter 4.

13. Kommandoflagge eines Flottenadmirals (Fleet Admiral)

Zur Zeit gibt es keinen Fleet Admiral.

14. Kommandoflagge eines Admirals

15. Kommandoflagge eines Vizeadmirals

16. Kommandoflagge eines Konteradmirals

17. Kommandoflagge eines Commodore

5.2 Embleme

Neben den persönlichen Standarten und den Kommandoflaggen führen deren Inhaber oder aber auch ganze Behörden und Institutionen Embleme, die auch als „Siegel" (*Seal*) bezeichnet werden. Man findet diese Embleme an den Diensttüren der Inhaber, auf Briefbögen, an Rednerpulten, an den Außenwänden von persönlichen Flugzeugen und Hubschraubern, an persönlichen Fahrzeugen usw., aber auch als Krawatten-Nadeln, Manchettenknöpfen und Ansteckzeichen auf Rockumschlägen. Aus der großen Fülle solcher vorhandenen Embleme sollen nachfolgende sechs vorgestellt werden:

1. Emblem der Präsidenten der USA
2. Emblem des Marineministeriums
3. Emblem der U. S. Navy
4. Emblem des Chefs der Seekriegsleitung (CNO)
5. Emblem des U. S. Marine Corps
6. Emblem des Informationsamtes beim Marineministerium, des *Office of Information*, dessen nimmermüde Hilfe und Unterstützung u. a. zu verdanken ist, daß Bücher wie das hier vorliegende in einer solchen Ausführlichkeit geschrieben und illustriert werden können.

5.3 Rangabzeichen

Die nachfolgende Farbtafel beinhaltet eine vergleichende Darstellung der Rangabzeichen von Offiziers-, Unteroffiziers- und Mannschafts-Dienstgraden aller vier US-Teilstreitkräfte, d. h. der U. S. Army, des U. S. Marine Corps („Marines"), der U. S. Navy und der U. S. Air Force, sowie der U. S. Coast Guard. Die Ränge aller Teilstreitkräfte korrespondieren miteinander, so sind auch die Rangabzeichen in mancher Beziehung ähnlich. Offiziere des Heeres, des Marinekorps und der Luftwaffe führen ihre Rangabzeichen auf den Schulterstücken sowie auf den Aufschlägen der Uniformjacke und des Uniformhemdes. Bedingt durch die Tradition der Marine-Uniform führen Offiziere der Navy und der Küstenwache ihre Rangabzeichen zusätzlich auf den Ärmeln der blauen und zum Teil auch der khakifarbenen Uniformjacke.
Die Rangabzeichen der Küstenwache entsprechen denen der U. S. Navy; an Stelle des fünfzackigen Sterns über den Dienstgradringen wird das Schild-Emblem der USCG geführt.

Während 2 1/2 Streifen bei der deutschen Bundesmarine den Dienstgrad eines Kapitänleutnants kennzeichnen, entspricht diese Anordnung bei der U. S. Navy dem Rang eines Korvettenkapitäns. Der Rang eines „Commodore" entspricht dem des deutschen Flottillenadmirals. Diese Rangbezeichnung ruhte lange Jahre in der U. S. Navy. Die Bezeichnung „Commodore" gilt für die Dienststellung eines Kapitäns zur See, der einen Verband von zwei oder mehr Schiffen befehligt. Gegenwärtig sind die Konteradmirale noch in „lower half" und „upper half" geteilt. Wie verlautet, soll demnächst die Bezeichnung „Commodore" wieder auch als Rang etabliert werden – als Äquivalent zum Rang des Brigadegenerals bei den anderen Teilstreitkräften. In diesem Falle würde die Zweiteilung der Konteradmirale wegfallen.
Bei der Navy gibt es zwischen den Rängen der Mannschaften und der Offiziere die Zwischenstufe des „Warrant Officer", einer Art von Deckoffizier oder Offiziers-Stellvertreter oder auch Stabsbootsmann.
Quer durch die Teilstreitkräfte zieht sich die Hierarchie der Dienstgrade, die durch gemeinsame Buchstaben/Zahlen-Kombinationen zusätzlich gekennzeichnet sind. Es bedeuten dabei:

E-1 bis E-9 = „enlisted" – Mannschaften und Unteroffiziere
W-1 bis W-4 = „warrant" – Offiziers-Stellvertreter
O-1 bis O-10 = „commissioned" – Offiziere

Die Fünf-Sterne-Ränge des *Fleet Admiral*, des *General of the Army* und des *General of the Air Force* sind *ehrenhalber* verliehene Dienstgrade. Sie zählen nicht zu den O-Dienstgraden.

Flaggen der U.S. Navy und der U.S. Coast Cuard

1

2

3

4

5

6

7

8

9

10

11

12

13

14

15

16

17

Embleme

1

2

3

4

5

6

Rangabzeichen der Streitkräfte

Rangabzeichen der Küstenwache

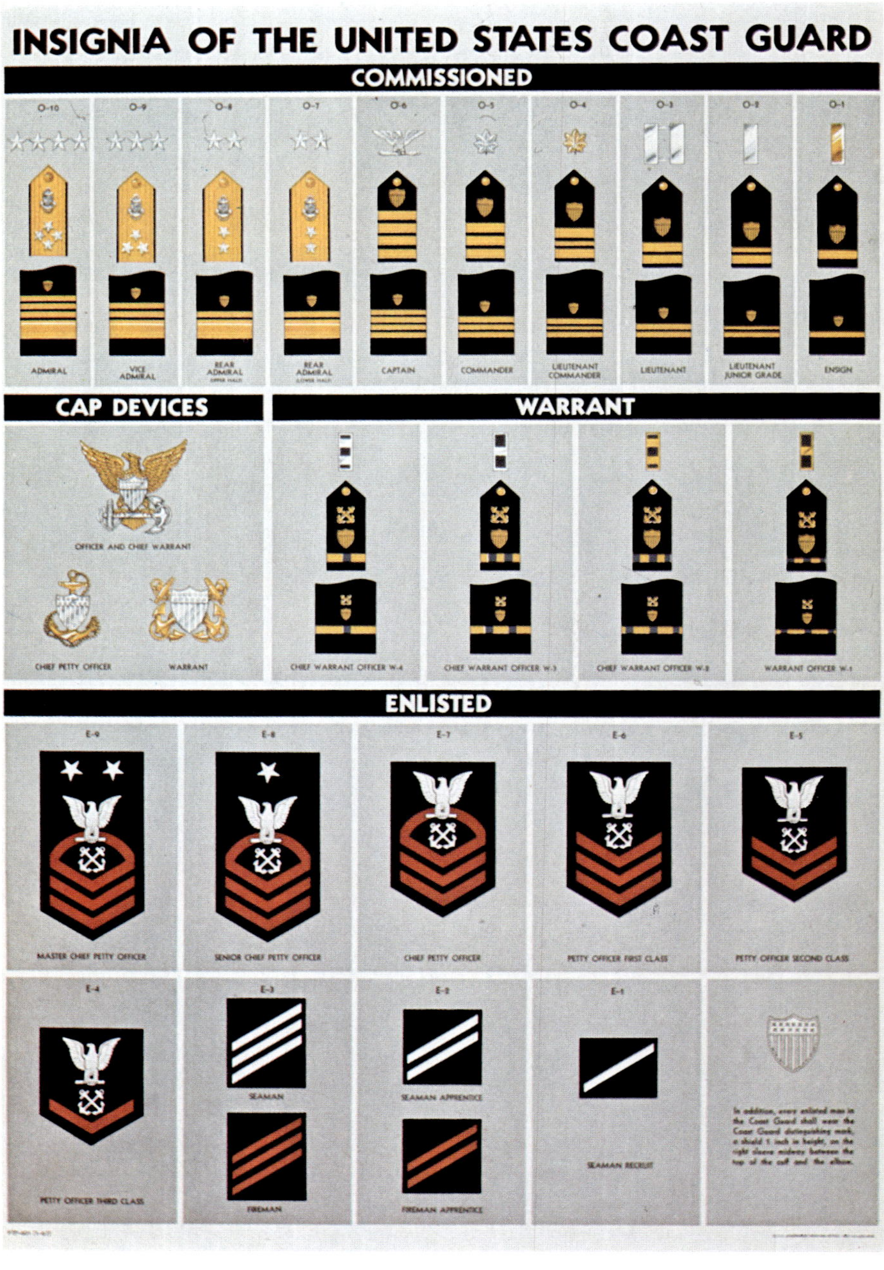

6. Kennungssystem, Namensgebung und Klassifikation der Kriegsschiffe

6.1 Kennungssystem

Anders als in anderen Marinen ist in der amerikanischen Marine ein Schiff oder ein Fahrzeug durch eine *Kennung und* durch einen *Namen* gekennzeichnet. Zahlreiche Hafendienstfahrzeuge führen nur ihre Kennung, ohne einen Namen zu haben. Die Kennung eines Schiffes besteht aus zwei bis vier Kenn-Buchstaben und einer dahinter angebrachten fortlaufenden Nummer. Die Kenn-Buchstaben kennzeichnen den Verwendungszweck des Schiffes, d. h. die *Kategorie*; sie sind in der amtlichen „List of Classification" zusammengefaßt. Die fortlaufende Nummer zeigt die Reihenfolge eines Schiffes innerhalb seiner Kategorie. Da bei jeder Kategorie die Numerierung bei 1 beginnt, kommt es in der U. S. Navy oft vor, daß mehrere Schiffe die gleiche Nummer führen, dies um so mehr, als die Kampfschiffe dabei ihre Kenn-Buchstaben *nicht* sichtbar neben der Nummer führen. Die korrekte Schreibweise des Namens eines Schiffes der U. S. Navy besteht daher aus der Angabe der Kennung und des Namens selbst, z. B.

USS *Wadsworth* (FFG-9)

Offensichtlich gibt es keine amtliche Bestimmung darüber, ob Kenn-Buchstaben und Kenn-Nummer durch einen Trennstrich getrennt werden sollen oder nicht. Selbst in den sogenannten SECNAV NOTICE, in denen Kennungen und Namen neuer Schiffe bekanntgegeben werden, findet man beide Arten der Schreibweise. Obwohl die Schreibweise ohne Trennstrich logischer und daher korrekter erscheint, überwiegt im allgemeinen die Verwendung des Trennstriches. Dieser Tatsache wird im vorliegenden Buch Rechnung getragen.
Im Kennungssystem der U. S. Navy gibt es zur Zeit drei zusätzliche Präfix-Buchstaben, die – durch einen weiteren Trennstrich getrennt – der eigentlichen Kennung vorangesetzt werden. Dies sind:

F- für „foreign"; dieser Buchstabe kennzeichnet ein Schiff, das im Auftrage der US-Regierung für eine fremde Marine gebaut wird, z. B. HMAS Perth (F-DDG-25). Auch fremde Schiffe erhalten zunächst die übliche US-Kennung, die zugleich Baunummer ist, ohne Rücksicht darauf, daß sie später in der eigenen Marine eine andere Kennung erhalten werden;

E- für „experimental"; dieser Buchstabe kennzeichnet ein Schiff, das zu Testzwecken eingesetzt wird, ohne einer der Spezial-Kategorien anzugehören, z. B. USS *Norfolk* (E-DL-1). Gegenwärtig führt kein Schiff dieses Präfix;

T- für „transport"; dieser Buchstabe kennzeichnet Hilfsschiffe des „Military Sealift Command" (MSC), die mit Zivilbesatzungen für die Navy fahren und ansonsten in deren Kennungssystem integriert sind (dies gilt also nicht für Charterschiffe des MSC!). Hier lautet die korrekte Bezeichnung z. B. USNS *Lynch* (T-AGOR-7).

Nun ist die Kenn-Nummer nicht nur administrativer Bestandteil des Schiffsnamens, sondern zugleich auch optische Identifikationshilfe für die Erkennung eines Schiffes. Die Kenn-Nummer findet man daher in der Regel in großer, weit erkennbarer Ausführung beidseitig an der Außenhaut des Vorschiffes und – in kleinerer Ausführung – seitlich am Achterschiff. Da jedoch – wie schon erwähnt – innerhalb jeder Kategorie die

Numerierung der Schiffe mit 1 beginnt, kommt es vor, daß mehrere Schiffe zugleich die selbe Nummer führen, ohne daß man sie nur aufgrund der Nummer identifizieren kann, wie z.B. gegenwärtig

CG-20 *Richmond K. Turner* (Lenkwaffenkreuzer)
DDG-20 *Goldsborough* (Lenkwaffen-Zerstörer)
FFG-20 *Antrim* (Lenkwaffenfregatte) oder
LCC-20 *Mount Whitney* (Amphibisches Führungsschiff).

Aus diesem Grunde kommt einer einwandfreien visuellen Erkennung eines Schiffstyps und einer Schiffsklasse wesentliche Bedeutung zu.
Der Buchstabe N bei Kampfschiffskennungen wird zusätzlich als Suffix bei nuklear angetriebenen Schiffen benutzt, z.B. SSBN-598 *George Washington* oder CVN-68 *Nimitz*. Von der früher üblichen Schreibweise SSB(N) ist man inzwischen abgekommen.

Kampfschiffe führen ihre Namen (ohne Kennung) einmal in schwarzer Druckschrift am Heckspiegel und dann in goldener Schrift auf einer Holztafel beidseitig irgendwo an den Aufbauten. Wird der Name eines Schiffes der U. S. Navy an erster Stelle genannt, so wird diesem – ähnlich wie z. B. bei der britischen Marine das „HMS" – ein Präfix vorangesetzt. Es werden dabei verwendet:

USS für Kampf- und Hilfsschiffe mit Navy-Besatzungen,
USNS für MSC-Schiffe mit Zivilbesatzungen,
USCGC für „Cutter" der Küstenwache.

Beim Anbringen der Kenn-Nummer gibt es bei einigen Gattungen abweichende Handhabungen. So führen z. B. Flugzeugträger und Amphibische Hubschrauberträger ihre Kenn-Nummern nicht auf der Außenhaut, sondern einmal an den beiden Flanken der Insel, sowie – zur Identifikation aus der Luft – auf dem vorderen Ende des Flugdecks, von achtern aus lesbar. Unterseeschiffe auf Einsatzfahrt führen weder Kenn-Nummern noch Namensschilder. Ihre Kenn-Nummer wird bei Indienststellung beidseitig auf dem Turm angebracht, bis die amtlichen Fotos des Schiffes gemacht worden sind. Danach verschwindet die Nummer, um nur noch gelegentlich angebracht zu werden; das betreffende U-Schiff hüllt sich in die notwendige Anonymität. MSC-Hilfsschiffe fahren in der Regel ebenfalls ohne Kenn-Nummer; sie sind u. a. erkennbar an den blau-goldenen Schornsteinringen und an der besonderen Schreibweise des *auch auf dem Vorschiff* geführten Namens, z. B. „USNS Redstone". Flottenversorger mit MSC-Besatzung führen manchmal ebenfalls die große Standard-Kenn-Nummer vorne an der Außenhaut.

Ein Verzeichnis der Kriegsschiffe der U. S. Navy, geordnet nach deren Kennung (Kenn-Nummern-Verzeichnis), befindet sich im Abschnitt 15. 5.

6.2 Namensgebung

Alle US-Kriegsschiffe erhalten bereits zu dem Zeitpunkt, zu dem ihr Bau im Rahmen eines bestimmten Etats beschlossen wird, die vorgesehene Kennung, die zunächst zugleich auch deren Baunummer ist. Der Schiffsname wird in der Regel erst sehr viel später ausgesucht und bekanntgegeben, zumeist nach der Inbaugabe an eine Werft und kurz vor der Kiellegung. Während für die Zuteilung der Kennung der *Chief of Naval Operations* über das *Naval Material Command* und das diesem unterstellte *Naval Sea Systems Command* zuständig ist, bestimmt offiziell der *Secretary of Defence* den Namen

eines Schiffes. In besonderen Fällen jedoch gibt es auch vom Weißen Haus Anregungen oder auch sanfte Direktiven des Präsidenten, die mitunter mit der gewohnten Praxis gehörig kollidieren. So durchbrach z. B. Präsident Richard Nixon die Gewohnheit, kein Schiff nach einer noch lebenden Person zu benennen, indem er durchsetzte, daß der Atomträger CVN-70 nach dem lebenden, für die Streitkräfte verdienten Parlamentarier Carl Vinson benannt wird.
Bei der Namensgebung amerikanischer Kriegsschiffe gab es bis in die 60er Jahre bestimmte Regeln und Gewohnheiten. Jedoch ebenfalls während der Präsidentschaft Richard Nixons wurden hier Veränderungen vorgenommen, in deren Zwischenphase zum Teil erhebliche Verwirrung und Unbeständigkeit herrschte. Ohne an dieser Stelle nun generell auf die vormalige Praxis der Namensgebung einzugehen, soll nachfolgend doch die zur Zeit gültige Praxis bei der Namensgebung dargelegt werden, wobei auf die Unterschiede zur früher üblichen Praxis hingewiesen wird.

Flugzeugträger erhielten in den letzten 25 Jahren Namen nach

- ☐ verdienten Präsidenten der USA (*John F. Kennedy, Dwight D. Eisenhower*),
- ☐ für die Navy verdienstvollen Persönlichkeiten (*Forrestal, Nimitz*),
- ☐ Traditionsnamen früherer Träger (*Saratoga, Ranger, Independence, Enterprise*) und
- ☐ sonstigen historischen Begriffen (*Kitty Hawk, Constellation, America*).

Strategische Unterseeschiffe deren SSBN-Kenn-Nummern eine Sequenz mit allen anderen Unterseeschiffen bilden, erhielten zunächst Namen verdienter Politiker, Staatsmänner und Persönlichkeiten des öffentlichen Lebens aus der Vergangenheit. Die ersten 41 SSBN wurden so benannt. Die nunmehr größten amerikanischen Unterseeschiffe der *Ohio*-Klasse (SSBN-726) erhalten nun als wahre „capital ships" Namen von Bundesstaaten der USA. Die vier letzten Schlachtschife führen ebenfalls Namen nach Bundesstaaten.

Kreuzer bieten ein buntes Bild der verschiedenen Möglichkeiten der Namensgebung, die im Laufe der Zeit praktiziert wurden:

- ☐ Seit den 20er Jahren wurden *alle* Kreuzer nach Städten benannt. Letzte, in Reserve befindlichen Vertreter mit solchen Namen sind noch CA-134 *Des Moines* und CA-139 *Salem* sowie der einzige nach dem Zweiten Weltkrieg erbaute „echte" und große Kreuzer *Long Beach* (CGN-9).
- ☐ Die übrigen gegenwärtig aktiven Kreuzer der USN (also CG und CGN) sind dies effektiv erst seit dem 1. Juli 1975. Früher waren sie „frigates" (DLG/DLGN), d. h. mit Zerstörern verwandt; sie erhielten daher Namen verdienter Admirale und Verbandsführer, wie z. B. *Leahy, King, Farragut, Dewey, Truxtun, Bainbridge* oder *Coontz*. Diese Namen behielten die Schiffe auch, nachdem sie durch einen Verwaltungsakt des damaligen CNO, Admiral Holloway, ihrer Größe und Wichtigkeit wegen nicht zu Unrecht als Kreuzer („cruisers") eingestuft wurden.
- ☐ Neuerdings gebaute Atomkreuzer (CGN) werden jedoch ebenfalls als „capital ships" nach amerikanischen Bundesstaaten benannt (*California*-Klasse, *Virginia*-Klasse), nach denen früher Schlachtschiffe benannt wurden, von denen sich nominell immer noch vier in der Namensliste befinden (*Iowa*-Kl.).

Zerstörer wurden seit langem nach verdienten Offizieren und Mannschafts-Dienstgraden der Navy benannt. Nach dem Zweiten Weltkrieg waren es dann nur Offiziere, nach denen Zerstörer benannt wurden, aber darunter auch Admirale (z. B. *Forrest Sherman, Lynde McCormick, Decatur* usw.). Gegenwärtig werden DD der *Spruance*-Klasse nach Admiralen benannt (*Spruance, Arthur W. Radford, Fletcher, Oldendorf, Stump* u. a.), wobei der historische Name *Comte de Grasse* eine Ausnahme von der Regel ist.

Fregatten die vormals so bezeichneten Geleitschiffe („escort ships" oder noch früher „escorts") erhielten zunächst bei ihrer Entstehung im Zweiten Weltkrieg Namen verdienter und gefallener Mannschafts-Dienstgrade. Diese Praxis wurde lange Zeit beibehalten. Ausnahmen von dieser Regel bilden wieder neuere Einheiten, wie *Knox* und *Harold E. Holt* (letzterer nach einem verunglückten australischen Premier-Minister!). Die neu hinzukommenden Fregatten der FFG-7-Klasse führen ebenfalls Namen von Offizieren, auch von Admiralen, wobei der verdiente Navy-Historiker des Zweiten Weltkrieges Rear Admiral Samuel Eliot Morison auch durch Verleihung seines Namens an FFG-13 geehrt wurde.

Angriffs-Unterseeschiffe erhielten, nachdem eine Zeit lang nach ihrer Entstehung die ersten U-Boote noch keine Namen, sondern nur eine Buchstaben/Zahlen-Kennung führten (die jedoch mit der offiziellen Kennung nicht identisch war!), in den 30er Jahren auch Namen, wobei sie durchweg nach Fischen und anderen Meeres-Lebewesen benannt wurden. Diese Tradition währte sehr lange, bis während der Präsidentschaft Richard Nixons auch hier Veränderungen Raum gewannen. Die anfängliche Unsicherheit bestand zunächst darin, daß die letzten drei Einheiten der *Sturgeon*-Klasse plötzlich nach verdienten Kongreß-Mitgliedern benannt wurden. Dann kam die Anweisung, daß SSN künftig nach Städten benannt werden sollten. Das Leitschiff der damals neuen SSN-688-Klasse erhielt den Namen *Los Angeles* zu Ehren von Nixons Heimatstadt, genauso wie auch CGN-36 *California* nach dem Bundesstaat benannt wurde, aus dem Nixon stammt. Zufall oder klare Einflußnahme des Weißen Hauses bei der Namensgebung von Kriegsschiffen?

Amphibische Hubschrauberträger der Kategorien LHA und LPH werden nach wie vor in Fortsetzung der Tradition u. a. der seinerzeitigen Geleitträger (CVE) nach historischen Landungen des U. S. Marine Corps benannt, z. B. *Saipan* oder *Okinawa*, wobei auch Traditionsnamen früherer CV, CVL und CVE festzustellen sind, wie *Tarawa, Saipan, Belleau Wood, Tripoli* usw.

Amphibische Transport-Dockschiffe der Kategorie LPD wurden allesamt nach Städten benannt, ebenso wie die neueren

Amphibischen Dockschiffe (LSD), die damit die Tradition ihrer im Zweiten Weltkrieg und bald danach gebauten Vorgänger aufgaben, nach historischen Stätten aus der amerikanischen Geschichte benannt werden (*Plymouth Rock, Monticello, Fort Marion, Rushmore* usw.). Auch die übrigen amphibischen Schiffe der Kategorien LST und LKA führen Namen mittlerer Städte.

Minenräumer führen Namen nach Eigenschafts-Adjektiven.

Bei den **Hilfsschiffen** gibt es bei der Namensgebung unterschiedliche Kriterien, die nur z. T. mit Traditionen verbunden sind. Nachfolgend nur stichpunktartig die Namenszuordnung einiger wichtiger Hilfsschiffs-Kategorien:

AD	Nationalparks, Canyons, Buchten, Forscher, Traditionsnamen;
AE	pyrotechnische Begriffe, Berge, Traditionsnamen;
AFS	weitgehend Städte und Himmelskörper;
AGOR AGS	verdiente Wissenschaftler und Forscher;
AO	Flüsse, Traditionsnamen und Indianerstämme;
AOE AOR	Städte;

AR ARC	mythologische Begriffe;
ARS	adjektivische Begriffe;
AS	mythologische Begriffe, Sternzeichen und vor allem verdiente Personen der Unterseeforschung;
ASR	Vögel;
ATF	Indianerstämme;
ATS	kleine Städte.

6.3 Schiffsklassifikation

Durch die „General Order No. 541" vom 17. Juli 1920 führte der damalige Marineminister ein Klassifikationssystem für vorhandene und künftige Schiffe der U. S. Navy ein, bestehend aus einem Verzeichnis von zwei- bis vierstelligen Kennbuchstaben-Gruppen, aus denen der Verwendungszweck verschiedenartiger Schiffe ersehen werden konnte. Dabei kennzeichnet jede Buchstabengruppe eine Schiffs-*Kategorie*, die Bestandteil einer übergeordneten *Gattung* ist und der eine oder mehrere Schiffs-*Klassen* eines oder mehrerer Schiffs*typen* angehörten. Zwei oder mehrere Gattungen bilden dabei eine *Schiffsart.*
Die in der „Ship Classification List" ausgewiesenen Kennbuchstaben-Gruppen sind Basis für die Zuteilung der eingangs erwähnten Kennungen an neue Schiffe oder aber für die Umklassifizierung eines Schiffes in dem Fall, daß es einem anderen Verwendungszweck (ständig oder nur zeitweilig) zugeführt wird. So wurde z. B. CA-123 *Albany* nach Umbau und Umrüstung zu CG-10 *Albany.*
Die amerikanische Klassifikationsliste stellt ein optimales Kennzeichnungs-System dar, an das sich auch die NATO-Schiffsklassifikation eng anlehnt. Sie ist zugleich flexibel, d. h. sie wird je nach Bedarf erneuert, wobei alte und nicht mehr benutzte Kategorien-Buchstaben entfallen und neu hinzugekommene eingeführt werden. Leider gab es zu allen Zeiten auch Ungereimtheiten bei der Zuordnung einer Klasse zu einer bestimmten Kategorie. Insbesondere in den letzten Jahren gab es dabei mehrere offensichtliche Fehlentscheidungen. Hierzu nur zwei Beispiele:

1. Den Lenkwaffen-Fregatten der *O. H. Perry*-Klasse wurde zunächst die seit dem Zweiten Weltkrieg bei der U. S. Navy nicht mehr existente Kennung PF (für „patrol frigate") zugeteilt, und dies nur deswegen, weil der Initiator dieser Klasse, Admiral Zumwalt, ihr diesen Begriff als vorläufige Arbeitsbezeichnung zugeteilt hatte, lange bevor überhaupt die definitiven Eigenschaften der Klasse bekannt waren. Dieser offensichtliche Fehler wurde noch 1975 korrigiert und diese Klasse von Lenkwaffenfregatten erhielt die ihr zustehende Kennung FFG. Aber obwohl die Kenn-Nummer 7 bis 11 bereits für die fünf mit amerikanischer Hilfe in Spanien gebauten spanischen Lenkwaffen-Fregatten vergeben worden waren, fing man bei der *O.H. Perry*-Klasse nicht bei der nächstfolgenden Nr. 12, sondern fälschlicherweise bei der bereits vergebenen 7 an.

2. Ein noch nicht wieder ganz korrigierter Fehler besteht in der Kennzeichnung der für Iran gebauten Klasse von vier Lenkwaffen-Zerstörern, die zunächst als DD-993-Klasse eingestuft wurde, obwohl es sich hier eindeutig um DDG handelt. Die Erklärung, man wollte hierdurch eine deutliche Unterscheidung zur mit dem Kampfsystem AEGIS ausgestatteten Klasse DDG-47 schaffen, klingt mehr als fadenscheinig, weil auch die ehem. Iran-Zerstörer, inzwischen von der USN übernommen, echte Lenkwaffenzerstörer mit starker FK-Bewaffnung sind. Eine solche Handhabung zeugt von der

Nichtbeachtung eines gerechtfertigten Prinzips bzw. von sträflicher Ignoranz seitens der zuständigen Behörden, die es eigentlich am besten wissen müßten. Auch in diesem Falle gingen diese Behörden nur den halben Weg der Korrektur. Nach Übernahme durch die USN wurde diese *Kidd*-Klasse nun als DDG-993-Klasse eingestuft, wobei die Kennbuchstaben nun stimmen, die Zahlen-Sequenz jedoch der von DDs und nicht der von DDGs entspricht.
Diese und ähnliche Ungereimtheiten führten zu Fehleinschätzungen bei der statistischen Beurteilung der Flottenstärke, was mehr als einmal Gegenstand bissiger Kritik von Experten in der amerikanischen Fachpresse war.
Zurück zur Gliederung der Klassifikationsliste der U. S. Navy bzw. zur Gliederung auf oberer Ebene nach Schiffsarten und Schiffsgattungen. Ende 1977 ordnete der damalige *Chief of Naval Operations*, Admiral Holloway, die Ausarbeitung einer Neugliederung auf oberer Ebene an:

Neuer Gliederungsentwurf für Kriegsschiffe vom Ende 1977 (amtlich noch nicht eingeführt)

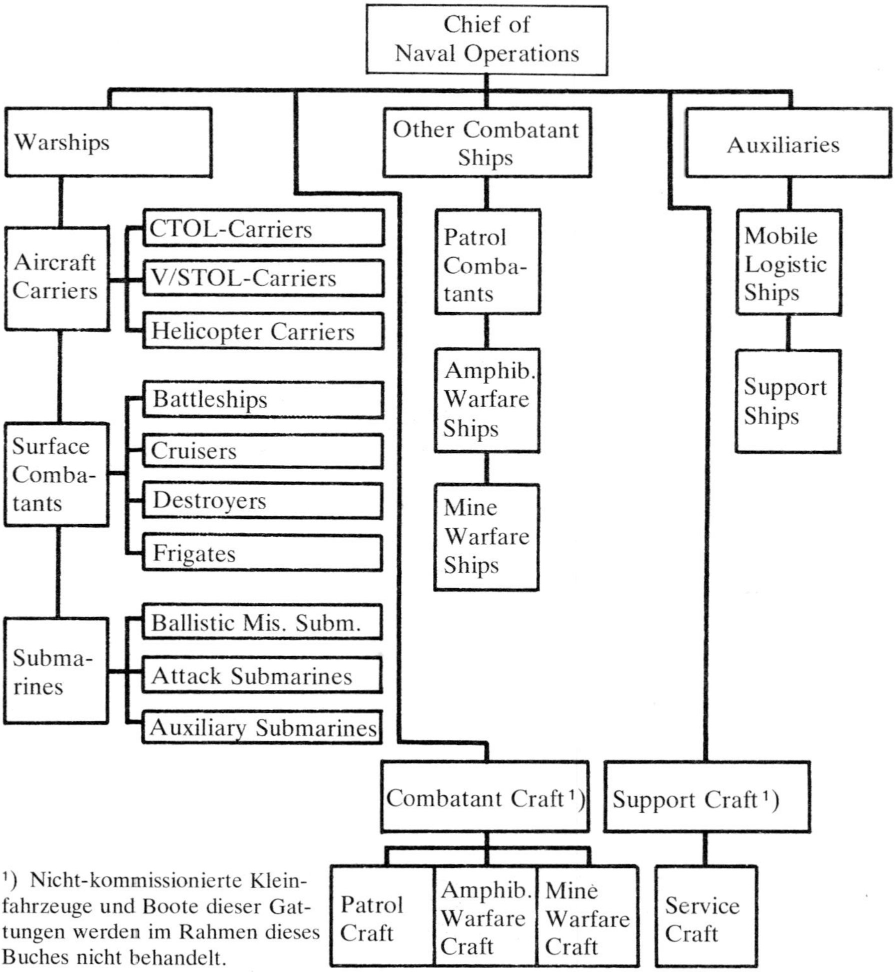

[1]) Nicht-kommissionierte Kleinfahrzeuge und Boote dieser Gattungen werden im Rahmen dieses Buches nicht behandelt.

Es ist bisher nicht bekanntgeworden, daß diese neue Gliederung vom Marineminister amtlich eingeführt wurde. Vorerst gilt daher noch die Gliederung der letzten Version der amtlichen Schiffsklassifikation, die am 1. Juli 1975 verabschiedet wurde:

Gliederung der Kriegsschiffe nach der amtlichen Klassifikationsliste vom Januar 1975

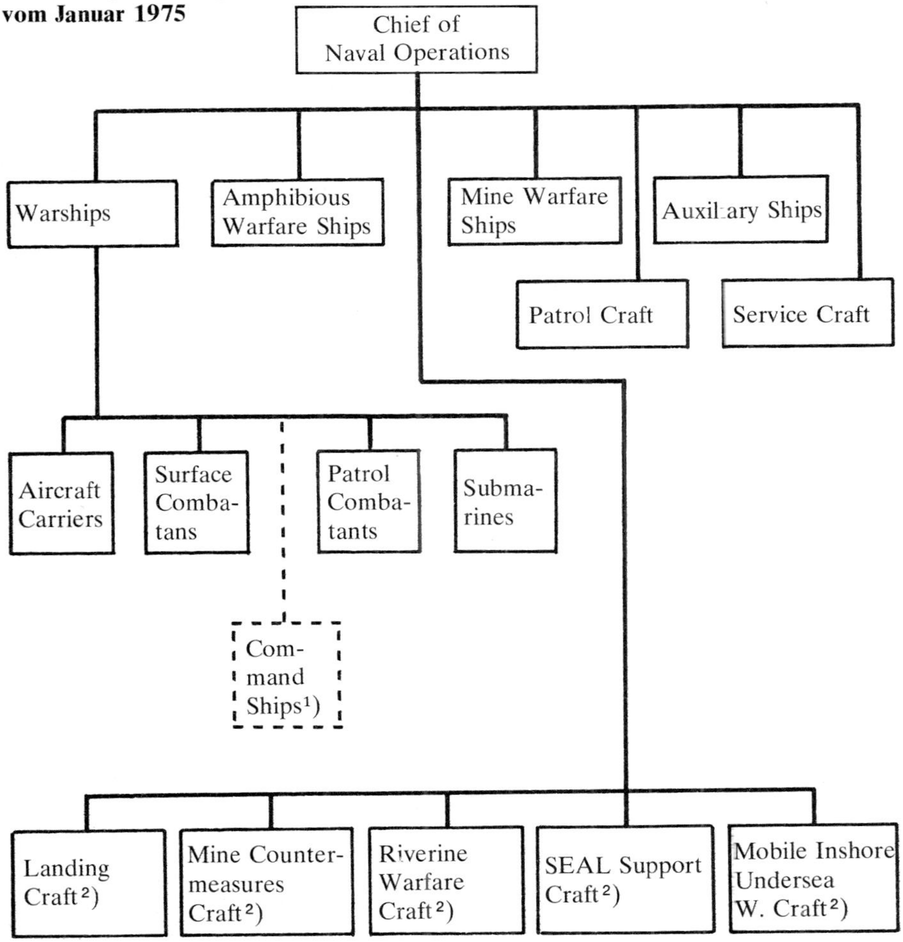

[1]) Gattung nach Streichung der beiden letzten Vertreter erloschen

[2]) Nicht-kommissionierte Kleinfahrzeuge und Boote dieser Gattungen werden im Rahmen dieses Buches nicht behandelt.

Innerhalb der vorstehenden Gliederung nehmen die Hilfsschiffe unberechtigterweise insofern eine etwas untergeordnete Stellung ein, als hier von der Schiffsart „Hilfsschiffe" unter Weglassen der dazwischengeschalteten „Gattungen" sofort auf die einzelnen, aus Gründen des leichteren Auffindens alphabetisch angereihten Hilfsschiff-Kategorien übergeleitet wird.

Im partiellen Gegensatz zu dieser Präsentation der Schiffsklassen in einigen Flottenhandbüchern war der Verfasser dieses Buches der Ansicht, daß den Hilfsschiffs-*Gattungen* der U. S. Navy die ihnen gebührende Stellung eingeräumt werden muß. Diese durch den Verfasser etwas abgeänderte Gliederung bildet auch die Basis für die Präsentation der einzelnen Schiffs-Arten, -Gattungen, -Kategorien und -Klassen.

Gliederung der Kriegsschiffe

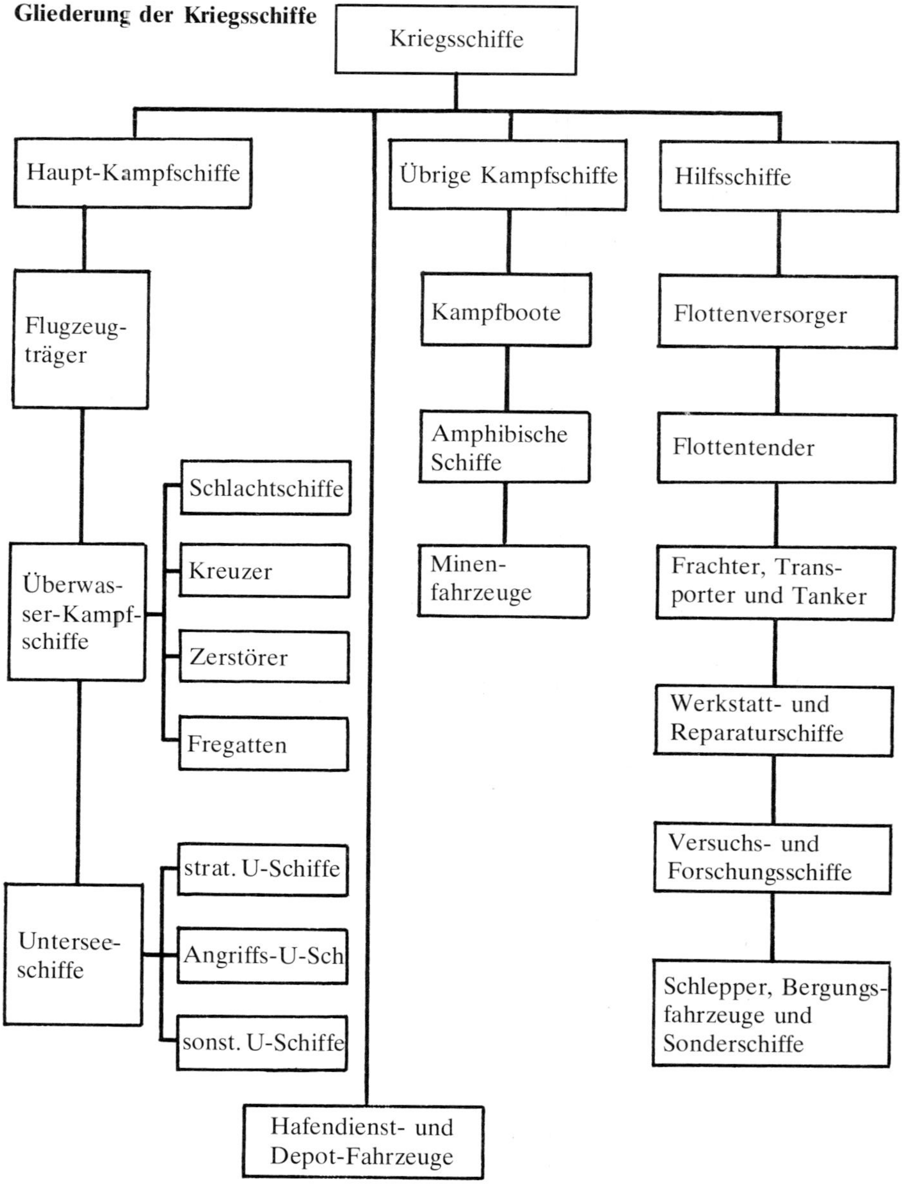

Abschließend folgt noch die komplette Auflistung aller US-Schiffs-Kategorien, angeordnet nach dem vorstehenden Organigramm. Innerhalb der einzelnen Gattungen werden die Hilfsschiffe in der alphabetischen Reihenfolge ihrer Kennungen vorgestellt. Der Vollständigkeit halber werden hier auch alle Kategorien der nicht-kommissionierten Hafendienst- und Depotfahrzeuge mit erfaßt.

Kennbuchstaben und Kategorien der U. S. Navy

Gliederung nach Abschnitt 15	Kennbuchstaben	amerikanische Bezeichnung der Kategorie	deutsche Bezeichnung der Kategorie
15.1	Haupt-Kampfschiffe		
15.11	*Flugzeugträger*		
	CV	Aircraft Carrier	Flugzeugträger
	CVN	Aircraft Carrier (nuclear)	atomangetriebener Flugzeugträger
	CVA	Attack Aircraft Carrier	Angriffs-Flugzeugträger
	CVS	ASW Aircraft Carrier	U-Jagd-Flugzeugträger
15.12	*Überwasser-Kampfschiffe*		
15.121	**Schlachtschiffe**		
	BB	Battleship	Schlachtschiff
15.122	**Kreuzer**		
	CG	Guided Missile Cruiser	Lenkwaffenkreuzer
	CGN	Guided Missile Cruiser (nuclear)	atomangetriebener Lenkwaffenkreuzer
	CA	Heavy Cruiser	Schwerer Kreuzer
15.123	**Zerstörer**		
	DDG	Guided Missile Destroyer	Lenkwaffen-Zerstörer
	DD	Destroyer	Zerstörer
15.124	**Fregatten**		
	FFG	Guided Missile Frigate	Lenkwaffen-Fregatte
	FF	Frigate	Fregatte
	FFR [1])	Radar Picket Frigate	Radarfrühwarn-Fregatte

[1]) z. Zt. keine Schiffe in der Kategorie

Gliederung nach Abschnitt 15	Kennbuchstaben	amerikanische Bezeichnung der Kategorie	deutsche Bezeichnung der Kategorie
15.13	*Unterseeschiffe*		
15.131	**Strategische Unterseeschiffe**		
	SSBN	Fleet Ballistic Submarine (nuclear)	Atomangetriebenes Strategisches Unterseeschiff
15.132	**Angriffs-Unterseeschiffe**		
	SSN	Submarine (nuclear)	Atomangetriebenes Angriffs-U-Schiff
	SS	Submarine	Angriffs-U-Schiff
15.133	**Sonstige Unterseeschiffe**		
	SSG	Guided Missile Submarine	Lenkwaffen-Unterseeschiff
	LPSS[2])	Amphibious Transport Submarine	Amphib. Transport-Unterseeschiff
	AGSS + SSAG	Auxiliary Submarine	Hilfs-Unterseeschiff
15.2	Übrige Kampfschiffe		
15.21	*Kampfboote*		
	PHM	Patrol Combatant Missile (hydrofoil)	Lenkwaffen-Tragflächenkampfboot
	PG	Patrol Combatant	Kanonenboot
	PCE[1])	Patrol Escort	Korvette
	PGH[4])	Patrol Craft (hydrofoil)	Tragflächen-Wachboot
	PTF[1])	Fast Patrol Craft	Schnellboot
15.22	*Amphibische Schiffe*		
	LCC	Amphibious Command Ship	Amphibisches Führungsschiff
	LHA	Amphibious Assault Ship (general purpose)	Amphibisches Mehrzweck-Angriffsschiff
	LPH	Amphibious Assault Ship	Hubschrauberträger
	LKA	Amphibious Cargo Ship	Amphibisches Frachtschiff
	LPA[1])	Amphibious Transport	Amphibischer Truppentransporter

		LPD	Amphibious Transport Dock	Amphibisches Transport-Dockschiff
		LSD	Dock Landing Ship	Amphibisches Dockschiff
		LST	Tank Landing Ship	Kampfwagen-Landungsschiff
		LFR [1])	Inshore Fire Support Ship	Landungs-Feuerschutzschiff
		LPR [1])	Amphibious Transport (small)	Schneller Amphibischer Transporter
	15.23	*Minenfahrzeuge*		
		MCM [5])	Mine Countermeasure Ship	Minenabwehrschiff
		MSO	Minesweeper, Oceanic	Hochsee-Minenräumer
		MSC [1])	Minesweeper, Coastal	Küsten-Minenräumer
15.3		Hilfsschiffe		
	15.31	*Flottenversorger*		
		AE	Ammunition Ship	Munitions-Transporter
		AFS	Combat Store Ship	Gefechts-Vorratsschiff
		AO	Oiler	Öltanker
		AOE	Fast Combat Support Ship	Kampfgruppen-Begleitschiff
		AOR	Replenishment Oiler	Flottenversorgungs-Tanker
	15.32	*Flottentender*		
		AD	Destroyer Tender	Zerstörer-Tender
		AGHS [3])	Patrol Combatant Support Ship	Kampfboot-Tender
		AS	Submarine Tender	U-Schiffs-Tender

Anmerkungen:

[1]) z. Zt. keine Schiffe in der Kategorie
[2]) zählt bei der USN zu den amphibischen Schiffen
[3]) noch keine Schiffe in der Kategorie
[4]) zählen bei der USN zu den Wachbooten
[5]) in der Vergangenheit MCS, neue Klasse wird MCM

Gliederung nach Abschnitt 15	Kennbuchstaben	amerikanische Bezeichnung der Kategorie	deutsche Bezeichnung der Kategorie
15.33	*Tanker, Frachter und Transporter*		
	AF	Store Ship	Vorratsschiff
	AK	Cargo Ship	Frachtschiff
	AKR	Vehicle Cargo Ship	Fahrzeug-Transportschiff
	T-AO + T-AOT	Oiler	Öltanker mit Zivilbesatzung
	AOG	Gasoline Tanker	Benzin-Tanker
15.34	*Werkstatt- und Reparaturschiffe*		
	AR	Repair Ship	Werkstattschiff
	ARB[1])	Battle Damage Repair Ship	Kampfschaden-Reparaturschiff
	ARC	Cable Repairing Ship	Kabel-Reparaturschiff
	ARL[1])	Landing Craft Repair Ship	Landungsboot-Reparaturschiff
15.35	*Versuchs- und Forschungsschiffe*		
	AG	Miscellaneous	Versuchsschiff
	AGDS	Aux. Deep Submergence Support Ship	Tiefsee-Tender
	AGEH[1])	Hydrofoil Research Ship	Versuchs-Tragflächenboot
	AGER[1])	Environmental Research Ship	Elektronik-Überwachungsschiff
	AGFF[1])	Frigate Research Ship	Versuchs-Fregatte
	AGM	Missile Range Instrumentation Ship	Bahn-Ortungsschiff
	AGOR	Oceanographic Research Ship	Ozeanographisches Forschungsschiff
	AGOS	Ocean Surveillance Ship	Sonar-Wachschiffe
	AGS	Surveying Ship	Vermessungsschiff
	AVM	Guided Missile Ship	Lenkwaffen-Versuchsschiff
15.36	*Schlepper, Bergungsfahrzeuge und Sonderschiffe*		
	AGP[1])	Patrol Craft Tender	Schnellboot-Tender
	AGMR[1])	Major Communication Relay Ship	Funkverbindungs- und Relaisschiff
	AH	Hospital Ship	Lazarettschiff
	ANL[1])	Net Laying Ship	Netzleger

ARS	Salvage Ship	Bergungsschiff
APB	Self-propelled Barracks Ship	Seegehendes Wohnschiff
ASR	Submarine Rescue Ship	U-Schiffs-Bergungsschiff
ATA [1]	Auxiliary Ocean Tug	Hilfs-Hochseeschlepper
ATF	Fleet Ocean Tug	Flotten-Hochseeschlepper
ATS	Salvage and Rescue Ship	Bergungsschlepper
AVT	Training Aircraft Carrier	Schul-Flugzeugträger

[1]) z. Zt. keine Schiffe in der Kategorie
[3]) noch keine Schiffe in der Kategorie

15.4 *Hafendienst- und Depotfahrzeuge*

Kenn-buch-staben	Anzahl der 1980 vorhandenen Einheiten aktiv	in Reserve	amerikanische Bezeichnung der Kategorie	deutsche Bezeichnung der Kategorie	mit Eigenantrieb	ohne Eigenantrieb
AFDB	1	6	Large Auxiliary Floating Dry Dock	großes schwimmendes Hilfs-Trockendock		X
AFDL	6	1	Small Auxiliary Floating Dry Dock	kleines schwimmendes Hilfs-Trockendock		X
AFDM	4		Medium Auxiliary Floating Dry Dock	mittl. schwimmendes Hilfs-Trockendock		X
APL	16		Barracks Craft	Wohnpram		X
ARD	4		Auxiliary Repair Dry Dock	Reparatur-Hilfs-Trockendock		X
ARDM	4		Medium Auxiliary Repair Dry Dock	mittl. Rep.-Hilfs-Trockendock		X
DSRV	2		Deep Submergence Rescue Vehicle	Tieftauch-Bergungs-U-Boot	X	
DSV	4		Deep Submergence Vehicle	Tieftauch-U-Boot		
IX	7		Unclassified Miscellaneous	unklassifiziertes Hilfsfahrzeug	X	
NR	1		Submersible Research Vehicle (nuclear)	atomangetriebenes Forschungs-U-Boot	X	
YAG		1	Miscellaneous Auxiliary	Versuchsfahrzeug	X	
YBD			Bow Dry Dock	Bug-Trockendocks		X
YC	223	8	Open Lighter	ungedeckter Leichter		X
YCF	1		Car Float	Fahrzeugfloß		X
YCV	5		Aircraft Transportation Lighter	Flugzeug-Transportleichter		X
YD	64	6	Floating Crane	Schwimm-Kran		X
YDT	4		Diving Tender	Taucher-Tender		X
YF	2	1	Covered Lighter	gedeckter Leichter	X	
YFB	6		Ferryboat or Launch	Fähr-Boot oder -Fahrzeug	X	
YFD	1		Yard Floating Dry Dock	schwimmendes Werft-Trockendock		X
YFN	167	7	Covered Lighter	gedeckter Leichter		X
YFNB	12	3	Large Covered Lighter	großer gedeckter Leichter		X
YFND	2	1	Dry Dock Companion Craft	Trockendock-Beifahrzeug		X

YFNX	14	1	Lighter (special purpose)	Leichter für Sonderzwecke		X
YFP	4		Floating Power Barge	Stromversorgungs-Prahm		X
YFR		1	Refrigerated Covered Lighter	gedeckter Tiefkühl-Leichter	X	
YFRN	4	2	Refrigerated Covered Lighter	gedeckter Tiefkühl-Leichter		X
YFRT	4	1	Covered Lighter (range tender)	gedeckter Leichter (Bereichstender)	X	
YFU	9	8	Harbor Utility Craft	Hafen-Hilfsfahrzeug	X	
YG			Garbage Lighter	Abfall-Schute	X	
YGN	4	2	Garbage Lighter	Abfall-Schute		X
YHLC		2	Heavy Salvage Lift Craft	Schweres Bergungs-Hebefahrzeug		X
YM	4	2	Dredge	Bagger	X	
YMLC			Medium Salvage Lift Craft	Mittleres Bergungs-Hebefahrzeug		X
YNG	2		Gate Craft	Schleusenfahrzeug		X
YO	10	7	Fuel Oil Barge	Treibstoff-Prahm	X	
YOG	4	4	Gasoline Barge	Benzin-Prahm	X	
YOGN	13		Gasoline Barge	Benzin-Prahm		X
YON	49		Fuel Oil Barge	Treibstoff-Prahm		X
YOS	12		Oil Storage Barge	Öllagerungs-Prahm		X
YP	22		Patrol Craft	Wachfahrzeug	X	
YPD		6	Floating Pile Driver	Schwimmendes Pfeiler-Rammfahrzeug		X
YR	21	2	Floating Workshop	Werkstatt-Prahm		X
YRB	4		Repair and Berthing Barge	Reparatur- und Liegeplatzprahm		X
YRBM	22		Repair, Berthing and Messing Barge	Reparatur-, Liegeplatz- und Messeprahm		X
YRDH	1	3	Floating Drydock Workshop (hull)	Trockendock-Werkstatt (f. Schiffskörper)		X
YRDM	1	3	Floating Drydock Workshop (machine)	Trockendock-Werkstatt (f. Antriebe)		X
YRR	14		Radiology Repair Barge	Radiologie-Reparaturprahm		X
YRST	5		Salvage Craft Tender	Bergungsfahrzeug-Tender		X
YSD	6		Seaplane Wrecking Derrick	Seeflugzeug-Wrackboot		X
YSR	18	5	Sludge Removal Barge	Entschlammungsprahm		X
YTB	21		Large Harbor Tug	Großer Hafenschlepper	X	
YTL	5	4	Small Harbor Tug	Kleiner Hafenschlepper	X	
YTM	35	23	Medium Harbor Tug	Mittlerer Hafenschlepper	X	
YW	4	7	Water Barge	Wasser-Prahm	X	
YWN	6	1	Water Barge	Wasser-Prahm		X
TWR	mehrere		Torpedo Retriever	Torpedo-Fangboot	X	

7. Farbanstriche von U. S.-Kriegsschiffen

> „Die Schiffstarnung stellt das Mittel dar, durch das das Sichten eines Schiffes erschwert, durch das eine Täuschung bezüglich seiner Fahrtrichtung, Geschwindigkeit und seiner Klassenzugehörigkeit erzielt wird. Dies läßt sich in erster Linie durch Anbringung verschiedener Formen von Spezial-Anstrichen bewerkstelligen."

Dies war eine auf Kurzform gebrachte Definition der Begründung für die Schiffstarnung, wie sie in den Camouflage-Anweisungen der USN aus dem Jahre 1942 formuliert wurde. Sie hatte freilich Gültigkeit für jene Zeit, in der Radaraufklärung noch in den Anfängen ihrer Entwicklung steckte und wo der Schiffserkennung durch Aufklärungs- und Angriffsflugzeuge große Bedeutung zukam.
Dies alles resultierte in Entwürfen für zahlreiche Tarn-Anstriche („camouflage paints"), -Schemata („measures") und -Muster („designs"), auf die der Verfasser in seinen bereits veröffentlichten früheren Werken teilweise eingegangen ist.
Bekannt ist, daß nach Ende des Krieges etliche Kriegsschiffe ihre Tarnanstriche noch bis etwa 1946/47 beibehalten haben, bis sie während der nächstfälligen Werftzeit neu gepönt wurden. Danach bestand bei Überwasserschiffen kein Anlaß mehr zur Tarnung. Den Nahkampf von Schiff zu Schiff oder vom Flugzeug gegen das Schiff gibt es in dem Sinne nicht mehr; man bekämpft sich gegenseitig auf größere Distanz und die elektronische Aufklärung ersetzt weitgehend die visuelle. Dies ist der Grund dafür, daß es heutzutage bei der U. S. Navy nur noch ganz wenige Anstriche gibt. Bekannt geworden sind bislang:

US 17, ein Schema, das verwandt ist mit dem seinerzeitigen Schema 14; hierbei sind alle vertikalen Flächen dunkelgrau („ocean gray") gepönt. Es kann nicht mit Sicherheit gesagt werden, ob es gegenwärtig noch Schiffe mit einem solchen Anstrich gibt.

US 27 ist der dunstgraue („haze gray") Standard-Anstrich der meisten Überwasserschiffe der USN in der Gegenwart; er wird sowohl von den Kampf- wie von den Hilfsschiffen – auch denen des MSC – geführt. Der Anstrich entspricht noch in etwa dem, der zu Beginn des Zweiten Weltkrieges eingeführt und als Schema 13 bekannt geworden ist. Alle waagrechten Stahldecks von nicht-trägerartigen Schiffen sind dunkelgrau gehalten.

Eine Sonderrolle spielt der Anstrich der Flugzeugträger-Decks. Amtlich spricht man hier von „anthrazit-schwarz", und das mag bei neuen Schiffen auch stimmen. Wegen des sehr regen Flugbetriebes jedoch besteht starker Abrieb des Flugdecks; auch wirkt sich der Einfluß des versprühten Treibstoffes auf die Farbgebung des Flugdecks verändernd aus, so daß dieses sehr bald oft kaum definierbare Farben annimmt.
Weißer Anstrich wird von einigen wenigen Schiffen geführt, die sich über längere Zeiträume in tropischen Gewässern aufhalten, so z. B. das Flaggschiff *La Salle* (AGF-3) und sein Nachfolger AGF-11 *Coronado* , weiter einige Bahn-Vermessungs- und Forschungsschiffe. Dies gilt aber ebenso für die meisten „Cutter" der Küstenwache, bis hinunter zu den kleinsten Wachbooten und dem Segelschulschiff *Eagle.*

Auch die rote Farbe spielt bei amerikanischen Kriegsschiffen eine gewisse Rolle, wenngleich man sie nur selten zu Gesicht bekommt. Hiermit werden die Unterwasserteile des Schiffskörpers unterhalb des Wasserpasses angestrichen. Die Schiffskörper der großen Eisbrecher der Küstenwache werden ebenfalls rot gepönt, damit sie in Eisregionen besser sichtbar sind. Hierbei findet man gelegentlich Schornsteine in Ocker.
Schwarz ist die Hauptfarbe aller amerikanischen (und nicht nur dieser!) Unterseeschiffe. Es handelt sich um einen matt wirkenden Anstrich, dessen Tarn-Effekt eher in geringen Wassertiefen wirksam werden dürfte, als über Wasser, wo die U-Schiffe – zumal bei hoher Geschwindigkeit – weit früher an ihrer schäumenden Bug- und Sogwelle zu erkennen sind. In Schwarz wird auch der Wasserpaß der meisten Überwasserschiffe der Navy ausgeführt. Die Küstenwache verfügt über eine stattliche Anzahl an Hilfsschiffen mit schwarzem Schiffskörper, bei denen jedoch Aufbauten und Schornsteine ebenfalls ockerfarben sind.

8. Kampfsysteme

8.1 Waffensysteme

8.10 Einleitung

Bei den Waffensystemen unterscheidet man zunächst zwischen der Waffenart nach
- Lenkwaffen,
- Rohrwaffen,
- Torpedos und
- Minen

sowie nach dem Waffenträger, auf oder in dem die Waffen zum Einsatz kommen, so von
- Überwasserschiffen,
- Unterwasserschiffen,
- Flugzeugen und Hubschraubern.

Nachfolgend werden nur solche Waffen erwähnt, die sich gegenwärtig auf aktiven Schiffen der U. S. Navy befinden, aber zugleich auch solche, die außer auf schwimmenden Einheiten auch noch von Flugzeugen und Hubschraubern mitgeführt werden. Nicht behandelt werden solche Systeme, die ausschließlich von Flugzeugen geführt werden*. Bei alledem überschneiden sich manchmal die Begriffe „Waffenanlage", „Waffe" und „Geschoß". Es hat sich seit langem eingebürgert, daß z. B. sowohl Torpedos wie auch die Torpedorohre als „Waffe" bezeichnet werden.

8.11 Schiffs-Lenkwaffen

Basierend nicht zuletzt auch auf deutschen Entwicklungen gab es am Ende des Zweiten Weltkrieges auf militärischem Gebiet unter anderem zwei Neuerungen, die in den nachfolgenden Jahren die Flugzeug- wie die Waffen-Technologie entscheidend beeinflußt haben:

- die Entwicklung von Flugzeugen mit Strahlturbinenantrieb, die weit schneller waren, als die mit Kolbenmaschinen;
- die Entwicklung der Lenk-Flugkörper, die damals zunächst zum Objektbeschuß und als Flächenwaffe verwendet wurden.

Die zunehmende Verwendung der schnellen Strahlflugzeuge verringerte selbst bei weitreichender Erfassung durch Radar die Dauer der Vorwarnzeit und damit auch die Chance, mit den herkömmlichen Abwehrmitteln feindliche Flugzeuge zu treffen. Die Reichweite der Abwehrmittel mußte erheblich gesteigert werden und dafür gab es nur die Möglichkeit der Verwendung von Waffen mit Flugkörpern, die das feindliche Flugzeug auf größere Distanz abfangen sollten. Die Lösung dieses Problems ergab sich auch für die U. S. Navy bald nach dem Ende des Zweiten Weltkrieges; sie begann alsbald sehr zielbewußt sowohl

* So eigene Lenkwaffen (Sparrow, Sidewinder, Phoenix), Bomben und Bordwaffen.

□ ihre eigene bordgestützte Luftwaffe auf Strahlflugzeuge umzurüsten wie auch
□ entsprechende Lenkwaffen und Flugkörper zu entwickeln.

Letzteres vollzog sich auf mehreren Gebieten gleichzeitig durch Entwicklung mehrerer Arten von Lenkwaffen:

□ AAM- und ASM-Flugkörper, die von Flugzeugen aus gegen Luft- oder Überwasserziele eingesetzt werden – und dementsprechend auch gegen Landziele (Truppenansammlungen, Kampfwagen, militärische Objekte usw.). Wie schon erwähnt, sind diese Lenk-Flugkörper nicht Gegenstand der Behandlung in diesem Buch.
□ SAM-Flugkörper, auf Schiffen installiert, um Flugzeuge auf Distanz abzufangen und zu treffen oder in der Nähe der Flugzeuge zur Explosion zu bringen.
□ SLCM, von Schiffen gestartete Mittelstrecken-Marschflugkörper.
□ SLBM, von Unterseeschiffen zu startende ballistische Flugkörper zur Bekämpfung von Fernzielen an Land.
□ ASW-Lenk-Flugkörper zur Vergrößerung der Reichweite von bereits vorhandenen U-Abwehrmitteln.

Vorweg sei ergänzend festgehalten: Auf dem Gebiet der SSM-Lenkwaffen, mit denen auf größere Entfernung an Stelle der herkömmlichen Schiffsartillerie Schiffe gegen Schiffe kämpfen konnten, unternahmen die Amerikaner zunächst recht geringe Anstrengungen, weil sie der Meinung waren, daß einerseits die eigenen Schiffe durch die eigenen Luftstreitkräfte und deren Lenkwaffen ausreichend gesichert waren, und daß andererseits gerade diese Flugzeuge gegen feindliche Schiffe erfolgreich sein würden. Jedoch gerade auf dem Gebiet der SSM-Waffen wurden die Sowjets sehr intensiv tätig und richteten die meisten ihrer Über- und Unterwasserschiffe für den Einsatz gerade dieser Lenkwaffen ein. Das große Erwachen kam aber für die Amerikaner erst 1967, als der israelische Zerstörer *Eilath* durch simple sowjetische SSM-Flugkörper des Typs Styx auf große Distanz getroffen und außer Gefecht gesetzt wurde. Erst daraufhin setzte auch in den Staaten die intensivere Entwicklung von SSM-Flugkörpern ein, um praktisch erst 1977, also zehn Jahre später, mit der Einführung der Harpoon halbwegs zum gesteckten Ziel zu kommen. Die Harpoon allerdings ist ein Abwehrmittel, das man mit Aussicht auf Erfolg nur auf Entfernungen von ca. 100 km einsetzen kann, so daß die sowjetische Überlegenheit auf diesem Gebiet bestehen bleibt, weil die sowjetischen FK eine größere Reichweite besitzen. Allerdings gibt es auf größere Distanzen auch mehr Schwierigkeiten beim Auffinden und Treffen der gegnerischen Ziele. Tomahawk, die weiter reichende amerikanische SSM-Alternative, befindet sich zur Zeit noch in der Endphase der Entwicklung.
Zurück zu den anderen Lenkwaffenbereichen. Die Entwicklung der Schiffs-Lenkwaffen kann an dieser Stelle nur allgemein aufgezeigt werden. Sie resultierte ab Mitte der 50er Jahre im systematischen Aufbau der SAM-, SLCM-, SLBM- und ASW-Lenkwaffen. Vor allem wurde die Einführung der SAM-Lenkwaffen beschleunigt. Hierbei entstanden parallel die SAM-Systeme Tartar, Terrier und Talos mit jeweils abgestufter Reichweite. Zunächst kam Terrier zum Einsatz, und zwar auf umgebauten Schweren und Leichten Kreuzern aus dem Zweiten Weltkrieg, später – etwa ab 1960 – auch auf den damals so bezeichneten „frigates“, d. h. auf Großzerstörern. Tartar folgte kurz danach auf den ersten Lenkwaffen-Zerstörern der *Charles F. Adams*-Klasse, Talos etwa zur gleichen Zeit auf weiteren umgebauten und neu gebauten Kreuzern. Diese drei Grundsysteme fand man noch kürzlich bei der Flotte, wobei Talos 1980 ausrangiert wurde. Die beiden kleineren Systeme verwenden heute verbesserte Flugkörper der Standard-Serie, von denen die SM-1 bereits eingesetzt ist, die SM-2 jedoch vom Beginn der 80er Jahre zunehmend eingeführt wird. Generell ersetzt dabei die Standard „Me-

dium Range" die bisherige Tartar und die Standard „Extended Range" die Terrier. Trotz der größeren Reichweite wird das aufwendige und schwere Talos-System aufgegeben, auch deswegen, weil es zwischenzeitlich gelungen zu sein scheint, durch Verwendung besserer elektronischer Anlagen die Treffsicherheit auch auf geringere Distanz zu erhöhen.
Neu hinzugekommen ist etwa ab Ende der 60er Jahre das BPDMS-System („Basic Point Defense Missile System"), das den adaptierten Flugkörper Sea Sparrow verwendet und als Abwehrsystem gegen tieffliegende Flugzeuge konzipiert ist. Dieses System ist inzwischen auf zahlreichen Überwasserschiffen eingesetzt, die über keine der Standard-Anlagen verfügen. Durch Adaption des AAM-FK Sparrow III wurde hier ein relativ preiswertes System zur Selbstverteidigung eingeführt, dessen FK allerdings eine Reichweite von kaum mehr als 18 km haben. Die ältere Version der Sea Sparrow, RIM-7G wird von kastenartigen Achtfach-Werfern Mk 25 gestartet, während RIM-7H dem auch in einigen NATO-Marinen zum Einsatz gekommenen, leichteren Starter Mk 29 zugeordnet wird.
Nach Aufgabe der U-Schiff-Bekämpfung durch Nahabwehrmittel (Wasserbomben, Hedgehogs) bei modernen Schiffen der U. S. Navy beschränkt sich das Inventar der U-Abwehrwaffen im Grunde auf nur zwei, allerdings recht wirksame Systeme:

- den U-Jagd-Torpedo, der von Über- und Unterwasserschiffen aus Torpedorohren lanciert wird, und
- das ASROC-System, bei dem ein U-Jagd-Torpedo oder eine Nuklear-Wasserbombe mittels Raketenladung durch die Luft über eine Distanz von ca. 9 bis 14 km dem getauchten gegnerischen Schiff entgegengeschickt wird, wo dann der ins Wasser eingetauchte und freigegebene Torpedo das U-Schiff mit seinem Zielsuchkopf ortet und trifft.

Die entsprechende U-Schiff-Version von ASROC nennt sich SUBROC, sie ist schwerer und hat eine größere Reichweite. Sie wird aus Torpedorohren abgeschossen. Allerdings besteht die Absicht, im Kriegsfalle Konvoi-Geleitfahrzeuge auch wieder mit Wasserbomben auszustatten.
Auf dem Gebiet der SLCM gab es Mitte der 60er Jahre den Marschflugkörper Regulus I, der auf Kreuzern, Flugzeugträgern und Spezial-U-Schiffen zum Einsatz kam. Ihm folgte die Entwicklung des Regulus II, der jedoch nicht mehr zur Serienproduktion kam, weil der Schwerpunkt der Entwicklung von den SLCM auf die ballistischen und weiter reichenden SLBM verlegt wurde. Das entsprechende Nachfolgesystem Tomahawk (auch als „cruise missile" bezeichnet!) folgte erst mehr als 15 Jahre später und wird bei der Navy demnächst eingeführt.
Die gewiß mächtigsten Waffen der Navy und zugleich ihre einzige designierte strategische Komponente im Abschreckungspotential der USA und der anderen NATO-Staaten sind ihre nuklearen SLBM-Flugkörper, die von getauchten U-Schiffen gestartet werden und die auf gegnerische Landziele vorprogrammiert sind. Sie kamen ab 1959 zum Einsatz. Zunächst gab es die Familie der Polaris-FK mit ihren jeweils in der Reichweite gesteigerten Vertretern A-1, A-2 und A-3. Während die A-3 bis 1980 noch auf älteren SSBN eingesetzt war, wurden die beiden früheren Modelle durch die größere Poseidon C-3 ersetzt. Ihr wiederum folgt ab Anfang der 80er Jahre die Trident C-4, zunächst auf weiteren, umgerüsteten SSBN der *Lafayette*-Kl., dann aber auf den SSBN der *Ohio*-Klasse, den größten U-Schiffen, die es je gab.

Zwei Übersichten sollen das Inventar sowohl an Flugkörpern wie auch an Lenkwaffenanlagen aufzeigen.

Lenkwaffenanlagen der U. S. Navy (Starter und Magazine)

Bezeichnung	Modell	Anzahl und Art der Flugkörper im Magazin	eingeführt	Gewicht d. ges. Anlage to	Bemerkungen
Mk 7	0	46 Talos	1960	181,4	Doppelstarteranlage auf CG-5; Aussonderung 1979
Mk 9	1	60 Terrier	1959	226,8	Doppelstarteranlage auf CG-6/7; ausgesondert
Mk 10	0	40 Terrier/ Standard ER	1960	125,1	Doppelstarteranlage auf DDG-37-Klasse
	1	40 Terrier/ Standard ER	1961	125,8	vordere überhöhte Doppelstarteranlage auf CGN-9
	2	80 Terrier/ Standard ER	1961	204,5	vorderste Doppelstarteranlage auf CGN-9
	3	40 Terrier/ Standard ER	1961	129,1	Stb.-Doppelstarteranlage auf CV-64 (vormals auch CV-63/66)
	4	40 Terrier/ Standard	1961	129,1	Bb.-Doppelstarteranlage auf CV-64 (vormals auch CV-63/66)
	5	40 Terrier/ Standard ER	1962	130,4	vordere Doppelstarteranlage auf CGN-25 und CG-16-Klasse
	6	40 Terrier/ Standard	1962	124,7	achtere Doppelstarteranlage auf CGN-25 und CG-16-Klasse
	7	60 Terrier/ ASROC/ Standard ER	1964	164,2	Doppelstarteranlage auf CG-26-Klasse und CGN-35; gemischte Sortierung
	8	60 Terrier/ Standard ER	1967	165,2	CGN-35
Mk 11	0	42 Tartar/ Harpoon/ Standard MR	1962	74,9	Doppelstarteranlage auf DDG-2-Klasse; gemischte Sortierung
	1	42 Tartar/ Standard MR	1962	74,9	Stb.-Doppelstarteranlage auf CG-10-Klasse; Aussonderung 1980
	2	42 Tartar/ Standard MR	1962	74,9	Bb.-Doppelstarteranlage auf CG-10-Klasse; Aussonderung 1980
Mk 12	0	52 Talos	1961	ca. 317,5	achtere Doppelstarteranlage auf CGN-9; Aussonderung 1979
	1	52 Talos	1962	ca. 317,5	vordere und achtere Doppelstarteranlage auf CG-10-Klasse; Aussonderung 1980
Mk 13	0	40 Tartar/ Standard MR	1962	60,1	Solostarteranlage auf DDG-15/ 24 u. ausl. DDG gleichen Typs
	1	40 Tartar/ Standard MR	1967	61,3	Solostarteranlage auf DDG-31-Klasse
	2	40 Tartar/ Standard MR	1968	61,3	Solostarteranlage auf DDG-35-Klasse; inzwischen ausgesondert

Bezeichnung	Modell	Anzahl und Art der Flugkörper im Magazin	eingeführt	Gewicht d. ges. Anlage to	Bemerkungen
	3	40 Tartar/ Standard MR	1974	61,2	Solostarteranlage auf CGN-36-Klasse
	4	40 Tartar/ Harpoon/ Standard MR	1978	61,1	Solostarteranlage auf FFG-7-Klasse und australischen und neuen spanischen FFG
Mk 16	1–6	8 ASROC	1960	21,7	8-Zellen-Kastenwerfer auf CGN, CG, DDG, DD, FFG, FF; manche Einzelzellen modifiziert zur Aufnahme von Harpoon bzw. Standard ARM (Anti-Radiation Missile)
Mk 22	0	16 Tartar/ Standard MR	1966	41,9	Solostarteranlage auf FFG-1-Klasse und älteren spanischen FFG
Mk 25	1	8 Sea Sparrow RIM-7G	1967	14,5	8-Zellen-Kastenwerfer auf CVN, CV, FF, LHA, LPH
Mk 26	0	24 Standard MR/	1976	73,5	achtere Doppelstarteranlage auf CGN-38-Kl. und Testanlage auf AVM-1; auf DDG-933 vorne
	1	44 Standard MR/ ASROC	1976	94,5	vordere Doppelstarteranlage auf CGN-38-Klasse; später CG-47-Klasse; gemischte Sortierung auf DDG-933 hinten
	2	64 Standard MR/ ASROC		115,6	war vorgesehen für CGN-42-Klasse
Mk 29	0	8 NATO Sea Sparrow RIM-7H	1974	10,9 b. 12,7	8-Zellen-Kastenwerfer auf CV, DD, FF, Hilfsschiffen; auch eine Version Mk 112 vorhanden
Mk 140	0	4 Harpoon	1976	4,1	4-Röhren-Starter auf PHM-1-Kl.; auch Versionen mit nur 1 oder 2 Röhren
Mk 141	0	4 Harpoon	1976	5,9	4-Röhren-Starter auf CGN/CG, DD; auch leichtere Versionen mit nur 1 oder 2 Startröhren

Lenkwaffenstarter Mk 12 Mod. 1, auf dem Kreuzer CG-10 *Albany,* aufgenommen am 30. Juni 1976 in Norfolk. Beim Nachladevorgang werden aus der Öffnung des Magazins zwei Schienen vorgeschoben, die genau in Verlängerung der entsprechenden Schienen des Starters hängen. Der FK wird in dieser Weise zum Starter geführt. Te

Der achtere Doppelstarter Mk 12 Mod. 1, auf CGN-9 *Long Beach,* aufgenommen im Januar 1962 in Bremerhaven. Das Foto vermittelt die Nachteile des Talos-Systems: sehr lange FK, dementsprechend schwerer Starter und komplexes Nachlademagazin. Die Gesamtanlage wog mit über 317 to weit mehr als die Terrier-Anlage. Die derzeit hinzukommenden FK des Typs Standard-SM-2 „Extended Range“ werden mit einer Anlage auskommen, die weit leichter ist als Talos; trotzdem werden sie in etwa die gleiche Reichweite haben. Te

Terrier-Starter Mk 10 Mod. 7 auf dem Vorschiff von CG-20 *Richmond K. Turner* mit Übungs-FK an den Starter-Armen, dahinter der schräge Teil des FK-Magazins, in dem sowohl Standard SM-1 bzw. SM-2 „Extended Range" wie auch ASROC-FK untergebracht und wahlweise dem Starter zugeführt werden können. Das Foto wurde am 5. Juli 1976 in New York aufgenommen. Te

Tartar-Starter Mk 26 Mod. 0, während nächtlicher Starts von FK des Typs Standard-SM-1 MR. Dies ist vermutlich der letzte der schwereren Starter der U. S. Navy. Mit einem Gewicht von knapp mehr als 73 to verfügt dieses Modell über ein FK-Magazin für 24 Standard-MR, während das Modell 1 mit einem Magazin für gemischte Sortierung verbunden ist, in das 44 FK hineinpassen. Diese Anlage wiegt dann schon über 20 to mehr. Neben verschiedenen Vorteilen (höhere Abschußquote, bessere Instandsetzung und Handhabung) besteht der Nachteil der Mk 26-Anlage, daß sie keine „Extended Range"-Standard aufnehmen kann. Mitte der 80er Jahre wird die U. S. Navy vermutlich die Starter durch Silos ersetzen, von denen aus die FK senkrecht nach oben gestartet werden. Einfachere Handhabung und nochmalige Gewichtsreduktion sind hier die Vorteile. Das ganze läuft unter der Bezeichnung VLS („Vertical launching system"). Die sechste Einheit der *Ticonderoga*-Klasse, also CG-52, soll die erste Einheit werden, auf der der Einbau dieser Anlage vorgesehen ist. Vorliegendes Foto wurde auf AVM-1 *Norton Sound* aufgenommen. USN

Dies ist der Tartar-Starter der ersten Generation: Mk 11 Mod. 2 an der Backbordseite von CG-10 *Albany,* von oben gesehen und im Mittelmeer aufgenommen. Zum Nachladen mußten die beiden Starterarme auf der waagerechten Achse etwas auseinandergezogen werden, bevor die FK von unten übernommen werden. Außer auf der *Albany*-Klasse findet man diese Starter nur noch auf den ersten 14 DDG der *Charles F. Adams*-Klasse. JK

Die Einführung des Solo-Starters Mk 13 Mod. 0 brachte eine Gewichtsreduktion von rd. 10 to, was bei kleineren Schiffen schon sehr viel bedeutet. Wie verlautet, ist die Ladekapazität genau so hoch wie beim Doppelstarter Mk 11. Unter dem Starter befindet sich das Rundmagazin für 40 FK des Typs Standard-SM-1 MR. Mehrere Zerstörer nicht-amerikanischer Marinen verfügen auch über diese Anlage. Rechts im Bild sieht man gerade noch eine ältere Version der 12,7-cm-Kanone-Mk 42, nämlich Mod. 7, zu erkennen an dem „Froschauge" an der Steuerbordseite des Turmes, in dem das optische Zielgerät für lokalen Beschuß untergebracht war. Bei neueren Modellen fehlt diese Einrichtung. Das Foto wurde im Dezember 1964 in Genua gemacht, als DDG-19 *Tattnall* – damals gerade 1 1/2 Jahre alt – im Mittelmeer weilte. Gh

Am 5. Juli 1976 in New York wurde der Tartar-Solo-Starter-Mk 22 auf FFG-5 *Richard L. Page* aufgenommen. Nochmals um 20 to leichter, eignet sich dieser Starter für die Verwendung auf Fregatten. Im darunter befindlichen Rundmagazin befinden sich allerdings nur 16 FK des Typs Standard-SM-1 MR. Diesen Starter findet man nur auf den amerikanischen FFG der *Brooke*-Klasse und auf den sechs spanischen FFG der *Baleares*-Klasse. Te

Blick auf das Achterschiff von FF-1079 *Bowen;* die Aufnahme stammt vom 16. Oktober 1974. Im Heckspiegel der Ausschnitt für die Schleppsonaranlage IVDS SQS-35, auf dem Aufbaudeck ein LAMPS-Hubschrauber SH-2D der Staffel HSL-32. Auf dem Dach des Hangars befindet sich unter Abdeckung das Leitgerät für FK des Typs RIM-7G, die aus dem Acht-Zellen-Starter Mk 25 (auf dem Achterschiff sichtbar) gestartet werden. RIM-7G ist die ältere Version der Sea Sparrow, der Starter Mk 25 wurde etwa ab Mitte der 60er Jahre zunächst auf den meisten Super-Flugzeugträgern installiert. Vor allem auf den Trägern erfolgte nacheinander Ersatz der Mk 25 durch Mk 29 NATO-Starter, da Mk 25 nicht zum Abschuß der fortgeschritteneren Version RIM-7H eingerichtet ist. Direkte Nachlademöglichkeit findet man bei keiner dieser Anlagen, die auch auf zahlreichen amphibischen Schiffen installiert ist. Go

NATO-Sea Sparrow-Starter Mk 29, aufgenommen am 19. Oktober 1979 in Hamburg auf DD-974 *Comte de Grasse*. Bei etwas mehr als 2 to Gewichts-Reduktion gegenüber dem Starter Mk 25 kann dieser Sea Sparrow RIM-7H verschießen. Dieser Starter wird bzw. ist schon in mehreren NATO-Marinen eingeführt. Während die kleinen norwegischen Fregatten der *Oslo*-Klasse über ein entsprechendes FK-Magazin zur vollautomatischen Nachladung verfügen, müssen auf den DD der *Spruance*-Klasse die Reserve-Ladungen im Mannschaftstransport herangekarrt werden. Dabei ließe sich gerade auf diesen Zerstörern der entsprechende Aufbautenblock nach achtern verlängern und in der Verlängerung das entsprechende FK-Magazin installieren. Da die Navy beabsichtigt, die RIM-7H zunehmend einzusetzen, werden vermutlich alle gegenwärtig auf Trägern befindlichen Mk 25-Starter durch Mk 29 ersetzt. Te

Diese Detailaufnahme zeigt das Mittelschiff von DDG-40 *Coontz*. An Stelle der bei der großen Modernisierung entfernten 7,6-cm-L50-Geschütze findet man jetzt dort je einen Harpoon-Starter-Mk 141, hier in der höchsten Bündelung mit vier Startrohren. Das Foto wurde am 26. März 1979 während eines der regelmäßigen Besuche der STANAVFORLANT in Wilhelmshaven gemacht. Unter dem V-Schornstein eines daneben liegenden kanadischen Zerstörers befindet sich ein Drillingssatz UTR-Mk 32, über dem Harpoon-Starter das Leitgerät SFG-55. AK

Gleich zwei Acht-Zellen-U-Jagd-Starter ASROC Mk 16, aufgenommen am 5. Juli 1976 in New York. Der vordere befindet sich auf dem Vorschiff des Lenkwaffen-Kreuzers *Richmond K. Turner* (CG-20); er verfügt über kein Nachlademagazin. Dahinter der ASROC-Starter auf DDG-37 *Farragut*, mit dem einzigen Nachlademagazin bei dieser Klasse; er wurde während der großen Modernisierung Ende der 60er Jahre hinzugefügt, jedoch vermutlich aus Kosten- und Stabilitätsgründen auf den anderen Schiffen der Klasse weggelassen. Das hohe Gewicht des Starters Mk 16 von nahezu 22 to ist Ursache dafür, daß man versucht, die ASROC-Ladungen zunehmend in die normalen FK-Magazine aufzunehmen und von dort aus über die Mk 10-Starter abzuschießen. Auf einigen Schiffen der U. S. Navy sind je zwei der acht Zellen zur Aufnahme von Harpoon bzw. Standard ARM-Flugkörpern modifiziert. Te

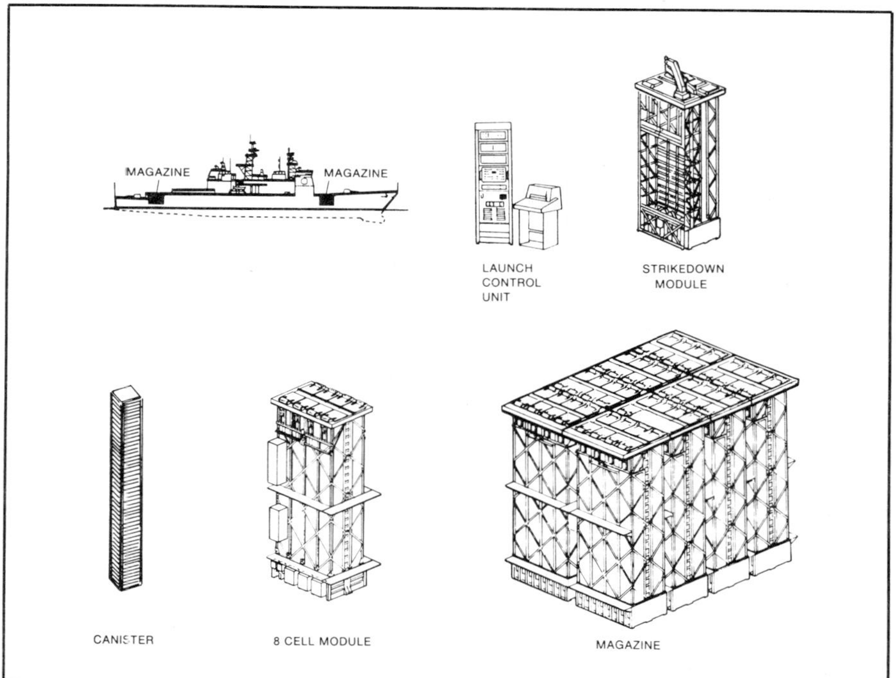

Bestandteile der in Entwicklung befindlichen Silo-Starteranlage VLS: Einzelkanister, 8-Zellen-Modul und ein aus 8 Modulen bestehendes Magazin, wie es künftig an Stelle der bisher üblichen Starter benutzt werden wird.
SurfM

Flugkörper der U. S. Navy

Verwendung als	Bezeichnung	Name	Herstellerwerk	Gewicht kg	Länge m	Antriebsart	Reichweite km	Bemerkungen
SLBM	UGM-27	Polaris A-3	Lockheed	13 600	9,8	Feststoffrakete mit Booster	4 600	auf SSBN-598 und -608-Klasse; 3 vorprogrammierte nukleare Sprengköpfe;
SLBM	UGM-73	Poseidon C3	Lockheed	29 500	10,4	Feststoffrakete mit Booster	4 600	auf SSBN-616-Klasse; bis zu 14 unabhängig voneinander vorprogrammierte Wiedereintritts-Nuklearsprengköpfe
SLBM	UGM-96	Trident C-4	Lockheed	31 700	10,4	Feststoffrakete mit Booster	7 400	auf SSBN-726 und SSBN-616-Klasse; bis zu 24 unabhängig voneinander vorprogrammierte Wiedereintritts-Nuklearsprengköpfe
SLCM	BGM-109	Tomahawk	General Dynamics	1 450–1 800	6,2	Turbofan	560–920	Marschflugkörper, noch in Erprobung ab Anfang der 80er Jahre auf Kreuzern, U-Schiffen, Flugzeugen; 450 kg-Sprengkopf, nuklear oder konventionell
SSM	RGM-84	Harpoon	McDonnell Douglas	667* 695**	4,6	Strahlturbine mit Booster	110	auf Überwasserschiffen aller Art; * bei Verwendung im Tartar-Magazin ** bei Verwendung in Startröhren
SSM	UGM-84	encapsulated Harpoon	McDonnel Douglas	695	4,6	Strahlturbine mit Booster.	110	Start aus U-Schiffs-Torpedorohren; 230 kg-Sprengkopf
SAM	RIM-2	Terrier	General Dynamics	1 360	7,9	Feststoffrakete mit Booster	+ 37	auf CV-64, CG, DDG-37-Klasse; wird durch Standard SM-1, später durch SM-2 ER ersetzt

Verwendung als	Bezeichnung	Name	Herstellerwerk	Gewicht kg	Länge m	Antriebsart	Reichweite km	Bemerkungen
SAM	RIM-7	Sea Sparrow	Raytheon	227	3,7	Feststoffrakete	18,5	Version 7G für Mk 25-Starter, Version 7H für Mk 29-NATO-Starter; auf CV, CG, DD, FF, Amphibischen Schiffen und Hilfsschiffen
SAM	RIM-8	Talos	Bendix	3 175	10,1	Feststoffrakete mit Booster	140	auch Nuklearsprengkopf; auf CG-5, 9, 10 und 11; Aussonderung ab 1980
SAM	RIM-24	Tartar	General Dynamics	646	4,5	Feststoffrakete	+ 18,5	auf DDG, FFG, wird durch Standard MR ersetzt
SAM	RIM-66B	Standard SM-1 MR *	General Dynamics	590	4,3	Feststoffrakete	+ 46	Ersatz für Tartar; auf CG, DDG, FFG; * MR = Medium Range
SAM	RIM-66C	Standard SM-2 MR	General Dynamics	590	4,3	Feststoffrakete	+ 46	speziell für Mk 26-Starter auf CGN
SAM	RIM-67	Standard SM-1 ER **	General Dynamics	1 315	7,9	Feststoffrakete mit Booster	55–74	Ersatz für Terrier; auf CG und DDG-37-Klasse; ** = Extended Range
SAM	RIM-67	Standard SM-2 ER	General Dynamics	1 315	7,9	Feststoffrakete mit Booster	+ 139	Ersatz für Terrier und Talos; Nuklear-Sprengkopf wird erwogen; auf CG, CGN und CG-47-Klasse
ASW	RUR-5	ASROC	Honeywell	454	4,6	Feststoffrakete	9–14	als Sprengkopf: Nuklear-Wasserbombe Mk 17 oder U-Jagdtorpedo Mk 46; auf CG, CGN, DDG, FFG, FF
ASW	UUM-44	SUBROC	Goodyear	1 814	6,4	Feststoffrakete	46–56	Nuklearsprengkopf; auf SSN

8.111 Kennzeichnung der Flugkörper

Während die Starter nach wie vor – ähnlich wie die Geschütze auch – mit Mk und Mod. bezeichnet werden, gibt es für die Flugkörper, ähnlich wie bei den Flugzeugen und den elektronischen Geräten, ein eigenes Kennzeichnungssystem, das aus Buchstaben und Zahlen besteht. Die Bezeichnungen der einzelnen Flugkörper findet man in der zweiten Spalte der vorstehenden Übersicht. In der Regel besteht eine Flugkörperbezeichnung aus drei vor einem Trennstrich angebrachten Buchstaben und einer dahinter angebrachten Zahl mit einem weiteren Buchstaben, für den FK Sea Sparrow z. B. YRIM-7H.

Die Kombinationen von Buchstaben und Zahlen haben hier folgende Bedeutung:

Y	erster Buchstabe = Status-Präfix X = Versuchsversion Y = Prototyp Z = in Planung
R	zweiter Buchstabe = Art des Startes A = in der Luft abgeschossen B = verschiedene Abschußmöglichkeiten M = von mobilen Anlagen abgeschossen R = vom Überwasserschiff abgeschossen U = vom Unterwasserschiff abgeschossen
I	dritter Buchstabe = Aufgabe des FK G = Überwasser-Angriffsflugkörper I = Abfang-Flugkörper (Luft) U = Unterwasser-Angriffsflugkörper
M	vierter Buchstabe = FK-Antriebsart M = Lenkwaffe R = Rakete
–	Trennstrich
7	Zahl = laufende Nummer des FK innerhalb der RIM-Serie (nicht alle eingeführten FK *einer* Serie führen hintereinanderfolgende Nummern!)
H	fünfter Buchstabe = Version eines Flugkörpers

Bei den Serienexemplaren eines Flugkörpers entfällt jeweils der erste Buchstabe.

8.12 Schiffsgeschütze

Die Rohrwaffen haben bei der U. S. Navy in den letzten 30 Jahren stark an Bedeutung verloren. Bei der Einführung der ersten bordgestützten Lenkwaffen Anfang der 50er Jahre entstand eine ausgesprochene Lenkwaffen-Euphorie; man war damals der Meinung, daß man mit Lenkwaffen geradezu alles vollbringen könnte. Das führte zu so skurrilen Maßnahmen, daß z. B. das damals größte Kriegsschiff der Welt, USS *Enterprise* (CVAN-65), jahrelang ohne jegliche Waffen zur Eigenverteidigung fuhr. Dies galt eine Zeit lang auch für so wichtige Einheiten, wie die Lenkwaffen-Kreuzer *Long Beach, Albany* und *Columbus.* Kein geringerer als Präsident John F. Kennedy (selbst

Schnellboot-Offizier im Zweiten Weltkrieg!) war es, auf dessen Anordnung wenigstens diese Kreuzer eine Minimalbewaffnung in Form von je zwei antiquierten 12,7-cm-Kanonen L/38 zur Selbstverteidigung gegen Überwasserziele erhielten. Die Lenkwaffen-Euphorie war der eine Grund für die beginnende Reduktion der Rohrwaffen; der andere Grund ergab sich dadurch, daß im Zweiten Weltkrieg erbaute Schiffe zunehmend die Flotte verließen, die mit Geschützen schwereren Kalibers ausgestattet waren. Die schwersten Schlachtschiff-Geschütze vom Kaliber 40,6 cm, die im Kriege an den Landkämpfen im pazifischen Raum einen so wesentlichen Anteil hatten, kamen an Bord der vier Schlachtschiffe der *Iowa*-Klasse vor Korea zum Einsatz und erlebten ein letztes come-back, als ihretwegen BB-62 *New Jersey* nochmals in Dienst gestellt wurde, um 1967/68 vor der vietnamesischen Küste den Landtruppen Feuerschutz zu geben. Mit berechtigter Aussicht, wieder reaktiviert zu werden, befinden sich die „vier Iowas" noch gegenwärtig eingemottet in der Reserveflotte, und auf ihnen insgesamt 36 Rohre des Kalibers 40,6 cm. Auf den beiden letzten in Reserve befindlichen, konventionellen schweren Kreuzern (CA-134 *Des Moines* und CA-139 *Salem*) befinden sich in allem 18 Rohre des Kalibers 20,3 cm. Auch dieses Geschützmodell wurde – vom Schwesterschiff *Newport News* (CA-148) aus – vor Vietnam noch ausgiebig gebraucht, wo es weit grössere Wirkung zu verzeichnen hatte, als die zumeist auf Zerstörern, aber auch auf Kreuzern installierten 12,7-cm-Geschütze. Mit der 1979 erfolgten Außerdienststellung von CG-5 *Oklahoma City* verschwanden auch die letzten drei 15,2-cm-Rohre vom Inventar der Schiffsartillerie der U. S. Navy. Es ist interessant zu wissen, daß zur gleichen Zeit die Sowjetmarine noch über ca. 100 15,2-cm-Rohre auf ihren aktiven Kreuzern des Typs *Sverdlov* verfügt.
Aus der Erkenntnis der Nützlichkeit des Kalibers 20,3 cm entwickelte die Navy über das Unternehmen Northern Ordnance Corp. das 20,3-cm-Leichtgewichtgeschütz L/55 unter der Arbeitsbezeichnung MCLWG, praktisch eine Lafette mit nur einem Rohr und geschlossenem Leichtmetall-Schutzschild drum herum. Dieses Geschütz wurde als Mk 71 bezeichnet und befand sich zu Versuchszwecken seit 1975 vier Jahre lang auf dem Zerstörer *Hull* (DD-945). Dadurch, daß es bei der Navy keine echten Landungsunterstützungsschiffe mehr gibt, *sollte* später in den 80er Jahren je ein solches Geschütz auf jedem Zerstörer der neuen *Spruance*-Klasse installiert werden, auf hochgezüchteten U-Abwehrschiffen also, deren Aufgabe in allem anderen liegen mag, bloß nicht im Küstenbeschuß. Ebensogut kann man sich vorstellen, welchem Verschleiß *ein einzelnes* 20,3-cm-Rohr bei evtl. erforderlich werdendem Dauerbeschuß ausgesetzt sein würde. Wegen immer neuer Versuchsreihen, verursacht durch angeblich nicht zufriedenstellende Schießresultate mit konventioneller Munition, verzögerte sich die Serienfertigung dieses Geschützes immer wieder, bis – wohl aus Sparsamkeitsgründen – Mitte 1978 Verteidigungsminister Brown die Einstellung des gesamten Programms anordnete.
Das Haupt-Geschützkaliber der U. S. Navy ist somit gegenwärtig 12,7 cm. Die Reichweite der modernen 12,7-cm-L/54-Kanonen beträgt ca. 24 km, die Durchschlagkraft der Geschoße ist verständlicherweise weit geringer als die der Geschoße des Kalibers 20,3 cm. Bei der Entwicklung moderner Geschütze – sowohl des 20,3-cm-L/55 wie auch des 12,7-cm-L/54-Leichtgewichtsgeschützes Mk 45 – ging es weniger darum, größere Reichweiten zu erzielen, sondern vor allem darum, die Turmgewichte zu senken und die Zahl der Bedienungsmannschaften zu reduzieren. So wurde bei der Mk 45 – um dies zu erreichen – bewußt auf einen Teil der Fla-Komponente sowie auf eine raschere Schußfolge verzichtet. Somit ist der rd. 62 to wiegende ältere Turm Mk 42 zwar immer noch wirksamer, das Mk 45-Geschütz jedoch angeblich robuster und eben – leichter. Diese beiden Eigenschaften, in Verbindung mit dem Vorteil einer zahlenmä-

ßig geringeren Bedienungsmannschaft, waren letztlich auch dafür ausschlaggebend, daß die U. S. Navy die italienische Kompaktkanone des Kalibers 7,6-cm-L/62 von OTO Melara adaptierte und sie nun auf ihren Kampfbooten PHM und den Fregatten der *O. H. Perry*-Klasse zum Einbau bringt.
Mit Ausnahme von zwei neueren Modellen der für die Selbstverteidigung und für Minenbeschuß konzipierten leichten 20-mm-Geschütze erschöpft sich damit die Reihe der Neuentwicklungen, die den Einzug bei der Flotte gefunden haben. Über das Schicksal des parallel zur 20,3-cm-Kanone Mk 71 entwickelten zweirohrigen 12,7-cm-Turmes Mk 66 und einer schnell feuernden und im kugelartigen Splitterschutzschild untergebrachten 7,6-cm-Kanone ist seit geraumer Zeit nichts mehr bekanntgeworden. Ihre Weiterentwicklung kann als beendet angesehen werden.
Die 40-mm-Bofors-Flak ist aus der U. S. Navy völlig verschwunden, aber auch die nach dem Zweiten Weltkrieg eingeführte Doppelflak des Kalibers 7,6-cm-L/50 wird auf neuen Schiffen nicht mehr installiert; von den älteren Schiffen verschwindet sie zunehmend, angeblich wegen zu hohen Instandsetzungsbedarfes.
Eine ganz neue Dimension erfahren die Rohrwaffen gegenwärtig durch die Schaffung sogenannter „Gatling“-Anlagen, die ihr Schiff als „last ditch“-Mittel gegen anfliegende feindliche Flugkörper schützen sollen, soweit diese vorher nicht abgefangen werden konnten. Das Prinzip besteht darin, daß aus einer mehrrohrigen, vollautomatischen, radargesteuerten 20- bzw. 30-mm-Geschützanlage dem anfliegenden Flugkörper ein Hagel von Hartgeschossen entgegengeschleudert wird, in der Hoffnung, denselben zu zerstören. Über die tatsächliche Wirksamkeit einer solchen Methode gibt es zum Teil unterschiedliche Auffassungen. Mehrere Jahre, nachdem die Sowjetmarine bereits ihre Schiffe mit Gatling-Anlagen ausgerüstet hat, kommt ab 1980 die amerikanische 20-mm-Anlage Mk 15 Phalanx in die Serienproduktion. Etwa die Hälfte aller aktiven Schiffe, darunter auch amphibische Schiffe und alle wichtigen Hilfsschiffe, sollen mit einer solchen Anlage ausgerüstet werden. Darüber hinaus gibt es noch die 30-mm-Gatling-Anlage GAU-8 von General Dynamics, die zunächst exportiert werden soll, später aber wahrscheinlich auch auf US-Schiffen installiert werden dürfte.
Angesichts dieses Tiefstandes bei der Entwicklung und Verwendung neuer Geschützmodelle kommt der Verwendung von neuartigen, durch Laser oder Infrarot geleiteten Geschossen besondere Bedeutung zu. Nicht nur eine größere Reichweite, sondern auch erstaunliche Resultate in der Treffsicherheit lassen die Annahme zu, daß die Schiffs-Rohrwaffen vielleicht wieder eine Aufwertung erfahren werden, ohne daß deswegen die Lenkwaffen etwa vernachlässigt würden. Ein Schiff ohne Geschütz – und hierzu gehören heute auch sämtliche Atom-U-Schiffe – ist einfach nicht imstande, z. B. einem Handelsschiff einen „Schuß vor den Bug“ zu setzen. Mit einem Flugkörper geht das nicht! Die fortgeschrittene Elektronik bewirkt, daß zumindest ein Teil der gestarteten FK durch ECM-Maßnahmen noch vor dem Ziel abgelenkt werden könnte. Ein einmal abgefeuertes Geschoß läßt sich durch nichts mehr stoppen oder ablenken. Die Nachteile der langsamer feuernden 12,7-cm-Geschütze können durch die Vorteile der Verwendung der vorstehend erwähnten Spezialmunition wettgemacht werden. Die 7,6-cm-Kanone Mk 75, die künftig zunehmend auf U. S.-Schiffen eingesetzt wird, hat eine größere Schußfolge; aus ihr jedoch kann man diese Spezialmunition nicht verschießen. Verglichen mit dem doch relativ begrenzten Vorrat an FK je Schiff sind die partiellen Vorteile der Schiffsgeschütze mit ihrer weit größeren Schußfolge offensichtlich. Dies gilt nicht zuletzt auch deswegen, weil die Geschütz-Nachlademagazine sehr leistungsfähig sind. Infrarot gelenkte Geschoße des Kalibers 12,7 cm sollen demnächst sogar wirksam zur Bekämpfung von Nahbereichs-Flugkörpern eingesetzt werden können. Sie sind zudem weit preiswerter und auch kostenwirksamer als Flugkörper.

Die Verwendung von Schiffsgeschützen bei der Abwehr von Flugzeugen, Hubschraubern und leichten Überwasserfahrzeugen gehört neben der Verwendung der Flugkörper zu den lebenswichtigen Notwendigkeiten. Merkwürdig ist jedoch, daß der 1978 kundgegebene Verzicht auf das mittelkalibrige Geschütz 20,3 cm Mk 71 offensichtlich die Absicht der Carter-Regierung signalisierte, künftig auf wirkungsvolle Rohrwaffen-Unterstützung großen Umfangs ganz zu verzichten, oder – anders ausgedrückt: hier wird die derzeitige Politik der USA deutlich, sich künftig jeder offensiven amphibischen Handlung zu enthalten. Was der Verzicht auf die Einführung der 20,3-cm-Kanone bedeutet, wird aus der nachfolgenden Übersicht deutlich, aus der der Bedarf an Schiffsgeschützen bei Landungen verschiedenartiger Marine-Corps-Verbände hervorgeht.

Bedarf an Schiffsgeschützen bei amphibischen Landungen

Verband in	20,3 cm Mk 71	12,7 cm Mk 42	12,7 cm Mk 45
Divisionsstärke	12	37	56
Brigadestärke	3	10	15
Bataillonsstärke	0	1-2	2-3

Vorstehende Übersicht verdeutlicht, daß bei Verzicht auf die Einführung von 20,3-cm-Geschützen die *wirksame* Feuerunterstützung von Landungen in Divisionsstärke nicht würde stattfinden können, ja das selbst die Feuerunterstützung eines Brigadeverbandes nur unvollkommen sein würde. Jedoch – selbst *wenn* eine künftige US-Regierung doch noch die Entscheidung zugunsten der MK 71 fällten sollte, so bleibt immer noch die Frage nach der bestmöglichen Plattform unbeantwortet. Um die an anderer Stelle dringender benötigten *Spruance*-Zerstörer von der zeitraubenden und zweckentfremdeten Aufgabe der Landungs-Feuerunterstützung zu befreien, würde sich die Modernisierung der älteren DD der *Forrest Sherman*-Klasse empfehlen, auf denen eine oder zwei 20,3-cm-Kanonen installiert werden könnten. Doch haben solche Überlegungen gegenwärtig keine Aussichten auf Realisierung.
Bei aufkommenden Krisen, bei denen die USA erneut gezwungen sein würden, Landungen größeren Umfangs vorzunehmen, bliebe noch die Alternative, auf die 40,6-cm-Rohre der vier konservierten Schlachtschiffe oder auf die 18 20,3-cm-Rohre der beiden letzten konservierten schweren Kreuzer zurückzugreifen.

Schiffsgeschütze auf aktiven Schiffen der U. S. Navy

Kaliber in Zoll u. Rohrlänge	Kaliber in cm u. Bezeichnung des Turmes/Lafette	Bezeichnung der Rohre	eingeführt	Geschützbesatzung	Gewicht to	Schußfolge/Minute	größte Reichweite km	größte Schußhöhe	Bemerkungen
8″55	20,3 L/55 Mk 71	Mk 30 Mod 2	1975*	6	78,4	12**	28,7**	–	vollautomatischer Einzelturm; *ab 1975 Bordversuche auf DD-945 *Hull;* ** bei Raketengeschossen 6 Schuß/Min. u. viel größere Reichweite; Produktion 1978 zunächst storniert
6″47	15,2 L/47	Mk 16 Mod 1	1942	40	165–173	10–18	23,9	–	halbautomatischer Drillingsturm; nur noch 1 Turm auf CG-5, Aussonderung 1979
5″38	12,7 L/38 Mk 24	Mk 12 Mod 1	1938	15	15,0	18	15,8	9,8	offene Einzellafette; nur noch auf CG-10 und 11; Aussonderung 1980
5″38	12,7 L/38 Mk 30	Mk 12 Mod 1	1938	17	20,4	20	15,8	9,8	halbautomatischer Einzelturm; auf CGN-9, FFG-1-Kl., FF-1040-Kl., WHEC-718-Kl.
5″38	12,7 L/38 Mk 32	Mk 12 Mod 1	1942	27	54,4	18	15,8	9,8	halbautomatischer Doppelturm („mount“); nur noch 3 Türme auf CG-5; Aussonderung 1979
5″38	12,7 L/38 Mk 38	Mk 12 Mod 1	1943	27	43,4 – 47,9	18	15,8	9,8	halbautomatischer Doppelturm; auf NRT-Zerstörern der DD-710-Kl.
5″54	12,7 L/54 Mk 39	Mk 16 Mod 0	1945	17	33,5 – 37,5	18	23,0	14,8	Einzelturm („mount“), halbautomatisch; auf CV-41-Klasse; ausgesondert 1978

Kaliber in Zoll u. Rohrlänge	Kaliber in cm u. Bezeichnung des Turmes/Lafette	Bezeichnung der Rohre	eingeführt	Geschützbesatzung	Gewicht to	Schußfolge/ Minute	größte Reichweite km	größte Schußhöhe	Bemerkungen
5″54	12,7 L/54 Mk 42	Mk 18 Mod 0	1953	14	63 – 65,8	20	23,7	14,9	vollautomatischer Einzelturm („mount"); Mod 1 bis 10; Mod 10 nur 63 to Gewicht; in Verwendung auf CGN-35, CG-26-Kl., DDG-2-Kl., DDG-31-Kl., DDG-37-Kl., FF-1052-Kl. DD-931/933-Kl. sowie auf dtsch. und austral. DDG
5″54	12,7 L/54 Mk 45		1974	6	21,7	16–20	23,7	14,9	vollautomatischer Leichtgewicht-Einzelturm („mount"); auf CGN-38-Kl., CGN-36-Kl., CG-47-Kl., DD-963-Kl., LHA-1-Kl. beschränkte Fla-Komponente
3″50	7,6 L/50 Mk 33	Mk 22	1951	12	15,0	25	12,8	8,9	offene Zwillingslafette; auf einigen DD-931-Kl., AGF-3, amphib. Schiffen u. Hilfsschiffen; als Zwillingslafette m. geschl. Schild auf FF-1037-Kl., LPH-2-Kl., LKA-113 Kl., AFS-1-Kl., AOE-1-Kl. und LST-1179-Kl.
3″50	7,6 L/50 Mk 34	Mk 22		8	15,0	20	12,8	8,9	Einzellafette mit geschlossenem Schild; nur wenige Exemplare auf PG-84-Kl.
	7,6 L/62 Mk 75		1974	4	6,2	80	19,2	11,9	Lizenzbau der 7,6-cm-Kompaktkanone von OTO Melara; Einzelturm („mount"), vollautomatisch; Tests auf FFG-4; auf FFG-7- und PHM-1-Klasse, später auf WMEC-901

Kaliber in Zoll u. Rohrlänge	Kaliber in cm u. Bezeichnung des Turmes/Lafette	Bezeichnung der Rohre	eingeführt	Geschützbesatzung	Gewicht to	Schußfolge/ Minute	größte Reichweite km	größte Schußhöhe	Bemerkungen
	40 mm L/60 Mk 3	Mk 1		4–5	1,0	160	10,0	6,9	Einzel-Flalafette, offen; auf wenigen MSO und auf Hilfsschiffen
	20 mm L/70 Mk 10	Mk 2/4		2	0,3–0,5	450	4,4	3,0	Einzel-Flageschütz, offen; auf einigen MSO und auf Hilfsschiffen
	20 mm Mk 67	Mk 16 Mod 5		1		800	3,0		Einzelgeschütz zur Selbstverteidigung und für Minenbeschuß; auf CGN-25, LHA-1-Kl. und einigen Hilfsschiffen
	20 mm Mk 68	Mk 16 Mod 5		1		800	3,0		Einzelgeschütz zum Minenbeschuß; auf einigen MSO und Hilfsschiffen
	20 mm L/76 Mk 15	M61A1	1980	–	5,4	3000	1,5		Phalanx CIWS („Close-In Weapons System“) sechsläufige „gatling“-Geschützanlage, voll-elektronisch gesteuert, zur Abwehr gegen tieffliegende Flugkörper; seit 1977 auf DD-942; ab 1980 Nachrüstung auf zahlreichen Schiffen

Beginn und kläglicher Rest eines verheißungsvollen Unternehmens! Das einzige Bordexemplar der seit vielen Jahren entwickelten 20,3-cm-L/55-Leichtgewicht-Kanone-Mk 71. Sie befindet sich auf dem Vorschiff des Zerstörers *Hull* (DD-945), der auf diesem Foto am 17. April 1975 im Pazifik aufgenommen wurde. Die vom Marineminister Brown während der Regierungszeit des Präsidenten Carter angeordnete Suspendierung des gesamten Programms war ein schwerer Rückschlag insbesondere für das Marine Corps, das gehofft hatte, in dieser Kanone endlich einen Ausgleich beim amphibischen Küstenbeschuß zu erhalten, nachdem nun sämtliche Schlachtschiffe und Kreuzer mit Geschützen schwerer als 12,7 cm außer Dienst gestellt worden sind. Es war geplant, Mitte der 80er Jahre das vordere 12,7-cm-Geschütz Mk 45 der *Spruance*-Zerstörer durch eines des Kalibers 20,3 cm zu ersetzen. USN

Reminiszenz aus längst vergangenen Zeiten: eine offene Lafette mit einem Geschützrohr des Kalibers 12,7-cm-L/38-Mk 24. Sie befindet sich auf dem Lenkwaffenkreuzer *Albany* (CG-10). Die Aufnahme wurde am 30. Juni 1976 im Hafen von Norfolk gemacht. Direkt am achteren Mack angebracht befindet sich eine Konsole mit dem dazugehörigen FL-Gerät-Mk 56. Mit der Außerdienststellung sowohl der *Albany* als auch des Schwesterschiffes *Chicago* (CG-11) verschwindet auch diese Kanone aus dem aktiven Dienst der Navy ebenso, wie zunehmend auch alle FL-Geräte-Mk 56 entfernt werden, selbst da, wo sich noch 7,6-cm-Geschütze an Bord befinden. Te

Halbautomatisch nachladbarer Doppelturm (bei der U. S. Navy als „mount“ bezeichnet!) Mk 38 mit zwei Rohren des Kalibers 12,7-cm-L/38. Diesen Doppelturm findet man nur noch auf den restlichen NRF-Zerstörern des Typs *Gearing* FRAM I. Dagegen führen auch noch zahlreiche DDs in fremden Marinen diese Waffe. Die Aufnahme entstand im Jahre 1973 auf DD-840 *Glennon*. Te

12,7-cm-L/54-Turm-Mk 42, Mod. 9, mit aufmontierter Funkantenne, aufgenommen in New York am 5. Juli 1976. Das Geschütz steht auf dem Achterschiff von CG-28 *Wainwright*. Mod. 9 ist von Mod. 7 daran zu unterscheiden, daß hier nur an der linken Seite ein „Froschauge“, d.h. eine Seeziel-Optik für Beschuß ohne FL-Gerät beibehalten wurde, während der Stand für optische Erfassung von Luftzielen auf der rechten Seite entfernt wurde. Der etwas leichtere Turm Mod. 10 ist äußerlich von Mod. 9 kaum zu unterscheiden. Mk 42 findet man auch auf einigen nicht-amerikanischen Kriegsschiffen. Te

Daß Gewichts-Reduktion bei den Schiffbauern der amerikanischen Kriegsschiffe wichtiger zu sein scheint, als die Höchstleistungen der Geschütze, manifestiert sich am 12,7-cm-Geschütz-Mk 45 Mod. 0, hier aufgenommen 1975 während des Besuches von CGN-37 *South Carolina* in Bremerhaven. Da bei der Abwehr gegen Flugzeuge den Geschützen gegenüber den Lenkwaffen eine eher untergeordnete Rolle zukommt, meinte man sich leisten zu können, die Fla-Komponente der Mk 45 und ihre Schußfolge zu beschränken. Dafür wird Automation groß geschrieben: Der Turm ist vollautomatisch nachladbar, in ihm halten sich keine Geschützmannschaften auf und das Feuer wird von einem Mann am Schaltpult geleitet. Lediglich zum Heranschaffen der Munition werden noch Mannschaften benötigt. Das gegenüber Mk 42 erreichte dreimal niedrigere Turmgewicht ist u.a. Resultat der Verwendung von Leichtmetall.
Te

Der antiquierte 12,7-cm-Einzelturm-Mk 30 ist ein Überbleibsel aus dem Zweiten Weltkrieg. Er war in fünffacher Ausfertigung auf sämtlichen Zerstörern der damals eingeführten *Fletcher*-Klasse, von denen noch heute zahlreiche Einheiten in fremden Marinen schwimmen. Diese Aufnahme entstand im Juni 1970. Sie zeigt die 12,7-cm-L/38 sowie das ASROC-Gerät auf dem damals noch als DEG-5 klassifizierten Geleitschiff (heute Fregatte) *Richard L. Page* während der Passage des Kiel-Kanals.
Te

Hoch auf dem Brückenaufbau von LST-1188 *Saginaw* steht diese 7,6-cm-L/50-Doppellafette Mk 33, in Ruhestellung nach achtern zeigend. Während auf Kreuzern, Zerstörern und Hilfsschiffen dieses Geschütz zunehmend entfernt wird, findet man es immer noch auf manchen amphibischen Schiffen, oft jedoch ohne das dazugehörige FL-Gerät-Mk 56. Dieses Geschütz wurde zum Ende des Zweiten Weltkrieges konzipiert als klar wurde, daß selbst konzentriertes Feuer der 40-mm-Bofors oft nicht imstande war, die todesmutigen Kamikaze-Piloten zum Ausweichen zu zwingen, oder ihre Flugzeuge abzuschießen. Dieses Geschütz ist nach wie vor für die Nahabwehr gut geeignet. Entfernt wird es angeblich, weil die Instandhaltung kompliziert ist, in Wirklichkeit aber, weil wegen der Personal-Probleme nicht ausreichend Bedienungsmannschaften zur Verfügung stehen. Das Foto wurde am 7. September 1974 im Mittelmeer aufgenommen. Gr

Dies ist der Prototyp der zweiten Generation von amerikanischen „Gatling"-Geschützen zur Abwehr gegen tief anfliegende FK auf dem letzten Teil der Flugbahn. Nach Abschluß der Versuchsreihen *soll* diese Anlage auf später fertiggestellten amerikanischen Schiffen – etwa ab Mitte der 80er Jahre – installiert werden. Vorerst nur Firmen-Bezeichnung EX-83 Mod. 0. Gegenüber von Mk 15 Phalanx soll es wesentliche Verbesserungen geben: 7 Läufe, 4.200 Schuß/Min., gurtloses Magazin mit 1.350 Schuß, Gesamtgewicht max. 3,9 to. GE

Dies ist das in den USA in Lizenz gebaute italienische Geschütz von OTO Melara. In der USN führt es keine inch-Bezeichnung, sondern es wird auch amtlich als 7,6-cm-L/62 Mk 75 bezeichnet. Die hohe Schußfolge und das geringe Gewicht waren vor allem Ursache dafür, daß sich dieses in aller Welt inzwischen anerkannte Geschütz – trotz gelegentlicher Kritik – auch bei der U. S. Navy durchsetzen konnte. Dieses Foto wurde am 16. Juni 1979 in Kiel aufgenommen. Es zeigt das 7,6-cm-Geschütz auf der spanischen Korvette *Descubierta.* Da der Unterbau des Geschützes mit dem Nachlademagazin auf diesem niedrigen Schiff nicht ganz im Schiffskörper untergebracht werden konnte, ragt er etwas über dem Deck des Vorschiffes heraus. Te

Dieses Foto wurde im März 1974 aufgenommen. Es zeigt die Versuchs-Ausführung der sechsrohrigen Gatling-Anlage Phlalanx Mk 15. Über dem Rohrbündel befindet sich die Kuppel mit dem Such- und Verfolgungs-Radar, der vollautomatisch des Ziel erfassen und das Feuer leiten soll. Mit 5,4 to etwas schwerer als EX-83, jedoch ab 1980 bereits in Auslieferung an zahlreiche Schiffe der USN. Zuverlässigkeit und Treffsicherheit waren lange Zeit Gegenstand von Debatten – auch im Kongreß; sie sind teilweise auch gegenwärtig noch etwas umstritten, so daß es den Anschein hat, man hätte etwas aus eigener Rechtfertigung eingeführt, bevor besseres geschaffen werden konnte. USN

8.13 U-Jagd-Waffen

Man soll es angesichts der Wichtigkeit, die den U-Jagd-Waffen angesichts der großen Anzahl sowjetischer U-Schiffe zukommt, kaum für möglich halten, daß dieser Unterabschnitt einer der kürzesten ist. Indessen: im Grunde gibt es auf Überwasserschiffen der U. S. Navy als eigentliche Spezial-U-Jagd-*Waffen* nur zwei Systeme:

- □ das ASROC-System mit dem Starter Mk 16, der in der Übersicht „Lenkwaffenanlagen der U. S. Navy" enthalten ist, und
- □ die U-Jagd-Drillingstorpedorohre 32,4 cm Mk 32.

Beide Systeme verwenden den U-Jagdtorpedo Mk 46 und stehen in Verbindung mit Unterwasser-Feuerleitanlagen, von denen die zur Zeit hauptsächlich verwendete die Mk 116-Anlage ist. Außer diesen beiden Systemen sind als weitere Alternativen der U-Jagd anzusehen:

- □ nuklear angetriebene Angriffs-U-Schiffe (SSN)
- □ Bord-Hubschrauber auf Zerstörern und Kreuzern (LAMPS)
- □ bord- und landgestützte Flugzeuge der Seeluftwaffe (VS-, HS- und VP-Maschinen)

Bei den Unterwasserschiffen sind deren Torpedorohre – hier vor allem für den Mk 48 – Torpedo mit Drahtlenkung, SUBROC und dessen späteren Nachfolger – deren eigentliche U-Jagd-Waffe. Flugzeuge und Hubschrauber dagegen führen die Torpedos und Wasserbomben entweder in ihren Bombenschächten oder als Außenlast. Eingeführt ist auch die Nuklear-Wasserbombe Lulu, die von Schiffen und Flugzeugen abgesetzt werden kann.

8.14 Torpedos

Die Zeiten des Überwasserangriffs mit Torpedos sind vorüber. Die U. S. Navy verfügt zur Zeit über drei eingeführte Torpedos, nämlich

□ Mk 37, □ Mk 46, □ Mk 48,

die allesamt für die Bekämpfung von U-Schiffen bestimmt sind. Mk 37* und Mk 48 werden von Angriffs-U-Schiffen aus abgeschossen, wobei Mk 48 auch gegen Überwasserziele benutzt werden kann. Mk 46 dagegen ist ein kurzer U-Jagd-Zielsuchtorpedo, der bis zum Ende der 70er Jahre den Vorgänger Mk 44 völlig ersetzt hat und der sowohl von Überwasserschiffen, von Flugmaschinen und als Bestandteil von Minen mitgeführt wird. In der Luft wird er entweder in den Bombenschächten der VS- und VP-Maschinen mitgeführt, oder er hängt an den Außenstationen der Hubschrauber. Auf Überwasserschiffen geschieht der Abschuß hauptsächlich aus den bereits erwähnten UTR Mk 32, die außer bei der U.S.N. auch noch in zahlreichen fremden Marinen vorhanden sind. Theoretisch möglich ist auch die Freigabe des Torpedos von offenen Abwurfgestellen, die vor allem auf kleinen Schiffen installiert sind, die über keine UTR verfügen. Letztlich bildet der Torpedo Mk 46 den Hauptbestandteil für den ASROC-Flugkörper und die neu eingeführte CAPTOR-Mine.
Wegen der sehr hohen Kosten des vorzüglichen Torpedos Mk 48 behielt die Navy rund 1200 Torpedos des älteren Typs Mk 37 in Reserve.

* Die Verwendung des Torpedos Mk 37 wurde zwischenzeitlich eingestellt.

Der Torpedo Mk 48 ist der zur Zeit vielseitigste und teuerste Torpedo auf der ganzen Welt, mit einem Stückpreis von rd. 625 000,- $. Nach seiner Einführung wurde der Vorgänger Mk 45 ASTOR ausgesondert. Da Mk 45 einen Nuklearsprengkopf mitführen konnte, liegt auf der Hand, daß auch Mk 48 dies kann. Nach Entfernung der Nuklearsprengköpfe wurden die Torpedos Mk 45 – ähnlich wie eine verbesserte Version des Mk 37, die NT-37C, – an fremde Marinen abgegeben.
Zu den von Atom-U-Schiffen geführten torpedoartigen Flugkörpern gehört auch SUBROC. Aus normalen TR verschossen, befördert ein ballistischer Flugkörper über bis zu 25 km Entfernung eine Nuklear-Wasserbombe durch die Luft. Am Ende der Flugbahn taucht die Wasserbombe in der Nähe des erkannten gegnerischen U-Schiffes ins Wasser ein. Im Sommer 1979 wurde jedoch bekannt, daß die Navy

- ☐ entweder dringend Ersatz für den schon betagten SUBROC benötigt, oder
- ☐ zumindest eine grundlegende Modernisierung der vorhandenen SUBROC-FK.

Die Forderung basiert auf der Auswertung der bekanntgewordenen Leistungen ähnlicher sowjetischer Systeme in Verbindung mit der verbesserten Ortungsfähigkeit seitens sowjetischer Schiffe. Die ersten Überlegungen für den Ersatz für SUBROC rangieren gegenwärtig unter dem Generalbegriff „ASW Standoff Weapon".
Der Ordnung halber soll am Schluß noch erwähnt werden, daß sich auf einigen Kreuzern und Fregatten im Achterschiff möglicherweise immer noch Torpedorohre Mk 25 befinden, die jedoch gegenwärtig überall stillgelegt sind.

Hubschrauber-Version des U-Jagdtorpedos Mk 46, aufgenommen am 19. August 1976 auf FF *Elmer Montomery*. Gr

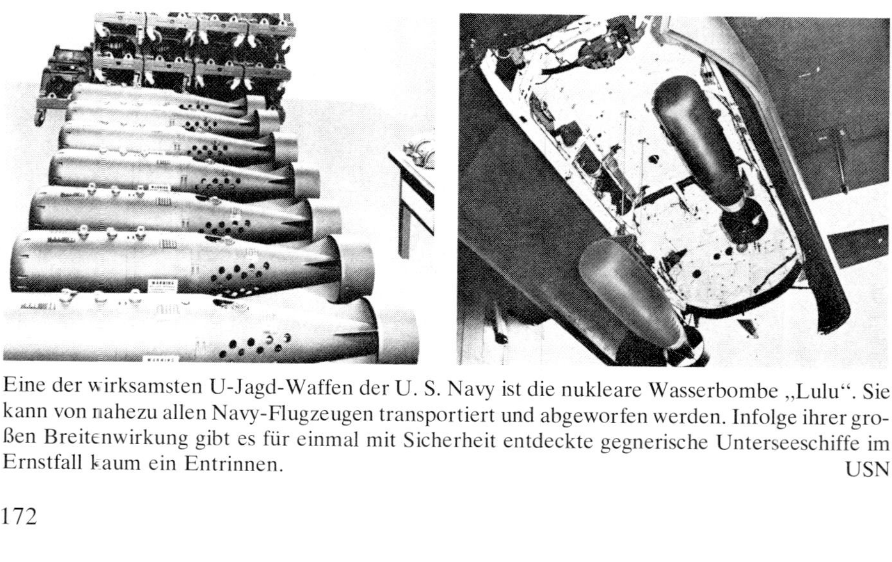

Eine der wirksamsten U-Jagd-Waffen der U. S. Navy ist die nukleare Wasserbombe „Lulu". Sie kann von nahezu allen Navy-Flugzeugen transportiert und abgeworfen werden. Infolge ihrer großen Breitenwirkung gibt es für einmal mit Sicherheit entdeckte gegnerische Unterseeschiffe im Ernstfall kaum ein Entrinnen. USN

Torpedos der U. S. Navy

Bezeichnung	eingeführt	Gewicht kg	Länge m	Lenkung	Bemerkungen
Mk 37	1967	649–777	3,4–4,1	Draht; aktiv/passiv. Zielsuchkopf	Versionen: Mod. 2 und 3; Verwendung auf U-Schiffen; Reichweite ca. 9 km; modernisierte Version NT-37C für fremde Marinen; Ø 48,5 cm
Mk 46	1966	258	2,6	aktiv/passiver Zielsuchkopf	Modell 0; Verwendung auf Hubschraubern und Flugzeugen; Ø 32,4 cm
Mk 46	1967–72	230	2,6	aktiv/passiver Zielsuchkopf	Modell 1 und 2; Verwendung auf Hubschraubern, Flugzeugen und Überwasserschiffen; Abschuß aus UTR Mk 32 und als Bestandteil von ASROC; Mod. 4 Bestandteil der CAPTOR-Mine; Mk 5 ab ca. 1979 verbesserte ECM-Eigenschaften und bessere Ortungsfähigkeit im Rahmen des NEARTIP-Programms; z. T. auch in fremden Marinen Ø 32,4 cm
Mk 48	1972	1563	5,8	Draht; aktiv/passiv. Zielsuchkopf	Modell 1 bis 3; Verwendung auf U-Schiffen; große Tauchtiefe, Reichweite 46 km; Ø 53,3cm ADCAP: schnellere und tiefer tauchende Version, ab 1981
Mk XX		ca. 227	ca. 2,6	aktiv/passiver Zielsuchkopf	„Advanced Light-weight Torpedo“ (ALWT); Einführung in den 80er Jahren als Ersatz für Mk 46

Der U-Jagd-Torpedo-Drillingssatz Mk 32 erfreut sich weiter Verbreitung sowohl bei der U. S. Navy, wie auch in zahlreichen fremden Marinen. Dieses Foto entstand am 4. April 1971; es zeigt einen Drillingssatz Mk 32 auf der italienischen Fregatte *Canopo* und dazu noch einen U-Jagd-Torpedo Mk 44 auf dem Transportgestell. Eine Parallelentwicklung sind die britischen Drillingssätze des Systems STWS 1, die man von den amerikanischen kaum unterscheiden kann. Die bei der USN jetzt aus diesen UTR verschossenen Torpedos gehören dem Typ Mk 46 an. Sie können angeblich eine Stunde lang mit ca. 30 kn Geschwindigkeit unterwegs sein. Diese Torpedos haben einen Zielsuchkopf, mit dessen Hilfe der Torpedo nach grober Zielerfassung selbsttätig sein Ziel sucht und ansteuert. Go

Dieses Foto aus dem Jahre 1966 zeigt das Heck der Fregatte *Edward McDonnell* mit dem Austritt der damals noch hier vorhandenen U-Jagd-Torpedorohre Mk 25, aus denen drahtgelenkte Torpedos verschossen werden konnten. Seitdem sind sämtliche Mk-25-TR entfernt worden. Te

8.15 Minenwesen

Zum gesamten Minenwesen hat die amerikanische Marine seit längerer Zeit ein ausgesprochen gestörtes Verhältnis. Den wenigen im Zweiten Weltkrieg zum Minenlegen eingesetzten Schiffen folgten nach dem Kriege nur wenige Einheiten mit kurzer Dienstdauer. Bei Bedarf – so sagt man – würde man im Kriegsfalle auf rasch umgebaute Handelsschiffe zurückgreifen. Ansonsten sind Fernaufklärer aber auch Trägerflugzeuge theoretisch imstande, Minen aufzunehmen und abzuwerfen, ebenso wie die ca. 80 B-52D-Bomber des Strategischen Bomberkommandos (SAC), deren Mineneinsatz jedoch im Falle eines weltweiten Konfliktes eher zu Problemen führen würde, als er nützlich wäre. Auch sind Minenlege-Operationen durch U-Schiffe praktisch möglich, jedoch stets mit viel Umständen verbunden. Im Ernstfalle würde die Anzahl der vorhandenen U-Schiffe ohnedies kaum für viel wichtigere Aufgaben ausreichen.
Da keine Neuentwicklungen zu verzeichnen sind, kann das Inventar an U.S.-Minen als veraltet bezeichnet werden. Man verläßt sich dabei offensichtlich vertrauensvoll auf die Minenstreitkräfte der verbündeten NATO-Marinen. Eine Ausnahme bildet die ab 1979 eingeführte Mine Mk 60 CAPTOR („encapsulated torpedo“), von der bis 1981 ca. 2000 Exemplare gefertigt und geliefert werden sollen. Dies ist eine in großer Tiefe verankerte Ankertau-Mine mit der Fähigkeit, herannahende gegnerische Unterseeschiffe zu orten. Bestandteil der CAPTOR-Mine ist ein U-Jagdtorpedo Mk 46 Mod. 4. Bei Ortung eines gegnerischen U-Schiffes wird der Torpedo freigegeben und er findet sein Ziel selbsttätig mit Hilfe seines Zielsuchkopfes. So gesehen ist CAPTOR eher das Mittel eines Unterwassersystems zur Bekämpfung von Unterseeschiffen und paßt somit weniger in das klassische Schema der Minen-Kriegführung. CAPTOR wiegt etwa 1 to und kann aus den Torpedorohren der U-Schiffe abgeschossen, wie auch von Flugzeugen abgeworfen werden. Da CAPTOR sehr teuer ist, sucht die Navy seit Ende der 70er Jahre nach einem ähnlichen aber preiswerteren Muster.
Im Zusammenhang mit dem Minenwesen wird auf ergänzende Ausführungen im Abschnitt 15.23 dieses Werkes hingewiesen.

Der neue U-Jagdtorpedo ALWT. USN

8.2 Elektronische Systeme (Schiffselektronik)

8.20 Einleitung

Seit der Einführung der ersten Schiffs-Radarortungsanlagen und elektronisch gesteuerten Geschütz-Feuerleitanlagen im Zweiten Weltkrieg erfuhr die gesamte Schiffselektronik im Laufe der letzten 35 Jahre eine enorme Weiterentwicklung. Neben dem Kostenanteil für die ebenfalls bedeutend teurer gewordenen modernen Waffenanlagen bestimmen gegenwärtig die Kosten für die Elektronik weitgehend den Endpreis eines Schiffes. Mehr als 60 % der Gesamtbaukosten eines modernen Kriegsschiffes – je nach Schiffstyp – entfallen heutzutage auf Waffen und Elektronik. Nur bei den nuklear angetriebenen Superträgern und bei Hilfsschiffen dürften die Relationen noch anders sein.

Obwohl die allerletzten Einzelheiten der Wirkungsweise und der Leistungs-Parameter der hochgezüchteten elektronischen Anlagen nach wie vor einer hohen Geheimhaltungsstufe unterliegen, so sind dank der Informations-Freudigkeit der einschlägigen Industrie sowie der Marine eines demokratischen Staates zumindest der Bestand und die Bezeichnungen der Schiffs- – und parallel dazu der Flugzeug- – Elektronik bekannt. Die Leistungsfähigkeit eines Schiffstyps kann weitgehend aufgrund der Kenntnis seiner Waffen und seiner Elektronik beurteilt werden. Außerdem haben die außen am Schiff angebrachten Anlagenteile zum Teil Größen und Formen erreicht, die sie deutlich wahrnehmbar und identifizierbar machen. Sie gehören daher neben den festen Teilen, wie Schiffskörper, Aufbauten, Schornstein, Masten und Waffen, zu den oft unverkennbaren Erkennungs- und Unterscheidungsmerkmalen einer Schiffsklasse, weil das Vorhandensein oder die Entfernung bestimmter Geräte auch ihr Aussehen verändert.

Es kann nicht Aufgabe dieses Buches sein, detaillierte technische Einzelheiten über die Wirkungsweise von elektronischen Anlagen zu vermitteln; vielmehr kommt es darauf an, einen Überblick zu bieten über die Ausrüstung, die Art und die Wirkungsmöglichkeiten von diversen Anlagen. Dies geschieht nachfolgend in Form von Tabellen und – sofern es sich um für die Schiffserkennung belangreiche, außen angebrachte Anlagenteile handelt – in Form von Fotos.

Man unterscheidet gegenwärtig generell unter folgenden Arten von bordgestützten elektronischen Anlagen:

- ☐ Lenkwaffen-Leitanlagen
- ☐ Geschütz-Feuerleitanlagen (FLG)
- ☐ Unterwasserwaffen-Leitanlagen
- ☐ Überwasserortungsanlagen (Radar)
- ☐ Unterwasserortungsanlagen (Sonar)
- ☐ Anlagen für Schiffs- und Flugzeugnavigation (TACAN, Annäherungs- und Lande-Radar)
- ☐ Anlagen für die elektronische Kriegführung (ESM/ECM/ECCM)
- ☐ Kommando- und Führungsanlagen (NTDS u. ähnl.)
- ☐ Funkverbindungs- und Navigationsanlagen per Satelliten (SATCOM + SATNAV)

Zu allen elektronischen Anlagen gehören in erster Linie die im Schiffsinneren befindlichen datenverarbeitenden Rechengeräte, dann aber auch die außen angebrachten Sen-

soren (Antennen), nach deren Form und Aussehen in den meisten Fällen auf das Vorhandensein einer bestimmten Anlage geschlossen werden kann.
Die Verwendung solch hochgezüchteter Anlagen hat jedoch nicht nur das Aussehen der Kriegsschiffe und die Möglichkeiten der Kriegführung geprägt, sie hat auch insofern die Struktur der Schiffsbesatzungen verändert, als für die Bedienung und die Instandhaltung dieser komplizierten Anlagen hochgradig geschulte Spezialisten eingesetzt werden müssen. Zugleich kann man ermessen, um wieviel gefährdeter und empfindlicher moderne Kriegsschiffe geworden sind im Vergleich mit den früheren, auf denen es solche Anlagen nicht gegeben hat. Ein einziger Treffer, der an sich keineswegs zur lebenswichtigen Beschädigung oder zum Verlust des Schiffes führen muß, kann bewirken, daß durch den Ausfall einer wichtigen elektronischen Anlage die wichtigste Kampfkomponente vernichtet wird, so daß das Schiff allein schon deswegen gegenüber einem voll kampffähig gebliebenen Gegner hoffnungslos unterlegen sein kann.
Aber auch in Friedenszeiten bergen elektronische Anlagen potentielle Gefahren. Bei der im November 1975 erfolgten Kollision zwischen dem Flugzeugträger *John F. Kennedy* (CV-67) und dem Lenkwaffenkreuzer *Belknap* (CG-26) geriet der Kreuzer nach enormem Funkenregen, der durch eingeschaltete elektronische Anlagen beim Zusammenstoß entstand, in Brand. Es war nur der aufopferungsvollen Tätigkeit der Schiffsbesatzung und der anderen am Löschen beteiligten Schiffe zu verdanken, daß das Schiff seinerzeit nicht verlorengegangen ist.

8.21 Kennzeichnung der elektronischen Anlagen

Die Kennzeichnung der elektronischen Anlagen auf Schiffen der U. S. Navy *kann* in vierfacher Weise vor sich gehen:

- ☐ Am Anfang einer Entwicklung steht oft die firmeninterne Bezeichnung des Hersteller-Werkes; als Beispiel: die Sonaranlage SQS-56 führt bei Raytheon die Bezeichnung DE 1160 +-Serie.
- ☐ Ebenso steht vor der vollzogenen Adaption einer Anlage durch die Navy oft eine Arbeitsbezeichnung für das System – zumeist ein Kürzel – das erst später durch eine Standard-Kennzeichnung ergänzt wird; als Beispiele: PAIR für SQQ-23-Sonar, AEGIS für SPY-1-Radar und TACTAS für die SQR-18/19-Serie.
- ☐ Anlagen und Geräte des *Naval Ordnance Systems Command* werden durch „*Mark*“ und einer fortlaufenden Nummer gekennzeichnet, z. B. Mk 37, um hier ein Feuerleitgerät zu nennen. Dies wird entsprechend auch bei der Kennzeichnung von Waffen und Geräten praktiziert, wobei einzelne Versionen eines Grundmusters mit „*Model*“ bezeichnet werden, wie zum Beispiel eine Feuerleitanlage mit „Mk 92 Mod. 2”.
- ☐ Seit dem Zweiten Weltkrieg gibt es jedoch eine gemeinsame von der U. S. Army, der U. S. Navy und der U. S. Air Force adaptierte Klassifikation der elektronischen Geräte, die sogenannte AN/...-Serie.

Bei der AN/...-Serie kann aus einer bestimmten Buchstaben-Sequenz auf die Verwendung der Anlage geschlossen werden. Das AN/...-System ist gegenwärtig gültig und nachfolgend werden die für den maritimen Bereich geltenden Buchstaben vorgestellt. Die korrekte Bezeichnung von nach diesem System gekennzeichneten Geräten sollte stets mit dem Prefix AN/ beginnen (z. B. AN/SPS-40). In der Praxis jedoch werden in der Regel nur die drei letzten Buchstaben hinter dem Schrägstrich genannt, aus deren Kombination dann die oft vorkommenden Serien bekanntgeworden sind, wie z. B.

AN/SPS	für Schiffs-Radarortungsanlagen
SPN	für Flugzeug-Anflug-Radaranlagen
SPG, SPQ, SPW	für Schiffs-Feuerleitanlagen
SRN	für Satelliten-Navigationsanlagen
SQS, SQR, SQA, SQQ	für Sonaranlagen auf Überwasserschiffen
BQS, BQR, BQQ	für U-Schiffs-Sonaranlagen
SLQ, SLR, SLT, WLR	für Eloka-Anlagen
UPX	für IFF-Anlagen
URN	für TACAN-Anlagen
SPY	für kombinierte Mehrbereichs-Radar-/Feuerleitanlagen

Kennzeichnung von Nachrichtenverbindungs- und sonstigen elektronischen Anlagen der AN/...-Serie

Die Kürzung AN/ vor dem Schrägstrich ist gleichbleibend bei allen Geräten dieser Serie. Die hinter dem Schrägtisch angebrachten drei Buchstaben haben folgende Bedeutung:

Buchst.	amerikanische Bedeutung	deutsche Bedeutung
Erster Buchstabe: Ort der Installation		
A	Airborne	installiert und betrieben im Flugzeug
B	Underwater mobile, submarine	installiert und betrieben im Unterseeschiff
D	Pilotless carrier	unbemanntes Fahrzeug, Drohne
F	Fixed	ortsfeste Installation
G	Ground, general ground use	beinhaltet zwei oder mehrere landgebundene Installationen
K	Amphibious	Installation für amphibische Zwecke
M	Ground, mobile	landgebundene Installation, angebracht auf Sonder-Kfz.
P	Pack, portable	tragbare Geräte
S	Water surface craft	installiert auf Überwasserfahrzeugen
T	Ground, transportable	transportable Bodengeräte
U	General utility	allgemeine Geräte, die auch zwei oder mehrere Anlagen über, unter Wasser oder in der Luft enthalten
V	Vehicular, ground	Bodengeräte, nicht auf Sonder-Kfz. installiert
W	Waterborne, underwater	über und unter Wasser installierte Geräte
Zweiter Buchstabe: Art des Gerätes		
A	Invisible light, heat radiation	Strahlungsanzeiger, Infrarot
F	Photographic	fotografische Geräte
G	Telegraph, teletype	Fernmelde- und Fernschreibgeräte
K	Telematic	Fern-Meßgeräte
L	Countermeasures	Geräte für elektronische Gegenmaßnahmen
M	Meteorological	Meteorologische Geräte
N	Sound in air	Luftschall-Meßgeräte
P	Radar	Radar-Ortungsgeräte
Q	Sonar and underwater sound	Sonar- und Unterwasser-Schallgeräte
R	Radio	Radiogeräte
S	Special types, magnetic or combination of types	Spezialgeräte
T	Telephone (wire)	Drahtfunk
W	Armament	zu Waffenanlagen zugehörig

Buchst.	amerikanische Bedeutung	deutsche Bedeutung
Dritter Buchstabe: Zweck des Gerätes		
A	Auxiliary assembles	allein für sich nicht wirkende Teile anderer Anlagen
C	Communications	Nachrichtenwesen
G	Fire Control	Feuerleitung
N	Navigational aids	Navigationshilfen und Anfluggeräte
Q	Fire Control (special or combination of purposes)	Feuerleitung (Sonderanlagen)
R	Receiving – passive detecting	Empfangs-Geräte für passive Ortung
S	Detecting, range and bearing	Ortung, Bereichsmessung und Peilung
T	Transmitting	Sende-Geräte für aktive Ortung
W	Control	Bahnverfolgung
X	Identification and recognition	Erkennungs- und Selektiergeräte, IFF – Freund/Feind-Kennung
Y	Special	Sondergeräte mit mehr als einer Aufgabe

8.22 Radar-Frequenzbereiche

In den nachfolgenden Übersichten befinden sich auch Hinweise auf die Frequenzen, auf denen die entsprechenden Geräte arbeiten. Zu Erläuterung werden daher hier die Frequenzbereiche aufgezeigt:

Frequenzbänder amerikanischer Radargeräte

Band	Wellenlänge, cm	Megahertz
VHF	1 000–100	30– 300
UHF	100– 10	300– 1 000
L	30– 15	1 000– 2 000
S	15– 7,5	2 000– 4 000
C	7,5 – 3,75	4 000– 8 000
X	3,75– 2,5	8 000–12 000
P	150– 6	200– 500

8.23 Lenkwaffen-Feuerleitsysteme

führen immer eine Mk-Bezeichnung, z. B. Mk 74 für Standard MR oder künftig Mk 99 für Standard SM-2 ER. Da sämtliche Flugkörper-Leitanlagen mit entsprechenden Antennen ausgestattet sind, wird auf die nachfolgende Übersicht „Radaranlagen der U. S. Navy“ hingewiesen (siehe Seite 185).

8.24 Sonstige Feuerleitsysteme

8.24 Geschütz-Feuerleitsysteme

Diese bestehen zumeist aus einem im Rahmen der Mk-Serie bezifferten, (z. B. Mk 63, Mk 70, Mk 37, Mk 56) Leitgerät, dem zumeist als Komponente eine Radaranlage beigegeben wird, die (wenn sie älter ist) nach dem Mk-Prinzip beziffert wird (z. B. Mk 25-Radar für FLG Mk 37), oder aber im Rahmen der AN/...-Serie (wie z. B. SPQ-9 für die FL-Anlage Mk 86). Auch hierbei gibt es Analogrechner bzw. neuerdings zumeist Digitalrechner in den Operationszentralen, auf die hier im einzelnen nicht eingegangen wird.

Geschütz-Feuerleitanlagen der U. S. Navy

Bezeichnung der FLG-Anlage	dazugehörige Radar-Geräte	Verwendung
Mk 63	SPG-34 Mod 2 bzw. SPG-50	auf einigen Schiffen mit 7,6-cm-L/50-Geschützen; SPG-34 Antenne an den Geschützen angebracht; SPG-50 auf LPH-2-Klasse eingesetzt
Mk 56	Mk 35 Mod 2	FLG für 7,6 cm L/50 und 12,7 cm L/38 auf mehreren, CGN, CG, DD, FFG, FF, LSD
Mk 70	SPG-52 Mod A	auf einigen LPH und LPD für 7,6 cm L/50-Geschütze
Mk 68	SPG-53 Mod A/D/F	FLG für 12,7 cm L/54 Mk 42; auf DDG, DD, FF; auch für 20,3 cm L/55 Mk 71 möglich
Mk 37	Mk 25 Mod 3	altes FLG für 12,7 cm L/38; auf CG, DD
Mk 86	SPG-60 (STIR) SPQ-9	Modell 1 bis 9; FLG für 12,7-cm-L/54 Mk 45; auf CGN, DD, LHA; kann auch für Flugkörperleitung benutzt werden; Mod 9 für CG-47-Klasse vorgesehen; Einbau demnächst angeblich auch auf deutschen DDG der *Lütjens*-Klasse
Mk 92		FLG für 7,6-cm-L/62 Mk 75; Mod 1 auf FFG-7-Kl., Mod 2 auf PHM-1-Klasse und Kampfbooten fremder Marinen

8.242 Unterwasser-Feuerleitsysteme

führen ebenfalls Mk- Bezeichnungen; hier gilt sinngemäß das unter 2.24 ausgesagte.

Dieses 1978 aufgenommene Foto zeigt die modernste Geschütz-Feuerleitanlage Mk 86, hier auf dem Vordermast von DD-963 *Spruance.* In der Kuppel, auf der unteren Mastkonsole befindet sich die Radarantenne SPQ-9 und darüber der Radarbeleuchter SPG-60 (STIR), der die Möglichkeit bietet, mit dieser Anlage auch Lenkwaffen ins Ziel zu führen. STIR ist übrigens auch Bestandteil der FL-Anlage-Mk 92. Zu Mk 86 gehört auf den Atomkreuzern der *California-* und *Virginia-*Klasse auch noch eine Visuell-Optik für den Überwassereinsatz der 12,7-cm-Kanone-Mk 45. Scr

Hier handelt es sich um die Geschütz-Feuerleitanlage Mk 68 mit dem zugehörigen FL-Radar SPG-53 (zum Teil durch die Signalflagge verdeckt). Die Aufnahme entstand am 5. Juli 1976 in New York und das Gerät befindet sich auf den achteren Aufbauten von CG-28 *Wainwright.* Mit der gleichen Anlage wurde auch das Feuer der 20,3-cm-Kanone Mk 71 auf dem Zerstörer *Hull* (DD-945) gelenkt, obwohl hier die Reichweite des Leitgerätes kleiner sein dürfte als die des Geschützes, vor allem bei Verwendung von Geschossen mit Raketensatz. Te

Auf der Brücke von FFG-7 *O. H. Perry* findet man den Radom mit dem Hauptteil der FL-Anlage Mk 92 Mod. 1, einer Adaption der Anlage WM 28 von Hollandse Signaalapparaten. Darüber befindet sich Luftraum-Überwachungsradar SPS-49. Zu Mk 92 gehört ebenfalls SPG-60 (STIR), womit die Standard-FK ins Ziel geführt werden können. Da SPG-60 in nur einer Ausfertigung vorhanden ist, kann auch nur jeweils ein FK geleitet werden. Das Foto wurde am 15. November 1977 am Kennebec-Fluß gemacht. BIW

Zu den alten FL-Geräten zählt Mk 37, hier zusammen mit FL-Radar Mk 25, aufgenommen in den 60er Jahren auf dem Schweren Kreuzer *Newport News* (CA-148), der zwischenzeitlich gestrichen worden ist. Diese FL-Anlage findet man nur noch auf den *Gearing*-Zerstörern der *Naval Reserve Force*. Seit jeher stand diese Anlage in Verbindung mit der Feuerleitung der Einzel- und Doppeltürme mit 12,7-cm-Rohren-L/38 auf Schlachtschiffen, Kreuzern, Zerstörern und größeren Hilfsschiffen. Te

Die Navy ist gerade dabei, parallel zur Eliminierung von 7,6-cm-L/50-Geschützen von zahlreichen Schiffen auch die entsprechende FL-Anlage Mk 56 zu entfernen. Auf den Fregatten der *Brooke*- und *Garcia*-Klasse sowie auf einigen wenigen anderen Schiffen findet man diese Anlage immer noch. Sie ist hier auf der Brücke vom FFG-5 *Richard L. Page* zu sehen, zugleich mit dem assoziierten FL-Radar Mk 35. Das Foto wurde am 20. Dezember 1976 aufgenommen. Sehr gut sichtbar ist über der Fensterreihe die zum SATNAV-System SRN-9 gehörende viereckige Antenne, wie auch die im Hintergrund von ihrer Schutzkuppel befreite ECM-Antenne. Gr

Das Foto wurde am 12. Juni 1974 im Mittelmeer gemacht. Es zeigt das Vorschiff des Kanonenbootes *Douglas* (PG-100), das 1977 bereits gestrichen wurde. Bei dem Geschütz handelt es sich um die Solo-Ausführung vom 7,6-cm-Geschütz L/50 Mk 34 mit Radarsteuerung. Das entsprechende FL-Gerät ist Mk 63 Mod. 29, und die dazugehörige Radarantenne SPG-50 befindet sich genau über dem Geschützrohr. Sowohl die Kanone Mk 34 wie auch das FL-Gerät Mk 63 gehören zu den Seltenheiten bei der U. S. Navy. Gr

8.25 Radaranlagen und deren Antennen

Die Radarantennen sind wichtige Erkennungsmerkmale für eine Schiffsklasse oder – gelegentlich – für einzelne Schiffe innerhalb einer Klasse. Innerhalb der einzelnen Serien durchnumeriert, unterscheiden sich die Radaranlagen und deren Antennen wie folgt:

- ☐ Antennen für Überwasserortung und Navigation
- ☐ Antennen für Luftraumüberwachung
- ☐ 3-D-Antennen für Überwasser- und Luftraumüberwachung
- ☐ „high-finder", speziell für den Höhenmeßbereich bestimmte Antennen
- ☐ Radargeräte für Lenkwaffen- und Geschütz-Feuerleitanlagen.

Die Bezeichnungen der *Antennen* sind oft unterschiedlich zu denen der Radar*anlage*. Hier folgen Informationen über einige bekanntgewordene Abweichungen.

- ☐ Es wird die gleiche Radarantenne bei der 1958 eingeführten Anlage SPS-29 und der zwei Jahre jüngeren Anlage SPS-37 benutzt (und *möglicherweise* auch als erste Antenne der SPS-43-Anlage!).
- ☐ Die Anlagen SPS-37A und SPS-43A dagegen benutzen dieselbe, 13 m lange Antenne, die landläufig generell als SPS-43A identifiziert wird. Sie wird noch auf Flugzeugträgern geführt und von den Besatzungen gern auch als Flugverkehr-Kontrollgerät verwendet.
- ☐ Wie bekannt wird, benutzt die SPS-58-Anlage in ihrem Tiefflug-Überwachungsbereich nicht nur ihre eigene Antenne, sondern auch noch die alte Überwasserortungsantenne SPS-10 – wodurch eine einwandfreie Identifikation von SPS-58 nicht immer möglich ist. Hierzu kommt noch, daß die artverwandte Ortungsanlage SPS-65 offensichtlich ebenfalls keine eigene Antenne besitzt, sondern mit SPS-58 und/oder SPS-10 gekoppelt werden kann.
- ☐ Visuelle Schwierigkeiten gibt es auch bei der einwandfreien Identifikation der für die Flugkörper-Leitung bestimmten Hohlspiegel-Parabolantennen. So sehen die Beleuchter SPG-51, SPG-60 und SPG-62 auch bereits in geringerer Entfernung gleich aus. Es gibt aber auch noch ganz ähnlich aussehende Satelliten-Verbindungsantennen, die jedoch auf Kampfschiffen in *dieser Form* relativ selten vorkommen (bis 1980 z. B. auf CG-10 *Albany)*
- ☐ Aber auch schwerere FL-Radargeräte ähneln sich gelegentlich sehr. So konnten in den 60er Jahren das Talos-Leitgerät SPG-49 und das 1970 ausgesonderte Terrier-Leitgerät SPQ-5 nur von Kennern unterschieden werden.
- ☐ Manche Radarantennen sind als solche nicht sichtbar, weil sie sich unter wetterschützenden Abdeckungen (Radoms) befinden, so z. B. SPQ-9 bei der FL-Anlage Mk 86, SPN-35-Anflugantenne auf LHA-1-Klasse und die FL-Antenne der FL-Anlage Mk 92.

Auch noch gegenwärtig unterhält die U. S. Navy eine allerdings geringe Anzahl von Kampf- und Hilfsschiffen in der Reserveflotte. Diese Schiffe sind konserviert („eingemottet"!). Vor ihrer Konservierung jedoch wurden zumeist sämtliche außen angebrachten elektronischen Anlagenteile – also auch die Antennen – entfernt. Die während ihrer früheren aktiven Dienstzeit geführten elektronischen Anlagen werden in den Schiffslisten des Abschnitts 15 dieses Buches jedoch erwähnt. Selbst für den Fall, daß diese Schiffe jemals wieder reaktiviert werden sollten muß angenommen werden, daß sie dann vermutlich mit neueren Anlagen ausgestattet würden.
Die nachfolgende Übersicht enthält daher nur solche Radaranlagen, die gegenwärtig auf aktiven Schiffen geführt werden.

Radaranlagen der U. S. Navy

Bezeichnung der Anlage	Hersteller	Verwendungszweck	Frequenz-Band	Bemerkungen
Feuerleit-Radaranlagen				
Mk 25	Western Electric	FL-Radar für FLG Mk 37	X	Verwendung auf alten DD
Mk 35	General Electric	FL-Radar für FLG Mk 56	X	Mod 2; Verwendung auf CGN, DD, FFG, FF, LSD
SPG-49	Sperry	Beleuchter und Verfolgungs-Radar für Talos-Flugkörper	C	Mod A und B; in Zusammenwirkung mit SPW-2B auf CGN-9 und CG-10-Kl.; ab 1979 auslaufend
SPG-50	Western Electric	FL-Radar für FLG Mk 63	X	früher Radaranlage Mk 34 Mod 17 jetzt SPG-50; an den 7,6-cm-L/50-Geschützen der LPH-2-Klasse
SPG-51	Raytheon	Beleuchter und Verfolgungs-Radar für Tartar/Standard MR-Flugkörper	C/X	Mod B/C/D; eingeführt 1960; Verwendung auf CGN, CG, DDG, FFG; Bestandteil der FL-Anlage Mk 74
SPG-52	Lockheed Electr.	FL-Radar für FLG Mk 70		Mod A; an dem 7,6-cm-L/50-Geschützen einiger LPH und LPD
SPG-53	Western Electric	FL-Radar für FLG Mk 68	X	Mod A/D/F; modifiziert aus früherem Radar SPG-48; Ver-verwendung auf CG, DDG, DD, FF
SPG-55	Sperry	Beleuchter und Leitradar für Terrier/Standard ER-Flugkörper	C	Mod A/B; Nachfolgegerät des nicht mehr eingesetzten SPQ-5; Verwendung auf CV-64, CGN, CG, DDG; Bestandteil der FL-Anlagen Mk 76 und 77
SPG-60	Lockheed Electr.	Beleuchter und Verfolgungs-radar für Standard MR	X	Bestandteil des FLG Mk 86; auch STIR genannt; Verwendung auf CGN, DD, LHA, FFG
SPG-62	Raytheon	Beleuchter für FL-Anlage Mk 99 für Standard SM-2	X	Bestandteil von SPY-1/AEGIS; Versuche auf AVM-1; vorgesehene Verwendung auf CG-47-Klasse

Bezeichnung der Anlage	Hersteller	Verwendungszweck	Frequenz-Band	Bemerkungen
SPQ-9	Lockheed Electr.	Überwasser-Ortungsradar	X	Bestandteil der FL-Anlage Mk 86; Mod A; eingeführt 1970 Verwendung auf CGN, DD, LHA; Reichweite 20 Meilen
SPW-2	Sperry	Leitgerät für Talos-Flugk.	C	Mod A/B; in Zusammenwirkung mit SPG-49; auf CGN-9, CG-5 und CG-10-Klasse; Aussonderung ab 1979
SPY-1	RCA	Mehrfach-Funktionsradar	S	Bestandteil von AEGIS; Versuche auf AVM-1; Mod A; vorgesehen für CG-47-Klasse (s. auch unten)
Ortungs-Radarantennen				
BPS-5/11/14/15	Lockheed Electr.	Navigationsradar für Unterseeschiffe	X	ausfahrbarer Antennenmast; BPS-5 wurde 1953 eingeführt; BPS-15 auf SSBN
SPS-6	Westinghouse	Luftraum-Überwachung	L	eingeführt 1950; z. Zt. Mod C; Verwendung auf einigen LSD, AOE und vielen ausländischen Schiffen
SPS-10	Raytheon/Sylvania	Überwasserortungs- und Navigationsantenne	C	eingeführt 1953; Verwendung auf zahlreichen US- und ausländischen Schiffen
SPS-12	RCA	Luftraum-Überwachung	L	Mod C; Verwendung noch auf AVT-16 sowie einigen ausländischen Schiffen; eingeführt 1953
SPS-29	Westinghouse	Luftraum-Überwachung	P	eingeführt 1958; Verwendung auf DDG-2-Kl., DD; Ortungs-Reichweite 233 Meilen; Mod B/C; Mod D mit anderer Antenne auf Schiffen der Küstenwache
SPS-30	General Electric	weitreichende Höhenmessung (high-finder)	S	eingeführt 1962; Verwendung auf CV, auslaufend ab 1980

SPS-32	Hughes	weitreichende Luftraum-Überwachung	P	eingeführt 1962; je 4 waagrechte nicht rotierende Flächenantennen auf CVN-65 und CGN-9; Aussonderung 1980
SPS-33	Hughes	3-D-Antenne zur Verfolgung mehrerer Ziele	S	eingeführt 1962; je 4 senkrechte nicht rotierende Flächenantennen auf CVN-65 und CGN-9; Aussonderung 1980 samt SPS-32
SPS-37	Westinghouse	weitreichende Luftraum-Überwachung	P	Version A eingeführt 1960, Reichweite 300 Meilen; dabei Antenne wie SPS-43; ältere Antenne wie SPS-29, Verwendung auf CGN-25, CG, DDG, DD
SPS-39	Hughes	3D-Luftraum-Überwachung	S	eingeführt 1960; Mod A; die ursprüngliche Antenne wird nicht mehr geführt; restliche Anlagen auf DDG-2-Klasse verwenden SPS-52-Antenne; Aussonderung möglich
SPS-40	Lockheed Electr./ Norden	Luftraum-Überwachung	UHF	eingeführt 1961; Mod A-D; Verwendung auf CGN, DDG, FF, LCC, LHA, LPH; Ersatz durch SPS-49
SPS-43	Hughes/ Westinghouse	weitreichende Luftraum-Überwachung	P	eingeführt 1962; Mod A; Verwendung auf CVN, CV (auch für Flugüberwachung), CG (auf letzteren Aussonderung 1980)
SPS-48	ITT-Gilfillan	weitreichende 3-D-Luftraum-Überwachung	S	Versuche 1962/64; eingeführt ab 1968; Verwendung auf CVN, CV, CGN, CG, DDG, LCC; Mod A/B/C
SPS-49	Raytheon	weitreichende Luftraum-Überwachung	L	Versuche 1965 auf DD-712; eingeführt 1976 auf CG-19; Verwendung auf CV, CG-47-Kl., FFG-7-Kl.;
SPS-52	Hughes	3-D-Luftraum-Überwachung	S	eingeführt 1963; Versionen A/B/C; Verwendung auf DDG, FFG, LHA; SPS-52-Antenne auch in Verbindung mit alter SPS-39-Anlage; SPS-52-Anlage auch in Verbindung mit sehr ähnlicher Antenne SPA-72
SPS-53	Sperry	Überwasser-Ortung und Navigation	X	Navigationsradar auf MSO

Bezeichnung der Anlage	Hersteller	Verwendungszweck	Frequenz-Band	Bemerkungen
SPS-55	Cordion	Überwasserortung und Navigation	X	Ersatz für SPS-10; Verwendung auf DDG-993, DD-963 und FFG-7-Klasse, vorgesehen für CG-47-Klasse
SPS-58/65	Westinghouse	Ortung im Niedrigflugbereich	L	eingeführt ca. 1973 in Verbindung mit BPDMS-System Sea Sparrow; verbunden mit der NTDS-Anlage; SPS-58 hat eigene Antenne, bei SPS-65 entweder eigene Antenne oder Verwendung von SPS-10-Antenne; Verwendung auf CV, FF u. v. a. m.; optische Identifizierung von SPS-65 nicht möglich, wenn alte SPS-10-Antenne verwendet wird
SPS-67	Norden	Überwasser-Ortung und Navigation		Verwendung der SPS-10-Antenne
SPY-1	RCA	Mehrfach-Funktionsradar	S	Bestandteil des Gesamtsystems AEGIS; zugleich Ortungs-, Verfolgungs- und Feuerleitradar zur Erfassung einer großen Anzahl von Luftzielen; Versuche mehrere Jahre auf AVM-1; vorgesehen für die Klasse CG-47; je Schiff vier nicht rotierende Flächenantennen mit je 4 080 Elementen
IPD/TAS Mk 23	Hughes	„Improved Point Defence/ Target Acquisition System“		Mod 1; Versuche auf FF-1070; in Verbindung mit der NATO-Sea Sparrow-Anlage Mk 29; Reichweite 20–90 Meilen; vorgesehen für 31 DD-963, 4 AOE-1, 7 AOR-1 + 2 weitere Schiffe; Antenne hat IFF-Zusatzgerät
SYS-1		„Integrated Automatic Detection and Tracking“		geplant zum Einbau bei der Modernisierung der DDG-2-Klasse; Einsatz als Ergänzung bereits vorhandener Radaranlagen unter Verwendung derer Antennen

Im Mai 1974 aufgenommen wurde dieses Foto des Lenkwaffen-Versuchsschiffes *Norton Sound* (AVM-1), auf dem in den letzten 35 Jahren die meisten später eingeführten Lenkwaffensysteme erprobt wurden. Dazu wurde *Norton Sound* im Laufe der langen Dienstjahre mehrfach umgebaut. In seiner letzten Konfiguration führte das Schiff auf dem Achterdeck einen Tartar-Starter Mk 26 Mod. 0, bevor 1981 eine Versuchsversion des „Vertical launching system" (VLS) installiert wurde. Kernstück jedoch ist immer noch die auf der Brücke sichtbare kombinierte Radar- und FL-Anlage SPY-1, das fortgeschrittenste und teuerste, was es auf diesem Gebiet bisher gegeben hat. Es können damit zahlreiche Ziele zugleich in großer Entfernung geortet und verfolgt sowie bekämpft werden. Die ersten beiden serienmäßigen Anlagen SPY-1 werden etwa 1983 bei der Flotte sein, wenn CG-47 *Ticonderoga* in Dienst gestellt wird. USN

Dieses Foto wurde am 5. Juli 1976 in New York aufgenommen; es zeigt die Brücke und den vorderen Mack von CG-28 *Wainwright* mit allerhand Elektronik. Bei den beiden gleich aussehenden Radar-Beleuchtern in der Bildmitte handelt es sich um SPG-55, die Bestandteil der Terrier-FL-Anlagen Mk 76 und Mk 77 sind. Auf dem Mack sieht man die drei schwarz angestrichenen Abdeckungen von normalen ECM-Antennen sowie – darüber – die Radarantenne SPS-48. Unter den SPG-55-Beleuchtern eine der viereckigen, zum SATNAV-System SRN-9 gehörenden Antenne. Ganz links im Bild eine ECCM-Antennengruppe, vermutlich WLR-6. Te

Dieses Foto zeigt den Radar-Beleuchter SPG-51, der zur Lenkwaffen-FL-Anlage Mk 74 gehört. Man findet ihn überall, wo Tartar-Lenkwaffenanlagen angebracht sind, also auch auf nicht-amerikanischen Schiffen. Dieses Exemplar wurde auf FFG-5 *Richard L. Page* aufgenommen, und zwar am 20. Dezember 1976. Gr

Das FL-Gerät Mk 91 steht in Verbindung mit der BPDMS-Anlage Sea Sparrow in seiner NATO-Konfiguration, d.h. unter Verwendung des Starters Mk 29. Hinter Mk 91 sieht man gerade noch eine OE-82-Antenne des SATCOM-Systems WSC-3. Das Foto entstand am 19. Oktober 1979 während des Besuches von DD-974 *Comte de Grasse* in Hamburg. Te

Bei diesem noch nicht in Serie gegangenen Gerät handelt es sich um die kombinierte Radar- und FL-Anlage IPD/TAS-Mk 23, die ebenfalls mit dem NATO-Sea Sparrow-System in Verbindung steht und besonders gute Resultate bei der Ortung von niedrig anfliegenden Luftzielen erreicht hat. Getestet wurde die Mk 23-Anlage Mitte der 70er Jahre auf FF-1070 *Downes* zugleich mit dem Mk 29-Starter, mit SPS-58-Radar und mit der FL-Anlage-Mk 91. Durch Nachrüstung sollen 43 Schiffe diese Anlage erhalten, u.a. alle DD der *Spruance*-Klasse. Dies soll beginnend mit 1980 geschehen, weswegen auf manchen Schiffen bereits die SPS-55-Radarantenne höher gesetzt wurde, um für Mk 23 Platz zu schaffen. NI

Die einzige neben SPS-48 noch in Verwendung befindliche 3-D-Radarantenne ist SPS-52. Hier sieht man sie – mit einem IFF-Zusatzbalken an der Oberkante versehen – auf der Lenkwaffenfregatte *Richard L. Page* (FFG-5). Die Aufnahme entstand am 5. Juli 1976 in New York. An der Mastspitze befindet sich die Überwasser- und Navigationsradarantenne SPS-10; unterhalb der beiden Radarantennen sind die schwarz angemalten Radoms von ECM-Antennen. Links im Bild sieht man in Seitenansicht das FL-Gerät Mk 56 mit darauf angebrachter zweimaliger „E"-Auszeichnung für gute Leistungen. Te

Dieses am 5. Juli 1976 im Hafen von New York aufgenommene Foto zeigt den vorderen Mack des Lenkwaffenkreuzers *Richmond K. Turner* (CG-20). Auf der Hauptplattform befindet sich die 3-D-Radaranlage SPS-48, an der Flanke des Brückenaufbaues die Antenne einer ECCM-Anlage, vermutlich von WLR-6. Te

Inseln von Flugzeugträgern sind gewöhnlich Sammelpunkt verschiedenartiger Antennen, von denen die Radar- und FL-Antennen lediglich die größten sind. Es befinden sich daneben noch Dutzende von kleineren auf der Insel, am Mast und auch noch außerhalb der Insel. All diese Antennen müssen in ihrer Stellung zueinander sorgfältig ausgewogen werden, damit sich ihre Wirkung nicht gegenseitig beeinflußt. Dieses Foto wurde am 30. Juni 1976 im Hafen von Norfolk aufgenommen und es zeigt die Insel (samt dem ausladenden Unterbau) von CV-59 *Forrestal.* Erstmalig stellte man hier die damals längst fällige Verwendung von Automatik-Rettungsinseln fest, wie sie bei anderen Marinen längst üblich sind. Auf der Seitenkonsole befindet sich die 13 m lange Radarantenne SPS-43, darunter die ECCM-Antenne des Systems WLR-6. Auf der Brücke befindlich und schwarz angestrichen findet man eines der letzten Exemplare der Luftraum-Radaranlage SPS-30 und – darüber und schlecht erkennbar – Tiefenradar SPS-58. Seitlich unter der Reihe der Brückenfenster befindet sich der ältere Werfer für Düppelraketen, Mk 28. Te

Wie lang der Weg eines Gerätes von der Entwicklung über die Erprobung bis zur Serienfertigung sein kann, dokumentiert sich am Beispiel der Radaranlage SPS-49. Erprobt wurde diese Anlage Mitte der 60er Jahre auf DD-712 *Gyatt,* freilich ohne daß damals bekannt war, um welche Anlage es sich handelte. Erst Mitte der 70er Jahre wurde das erste Serienexemplar installiert, und erst Ende der 70er Jahre erfolgte zunehmender Einbau auf Kreuzern, Zerstörern und Fregatten – später auch auf Flugzeugträgern. Dieses am 5. Juli 1976 aufgenommene Foto zeigt das erste Serienexemplar auf CG-19 *Dale.* Durch SPS-49 wird auf älteren Schiffen vor allem SPS-37 und SPS-43 abgelöst. Te

Die Luftraum-Überwachungsradarantenne SPS-37 gehört zu den älteren Geräten, die gegen Ende der 50er Jahre eingeführt wurden. Dieses Exemplar wurde am 5. Juli 1976 in New York fotografiert; es befindet sich auf dem achteren Mack von CG-20 *Richmond K. Turner,* und es führt an der Oberkante ein Zusatzgerät zur Freund/Feind-Erkennung (IFF-Gerät). Bemerkenswert ist hier noch der aus dem Mack herausragende Abgas-Stutzen. Links im Bild sieht man den Vierbein-Gittermast von DDG-37 *Farragut,* der für die Schiffe dieser Klasse so typisch ist. Te

Im Sommer 1975 wurde dieses Detail-Foto von CGN-37 *South Carolina* aufgenommen. Es zeigt den dicken Röhrenmast auf dem achteren Mack. Zuoberst findet man hier die TACAN-Antenne URN-20 für Navigationshilfe bei Hubschrauber-Betrieb; auf der obersten Mack-Plattform befindet sich – hier in Seitenansicht zu sehen – die Radarantenne SPS-40, und darunter im Radom die Radarantenne SPQ-9, die zur FL-Anlage Mk 86 gehört. Te

Dies ist die achtere Radar-Plattform des inzwischen ausgesonderten Lenkwaffenkreuzers *Albany* (CG-10), aufgenommen im Sommer 1970; auf der Plattform befindet sich die etwa 1963 eingeführte „Highfinder"-Radarantenne SPS-30. Sie ersetzte damals weitgehend SPS-8A auf Trägern, Kreuzern und Radar-Frühwarnzerstörern. Nach Einführung von SPS-48 auf größeren Schiffen verlor SPS-30 etwas an Bedeutung und wurde allmählich ausgesondert, so daß sie jetzt auf nur wenigen Einheiten zu beobachten ist. Te

Die Überwasser-Ortungs- und Navigations-Radarantenne SPS-55 ist die Nachfolgerin der über viele Jahre verwendeten Anlage SPS-10. Sie ist in noch geringerem Maße als diese für die Schiffserkennung von Belang. Eingeführt wurde sie etwa Mitte der 70er Jahre, als die ersten DD der *Spruance*-Klasse fertiggestellt wurden. Auf einigen Schiffen wanderte SPS-55 eine Konsole weiter nach oben, um für die ab ca. 1980 hinzukommende Anlage IPD/TAS Platz zu machen. Die abgebildete Antenne befindet sich auf DD-974 *Comte de Grasse*. Die Aufnahme wurde am 19. Oktober 1979 in Hamburg gemacht. Te

Schräg von achtern gesehen: die Insel von CVN-68 *Nimitz,* aufgenommen im Sommer 1975 in Wilhelmshaven. Neben den geläufigen weitreichenden Radaranlagen gibt es auch noch Hilfsanlagen für den Anflug von zurückkehrenden Flugzeugen. Senkrecht übereinander findet man hier an der Achterkante der Insel zwei Exemplare der Anflugantennen SPN-43. Schräg darüber, an der achteren Konsole des Mastes, befindet sich SPN-44, eine weitere – rotierende Anflugantenne. Te

8.26 Unterwasser-Ortungsanlagen (Sonar)

Angesichts der großen Anzahl von Unterseeschiffen des Ostblocks, die auf allen Meeren operieren, kommt bei der U. S. Navy der Unterwasser-Ortung besondere Bedeutung zu. Alle Kreuzer, Zerstörer, Fregatten und Unterseeschiffe, ja sogar CV-66 *America*, führen eine oder gar zwei Sonaranlagen. Das Orten von heutzutage immer tiefer tauchenden und immer schneller fahrenden U-Schiffen, die sich dazu noch die verschiedenen Temperaturen der einzelnen horizontal verlaufenden Wasserschichten zunutze machen können, wird zu einer wichtigen Aufgabe, die zumeist mit einer einzelnen Sonaranlage allein nicht gelöst werden kann. Bei der Zusammenstellung von Kampfgruppen – sei es zur Sicherung von Flugzeugträgern, von Konvois oder von amphibischen oder logistischen Gruppen – wird daher besonderer Wert auf eine gemischte Ansammlung von Über- und Unterwasserschiffen gelegt, so daß dabei ein Optimum an Ortungsmöglichkeiten durch verschiedenartige Sonaranlagen gewährleistet ist. Man unterscheidet zunächst bei der Unterwasserortung zwischen der passiven und der aktiven Ortungsmethode. Bei der ersten werden die vom gegnerischen Schiff erzeugten Geräusche geortet. Diese Methode hat den Vorteil, daß dem Gegner zunächst verborgen bleibt, daß er geortet werden soll. Bei der zweiten, aktiven Methode werden von dem eigenen Ortungsgerät Strahlen ausgesandt, die dann das gesuchte Schiff „treffen", an diesem reflektieren und dann vom eigenen Sonargerät wieder aufgefangen werden. Beide Methoden haben Vor- und Nachteile. Generell gilt dies auch für die in U-Schiffen installierten Anlagen. Die meisten Unterseeschiffe besitzen sowohl Aktiv- wie auch Passiv-Sonar, deren Anlagenteile einen bedeutenden Gewichtsanteil des Schiffes ausmachen. Bei den Anlagen auf Überwasserschiffen unterscheidet man hauptsächlich zwischen

- □ Sonaranlagen älterer Bauart für nicht allzu große Wassertiefen (hier z. B. SQS-23)
- □ modernere Anlagen für größere Wassertiefen (z. B. SQS-26 und 53)
- □ Schleppsonaranlagen (*Variable Depth Sonar* = VDS) für verschiedene Wassertiefen (z. B. SQS-35 oder SQR-18 und 19 TACTAS)
- □ Kleinere Sonaranlagen zur Ortung von Minen

Bei den VDS-Anlagen kann der Ortungs-Kopf an einem Kabel in verschiedene, vorher programmierte Tiefen herabgelassen werden. Die VDS-Anlagen sind bei den Schiffsführungen nicht besonders beliebt, weil deren herabgelassene Kabel bei Operationen im Verband und bei der Notwendigkeit von raschen Kursänderungen hinderlich sind. Schleppsonaranlagen werden neuerdings auch auf U-Schiffen installiert. Das TACTAS-System (z. Zt. werden SQR-18 und 19 eingeführt) unterscheidet sich von VDS dahingehend, daß hier entlang des herabgelassenen Kabels eine Reihe von Hydrophonen angebracht sind, so daß *zugleich* in verschiedenen Wasserschichten geortet werden kann.
Außer den vorstehend genannten Ortungsanlagen findet man auf Unterwasserschiffen auch noch Anlagen zur Navigation unter den Polar-Eisschichten.

Sonaranlagen der U. S. Navy

Bezeichnung	Hersteller	Verwendungszweck	Bemerkungen
Anlagen auf Überwasserschiffen (Bug- bzw. Rumpfsonar)			
SQQ-23	Sperry	aktiv/passive Unterwasserortung	PAIR (Performation and Integration Retrofit); modifiziert aus SQS-23; Versuche 1972; Einführung ab 1980 auf CGN-25, CGN-9-, CG-16-, DDG-37- und DDG-2-Klasse
SQR-17	DRS	passive Klassifikation	Anlagenteil in Verbindung mit LAMPS-Hubschrauber-Sonar; eingeführt 1975; Verwendung auf Klassen CG-26, DD-963, FFG-7 und FF-1052
SQS-23	Sangamo	aktiv/passive Unterwasserortung	eingeführt 1958; Verwendung auf CV-66, CGN, CG, DDG, DD-931-Klasse
SQS-26	General Electric* Edo**	aktiv/passive Unterwasserortung	eingeführt 1962; Versionen AX*, AXR*, BX**, CX**; Verwendung auf CGN und auf den Klassen CG-26, FFG-1, FF-1052, FF-1040, FF-1037 sowie auf FF-1098
SQS-53	General Electric	aktiv/passive Unterwasserortung	eingeführt 1975; Verwendung auf Klassen CGN-38, CG-47, DD-963, DDG-993; modifiziert aus SQS-26 CX durch Hinzufügung eines Digitalanlagenteiles für die Unterwasser-FL-Anlage Mk 116
SQS-56	Raytheon	aktiv/passive Unterwasserortung	eingeführt 1977; Verwendung ab ca. 1980 auf FFG-7-Klasse

Bezeichnung	Hersteller	Verwendungszweck	Bemerkungen
Überwasser-Schleppsonaranlagen (VDS)			
SQS-35	Edo	aktive Ortung in verschiedenen Wassertiefen	„Independent Variable Depth Sonar" (IVDS) mit eigenen Darstellungsgeräten; Verwendung auf FF-1052-Kl.
SQR-18	Edo	passive weitreichende Ortung	„Tactical Towed Array Sonar" (TACTAS); ab 1979 auf FF-1052-Klasse, dabei z. T. Mitverwendung von äußeren Teilen von SQS-35; im Achterschiff untergebracht
SQR-19	General Electric	passive weitreichende Ortung	wie SQR-18; ab Mitte der 80er Jahre auf CG-47, DD-963, FFG-7-Klasse
U-Schiffs-Sonaranlagen			
BQG-4	Sperry	passive Feuerleitanlage	PUFF (Passive Underwater Fire Feasibility); eingeführt 1963; Verwendung noch auf SSN-597 und LPSS-574, SS-576
BQQ-2	Raytheon	aktiv/passive Ortung	eingeführt 1960; enthält Anlagenteile BQR-7 und BQS-6; wird zu BQQ-5 modifiziert; Verwendung auf SSN-597, SSN-594-Klasse, SSN-637-Klasse und auf SSN-685 und 671
BQQ-5	IBM	aktiv/passive Ortung	verbesserte BQQ-2-Anlage für SSN-688-Klasse, eingeführt ab 1976; Nachrüstung der älteren Klassen vorgesehen
BQQ-6	IBM	passive Ortung	passive BQQ-5-Version für SSBN-726-Klasse; Einführung ab 1980
BQR-2	Edo	passive Ortung	Version B; Anlagenteil von BQS-4 (s. nachfolgend); eingeführt 1955
BQR-7	Edo/ Raytheon	passive Ortung	Anlagenteil von BQQ-2; eingeführt 1955; Verwendung wie BQQ-2
BQR-15	Western Electric	passive Ortung	Schleppsonar mit Anlagenteil BQR-23; eingeführt 1974 für SSBN-608- und SSBN-616-Klasse
BQR-19	Raytheon	Nahbereichs-Schnellortung	eingeführt 1970 für SSBN
BQS-4	Edo	aktiv/passive Ortung	eingeführt 1955; auf älteren SSN
BQS-8/ 14/20	Edo/ Hazeltine	Ortung unter Eis und Minenortung	eingeführt 1960; auf neueren SSN
BQS-11/ 12/13	Raytheon	aktiv/passive Ortung	ersetzt BQS-6 als Anlageteil von BQQ-5; auf neueren SSN

Ergänzend hierzu darf nicht unerwähnt bleiben, daß es neben den Bord-Sonaranlagen auf den Schiffen auch noch ortsfest verlegte Anlagen großer Ausdehnung gibt, die als Überwachungsriegel an bestimmten Stellen auf dem Boden des Atlantiks verlegt sind und von dort aus jeden U-Schiffs-Verkehr melden. Es besteht bereits das SOSUS-System (*Sound Surveillance System*), das in mobiler Ausführung von SURTASS (*Surveillance Towed Array Sensor System*) ergänzt wird, von einer Schleppanlage also, die demnächst auf den neuen Sonar-Wachschiffen der Kategorie AGOS installiert werden soll. Die Produktion von SURTASS soll ab 1979 anlaufen, die hierfür vorgesehenen Schiffe fehlen noch. Darüberhinaus gibt es in diesem Zweig der Ortungs-Elektronik noch weitere hochgeheime Projekte, die unter den Arbeitsbezeichnungen bzw. Kürzungen CAESAR, SASS, TASS, MSS, FDS rangieren und über deren Entwicklung strenges Stillschweigen gewahrt wird. Ein Teil dieser Projekte wird möglicherweise zwischenzeitlich wieder verworfen worden sein.

Sonaranlagen sind zumeist im Schiffs-Inneren untergebracht, so auch z.B. die Schleppsonaranlage (VDS-Anlage) SQS-35 bei der *Knox*-Klasse. Bestenfalls kann man dabei einige wenigen Anlagenteile durch die torartige Verschlußklappe des Heckspiegels erspähen. Bedingt durch die Ausmaße dieser Anlage und des Achterschiffes von DD-938 *Jonas Ingram,* fand SQS-35 auf Schiffen der *Barry*-Klasse auf dem Achterdeck Aufstellung, wo es in vollem Umfang beobachtet werden kann. Der achtern sichtbare Schwimmer verfügt über ein Horch-Element; er wird an einem langen Kabel herabgelassen, so daß die Unterwassergeräusche in verschiedenen Tiefen abgehorcht werden können. Im Gegensatz zu VDS sollen die TACTAS-Anlagen (zunächst SQR-18, dann SQR-19!) an dem langen Kabel zahlreiche Hydrophone haben, so daß zugleich in verschiedenen Tiefen geortet werden kann. Diese Aufnahme der Achterdeck-Partie von DD-938 entstand am 30. Juni 1976 in Norfolk.
Te

8.27 Anlagen für elektronische Kampfführung

Zu den allerwichtigsten Seekriegsmitteln der modernen Marinen gehören seit vielen Jahren die bordgestützten Anlagen für die elektronische Kriegführung. Diese können sowohl auf Schiffen wie auch auf Flugzeugen eingesetzt werden. Auf den Flugzeugträgern sind es vor allem die Maschinen des Typs EA-6B Prowler, die zum Schutz der eigenen Verbände über hochgezüchtete Anlagen verfügen, durch die die gegnerische Elektronik gestört werden soll. Bei diesen Eloka-Anlagen unterscheidet man generell folgende Begriffe:

- ☐ ELINT *Electronic Intelligence, passive* (zumeist)
- ☐ ECM *Electronic Countermeasures, passive or active*
- ☐ ECCM *Electronic Counter/Countermeasures, passive or active*
- ☐ ESM *Electronic Support Measures, passive*

Auf amerikanischen Schiffen gehören die kleinen, rechteckigen, zumeist durch eine halbrunde Glocke abgedeckten ECM-Antennen seit mehr als zwei Jahrzehnten zum festen Erkennungsmerkmal. Etwa ab Beginn der 60er Jahre stellte man sowohl an den Elektronikmasten der FRAM-Zerstörer wie auch vor allem auf größeren Schiffen seitlich zumeist weit abstehende Antennen fest, um die sich ein Mantel der geheimnisvollen Verschwiegenheit ausgebreitet hatte. Dies waren bereits die ersten ECCM-Antennen, deren Bezeichnungen damals wie heute kaum in der Fachpresse bekanntgegeben worden waren. Diese Anlagen dienten der Störung und Zunichtemachung gegnerischer ECM-Anlagen. Es ist der Informations-Freudigkeit der amerikanischen Elektronik-Industrie zu verdanken, daß in den 70er Jahren – wohl vor allem angesichts der sich abzeichnenden Export-Chancen – zumindest die Bezeichnungen der allerwichtigsten ECCM-Anlagen nacheinander bekanntgeworden sind. Dies ging dann soweit, daß gegenwärtig sowohl die Bezeichnungen wie auch die Bestand-Komponenten der modernen ECCM-Anlagen bekannt sind, aber zum größten Teil auch ihre Verwendung auf den einzelnen Schiffsklassen. Verständlicherweise kann in diesem Rahmen keine Schilderung von detaillierten Wirkungsweisen solcher Anlagen erwartet werden. Worauf es hier ankommt, ist wiederum die Aufzählung der bekanntgewordenen ECCM-Anlagen in der Reihenfolge ihrer Bezeichnungen und die Schaffung der Beziehung zum Schiff. Hierbei spielt wiederum die Erkennung der äußerlich wahrnehmbaren Teile – sprich Antennen – die größte Rolle, da sie für eine bestimmte Anlage der einzige sichtbare Identitätsnachweis sein kann.
Gegenwärtig liegen Informationen über folgende ECCM-Anlagen vor, deren Bezeichnung allesamt in der AN/...-Serie ihren Ursprung haben.

SLQ-12 Hier ist nur bekannt, daß diese Anlage vor etwa 14 Jahren eingeführt worden ist, dagegen erschien bisher in der Fachpresse kein Hinweis auf das Aussehen der Sensoren oder auf den Einsatz auf bestimmten Schiffen.

SLQ-17 von Hughes Aircraft Co. eignet sich zur Verwendung auf Flugzeugträgern und großen Versorgern. Die Erstanlage befindet sich schon seit einigen Jahren auf CVN-65 *Enterprise*. Eine der beiden Flachantennen befand sich an der Innenseite der Insel, die andere an der Steuerbordkante des Flugdecks. Die Wirkungsweise der Anlage besteht in der Vortäuschung des elektronischen Bildes eines Schiffes an einer vom eigenen Schiff entfernt liegenden Stelle; hierdurch soll das Leit-Radargerät des Flugkörpers irregeführt werden. Die Anlage SLQ-17 besteht u. a. aus einem Computer UYK-20, einer Kathodenstrahlröhre, zwei Antennen und Steuer- und

Darstellungsmitteln. Die Anlage eignet sich auch zur Unterstützung der NTDS-Anlage und der Lenkwaffenanlage BPDMS Sea Sparrow. Im November 1978 wurden bei Hughes zwei weitere Anlagen SLQ-17 (V) 2 bestellt.

SLQ-20A Aussehen der Antenne sowie Verwendung sind nicht bekanntgeworden. Ende September 1978 wurden bei Magnavox Co. 15 Anlagen dieses Typs bestellt.

SLQ-21 befindet sich angeblich auf den CGN der *Virginia*-Klasse. Entweder als Vorläufer oder parallel zur SLQ-32-Anlage.

SLQ-25 – auch „Nixie" genannt, ist ein älteres Torpedo-Abwehrsystem von Aerojet Co., das bis 1984 angeblich auf 73 Schiffen installiert worden sein soll.

SLQ-29 1976 wurde bekanntgegeben, daß diese Anlage auf ca. 20 Schiffen installiert ist. Aussehen der Antenne und Verteilung auf die Schiffe sind z. Zt. nicht bekannt.

WLR-1, 2
WLR-6, 8 auf Trägern, Kreuzern, Zerstörern, Fregatten und amphibischen Schiffen weit verbreitete Anlage.

SLQ-32 Dank der Informationstätigkeit der Fa. Raytheon besteht weitgehende Kenntnis über die Art und die Anzahl der dazugehörigen Bausteine. Je nach Zusammensetzung gibt es hier drei maßgeschneiderte Modellgrößen, nämlich:

– SLQ-32(V) 1 für Fregatten (*Knox*-Klasse), kleinere amphibische Schiffe und Hilfsschiffe; Gewicht ca. 1,3 to. Bis Mitte Dezember 1978 wurden 42 Anlagen in Auftrag gegeben.

– SLQ-32(V)2 mit erweiterter ESM-Kapazität und der Fähigkeit, auch den gegnerischen Waffenträger (Flugzeug/Schiff) zu erfassen und zu beirren; vorgesehen für DDG, DD der *Spruance*-Klasse. Gewicht ca. 1,8 to. Bis Mitte Dezember 1978 wurden 30 Anlagen bestellt.

– SLQ-32(V)3 mit starkem elektronischen Störungseffekt auch der Ortungsanlagen des gegnerischen Waffenträgers; bestimmt für Kreuzer sowie große amphibische Schiffe und Hilfsschiffe. Gewicht ca. 4,2 to. Bis Mitte Dezember 1978 wurden 16 Anlagen bestellt.

Es ist geplant, insgesamt 280 Schiffe der U. S. Navy mit einer dieser drei Varianten auszurüsten.

Ein fester Bestandteil von SLQ-32 sind auch die kleinen, jeweils sechsläufigen Düppelraketenwerfer der Anlage Mk 36 RBOC (*Rapid Bloom Offboard Chaff*). Mk 36 Mod 0 umfaßt vier solche Werfer und 80 Kartuschen (in vier Spinden). Mod 1 umfaßt nur zwei Werfer und ist für diejenigen Schiffe bestimmt, die mit der Anlage SLQ-32(V)1 ausgestattet sind. Dieser Werfertyp kam etwa 1976 in Fertigung und er ist so klein, daß er auf den Schiffen kaum auszumachen ist, zumal er zumeist an Deck hinter Schanzkleidern aufgestellt ist. Auf zahlreichen Schiffen wurde er installiert noch bevor SLQ-32 zum Einbau kam. Vor der Einführung dieser Werfer wurden auf größeren Schiffen Düppelraketen aus zweirohrigen 12,7 cm-Startern Mk 28 verschossen. Zum Teil gibt es sie gegenwärtig noch dort, wo SLQ-32 noch nicht installiert worden ist, d. h. auf vielen Flugzeugträgern, auf einigen Kreuzern, Hubschrauberträgern und amphibischen Transport-Dockschiffen.

Von allen bisher eingeführten ECCM-Anlagen ist SLQ-32 die neueste und offensichtlich vielseitigste. Die erste Anlage in der (V) 3-Ausführung (die die größte ist), wurde Ende der 70er Jahre auf CGN-38 *Virginia* installiert. Auf den Zerstörern der *Spruance*-Klasse kommt die Anlage SLQ-32 (V) 2 zum Einbau, und der einzige äußerlich sichtbare Anlagenteil ist die hier abgebildete Antennen-Gruppe. Sie befindet sich an der Steuerbordseite von DD-974 *Comte de Grasse.* Aufgenommen wurde das Foto am 19. Oktober 1980, während das Schiff in Hamburg war. Te

Bestandteil der ECCM-Anlage SLQ-32 sind auch die kleinen, äußerlich nur schwerlich wahrnehmbaren Düppelwerfer Mk 36 RBOC, aus denen Kartuschen mit Staniolstreifen abgefeuert werden. Mit den Staniolstreifen soll die gegnerische Radarortung gestört werden. Die SLQ-32-Anlagen (V) 2 und (V) 3 verfügen über vier RBOC-Werfer; der hier abgebildete befindet sich an der Backbordseite des über der Brücke befindlichen Signaldecks von DD-963 *Spruance;* das Foto wurde im November 1977 aufgenommen, als *Spruance* Travemünde besuchte. Te

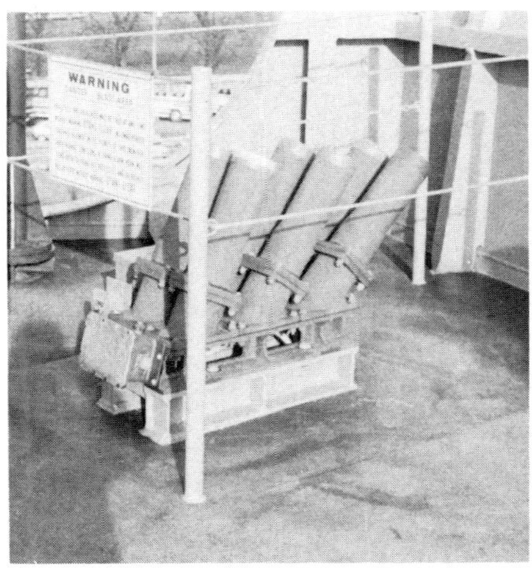

Gewissermaßen Vorläufer von Mk 36 RBOC ist dieser zweirohrige Werfer Mk 28, der auch gegenwärtig noch auf größeren Schiffen zu finden ist. Angeblich wurden von ihm Raketen des Typs Zuni abgeschossen, die ebenfalls mit radarstörendem Inhalt gefüllt waren. Dieses am 19. April 1972 geschossene Foto zeigt einen solchen Werfer an der Steuerbordseite von CVA-67 *John F. Kennedy* während einer Einsatzfahrt im Mittelmeer. Te

Als im Jahre 1968 zum letzten Mal das Schlachtschiff *New Jersey* (BB-62) für den Küstenbeschuß vor Vietnam reaktiviert worden war, gehörten die Veränderungen des Vormarses zu den markanten Erkennungselementen. Bekannt war damals nicht – und noch lange Zeit danach – um welches Gerät es sich bei den beiden seitlich abstehenden Antennengruppen handelt. Erst 1979 wurde durch eine Veröffentlichung allgemein bekannt, daß es sich bei diesem Gerät – das auch gegenwärtig noch auf mehreren großen Schiffen der U. S. Navy geführt wird – um die ECCM-Anlage WLR-6 handelt. USN

Dieses Foto hat Seltenheitswert. In der Regel findet man die Schiffs-ECM-Antennen zum Schutz vor Korrosion unter kleinen, zumeist schwarz angestrichenen Schutzglocken. Hier wurde die Schutzabdeckung abgenommen, so daß die eigentliche Antenne sichtbar wurde. Sie befindet sich auf FFG-5 *Richard L. Page,* und das Foto wurde am 10. Dezember 1976 aufgenommen. Gr

▼

8.28 Satellitenverbindungsanlagen

Die permanente und qualitativ gleichbleibend gute Nachrichtenverbindung zwischen den Kriegsschiffen und den an Land befindlichen Funkstationen gehörte noch bis vor einigen Jahren zu den nicht ganz gelösten Problemen. Davon zeugt auch die seinerzeitige Verwendung von speziellen Nachrichtenverbindungsschiffen (AGMR-1 *Annapolis* und 2 *Arlington*) in den 60er Jahren. Für die Aufrechterhaltung der Nachrichtenverbindung zu getauchten U-Schiffen zuständig sind auch die Flugzeugstaffeln VQ-3 und 4, in denen EC-130 Hercules im Rahmen des TACAMO-Systems operieren. Wie bekannt ist, befindet sich von jeder Staffel eine Hercules ständig in der Luft. Zwischenzeitlich wurden die klaren Vorteile erkannt, die die Verwendung von Nachrichtensatelliten mit sich bringt – sowohl bei der Nachrichtenübermittlung wie auch bei der Schiffsnavigation. Die Navy nutzte diese Möglichkeiten und baute ein vorläufiges Nachrichten-Satellitensystem aus, das unter der Kürzung MARISAT bekanntgeworden ist. Hierbei wurden zunächst die Kanäle der U. S. Comsat Gen. Corp. benutzt. Im Februar 1978 wurde der erste Navy-eigene Satellit gestartet und vier weitere sollen im Rahmen des FLEETSATCOM-Vorhabens noch gestartet werden. Dieses Unterfangen scheint jedoch so teuer zu sein, daß der Kongress darauf dringt, auch weiterhin Privatkanäle seitens der Navy zu benutzen. Allerdings bedient sich die Navy auch anderer Satelliten, so des „Intelsat DSCC II“ und „NATO IIb“.

Bereits in den 60er Jahren gab es Bordanlagen zum Satelliten-Funkverkehr, so u. a. auf dem Lenkwaffenkreuzer *Canberra* (CAG-2) und auf dem Träger *Midway* (CVA-41). Ab Mitte der 70er Jahre wurden mehrere Anlagen – insbesondere auch auf den beiden amphibischen Kommandoschiffen der *Blue Ridge*-Klasse beobachtet. Eine davon war die Navigationsanlage SRN-9 mit der rechteckigen Antenne, die fortan im zunehmenden Maße auf vielen Kampfschiffen zum Einbau kam. Je eine solche Antenne befand sich in der Regel diagonal zueinander an einer Ecke der Brücke und der achteren Aufbauten angeordnet. Ab etwa 1978 jedoch notiert man den beschleunigten Einbau von Satelliten-Funkverbindungsanlagen, deren Antennen höchstwahrscheinlich die vorstehend beschriebenen zum Teil oder ganz verdrängen werden. Gegenwärtig werden hauptsächlich zwei SATCOM-Anlagen für die Navy produziert:

AN/WSC-2 die im superhohen Frequenzbereich (SHF) wirkt und weniger anfällig für feindliche Störmaßnahmen ist. Die dazugehörige Antenne wird als OM-55 bezeichnet. Sechs Anlagen wurden seit 1977 bestellt und auf größeren und wichtigen Schiffen installiert. 25 sollen es insgesamt werden.

AN/WSC-3 von ECI, die ebenfalls 1977 erstmalig beobachtet wurde und die wohl die Hauptanlage der Navy werden wird. Die Anlage ist etwas leichter, sie wirkt auf dem etwas störungsanfälligeren UHF-Bereich und die entsprechende Bordantenne wird als OE-82 bezeichnet. Man findet sie inzwischen auf sehr vielen Schiffen der Navy.

Am 1. April 1978 besaßen 259 Navy-Schiffe SATCOM-Sender und 427 nur Empfänger. Damit betreibt praktisch jedes Schiff der U. S. Navy Funkverkehr und/oder Navigation per Satelliten. Langfristige Planungen sehen die Einführung von SATCOM-Anlagen auf ca. 700 Schiffen vor. Darin eingeschlossen sind offensichtlich auch sämtliche unter der Regie des MSC fahrenden Schiffe, aber möglicherweise auch Schiffe der Küstenwache.

Nahezu alle Schiffe der U. S. Navy werden künftig die Möglichkeit nutzen, über Satelliten navigieren und sich untereinander verständigen zu können. Die Kürzungen SATNAV bzw. SATCOM stehen stellvertretend für diese Anlagen. Während die viereckige SATNAV-Antenne, die zum System SRN-9 gehört, bereits in einem Foto weiter vorne vorgestellt werden konnte, handelt es sich bei dieser kreisrunden Antenne um OE-82B/C, die zur SATCOM-Anlage WSC-3 gehört. Sie findet ab etwa 1978 sehr große Verbreitung, und zwar auf allen Kampfschiffen wie auch auf wichtigen, größeren Hilfsschiffen. Dieses Foto zeigt die Antenne an der Brücken-Oberkante der Fregatte *Donald B. Beary* (FF-1085); die Aufnahme wurde während des Besuches dieses Schiffes in Kiel am 16. Juni 1980 gemacht. Te

Abschließende Bemerkungen

Mit der Vorstellung der weit verbreiteten Feuerleitanlagen, Radaranlagen und der Sonaranlagen erschöpft sich das Inventar der elektronischen Geräte der U. S. Navy keineswegs. Es befinden sich auf den Schiffen noch zahlreiche weitere Anlagen, deren Zweck und Bedeutung erst eine gewisse Zeit nach der erfolgten Einführung deutlich bzw. bekannt werden. Nicht behandelt wurden hier die diversen TACAN und IFF-Antennen oder die Anflug-Radarantennen der SPN-Serie auf den Flugzeug- und Hubschrauberträgern. Soweit infragekommend, erfolgen hierzu Informationen bei den Bildunterschriften.
Desgleichen ist es von großer Bedeutung zu erkennen, daß gerade bei der U. S. Navy der elektronische Bereich zu einem überwältigenden Teil auch bei den Bord-Hubschraubern und Flugzeugen vertreten ist. Die Radar- und Sonaranlagen der auf Kreuzern, Zerstörern und Fregatten eingesetzten LAMPS-Hubschraubern verhelfen den dazugehörigen Schiffen zu einer weit größeren Ortungs-Reichweite. Die Trägerflugzeuge tun dies in noch weit größerem Maße, und zwar in allen elektronischen Bereichen.

9. Luftwaffe der U. S. Navy, der „Naval Air Reserve Force“ und des Marine Corps*

9.1 Die Naval Aviation

9.11 Einleitung

Die bord- wie die landgestützte Luftwaffe sind in die Kommandostruktur der U. S. Navy voll integriert, ja vielmehr ist die Seeluftwaffe einer der wichtigsten Bestandteile der U. S. Navy. Trotz der Schrumpfung in den letzten zehn Jahren stellt die Seeluftwaffe eine Streitkraft dar, die weit größer ist, als die gesamten Luftstreitkräfte manch eines mittleren Staates. Zur „Naval Aviation“ gehören jedoch nicht nur die vielen Flugzeuge und Hubschrauber, sondern auch die Flugzeugträger, von denen aus die Maschinen operieren. Die „Naval Aviation“ ist auch gegenwärtig noch die einzige Schwelle der möglichen amerikanischen Überlegenheit zur See gegenüber der Sowjet-Marine; die letztere jedoch holt allmählich auf. Die Sowjet-Marine ist langsam aber zielstrebig dabei, ebenfalls eine Träger-Marine zu werden.
Die Aufgaben der amerikanischen Seeluftwaffe können gegenwärtig wie folgt umrissen werden:

- ☐ Kontrolle und Beherrschung der Seewege
- ☐ Bekämpfung gegnerischer Überwasserstreitkräfte
- ☐ U-Jagd und U-Abwehr
- ☐ Deckung amphibischer Landungsoperationen
- ☐ Unterstützung von Erdkampfverbänden
- ☐ Durchführung von Minenleg- und Minenräum-Operationen
- ☐ Such- und Rettungsaufgaben
- ☐ Unterstützung von wissenschaftlichen Expeditionen
- ☐ Erprobung von neuen Waffen und Geräten
- ☐ u. v. a. m.

Darüber hinaus verfügen alle Flugzeugträger auch über Atombomben, die von einigen Bordflugzeugen bei Bedarf auch auf größere Distanz ins Ziel gebracht werden können. Luftbetankung gehört dabei zur oft geübten Praxis. Damit ergänzt die Seeluftwaffe auch die primäre Abschreckungs-Komponente der Navy, die Flotte der strategischen Unterseeschiffe (SSBN), die ballistische FK der Typen Poseidon und Trident I an Bord haben und in Unterwasserfahrt die Ozeane durchkreuzen.
Um all diese Aufgaben erfüllen zu können, verfügt die U. S. Navy über ein umfangreiches Inventar an land- und trägergestützten Flugzeugen und Hubschraubern. Dazu

*Das Thema „Die Luftwaffe der U. S. Navy und des Marine Corps“ wurde vom Verfasser in großer Ausführlichkeit in einem Buch behandelt, das unter dem gleichlautenden Titel im Jahre 1974 als Band 14 der Reihe „Wehrwissenschaftliche Berichte“ beim vormaligen J. F. Lehmanns Verlag in München erschienen ist. Der nachfolgende Abschnitt 9 bezieht sich auf den Inhalt dieses Buches. Aus Zweckmäßigkeitsgründen wird auf raumgreifende Wiederholungen verzichtet. Die seitdem gültig gewordenen Veränderungen beim Bestand und der Organisation werden dagegen ausgewiesen.

kommen noch zahlreiche Maschinen der „Naval Air Reserve Force“ (NARF) und des Marine Corps, über die in den nachfolgenden Unterabschnitten Näheres zu finden ist.

Der gegenwärtige Stand der Entwicklung der Flugmaschinen läßt für die „Naval Aviation“ die Aufstellung folgender Thesen zu:

- □ Der Marine-Hubschrauber ist zu einem wesentlichen und sehr wirkungsvollen Bestandteil der Seeluftwaffe geworden, dem immer mehr Aufgaben zugeordnet werden können.
- □ Die landgestützte Luftwaffe der U. S. Navy ist in Friedenszeiten ein unentbehrlicher Helfer der U. S. Navy, im Kriegsfalle jedoch ist sie maximal nur so hilfreich, wie es die Anfälligkeit ihrer Stützpunkte gegen Angriffe durch Atombomben zuläßt.
- □ Die bordgestützte Seeluftwaffe ist Angel- und Drehpunkt der maritimen Überlegenheit.
- □ Hierzu ist der Flugzeugträger nach wie vor das schnellste und stabilste Schiff, das – eine entsprechende Abschirmung vorausgesetzt – ausreichend Überlebenschancen hat.
- □ Die Technologie der V/STOL-Maschinen ist weder gegenwärtig soweit, noch wird sie es bis in die 80er Jahre hinein sein, daß sie leistungsmäßig die gegenwärtig vorhandenen CTOL-Maschinen wird ablösen können. Dagegen können V/STOL-Maschinen auch schon derzeit bestimmte begrenzte Aufgaben erfolgreich durchführen.
- □ Das bedeutet, daß auch weiterhin der Flugzeugträger in seiner in operativer Hinsicht wirkungsvollsten und wirtschaftlichsten Form (ob konventionell oder atomar angetrieben) das Hauptschiff der Seeluftwaffe, ja der Navy überhaupt, bleiben muß. Internationale Krisen haben deutlich gezeigt, daß die U. S. Navy in Notfällen mit nur zwölf Flugzeugträgern keineswegs auskommen kann.
- □ Um auch die Präsenz der vorhandenen seefähigen V/STOL-Maschinen zu nutzen und um weiterhin die Seeluftwaffe auf zahlreichere Plattformen zu verteilen, sollten weitere „air capable ships“ bereitgestellt werden.
- □ Hierbei sollte zum einen die entsprechende Modifizierung vorhandener Hubschrauberträger (LHA bzw. LPH) (größtenteils bereits durchgeführt!), zum anderen der Bau kleinerer V/STOL-Träger angestrebt werden.

Parallel zur Schrumpfung der gesamten U. S. Navy verringerte sich in den vergangenen 20 Jahren auch der Bestand der Flugmaschinen. Folgender Zahlenvergleich spricht für sich.

Flugzeugstärke der U.S. Navy 1960–1980

Art der Flugzeuge	Anzahl der Flugzeuge							
	1960	1964	1968	1972	1976	1978	1979	1980 (Soll)
Jagdflugzeuge	1 307	1 075	886	750	623	613	608	714
Angriffsflugzeuge	1 458	1 522	1 539	1 238	1 135	1 020	1 018	1 060
U-Jagd-Flugzeuge	458	353	302	149	112	150	141	144

Art der Flugzeuge	Anzahl der Flugzeuge							
	1960	1964	1968	1972	1976	1978	1979	1980 (Soll)
Fernaufklärer	474	491	493	390	369	334	336	386
Radar-Frühwarnflugzeuge	90	192	142	136	106	102	102	112
Transportflugzeuge	392	374	362	249	213	184	184	173
Luftbetankungsflugzeuge	–	37	40	31	35	41	38	43
Beobachtungsflugzeuge	39	–	36	63	63	53	53	74
Schulmaschinen	1 708	1 644	1 876	1 369	1 067	907	916	952
Hilfsdienstflugzeuge	101	256	199	196	110	65	58	53
Hubschrauber	732	957	1 191	1 073	1 087	1 036	1 017	1 213
Drohnen-Kontrollflugzeuge	–	48	37	14	11	7	5	8
einsatzfähige Maschinen	6 759	6 949	7 103	5 658	4 931	4 512	4 476	4 932
in Umbau und Wartestand	2 104	1 442	1 388	1 094	821	920	952	623
Gesamt-Bestand an aktiven Flugmaschinen	8 863	8 391	8 491	6 752	5 752	5 432	5 428	5 555

Der Verringerung der Flugzeuge entsprach auch die Verringerung der Anzahl der Flugstaffeln im selben Zeitraum, wie aus der nachfolgenden Übersicht ersehen werden kann, die genauso wie die vorstehende dem Bericht des „Office of the Navy Comptroller" vom Mai 1979 entspricht. Die Flugzeuge und Staffeln der *Naval Air Reserve Force* (NARF) sind in beiden Übersichten *nicht* enthalten.

Anzahl der wichtigsten aktiven Navy-Staffeln 1960–1980

Art der Staffeln	Anzahl der aktiven Staffeln							
	1960	1964	1968	1972	1976	1978	1979	1980 (Soll)
Jagd-/Kampf-staffeln (VF/VA)	79	84	81	68	65	60	60	60
Bord-Aufklärungsstaffeln (VAH/RVAH)	–	2	11	20	9	5	1	–

Art der Staffeln	Anzahl der aktiven Staffeln							
	1960	1964	1968	1972	1976	1978	1979	1980 (Soll)
Hubschrauber-Hilfsdienst-staffeln (HC)	2	3	7	5	4	5	5	5
Fernaufklärer-staffeln (VP)	30	30	30	24	24	24	24	24
U-Jagdstaffeln (VS/HS)	25	27	24	20	21	22	22	23
übrige Flugstaffeln	26	20	28	33	39	38	38	39

Die Verringerung der Zahl der Fliegeroffiziere war entsprechend. Das Personalproblem macht sich Ende der 70er Jahre bei der *U.S. Naval Aviation* besonders bei den Flugzeugführern unangenehm bemerkbar. Stellvertretend mögen hier nur die Personalzahlen der Jahre 1977 und 1978 angegeben werden.

Personalstärke der Naval Aviation 1977 und 1978

	Personalstand 1/1977	1/1978
Offiziere		
Flugzeugführer	12 205	11 298
Beobachter („Naval Flight Officers“)	4 080	4 231
Flugzeugführer-Schüler	1 113	982
Beobachter-Schüler	491	479
Sonstige Offiziere	2 290	2 389
Offiziere insgesamt	20 179	19 379
Mannschaften	101 676	103 607
Personalstand *Naval Aviation* insgesamt	121 855	122 986

9.12 Gliederung der Naval Aviation

Die Gliederung der amerikanischen Seeluftwaffe auf höherer Ebene wurde bereits im Abschnitt 2 geschildert. Abgesehen davon, daß auch die Flugzeugträger zur Organisation der *Naval Aviation* zählen, geht es bei den nachfolgenden Ausführungen darum, die Gliederung der fliegenden Verbände auf mittlerer und unterer Ebene zu schildern.

Die Grundeinheit der fliegenden Verbände ist die Staffel (*Squadron*). Die nächste übergeordnete Einheit ist das Geschwader (*Wing*). Man unterscheidet hier zunächst Bordgeschwader (Carrier Air Wing = CVW) und landgestützte Geschwader. Durch zeitweilige und wechselnde Kommandierung einzelner Staffeln gibt es Kompetenz-Überschneidungen, die jedoch streng differenziert werden.

9.121 Bordgestützte Geschwader (Carrier Air Wing = CVW)

Jeder der zwölf aktiven Träger der U. S. Navy verfügt im Normalfall über „sein" Bordgeschwader, das aus einer Anzahl von Staffeln besteht und deren Zugehörigkeit zum Geschwader durch eine Zwei-Buchstaben-Kennung am Seitenleitwerk und an den Tragflächen zu erkennen ist. In den letzten Jahren jedoch wechselten manche CVW ihre Träger.

Die Zusammensetzung eines CVW ist – von kleinen Ausnahmen abgesehen – nahezu immer gleichbleibend, sieht man einmal von CVW-5 auf *Midway* ab. Zu einem CVW gehören in der Regel:

2 Jagdstaffeln (VF)	mit 24 F-4/F-14
2 leichte Jagdbomberstaffeln (VA)	mit 24 A-7/F/A-18
1 Allwetter-Bomberstaffel (VA)	mit 10-12 A-6E und 4 KA-6D
1 Eloka-Staffel (VAQ)	mit 4-6 EA-6B
1 Radar-Frühwarnstaffel (VAW)	mit 4-6 E-2C
1 U-Jagd-Staffel (VS)	mit 10 S-3A
1 Hubschrauber-U-Jagd-Staffel (HS)	mit 6 SH-3G/H
sowie zum Teil	
1 Teilstaffel leichter Fotoaufklärer (VFP)	mit 3 RF-8G
insgesamt also ca.	85–92 Flugzeuge

CVW-5 auf der *Midway* verfügt über keine S-3A- und SH-3-Maschinen, an Stelle der RF-8G werden „geliehene" RF-4B der USMC-Staffel VMFP-3 eingesetzt. Auf der *Midway* befinden sich somit ca. 75 Flugmaschinen.

Eine frühe Aufnahme des schnellen Foto-Aufklärers RF-4B Phantom des Marine Corps. Solche Maschinen werden u. a. auch auf CV-41 *Midway* eingesetzt. McDonnell Aircraft Corp.

Bordgeschwader auf U.S.-Flugzeugträgern – Stand 1980

CV / CVN	*Name des Trägers* Sitz des CVW	Pac Atl.	CVW	Kenn-Buchst.	Staffeln des Geschwaders						
					VF	VA	VAQ/VMAQ*	VAW	VS	HS	VFP/VMFP*
67	*J. F. Kennedy* Oceana	A	1	AB	14, 32	34, 46, 72	133	126	32	11	
61	*Ranger* Miramar	P	2	NE	21, 154	25, 113, 145	137	117	29	4	
60	*Saratoga* Cecil Field	A	3	AC	31, 103	37, 75, 105		123	22	7	
41	*Midway* Atsugi	P	5	NF	151, 161	56, 93, 115	2* 136	115	–	–	3*
62	*Independence* Oceana	A	6	AE	33, 102	15, 87, 176	130	122	28	15	
69	*D. D. Eisenhower* Cecil Field	A	7	AG	142, 143	12, 65, 66	138	121	31	5	–
68	*Nimitz* Cecil Field	A	8	AJ	41, 84	35, 82, 86	134	112	24	9	–
64	*Constellation* Lemoore	P	9	NG	24, 211	146, 147, 165	132	116	37	6	63
68	*Kitti Hawk* Miramar	P	11	NH	114, 213	95, 192, 195	131	124	33	12	
43	*Coral Sea* Miramar	P	14	NK	VMFA-323 VMFA-531	27, 97, 196		113			
59	*Forrestal* Oceana	A	17	AA	11, 74	81, 83, 85	133	125	30	3	

… gilt daher nur für einen begrenzten Zeitraum, etwa Mitte

9.122 Landgestützte Geschwader

Organisation und Gliederung der an Land befindlichen Geschwader ist für die Bereiche des COMNAVAIRLANT in Norfolk, Va. bzw. des COMNAVAIRPAC in San Diego, Cal. unterschiedlich. In einem Bereich gibt es Geschwader, die es im anderen Bereich nicht gibt, oder aber es werden in einem Bereich in einem Geschwader mehrere Staffeltypen vereint, während sie im anderen Bereich eigene Geschwader bilden. Aus diesem Grunde erfolgt die Auflistung der landgebundenen Geschwader getrennt nach den beiden Bereichen.

Geschwader im Bereich des COMNAVAIRLANT

Reconnaisance Attack Wing 1 , NAS Key West, Fla.
Dieses Geschwader umfaßte in den letzten 20 Jahren bis zu zehn schwere Bord-Kampfaufklärer-Staffeln mit Flugzeugen des Typs RA-5C Vigilante. Nachdem beginnend mit 1974 die RA-5C auslief, wurden nacheinander sämtliche RVAH-Staffeln, nämlich RVAH-1, 3, 5, 6, 7, 9, 11, 12, 13 und 14, außer Dienst gestellt. Nachdem als letzte Staffel im August 1979 auch die Ersatzstaffel RVAH-3 mit den drei letzten Vigilantes ihren Betrieb einstellte, wurde auch der Geschwaderstab aufgelöst. Ein sehr wertvoller Bestandteil der *Naval Aviation* hörte damit auf zu existieren.

Tactical Air Wings, Atlantic
ist ein übergeordneter Kommandostab für die nachfolgend aufgeführten Geschwader CAEWWing-12, LATWing-1, MATWing-1 und FITWing-1.

Carrier Early Warning Wing 12 , NAS Norfolk, Va.
CAEWWing-12, wie die Abkürzung für dieses Geschwader lautet, umfaßt sämtliche im atlantischen Bereich operierende Bord-Radarwarnstaffeln, wenn sie sich nicht gerade an Bord eines Trägers befinden und dort dem „Commander Air Wing" (CAG) unterstehen. Hierzu gehören die Staffeln VAW-120, 121, 122, 123, 124, 125 und 126 mit ihren E-2C-Maschinen.

Light Attack Wing 1 , NAS Cecil Field, Fla.
LATWing-1 umfaßt als leichtes Jabo-Geschwader sämtliche Leichte Jabostaffeln des Bereiches, die A-7 Corsair II-Maschinen führen, nämlich VA-45 und 174 ständig, und VA-12, 15, 37, 46, 66, 72, 81, 83, 86, 87 sowie 105, während sie sich nicht an Bord von Trägern befinden.

Medium Attack Wing 1 , NAS Oceana, Va.
MATWing-1 wurde am 1. 10. 1971 aufgestellt und umfaßt als Mittleres Bombergeschwader sämtliche Allwetter-Angriffsstaffeln des Bereiches mit A-6- und KA-6D-Maschinen des Typs Intruder, nämlich VA-42 ständig und VA-34, 35, 65, 75, 85 sowie 176, wenn sie sich nicht gerade im Bordeinsatz befinden.

Fighter Wing 1 , NAS Oceana, Va.
FITWing 1 wurde am 16. 7. 1971 aufgestellt und umfaßt als einziges Jagdgeschwader dieses Bereiches sämtliche hier beheimateten Jagdstaffeln mit F-4 und F-14-Maschinen, nämlich VF-43, 101 und 171 ständig, und VF-11, 14, 31, 32, 33, 41, 74, 84, 102, 103, 142 sowie 143, wenn sie sich nicht gerade an Bord ihrer Träger befinden.

Patrol Wings, Atlantic , NAS Patuxent River, Md.
Dies ist ein übergeordneter Kommandostab für die beiden landgestützten Fernaufklärer-Geschwader dieses Bereiches.

Patrol Wing 5 , NAS Brunswick, Maine
PATWing-5 umfaßt die Staffeln VP-8, 10, 11, 23, 26 und 44, wenn sich diese im heimatlichen Bereich befinden und nicht kommandiert sind.

Patrol Wing 11 , NAS Jacksonville, Fla.
PATWing-11 umfaßt die Staffeln VP-5, 16, 24, 30, 45, 49 und 56.

Sea-Based Air Antisubmarine Warfare Wings, Atlantic
Dies ist ein übergeordneter Kommandostab für die nachfolgend erwähnten drei Geschwader VS-Wing-1, HS-Wing-1 und HSCWing-1.

Air Antisubmarine Wing 1 , NAS Cecil Field, Fla.
VS-Wing-1 wurde am 1. April 1973 aufgestellt und umfaßt als U-Jagd-Geschwader folgende Bord-U-Jagd-Staffeln: VS-30 ständig und die Staffeln VS-22, 24, 28, 31 sowie 32, wenn sie sich nicht gerade im Trägereinsatz befinden. Außerdem gehört zu diesem Geschwader noch die Versuchs- und Sonderstaffel VX-1, zu deren Aufgabe u. a. Waffenerprobung und taktische U-Jagd-Schulung gehört.

Helicopter Antisubmarine Wing 1 , NAS Jacksonville, Fla.
HS-Wing-1 umfaßt als Hubschrauber-U-Jagd-Geschwader die Staffeln HS-1 (ständig) und HS-3, 5, 7, 9 sowie 11 mit ihren SH-3-Maschinen, wenn sie sich nicht gerade im Trägereinsatz befinden.

Helicopter Sea Control Wing 1 , NAS Norfolk, Va.
HSCWing-1 umfaßt als Hubschrauber-U-Jagd-Geschwader die Leichten Hubschrauberstaffeln HSL-30, 32, 34 und 36, deren Maschinen vom Typ SH-2F als LAMPS I einzeln an Bord von Kreuzern, Zerstörern und Fregatten zu See-Überwachungs-Aufgaben herangezogen werden. Außerdem untersteht dem Geschwader noch die Staffel HS-15 mit ihren SH-3H-Hubschraubern und die Minenräumstaffeln HM-12, 14 und 16 mit RH-53D-Maschinen.

Fleet Tactical Support Wing 1 , NAS Norfolk, Va.
FTSWing-1 ist das Unterstützungsgeschwader des atlantischen Bereiches. Es wurde am 1. Mai 1973 aufgestellt und umfaßt elf Staffeln, nämlich VR-1, VRF-31, VRC-40, VC-6, 8, 10, HC-6, HC-16, VAQ-33, VQ-4 und VXN-8.

Keinem Geschwader unterstellt, sondern unter direktem Befehl des Befehlshabers der VI. Flotte in Neapel, befinden sich die Staffeln VQ-2 in Rota und VR-24 in Neapel.

Geschwader im Bereich des COMNAVAIRPAC

Die beiden nächsten Geschwader haben in Personalunion den selben Kommandanten.

Light Attack Wing, Pacific , NAS Lemoore, Cal.
LATWing, Pacific ist das landgebundene Leichte Jabogeschwader an der Westküste. In ihm zusammengefaßt sind die Leichten Angriffsstaffeln VA-122 und 127 (ständig) und VA-22, 25, 27, 94, 97, 113, 146, 147,192 sowie 195, alle mit A-7-Maschinen, wenn sie nicht im Trägereinsatz sind. Zu diesem Geschwader gehört auch noch die Sonder-Erprobungsstaffel VX-5.

Medium Attack and Tactical Electronic Warfare Wing, Pacific , NAS Whidbey Island, Wash.
MAT/VAQWing, Pacific ist ein „Doppelgeschwader“, in dem aus Einsparungsgründen A-6-Staffeln der Westküste vorhanden sind, aber auch sämtliche VAQ-Staffeln der Navy (mit Ausnahme von VAQ-33!) – eben weil sie alle an der Westküste stationiert sind. Es sind also die Staffeln VA-128 und VAQ-129 (ständig) und VA-52, 95, 145, 165, 196, VAQ-130 bis 139, wenn sie sich nicht im Trägereinsatz befinden.

Fighter/Airborne Early Warning Wing, Pacific , NAS Miramar, Cal.
FIT/AEWWing, Pacific ist ebenfalls ein kombiniertes Geschwader, das sämtliche Jagdstaffeln umfaßt, wie auch die Radarfrühwarnstaffeln der Westküste. Dies sind die Staffeln VF-124, 126 und VAW-110 (ständig) und VF-1, 2, 21, 24, 51, 111, 114, 154, 191, 194, 211, 213, sowie VAW-112, 113, 114, 116 und 117, wenn sie sich nicht im Trägereinsatz befinden. Zu diesem Geschwader gehören auch noch die Staffel VFP-63 mit leichten Fotoaufklärern RF-8G, die Mehrzweckstaffeln VC-1 und 7 sowie die Waffenerprobungsstaffel VX-4.

Anti Submarine Warfare Wing, Pacific , NAS North Island, Cal.
ASWWing, Pacific ist das U-Jagd-Geschwader der Westküste, in dem im Gegensatz zur Organisation an der Ostküste *sämtliche* für die U-Jagd bestimmte Staffeln zusammengefaßt sind, nämlich: VS-21, 29, 33, 37, 38, 41, HC-1, 3, HS-2, 4, 6, 8, 10, 12, HSL-31, 33, 35 sowie die Mehrzweckstaffel VC-3 und die Sonderstaffel für die Unterstützung arktischer Expeditionen VXE-6.

Patrol Wings, Pacific , NAS Moffett Field, Cal.
Dies ist ein übergeordneter Kommandostab für die beiden landgestützten Fernaufklärergeschwader dieses Bereiches sowie für die acht direkt in Moffett Field stationierten Staffeln VP-9, 19, 31, 40, 46, 47, 48 und 50.

Patrol Wing 1 , NAS Kadena, Japan
Dies ist ein Kommandostab, dem im Normalfall keine VP-Staffeln ständig unterstehen, sondern nur die periodisch kommandierten VP-Staffeln, die zeitweilig im westpazifischen Raum zum Einsatz kommen.

Patrol Wing 2 , NAS Barbers Point, Hawaii
Diesem Fernaufklärergeschwader unterstehen die Staffeln VP-1, 4, 6, 17 und 22.

An dieser Stelle muß zur Verdeutlichung noch einmal erwähnt werden, daß nicht immer alle VP-Staffeln (weder an der Ost- noch an der Westküste) ihren angestammten Geschwaderstäben unterstehen. Ganze Staffeln oder auch nur Teilstaffeln werden regelmäßig zu Übersee-Stützpunkten kommandiert, so u. a. nach Keflavik (Island), Rota (Spanien), Argentia (Neufundland), Adak (Alaska), nach den Bermudas, nach Sigonella (Sizilien), Lajes (Azoren), Kreta sowie in den Westpazifik. Selbiges gilt übrigens auch für die VP-Staffeln der NARF.
Im Bereich der Hawaii-Vertretung des COMNAVAIRPAC auf Barbers Point gibt es noch die direkt unterstellten Staffeln VC-1 und HSL-37.
Dem Kommando der VII. Flotte in Yokosuka direkt unterstellt sind die Staffeln VC-5, VQ-1 und VRC-50.

Geschwader des Naval Air Training Command

Dem *Naval Air Training Command* in Pensacola, Fla. unterstehen sechs Schulgeschwader mit den dazugehörigen Staffeln, nämlich

Training Wing 1 , NAS Meridian, Miss.
mit den Schulstaffeln VT-7, 9 und 19

Training Wing 2 , NAS Kingsville, Texas
mit den Schulstaffeln VT-21, 22 und 23

Training Wing 3 , NAS Chase Field, Texas
mit den Schulstaffeln VT-24, 25 und 26

Training Wing 4 , NAS Chase Field, Texas
mit den Schulstaffeln VT-27, 28 und 31

Training Wing 5 , NAS Whiting Field, Fla.
mit den Schulstaffeln VT-2, 3, 6 sowie HT-8 und 18

Training Wing 6 , NAS Pensacola, Fla.
mit den Schulstaffeln VT-4, 10 und 86

9.13 Die Staffel (Squadron)

Die Staffel ist die Grundeinheit der Seeluftwaffe, unterster Verwaltungs- und Kommandostab für Flugmaschinen der gleichen Bestimmung. Die Staffeln sind erkennbar an einer Kennung, die aus einem zwei- bis drei-Buchstaben-Präfix und einer nicht immer fortlaufenden Staffelnummer besteht. Alle Flugzeugstaffeln führen als ersten Buchstaben ein „V“, alle Hubschrauber-Staffeln ein „H“.

Staffeltypen bei der Luftwaffe der U.S. Navy

Kürzung	Bedeutung	deutsche Bezeichnung
RVAH	Reconnaissance Attack Squadron	Schwere Kampfaufklärer-Staffel
VAH	Heavy Attack Squadron	Schwere Kampfstaffel**
VAK	Tanker Squadron	Luftbetankungs-Staffel***
VQ	Fleet Air Reconnaissance Sq.	Flotten-Erkundungsstaffel
VAP	Heavy Photographic Squadron	Schwere Fotoaufklärungs-Staffel**
VFP	Light Photographic Squadron	Leichte Fotoaufklärungs-Staffel
VAW	Carrier Warning Squadron	Bord-Radarwarnstaffel
VAQ	Tactical Electronic Warfare Squadron	Taktische Elektronik-Staffel
VA	Attack Squadron	Jagdbomber-Staffel
VA(L)	Light Attack Squadron	Leichte Angriffsstaffel**
VSF	ASW Fighter Squadron	Jagdstaffel der U-Jagd-Träger**
VF	Fighter Squadron	Jagdstaffel
VS	Air Anti-Submarine Squadron	Bord-U-Jagdstaffel

Kürzung	Bedeutung	deutsche Bezeichnung
VP	Patrol Squadron	Landgestützte U-Jagd-Fernaufklärerstaffel
VO	Observation Squadron	Nahaufklärer- u. Beobachtungsstaffel**
VR	Fleet Tactical Support Squadron	Lufttransportstaffeln
VRC	Fleet Tactical Support Squadron (Carrier-on-board delivery)	
VRF	Aircraft Ferry Squadron	Flugzeug-Überführungsstaffel*
VC	Fleet Composite Squadron	Mehrzweck-Hilfsdienststaffel
VT	Training Squadron	Schulstaffel
VW	Weather Reconnaissance Squadron	Wetterbeobachtungsstaffel**
VX	Air Development Squadron	Versuchs- und Sonderstaffel
TACRON	Tactical Air Control Squadron	Taktische Kontrollstaffel*
HA(L)	Light Helicopter Attack Squadron	Leichte Hubschrauber-Angriffsstaffel***
HS	Helicopter Anti-Submarine Squadron	Hubschrauber-U-Jagdstaffel
HSL	Light Helicopter Anti-Submarine Squadron	Leichte Hubschrauber-U-Jagdstaffel
HM	Helicopter Mine Countermeasures Squadron	Hubschrauber-Minenräumstaffel
HC	Helicopter Combat Support Sq.	Hubschrauber-Mehrzweckstaffel
HT	Helicopter Training Squadron	Hubschrauber-Schulstaffel

* Staffeln ohne eigene Flugzeuge
** zwischenzeitlich erloschene Staffeltypen
*** nur NARF

9.131 Staffeln der U.S. Navy

Staffel-Nr.	Heimat-stützpunkt	geflogene Maschinen
	VQ-Staffeln	
VQ-1	Agana + Det. Atsugi	EA-3B, RA-3B, TA-3B, WP-3A, P-3A/B
VQ-2	Rota	EA-3B, TA-3B, EP-3E, P-3A
VQ-3	Agana	EC-130Q, C-130F
VQ-4	Patuxent River	EC-130Q
	VFP-Staffel	
VFP- 63	Miramar	RF-8G, F-8J

Staffel-Nr.	Heimat-stützpunkt	geflogene Maschinen
	VAW-Staffeln	
VAW-110	Miramar*	E-2B/C
VAW-112	Miramar	E-2B/C
VAW-113	Miramar	E-2B/C
VAW-114	Miramar	E-2B/C
VAW-115	Atsugi	E-2B/C
VAW-116	Miramar	E-2B/C
VAW-117	North Island	E-2B/C
VAW-120	Norfolk*	E-2B/C
VAW-121	Norfolk	E-2B/C
VAW-122	Norfolk	E-2B/C
VAW-123	Norfolk	E-2B/C

Staffel-Nr.	Heimat-stützpunkt	geflogene Maschinen
VAW-124	Norfolk	E-2B/C
VAW-125	Norfolk	E-2B/C
VAW-126	Norfolk	E-2B/C
	VAQ-Staffeln	
VAQ- 33	Key West	TA-3B, ERA-3B, EA-4F, A-4F
VAQ-129	Whidbey Island*	A-6E EA-6B
VAQ-130	Lemoore	EKA-3B
VAQ-131	Whidbey Island	EA-6B
VAQ-132	Whidbey Island	EA-6B
VAQ-133	Whidbey Island	EA-6B
VAQ-134	Whidbey Island	EA-6B
VAQ-135	Whidbey Island	EA-6B
VAQ-136	Whidbey Island	EA-6B
VAQ-137	Whidbey Island	EA-6B
VAQ-138	Whidbey Island	EA-6B
VAQ-139	Whidbey Island	EA-6B
	VA-Staffeln	
VA- 12	Cecil Field	A-7E
VA- 15	Cecil Field	A-7E
VA- 22	Lemoore	A-7E
VA- 25	Lemoore	A-7E
VA- 27	Lemoore	A-7E
VA- 34	Oceana	A-6E, KA-6D
VA- 35	Oceana	A-6E, KA-6D
VA- 37	Cecil Field	A-7E
VA- 42	Oceana*	A-6E, TC-4C
VA- 45	Key West*	TA-4J
VA- 46	Cecil Field	A-7B
VA- 52	Whidbey Island	A-6E KA-6D
VA- 56	Atsugi	A-7E
VA- 65	Oceana	A-6E, KA-6D
VA- 66	Cecil Field	A-7E
VA- 72	Cecil Field	A-7E
VA- 75	Oceana	A-6E, KA-6D
VA- 81	Cecil Field	A-7E
VA- 82	Cecil Field	A-7E
VA- 83	Cecil Field	A-7E
VA- 85	Oceana	A-6E, KA-6D
VA- 86	Cecil Field	A-7E
VA- 87	Cecil Field	A-7E
VA- 93	Atsugi	A-7E
VA- 94	Lemoore	A-7E
VA- 95	Whidbey Island	A-6E, KA-6D
VA- 97	Lemoore	A-7E
VA-105	Cecil Field	A-7E
VA-113	Lemoore	A-7E
VA-115	Atsugi	A-6E, KA-6D
VA-122	Lemoore*	A-7E, T-39D
VFA-125	Lemoore*	F/A-18
VA-127	Lemoore*	TA-4J, A-4C/F
VA-128	Whidbey Island*	A-6E TC-4C
VA-145	Whidbey Island	A-6E, KA-6D
VA-146	Lemoore	A-7E
VA-147	Lemoore	A-7E
VA-165	Whidbey Island	A-6E, KA-6D
VA-174	Cecil Field*	A-7E, T-39D
VA-176	Oceana	A-6E, KA-6D
VA-192	Lemoore	A-7E
VA-195	Lemoore	A-7E
VA-196	Whidbey Island	A-6E, KA-6D
	Navy Flight Demonstration Squadron „Blue Angels“	
	Pensacola	A-4F TA-4J KC-130F
	VF-Staffeln	
VF- 1	Miramar	F-14A
VF- 2	Miramar	F-14A
VF- 11	Oceana	F-14A
VF- 14	Oceana	F-14A
VF- 21	Miramar	F-4J
VF- 24	Miramar	F-14A
VF- 31	Oceana	F-14A
VF- 32	Oceana	F-14A
VF- 33	Oceana	F-4J

Staffel-Nr.	Heimat-stützpunkt	geflogene Maschinen
VF- 41	Oceana	F-14A
VF- 43	Oceana*	T-38A, F-5E A-4F/E TA-4J
VF- 51	Miramar	F-14A
VF- 74	Oceana	F-4J
VF- 84	Oceana	F-14A
VF- 92	Miramar	F-4J
VF- 96	Miramar	F-4J
VF-101	Oceana* Det. Key West	F-4J F-14A
VF-102	Oceana	F-4J
VF-103	Oceana	F-14A
VF-111	Miramar	F-14A
VF-114	Miramar	F-14A
VF-124	Miramar*	F-14A TA-4J F-8E
VF-126	Miramar*	TA-4J
VF-142	Oceana	F-14A
VF-143	Oceana	F-14A
VF-151	Atsugi	F-4J/N
VF-154	Miramar	F-4S
VF-161	Atsugi	F-4J/N
VF-171	Oceana* Det. Key West	F-4J, A-4E F-4N TA-4J
VF-211	Miramar	F-14A
VF-213	Miramar	F-14A
	VP-Staffeln	
VP- 1	Barbers Point	P-3C
VP- 4	Barbers Point	P-3C
VP- 5	Jacksonville	P-3C
VP- 6	Barbers Point	P-3B
VP- 8	Brunswick	P-3B
VP- 9	Moffett Field	P-3C
VP-10	Brunswick	P-3B
VP-11	Brunswick	P-3B
VP-16	Jacksonville	P-3C
VP-17	Barbers Point	P-3C
VP-19	Moffett Field	P-3C
VP-22	Barbers Point	P-3B
VP-23	Brunswick	P-3C
VP-24	Jacksonville	P-3C
VP-26	Brunswick	P-3B
VP-30	Patuxent River*	P-3C
VP-31	Moffett Field*	P-3B
VP-40	North Island	P-3C

Staffel-Nr.	Heimat-stützpunkt	geflogene Maschinen
VP-44	Jacksonville	P-3C
VP-45	Jacksonville	P-3C
VP-46	Moffett Field	P-3C
VP-47	Moffett Field	P-3C
VP-48	Moffett Field	P-3C
VP-49	Jacksonville	P-3C
VP-50	North Island	P-3C
VP-56	Jacksonville	P-3C
	VS-Staffeln	
VS-21	North Island	S-3A
VS-22	Cecil Field	S-3A
VS-24	Cecil Field	S-3A
VS-28	Cecil Field	S-3A
VS-29	North Island	S-3A
VS-30	Cecil Field*	S-3A
VS-31	Cecil Field	S-3A
VS-32	Cecil Field	S-3A
VS-33	North Island	S-3A, US-3A
VS-37	North Island	S-3A
VS-38	North Island	S-3A
VS-41	North Island*	S-3A
	VR-/VRC-/VRF-Staffeln	
VR-24	Neapel Det. Rota Det. Sigonella	C-1A, C-2A, C-130F, CT-39E/G HH-46A, UH-2C, CH/RH-53D
VR-30	Moffett Field Det. Alameda	C-9B, C-1A, CT-39E
VRF-31	Norfolk	C-1A
VRC-40	Norfolk	C-1A, C-2A
VRC-50	North Island Det. Cubi Point	C-1A, C-2A CT-39E/G C-130F
	VC-Staffeln	
VC- 1	Barbers Point	TA-4J, A-4E, F-8K, SH-3G
VC- 3	North Island Det. San Clemente Det. Yuma	DC-130A,SH-3G TA-3B, US-2C
VC- 5	Naha Det. Cubi Point	F-8K, A-4E/L DF-8E, TA-4J, US-2C, SH-3G, RC-45J

Staffel-Nr.	Heimatstützpunkt	geflogene Maschinen
VC- 6	Norfolk	nur Ziel-Drohnen
VC- 8	Roosevelt Road	EP-2H, DF-8F SH-3G, TA-4J
VC-10	Guantanamo	F-8K, US-2C, A-4E, TA-4J
	VT-Staffeln	
VT- 2	Whiting Field	T-34C
VT- 3	Whiting Field	T-34C
VT- 4	Pensacola	T-2C, TA-4J
VT- 6	Whiting Field	T-28C, TC-45J
VT- 7	Meridian	TA-4J
VT- 9	Meridian	T-2C
VT-10	Pensacola	T-2C, T-39D
VT-19	Meridian	T-2C
VT-21	Kingsville	TA-4J
VT-22	Kingsville	TA-4J
VT-23	Kingsville	T-2C
VT-24	Chase Field	TA-4J
VT-25	Chase Field	TA-4J
VT-26	Chase Field	T-2C
VT-27	Corpus Christi	T-28C, T-34C
VT-28	Corpus Christi	T-44A
VT-31	Corpus Christi	T-44A
VT-86	Pensacola	TA-4J, T-39D
	VX-Staffeln	
VX-1	Patuxent River	S-3A, P-3A/B/C, SH-3A/D/G
VX-4	Point Mugu	A-6E, F-14A, QF-4B, TA-4J C-1A, F-4J, F/A-18
VX-5	China Lake	A-6E, A-7E, A-4M
	Det. Oceana	TA-4J
VXE-6	Point Mugu	LC-130F/R UH-1N
VXN-8	Patuxent River	P-3A RP-3A/D
	VTC-Staffeln	
VTC-12	San Diego	–

Staffel-Nr.	Heimatstützpunkt	geflogene Maschinen
VTC-21	Little Creek	–
VTC-22	Little Creek	–
	HM-Staffeln	
HM-12	Norfolk	RH-53D
HM-14	Norfolk	RH-53D
HM 16	Norfolk	RH-53D
	HSL-Staffeln	
HSL-30	Norfolk*	SH-2F
HSL-31	North Island*	SH-2F
HSL-32	Norfolk	SH-2F
HSL-33	North Island	SH-2F
HSL-34	Norfolk	SH-2F
HSL-35	North Island	SH-2F
HSL-36	Mayport	SH-2F
HSL-37	Barbers Point	SH-2F
	HS-Staffeln	
HS- 1	Cecil Field*	SH-3D
HS- 2	North Island	SH-3D
HS- 3	Cecil Field	SH-3D
HS- 4	North Island	SH-3D
HS- 5	Cecil Field	SH-3D
HS- 6	North Island	SH-3D
HS- 7	Cecil Field	SH-3H
HS- 8	North Island	SH-3H
HS- 9	Jacksonville	SH-3H
HS-10	North Island*	SH-3D/H
HS-11	Cecil Field	SH-3D
HS-12	North Island	SH-3D
HS-15	Norfolk	SH-3G/H
	HC-Staffeln	
HC- 1	North Island	SH-3G
HC- 3	North Island	CH-46D
HC- 6	Norfolk	SH-3 CH-46D
HC-11	North Island	UH-46D
HC-16	Norfolk	HH-46A
	HT-Staffeln	
HT- 8	Whiting Field	TH-57A
HT-18	Whiting Field	TH-1L, UH-1E, UH-1L, HH-1K, UH-1H

* = Ausbildungs-, Ersatz- und Kampf-Trainerstaffeln

9.2 Geschwader und Staffeln der „Naval Air Reserve Force“ (NARF)

Die Basis für die in etwa auch noch gegenwärtig gültige Form der Organisation der NARF wurde 1970 durch die Aufstellung von

- 2 taktischen Geschwadern (CVWR)
- 2 Bord-U-Jagd-Geschwadern (CVSGR)
- 12 U-Jagd-Fernaufklärerstaffeln (VP)
- 3 Lufttransportstaffeln (VR)

gelegt.

In den vergangenen zehn Jahren erfuhr naturgemäß auch die NARF-Organisation Veränderungen. Die beiden CVSGR-Geschwader wurden aufgelöst, weil es auch keine CVS-Träger mehr gibt, auf denen sie eingesetzt werden könnten; manche der Staffeln wurden neu unterstellt, manche aufgelöst, andere neu aufgestellt. Die NARF besteht gegenwärtig aus nachfolgend aufgeführten Geschwadern und Staffeln.

Reserve Carrier Air Wing 20, NAS Jacksonville

CVWR-20:

VF-201	Dallas	F-4N
VF-202	Dallas	F-4N
VA-203	Jacksonville	A-7B
VA-204	Memphis	A-7B
VA-205	Atlanta	A-7B
VFP-208	Andrews AFB Washington	RF-8G
VAK-206	Alameda	EKA-3B
VAQ-209	·	·
VAW-78	Norfolk	E-2B

Reserve Carrier Air Wing 30, NAS Alameda

CVWR-30:

VF-301	Miramar	F-4N
VF-302	Miramar	F-4N
VA-303	Alameda	A-7B
VA-304	Alameda	A-7B
VA-305	Point Mugu	A-7B
VFP-308	Andrews AFB Washington	RF-8G
VAK-306	Alameda	EKA-3B
VAQ-309	Whidbey Island	EA-6A
VAW-88	Miramar	E-2B

Reserve Patrol Wing, Pacific, NAS Moffet Field

ResPatWing PAC:

VP-65	Point Mugu	P-3A
VP-67	Memphis	P-3A
VP-69	Whidbey Island	P-3A
VP-91	Moffett Field Det.PatuxentRiver	P-3A

Reserve Tactical Support Wing 1, NAS New Orleans

VC-12	Detroit	TA-4J
VC-13	New Orleans	A-4E, TA-4J
VR-48	Washington	C-131H
VR-51	Whidbey Island/ Glenview/Alameda	C-118B
VR-52	Dallas/Memphis/ Willow Grove	C-118B
VR-53	Dallas/Memphis	C-118B
VR-54	Jacksonville/New Orleans/Willow Grove	C-118B
VR-55	Alameda	C-9B
VR-56	Norfolk	C-9B
VR-57	North Island	C-9B
VR-58	Jacksonville	·

Reserve Patrol Wing, Atlantic, NAS Norfolk

ResPatWing LANT:

VP-60	Glenview	P-3A
VP-62	Jacksonville	P-3A
VP-64	Willow Grove	P-3A
VP-66	Willow Grove	P-3A
VP-68	Patuxent River	P-3A
VP-90	Glenview	P-3A
VP-92	South Weymouth	P-3A
VP-93	Detroit	P-3A
VP-94	New Orleans	P-3A

Reserve Helicopter Wing 80, NAS North Island			HS-84	North Island	SH-3D
			HS-85	Alameda	SH-3D
CAG-80:			HAL-4	Norfolk	HH-1K
HS-74	South Weymouth	SH-3D	HAL-5	Point Mugu	HH-1K
HS-75	Lakehurst	SH-3D	HC-9	North Island	HH-3A

Außer diesen Geschwadern und Staffeln gibt es territoriale Zentren der „Naval Air Reserve", die ebenfalls einzelne oder mehrere Flugzeuge zur Verfügung haben. Es gibt z. Zt. 16 solche Zentren (Reserve-Stützpunkte, deren Flugzeuge an Kennungen zu erkennen sind, die eine Ziffer 6 oder 7 führen und einen Buchstaben dahinter. Bei diesen Reserve-Stützpunkten, ihren Kennungen und geflogenen Maschinen handelt es sich um:

Andrews, Md.	6A	US-2A	Atlanta	7B	TA-4J,US-2A
Jacksonville	6F	TA-4J,US-2A	Dallas	7D	TA-4J,US-2A
Alameda	6G	TA-4J,TA-3B	Moffett Field	7R	TA-4J,C-1A
North Island	6H	US-2B	Glenview	7V	TA-4J,US-2A
Memphis	6M	TA-4J,US-2A	Willow Grove	7W	US-2A
Norfolk	6S	US-2B	New Orleans	7X	US-2A,U-11A
Whidbey Island	6T	US-2B	Detroit	7Y	US-2A
Point Mugu	6U	US-2B	South Weymouth	7Z	TA-4J,US-2A

9.3 Sonstige fliegende Einheiten der Seeluftwaffe

Jede „Naval Air Station", jeder Fliegerstützpunkt verfügt über einige Flugzeuge und Hubschrauber. Darüber hinaus gibt es Sonderformationen, wie z. B.

- das *Naval Air Technical Command* in Memphis und Lakehurst
- das *Pacific Missile Test Center* in Point Mugu
- das *Naval Weapons Center* auf dem China Lake
- die *Naval Air Test Facility* in Lakehurst
- das *Naval Air Test Center* in Patuxent River
- das *Naval Weapons Evaluation Center* auf Kirtland AFB
- das *Naval Research Laboratory* in Patuxent River
- die *Naval Rework Facilities* in Pensacola, North Island, Norfolk, Jacksonville, Cherry Point und Alameda.

Fast all diese Einrichtungen verfügen über einige, mehrere oder auch zahlreiche Flugmaschinen diverser Kampf- und Hilfstypen.

9.4 Die Luftwaffe des U. S. Marine Corps (USMC)

9.41 Einleitung

Die Notwendigkeit nach einer eigenen integrierten Luftwaffe ergibt sich aus der offensiven Aufgabenstellung des U. S. Marine Corps. Die Haupt-Aufgabengebiete dieser Luftstreitmacht, die stärker ist als sämtliche Luftstreitkräfte manch eines mittleren Staates, lassen sich wie folgt umreißen:

- ☐ Angriffs-Unterstützung bei Landungen und Landkämpfen
- ☐ offensive Luftunterstützung (Jagd- und Jagdbombermaschinen im Luftkampf)
- ☐ aktive Flugzeugabwehr durch Flugzeuge und Boden/Luft-Lenkwaffen
- ☐ Bewaffnete Luftaufklärung (Foto- und elektronische Aufklärung)
- ☐ ergänzende Funktionen zur Luftwaffe der U. S. Navy
- ☐ Lufttransport von Truppen und Material
- ☐ Such-, Rettungs- und Bergungsaufgaben auf dem Gefechtsfeld
- ☐ sonstige Stabs-, Kurier und Hilfsdienste.

Entsprechend ist auch das Inventar an Flugmaschinen „maßgeschneidert“. Es besteht aus

- ☐ Hochleistungs-Jagdmaschinen zur Erringung und Erhaltung der Luftüberlegenheit
- ☐ Jagdbomber (auch V/STOL-Maschinen) zur Erdkampfunterstützung
- ☐ leichte Flugzeuge zur Gefechtsfeld-Beobachtung
- ☐ schwere, mittlere und leichte Hubschrauber für den Transport von Truppen, Erdkampf-Unterstützung und SAR-Aufgaben
- ☐ Flugzeuge für Truppentransport und Luftbetankung
- ☐ Flugzeuge für bewaffnete Fotoaufklärung und elektronische Kampfführung
- ☐ Verbindungs-, Stabs-, Kurier- und Hilfsdienstmaschinen.

Zwischen der Luftwaffe der U. S. Navy und des Marine Corps gibt es Beziehungen mannigfaltiger Art:

- ☐ die U. S. Navy sorgt für die Beschaffung der Flugzeuge für sich selbst und für das Marine Corps; beide fliegen zum großen Teil die selben Typen
- ☐ Flieger des Marine Corps erhalten die selbe Schulung wie die der Navy; die Ausbildung findet bei der Navy statt
- ☐ die meisten Flugzeuge des Marine Corps sind auch für den Einsatz auf Flugzeug- und Hubschrauberträgern eingerichtet
- ☐ oft werden Staffeln des Marine Corps auch operativ auf Flugzeug- bzw. Hubschrauberträgern eingesetzt.

9.42 Gliederung der Luftwaffe des Marine Corps

Die Luftwaffe des Marine Corps gliedert sich in

- ☐ Geschwader (Marine Air Wing – MAW)
- ☐ Gruppen (Marine Air Group – MAG u. a. m.)
- ☐ Staffeln (Marine Squadrons)

Es gibt drei aktive Marine Corps-Geschwader, MAW-1, 2 und 3. MAW-4 ist ein Reservegeschwader, dessen Zusammensetzung weiter hinten beschrieben wird. Nominell stellt jedes MAW die Luftkomponente einer der drei aktiven USMC-Land-Divisionen dar. In der Praxis jedoch unterstehen die MAW operativ jeweils den Stäben der „Fleet Marine Forces“ im Atlantik bzw. Pazifik und in technischer Hinsicht beaufsichtigt sie der COMNAVAIRLANT bzw. COMNAVAIRPAC.
Jedes MAW verfügt über einige Gruppen. Außer den reinen Flugzeuggruppen (MAG/VF/VA) und Hubschraubergruppen (MAG/VH) gibt es noch einige andere Gruppen-Typen, deren Vorhandensein sich aus der Situation der USMC-Luftwaffe als

Schema 1: Gliederung eines „Marine Air Wing“

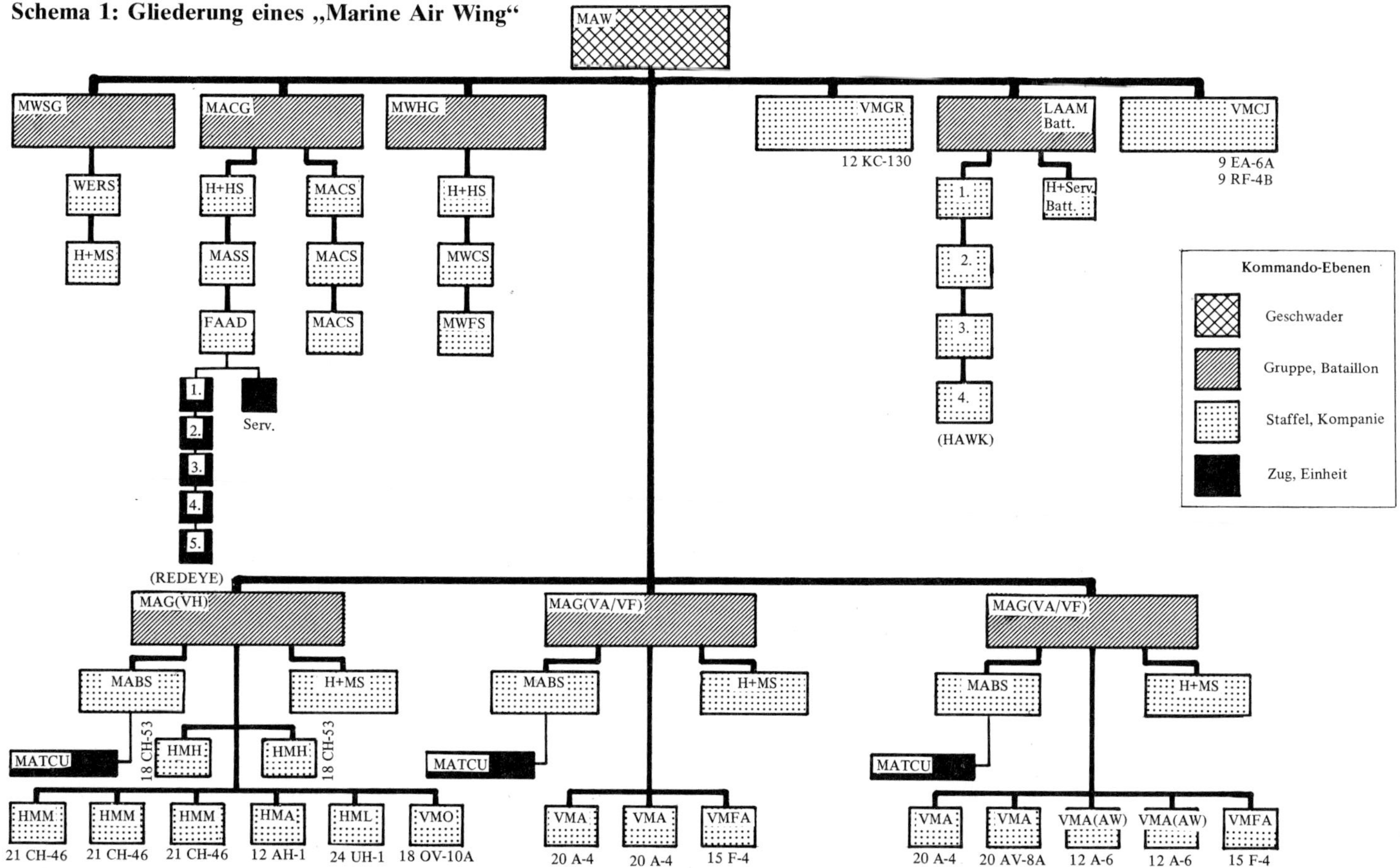

hauptsächlich boden-gestützte Teil-Streitkraft erklärt. So gibt es neben den MAG noch folgende Gruppentypen:

- □ MACG Luftkontrollgruppe
- □ MWSG Geschwader-Unterstützungsgruppe
- □ MWHG Geschwader-Quartiermeistergruppe
- □ MFATG Flugzeug-Trainingsgruppe
- □ MHTG Hubschrauber-Trainingsgruppe

Das nachfolgende Schema auf Seite 222 zeigt eine zwar immaginäre, jedoch typische Gliederung eines USMC-Geschwaders mit seinen unterstellten Gruppen, Staffeln, Zügen und Trupps.

Die Staffeln sind beim Marine Corps genauso Grundeinheiten wie bei der Luftwaffe der U. S. Navy. Die Staffeltypen mit fliegendem Inventar entsprechen denen bei der Navy; zwischen dem ersten Buchstaben V oder H und dem Funktions-Buchstaben dahinter wird bei den USMC-Staffeln ein „M" (für „Marines") zwischengeschaltet, z. B. VMA, VMF usw. Flugzeuge des Marine Corps erkennt man – insbesondere, wenn Sie am Seitenleitwerk ausnahmsweise die Kenn-Buchstaben eines Trägergeschwaders führen – vor allem und am besten an der Inschrift MARINES, die am Rumpf geführt wird. Staffeln des USMC führen, sofern sie nicht längere Zeit auf einem Träger eingesetzt sind, ihre eigenen Identifikationsbuchstaben. Werden sie für längere Zeit auf einen Träger kommandiert, so erhalten sie die Kenn-Buchstaben des Geschwaders, dem sie unterstellt sind.
Während die Stützpunkte der Geschwader und der Gruppen fast konstant bleiben, vertauschen einige taktische Staffeln (VMA, VMF) periodisch aber regelmäßig ihren Heimat-Stützpunkt in den Vereinigten Staaten mit einem im Westpazifik. Die nachfolgende Auflistung aller Staffeln im Rahmen der dazugehörigen Gruppen und Geschwader hat nur zeitweiligen Charakter und gilt daher nur für eine bestimmte Zeitspanne. Dies gilt ebenso für die Angaben der geflogenen Flugzeug- bzw. Hubschrauber-Versionen.

Einheiten der USMC-Luftwaffe

Abkürzung	Bedeutung	Deutsche Bezeichnung
USMC	United States Marine Corps	Marine Corps der Vereinigten Staaten
MAW	Marine Air Wing	Luftgeschwader des USMC
MAG(VH)	Marine Air Group (Helicopter)	Hubschrauber-Gruppe
MAG(VA/VF)	Marine Air Group (Fixed Wing)	Flugzeug-Gruppe
MACG	Marine Air Control Group	Luftkontrollgruppe
MHTG	Marine Helicopter Training Group	Hubschrauber-Trainingsgruppe
MFATG	Marine Fighter/Attack Training Group	Flugzeug-Trainingsgruppe
MWSG	Marine Wing Support Group	Geschwader-Unterstützungs-Gruppe

Abkürzung	Bedeutung	Deutsche Bezeichnung
MWHG	Marine Wing Headquarters Group	Geschwader-Quartiermeister-Gruppe
MWFS	Marine Wing Facilities Squadron	Unterkunftsstaffel
MWCS	Marine Wing Communication Squadron	Geschwader-Nachrichtenverbindungs-Staffel
WERS	Wing Equipment and Repair Squadron	Geschwader Ausrüstungs- und Instandsetzungsstaffel
LAAM	Light AA Missile Battalion	leichte Flaraketenabteilung
FAAD	Forward Area Air Defense Battery	vorgeschobene Flaraketenbatterie
MATCU	Marine Air Traffic Control Unit	Luftverkehrs-Kontrolleinheit
FMF-H.Sq.	Headquarters Fleet Marine Force	Hauptquartier der „Fleet Marine Force“

Staffeltypen beim Marine Corps

Abkürzung	Bedeutung	Deutsche Bezeichnung
H&HS	Headquarters & Headquarters Squadron	Stabs- und Quartiermeister-Staffel*
H&MS	Headquarters & Maintenance Squadron	Stabs- und Wartungsstaffel*
MABS	Marine Air Base Squadron	Stützpunktstaffel*
MACS	Marine Air Control Sq.	Luftkontrollstaffel*
MASS	Marine Air Support Squadron	Unterstützungsstaffel*
VMA(AW)	Marine Attack Squadron (allweather)	Angriffsstaffel (Allwetter-)
VMA	Marine Attack Squadron	Angriffsstaffel
VMFA	Marine Fighter/Attack Squadron	Jagdbomberstaffel
VMAT	Marine Attack Training Squadron	Schulstaffel für VMA
VMFAT	Marine Fighter/Attack Training Squadron	Schulstaffel für VMFA
VMFP	Marine Light Photographic Squadron	Leichte Fotoaufklärungsstaffel
VMAQ	Marine Tactical Electronic Warfare Squadron	Taktische Eloka-Staffel
VMT	Marine Training Squadron	Schulstaffel allgemein
VMGR	Marine Aerial Refueling and Transport Squadron	Luftbetankungs- und Transportstaffel
HMA	Marine Helicopter Attack Squadron	Hubschrauber-Angriffs-Staffel
HMH	Marine Helicopter Transport Squadron (heavy)	Schwere Hubschrauber-Transportstaffel

Abkürzung	Bedeutung	Deutsche Bezeichnung
HMM	(medium)	mittlere Hubschrauber-Transportstaffel
HML	(light)	leichte Hubschrauber-Transportstaffel
HMT	Marine Helicopter Training Squadron	Hubschrauber-Schulstaffel
HMX	Marine Helicopter Development Squadron	Entwicklungs- und Teststaffel
VMO	Marine Observation Sq.	Nahaufklärungsstaffel
VMCJ	Marine Composite Recon. Squadron	Fotoaufklärungs- und Radarstörstaffel (elektron. Aufkl.)**
FMF-H.Sq.	Headquarters Squadron Fleet Marine Force	Hauptquartier der „Fleet Marine Force"

* mit nur wenigen oder gar keinen eigenen Flugzeugen
** Staffeltyp erloschen

9.43 Aktive Geschwader, Gruppen und Staffeln des Marine Corps

Es gibt z. Zt. bei der USMC-Luftwaffe folgende Geschwader, Gruppen und Staffeln, deren *Heimat*-Stützpunkte und das Inventar an Flugmaschinen ebenfalls angegeben sind.

			Bemerkungen
MAW-1	MCAS Kadena, Okinawa		
MAG-12	MCAS Iwakuni, Japan		
H + MS-12	Iwakuni	TA-4F	MAG-12 ist Stab für zeitweilig aus den USA
VMAQ-2 (Det.)		EA-6A	kommandierte taktische Staffeln
MAG-15	MCAS Iwakuni, Japan		
H + MS-15	Iwakuni	F-4J	
VMFA-235	Kaneohe Bay	F-4J	
VMFA-212	Kaneohe Bay	F-4J	
VMFP-3 (Det.)	RF-4B		
MWSG-17	MCAS Futema, Okinawa		Unterstützungsgruppe
H + MS-17	Futema	TA-4F	
MWHS-1	Futema	C-117D	
MAG-36	MCAS Futema, Okinawa		Hubschrauber- und Transportgruppe
H + MS-36	Futema	OV-10A, CH-46D	Det. in Atsugi

HMM-164	Tustin (Sta. Ana)	CH-46D	
HMM-165	Futema	CH-46D	
HMH-462	Futema	CH-53D	
HML-367	Camp Pendleton	UH-1N, AH-1J	
VMGR-152	Futema	KC-130F	
MAW-2	MCAS Cherry Point, N.C.		
MAG-14	MCAS Cherry Point, N.C.		Bomber-Gruppe
H + MS-14	Cherry Point	TA-4F	
VMA(AW)-121	Cherry Point	A-6E	
VMA(AW)-224	Cherry Point	A-6E	
VMA(AW)-332	Cherry Point	A-6E	
VMA(AW)-533	Cherry Point	A-6E	
VMAQ-2	Cherry Point	EA-6A/B	
MAG-26	MCAS New River, N.C.		Hubschraubergruppe
H + MS-26	New River	–	
HMM-162	New River	CH-46F	
HMM-261	New River	CH-46F	
HMM-263	New River	CH-46F	
HMM-264	New River	CH-46F	
HMH-362	New River	CH-53D	
HMH-461	New River	CH-53D	
HMH-462	New River	CH-53E	
HMT-204	Tustin, (Sta. Ana)	CH-46F	
MWSG-27	MCAS Cherry Point, N.C.		Unterstützungsgruppe
H + MS-27	Cherry Point	–	
VMGR-252	Cherry Point	KC-130F	
MAG-29	MCAS New River, N.C.		leichte Hubschraubergruppe
H + MS-29	New River	–	
VMO-1	New River	OV-10A/D	
HMA-269	New River	AH-1J/T	
HML-167	New River	UH-1E/N	
HML-268	New River	UH-1N	
MAG-31	MCAS Beaufort, S. C.		Jagdgruppe
H + MS-31	Beaufort	TA-4F, C-117D	
VMFA-115	Beaufort	F-4J	
VMFA-122	Beaufort	F-4J	
VMFA-312	Beaufort	F-4J	
VMFA-333	Beaufort	F-4J	
VMFA-451	Beaufort	F-4J	
MAG-32	MCAS Cherry Point, N.C.		V/STOL- und Jagdbombergruppe

H + MS-32	Cherry Point	–	
VMA-331	Cherry Point	A-4M	
VMA-231	Yuma, Ariz.	AV-8A	
VMA-542	Cherry Point	AV-8A	
VMAT-203	Cherry Point	AV-8A, TAV-8A, TA-4J, A-4M	
MAW-3	MCAS El Toro, Cal.		
MFATG-10	MCAS Yuma, Arizona		Trainings- und Jagdbombergruppe
H + MS-10	Yuma	C-117D	
VMFAT-101	Yuma	F-4J, F-4N	
VMAT-102	Yuma	A-4M, TA-4J	
VMA-211	El Toro	A-4M	
VMA-513	Yuma	AV-8A	
MAG-11	MCAS El Toro, Cal.		Jagdgruppe
H + MS-11	El Toro	–	
VMFA-314	El Toro	F-4N	
VMFA-323	El Toro	F-4N	
VMFA-531	El Toro	F-4N	
VMFP-3	El Toro	RF-4B	
MAG-13	MCAS El Toro, Cal.		Bomber- und Jagdbombergruppe
H + MS-13	El Toro	TA-4F	
VMA-214	El Toro	A-4M	
VMA-223	El Toro	A-4M	
VMA-311	El Toro	A-4M	
VMA(AW)-242	El Toro	A-6E	
MAG-16	Camp Pendleton, Cal.		Hubschraubergruppe
H + MS-16	Camp Pendleton	–	
VMO-2	Camp Pendleton	OV-10A/D	
HMM-161	Tustin	CH-46F	
HMM-163	Tustin	CH-46F	
HMH-361	Tustin	CH-53D	
HMH-363	Tustin	CH-53D	
HML-267	Tustin	UH-1N	
HMA-169	Tustin	AH-1J	
HMA-369	Tustin	AH-1J	
MWSG-37	MCAS El Toro, Cal.		Unterstützungsgruppe
H + MS-37	El Toro	C-117D	
VMGR-352	El Toro	KC-130F/R	
MAG-24	Kaneohe Bay, Hawaii		Sondergruppe Hawaii
H + MS-24	Kaneohe Bay	TA-4F, OV-10A, UH-1E, AH-1J, C-117D	
VMFA-251	Beaufort	F-4J	

VMFA-232	Kaneohe Bay	F-4S
HMM-262	Kaneohe Bay	CH-46F
HMH-463	Kaneohe Bay	CH-53D
VMO-6	Kaneohe Bay	OV-10A/D

In den letzten 20 Jahren veränderte sich der Bestand an USMC-Staffeln wie folgt:

Anzahl der wichtigsten aktiven USMC-Staffeln 1960-1980

Art der Staffeln	Anzahl der aktiven Staffeln							
	1960	1964	1968	1972	1976	1978	1979	1980 (Soll)
Jagd- und Jagdbomber-Staffeln	26	26	27	26	25	25	25	25
Transport-Hubschrauber-Staffeln	11	15	25	21	23	21	24	24
Übrige Flugstaffeln	10	9	15	9	9	7	8	8

Außer den vorstehend aufgeführten aktiven USMC-Staffeln gibt es noch die folgenden Sonderstaffeln:

- ☐ die „Station Operations and Engineering Squadron" in Cherry Point mit C-9B-Transportflugzeugen,
- ☐ die „Marine Development Helicopter Squadron 1" (HMX-1) in Quantico, Va.; dies ist eine große Staffel mit Hubschraubern für Versuchszwecke, aber auch mit Stabs- und Kurier-Hubschraubern für den VIP-Transport des Weißen Hauses in Washington. Zu den Maschinen des Versuchszweiges der Staffel gehören CH-46E/F, UH-1N, SH-3A u. a. m. – Zu den Stabsmaschinen gehören VH-1N, VH-53D, VH-46F, VH-3A u. a. m.

9.44 Luftwaffenreserve des Marine Corps

Genauso, wie die Reservisten der *Naval Aviation* an Wochenenden und in ihrem Urlaub in verschiedenen NARF-Staffeln oder sonstigen Trainings-Zentren ihre Reservisten-Übungen absolvieren, so gilt dies auch für die Reservisten der USMC-Luftwaffenreserve. Es gibt – im Rahmen des „Marine Air Wing 4" ständig operierende Staffeln; z. Zt. sollen es 16 sein, in denen etwa 200 Maschinen versammelt sind. Daneben gibt es auch noch sog. „Marine Air Reserve Training Detachments" (MARTD), von denen die meisten auch über einige Trainingsmaschinen verfügen. Bei den regulären Reservestaffeln, ihren Stützpunkten und den Flugmaschinen handelt es sich um:

VMA-124	Memphis	A-4E	HMH-769	Alameda	CH-53A
VMA-131	Willow Grove	A-4E	HMH-772	Willow Grove	CH-53A
VMW-134	El Toro	A-4F	HMH-777	Dallas	CH-53A
VMA-142	Cecil Field	A-4F	HMM-764	Tustin	CH-46D
			HMM-767	New Orleans	CH-46D
VMFA-112	Dallas	F-4N	HMM-774	Norfolk	CH-46D
VMFA-321	Washington	F-4N	HML-776	Glenview	UH-1E
			HMA-773	Atlanta	AH-1G
VMO-4	Atlanta	OV-10A			
VMGR-234	Glenview	KC-130F			

Darüber hinaus gibt es noch vier H + MS-Staffeln, nämlich 41 (Dallas), 42 (Alameda), 46 (El Toro) und 49 (Willow Grove) mit jeweils einigen TA-4J sowie die nachfolgend aufgeführten Trainings-Zentren (Identifikations-Kennung ist dahinter angegeben!), die jeweils über etliche Flugmaschinen verfügen. Es handelt sich dabei um die

MARTD:			
Washington	5A	Norfolk	5S
Atlanta	5B	Whidbey Island	5T
Dallas	5D	Glenview	5V
Jacksonville	5F	Willow Grove	5W
Alameda	5G	New Orleans	5X
El Toro	5L	Detroit	5Y
Memphis	5M	South Weymouth	5Z
Lakehurst	5N		

9.5 Flugzeuge und Hubschrauber der U. S. Navy, des Marinekorps und der Küstenwache*

9.51 Bezeichnung der Flugzeug- und Hubschraubertypen (Aircraft Designation System)

Jeder Flugzeug- bzw. Hubschraubertyp der Vereinigten Staaten führt ein einheitlich ausgebildetes Kurzzeichen. Die gegenwärtig gebräuchlichen Kürzungen wurden 1962 verbindlich für alle Waffengattungen eingeführt. Diese Kürzungen umfassen Aussagen über die Aufgabenstellung, den Grundtyp sowie über weitere Einzelheiten. Die Kür-

*Der Verfasser behandelte dieses Thema gesondert in einem gleich betitelten Bilderband, der im Sommer 1980 im Verlag Wehr und Wissen in Bonn veröffentlicht wurde. Der nachfolgende Abschnitt **9.5** bezieht sich auf den Inhalt dieses Buches, so daß aus Raum- und Zweckmäßigkeitsgründen sowohl auf den Abdruck von Fotos, wie auch auf raumgreifende Wiederholungen verzichtet wird.

zung besteht aus Buchstaben und Zahlen, die stets in gleicher Reihenfolge geschrieben werden. Nachfolgendes Beispiel bezieht sich auf das Flugzeugmodell YEA-6A. Dabei bedeutet

Y	E	A	–	6	A
Symbol für den gegenwärtigen Status	Symbol für die Aufgabenstellung	Grundtypensymbole	Bindestrich	Entwurfszahl	Serien-Buchstabe

Das „Y“ (oder andere ggfls.) ist in der Regel auf aktiven Maschinen nicht sichtbar. – Das Buchstabensymbol für die Aufgabenstellung besteht mitunter aus zwei Buchstaben (wie im Falle des Modells TAF-9J!). – Der Bindestrich befindet sich stets zwischen dem Grundtypensymbol und der Entwurfszahl. Alle anders beobachteten Schreibformen sind falsch. – Die Entwurfszahl wechselt so lange nicht, bis ein Flugzeugtyp in dem Maße verändert wird, daß geboten erscheint, eine eigene Entwurfsziffer einzuführen (z.B. EC-1A und E-1B). – Der Serienbuchstabe markiert die fortlaufende Version bei Modifikationen eines Grundtyps. Die erste Version hat immer den Buchstaben A. Um Verwechslungen zu vermeiden, werden die Buchstaben I und 0 nicht benutzt. Es folgt eine Aufstellung sämtlicher Status-, Aufgaben- und Grundtypensymbole.

Statussymbol	Aufgabensymbol	Grundtypensymbol
G ständig erdgebunden	A Kampf-/Jaboversion	A Angriffs/Jagdbomber
J zeitweilige Sondertests	B Bomberversion	B Bombenflugzeug
N ständige Sondertests	C Transportversion	C Transportflugzeug
X Experimentalmaschine	D Dronen- bzw. Raketenkontrolle	E Radarwarnflugzeug
Y Prototyp	E besondere elektronische Einrichtung	F Jagdflugzeug
Z in Planung	H Such- und Rettungsversion	H Hubschrauber
	K Luftbetankung	O Beobachtungsflugzeug
	L Polareinrichtung	P Fernaufklärungsflugzeug
	M Raketenträger (nicht in Gebrauch)	S U-Jagdflugzeug
	Q Ferngelenkte Maschine	T Schulflugzeug
	R Aufklärungsversion	U Hilfsdienstflugzeug
	S U-Jagdversion	V Senkrecht- bzw. Kurzstreckenstarter
	T Schulversion	X Forschungsmaschine
	U Hilfsdienstversion	
	V Stabstransportversion	
	W Wetterbeob.-Version	

9.52 Kennungen von Geschwadern, Staffeln und anderen fliegenden Einheiten (Visual Identification System)

Die nachfolgende Übersicht über die Kennungen von Geschwadern und Staffeln ist eine vom Verfasser nach bestem Wissen auf den letzten Stand gebrachte Fassung der amtlichen Navy-Version vom 1. Juli 1978. Die meisten Maschinen führen am Seitenleitwerk und an den Tragflächen eine Zwei-Buchstaben-Kennung, nach der sie als zu einer bestimmten Einheit zugehörig identifiziert werden können. Aus der Kombination der in der senkrechten Reihe befindlichen ersten und der in der waagerechten Reihe befindlichen zweiten Buchstaben der Kennung kann jeweils die entsprechende Einheit – Geschwader oder Staffel abgelesen werden. Hierzu muß gesagt werden, daß die meisten Flugmaschinen – insbesondere der taktischen Trägerstaffeln – immer wieder neue Bemalung und Beschriftung erhalten. Im Einsatz auf „ihrem“ Träger erhalten Sie die entsprechende CVW-Kennung, sehr oft auch den ausgedruckten Namen des Trägers selbst. Verläßt eine Maschine ihr Geschwader oder gar auch die Staffel, werden diese Inschriften gelöscht und die Maschine erhält möglicherweise die Kennung ihrer landgebundenen Ersatzeinheit. Hierbei wird auch die taktische Nummer an der Bugnase geändert. Aber auch innerhalb des Bordgeschwaders gibt es Umbemalungen, wenn z. B. eine Staffel von der ersten Stelle an die zweite innerhalb des Geschwaders rückt. Dann werden die Bug-Nummern verändert und auch die in bestimmten Farben gehaltenen Staffel-Embleme. Kurios ist, daß gelegentlich in „geheimer“ Mission fliegende EA-3B der VQ-Staffeln keinerlei Kennung führen, obwohl aufgrund des erkannten Typs jeder Mensch weiß, daß es sich um eine dieser wichtigen Elektronik-Erkundungsmaschinen handelt. Die einzige Nummernfolge, die eine Maschine ständig mit sich führt, ist die sog. BUNO, die Seriennummer der Maschine innerhalb des Grundtyps – z. B. F-14 oder A-6 usw. Dieser „Ausweis“ begleitet die Maschine durch alle Veränderungen und Umbemalungen hindurch.

Ein gutes Beispiel für die Anbringung der vorstehend beschriebenen Bemalung bietet diese KA-6D Intruder der Staffel VA-176. Das Foto entstand im Oktober 1971, als VA-176 zu CVW-6 auf USS *F. D. Roosevelt* gehörte. USN

Kennungen der Geschwader und Staffeln („Visual Identification System“)

	A	B	C	D	E	F	G	H	J	K
A	CVW-17	CVW-1	CVW-3	1)	CVW-6	CVWR-20	CVW-7	HS-15	CVW-8	
B	BLUE ANGELS					HC-16		VMGR-252	HM-14	
C				VRC-40		VMA-211	VMA-231		HM-461	
D	H+MS-32	VMFA-235	VMFA-122					HM-12		
E	VMA(AW) -332		VMFA-531	VMA(AW) -533			HMM-263	HMM-264		
F										
G				VAQ-33	CAEWW-12	VC-8				
H						HMA-269				
J	VX-1	VXN-8			VC-2		VC-6	VC-10		VR-1
K			VMAT-202	VMT-203						
L	VP-5		VP-8	VP-10	VP-11	VP-16		VP-93	VP-23	VP-26
M	VMFA-112	VMA-142				VMA-134	VMF-321		VMJ-4	
N				CVWR-30	CVW-2	CVW-5	CVW-9	CVW-11	3)	CVW-14
P			VP-6	VP-9	VP-19		VP-65		VP-69	
Q	VP-22	VMGR-352		VMGR-152	VP-40	H+MS-37	VMA-131	VMGR-234		
R	4)		VP-46	VP-47		VMFP-3	VRC-50			
S	HC-3		VMAT-102		H+MS-10	VP-48	VP-50	VMFAT -101		
T			VQ-3	HSL-31		HSL-33	HSL-35	HSL-37		
U	VC-1				VC-5	VC-3		VC-7		
V					VMFA-115					VMA(AW) -121
W	H+MS-12	VMO-6		VMFA-212	VMA-214	VMA-513				VMA(AW) -224
X				VXE-6	VX-5	VX-4				
Y		VP-1		VP-4		HMH-462		HMH-463		
Z					VP-17					
MARTD 5	Wash.D.C.	Atlanta		Dallas		Jacks.	Alameda			
NARU 6	Wash.D.C.					Jacks.	Alameda	N. Island		
NAS 7		Atlanta		Dallas						

Bemerkungen:

1. Die Kennung AD wurde früher von dem 1970 aufgelösten Ersatz-Geschwader RCVW-4 geführt. Gegenwärtig wird sie von den Maschinen der Ersatzstaffeln VA-42, 45, 174 und VF-101 geführt.
2. Die Kennung AR wurde früher von dem 1971 aufgelösten Ersatz-Geschwader CVSG-50 geführt. Gegenwärtig wird sie von den Maschinen der Ersatzstaffeln VS-30 und HS-1 geführt.

N	P	Q	R	S	T	U	V	W	X	Y	Z
			2)								
H+MS-14			VMA-542							VMAQ-2	H+MS-27
VMFA-333			VMFA-312		VMA(AW) -242			VMFA-251			
			VMO-1		HMM-262			H+MS-24	H+MS-31		
					HSL-30		HSL-32	HC-6	HSL-34	HSL-36	
		VQ-2		VR-54	VR-52	VR-56	VR-58			VC-12	
VP-45	VP-49	VP-56	VP-24	VP-60	VP-62	VP-64	VP-66	VP-68	VP-90	VP-92	VP-94
	HMA-773	HMM-774		HMH-769	HMH-772	VMO-4		H+MS-42	HMX-1	H+MS-41	H+MS-47
								CAG-80			
	VFP-63		VQ-1								
	VMA-124									H+MS-46	H+MS-49
	VP-31				VR-53	VR-55	VR-51	VR-30	VR-57		
HMA-169											MWHS-1
			VAQ-Wing. 13		VAW-110		HML-167				
	HC-1					VMO-2	HML-267		VC-13		
			HC-11		HML-367			VMFA-314			
	VMA-223			VMFA-323	VMFA-232			H+MS-16	H+MS-36		
HMH-361	HMM-163		HMM-161	HMM-162	HMM-164	H+MS-13	H+MS15	HMM-165			HMH-363
Lakehurst				Norfolk	Wh. Island		Glenview	W. Grove	N. Orleans	Detroit	S. Weymouth
				Norfolk	Wh. Island	Point Mugu					
			Moffett F.		SATD		Glenview	W. Grove	N. Orleans	Detroit	S. Weymouth

3. Die Kennung NJ wurde früher von dem 1970 aufgelösten Ersatz-Geschwader RCVW-12 geführt. Gegenwärtig wird sie von den Maschinen der Ersatzstaffeln VF-121, 124, 125, 126, VA-122, 127, 128 und VAQ-129 geführt.
4. Die Kennung RA wurde früher von dem 1971 aufgelösten Ersatz-Geschwader CVSG-51 geführt. Gegenwärtig wird sie von den Maschinen der Ersatzstaffeln VS-41 und HS-10 geführt.

9.53 Bei der U.S. Navy, beim Marine Corps und bei der Küstenwache in Gebrauch befindliche Flugzeuge und Hubschrauber

Grund-Typ	volkstümliche Bezeichnung	Hersteller-werk	Typen-Beschreibung	nachf. Angaben zu Version	Maximal-Startgewicht kg	Flugleistungen Höchstgeschw. /Flughöhe km/h/m	Aktions-Radius km	Reichweite km	Dienstgipfelhöhe m
A-3	Skywarrior	Douglas	Dreisitziger bordgestützter Bomber (als Grundtyp)	A-3B	37 195	982/3 050 901/11 000	1 690	4 666 (Überf. Reichw.)	12 500
A-4	Skyhawk	Douglas	Einsitziger bordgestützter Jagdbomber	A-4M	11 113	1 030/7 620 1 078/ Seehöhe	550	3 307 (Überf. Reichw.)	14 500
A-5	Vigilante	North American	Zweisitziger bordgestützter Aufklärer	RA-5C	36 285	2 230/ 12 200 1 103/ Seehöhe	1 600	4 830 mit Zusatztanks	19 500
A-6	Intruder/ Prowler	Grumman	Zweisitziger bordgestützter Allwetterbomber	A-6A	27 343	1 006/ 11 000 1 102/ Seehöhe	1 810	3 090	13 600
A-7	Corsair II	LTV	Einsitziger bordgestützter Jagdbomber	A-7E	19 050	1 125/ Seehöhe	850	4 465 (Überf. Reichw.)	16 000
F-4	Phantom II	McDonnell	Zweisitziger bordgestützter Jäger und Jagdbomber	F-4B	24 765	2 548/ 14 700 1 472/ Seehöhe	1 450	3 700 (Überf. Reichw.)	21 640
F-5	Tiger II	North American	Einsitziger Jäger und Jagdbomber	F-5E	10 924	1 700/ 11 000	686	2 567 (Überf. Reichw.)	16 305
F-8	Crusader	LTV	Einsitziger bordgestützter Jäger und Jagdbomber	F-8J	15 422	1 802/ 12 200	965	2 253 (Überf. Reichw.)	17 675

Antrieb/ PS-Leistung	Abmessungen, m Spannweite	Länge	Höhe	Waffenlast/Nutzlast	Bemerkungen
2 Strahltriebwerke J57-P-10 mit je 4 763/5 624 kp Schub	22,10	23,27	6,95	nur A-3B 5 443 kg + 2-20 mm MK (Heckgeschütze); alle anderen Versionen unbewaffnet	Erstflug von A-3A: 1953; weitere Versionen: RA-3B Foto-Aufklärer EA-3B Eloka-Flugzeug TA-3B Radar-Trainer KA-3B Tanker (Abgabekapazität 4 925 l Treibstoff) EKA-3B Tanker und Eloka-Flugzeug A-3A/B seinerzeit bordgestützte Bomber
1 Strahltriebwerk J52-P408A mit 5 080 kp Schub	8,38	12,27	4,57	4 153 kg + 2-20 mm MK	Erstflug A-4A: 1954; weitere Versionen: A-4E in USMC-Reservestaffeln A-4F ab 1966; jetzt noch bei „Blue Angels" und in USMC-Reservestaffeln TA-4J Kampftrainer A-4M ab 1970; für USMC EA-4F möglicherweise vereinzelt noch in VAQ-Staffeln
2 Strahltriebwerke J79-Ge-10 mit je 5 395/8 120 kp Schub	16,15	23,11	5,92	3 630 kg	Erstflug YA-5A: 1958; A-5A/B seinerzeit bordgestützte Bomber Erstflug RA-5C: 1962 wird 1980 ausgesondert
2 Strahltriebwerke J52-P-8A mit je 4 218 kp Schub	16,15	16,64	4,75	6 804 kg	1963 eingeführt. Frühere Versionen: A-6A, A-6B, A-6C; jetzt geflogene Versionen A-6E seit 1970; bei der Navy und beim USMC KA-6D Tanker mit Zusatztanks EA-6A Eloka-Maschine für das USMC EA-6B Eloka-Maschine für die Navy, viersitzig EA-6A wird als Intruder bezeichnet, EA-6B als Prowler
1 Strahltriebwerk TF-41-A-Z mit 6 804 kp Schub	11,79	14,06	4,88	9 072 kg + 1-20 mm MK	Erstflug 1965. Frühere Versionen: A-7A, A-7B; jetzt geflogene Versionen TA-7C zweisitziger Trainer A-7E ab 1968 für die Navy
2 Strahltriebwerke J79-GE-8 oder 15 mit je 4 950/7 711 kp Schub	11,70 RF-4B:	17,76 19,15	4,96	max. 7 250 kg	Erstflug F-4B: 1961, F-4J: 1966, F-4N: 1972, RF-4B: 1965 F-4B auslaufend F-4J wird zunehmend durch F-14 und F-18 ersetzt F-4N wie vorstehend; z.Zt. Marine Corps und Reservestaffeln RF-4B Foto-Aufklärer für das Marine Corps QF-4B ferngelenkte Drohnen-Version; als Zielflugzeug bei Sonderstaffel
2 Strahltriebwerke J85-GE-21 mit je 1 588/2 268 kp Schub	8,14	14,69	4,06	max. 3 175 kg + 2-20 mm MK	Kein Trägerflugzeug. In nur wenigen Exemplaren bei der Navy; dient als Kampftrainer als Darstellungs-Maschine für sowjetische Jäger. Erstflug 1972
1 Strahltriebwerk J57-P-20/22 mit 4 853/8 165 kp Schub	10,87	16,61 RF-8G: 16,54	4,80	max. 2 270 kg + 4-20 mm MK	Eingeführt 1957. Einzelne Maschinen anderer Versionen F-8J/K/L in einigen Sonderstaffeln Zahlreiche Versionen sind zwischenzeitlich ausgesondert. Z.Zt. vorhanden RF-8G Foto-Aufklärer (5 Kameras) in aktiven und Reservestaffeln; werden modernisiert zum längeren Verbleib auf Flugzeugträgern

Grund-Typ	volkstümliche Bezeichnung	Hersteller-werk	Typen-Beschreibung	nachf. Angaben zu Version	Maxi-mal-Startge-wicht kg	Flugleistungen			
						Höchst-geschw. /Flughöhe km/h/m	Aktions-Radius km	Reich-weite km	Dienst-gipfel-höhe m
F-14	Tomcat	Grumman	Zweisitziger bordgestützter Jäger und Jagdbomber	F-14A	31 101	2 486/ 12 200 1 470/ Seehöhe	ca. 1 000	3 700 (Überf. Reichw.)	18 300
F-18	Hornet	McDonnell/ Douglas	Einsitziger bordgestützter Jäger und Jagdbomber	F-18A	19 960	~ Mach-1,8/ 12 000 ~ Mach 1,2/ Seehöhe	1 350	3 700 (Überf. Reichw.)	über 15 000
C-1	Trader	Grumman	Bordgestützter Transporter und Kuriermaschine	C-1A	12 250	452/1 220	·	1 290	6 095
C-2	Greyhound	Grumman	Bordgestützter Transporter und Kuriermaschine	C-2A	24 860	567/3 500	·	2 414	8 780
C-4	Academe	Grumman	Bomben- und Navigationstrainer	TC-4C	16 330	621/	·	3 610 (Überf. Reichw.)	9 270
C-9	Skytrain II	McDonnell Douglas	Transport- und Sanitätsflugzeug	C-9A	48 988	·/·	·	2 390	·
C-11	Gulfstream II	Grumman	Stabsreisemaschine	G-1159	25 400	941/ · 902/12 200		5 930	
C-12	Beech	Beech Aircraft	Leichtes Passagierflugzeug	C-12A	5 670	536/3 650 515/7 600	·	3 500	9 850
C-118	Liftmaster	Douglas	Langstreckentransporter	C-118A	48 535	598/5 450	·	6 211	·
C-121	Warning Star	Lockheed	Radar-Frühwarnflugzeug	EC-121D	65 137 (normal)	605/6 100	·	3 460	·
C-130	Hercules	Lockheed	Transporter und Tankflugzeug	C-130H	79 380	618/	·	4 170 bei voller Nutzlast	8 075

	Abmessungen, m				
Antrieb/ PS-Leistung	Spann- weite	Länge	Höhe	Waffenlast/Nutzlast	Bemerkungen
2 Strahltriebwerke TF-30-P-412A mit je 9 480 Schub	19,54* (11,45)	18,89	4,88	max. 6 577 kg + 1-20 mm MK	* größte und (kleinste) Spannweite. Erstflug: 1970 F-14A Ablösung für F-4
2 Strahltrieb- werke F404-GE-400 mit 7 270 kg Schub	11,43	17,07	4,52	max. 5 900 kg + 1-20 mm MK	F-18A leistungsschwächere Maschine zur Verwendung als Ergänzung der teuren F-14A. Jabo-Version A-18 Ersatz für A-7. Einführung F-18 ab 1980. Erstflug F-18: 1978 Bordversuche November 1979 auf CV-66 *America*
2 Kolbenmotoren R-1820-82 mit je 1 525 PS	22,13	13,26	5,05	9 Passagiere oder max. 1 588 kg Fracht	Erstflug: 1955 C-1A COD-Maschine auf Flugzeugträgern (COD = „Carrier-on board-delivery") Auslaufend
2 Propeller- turbinen T-56-A-8A mit je 4 050 PS	24,56	17,27	4,85	6 804 kg oder bis max. 42 Soldaten oder 20 liegende Verwundete mit 4 Sanitätern	Eingeführt 1966. Insgesamt nur 25 Maschinen. Entwickelt aus der Eloka-Maschine E-2. COD-Aufgaben
2 Propeller- turbinen Dart Mk 529-8X mit je 2 210 PS	23,87	20,70	6,93	7 zusätzliche Bomber-/ Navigatoren-Schüler	Militärversion der Gulfstream I, Erstflug: 1967 TC-4C Schulmaschine der Navy und des Marine Corps für Besatzungen der A-6 VC-4A Stabsreisemaschine der Küstenwache
2 Strahltriebwerke JT8D-9 mit je 6 575 kp Schub	24,87	36,37	8,38	50 Soldaten oder 30-40 liegende Verwundete mit 4-6 Sanitätern	Erstflug C-9A (Nightingale) 1968. Militärische Version der DC-9 C-9B ab 1972 für die Navy und das Marine Corps VC-9C ab 1975 Stabsreisemaschine
2 Mantelstrom- triebwerke RB 163-25 Spey Mk. 511-8 mit je 5 170 kp Schub	20,99	24,37	7,47	10-19 Passagiere	Militärversion der Gulfstream II VC-11A Stabsreisemaschine der Küstenwache
2 Propeller- turbinen PT6A-41 mit je 850 PS	16,60	13,16	4,54	6-13 Passagiere	Militärversion der Super King Air UC-12B ab 1980 für die Navy
4 Kolbenmotoren R-2800-52W mit je 2 500 PS	35,81	32,18	8,66	76 Soldaten oder 60 liegende Verwundete oder bis zu 12 247 kg Fracht	Militärversion der DC-6. Erstflug C-118A: 1949. Gegenwärtige Versionen: C-118 B bei Reserve-Transportstaffeln VC-118B Stabsreisemaschine
4 Kolbenmotoren R-3350-93 mit je 3 650 PS	37,62	35,41	8,23	27-31 Mann Besatzung; Radar-Einrichtung	Militärversion der L.1049 Super Constellation. Erstflug C-121: 1951
4 Propellertur- binen T56-A-15 mit je 4 910 PS	40,25	29,78	11,66	92 Soldaten oder 64 Fallschirmjäger oder 74 liegende Verwundete mit 4 Sanitätern oder max. 20 412 kg Fracht	Erstflug: 1954. Folgende Versionen werden z.Zt. geflogen: EC-130Q Nachrichtenverbindungs-Maschine der Navy (TACAMO DC-130A Drohnen-Transporter, bei Hilfsdienststaffeln der Navy LC-130F Transporter für Einsatz in antarktischen Gebieten KC-130H Transporter und Tankflugzeug für das Marine Corps, auch KC-130F/R HC-130B/H Rettungsmaschine der Küstenwache EC-130E Elektronik-Maschine der Küstenwache und der Navy (hier Ersatz für EC-121)

Grund-Typ	volkstümliche Bezeichnung	Herstellerwerk	Typen-Beschreibung	nachf. Angaben zu Version	Maximal-Startgewicht kg	Flugleistungen Höchstgeschw. /Flughöhe km/h/m	Aktions-Radius km	Reichweite km	Dienstgipfelhöhe m
C-131	Samaritan	Convair	Transport- und Sanitätsflugzeug	C-131B	21 319 (normal)	491/4 860	·	3 060 (Überf. Reichw.)	7 600
E-2	Hawkeye	Grumman	Bordgestütztes Radarfrühwarnflugzeug	E-2C	22 262 (normal)	584/ Seehöhe	·	2 770 (Überf. Reichw.)	8 560
V-8	Harrier	Hawker Siddeley/ McDonnell/ Douglas	Einsitziger (auch bordgestützter) V/STOL-Jagdbomber	AV-8A (GR. Mk 3)	11 793 8 165 (normal)	1 160/300 1 030/300 (mit Waffenlast)	420-640 mit 2 Zusatztanks	3 330 (Überf. Reichw.)	15 250
V-10	Bronco	North American/ Rockwell	Zweisitziges STOL-Beobachtungs- und Erdkampf-Unterstützungsflugzeug	OV-10A	6 552	452/3 050 449/ Seehöhe	270 (mit Waffenlast 310) ·	2 300 (Überf. Reichw.)	8 230
S-3	Viking	Lockheed/ Convair	Bordgestütztes U-Jagdflugzeug	S-3A	23 831	816/ Seehöhe	max. 3 700	5 560 (Überf. Reichw.)	12 200
P-2	Neptune	Lockheed	Seeaufklärer und U-Jagdflugzeug	P-2H	36 320	573 nur Kolbenmotor 648 + Strahltr.		3 540	6 700
P-3	Orion	Lockheed	Seeaufklärer und U-Jagdflugzeug	P-3C	64 410	761/4 570	2 500	7 670 (Überf. Reichw.)	8 625
T-2	Buckeye	North American	Zweisitziges bordgestütztes Schulflugzeug	T-2C	5 977	838/7 620	·	1 685 (Überf. Reichw.)	12 320
T-28	Trojan	North American	Zweisitziges Schulflugzeug	T-28A	3 385	455/1 800	·	1 700 (Überf. Reichw.)	7 320
T-34	Mentor	Beech	Zweisitziges Schulflugzeug	T-34C	1 940	297/2 300 304/ Seehöhe	·	1 207 (Überf. Reichw.)	5 550
T-44	Super King Air	Beech	Navigations-Schulflugzeug	U-21A	4 377	401/3 350	·	1 880	7 800

	Abmessungen, m				
Antrieb/ PS-Leistung	Spann- weite	Länge	Höhe	Waffenlast/Nutzlast	Bemerkungen
2 Kolbenmotoren R-2800-103W mit je 2 500 PS	32,11	24,13	8,58	48 Soldaten oder 27 liegende Verwundete	Militärversion der Convair 440 HC-131A noch bei der Küstenwache. Bei der Navy vermutlich keine Maschinen mehr
2 Propeller- turbinen T-56-A-8/8B mit je 4 050 PS	24,56	17,55	5,59	Radareinrichtung	Erstflug: 1960; E-2C: 1971 Versionen E-2A bei Reserve-VAW-Staffeln, auslaufend E-2B z.Zt. noch bei einigen aktiven VAW-Staffeln im pazifischen Raum E-2C Ersatz für E-2B letztlich in allen aktiven VAW-Staffeln TE-2A nur zwei Schulmaschinen
1 Strahltriebwerk Bristol Pegasus 103 mit 9 752 kp Schub	7,70	13,91	3,43	max. 2 268 kg	Erstflug des Vorserien-Exemplars P. 1127: 1966, gegenwärtig vorhanden: AV-8A in drei Staffeln des Marine Corps TAV-8A zweisitziger Trainer für das Marine Corps AV-8B Ersatz für AV-8A beim Marine Corps. Beschaffung verzögert
2 Propeller- turbinen T-76-G-10/12 mit je 715 PS	12,19	12,12	4,62	1 633 kg + 4–7,62 mm MG	Erstflug: 1965 OV-10A in Beobachtungsstaffeln OV-10D des Marine Corps
2 Strahltriebwerke TF-34-GE-2 mit je 4 207 kp Schub	20,93	16,26	6,93	max. 3 500 kg	Erstflug: 1972; US-3A: 1976 S-3A Standard-U-Jäger auf Flugzeugträgern US-3A möglicherweise Ersatz für die C-1 COD-Maschinen
2 Kolbenmotoren R-3350-32W mit je 3 500 PS + 2 Strahltriebwerke J34-WE-36 mit je 1 542 kp Schub	31,67	27,94	8,94	max. 3 630 kg	Erstflüge, Prototyp: 1945, P-2E: 1950, P-2H: 1954. Auslaufend. Gegenwärtig noch geflogene Versionen SP-2H bei einigen Reserve-Aufklärerstaffeln DP-2E als Drohnentransporter bei wenigen Hilfsdienststaffeln
4 Propeller- turbinen T56-A-14 mit je 4 910 PS	30,37	35,61	10,29	3 290 kg im Rumpf 2 720 kg außen	Militärversion der Electra. Erstflug P-3A: 1959, P-3C: 1968. Versionen: P-3A bei einigen Reserve-Aufklärerstaffeln P-3B P-3C bei aktiven Aufklärerstaffeln P-3C Update II EP-3E Elektronik-Aufklärer WP-3A/D Wetter-Aufklärer RP-3D Erdmagnetfeld-Messungen
1 Strahltriebwerk J85-GE-4 mit 1 339 kp Schub	11,63	11,79	4,57	max. 290 kg	Erstflug T-2A: 1958, T-2C: 1968. Z.Zt. geflogene Versionen: T-2B in Schulstaffeln auslaufend T-2C in Schulstaffeln als Ersatz für T-2B
1 Kolbenmotor R-1300-1A mit 800 PS	12,22	9,76	3,86		Erstflug XT-28: 1949, T-28C: 1955 T-28C auslaufend in Navy-Schulstaffeln; einzelne Exemplare in Sonderstaffeln des Marine Corps
1 Propeller- turbine PT6A-45 mit 400 PS	10,17	8,75	3,00		Erstflug Prototyp 1948, T-34C 1973 T-34C in Navy-Schulstaffeln Ersatz für T-28C und T-34B T-34B auslaufend
2 Propeller- turbinen T74-CP-700 mit je 550 PS	13,98	10,82	4,33	max. 1 360 kg Fracht oder bis zu 10 Passagiere	Schulversion der U-21 Ute; diese ist Militärversion der King Air Model 90 T-44A in Navy-Schulstaffeln

Grund-Typ	volkstümliche Bezeichnung	Hersteller-werk	Typen-Beschreibung	nachf. Angaben zu Version	Maximal-Startgewicht kg	Flugleistungen			
						Höchstgeschw. /Flughöhe km/h/m	Aktions-Radius km	Reichweite km	Dienstgipfelhöhe m
T-39	Sabreliner	North American	Schulflugzeug und leichter Transporter	T-39A	8 055	869/11 000	·	3 130 (Überf. Reichw.)	13 800
U-16	Albatross	Grumman	Amphibisches Seenotflugzeug	HU-16B	17 010	416/5 700 380/ Seehöhe	·	2 850	6 550
U-25	Guardian	Dassault-Breguet	Transporter und Überwachungs-Flugzeug	HU-25A	14 515	869/12 500	·	2 960, max. 4 020	13 000
H-1	*	Bell	Transporthubschrauber	UH-1N	4 535	194/ Seehöhe	·	476 (Überf. Reichw.)	4 820
			Bordgestützter Erdkampf-Unterstützungshubschrauber	AH-1J	4 535	333/ Seehöhe	370	577	3 215
H-2	Seasprite	Kaman	Bordgestützter U-Jagd-Hubschrauber	SH-2F	6 032	270/ Seehöhe	·	716 (Überf. Reichw.)	6 858
H-3	Sea King	Sikorsky	Bordgestützter amphibischer Transport- bzw. U-Jagdhubschrauber	SH-3D	9 297	267/ Seehöhe	·	1 004 (Überf. Reichw.)	4 480
H-46	Sea Knight	Boeing/ Vertol	Mittlerer bordgestützter Transporthubschrauber	CH-46D	10 433	267 Seehöhe	·	385	4 265
H-52	Seaguard	Sikorsky	bordgestützter amphibischer Rettungshubschrauber	HH-52A	3 674	175/ Seehöhe	·	765	3 410
H-53	Sea Stallion	Sikorsky	bordgestützter schwerer Transporthubschrauber	CH-53A	19 050	315 Seehöhe	·	413	6 400

Antrieb/ PS-Leistung	Abmessungen, m Spann- weite	 Länge	 Höhe	Waffenlast/Nutzlast	Bemerkungen
2 Strahltrieb- werke J-60-P-3A mit je 1 361 kp Schub	13,53	13,33	4,88	4-8 Passagiere oder Flugschüler	Erstflug Prototyp: 1958. Geflogene Versionen: T-39D in Navy-Schulstaffeln und in Transportstaffeln; CT-39E/G Radarschulung für A-6 und F-18
2 Kolbenmotoren R-1820-76A mit je 1 425 PS	29,46	19,18	7,87	Seenot-Ausrüstung	Verwendung nur bei Küstenwache; Erstflug: 1947, HU-16B: 1955. Geflogene Version HU-16E
2 Strahltrieb- werke ATF3-6-2C mit je 2 405 kp Schub	16,30	17,14	5,20	1 380 kg oder 8-14 Passagiere	Militär-Version der Dassault Falcon 20G; geflogene Version HU-25A Ersatz für die HC-131A bei der Küstenwache
1 Propeller- turbine PT6T-3 Twin Pac mit 1 800 PS	14,69	13,07	4,39	12-14 Soldaten	Militär-Ausführung der AB.204B; Erstflug: 1956.* Differenzierte Namengebung: UH-1B/E Iroquois UH-1L Huey HH-1K Huey TH-1L Seawolf UH-1N Twin Huey VH-1N Twin Huey (UH-1L bis VH-1N: verschiedene Versionen bei der Navy und beim Marine Corps)
1 Propeller- turbine T400-CP-400 mit 1 800 PS	13,41	13,59	4,15	2 MK und Waffenlast bis 750 kg	Erdkampf-Unterstützungsversion der UH-1. Erstflug: 1965; geflogene Versionen: AH-1G Huey Cobra, AH-1T King Cobra AH-1J Sea Cobra
2 Propeller- turbinen T58-GE-8F mit je 1 350 PS	13,41	12,30	4,72	U-Jagd-Ausrüstung, 2 U-Jagdtorpedos	LAMPS I-Bordhubschrauber auf Kreuzern, Zerstörern und Fregatten. Erstflug UH-2A: 1959. Geflogene Versionen: HH-2C Rettungs-Hubschrauber, sowie mehrere weitere Versionen SH-2F für U-Jagd
2 Propeller- turbinen T58-GE-10 mit je 1 400 PS	18,90	16,69	4,72	26 Soldaten bzw. U-Jagdausrüstung	Militär-Ausführung der S-61. Erstflug: 1959 Geflogene Versionen: SH-3G, SH-3H U-Jagd-Maschinen an Bord von Flugzeugträgern HH-3F Rettungsmaschine der Küstenwache RH-3A Minenräum-Maschinen VH-3D Reisemaschinen des Marine Corps für das Weiße Haus
2 Propeller- turbinen T58-GE-10 mit je 1 400 PS	15,55	13,67	5,18	max. 3 237 kg oder 25 Soldaten	Militär-Ausführung der Boeing-Vertol 107-II. Erstflug: 1958, CH-46D: 1966 Geflogene Versionen: CH-46D/E/F mittlere Transporter des Marine Corps und Frachttransporter der Navy UH-46D Hilfsdienstmaschine der Navy
1 Propeller- turbine T-58-GE-8 mit 1 250 PS	16,16	13,58	4,88	max. 1 368 kg oder 12 Soldaten	Militär-Ausführung der S-62C. Erstflug: 1958 HH-52A Rettungshubschrauber der Küstenwache
2 Propeller- turbinen T64-GE-413	22,02	20,47	7,55	max. 10 866 kg oder 64 Soldaten oder 24 liegende Verwundete	Militär-Ausführung der S-65A. Erstflug: 1964, YCH-53E: 1974. Geflogene Versionen: CH-53D schwerer Transporter des Marine Corps RH-53D Minenräumer der Navy VH-53D Reisemaschine des Marine Corps für das Weiße Haus CH-53E in Einführung beim Marine Corps und bei der Navy (3 Propellerturbinen T64-GE-415 mit je 4 380 PS) MH-53E neuer Minenr.; in Entwicklg. ab 1980

Grund-Typ	volkstümliche Bezeichnung	Herstellerwerk	Typen-Beschreibung	nachf. Angaben zu Version	Maximal-Startgewicht kg	Flugleistungen			
						Höchstgeschw. /Flughöhe km/h/m	Aktions-Radius km	Reichweite km	Dienstgipfelhöhe m
H-57	Sea Ranger	Bell	leichter Schulhubschrauber	TH-57A	1 360	241/ Seehöhe	·	630	5 395
H-60	Seahawk	Sikorsky	Bordgestützter U-Jagd- und Mehrzweck-Hubschrauber	SH-60B	8 790	277	·	*	3 050
H-65	Dolphin	Aérospatiale	Bordgestützter Rettungshubschrauber	HH-65A	3 788	324	·	788	ca. 4 575

Der neueste Typ der Navy: einer der Prototypen der F/A-18 Hornet, die bei der Navy vornehmlich als Jagdbomber benutzt werden sollen. USN

Antrieb/ PS-Leistung	Abmessungen, m Spann-weite	Länge	Höhe	Waffenlast/Nutzlast	Bemerkungen
1 Propeller-turbine 250-C18A mit 317 PS	10,16	9,50	2,91	max. 113 kg oder 4 Passagiere	Militär-Schulausführung der Bell 206A. Erstflug: 1966 TH-57A Grundschulungsmaschine der Navy
2 Gasturbinen T700-GE-400 mit je 1 630 PS	16,36	15,26	·	U-Jagd-Spezial-ausführung	Firmenbezeichnung S-70L. Erstflug: 1978 SH-60B ab 1984 LAMPS III - Bord-hubschrauber auf Zerstörern und Fregatten * Einsatzdauer: 1 Std. lang 278 km vom Schiff entfernt 3 Std. lang, 92 km vom Schiff entfernt
2 Gasturbinen LTS 101-750A-1 mit je 680 PS	12,00	11,44	3,96	Rettungs-Ausrüstung	HH-65A leichter Rettungshubschrauber der Küstenwache; Erstflug: 1980. Einführung: Ende 1981.

Das beste Jagdflugzeug, das die Navy jemals hatte: eine F-14A Tomcat von VF-32 landet auf USS *John F. Kennedy* (CV-67). USN

10. Das U. S. Marine Corps (USMC)

10.0 Einleitung

Das U. S. Marine Corps entspricht zwar dem, was man landläufig unter dem Begriff „Marine-Infanterie“ versteht, d. h. eine der Marine unterstellte Land-Kampftruppe. De facto ist das USMC die vierte Teilstreitkraft der Vereinigten Staaten, die neben der U. S. Army, der U. S. Navy und der U. S. Air Force dem Verteidigungsministerium untersteht. Es ist *die* Elitetruppe der USA, die bei allen Kriegshandlungen als erste eingesetzt wird, um die entscheidenden Kämpfe zur Erringung der Übermacht zu bestreiten. Alle Kampfhandlungen, an denen amerikanische Truppen bislang beteiligt waren, spielten sich – durch die geographische Lage der USA bedingt – in Übersee ab. Dies bewirkte, daß stets die ersten amerikanischen Truppen mit Unterstützung der U. S. Navy an die Kampforte gebracht und durch diese so lang unterstützt werden mußten, bis Verstärkung eingetroffen war. Aus dieser Tatsache heraus hat sich sehr bald nach der Gründung der beiden Teilstreitkräfte eine wechselseitige Beziehung und gegenseitige Abhängigkeit gebildet, die in abgewandelter Form in weit verstärktem Maße bis zur Gegenwart andauert. Auf einen vereinfachten Nenner gebracht: Das Marine Corps ist auf seine Mobilität angewiesen, es bedient sich dabei vor allem der amphibischen Schiffe der U. S. Navy, aber auch der Kampfschiffe, die zur Sicherung der amphibischen Verbände eingesetzt werden. Im Gegenzug profitiert die Navy selbst von der relativ starken Luftwaffe des Marine Corps, denn das „Vertical assault“, der Antransport von USMC-Soldaten an die Einsatzorte mit Hubschraubern geschieht unter Verwendung von Marinekorps-Maschinen. Die Erdkampfunterstützung erfolgt dabei durch die taktischen Marinekorps-Staffeln, die auch über See eingesetzt werden können.
Neben diesen reinen Kampfaufgaben obliegen den Soldaten des USMC in Friedenszeiten zahlreiche weitere Aufgaben, u. a.

- ☐ Gestellung von Ordnungs- und Wachdiensten auf größeren Schiffen, einschl. Ehrengeleitaufgaben,
- ☐ Bereitstellung von Ehreneinheiten und Hubschraubern für das Weiße Haus in Washington oder
- ☐ Bereitstellung von Ehreneinheiten für Wach- und Geleitdienste in U.S.-Botschaften und größeren Konsulaten.

10.1 Landverbände des U. S. Marine Corps

Die Sollstärke des USMC betrug 1978 191.500 Mann, jedoch ist für 1980 eine Reduktion um mindestens 10.000 Mann geplant. Die Landstreitkräfte sind in drei USMC-Divisionen gegliedert; hinzu kommen zwei Fla-Raketen-Bataillone mit verbesserten Hawk-Flugkörpern. Zum Bestand gehören u. a. 575 Kampfwagen M-60, 950 Schwimm-Transportkampfwagen, zahlreiche Geschütze der Kaliber 105 mm bis 203 mm. Zwei USMC-Divisionen sind ständig in den Vereinigten Staaten stationiert, die dritte im westlichen Pazifik. Während des Vietnam-Krieges waren kurzfristig Teile der

5. USMC-Division mobilisiert worden. Die 4. USMC-Division besteht nur nominell; sie ist eine Reserve-Division, die aus einem Stab und mehreren Verbänden besteht, in denen die rd. 30.000 Reservisten ihre Übungen absolvieren. Die wichtigsten Stützpunkte des Marinekorps werden nachfolgend in einer Übersicht zusammengefaßt.
Die Mobilität des Marinekorps besteht jedoch nicht nur in Kriegszeiten, sondern ganz besonders auch im Frieden. Im Rahmen der „Fleet Marine Forces" gibt es kriegsbereite „Battalion Landing Teams", die bei den beiden großen Einsatzflotten – der 6. im Mittelmeer und der 7. im westpazifischen Raum – eigene „Task Forces" bilden und permanent an Bord von LHAs und LPHs, also auf Hubschrauberträgern stationiert sind. Sie bilden dort eine relativ kleine aber kampfkräftige Einheit, die von der US-Regierung jederzeit dort eingesetzt werden kann, wo es die nationalen Interessen erforderlich machen.

10.2 Luftwaffe des U. S. Marine Corps *

Sie untersteht einsatzmäßig dem Marinekorps, für die Beschaffung von Flugzeugen und Hubschraubern jedoch sorgt die Navy, die auch die Schulung der Flugbesatzungen übernimmt. Wie vorteilhaft dies ist, ersieht man aus der Tatsache, daß nahezu alle taktischen Flugzeuge des MC dazu eingerichtet sind, auch von Flugzeugträgern aus operieren zu können. Die Luftwaffe des Marinekorps ist quantitativ und qualitativ stärker als die Luftstreitkräfte manch eines mittleren Staates. Sie bestand im Jahre 1978 aus 364 Flugzeugen und Hubschraubern. Näheres hierzu findet sich im vorangegangenen Hauptabschnitt „Seeluftwaffe". Auch wird auf die Erwähnung der einzelnen Flugzeugverbände in der nachfolgenden Übersicht der Stützpunkte des Marinekorps hingewiesen.
Jeder USMC-Division ist theoretisch ein USMC-Luftgeschwader unterstellt, das als „Marine Air Wing" (MAW) bezeichnet wird. Untergeordnete Einheiten sind die „Marine Air Groups" (MAG) und die Staffeln (Squadrons). Entsprechend den Standorten der USMC-Divisionen sind zwei MAW auf dem Territorium der USA stationiert und ein drittes in Japan. Einzelne taktische Flugzeugstaffeln werden sporadisch auch auf Flugzeugträgern eingesetzt, als Ersatz oder zur Verstärkung der Navy-Staffeln. Neuerdings jedoch erfolgt fast jährlich ein umfangreicher Austausch der in den Staaten und im Westpazifik eingesetzten taktischen Staffeln, so daß fast jede USMC-Staffel praktisch zwei Stützpunkte hat. Zuzüglich sind es vor allem Hubschrauber des Marinekorps, die regelmäßig im Turnus auf den Hubschrauberträgern (LHA und LPH) als Bestandteil der „Amphibious Force) kommandiert werden. Dies gilt neuerdings auch für Senkrechtstarter des Typs Harrier (AV-8A).

Paralell zur 4. USMC-Division gibt es auch ein 4. Marinekorps-Luftgeschwader als Reserve-Einheit, das aus zahlreichen über den ganzen nordamerikanischen Raum verstreuten Staffeln besteht, die die Basis bilden für eine gründliche Reservisten-Schulung. Auch hierüber ist im vorangegangenen Abschnitt 9.4 mehr nachzulesen.
Abschließend soll nicht unerwähnt bleiben, daß das Marinekorps auch über ca. 3.700 weibliche uniformierte Angehörige verfügt, die an verschiedenen dafür geeigneten Stellen – auch bei den Kampfeinheiten – eingesetzt werden.

* siehe auch Abschnitt 9.4

Die wichtigsten Stützpunkte des Marine Corps

Bundesstaat/Land	Bezeichnung	geographische Lage	Institutionen des Marine Corps
Arizona	MCAS Yuma	3 Meilen östlich Yuma an der route 80	zwei le. Flaraketen-Bat.; Staffeln MFATG-10, Det. MATCS-38, VMA-211, 513, VMFAT-101, 102
California	MCAS El Toro	6 Meilen südlich Sta. Ana an der I-5	Stab 3d MAW; MAG-11, 13, 16, 33, MCSG-37; Staffeln VMA-214, VMA(AW)-242, VMA-311, VMFA-314, 323, 531, Res.-VMA-134
	MCB Camp Pendleton	40 Meilen nördlich San Diego an der I-5	Stab der 1. USMC-Division; Hubschrauber-Stützpunkt; MAG-39, VMO-2
	MCAS Tustin (vorm. Sta. Ana)	6 Meilen nördlich El Toro an der I-5	Hubschrauber-Stützpunkt; MAG-16, MHTG-30, MAG-36, HMA-169, HMH-361, 363, HMM-161, 163, HML-267, HMT-204
Hawaii	MCAS Kaneohe Bay	15 Meilen von Honolulu an der route 630	Stab der 1. USMC-Brigade; MAG-24, Det. MATCS-18, Staffeln VMFA-212, 235, Det. VMO-6, Det. HMA-369, HMH-463, HMM-262, Det. HML-367
North Carolina	MCAS Cherry Point	in Havelock, 18 Meilen süd-östlich New Bern, an der route 70	Stab 2d MAW; Marine-Flugzeug-Reparaturwerk; MAG-14, MFATG-20, MWSG-27, MACG-28, MAG-32; Staffeln VMA(AW)-224 und 533, VMA-231, 331, 542, VMAT(AW)-202, VMAT-203
	MCB Camp Lejeune	angrenzend an Jacksonville, an der route 17	Stab der 2. USMC-Division
	MCAS New River	3 Meilen südlich Jacksonville, an der route 17	Hubschrauber-Stützpunkt; MAG-26, 29, MACS-28, Staffeln VMO-1, HMA-269, HMH-362, 461, HMM-162, 261, 263, 264, HML-1 268
South Carolina	MCAS Beaufort	bei Beaufort, 72 Meilen südlich Charleston, routes 17 und 170	MAG-31, MACS-5, MATCS-28; Staffeln VMFA-122, 251, 312, 333, 451
Georgia	Atlanta		Reserve-HMA-773*
Japan	MCAS Kadena	auf der Insel Okinawa	Stab des 1st MAW
	MCAS Iwakuni		MAG-12, 15, MWSG-17, MACG-18, Det. MATCS-18; Staffeln VMA(AW)-121, 332, VMA-223, VMFA-115, 232
	MCAS Futema		Det, MATCS-18, VM0-6, HMA-369, HMH-462, HMM-164, 165, HML-367

Anmerkung: MCB = Marine Corps Base, MCAS = Marine Corps Air Station

11. Die Küstenwache (United States Coast Guard) – USCG

11.0 Einleitung

Die Küstenwache, abgekürzt USCG, ist eine militärisch organisierte Streitkraft, die jedoch weder der U. S. Navy noch direkt dem Verteidigungsministerium unterstellt ist, sondern – in Friedenszeiten – dem Verkehrsministerium, und dies erst seit 1967. Seit der Gründung der Küstenwache im Jahre 1790 bis 1967 war die USCG dem Schatzministerium unterstellt. Zu den Hauptaufgaben der USCG in Friedenszeiten gehört u. a.

- ☐ die Überwachung und Durchsetzung amerikanischer Gesetze im Bereich der Küstengewässer,
- ☐ die Unterhaltung von seegehenden Wetterstationen auf hoher See,
- ☐ Freihaltung der Seewege in der Arktis und Antarktis sowie auf den großen Seen durch Eisbrecher,
- ☐ Gestellung und Instandhaltung einiger Leuchttürme und Seezeichen
- ☐ Such- und Rettungs-Tätigkeit, wo auch immer im Bereich des Möglichen,
- ☐ Sicherung der Seewege in Küstenbereichen,
- ☐ partielle Unterhaltung von Fährdiensten,
- ☐ partielle Übernahme ozeanographischer Aufgaben,
- ☐ Unterhaltung von LORAN-Navigationsstationen.

Um all diesen Aufgaben nachkommen zu können, besitzt die USCG eine größere Anzahl von kleinen bis mittleren Schiffen sowie Booten, von denen zahlreiche die Aus-

Organisation der Küstenwache

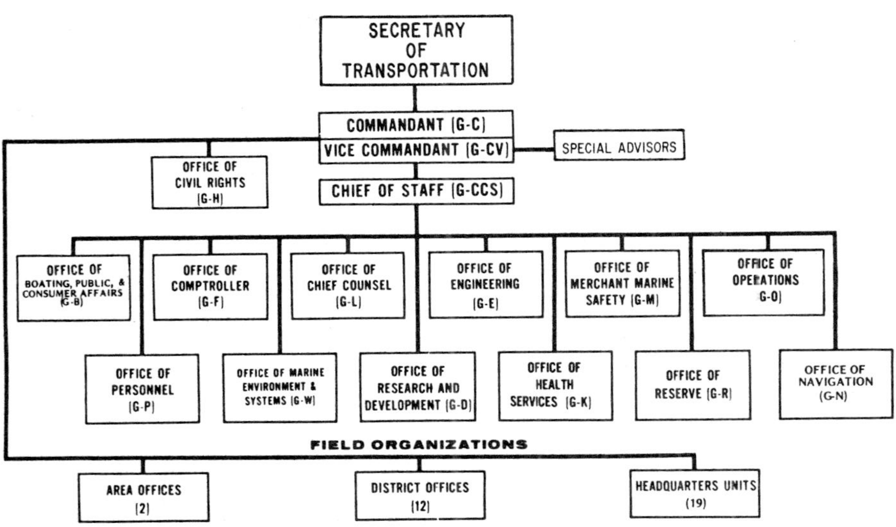

maße von Korvetten und Fregatten erreichen. Einer alten Tradition folgend werden auch die größeren Schiffe der USCG als „*cutter*" bezeichnet. Die meisten Schiffe und Boote führen weißen Anstrich für Rumpf und Aufbauten. Soweit Schornsteine vorhanden sind, führen diese einen Ocker-Anstrich. Viele Hilfseinheiten, wie Bojentender oder Schlepper usw., haben einen schwarzen Schiffskörper mit weißen Aufbauten und – soweit vorhanden – einen ockerfarbenen Schornstein. Die Schiffskörper der Eisbrecher sind rot gepönt, um bei Fahrten in Eis-Regionen besser sichtbar zu sein. Seit mehreren Jahren führen sämtliche Schiffe und Boote der USCG vorne auf der Außenhaut jeseits hellrot-weiß-blaue Identifikationsstreifen, mit dem Emblem der Küstenwache. Auch führen USCG-Schiffe nicht die amerikanische Nationalflagge, sondern eine eigene Flagge mit senkrechten weißen und roten Streifen.

11.1 Beziehungen der Küstenwache zur U.S. Navy

Personell ist die Gliederung der Küstenwache derjenigen der Navy ähnlich. Die USCG hat ihre eigene Offiziers-Akademie (*USCG Academy*), die Navy-Uniform mit eigenem Emblem, jedoch mit den gleichen Rangabzeichen wie bei der Navy. Der Befehlshaber der USCG ist ein Vier-Sterne-Admiral, sein Stellvertreter sowie der Chef des Stabes der USCG sind Vizeadmirale. Außerdem gibt es noch ca. 30 Konteradmirale, die entweder Posten im USCG-Hauptquartier bekleiden oder Befehlshaber von USCG-Abschnitten sind, deren Numerierung derjenigen der früheren Marinedistrikte der Navy weitgehend entspricht.

Auf Anordnung der Präsidenten der USA kann die USCG in Kriegszeiten operativ dem Oberbefehl der Navy unterstellt werden, wobei die Schiffe weiterhin mit USCG-Besatzungen fahren. Dies ist während beider Weltkriege der Fall gewesen, wo USCG-Schiffe vor allem in ozeanischen Geleitzügen mitfuhren, aber auch eine Reihe an Kampfgruppen-Flaggschiffen amphibischer Verbände stellten. Es gibt aber auch die andere Möglichkeit, das USCG-Schiffe im Rahmen eigener Geschwader an kriegsähnlichen Handlungen teilnehmen, wie dies in Korea und in Vietnam der Fall war. In solchen Fällen erhielten die teilnehmenden Schiffe entweder den grauen Anstrich der Navy oder sie wurden entsprechend den Erfordernissen des Delta-Krieges in Vietnam in verschiedenartiger Weise getarnt.

11.2 Schiffs-Klassifikation der Coast Guard

Die Schiffe der USCG führen das Präfix „USCGC". Diese Schiffe werden seit einigen Jahren nach einer eigenen Klassifikation gekennzeichnet, die seit dem 1. Mai 1966 die davor gültige abgelöst hat, die derjenigen der U.S. Navy entsprach, wobei den Kategorie-Buchstaben lediglich der Buchstabe W vorangesetzt wurde (z. B. WATA, WAVP, WPG).

Schiffskategorien der Küstenwache

Nachfolgend sind nur die wichtigsten Schiffskategorien aufgeführt; solche von Hafendienstschiffen und kleinen Booten wurden weggelassen.

Kenn-Buchstaben	englische Bezeichnung	deutsche Bezeichnung
WHEC	High Endurance Cutters	Hochsee-Wachschiffe
WMEC	Medium Endurance Cutters	Mittlere Wachschiffe
WAGO	Oceanographic Cutters	Ozeanographische Schiffe
WPBH	Hydrofoil Patrol Gunboat	Tragflächen-Kanonenboot
WPB	Patrol Boats	Wachboote
WAGB	Icebreakers	Eisbrecher
WIX	Training Bark	Segelschulschiff
WLB	Seagoing Buoy Tenders	Hochsee-Bojentender
WLM	Coastal Buoy Tender	Küsten-Bojentender
WLI	Inland Buoy Tenders	Binnenwasser-Bojentender
WLIC	Construction Tenders	Hilfsdiensttender
WLR	River Buoy Tenders	Fluß-Bojentender
WYTM	Medium Harbor Tugs	Mittlere Hafenschlepper
WYTL	Small Harbor Tugs	Kleine Hafenschlepper
WLV	Lightships	Leuchtfeuerschiffe
WTR	Training Ships	Schulschiffe

11.3 Schiffe der Küstenwache

Dadurch daß der Bestand an aktiven Schiffen der U.S. Navy seit der Beendigung des Vietnam-Krieges um fast die Hälfte zurückgegangen ist, kommt denjenigen Einheiten der Küstenwache besondere Bedeutung zu, die im Falle eines Krieges nach nur kurzer Nachrüstung im Geleitdienst eingesetzt werden könnten. Es wird gegenwärtig bei der Planung neuer Schiffstypen darauf geachtet, daß die Voraussetzung für einen möglichen Kriegseinsatz bereits im Entwurf berücksichtigt werden. So verfügen die zwölf Hochsee-Cutter der *Hamilton*-Klasse, die Fregatten-Größe haben, über U-Jagd-Torpedorohre und SQS-38-Sonar. Die UTR Mk 32 können bei Bedarf auch leicht auf den kleineren WMEC installiert werden. Während auf den 16 WMEC der *Reliance*-Klasse auch Hubschrauber in Größe der Sea King (in diesem Falle die HH-3F) landen können, besitzen Schiffe der *Hamilton*-Klasse, aber auch der in Bau befindlichen *Bear*-Klasse teleskopartig ausziehbare Hangars, die so bemessen sind, daß auch ein Hubschrauber des Typs SH-60B (also LAMPS III) aufgenommen und untergebracht werden kann. Das Achterschiff der Schiffe der *Bear*-Klasse wird so freigehalten, daß dort eine kleinere, containerisierte Schleppsonaranlage aufgestellt werden kann. Viele der im Frieden unbewaffnet fahrenden Schiffe würden im Kriegsfalle Geschützbewaffnung erhalten, darunter auch CIWS-Anlagen zur Selbstverteidigung.

Schiffsklassen der Küstenwache

Kennungen	Klasse	Anzahl der Schiffe	Jahr der Fertig- stellung	Wasser- verdräng- ung voll beladen ts	Abmessungen	Antriebsart
WHEC-715 -726	Hamilton	12	67–72	3 050	115,2 x 13 x 6,1	CODOG
WHEC-379	Unimac	1	43	2 800	94,7 x 12,5 x 4,1	Diesel
WHEC-31-33 35-37	Bibb	6	36–37	2 414	99,7 x 12,5 x 4,6	Dampfturb.
WMEC-901-	Bear		80–	1 630	82,3 x 11,7 x 4	Diesel
WMEC-615 -630	Reliance	16	64–69	970–1 007	64,2 x 10,4 x 3,2	Diesel*
WMEC-167 WAGO-168	Acushnet	2	44	1 745	70 x 12,8 x 4,9	Diesel
WMEC-153, 165, 166	Chilula	3	40–45	1 731	62,5 x 11,7 x 5,2	Diesel-el.
WMEC-194, 202	Modoc	2	44-45	860	46,8 x 11 x 4,9	Diesel-el.
WMEC-38	Storis	1	42	1 925	70,1 x 13,1 x 4,6	Diesel-el.
WPB-95300- 95332	Cape	26	53–59	98–106	29 x 5,8 x 1,8	Diesel
WPB-82302- 82379	Point	53	60–70	67–69	25,3 x 5,2 x 1,8	Diesel
WAGB-10-11	Polar Star	2	76–78	13 190	121,6 x 25,5 x 10,2	CODAG

Leistung PS/ Schrauben	Geschwindigkeit kn	Besatzg.	Bewaffnung	Bemerkungen
28 000 + 7 200/2	29	15/140	1–12,7 cm L/38, 2–20 mm, 2 MG, 2 Granatwerfer 40 mm 6 UTR Mk 32	Hangar für einen Hubschrauber HH-52A. Sonaranlage SQS-38. Radaranlagen SPS-29, SPS-64, SPS 53. 1 FLG Mk 56
6 080/2	18	27/125	1–12,7 cm L/38, 2–20 mm, 2 Granatwerfer 40 mm	Letzter Vertreter der vormaligen *Barnegat*-Klasse Radaranlage SPS-64
6 200/2	19,8	13/130	1–12,7 cm L/38, 2-20 mm, 2 Granatwerfer 40 mm	Radaranlage SPS-29D (außer auf WHEC-35), SPS-64; auf WHEC-37 außerdem Wetterbeobachtungs-Radar WSR-51
7 000/2	19,7	14/89	1–7,6 cm L/62 Mk 75, Phalanx, Harpoon möglich; 1 Hubschrauber LAMPS möglich	Etwa 25 Einheiten in Bau und geplant; Hubschrauber-Hangar. FLG Mk 92, TACTAS SQR-19 möglich; ECCM SLQ-32 (V) 1
5 000/2 (+ 4 000)	13–14	7/54	1–7,6 cm L/50, Mk 22, 2 Granatwerfer 40 mm, Umsrüst. auf 2–20 mm	* 615-619 zusätzl. Gasturbinen. 615 ist Schulschiff (WTR). 1 Hubschrauber HH-52, jedoch kein Hangar
3 000/2	19,5	7/65	–	vormals Bergungsschiffe (ARS) der Navy. 2 Radaranlagen SPS-53.
3 000/1	16,2	7/65	1–7,6 cm L/50, Mk 32 wird entfernt	vormals Flottenschlepper (ATF) der Navy.
1 500/1	13,5	5/42	2 Granatwerfer 40 mm	vormals Schlepper (ATA) der Navy. Radaranlage SPS-53.
1 800/2	14	10/96	1–7,6 cm L/50, Mk 22 wird entfernt	Eisbrecher-Rumpf, jedoch nicht mehr als Eisbrecher benutzt
2 200/2	20	1/13	2 MG oder 1 MG und 1 Mörser	Bewaffnung zumeist durch Handfeuerwaffen ersetzt
1 600/2	23	1/7	2 MG oder 1 MG und 1 Mörser	Bewaffnung zumeist durch Handfeuerwaffen ersetzt
18 000 60 000/2	21	13/125*	–	* zuzüglich 10 Zivil-Wissenschaftler. 2 Hubschrauber im Hangar

Kennungen	Klasse	Anzahl der Schiffe	Jahr der Fertigstellung	Wasserverdrängung voll beladen ts	Abmessungen	Antriebsart
WAGB-4	Glacier	1	66	8 449	94,4 x 6,9 x 8,8	Diesel-el.
WAGB-281, 282	Wind	2	46–51	6 515	82 x 19,4 x 8,8	Diesel-el.
WAGB-33	Mackinaw	1	44	5 252	88,4 x 22,9 x 5,8	Diesel-el.
WIX-327	Eagle	1	36	1 816	90 x 12 x 5,2	Hilfsdiesel
WLB-62/388 WAGO-295	Balsam	32	42–45	935	59 x 12,1 x 4,2	Diesel-el.
WLM-685-687 WLM-540-544 WLM-212, 220 252	Red White Fir	5 7 3	3 Klassen mit 15 Schiffen			
WLI			7 Klassen mit 17 Schiffen			

sowie zahlreiche weitere Hilfsschiffe und eine große Anzahl von kleinen Booten, darunter 78 Wachboote der Kategorie WPB.

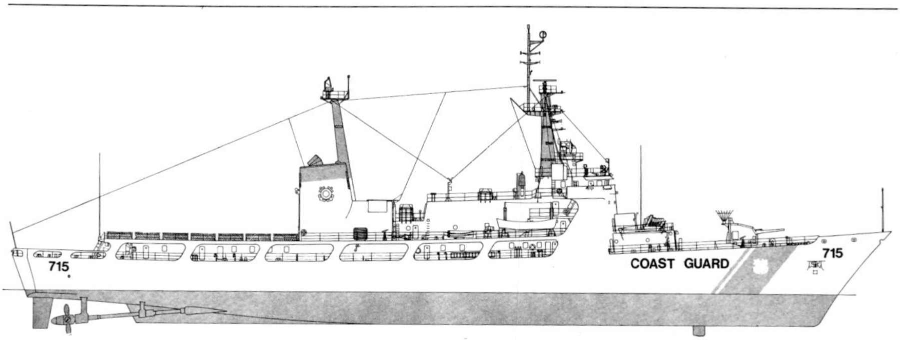

Diese gelungene Zeichnung zeigt USCGC *Hamilton* (WHEC-715), das Leitschiff einer Klasse von zwölf ozeanischen Stationsschiffen in Fregattengröße. Es sind dies die einzigen U. S.-Kampfschiffe, die schon vor der *Spruance*-Klasse – allerdings in CODOG-Konfiguration – Gasturbinenantrieb hatten. Die Schiffe haben auch einen ausfahrbaren 350-PS-Bughilfsantrieb. Auch der hier sichtbare Sonardom der SQS-38-Anlage ist ausfahrbar. Die auf einigen Einheiten installierten, hier gezeigten beiden U-Abwehr-Salvenwerfer „Hedgehog" wurden entfernt. Schiffe dieser Klasse würden im Kriegsfalle im ozeanischen Geleitdienst zum Einsatz kommen. Es sind hier Modernisierungsmaßnahmen im Gespräch, und eine der geplanten Verbesserungen könnte im Ersatz der 12,7-cm-Kanone durch eine solche des Kalibers 7,6-cm-L/62 Mk 75 bestehen. USNIP

Leistung PS/ Schrauben	Geschwindigkeit kn	Besatzg.	Bewaffnung	Bemerkungen
21 000/2	17,6	14/215	2 Granatwerfer 40 mm	2 Hubschrauber
10 000/2	16	135	–	1 Hubschrauber
10 000/2 3 000/1	18,7	10/117	–	Einsatz in den großen Seen. 1 Hubschrauber
740/1	10,5	* 19/46 +195Kad.	–	Segelschulschiff; ex *Horst Wessel.* * unter Segeln Geschwindigkeit bis zu 18 km
1 000 – 1 200/1	13-15	6/47	1-7,6 cm L/50, auf 4 Schiffen 2-20 mm auf 5 Schiffen	zahlreiche Einheiten fahren ohne Bewaffnung

Die schöne Linienführung der Schiffskörper dieser Klasse wird auf diesem Foto von WHEC-720 *Sherman* deutlich, das am 7. Oktober 1968 aufgenommen wurde. Vor der Brücke befinden sich noch die später entfernten Hedgehogs. Die typischen Erkennungsstreifen der Küstenwache, die jedes Schiff und Flugzeug führt, enthalten auch das USCG-Emblem; der schmale Streifen ist blau, der breite grellrot. Die Schiffsaufbauten sind aus Leichtmetall. Vorhanden sind u.a. ozeanographische und meteorologische Laboratorien. Beachtenswert sind die auf dem Oberdeck sichtbaren, hier durch Abdeckplanen geschützten UTR Mk 32. USCG

Dieses Foto von WHEC-722 *Morgenthau* wurde am 5. Juli 1976 vor New York aufgenommen. Beachtenswert ist die hohe Brücke, die besondere Form der Radarantenne SPS-29D auf dem achteren Mast und die Tatsache, daß die von der Navy „entliehenen“ Geräte, wie z.B. die UTR Mk 32 und das FLG Mk 56 nicht weiß angestrichen sind, sondern ihre marinegraue Farbe beibehalten haben. Te

Am 24. Juli 1972 wurde in der Bucht von San Francisco WHEC-726 *Midget* aus der Luft aufgenommen. Dies ist die letzte Einheit der aus zwölf Schiffen bestehenden *Hamilton*-Klasse. Erst einen Monat später fand die offizielle Indienststellung im neuen Heimathafen Alameda statt. Die Luftaufnahme verdeutlicht die Anlage des Doppelschornsteins, die Lage der dazwischen untergebrachten Hangars und die geräumige Hubschrauberplattform. Dieses Schiff hatte bei Fertigstellung keine Hedgehogs mehr aufzuweisen. Ein Hubschrauber des Typs HH-52A und ein Luftkissenboot begleiten *Midget* bei seiner Ankunft im künftigen Heimathafen. USCG

Von den 34 leichten Seeflugzeugtendern (AVP) der U. S. Navy, die der *Barnegat*-Klasse angehörten, wurden 18 nach dem Kriegsschluß, ab 1946, an die Küstenwache abgegeben. WHEC-379 *Unimac* (ex AVP-31) ist die letzte noch aktive Einheit dieser Klasse im amerikanischen Bereich. Das vorliegende Foto wurde 1968 aufgenommen, als noch ein Hedgehog und zwei Sätze UTR Mk 32 an Bord vorhanden waren. Beides wurde 1975 entfernt. USCG

45 Jahre alt sind die sechs Schiffe der *Bibb*-Klasse, deren siebtes Schwesterschiff 1942 von einem deutschen U-Boot versenkt wurde. Im Laufe ihrer Kriegstätigkeit und nach dem Kriegsende führten diese Schiffe recht unterschiedliche Bewaffnung. Die während der 60er Jahre an Bord befindlichen sechs UTR Mk 32 und ein Hedgehog wurden bis zur Mitte der 70er Jahre entfernt. Dieses Foto zeigt WHEC-35 *Ingham,* aufgenommen 1973 nach Entfernung der U-Abwehrwaffen. Auch hier findet man die 12,7-cm-Kanone L/38 und SPS-29D-Radar auf dem Großmast. INRO

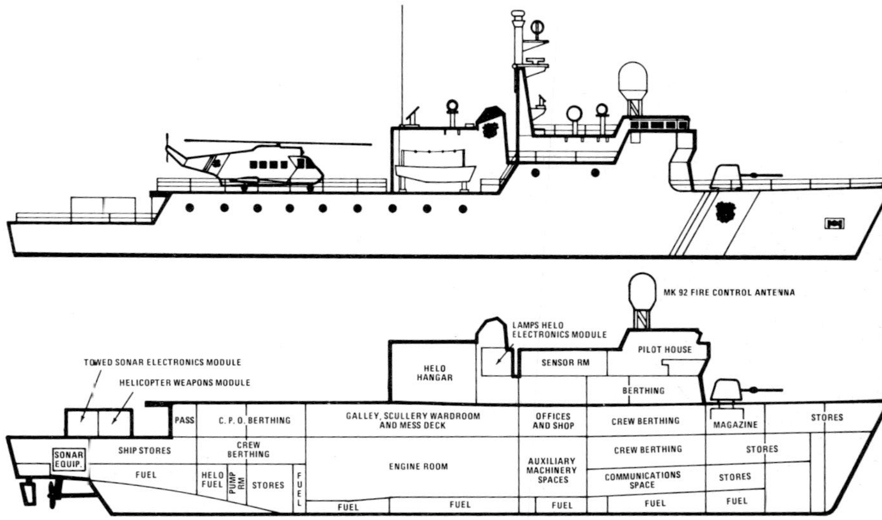

Zehn Jahre nach Ablieferung der letzten Einheit der *Reliance*-Klasse beginnt die Küstenwache mit dem Bau eines etwas größeren WMEC-Typs in Korvettengröße. Das Leitschiff wird den Namen *Bear* führen, und die Klasse soll innerhalb von sieben Jahren etwa insg. 20 Einheiten erhalten. Auch hier wird darauf geachtet, daß die Fahrzeuge den Anforderungen eines möglichen Kriegseinsatzes entsprechen. Zu den hierfür eingeplanten Ausrüstungen gehört die 7,6-cm-Kanone Mk 75 und die FL-Anlage Mk 92 (hier natürlich ohne SPG-60-Beleuchter!). In Friedenszeiten werden diese Schiffe keine eigenen U-Jagd-Kampfsysteme führen, im Kriegsfalle jedoch ist die Mitnahme einer containerisierten Schleppsonaranlage vorgesehen, für die im und auf dem Achterschiff Raum- und Gewichtsreserve eingeplant wurde. In Verbindung damit steht auch die großzügige Hubschrauberanlage. Im Gegensatz zur *Reliance*-Klasse kann hier ein ausgewachsener Hubschrauber von der Größe von LAMPS III wetterfest im Hangar mitgeführt werden. Die Torpedos dieses Hubschraubers würden zugleich die U-Jagdwaffe der Schiffe selbst sein. Außerdem besteht auch Raum- und Gewichtsreserve für die Anbringung einer Geschütz-Schnellfeueranlage CIWS Mk 15 Phalanx. Zweischrauben-Dieselantrieb resultiert in einer Reichweite von bis zu 10.000Meilen. USNIP

Die Mittleren Ozeanischen Wachschiffe (WMEC) der *Reliance*-Klasse haben die Größe von Korvetten. Dementsprechend ist ihre Bewaffnung in Friedenszeiten. Dieses 1969 aufgenommene Foto zeigt WMEC-617 *Vigilant,* eine von fünf Einheiten dieser Klasse mit CODAG-Antriebsanordnung. Bemerkenswert ist die hohe Brücke mit Rundum-Sicht sowie der Röhrenmast mit Ausguck-Plattform. USCG

Aus dem Jahre 1977 stammt diese Aufnahme von WHEC-37 *Taney,* ebenfalls einer Einheit der *Bibb*-Klasse. Bemerkenswert ist hier der auf der Brücke angebrachte Radom, unter dem sich die Sturmwarn-Radarantenne der Anlage AN/WSR-51 befindet. Der durch ein Rolltor verschließbare kleine Hangar hinter dem Schornstein dient der Unterbringung von Wetterballons. Auf Schiffen dieser Klasse können keine Hubschrauber landen. Nach Zugang der neuen Einheiten der *Bear*-Klasse werden alle sechs Schiffe der *Bibb*-Klasse ausgesondert. INRO

Dieses am 13. Juli 1977 aufgenommene Foto von WMEC-626 *Dependable* bestätigt die durchaus berechtigte Annahme, daß dieser Typ im wesentlichen aus der geräumigen Hubschrauber-Plattform besteht. Zu sehen ist der einfache Sicherungs-Rost für Hubschrauber bei Landungen bei starker See. Obwohl auch schwerere Hubschrauber hier landen können, besteht keine wetterfeste Unterbringungs-Möglichkeit. In Ermangelung eines regulären Schornsteines werden die Diesel-Abgase über ein Auspuffrohr durch den Heckspiegel geleitet. USCG

WMEC-165 *Cherokee* war Flottenschlepper (ATF) der USN, bevor er nach dem Zweiten Weltkrieg an die Küstenwache abgegeben wurde. An dem Aussehen des Schiffes hat sich seitdem kaum etwas geändert. Vor der Brücke befindet sie die Solo-Kanone vom Kaliber 7,6 cm L/50 Mk 22. Schiffskörper und Aufbauten sind weiß, Maste und Schornstein ockergelb. Die Aufnahme wurde am 30. Juni 1976 in Little Creek bei Norfolk gemacht. Te

Der Küsten-Bojentender USCGC *Walnut* (WLM-252), aufgenommen im August 1980 vor San Diego. WD

Von den beiden PB-Klassen mit kleinen Wachbooten verfügt die *Cape*-Klasse über die größeren Boote, deren Bezeichnung – einem Brauch bei der Küstenwache entsprechend – nach der Bootslänge in Fuß erfolgt. So enspricht die *Cape*-Klasse zugleich dem sogenannten 95-Fuß-Typ. Die beiden ersten Ziffern der Kenn-Nummer zeigen den Bootstyp an, während die drei letzten die eigentliche Kenn-Nummer innerhalb der Klasse darstellen. Alle Boote dieser Klasse führen Kap-Namen. Dieses Foto stellt WPB-95309 *Cape Carter* dar. Zahlreiche Einheiten dieses Typs wurden auch für fremde Marinen gebaut. USCG

Die Wachboote der *Point*-Klasse (82-Fuß-Typ) sind kürzer und leichter, dafür in größerer Anzahl vorhanden. Etliche dieser Boote nahmen auch an Einsätzen in den Küstengewässern Vietnams teil, zu dessen Zweck sie dunklen Tarnanstrich erhielten. Abgebildet ist hier WPB-82376 *Point Harris,* und zwar im Jahre 1970. Die Aufgaben dieser Boote beschränken sich auf die Hafen- und Küstenaufsicht, dabei vor allem auf Such- und Rettungsaktionen. Die meisten Boote fahren ohne Bewaffnung, die Besatzung verfügt jedoch über Handfeuerwaffen. Auch von diesem Typ wurden etliche Einheiten an fremde Marinen abgeliefert. USCG

Für die Freihaltung der arktischen Seewege sorgt vor allem die kanadische Küstenwache mit ihren großen und starken Eisbrechern. Trotzdem unterhielt die USCG bis vor wenigen Jahren noch eine Anzahl von größeren Eisbrechern zur Offenhaltung der Zugänge zu den arktischen Stützpunkten der USA. Der Zugang der beiden großen Eisbrecher der *Polar*-Klasse stellt einen Höhepunkt des amerikanischen Eisbrecherbaues dar, obschon es hier anfangs Probleme mit den Schiffs-Propellern gegeben hatte. Von dieser Klasse sollten in größerer Anzahl Einheiten als Ersatz für die betagten Schiffe der *Wind*-Klasse erstellt werden. Die Kosten für die nun vorhandenen beiden ersten Einheiten waren jedoch so hoch, daß man von weiteren Neubauten Abstand nehmen mußte. Bemerkenswert ist hier der CODAG-Antrieb; zum erstenmal werden auf Eisbrechern Gasturbinen in Verbindung mit Verstellschrauben verwendet. An Bord befinden sich Laboratorien für die arktische und ozeanographische Forschung. Das Foto zeigt WAGB-10 *Polar Star*. USCG

Dieses Bild zeigt WAGB-11 *Polar Sea*. Nachdem vormals auch die Eisbrecher der USCG weiß angestrichen waren, wurde in den letzten Jahren die Art des Anstrichs geändert. Bei diesen Schiffen ist der Schiffskörper rot, die Aufbauten weiß, die beiden Schornsteine und die Kräne ockergelb, die Schornsteinkanten und der Mast schwarz. Es können hier zwei Hubschrauber im Hangar mitgeführt werden; auch sie sind rot angestrichen. USCG

Die beiden neuen Eisbrecher der *Polar*-Klasse sind speziell für die Küstenwache entworfen. Der nächst leichtere Eisbrecher *Glacier* (WAGB-4) war bis Mitte 1966 bei der U. S. Navy, wo er grau angestrichen war. Er hatte bis zu dieser Zeit eine recht starke Bewaffnung (2x12,7 cm L/38₂, 6x7,6 cm L/50₂ sowie 4x20 mm). Die Bewaffnung wurde bis 1969 ganz entfernt, die Radaranlagen SPS-6 und 10 jedoch beibehalten. Auch dieses Schiff kann zwei Hubschrauber mitführen.

USN

WAGB-281 *Westwind* ist der letzte aktive Vertreter einer Klasse von sieben Einheiten, von denen zwei zunächst bei der U. S. Navy Dienst taten. Drei dieser Einheiten wurden zwischen 1945 und 1951 sogar leihweise an die sowjetische Marine ausgeliehen. Die Navy-Einheiten wurden ebenfalls 1966 an die Küstenwache abgegeben, wonach die Bewaffnung entfernt wurde. *Westwind* erhielt 1974 während einer Überholung der Antriebsanlage den längeren Schornstein. Der Anstrich entspricht dem der *Polar*-Klasse. Kennzeichnend für diese Klasse ist der ausziehbare Teleskop-Hangar, in dem ein Hubschrauber Platz hat. Das vorliegende Foto zeigt WAGB-281 *Westwind;* es wurde 1979 aufgenommen. Alle Schwesterschiffe sind zwischenzeitig ausgesondert worden.

USCG

Dieses am 19. März 1969 aufgenommene Foto zeigt WAGB-83 *Mackinaw,* einen Eisbrecher, der für die Belange der Küstenwache zur Verwendung in den Großen Seen konzipiert wurde. Obwohl leichter als die Schiffe der *Wind*-Klasse, ist *Mackinaw* länger und breiter; sie hat jedoch einen kleineren Tiefgang. Kein besonders schönes Schiff, selbst wenn man davon ausgeht, daß Eisbrecher an sich schon recht plump wirken. Ein Hangar ist nicht vorhanden, auf dem Achterschiff kann jedoch ein Hubschrauber landen. Die Radaranlage gehört einem kommerziellen Muster an. Der Schiffskörper wurde in der Zwischenzeit auch rot angestrichen. USCG

WTGB-101 *Katmai Bay* ist das Leitschiff einer neuen Klasse von mittleren Hafenschleppern, die einen verstärkten Eisbrecherbug haben und speziell für die Bedürfnisse der Küstenwache entworfen wurden. Ab Ende der 70er Jahre lösen sie die älteren Schlepper der USCG ab. USCG

WAGB-38 *Storis* gehört zu den älteren, aber wesentlich kleineren Eisbrechern, die zur Offenhaltung der Küstenwege von Alaska benötigt werden. USCG

Die amerikanische Küstenwache legt noch gesteigerten Wert auf die Segelschulschiff-Ausbildung ihrer Kadetten. 45 Jahre alt ist die Viermast-Bark *Eagle,* die bei der USCG die Kennung WIX-327 führt. Sie wurde 1936 unter dem Namen *Horst Wessel* für die deutsche Kriegsmarine erbaut und 10 Jahre später im Rahmen der Reparations-Leistungen an die USA abgegeben. Dieses Foto zeigt *Eagle* am 5. Juli 1976 vor New York. Dort war *Eagle* das Gastschiff der Windjammer-Parade „Operation Sail 1976“ anläßlich der 200-Jahr-Feier der amerikanischen Unabhängigkeit. INRO

11.4 Flugzeuge und Hubschrauber der Küstenwache

Die Küstenwache verfügt über eine eigene kleine Luftwaffe, die die Schiffe bei der Erfüllung ihrer Aufgaben ergänzen und unterstützen. Im Inventar der USCG befanden sich am 1. 4. 1979 folgende Maschinen:

Flugzeuge	Hubschrauber
12 HC-130H	37 HH-3F
12 HC-130B	79 HH-52A
17 HC-131A	
11 HU-16E	
1 EC-130E	
1 VC-11A	
1 VC-4A	

Von diesen 171 Maschinen waren zum Berichtsdatum 148 voll einsatzfähig.

Bei den Flugzeugen dient die einzige EC-130E zur Kalibrierung der LORAN-Stationen der USCG, während die beiden kleineren Personenmaschinen für die Personalbeförderung von Angehörigen des USCG-Stabes und des Verkehrsministeriums bestimmt sind. Die übrigen Flugzeuge sind im Personaltransport- und im SAR-Dienst eingesetzt, wobei es sich bei den HU-16A um die allerletzten kleinen Flugboote handelt, die von den Streitkräften überhaupt eingesetzt werden. Ein Teil der Landflugzeuge im SAR-Dienst wird z. Zt. durch die neu eingeführte HU-25A ersetzt, von der 41 Exemplare bestellt worden sind.
Bei den Hubschraubern sind es die HH-52A, die vor allem auch auf den größeren Cuttern und auf den Eisbrechern zum Einsatz kommen. Sie alle sind recht betagt und so werden demnächst 90 Hubschrauber des neuen Typs HH-65A Dolphin für die Küstenwache beschafft.
Die Flugzeuge und Hubschrauber der Küstenwache verteilten sich Mitte 1980 wie folgt auf die einzelnen Luftstützpunkte der Abschnittskommandos:

USCG Abschnitt	Luft-Stützpunkt	vorhandene Maschinen	insges.
	Washington	1 VC-11A, 1 VC-4A	2
1	Cape Cod	3 HH-3F, 6 HU-16E, 4 HH-52A	13
3	Brooklyn	6 HH-52A	6
	Cap May	3 HH-52A	3
5	Elisabeth City	5 HC-130B, 3 HH-3F	8
7	Savannah	3 HH-52A	3
	Miami	6 HC-131A, 5 HH-52A	11
	Borinquen (Puerto Rico)	3 HH-3F	3
	Clearwater	3 HC-130B, 4 HH-3F, 1 EC-130E	8
8	New Orleans	3 HH-3F, 2 HH-52A	5
	Mobile	4HC-131A,3HH-3F,13HH-52A	20
	Houston	4 HH-52A	7
	Corpus Christi	3 HH-52A, 4 HC-131A	7

USCG Abschnitt	Luft-Stützpunkt	vorhandene Maschinen	insges.
9	Chicago	2 HH-52A	2
	Detroit	3 HH-52A	3
	Traverse City	2 HH-52A, 3 HC-131A	5
11	San Diego	3 HH-3F	3
	Los Angeles	3 HH-52A	3
12	Sacramento	4 HC-130H	4
	San Francisco	3 HH-52A	3
	Arcata	2 HH-52A	2
13	North Bend	3 HH-52A	3
	Astoria	3 HH-3F	3
	Port Angeles	3 HH-52A	3
14	Barbers Point	3 HC-130B, 2 HH-52A	5
17	Kodiak	6 HC-130H, 4 HH-3F, 4 HH-52A	14
	Sitka	3 HH-3F	3
insgesamt auf Luftstützpunkte verteilt			152

11.5 Stützpunkte, Werften, Abschnittskommandos

Die meisten übergeordneten Stabsstellen der U. S. Coast Guard befinden sich in Washington, D. C. und in der näheren Umgebung. Die Küstenwache unterhält auch eine eigene Werft, die Coast Guard Yard in Curtis Bay im Bundesstaat Maryland. In

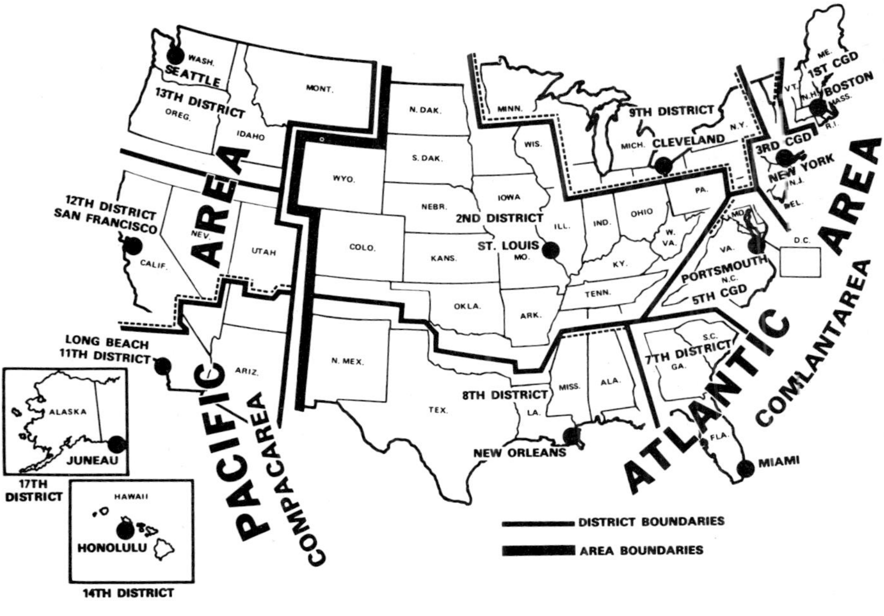

Washington selbst befindet sich die *USCG Oceanographic Unit*, eine *USCG Air Station* sowie das Zentrum für das Navigationssystem Omega. Dann gibt es noch den größeren Stützpunkt in Alexandria, Virginia. Darüber hinaus gibt es noch sehr viele kleinere Stationen, auf die sich die Schiffe und Boote der USCG stützen, wie aus der nachfolgenden Übersicht ersehen werden kann.

In alphabetischer Reihenfolge der infrage kommenden Bundesstaaten der USA sind nachfolgend sämtliche Häfen aufgeführt, in denen sich – oft nur wenige – Einheiten der USCG befinden.

Alabama
Mobile, Daughan Island

Alaska
Sitka, Homer, Cordova, Kodiak, Juneau, Seward, Ketchikan, Petersburg, Valdez

Arizona
Pine Bluff

California
Newport Beach, Noyo, Alameda, Venice, San Francisco, Santa Barbara, Long Beach, San Diego, San Pedro, Oceanside, Eureka, Crescent City, Morro Bay, Monterey

Connecticut
New London, New Haven

Florida
Key West, Port Canaveral, Miami Beach, Panama City, St. Petersburg, West Palm Beach, Port Everglades, Clearwater, Sarasota, Mayport, Fort Pierce

Georgia
Brunswick, Savannah

Guam
Apra Harbor

Hawaii
Honolulu, Hilo, Mani

Illinois
Chicago, Peoria

Kansas
Leavenworth

Kentucky
Hickmann, Owensboro

Louisiana
Morgan City, Grand Isle, New Orleans

Maine
South Portland, Portland, West Jonesport, Rockland, Southwest Harbor

Maryland
Cristfield, Curtis Bay, Baltimore

Massachusetts
Boston, New Bedford, Gloucester, Woods Hole

Michigan
Detroit, Cheboygan, Sault Ste. Marie, Grand Haven, Port Huron, Charleville, Greenville

Mississippi
Gulfort, Vicksburg

Missouri
St. Louis, Cheboygan, Sault Ste. Marie, Grand Haven, Port

Minnesota
St. Louis, Duluth

Nebraska
Omaha

New Jersey
Cape May, Atlantic City, Pt. Pleasant Beach, Sandy Hook, Gloucester City

New York
Governors Island, Fort Tilden, Fire Island, Oswego, Montauk (Long Island), Buffalo

North Carolina
Southport, Wilmington, Atlantic Beach, Wrightsville Beach, Morehead City, Hatteras

New Hampshire
New Castle

Pennsylvania
Sewickley

Puerto Rico
San Juan

Oklahoma
Sallisaw

Ohio
Cleveland

Oregon
Astoria, Coos City

Rhode Island
Newport, Bristol

South Carolina
Charleston

Tennessee
Chattandoga, Natchez, Memphis, Buchanan

Texas
Freeport, Port Isabel, Brownsville, Corpus Christi, Galveston, Sabine, Port Aransas

Virginia
Norfolk, Portsmouth, Alexandria, Yorktown

Washington
Seattle, Port Angeles, Port Townsend, Gig Harbor, Anacostes, Everett

Wisconsin
Milwaukee, Sturgeon Bay

Wie schon an anderer Stelle erwähnt, gibt es bei der Küstenwache ebenfalls Abschnittskommandos, deren Bezifferung weitgehend derjenigen der gegenwärtig vorhandenen bzw. der vergangenen Abschnittskommandos der Navy entspricht. Befehlshaber ist stets ein Konter-Admiral der USCG. Darüber hinaus unterscheidet man zwei Oberabschnitte, die *Atlantic Area* und die *Pacific Area*. Die jeweiligen Sitze der Abschnitte werden aus der nachfolgenden Übersicht ersichtlich.

Die wichtigsten Admirals-Planstellen bei der USCG

COM USCG	Admiral	J. B. Hayes
COM3+ LANT AREA (New York, N.Y.)	Vice Admiral	J. S. Gracey
COM12 + PAC AREA (S. Francisco,Cal.)	Vice Admiral	J. P. Stewart
COM1 (Boston, Mass.)	Rear Admiral	L. L. Zumstein
COM2 (St. Louis, Missouri)	Rear Admiral	W. E. Caldwell
COM7 (Miami, Fla,)	Rear Admiral	R. W. Durfey
COM8 (New Orleans, La,)	Rear Admiral	W. H. Stewart
COM9 (Cleveland, Ohio)	Rear Admiral	H. H. Bell
COM11 (Long Beach, Cal.)	Rear Admiral	A. P. Manning
COM13 (Seattle, Wash.)	Rear Admiral	C. F. De Wolf
COM14 (Honolulu, Hawaii)	Rear Admiral	B. E. Thompson
COM17 (Juneau, Alaska)	Rear Admiral	R. J. Knapp

12. Konservierte Schiffe der Einsatz-Reserve

12.0 Einleitung

Die Vereinigten Staaten verfügten nach dem Ende des Zweiten Weltkrieges über eine große Anzahl von nunmehr überzähligen Kriegs- und Handelsschiffen, für die es in Friedenszeiten keine Verwendung mehr gab. Ein Teil dieser Schiffe wurde veräußert, ein anderer Teil verschrottet. Es blieben jedoch trotzdem noch viele Schiffe übrig, die einen effektiven Wert hatten und damit ein Potential bildeten, mit dem die USA auch in den kommenden Friedensjahren die stärkste Seemacht der Welt blieben, eine Stellung, die sie sich im Laufe des vorangegangenen Krieges erobern konnten. Es galt, all die überzähligen Schiffe in einem solchen Zustand zu erhalten, daß sie in Krisensituationen schnellstmöglich reaktiviert und der Marine zur Verstärkung zugeführt werden konnten. Bald nach dem Zweiten Weltkrieg wurden geeignete Methoden entdeckt und eingeführt, mit Hilfe derer aufgelegte Schiffe durch Konservierung „eingemottet" werden konnten. Der zunächst scherzhafterweise eingeführte Begriff der „mothballed fleet" wurde mit der Zeit zum Inbegriff eines Sicherheitspolsters, über das die amerikanische Marine lange Jahre verfügen konnte. Dieses Polster ist gegenwärtig weitestgehend abgebaut. Der Zahn der Zeit bewirkte, daß nach zwei-drei Jahrzehnten der Konservierung der Zustand der eingemotteten Schiffe zunehmend schlechter wurde. Insbesondere in den letzten Jahren, die den USA große wirtschaftliche und finanzielle Probleme bescherten, fehlte es einfach an Mitteln, um eine so große Reserveflotte zu unterhalten, die zudem aus Schiffen bestand, deren Technologie nicht mehr aktuell war. Sie wurde dementsprechend stark reduziert.

Gegenwärtig unterscheidet man bei den konservierten Schiffen

- ☐ Kampfschiffe vieler Gattungen, die von der Navy selbst konserviert und unterhalten werden (solche Schiffe verbleiben zumeist in der Schiffsnamenliste der USN) und
- ☐ Hilfsschiffe – auch solche der amphibischen Flotte – deren Konservierung und Unterhaltung die *Maritime Administration* (MARAD) vornimmt. Mit wenigen Ausnahmen sind diese Schiffe aus der Namensliste der U.S. Navy gestrichen und damit nicht mehr deren Bestandteil.

12.1 Die *Naval Inactive Ship Maintenance Facilities* der U.S. Navy

Die Navy selbst unterhielt nach Beendigung des Zweiten Weltkrieges mehrere Stätten, an denen hunderte von Schlachtschiffen, Flugzeugträgern, Kreuzern, Zerstörern, Fregatten und anderen Schiffen im konservierten Zustand lagen, um im Falle der Mobilisation reaktiviert zu werden. Einige dieser Schiffe wurden denn auch tatsächlich reaktiviert, so z.B.

- □ etliche Flugzeugträger, die in den 50er und 60er Jahren modernisiert oder als Kommandoschiffe umgebaut wurden,
- □ mehrere Kreuzer, die zu Lenkwaffenschiffen umgewandelt wurden,
- □ Wasseraufbereitungs-Tanker, die erforderlich wurden, als Kuba 1962 dem US-Stützpunkt Guantanamo den Wasserhahn zudrehte,
- □ etliche Schlachtschiffe, die vor Korea und vor Vietnam zur Feuerunterstützung dringend benötigt wurden

u. v. a. m.

Die allgemeine Reduktion des Schiffsbestandes nach dem Vietnamkrieg wirkte sich auch auf die „mothballed fleet" aus. Bis zur Mitte der 70er Jahre waren zumindest alle im Zweiten Weltkrieg erbauten, in Reserve befindlichen Zerstörer, Geleitschiffe (Fregatten) und Minenräumer aus der Reserveflotte verschwunden. Dementsprechend verringerte sich auch die Anzahl der hierfür bereitzuhaltenden Tender. Nachdem diese alten Schiffe damals gleich zu Dutzenden verschrottet, veräußert oder an befreundete Marinen abgegeben wurden, erfolgte auch die Stillegung bzw. Auflösung einiger Liegestätten. Nach der Aufgabe der *Inactive Ship Maintenance Activity* in Orange, Texas im Etatjahr 1976 gibt es gegenwärtig nur noch drei solche Stätten:

- □ an der Ostküste in Philadelphia, Pa.;
- □ an der Westküste in San Diego, Cal. und am Hunter's Point in der Bucht Puget Sound.

Auch gegenwärtig verringert sich noch die Zahl der Reserveschiffe beständig, weil kaum weitere, neuere Schiffe hinzukommen. Diese werden zumeist so lange im Dienst gehalten, bis ihr Zustand wegen des hohen Alters so schlecht wird, daß sich eine Konservierung nicht mehr lohnt.

Die wenigen noch bei der Reserveflotte unter der Navy-Aufsicht befindlichen Kriegsschiffe werden in den Schiffslisten des nachfolgenden Abschnittes 15 in der Spalte „Status" mit Ar bzw. Pr gekennzeichnet.

12.2 Die *Maritime Administration* (MARAD) und die *National Defense Reserve Fleet* (NDRF)

Die *Maritime Administration* ist eine große maritime Verwaltungs-Institution, die dem *Department of Commerce* untersteht. Sie ist zuständig für sämtliche Fragen der amerikanischen Handelsschiffahrt, auf die im einzelnen an dieser Stelle nicht eingegangen werden kann. Zu den Aufgaben der MARAD gehört auch die Verantwortlichkeit für die Bereitstellung des notwendigen Schiffs-Potentials in Fällen des nationalen Notstandes. In Verbindung damit unterhält die MARAD die sogenannte *National Defense Reserve Fleet* (NDRF), in der sich ebenfalls konservierte Schiffe befinden, von denen ein Teil gestrichene Schiffe der Navy sind, vor allem amphibische Schiffe und Hilfsschiffe.

Unmittelbar nach dem Zweiten Weltkrieg begann die MARAD, nicht mehr benötigte Navy-Schiffe einzumotten. Der Bestand der NDRF-Flotte veränderte sich im Laufe der vielen Jahre, um ab 1958 beständig abzunehmen.

STÄRKE DER „NATIONAL DEFENSE RESERVE FLEET" 1945–1980

Etat-Jahr	Schiffe	Etat-Jahr	Schiffe
1945	5	1962	1862
1946	1421	1963	1819
1947	1204	1964	1739
1948	1675	1965	1594
1949	1934	1966	1327
1950	2277	1967	1152
1951	1767	1968	1062
1952	1853	1969	1017
1953	1932	1970	1027
1954	2067	1971	860
1955	2068	1972	673
1956	2061	1973	541
1957	1889	1974	487
1958	2074	1975	419
1959	2060	1976	348
1960	2000	1977	333
1961	1923	1980	275

Zum 30. September 1977 erreichte die NDRF einen neuen tiefsten Stand von nur 333 Schiffen. Hierbei muß allerdings erwähnt werden, daß die NDRF nicht allein aus ehemaligen Navy-Schiffen besteht, sondern vor allem auch aus anderen Handelsschiffen, die im Notfalle die Transportkapazität der Navy erweitern können.

NDRF-Schiffe waren damals (1977) auf drei Liegestätten verteilt:
auf dem James River im Bundesstaat Viriginia, mit 143 Schiffen,
in Beaumont, Texas mit 50 Schiffen und
im Suisun Bay, Cal. mit 140 Schiffen.

Der Verfasser hatte selbst Gelegenheit, im Jahre 1976 nach Abflug von Norfolk in Richtung Washington, nach Zwischenlandung in Newport News, während des Fluges entlang des James River die Ansammlung der nicht mehr sehr zahlreich vorhandenen Schiffe mitten im schmutzig anmutenden Strom zu beobachten.

Von den 333 NDRF-Schiffen, die 1977 noch vorhanden waren, befanden sich immerhin schon 47 Kandidaten für die Verschrottung. Bezüglich des Anteiles an ehemaligen Navy-Schiffen bei der NDRF sind Informationen aus den Jahren 1971 und 1975 vorhanden. Danach waren damals – nachfolgend nach Schiffs-Kategorien geordnet – zahlenmäßig folgende Schiffe vorhanden:

Bei der NDRF befindliche ehemalige Schiffe der U.S. Navy

Kategorie	Ende 1971	Mitte 1975
AD	3	1
AE	6	7
AF	21	8
AG	7	4
AGM	5	3
AGP	1	1
AGR	9	1
AGS	2	1
AH	2	1
AK	26	6
AKN	3	–
AKS	6	–
AKV	2	–
AN	24	8
AO	25	16
AOG	8	3
AP	26	–
APC	1	–
AR	5	2
ARG	9	2
ARS	1	1
ARV/ARVH	1	1
AS	1	1
ATA	17	9
ATF	13	13
AV	5	–
AW	2	–
Hilfsschiffe	231	89
AGC/LCC	6	4
AKA/LKA	19	14
APA/LPA	121	37
LSD	8	8
LST	2	13
Amphib. Schiffe	156	76
Minenfahrzeuge(MCS)	4	2
insgesamt	391	167

Bei der NDRF befindliche ehemalige Navy-Schiffe, Stand Mitte 1980

Liegeplatz James River, Virginia		
AP	Truppentransporter und Passagierschiffe	8
AE	Munitionstransporter	4
AF	Frachter mit Gefriereinrichtung	2
AGR	Radar-Stationsschiffe	1
AH	Lazarettschiffe	1
AK	Frachtschiffe	5
AK	Trockenfrachter	71
AKc	Küstenfrachtschiffe	1
AR	Werkstatt- u. Reparaturschiffe	1
LKA	Amphibische Frachtschiffe	8
LPA	Amphibische Truppentransporter	30
AO	Öltanker	6
insgesamt		138
Liegeplatz Beaumont, Texas		
AP	Truppentransporter und Passagierschiffe	1
AE	Munitionstransporter	1
AGOR	hydrographische Forschungsschiffe	1
AO	Öltanker	8
AOc	Küsten-Tankschiffe	1
AK	Trockenfrachter	31
insgesamt		43
Liegeplatz Suisun Bay, California		
AP	Truppentransporter und Passagierschiffe	7
AF	Frachter mit Gefriereinrichtung	3
AG	Versuchsschiff	1
AK	Frachter	3
AK	Trockenfrachter	64
AKc	Küsten-Trockenfrachter	2
LPA	Amphibische Truppentransporter	5
LST	Kampfwagen-Landungsschiffe	6
AO	Öltanker	3
insgesamt		94

Mitte 1980 dagegen betrug die Zahl der ehemaligen Navy-Schiffe bei der MARAD nur noch *275*. Die Übersicht oben rechts verdeutlicht ihre Verteilung auf die drei letzten Liegeplätze.

13. Literaturverzeichnis

Bücher und Einzelveröffentlichungen

M. W. Cagle: *The Naval Aviation Guide*, Naval Institute Press, Annapolis, Md., 3. Auflage 1976
Air Search and Rescue, Department of Transportation, U.S. Coast Guard, Washington, D. C., 1978
G. Swanborough/P.M.Bowers: *United States Navy Aircraft since 1911*, Naval Institute Press, Annapolis, Md., 2. Auflage 1976
St. Terzibaschitsch: *Schiffe und Flugzeuge der U.S. Flotte*, J. F. Lehmanns Verlag München, 1966
St. Terzibaschitsch: *Die Luftwaffe der U.S. Navy und des Marine Corps*, J. F. Lehmanns Verlag, München, 1974
St. Terzibaschitsch: *Das FRAM-Modernisierungsprogramm der U.S. Navy,* J. F. Lehmanns Verlag, München, 1975
St. Terzibaschitsch: *Die Flugzeuge der U.S. Navy, des Marine Corps und der Küstenwache*, Verlag Wehr und Wissen, Bonn/Koblenz, 1980
St. Terzibaschitsch: *Flugzeugträger der U.S. Navy*, Band 1: Flottenflugzeugträger, Verlag Bernard & Graefe, München, 1978
C.D.Corse, Jr.: *Introduction to Shipboard Weapons*, Naval Institute Press, Annapolis, Md. 1975
The International Countermeasures Handbook, EW Communications, Inc. Palo Alto, Cal., 5. Auflage 1979-1980

Periodisch erscheinende Bücher

G. Albrecht: *Weyers Flottentaschenbuch 1979/81*, Verlag Bernard & Graefe, München, 1979
J. Moore: *Jane's Fighting Ships 1980-81*, Jane's Publ. Co. Ltd., London
R.T. Pretty: *Jane's Weapon Systems 1980-81*, Jane's Publ. Co. Ltd., London
N. Polmar: *The Ships and Aircraft of the U. S. Fleet*, Naval Institute Press, Annapolis, Nd., 11. Auflage 1978 und 12. Auflage 1981
J. Labayle Couhat/A.D.Baker, III: *Combat Fleets of the World 1980/81*, Naval Institute Press, Annapolis, Md. 1980
W. Green/D. Punnett: *Flugzeuge der Welt*, W. Classen Verlag, Stuttgart/Zürich, diverse Jahrgänge
N. Krivinyi: *Taschenbuch der Luftflotten*, J. F. Lehmanns Verlag, München (jetzt Bernard & Graefe), 2. Jahrgang 1976
Naval History Division (Department of the Navy: *Dictionary of American Naval Fighting Ships*, Bände I bis VI, Washington, D. C.
F. Uhlig, Jr.: *Naval Review 1980*, U. S. Naval Institute, Annapolis, Md.

Zeitschriften und Zeitungen

USA: Naval Aviation News, Warship International, U. S. Naval Institute Proceedings, Surface Magazine, Sea Classic, Defense Industry Report, Aviation Week and Space Technology, Armed Forces Journal, Defense Electronics, The Hook, Navy Times
Großbritannien: Warship, Aviation News, Navy International, Maritime Defence
Schweiz: Interavia, Internationale Wehrrevue
Japan: Ships of the World
Deutschland: Marine-Rundschau
Außerdem zahlreiche offizielle Informations-Unterlagen der U. S. Navy, des Military Sealift Command und der U. S. Coast Guard wie auch private Informationen von US-Korrespondenten.

14. Abkürzungs- und Stichwort-Verzeichnis

Die meisten in diesem Buch vorkommenden Abkürzungen und Stichworte werden bei den laufenden Texten erläutert. Ein Teil davon wurde hier noch einmal erfaßt. Nicht aufgeführt wurden hier diejenigen Abkürzungen, die bereits in den entsprechenden Abschnitten aufgelistet sind, wie z. B.

Staffel- und Flugzeug-Kürzungen,
Status-Symbole von Stützpunkten
Kürzungen für die einzelnen Arten von elektronischen Geräten,
Kürzungen bzw. Verballhornungen von Dienststellen (COMSUBLANT usw.),
Kenn-Buchstaben der Schiffs-Klassifikation,
Schiffs-Status-Kürzungen in den Tabellen und Listen des Abschnitts 15

Das nachfolgende Abkürzungs- und Stichwort-Verzeichnis ist nach den jeweiligen Anfangs-Buchstaben alphabetisch angeordnet. Innerhalb dieser Anordnung wurde auf eine weitere alphabetische Untergliederung jedoch verzichtet.

Abkürz. bzw. Stichwort	englische Bedeutung	deutsche Bedeutung
A	(ASW)	Wirksamkeits-Auszeichnung für den U-Jagd-Bereich bei Überwasserschiffen (in weiß angemalt an sichtbarer Stelle)
ASCAC	Air-Surface Classification and Analysis Center	Computer-gesteuerte Datenauswertungs- und Kommandoanlage auf Überwasserschiffen
AN/...	(Army/Navy)	Prefix bei einem Teil von elektronischen Anlagen
AAW	Anti-Air Warfare	Sammelbegriff für Flugzeugabwehr
ASW	Anti-Submarine Warfare	Sammelbegriff für U-Abwehr und U-Jagd
ASMD	Anti-Ship Missile Defense	frühere Bezeichnung für das Lenkwaffensystem RAM
ACIS	Amphibious Command Information Center	Computer-gesteuerte Datenauswertungs- und Kommando-Anlage auf großen amphibischen Schiffen
ALWT	Advanced Light Weight Torpedo	Kurzbezeichnung für den in Entwicklung befindlichen U-Jagd Torpedo Mk XX (Ersatz für Mk 46)
ASROC	Anti-Submarine Rocket	Raketen-gesteuerter Torpedo Mk 46 (oder Wasserbombe). Bezeichnung gilt auch für den Starter
BPDMS	Basic Point Defense Missile System	Sammelbegriff für auf Überwasserschiffen vorhandene Abwehranlagen gegen tieffliegende Flugzeuge und FK; gegenwärtig Anwendung vor allem auf Sea Sparrow-Anlagen
C	(Communication)	Wirksamkeits-Auszeichnung für die besten Nachrichtenverbindungs-Trupps (in grün angemalt an sichtbarer Stelle)

Abkürz. bzw. Stichwort	englische Bedeutung	deutsche Bedeutung
CIC	Combat Information Center	Operationszentrale eines Schiffes
CIWS	Close-in Weapon System	Sammelbegriff für vollelektronisch gesteuerte Geschütz-Schnellfeueranlagen zur Abwehr gegen anfliegende FK
CHAF-ROC	Chaff Rocket	Radartäusch- (Düppel-)Raketen (auch für die Werfer gültig)
CTOL	Conventional Take-off and Landing	Konventionell startende und landende Flugzeuge
COD	Carrier-on-Board Delivery	Abkürzung für die Bord-Kuriermaschinen auf den Flugzeugträgern (C-1A und C-2A)
DASH	Drone Anti-Submarine Helicopter	Unbemannte Hubschrauber-U-Jagd-Drohne (ausgesondert)
E	(Efficiency)	Wirksamkeits-Auszeichnung für Schiffe, angemalt in weiß für die besten Geschütz- und FL-Teams in rot für die besten Schiffsantriebs-Mannschaften weiß für die besten Schiff-/Luft-FK-Mannschaften in grün für die besten Leistungen in Operationszentralen in gelb für die wirksamsten „air departments" auf Trägern
ELF	Extremely Low Frequency	System für die Aufrechterhaltung der Nachrichtenverbindung mit getauchten Unterseeschiffen
ESM	Electronic Countermeasure (passive)	Elektronische Gegenmaßnahmen (passiv)
ECM	Electronic Countermeasure (active)	Elektronische Gegenmaßnahmen (aktiv)
ECCM	Electronic Counter-Countermeasures	Abwehr von elektronischen Gegenmaßnahmen
FLG		Feuerleitgerät
FK		Flugkörper (Sammelbegriff für alle gelenkten und ungelenkten Raketen)
FL-Radar		Feuerleit-Radar
FRAM	Fleet Rehabilitation and Modernization Program	Umfangreiches Schiffs-Modernisierungsprogramm der U.S. Navy in den frühen 60er Jahren
FAST	Fast Automatic Shuttle Transfer	Gerät für In-See-Übergabe von Munition und anderer Fracht in Netzen oder auf Paletten
FY80	Fiscal Year 1980	Abkürzung für das Etat-Jahr 1980 (Beginn: 1. 10. 1979!)
HQ	Headquarter	Hauptquartier
ICBM	Inter Continental Ballistic Missile	Landgestützte ballistische FK
IFF	Identification Friend/Foe	Elektronische Anlage zur Freund/Feind-Unterscheidung
ITADWS	Integrated Tactical Amphibious Warfare Data	Computer-gesteuerte Datenauswertungs-Anlage auf Schiffen der *Tarawa*-Klasse
JUMBO	Jumboization	Jumboisierung: Rumpf-Verlängerung einiger Öltanker der USN in den 60er Jahren
L/54		Kaliber x 54 = Rohrlänge bei Geschützen
LAMPS	Light Airborne Multipurpose System	U-Jagd-System auf Kreuzern, Zerstörern und Fregatten, basierend auf Hubschraubertypen SH-2 und SH-60 (LAMPS I bzw. LAMPS III)

Abkürz. bzw. Stichwort	englische Bedeutung	deutsche Bedeutung
HAC	House Appropriation Committee	Mittel-Bewilligungsausschuß des Representantenhauses
HASC	House Armed Services Committee	Streitkräfte-Ausschuß des Representantenhauses
MSTS	Military Sea Transportation Service	alte und neue Bezeichnung für das Seetransport-Kommando der US-Streitkräfte
MSC	Military Sealift Command	
Mack	M(ast) and (Sta)ck	Kurzbezeichnung für die Mast-Schornstein-Kombination auf modernen Kriegsschiffen (auch auf Atom-Kreuzern)
MARAD	Maritime Administration	Schiffs-Verwaltungsbehörde des amerikanischen Handelsministeriums, zuständig u. a. auch für eingemottete ehemalige Schiffe der USN
MIRV	Multiple independently re-entry Vehicles	Mehrfach-Sprengköpfe in ballistischen FK (unabhängiger Wiedereintritt)
Mk 13 Mod 4	Mark 13 Model 4	Seriennummer und Version eines Gerätes oder einer Waffe (in diesem Falle Tartar-Starter Mk 13 Mod 4)
NIPS	Naval Intelligence Processing System	Computer-gesteuerte Datenauswertungsanlage
NVR	Naval Vessels Register	Schiffs-Namensliste der U.S. Navy
NRT	Naval Reserve Training	Reservisten-Schulung der U.S. Navy
NRF	Naval Reserve Force	Summe der Trainingsschiffe der NRT
NARF	Naval Air Reserve Force	Bezeichnung für die Seeluftwaffen-Reserve der U.S. Navy
NDRF	National Defense Reserve Fleet	ein Teil der bei der MARAD vorgehaltenen einkonservierten ehemaligen Schiffe der U.S. Navy (zumeist amphibische Schiffe und Hilfsschiffe)
NTDS	Naval Tactical Data System	Computer-gesteuerte Datenauswertungs- und Kommandoanlage auf größeren Überwasserschiffen
NEARTIP	Near Term Improvement	Kürzung für Mod 5 des U-Jagdtorpedos Mk 46
NTPF	Near Term Prepositioning Force	Bereitschafts-Depotflotte für die RDF
PUFF	Passive Underwater Fire Control Feasibility	Unterwasser-FL-Anlage auf Schiffen, verbunden mit der Sonaranlage BQG-4 und den flossenartigen Antennen
PAIR	Performance and Integration Retrofit	Verbesserungssatz SQQ-23 für die ältere Sonaranlage SQS-23; PAIR weist auch ungewollt darauf hin, daß SQQ-23 *zwei* Rumpfsonarwulste besitzt
RAM	Rolling Airframe Missile	neue Bezeichnung für das FK-System ASMD
RAST	Recovery Assist, Securing and Traversing System	Hubschrauber-Sicherungsanlage auf Fregatten der FFG-7-Klasse
Ro/Ro	Roll-on/Roll-off	Kürzung für Fahrzeugtransporter mit Rampensystem zur Selbstbefahrung durch rollende Fahrzeuge
RDF	Rapid Deployment Force	Schnelle Eingreiftruppe der Vereinigten Staaten
SINS	Ships Inertial Navigation System	Trägheits-Navigationsanlage, insbes. auf U-Schiffen
SSM	Ship-Ship Missile	Schiff-Schiff-Flugkörper
SAM	Ship-Air Missile	Schiff-Luft-Flugkörper zur Flugzeug- und FK-Abwehr

Abkürz. bzw. Stichwort	englische Bedeutung	deutsche Bedeutung
SUM	Ship-Underwater-Missile	Schiff-Unterwasser-Flugkörper zur U-Schiffs-Bekämpfung
SUBROC	Submarine Rocket	Raketen-Torpedo auf Unterseeschiffen
SLBM	Submarine-launched Ballistic Missile	von SSBN gestartete ballistische Flugkörper
SLCM	Sea-launched Cruise Missile	seegestützte Marsch-Flugkörper
STIR	Separate Tracking and Illumination Radar	Kurzbezeichnung für FL-Radar SPG-60
SAC	Strategie Air Command	Strategisches Luftkommando der USAF
SAC	Senate Appropriation Committee	Mittel-Bewilligungsausschuß des Senats
SASC	Senate Armed Services Committee	Streitkräfte-Ausschuß des Senats
SAR	Search and Rescue	Sammelbegriff für alle Rettungs-Aktivitäten zur See
SLEP	Service Life Extension Programm	Kürzung für die 1980 begonnene Modernisierungs-Serie für Flugzeugträger
SURTAS		Abkürzung für eine Form von tiefenverstellbaren Sonar-Ortungsanlagen
SATD	Strike Aircraft Test Directorate	Sonder-Versuchsverband beim Naval Air Test Centre
TAC-AMO	Take Charge and Move Out	Kürzung für die Methode, von EC-130-Flugzeugen Funkverbindung mit getauchten U-Schiffen aufzunehmen
TASS		Kürzung für die tiefen-verstellbare Sonaranlage SQR-13
TACTAS	Tactical Towed Array Sonar	Kürzung für die tiefen-verstellbare Sonaranlagen SQR-18 und SQR-19
TACAN	Tactical Air Navigation System	Kürzung für die Flugzeug-Navigationshilfe auf Überwasser-Schiffen
TR		Torpedorohre
UTR		U-Jagd-Torpedorohre
USA	United States of America	Kürzung für die Vereinigten Staaten von America
	United States Army	Kürzung für das Heer der Vereinigten Staaten
USAF	United States Air Force	Kürzung für die Luftwaffe der Vereinigten Staaten
USN	United States Navy	Kürzung für die Marine der Vereinigten Staaten
USMC	United States Marine Corps	Kürzung für das Marine Corps (auf Flugzeugen des USMC findet man die Bezeichnung MARINES)
USCG	United States Coast Guard	Kürzung für die Küstenwache
USNA	United States Naval Academy	Kürzung für die Marineschule in Annapolis
UNREP	Underway Replenishment	Kürzung für die In-See-Versorgung
VERT-REP	Vertical Replenishment	Kürzung für die In-See-Versorgung durch Hubschrauber
VDS	Varaible Depth Sonar	Kürzung für tiefen-verstellbare Sonaranlagen mit nur einem Hydrophon am Ende des herabgelassenen Kabels
V/STOL	Vertical and Short-Take-off and Landing	Kürzung für senkrecht und kurzstartende Flugzeuge
VTOL	Vertical Take-off and Landing	Kürzung für senkrecht startende Flugzeuge

15. Schiffsklassen der U.S. Navy

15.0 Erläuterungen zum nachfolgenden Schiffsteil

Kennung und Kategorie-Bezeichnung

Die Kenn-Buchstaben und die Kategorie-Bezeichnung entsprechen denen in der Übersicht „Kenn-Buchstaben und Kategorien der U. S. Navy", Abschnitt 2.3.

Klassen-Bezeichnung

Eine Klasse wird in der Regel nach demjenigen Schiff bezeichnet, das die niedrigste Kenn-Nummer führt. Wird bei älteren Schiffsklassen ein Schiff aus dem Namensregister gestrichen, so wird die Klasse nach dem Schiff mit der nächstniedrigeren Kenn-Nummer umbenannt, ohne Rücksicht darauf, ob sich dieses Schiff bei der aktiven oder bei der Reserveflotte befindet. Hat ein Leitschiff noch keinen – Namen – aber gelegentlich auch sonst in der Umgangssprache – wird eine Klasse nach der Kennung des Leitschiffes benannt, z. B. LSD-41-Klasse, oder FFG-7-Klasse.

Zugehörigkeit und Anzahl

Die Zugehörigkeit von Schiffen einer Klasse wird zahlenmäßig ausgewiesen. Dabei bedeutet:

aktiv	im Dienst befindliche Schiffe mit Navy-Besatzung bzw. mit Zivilbesatzung des MSC oder einer Universitäts-Forschungsgruppe;
NRT	aktive Schiffe der „Naval Reserve Training Force", die mit gemischten, aus Angehörigen der Navy und der *Naval Reserve* bestehenden Besatzungen fahren;
in Reserve	außer Dienst gestellte, konservierte Schiffe der Reserveflotte der Navy selbst oder der *Maritime Administration* (MARAD) bzw. nicht mehr fahrende Hafenanlieger (Depotschiffe), soweit sie sich allesamt noch im Namenregister befinden;
total	Gesamtanzahl aller Schiffe einer Klasse, soweit sie im Namenregister verzeichnet sind.

Kenn-Nummern

Schiffe einer Klasse werden in der Reihenfolge ihrer fortlaufenden Kenn-Nummern aufgelistet. Hierbei gilt:

Kenn-Nummer ohne Präfix	aktives oder Reserveschiff der Navy;
Kenn-Nummer mit dem Präfix T	aktives Schiff mit MSC-Zivilbesatzung;
Kenn-Nummer in Klammern	ein Schiff, das im Namenregister der Navy erfaßt ist, jedoch an eine zivile Forschungsbehörde ausgeliehen wurde und mit deren Besatzung, jedoch unter der Aufsicht der Navy fährt.

Schiffsnamen

Aufgeführt sind die zum Zeitpunkt der Erfassung geführten vollen Schiffsnamen.

Bauwerft

Aus Platzgründen werden die Bauwerften durch eine Buchstaben/Zahlen-Kürzung dargestellt; die Bedeutung dieser Kürzungen ist aus dem Werften-Verzeichnis (Abschnitt 4.2, Seite 122-125) zu ersehen.

Etat
In dieser Spalte wird das Haushaltsjahr angegeben, im Rahmen dessen das jeweilige Schiff vom Kongreß zum Bau autorisiert, d. h. bewilligt und auch *voll* finanziert wurde. Das jeweilige Haushaltsjahr beginnt drei Monate vor dem jeweiligen Kalenderjahr, d. h. jeweils am 1. Oktober des Vorjahres.

Fertigstellung
Hier wird das Jahr angegeben, in dem das betreffende Schiff in Dienst gestellt wurde. Wenn in selten vorkommenden Ausnahmefällen zwischen der Fertigstellung eines Schiffes und seiner Indienststellung mehr als ein Jahr vergangen ist, wird in dieser Spalte das Jahr der Fertigstellung angegeben.

Status
In dieser Spalte wird das Unterstellungsverhältnis der einzelnen Schiffe dargestellt. Die einzelnen Buchstaben-Kürzungen haben dabei folgende Bedeutung:

Aa	– Atlantische Flotte, aktiv
Ar	– Atlantische Flotte, Reserve
Pa	– Pazifische Flotte, aktiv
Pr	– Pazifische Flotte, Reserve
Mr	– in Reserve bei der MARAD, jedoch im Namenregister noch erfaßt
TAa	– beim MSC Atlantik
TPa	– beim MSC Pazifik
TWa	– beim Übersee-Einsatz des MSC
ANRT	– bei der *Naval Reserve Force* im Atlantik
PNRT	– bei der *Naval Reserve Force* im Pazifik
L	– Leihgabe an zivile Forschungsstellen

Kampfsysteme
Zu den Kampfsystemen werden gerechnet:
die Bewaffnung;
die elektronische Ausrüstung.

Bewaffnung
Hier erfolgt zunächst die Aufführung der Rohrwaffen, dann die der Lenkwaffen, der U-Jagd-Waffen und der Nahbereichs-Abwehrwaffen (BPDMS, Gatling-Anlagen). Soweit infragekommend wird hier auch die Anzahl der ständig oder zumindest zeitweilig mitgeführten (z.B. bei den LPD/LSD) Flugzeuge und/oder Hubschrauber angegeben. Dabei ist die Abkürzung für Flugzeuge Fl., für Hubschrauber H. Darüber hinaus verfügen zahlreiche weitere Schiffe über Plattformen zur Bedarfslandung von Hubschraubern. Auf die entsprechenden Übersichten der Waffen, der Flugzeuge und der Hubschrauber im Band I, Abschnitt 8.1 und 9 wird hingewiesen.

Elektronik
Hier erfolgt zunächst die Aufführung der wichtigsten, auch für die Schiffserkennung belangreichen Radarortungsanlagen, dann die der Sonaranlagen und der Lenkwaffen- bzw. Geschütz-Feuerleitgeräte. Gesondert folgen summarisch Informationen über bekanntgewordene Ausrüstungen mit elektronischen Anlagen. Dabei werden in der Regel nur die Hauptbezeichnungen der Anlagen aufgeführt. Bezüglich der dazugehörigen Komponenten wird auf die Übersichten in Band I, Abschnitt 8.2 hingewiesen.

Wasserverdrängung
Hier erfolgt die Angabe der Wasserverdrängung des voll beladenen Schiffes (*full load displacement*), bei Unterseeschiffen diejenige des voll beladenen Schiffes im getauch-

ten Zustand, und zwar in ts (= 1.016 kg). Die Angaben über die Wasserverdrängung entsprechen den Veröffentlichungen in amtlichen Publikationen und Flottenhandbüchern. Später hinzugekommene Gewichtsanteile können hier nicht berücksichtigt werden, da über sie zumeist keine Angaben vorliegen.

Abmessungen
Angegeben wird die Länge der Schiffe über alles sowie die größte Breite und der größte Tiefgang (alles in m). Bei der Angabe der Breite von trägerartigen Schiffen steht unter dem Bruchstrich die größte Breite in der Wasserlinie, über dem Bruchstrich die größte Weite des Flugdecks. Die Abmessungen entsprechen den Veröffentlichungen in amtlichen Publikationen und Flottenhandbüchern. Die im Laufe der Dienstzeit insbesondere auf Flugzeugträgern hinzukommenden Flugdeck-Anbauten, Ausleger usw. sind bei den Angaben über die Abmessungen *nicht* berücksichtigt, weil amtliche Angaben hierüber fehlen. Sie finden dagegen Berücksichtigung in den Schiffszeichnungen. Dasselbe gilt auch für die Angaben über den Tiefgang. Im Laufe ihrer langjährigen Dienstzeit sind insbesondere Flugzeugträger durch zusätzliche Anbauten schwerer geworden, was sich auch in einem größeren Tiefgang niederschlägt. Bei Kreuzern und Zerstörern versteht sich die Angabe des Tiefgangs in der Regel mit Sonardom.

Antriebsanlage
Hier wird die Art des Haupt- und ggf. des Hilfsantriebs angegeben. Kleinere Hilfsantriebsanlagen (*bow thruster*) dienen in der Regel der besseren Manövrierfähigkeit bei niedriger Geschwindigkeit bzw. der Beibehaltung der Position bei ortsgebunden operierenden Schiffen.

Antriebsleistung
Sie wird in der Regel mit Wellen-PS angegeben. Soweit bekannt, erfolgen hier auch Angaben über die Leistung von Hilfsantriebsanlagen. Hinter dem Schrägstrich steht die Anzahl der Schiffspropeller.

Geschwindigkeit
Sie wird in sm/h = kn angegeben. Bei verschiedenartigen bzw. kombinierten Antriebsarten erfolgen die Einzelangaben getrennt durch einen Schrägstrich. Geschwindigkeiten von Unterseeschiffen über bzw. unter Wasser werden mit Bruchstrich dargestellt. In der Regel sind die Geschwindigkeiten von atomangetriebenen U-Schiffen geheim, so daß die aufgeführten Zahlen nur einen ungefähren Wert darstellen.

Brennstoff
Uran stellt den Brennstoff für alle atomangetriebenen Schiffe dar und wird in dieser Spalte nicht gesondert erwähnt. Soweit bekannt, wird die Menge des für den Eigenbedarf mitgeführten Öl-Treibstoffs in ts angegeben. Darüber hinaus gehende Treibstoffmengen werden unter „Zuladung" ausgewiesen.

Fahrbereich
Die Angabe des Fahrbereiches – soweit bekannt – erfolgt in sm. Die angegebene Fahrstrecke kann bei derjenigen Geschwindigkeit erreicht werden, die hinter dem Schrägstrich angegeben ist. Unter Berücksichtigung der permanenten In-See-Betankung amerikanischer Kriegsschiffe verliert die Dimension des Fahrbereiches wesentlich an Bedeutung.

Besatzung
Bei Schiffen mit Navy-Besatzungen wird in der Regel die Anzahl der Offiziere und der Mannschaften durch einen Schrägstrich getrennt angegeben. Steht nur eine Zahl, so

beinhaltet diese Offiziere und Mannschaften, was bei MSC-Schiffen und bei anderen Schiffen mit Zivilbesatzung größtenteils praktiziert wird. Soweit bekannt, erfolgen Angaben über die zusätzlich mögliche Aufnahme-Kapazität von Passagieren (Forschern, Wissenschaftlern, Fachpersonal usw.) getrennt. Insbesondere bei den Kampfschiffen schwankt die Zahl der Besatzungs-Angehörigen von Schiff zu Schiff und auch zeitlich so stark, daß die hier ausgewiesenen Zahlen nur als allgemeine Richtwerte zu werten sind.

Zuladung

Bei Flugzeugträgern, bei amphibischen Schiffen und bei Versorgern erfolgt hier die Angabe der bekanntgewordenen Kapazitäten an zusätzlichem Treibstoff, an diversen Frachtgütern, an Landungsbooten und an zusätzlich eingeschifften Truppen.

Ein Punkt anstelle einer Angabe bedeutet, daß keine Information bekannt ist, ein Strich, z.B. bei der Bewaffnung, daß an dieser Stelle Betreffendes nicht vorhanden ist.

Gliederung der Kriegsschiffe

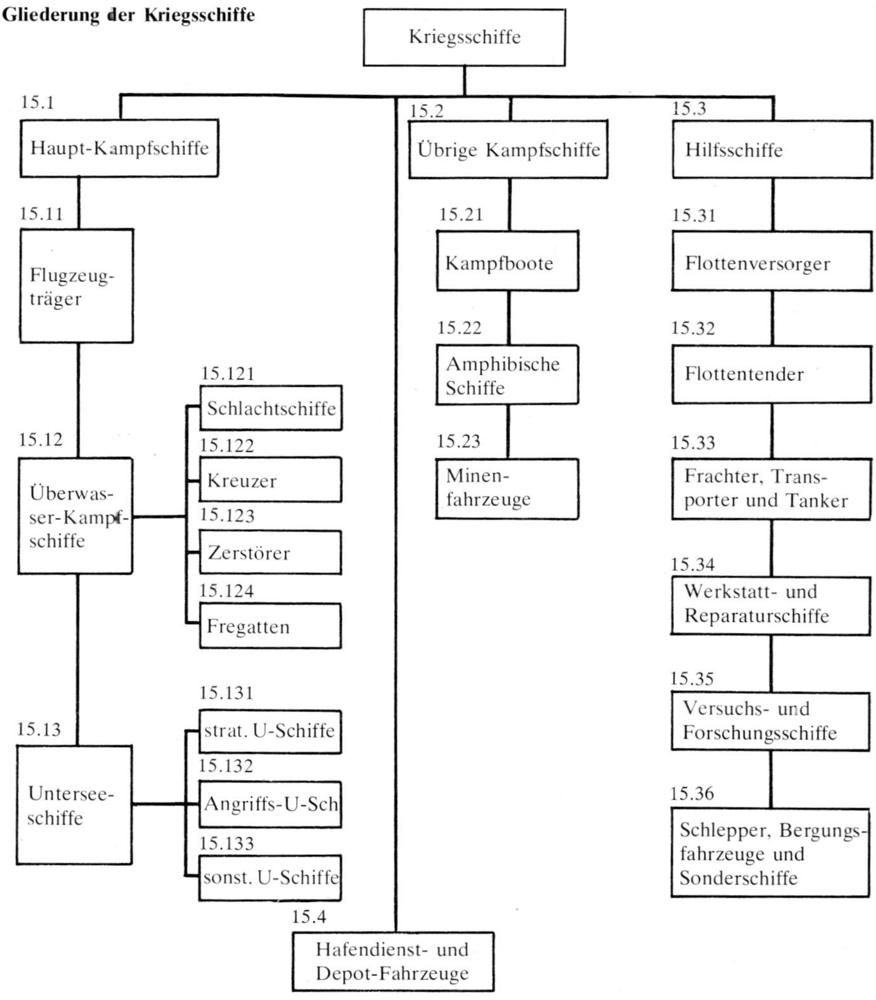

15.1 Haupt-Kampfschiffe

15.11 Flugzeugträger*

CVN Nimitz-Klasse

Gegenüber *Enterprise*, dem ersten Atomträger der U.S. Navy, stellt der Entwurf der *Nimitz*-Klasse zweifellos einen bedeutenden Fortschritt dar. Obwohl das Layout des Flugdecks und der Flugzeugaufzüge im Grunde noch dem der *Kitty-Hawk*-Klasse entspricht, gab es vor allem auf folgenden Gebieten gegenüber den Vorgänger-Klassen Verbesserungen (u.a.):

- ☐ alle vier Katapulte sind vom Typ C-13 Mod. 1;
- ☐ größere Waffen- und Munitionskapazität;
- ☐ etwas größere Flugzeugkapazität;
- ☐ größere Tanks für Flugzeug-Treibstoff, ausreichend für 16 Tage Flugoperationen;
- ☐ bessere Stabilität des Schiffskörpers;
- ☐ nur zwei Atomreaktoren statt acht, dadurch leichtere Antriebsanlage;
- ☐ längere Brenndauer der Uran-Kerne;
- ☐ Unterbringungsmöglichkeiten für mehr Besatzungsmitglieder;
- ☐ Unterbringungsmöglichkeiten für 35-40 % der Flugzeuge im 7,8 m hohen Hangar;
- ☐ verbesserte Panzerung lebenswichtiger Bereiche;
- ☐ bessere Nutzung des Hangarraumes (Aufzüge kollidieren nicht mit Hangardeck);
- ☐ größere und wirkungsvollere Feuerlösch- und feuerhemmende Einrichtungen.

Mit dem Bau des Leitschiffes *Nimitz* wurde die Problematik des Baues moderner Atomträger sehr deutlich. Die meisten vorherigen Super-Träger, einschließlich *Enterprise*, wurden innerhalb von vier Jahren (von der Kiellegung bis zur Indienststellung) erbaut. Das gesamte Bauprogramm der *Nimitz*-Klasse leidet jedoch unter Zeitverschiebung. Der Bau der *Nimitz* selbst dauerte fünf Jahre, das Schiff war aber – praktisch fertiggestellt – noch zwei weitere Jahre in der Werft, weil wichtige Anlagenteile der Atomantriebsanlage fehlten. Dadurch verzögerte sich ebenfalls um 21 Monate die Fertigstellung von CVN-69 *Dwight D. Eisenhower*. Die Ausdockung und damit auch die Fertigstellung von CVN-70 *Carl Vinson* verzögern sich auch um mindestens ein Jahr. Man rechnet damit, daß der ebenfalls dieser Klasse angehörende CVN-71, der aus dem Etat FY 80 bewilligt wurde, kaum vor 1987 fertiggestellt und vor 1988 einsatzbereit sein dürfte. Dies erklärt sich u. a. auch aus der Tatsache, daß es nur eine einzige Werft gibt, die gegenwärtig imstande ist, so komplexe Schiffe zu bauen. Von dem Management dieser Werft, von ihrer Personalkapazität, ihren sozialen Problemen, aber auch von vertraglichen Streitigkeiten und von der nachträglichen Einbringung von Änderungswünschen seitens der Navy ist letzlich der Bau dieser wichtigsten US-Schiffe abhängig, ein wahrhaftig wenig ermutigender Gedanke.

* Das Thema „Flugzeugträger der U. S. Navy" wurde vom Verfasser in großer Ausführlichkeit in einem zweibändigen Werk behandelt, das unter dem gleichlautenden Titel in den Jahren 1978 und 1979 beim Verlag Bernard & Graefe erschienen ist. Der nachfolgende Abschnitt 15.11 bezieht sich voll und ganz auf den Inhalt dieses Buches. Aus Zweckmäßigkeitsgründen wird auf zahlreiche raumgreifende Wiederholungen verzichtet, so daß die Anmerkungen über die einzelnen Trägerklassen der zur Zeit der Abfassung gültigen Sicht entsprechen.

CVN	Atomgetriebene Flugzeugträger			Klasse: *Nimitz*		aktiv: 2 Total: 4
Kenn-Nr.	Schiffsname	Bauwerft	Etat	fertig-gest.	Sta-tus	**Kampfsysteme**
68	*Nimitz*	N 2	67	75	Aa	*Bewaffnung*
69	*Dwight D. Eisenhower*	N 2	70	77	Aa	3 BPDMS-Starter Mk 25 für Sea Sparrow 80 bis 100 Fl. und H. 70,71: 3 BPDMS-Starter Mk 29 für NATO-Sea Sparrow 70,71: für 4 CIWS Mk 15 vorgesehen, 68 und 69 für 3. 2 x 20-mm-Kanonen
70	*Carl Vinson*	N 2	74	82		*Elektronik*
71		N 2	80	~ 88		Radar- und Sonaranlagen
						Radar: SPS-10F SPS-43A SPN-42 SPS-48B SPN-43A SPS-58 SPN-44 69 auch SPN-41 SPS-53 SPS 55 71: SPS-48C SPS-49, SPS-65
						Feuerleitgeräte
						3 Mk 115 für Sea Sparrow 70: 6 MK 91 für NATO-Sea Sparrow

Wasserverdrängung	96.351,71 : 96.836 ts
Abmessungen	$332,8 \times \frac{76,8}{40,8} \times 11,3$ m
Antriebsanlage	2 Atom-Reaktoren A4W / A1G, Getriebe Turbinen
Leistung in PS	~280.000 / 4
Geschwindigkeit	30 +
Brennstoff	Uran
Fahrbereich	~800.000
Besatzung	142 / 2.989; mit CVW 569 / 5.717 CVW 304 / 2.626
Zuladung	1.954 ts Flugzeug-Munition

Übrige Anlagen

NTDS, TACAN URN-20, ECM / ESM WLR-8, SLQ-17

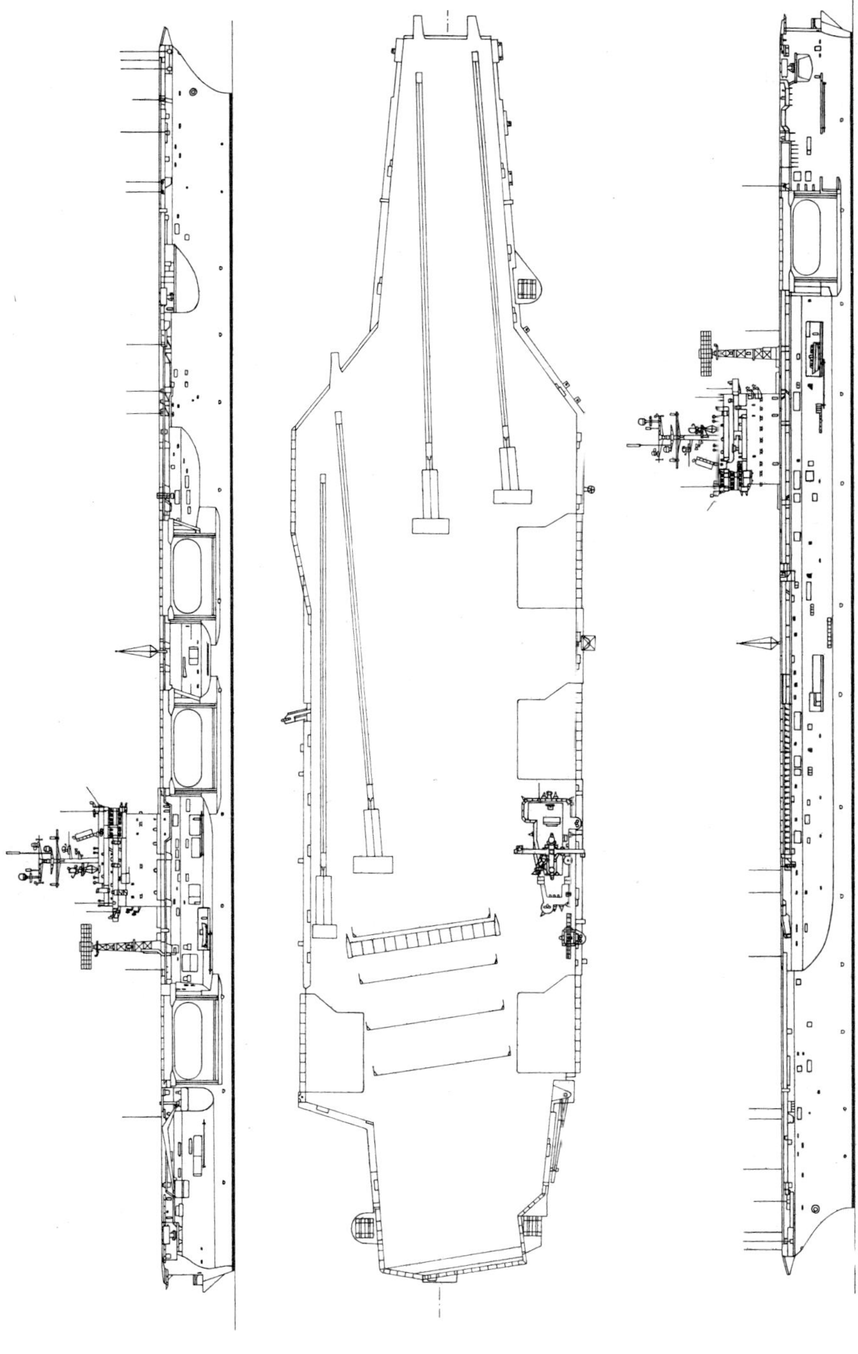

CVN-68. Aussehen 1981; auf CVN-69 fehlen die Katapult-Ausleger vor dem Schräglangdeck und vor dem vorderen Backbord-Katapult.

Dies sind die größten und teuersten Schiffe der Welt. Die ursprünglich veranschlagten Baukosten erhöhten sich bis zur Fertigstellung in dramatischer Weise. Hauptgründe hierfür sind die galoppierende Inflation, deren Steigerungsrate von Jahr zu Jahr ansteigt, sowie Mehrkosten infolge Material- und Personalkosten-Erhöhungen. Sehr anschaulich ist der folgende Vergleich der zu verschiedenen Zeitpunkten veranschlagten Baukostensummen für die vier Einheiten der *Nimitz*-Klasse:

Name des Schiffes	Jahr des Kostenvoranschlages und Kosten in Mio $			
	1973	1975	1977	1980
Nimitz	646,7	1881,0		
Dwight D. Eisenhower	691,1	748,5	2000,0	
Carl Vinson	972,0	1200,0		2000,0
CVN-71				2400,0

CVN-71 wird einem etwas verbesserten Typ *Nimitz* angehören. Nach Zugang von *Carl Vinson* wird *Nimitz* etwa 1983 zur Pazifischen Flotte verlegt.
Für CVN-72 wurde im Rahmen von FY 82 ein Vorschuß von 658 Mio $ gefordert.

CVN-69 *Dwight D. Eisenhower,* aufgenommen am 30. Juli 1977 beim Verlassen der Bauwerft in Newport News, die im Hintergrund zu sehen ist. Daß die Navy gezwungen ist, oft auch in vermeintlich kleinen Dingen zu sparen, stellt man am Fehlen von zwei Katapult-Auslegern fest. Diese Ausleger werden nur benötigt, um den Verlust des Rückholseiles zu vermeiden. Nun gibt es bei der Navy nur noch zwei Flugzeugtypen, bei denen ein solches Seil zum Startvorgang benötigt wird, die A-3 und die E-2. Zur Einsparung der Kosten beim Bau dieses Trägers werden diese beiden Typen eben nur vom Katapult Nr. 1 gestartet. Zugleich erscheint es erstaunlich, daß man auf drei Einheiten der *Forrestal*-Klasse vorne die Unterkonstruktionen für die Geschütze entfernt hat, weil sie sich bei starker See nicht bewährt haben, daß man aber andererseits bei der *Nimitz*-Klasse dieselben für die Aufnahme von Mk 25-Starter wieder anbringt. NN

Bei der selben Gelegenheit aufgenommen; achterliche Ansicht von CVN-69, bei der – wie so oft bei Superträgern – der mächtige Unterbau des Schräglandedecks beeindruckt. Dahinter sieht man einen von drei BPDMS-Startern Mk 25. Der „Erker", über dem der Schiffsname angebracht ist, beherbergt u.a. die Treppe, über die Besatzung und Besucher das Schiff vom Boot aus erreichen oder verlassen. Hinter der davor sichtbaren Innenwand in Höhe des Hangardecks finden sich die Flugzeug- und die Motoren-Werkstätten. NN

CVN-69, Mitte 1977 bei Werftprobefahrten aufgenommen; es befindet sich noch kein Flugzeug an Bord. INRO

Das Leitschiff *Nimitz* (CVN-68), aufgenommen am 1. April 1978 im Mittelmeer. Gr

Mittelschiffs-Detail der *Nimitz,* aufgenommen während ihres zweiten Besuches in Wilhelmshaven am 3. Juli 1980. Zwei Aufzüge sind in unterschiedlichen Positionen zu sehen. Separater Mast hat SPS-43A-Radar in voller Breite. Ein FLG für Sea Sparrow befindet sich auf der Konsole darunter. Die Insel wird gekrönt vom Träger-„Standard-Mast", wie er jetzt auch auf CVN-65 *Enterprise* angebracht wurde. Seitlich von der Kenn-Nummer 68 sind zehn „Deichseln" an der Insel aufgehängt, mittels derer die kleinen Bord-Trecker die Flugzeuge ins Schlepptau nehmen. Links im Bild neben dem mobilen Kran: eine F-14A Tomcat. Bemerkenswert sind die am links im Bild sichtbaren Aufzug festzustellenden senkrecht angebrachten Seile. Sie sind mit der Aufzugsmaschinerie gekoppelt, und ihr Zweck besteht darin, das große Übergewicht der nur an einer Kante aufgehängten Aufzugsplattform aufzufangen, damit beim Transport großer Gewichte kein Verkantungs-Moment entsteht. AK

Mitte 1976 aufgenommen: *Nimitz* während des ersten Mittelmeer-Einsatzes mit Maschinen von CVW-8 auf dem Abstelldeck. Das Landedeck ist zwar zur Landung von Flugzeugen geräumt, der Zugang zu den Aufzügen jedoch durch parkende Maschinen versperrt. Hier sieht man deutlich, daß *Nimitz* alle drei Katapult-Ausleger aufzuweisen hat. USN

Von achtern sehen sich alle Superträger der U. S. Navy ausgesprochen ähnlich. Abgebildet ist hier USS *Nimitz* an Pier 12 in Norfolk. Das Foto stammt vom 16. Juli 1980. WD

CVN Enterprise-Klasse

Dieser Einzelgänger nimmt in der Geschichte des amerikansichen Trägerbaues eine Sonderstellung ein. Es war der erste nuklear angetriebene Flugzeugträger der Welt, das zweite Atom-Überwasserkriegsschiff der Welt (CGN-9 *Long Beach* hatte hierin einen Vorsprung von 2 1/2 Monaten!) und der erste Träger der U. S. Navy, der bei Fertigstellung weder Rohr- noch Lenkwaffen an Bord hatte. Dennoch war es gerade *Enterprise*, die in Zusammenwirkung mit *Long Beach* (CGN-9) und *Bainbridge* (damals noch DLGN-25) sämtliche Vorteile einer schnellen, nuklear angetriebenen Träger-Kampfgruppe demonstrierte, als sie 1964 um die Weltkugel herum navigierte, ohne daß Treibstoff für die Schiffe selbst nachgetankt werden mußte.
Die beiden ersten Kernladungen mußten jeweils nach etwa vier Betriebsjahren ausgetauscht werden. Der dritte Satz, der ab 1971 in Betrieb genommen wurde, soll nunmehr – wie auch bei der *Nimitz*-Klasse – für eine Betriebsdauer von ca. 13 Jahren ausreichen. Vom Laycut des Flugdecks hat *Enterprise* manches mit der *Kitty-Hawk*-Klasse gemeinsam. Lediglich die Baukosten von 451,3 Mio $ waren hier verständlicherweise wegen der Atomantriebsanlage wesentlich höher, als bei den Öl verbrennenden Trägern.

Rund 20 Jahre lang war die Insel von *Enterprise* typisch allein für dieses Schiff. Die blockartige Kastenform der Brückenaufbauten entsprach der Konzession an die Flächen-Radarantennen des Musters SPS-32 und 33; weiterhin war auch die ECM-Antennen-gespickte Kuppel über den Brückenaufbauten typisch nur für dieses Schiff. Während einer im Januar 1979 begonnenen, auf zwei Jahre veranschlagten Werftzeit werden sowohl die besagte Kuppel wie auch die Radaranlagen SPS-32 und 33 entfernt und dafür ein Standard-Mast aufgesetzt, wie er auf *Nimitz* zu finden ist. Dies alles wird dem Schiff ein beträchtlich verändertes Aussehen verleihen, um so mehr, als bei dieser Gelegenheit modernere Radar- und andere elektronische Anlagen installiert werden.

Eine Tele-Aufnahme von der Backbordseite der umgebauten Insel. Die beiden neu hinzugekommenen Radarantennen SPS-48 und 49 befinden sich auf der Insel, so daß ein separater Radarmast wegfallen konnte. Der Wegfall der Antennenpaare SPS-32/33 ermöglicht die Placierung der Kenn-Nummer an besser sichtbarer Stelle. Beachtenswert sind die beiden Konsolen mit Leitgeräten für NATO-Sea Sparrow-Starter Mk 29, die während dieser Werftzeit die vor ca. zehn Jahren installierten Starter Mk 25 ablösten. Die im Vordergrund sichtbare Satellitenantenne und das FLG Mk 56 gehören zu einer Fregatte der *Garcia*-Klasse. Auch dieses Foto entstand im April 1981 in der Marinewerft am Puget Sound. AM

Es ist interessant zu wissen,

- ☐ daß seinerzeit die Absicht bestand, sechs Einheiten dieser Klasse zu bauen; die zu hohen Kosten verhinderten dies;
- ☐ daß ursprünglich vorgesehen war, *Enterprise* mit zwei Terrier-Lenkwaffenanlagen auszurüsten; auch dies entfiel aus Kostengründen und das Schiff fuhr bis 1967 ohne eigene Waffen – mit Ausnahme der eigenen Flugzeuge;
- ☐ daß 1979/80 die beiden BPDMS-Starter des Typs Mk 25 durch solche des NATO-Typs Mk 29 ersetzt wurden;
- ☐ daß *Enterprise* das zweite Schiff der U.S. Navy sein wird, das ein Serien-Exemplar von CIWS Mk 15 Phalanx erhält.

Die Modernisierungskosten werden ca. 215 Mio $ betragen; leider dauerte die Modernisierung mehr als 2½ Jahre. Eine Auswechslung der Brennstäbe des Reaktors findet nicht statt, weil die 1971 eingewechselten Brennstäbe eine Dauer von 13 Jahren haben.

CVN	Atomgetriebene Flugzeugträger			Klasse: *Enterprise*		aktiv: 1 Total: 1
Kenn-Nr.	Schiffsname	Bauwerft	Etat	fertig-gest.	Status	**Kampfsysteme**
65	*Enterprise*	N 2	58	61/81	Pa	

Bewaffnung

3 x 20 mm – Mk 68
3 BPDMS-Starter – Mk 29 für NATO-Sea Sparrow
3 CIWS – Mk 15 Phalanx
80 bis 95 Fl. u. H.

Elektronik

Radar- und Sonaranlagen

Radar: SPS-10F mit SPS-65
SPS-48C
SPS-49
SPN-41
SPN-35A
SPN-44

Feuerleitgeräte

3 Mk 91 für Sea Sparrow

Übrige Anlagen

NTDS, TACAN URN-20,
ECM / ESM WLR-8, SLQ-17

Wasserverdrängung	89.600 ts
Abmessungen	341,3 x $\frac{78,3}{38,5}$ x 10,8 m
Antriebsanlage	8 Atom-Reaktoren A2W, Getriebe Turbinen
Leistung in PS	~280.000 / 4
Geschwindigkeit	33 kn
Brennstoff	Uran
Fahrbereich	140.000/36, 400.000/20
Besatzung	162 / 2.940; mit CVW 451 / 5.237 CVW 304 / 2.323

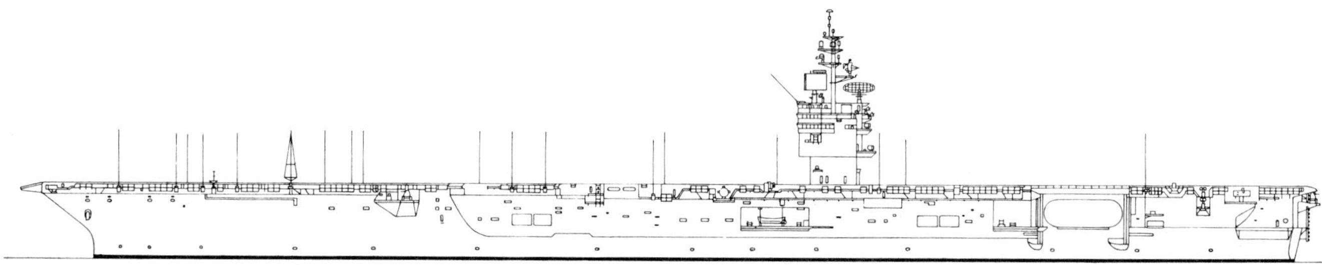

CVN-65, Aussehen nach Werft-Instandsetzung 1980/81. Bei Redaktionsschluß lag das Schiff noch in der Werft, so daß Einzelheiten an der Steuerbordseite noch nicht ausgemacht werden konnten. Beachtenswert ist die enge Nachbarschaft der neu hinzugekommenen Radarantennen SPS-48 und SPS-49. Die beiden anderen Phalanx-Anlagen befinden sich an der Steuerbordseite des Schiffes.

CVN-65 *Enterprise:* bis Mitte 1979 war die kubische Insel von dem mit ECM-Antennen gespickten „Bienenkorb" gekrönt, und die vier senkrechten Flächen führten je ein Paar Radarantennen des Systems SPS-32/33. Das Foto des schnell fahrenden Schiffes wurde im Juni 1971 aufgenommen. Rechts an der Inselkante sieht man die alte Radarantenne SPS-12. BPDMS-Starter Mk 25 befanden sich damals schon an Bord. USN

So bot sich USS *Enterprise* im April 1981, kurz vor dem Ende einer sehr langen Werftüberholung, während der u.a. auch die Insel völlig umgebaut wurde. Das Foto entstand am Liegeplatz des Schiffes in der Marinewerft am Puget Sound. Zu erkennen ist die vordere Backbordanlage Mk 15 Phalanx – auf eigener Konsole – und die Vorderfront der umgebauten Insel. AM

CV John F. Kennedy-Klasse

Dies ist der bisher letzte konventionell angetriebene Super-Träger der amerikanischen Marine, ein gelungener Entwurf, dessen Realisierung mit einem Preis von rd. 277 Mio $ noch deutlich unter dem des sechs Jahre zuvor fertiggestellten Atom-Trägers *Enterprise* kostete. Gegenüber der *Kitty Hawk/America*-Klasse bestehen jedoch so viele Unterschiede, daß dieses Schiff offiziell eine eigene Klasse bildet. Veränderte Gestaltung der Brücke, Schrägstellung des breiten Schornsteins nach Steuerbord-außen, Abschrägung des Landedeck-Abschlusses, zahlenmäßig etwas unterschiedliche Radarausrüstung, all das unterscheidet „JFK“ von den drei Vorgängern.
Nach Fertigstellung der *Enterprise* ging zwischen der Navy, der jeweiligen Regierung und dem Kongreß in jedem Jahr erneut der Streit darum, ob der nächste zu bauende Träger konventionell oder atomar angetrieben werden sollte. Größere Vorteile bei den Atomträgern würden stets mit sehr viel mehr Geld zu bezahlen sein und Geld war seit dem Vietnamkrieg Mangelware geworden. Auch „JFK“ sollte zunächst Atomantrieb erhalten. Das Hin und Her um diesen Zwiespalt dauerte so lange, daß dieses Schiff nach der erfolgten Entscheidung für den konventionellen Antrieb erst wieder umgeplant werden mußte und somit erst drei Jahre nach *America* fertiggestellt wurde.
Die Absicht, auf „JFK“ zwei Tartar-Lenkwaffenanlagen zu installieren, wurde aus Kostengründen fallengelassen; relativ kurze Zeit nach der Indienststellung wurden 1969 drei BPDMS-Starter Mk 25 für Sea Sparrow-FK aufgestellt.
Die erstmalige Verwendung eines Dampfkatapultes von Typ C-13 Mod. 1 auf CV-66 *America* war ein großer Fortschritt, konnten doch durch ihn auch die schwersten Bordflugzeuge ohne Gegenwind, d. h. praktisch vom stehenden Schiff aus gestartet werden. „JFK“ erhielt Raumreserve für das Anbringen einer Bugsonaranlage SQS-23, jedoch wurde im Gegensatz zu *America* eine solche Anlage nicht installiert.

Dieses Foto der *John F. Kennedy* wurde am 16. März 1980 im Atlantik aufgenommen, kurze Zeit nach einer Werft-Instandsetzung, bei der die Sea Sparrow-Starter Mk 25 durch Mk 29 ersetzt wurden. Auch die dazugehörigen Leitgeräte wurden ausgetauscht. Als vermutlich erster Träger gab CV-67 die alte Radarantenne SPS-43 ab und erhielt dafür (über der Brücke zu sehen!) SPS-49. CIWS-Mk 15 Phalanx wurde hierbei noch nicht installiert. USN

Noch ein Jahrzehnt nach Fertigstellung erweist sich der „JFK“-Entwurf als der bestmögliche mit konventionellem Antrieb. Als es im Rahmen der Diskussionen um den Bau des aus dem Etat FY 79 zu bauenden Trägers mit der Kenn-Nummer 71 ging, war ein verbesserter Typ *John F. Kennedy* nochmals im Gespräch, als die beste Mittellösung zwischen dem damals von der Carter-Regierung bevorzugten „CVV“ von rd. 1,5 Milliarden $ und einem weiteren CVN der *Nimitz*-Klasse für rd. 2,4 Milliarden $. Dabei wurde bekannt, daß im Falle der Bewilligung etwa 1980 ein Träger des Typs *Kennedy* 1,6 Milliarden $ kosten würde. Damit würde man aber für nur 100 Mio $ mehr einen Träger erhalten, der um 2/3 leistungsfähiger sein würde wie der von der Navy ungeliebte CVV – freilich dann ohne Atomantrieb. Angesichts der Irankrise und der schlechten Rohöl-Situation entschied sich der Kongreß denn doch noch, den atomgetriebenen CVN-71 zu bewilligen, für rd. 2,4 Milliarden $.
CV-67 war 1980 das erste Schiff der U.S. Navy, auf dem die SPS-43A-Radarantenne durch SPS-49 ersetzt wurde.

CV	Flugzeugträger			Klasse: *John F. Kennedy*		aktiv: 1	Total: 1
Kenn-Nr.	Schiffsname	Bauwerft	Etat	fertig-gest.	Status	**Kampfsysteme**	
67	*John F. Kennedy*	N 2	63	67	Aa	*Bewaffnung*	

Wasserverdrängung	87.000 ts
Abmessungen	$320{,}5 \times \frac{82{,}4}{39{,}6} \times 10{,}9$ m
Antriebsanlage	Getriebe-Turbinen, 8 Kessel
Leistung in PS/Schrauben	280.000/4
Geschwindigkeit	32 kn
Brennstoff	
Fahrbereich	
Besatzung	150/2.645; mit CVW 505/5.222 CVW 285/2.113

Kampfsysteme

Bewaffnung

3 BPDMS-Starter – Mk 29 für NATO-Sea Sparrow,
3 CIWS – Mk 15 Phalanx
80 bis 95 Fl. u. H.

Elektronik

Radar- und Sonaranlagen

Radar: SPS-10F, SPS-49, SPS-48C, SPS-58, SPN-35, SPN-42

Feuerleitgeräte

6 Mk 91 für Sea Sparrow,

Übrige Anlagen

NTDS, TACAN URN-20, ECM/ESM WLR-8, SLQ-17

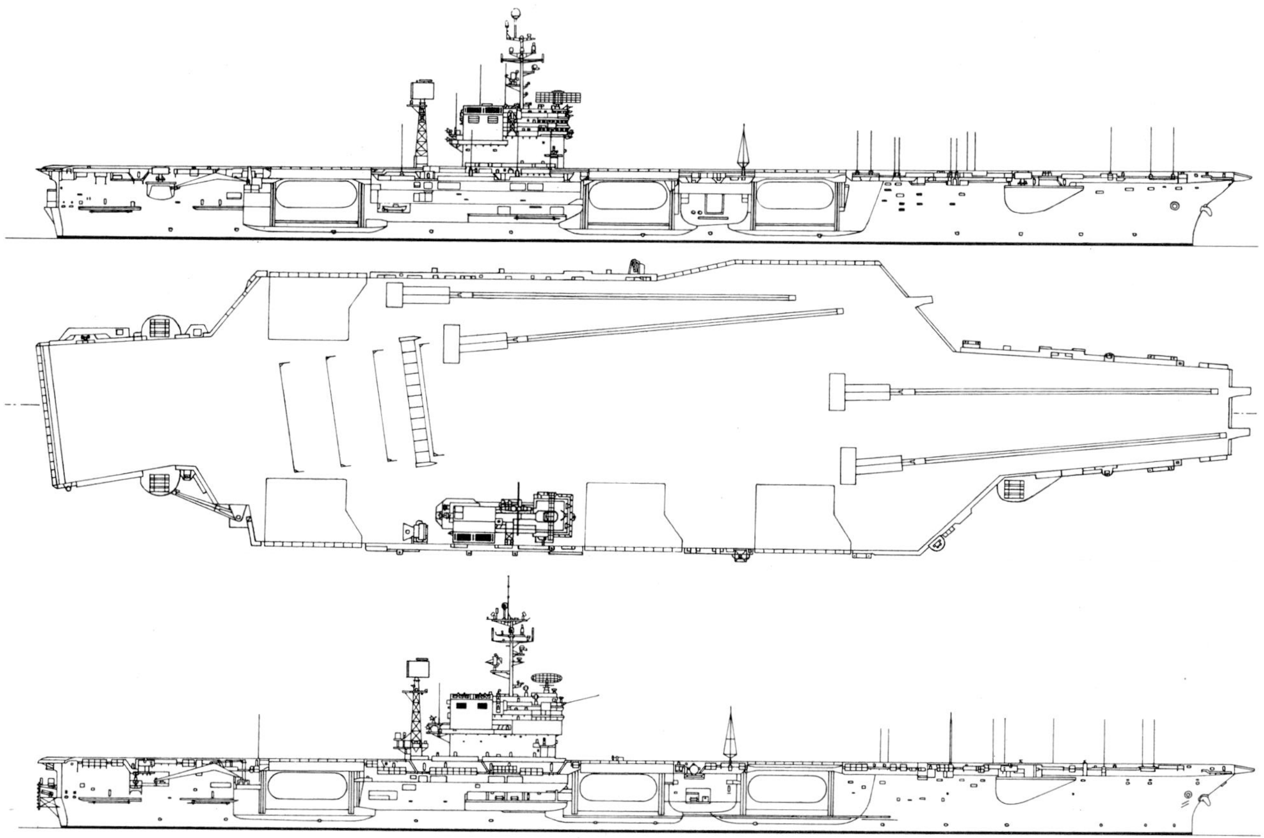

CV-67, obere und mittlere Zeichnung: Aussehen vor 1980; untere Zeichnung: ab 1980, nach Modernisierung der elektronischen Anlagen.

Steuerbord-Luftfoto von CV-67 *John F. Kennedy,* aufgenommen im Januar 1979. Das zweimal unterstrichene, am Schornstein angebrachte „E" bedeutet, daß das Schiff in drei aufeinanderfolgenden Jahren die Leistungs- und Wirksamkeits-Auszeichnung „E" erhalten hat. Vorn auf der Insel befindet sich noch die Radarantenne SPS-43A, vorn und achtern je ein BPDMS-Starter Mk 25. USN

Zahlreiche Details in der Insel-Gegend von CV-67: sichtbar ist die Anlage des Schrägschornsteins, rechts daneben WLR-6. An der Oberkante der Insel befindet sich das Signaldeck, davor eine Reihe von Scheinwerfern zur Illumination des Landedecks. An der Ecke des Signaldecks sowie rechts am Fuß des Radarmastes sieht man je ein FLG Mk 76 für Sea Sparrow. An der Achterkante der Insel befinden sich zwei Anflugantennen SPN-42, auf dem Hauptmast SPN-10. Im Vordergrund eine RA-5C Vigilante, die zwischenzeitlich die Flotte verlassen hat. Hinter diesem Flugzeug sieht man den mobilen Bordkran und den Radom einer E-2B Hawkeye. Te

CV Kitty Hawk/America-Klasse

Mit dieser *Forrestal*-Nachfolge-Klasse wurden definitiv Anordnung und Form der Insel, das Layout des Flugdecks und die Anlage eines gesonderten Radarmastes hinter der Insel festgelegt, wie sie auch noch gegenwärtig beim Bau von Flugzeugträgern verwendet werden. Die Verwendung eines gesonderten Radar-Gittermastes erklärt sich mit der Interferenz zwischen den diversen elektronischen Anlagen, die auf engem Raum nur auf der Insel nahe beieinander angebracht waren. Das Flugdeck weist hier mehr Parkfläche für abzustellende Flugzeuge auf als auf der *Forrestal*-Klasse.
Die wichtigste Abweichung von der *Forrestal*-Klasse lag zur Zeit der Fertigstellung in der prinzipiell unterschiedlichen Bewaffnung. Mit den beiden achtern angebrachten Terrier-Lenkwaffenanlagen Mk 10 waren diese Schiffe so stark bewaffnet wie ein Kreuzer der *Leahy*-Klasse. Nachdem

- ☐ einerseits die Terrier-Anlagen relativ schnell veraltet waren,
- ☐ der Schutz der Träger durch eine ausreichende Anzahl von Begleitschiffen gewährleistet war,
- ☐ sich die Verwendung des ausreichenden, jedoch weit preiswerteren Systems Sea Sparrow durchgesetzt hat,
- ☐ wurden auf *Kitty Hawk* und (etwas später) auf *America* zwischen 1978 und 1980 die beiden Terrier-Anlagen gegen zwei NATO-Starter Mk 29 für Sea Sparrow-FK (erstmalig auf einem Träger!) ausgetauscht.

Lediglich *Constellation* behielt noch ihre beiden Mk 10-Terrier-Anlagen, die jedoch zur Verwendung des moderneren Standard-FK modifiziert wurden. Wie jedoch verlautet, soll auch dieses Schiff bereits Mk 29-Starter erhalten haben. Mitte 1981 erhielt *America* als erstes Schiff CIWS Mk 15 Phalanx. Betrachtet man die drei Schiffe von der Seite, so wird deutlich, daß sich *America* von den beiden Vorgängern in Details deutlich unterscheidet. Dies war wohl u. a. der Grund dafür, daß diese Klasse einen Doppelnamen erhalten hat. *America* ist z. Zt. auch der einzige Flugzeugträger mit einer Bugsonaranlage SQS-23.

America operiert im atlantischen Raum und im Mittelmeer, während die beiden Schwesterschiffe im pazifischen Raum eingesetzt sind.
Die Baukosten betrugen für *Kitty Hawk* 265,2 Mio, *Constellation* 264,5 Mio und *America* 248,8 Mio $. Dies ist einer der seltenen Fälle, in denen Folgeschiffe dieser Größenordnung jeweils preiswerter gebaut wurden als das Leitschiff.

Am 25. Juli 1980 im Pazifik aufgenommen: USS *Constellation* (CV-64), der einzige von früher drei Trägern, der bis etwa 1983 noch über zwei Terrier-Starter Mk 10 verfügt. USN

CV	Flugzeugträger	Klasse: *Kitty Hawk/America*	aktiv: 3	Total: 3

Kenn-Nr.	Schiffsname	Bauwerft	Etat	fertig-gest.	Status
63	*Kitty Hawk*	N 5	56	60	Pa
64	*Constellation*	N 4	57	60	Pa
66	*America*	N 2	61	64	Aa

Wasserverdrängung	80.000 ts; 66: 81.700 ts
Abmessungen	63: 323,9 x $\frac{76,0}{38,5}$; 64: 326,9 x $\frac{76,0}{38,5}$; 66: 319,3 x $\frac{76,0}{39,6}$; alle: x 10,9 m
Antriebsanlage	Getriebe-Turbinen, 8 Kessel
Leistung in PS/ Schrauben	280.000/4
Geschwindigkeit	63 und 66: 35 kn; 64: 34 kn
Brennstoff	7.828 ts
Fahrbereich	4.000/30; 8.000/20
Besatzung	63: mit CVW 443/5.044 CVW 303/2.306 64: mit CVW 431/4.944 CVW 294/2.180 66: mit CVW 429/4.940 CVW 285/2.130

Kampfsysteme

Bewaffnung

63, 66: 2 BPDMS-Starter Mk 29 für NATO-Sea Sparrow
64: 2 Starter$_2$ Mk 10, Mod.3/4 für Terrier/ Standard-SM-1
80 bis 95 Fl. und H.
für 3 CIWS – Mk 15 Phalanx vorgesehen (auf *America* bereits ab Mitte 1980)

Elektronik

Radar- und Sonaranlagen

Radar:	63, 64	66
	SPS-10B	SPS-10F
	SPS-43A	SPS-49
	SPS-48C	SPS-48
	SPS-58	
	alle: SPN-35, SPN-42	

Sonar: 66: SQS-23 Bugsonar

Feuerleitgeräte

63, 66: 6 Mk 91 für NATO-Sea Sparrow
64: demnächst auch
64: 3 Mk 76 Mod. 3 für Terrier mit 2 SPG-55

Übrige Anlagen

64, 66: NTDS,
alle: TACAN URN-20,
ECM/ESM WLR-8, SLQ-17

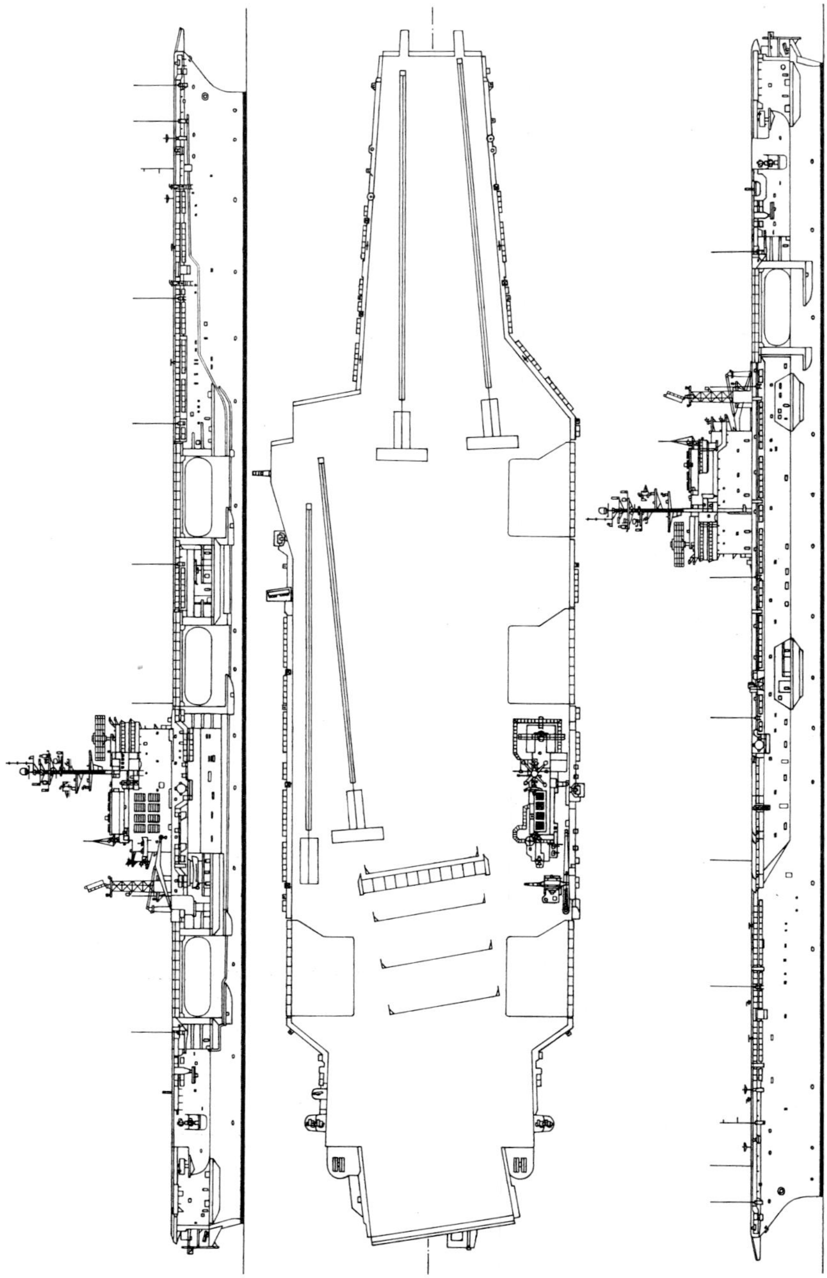

CV-63, Aussehen 1977.

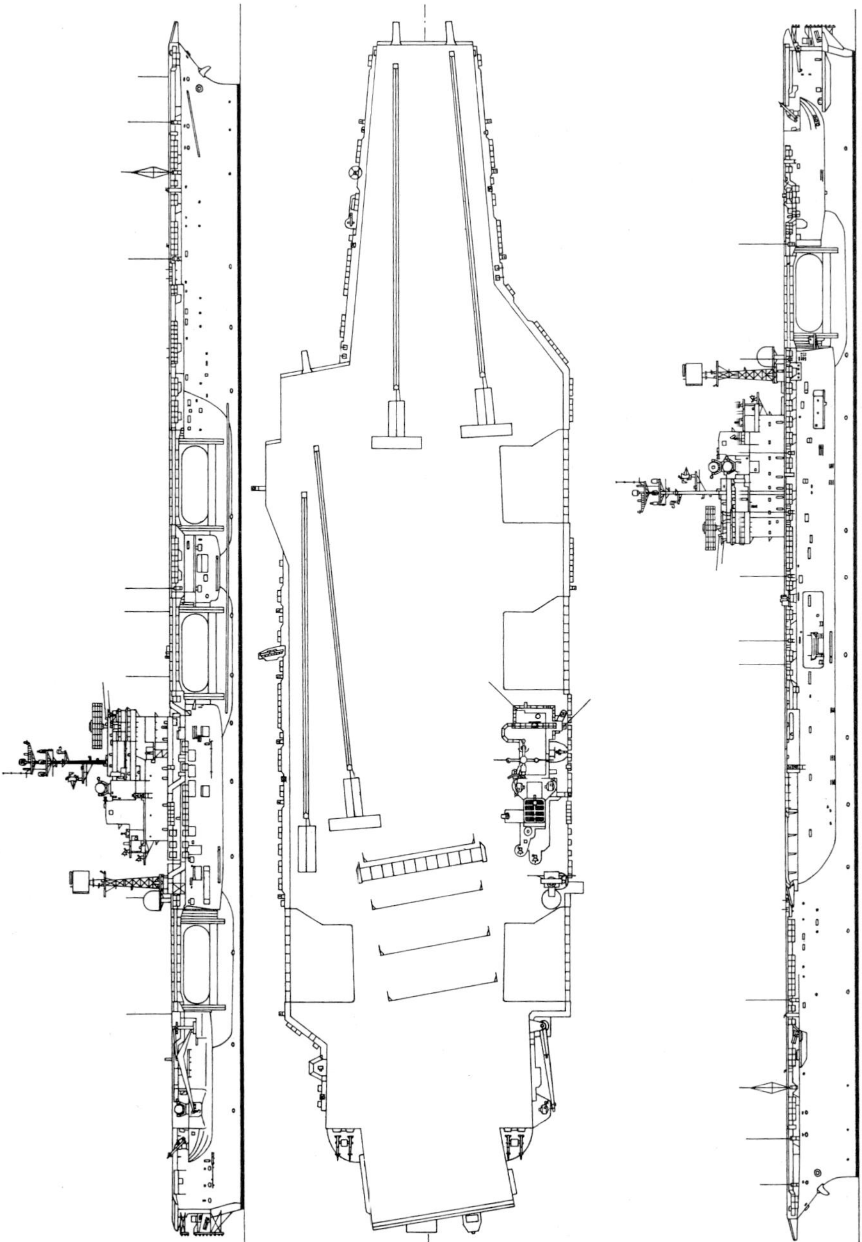

CV-66, Aussehen bis 1980, also vor Installation von Phalanx und SPS-49-Radar.

Am 1. Mai 1979 im Mittelmeer aufgenommen: USS *America* (CV-66), daneben eine Abfall-Schute. In den letzten Jahren löste hier auf dem Radarmast die Antenne SPS-48 SPS-30 ab. Ganz achtern sieht man einen älteren, zweiröhrigen Düppelraketenwerfer Mk 28. Gr

America ist das erste Schiff, das operativ eine Serien-Anlage von Mk 15 Phalanx mitführen wird. Das vorliegende Foto zeigt die Phalanx-Anlage, aber auch, daß hier bereits SPS-49-Radar installiert wurde. Die Aufnahme entstand am 1. September 1980 in der Norfolk Naval Shipyard in Portsmouth, Va. WD

Mittelschiffs-Details der *America,* ebenfalls am 1. Mai 1979 aufgenommen. Ein weiterer Mk 28-Doppelrohrwerfer ruht auf der Konsole unter dem groß angebrachten Schiffsnamen. Unter der SPS-43A-Antenne – die inzwischen auch durch SPS-49 ersetzt worden ist – sieht man eine Satelliten-Verbindungsantenne OE-82 vor dem Schornstein eine von vier vorhandenen FLG SPG-55. Beachtenswert sind auch hier die Schlepp-Deichseln, die an der Insel hochgestellt wurden, sowie die Menge der automatischen Rettungsinseln. Gr

America (CV-66), aufgenommen am 12. April 1981 während der Aufnahme von Flugzeugen des Geschwaders CVW-11. Nur wenige Tage danach verließ *America* Pier 12 in Norfolk und begann eine mehrmonatige Einsatzperiode im Indischen Ozean. Während der 1980 durchgeführten Überholung wurden beide Terrier-Anlagen samt den SPG-55-Beleuchtern entfernt und durch Sea Sparrow-Anlagen Mk 29 ersetzt. Die Verkehrsboote sind noch nicht im Hangar verstaut, manche Flugzeuge führen noch nicht die Kenn-Buchstaben NH, so auch die E-2C der Staffel VAW-123. Bemerkenswert ist die achtern angebrachte Geschützanlage Mk 15 Phalanx. JK

Kitty Hawk (CV-63) gab 1977 seine beiden Terrier-Lenkwaffenanlagen ab und erhielt BPDMS. Man hatte damit gerechnet, daß auch *Constellation* (CV-64) sehr bald danach seine Mk 10-Anlagen abgeben würde. Wie die beiden im Dezember 1978 in japanischen Gewässern aufgenommenen Fotos von *Constellation* zeigen, war dies noch nicht der Fall. Ja, sogar ein Foto aus dem Sommer 1980 verdeutlicht, daß ein SPG-55-Gerät auf der Insel noch vorhanden ist. Vermutlich ist aber die Terrier-Anlage nicht mehr im Betrieb. SW

Am 27. März 1978 im Pazifik aufgenommen: CV-63 *Kitty Hawk* mit einem großen Teil des damals eingeschifften Flugzeuggeschwaders CVW-11, das man ein Jahr später auf CV-66 *America* findet. *Kitty Hawk* beölt gerade DDG-20 *Goldsborough*. USN

Blick auf die Achterpartie von *Kitty Hawk*. Die Wichtigkeit der Kontinuität der Zielerfassung bei tief anfliegenden Flugzeugen und Flugkörpern dokumentiert sich auch bei der Ausstattung der BPDMS-Anlage auf Trägern. *Kitty Hawk* war der erste Flugzeugträger, der die NATO-Anlage Mk 29 erhielt, und zu jedem Werfer gehören gleich zwei FLG Mk 91, wie man auch auf diesem Foto sieht, das Mitte August 1980 in San Diego aufgenommen wurde. WD

Am selben Tage aufgenommen: *Kitty Hawk,* von Steuerbord achtern gesehen. Als erster Träger erhielt das Schiff nach Abgabe der Lenkwaffenanlagen Mk 10 achtern zwei NATO-BPDMS-Starter Mk 29 und zu jedem derselben gleich zwei FLG Mk 91. Auf den meisten Trägern – so auch auf CV-63 – wurde der bislang geführte „highfinder“ SPS-30 zwischenzeitlich durch die 3D-Anlage SPS-48 ersetzt. USN

Nach Entfernung der Terrier-Anlagen Mk 10 präsentiert sich die Insel von *Kitty Hawk* nunmehr ohne die Leitgeräte SPG-55. Beachtenswert ist, daß auf diesem Schiff der Stand für „primary flight control“ nicht als „dritte Etage“ über die Brücke gesetzt wurde – wie bei *Nimitz* oder *John F. Kennedy* –, sondern um die Achterkante des Schornsteins herum. Auch dieses Foto entstand Mitte August 1980 in San Diego. WD

CV Forrestal-Klasse

Mit dem Entwurf und der Fertigstellung des Leitschiffes *Forrestal* (damals noch CVA-59) begann für die U.S. Navy die Ära der Superträger. Der inoffizielle Begriff „Superträger" steht seitdem für alle nach der *Forrestal* erbauten Träger, wobei es von Klasse zu Klasse Steigerungen bei der Wasserverdrängung gab. Dennoch hat generell die Anordnung vieler Anlagenteile der *Forrestal*-Klasse noch gegenwärtig Gültigkeit. Wie sehr aber damals schon Verbesserungen angestrebt wurden, ersieht man daraus, daß es schon bei diesen ersten vier Schiffen Unterschiede gab im Aussehen, in den Abmessungen, bei der Antriebsanlage usw.

Bei dieser Klasse ist im Laufe der vielen Dienstjahre der Wandel von der Verwendung der Rohrwaffen in Richtung zu den Lenkwaffen augenfällig geworden. Ursprünglich hatten alle vier Schiffe acht 12,7-cm-L/54-Mk 42-Kanonen an Bord – eine sehr eindrucksvolle Bewaffnung. Zwischen 1961 und 1977 wurde die Anzahl der Geschütze stetig reduziert, dafür kanen ab 1967 ein bis zwei Nahbereichsstarter Mk 25 für FK des Typs Sea Sparrow an Bord. *Ranger* und *Independence* haben inzwischen Mk 29-Starter für Sea Sparrow erhalten.

Nachdem *Forrestal* 1980 ein Dienstalter von 25 Jahren erreicht hat, plant die U.S. Navy – beginnend mit dem Haushaltsjahr FY 81 – jeden der vier Träger dieser Klasse während einer mehr als zweijährigen Werftzeit so zu modernisieren, daß er rund 15 Jahre länger in Dienst bleiben kann. Dieses auf viele Jahre verteilte Programm, das auch die späteren Träger-Klassen einschließen soll, rangiert unter der Bezeichnung SLEP (=„Service Life Extension Program"). Das SLEP-Programm entspricht in etwa dem FRAM-Programm der 60er Jahre. *Saratoga* wird als erstes Schiff der Klasse ab Herbst 1980 in der Marinewerft Philadelphia SLEP durchlaufen. Die Modernisierungskosten sind aus FY 81 zunächst mit 514 Mio $ finanziert.

Drei Schiffe dieser Klasse operieren von der Ostküste der USA aus und sind dabei auch immer wieder im Mittelmeer eingesetzt. Lediglich *Ranger* befindet sich im Pazifik.

Der Vergleich der seinerzeitigen Baukosten mit Mitteln, die man gegenwärtig für den Bau eines Atomträgers aufwenden muß, wirft ein deutliches Bild auf das Ausmaß der Inflation und der Kostensteigerungen innerhalb von 25 Jahren. Die amtlich bekanntgegebenen Baukosten betragen für *Forrestal* 188,9 Mio, *Saratoga* 173,3 Mio, *Ranger* 213,9 Mio und für *Independence* 225,3 Mio $.

Aus dem Haushalt FY 80 bewilligte der Kongreß für CVN-71 die Summe von 2,4 Milliarden $, also etwa das zehnfache von dem, was der Bau von *Independence* gekostet hat.

Auch auf diesen Schiffen soll die Radaranlage SPS-43A demnächst durch SPS-49 ersetzt werden. Die alten Katapulte werden durch die längeren und kraftvolleren des Typs C-13 ersetzt. Ende der 70er Jahre wurden auf *Forrestal* und *Independence* die Schornsteine verlängert (s. Fotos).

CV	Flugzeugträger			Klasse: *Forrestal*		aktiv: 4 Total: 4
Kenn-Nr.	Schiffsname	Bauwerft	Etat	fertig-gest.	Status	**Kampfsysteme**
59	*Forrestal*	N 2	52	55	Aa	
60	*Saratoga*	N 4	53	56	Conv	
61	*Ranger*	N 2	54	57	Pa	
62	*Independence*	N 4	55	59	Aa	

Bewaffnung

61, 62: 2 BPDMS-Starter – Mk 29 für NATO-Sea Sparrow

übrige 2 BPDMS-Starter – Mk 25 für Sea Sparrow

alle: 80 bis 95 Fl. und H.

für 3 CIWS – Mk 15 Phalanx vorgesehen.

Elektronik

Radar- und Sonaranlagen

Radar: SPS-10
SPS-43A SPN-35
SPS-48C SPN-42
SPS-58

Feuerleitgeräte

61, 62: 4 Mk 91 für NATO-Sea Sparrow

59, 60: 2 Mk 115 für Sea Sparrow

Übrige Anlagen

NTDS, TACAN URN-20, ECM/ESM WLR-8, SLQ-17

Wasserverdrängung	78.000 ts
Abmessungen	62: 319,0; übr. 316,7 x $\frac{76,8\ (61: 79,2)}{38,5}$ x 11,3 m
Antriebsanlage	Getriebe-Turbinen, 8 Kessel
Leistung in PS/Schrauben	280.000/4; 59 nur 260.000/4
Geschwindigkeit	59: 33; 60, 61: 34; 62: max. 36 kn
Brennstoff	7.828 ts
Fahrbereich	4.000/30; 8.000/20
Besatzung	59: mit CVW 420/4.796 CVW 285/2.063 60: mit CVW 415/4.789 CVW 280/2.035 61: mit CVW 434/5.005 CVW 304/2.273 62: mit CVW 433/4.931 CVW 295/2.206

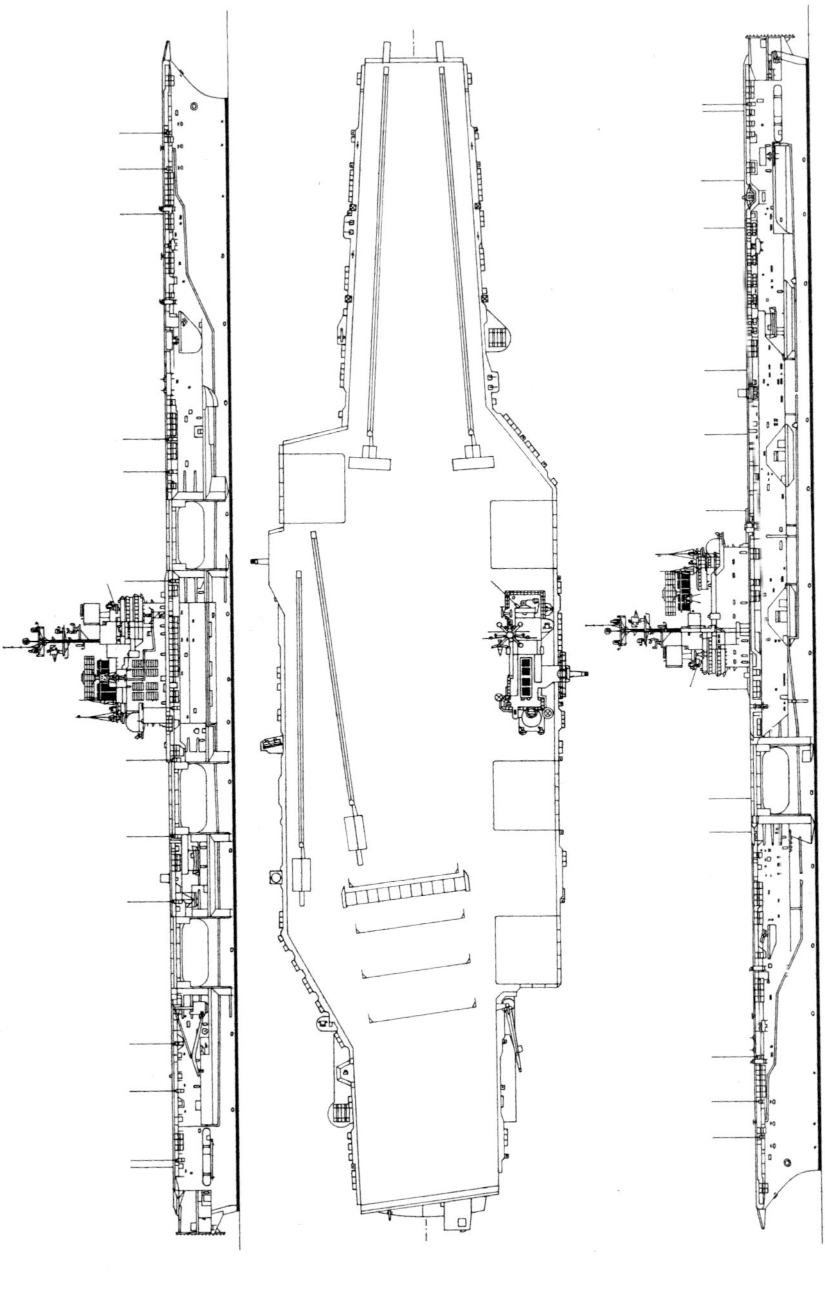

CV-59, Aussehen ab 1978 nach Verlängerung des Schornsteins und Aufstockung der Brücken-Aufbauten.

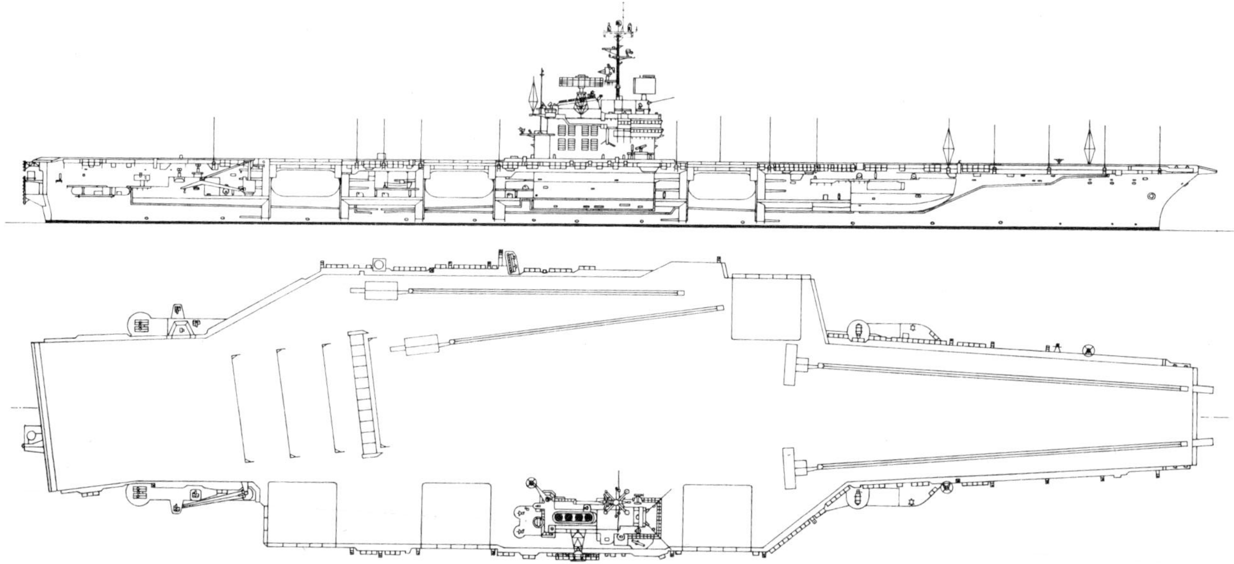

Obere und mittlere Zeichnung: CV-61 Ranger.

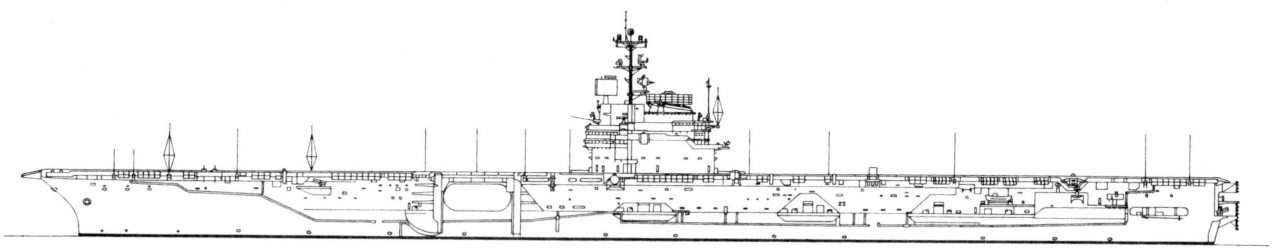

CV-62 Independence.

CV-62 *Independence,* aufgenommen am 27. Oktober 1979 in Genua. Deutlich wahrnehmbar sind die Erhöhung des Schornsteins unter Beibehaltung der Schrägkappe, die Radarantenne SPS-48 auf der Insel, darunter ein hoher Unterbau, sowie SPS-58-Radar auf der Rückseite des Mastes. Auch dieser Träger führt die neu eingeführten automatischen Rettungsinseln. Gh

Ein noch vor 1978 aufgenommenes Foto von CV-61 *Ranger,* daran erkennbar, daß hier die beiden letzten, achtern angebrachten 12,7-cm-Geschütze Mk 42 noch nicht von Bord gegeben wurden und daran, daß auf dem Flugdeck noch RA-5C Vigilantes vorhanden sind. *Ranger* ist nach wie vor der einzige Träger der *Forrestal*-Klasse, der allein noch die vorderen „Schwalbennester" führt, auf denen früher die beiden vorderen Paare der Mk 42-Geschütze standen. USN

Dieses Foto von CV-61 *Ranger* wurde Mitte August 1980 in San Diego aufgenommen. Es verdeutlicht, daß die prominenten vorderen „Schwalbennester" immer noch vorhanden sind, aber auch, daß *Ranger* jetzt auch Mk 29-Starter achtern hat. Zwecks Instandsetzungsarbeiten sind die beiden „blast deflectors" hinter den Katapulten Nr. 1 und 2 schräg aufgerichtet. WD

◀ Detailfoto der Insel von *Ranger,* aufgenommen ebenfalls Mitte August 1980 in San Diego. Auch hier befindet sich „primary flight control", also die Zentrale für die Überwachung des nahen Flugverkehrs, um den Schornstein herum, der nach wie vor bei diesem Schiff – wie bei *Independence* auch – eine Schrägkappe führt. Beachtenswert ist der neue Insel-Aufbau unter SPS-48-Radar. WD

Ein elf Jahre altes Foto: CV-60 *Saratoga,* aufgenommen am 26. September 1970 im Mittelmeer. Vor der Insel sieht man eine Kuriermaschine C-1 Trader und eine A-3 Skywarrior. Die Steuerbord-Antennengruppe der ECCM-Anlage WLR-6 befindet sich unterhalb von SPS-43 an der seitlich abstehenden Konsole. An diesem Zustand hat sich im wesentlichen bis zum Beginn der SLEP-Modernisierung kaum etwas geändert. Gr ▼

Ein ganz ähnliches Foto zeigt CV-59 *Forrestal* am 5. Juli 1976 vor New York. Hier findet man nun auch an Steuerbord vorne den BPDMS-Starter Mk 25 auf einem Unterbau. Te

Zwei neuere Detailfotos der *Forrestal,* aufgenommen während einer Einsatzperiode im Mittelmeer am 22. März 1980. Beide Aufnahmen zeigen Details der Veränderungen, die etwa 1979 wirksam geworden sind. Die obere Aufnahme zeigt die deutlich wahrnehmbare Verlängerung des Schornsteins, die Radarantennen SPS-48, SPS-58 und SPS-10. Vor SPS-48 findet man die etwas ältere, rechteckige Antenne der Satelliten-Navigationsanlage SRN-9. Hinter SPS-48 wurden zusätzliche Insel-Aufbauten angebracht. Auf dem unteren Foto präsentiert sich neben der zweistökkigen Brücke SPS-43A-Radar in voller Breite, ebenso die Antennengruppe von WLR-6 und der ältere, zweirohrige Düppelraketenwerfer Mk 28. Gr

CV Midway-Klasse

Diese beiden ältesten Flottenflugzeugträger der U.S. Navy spielen eine besondere Rolle im Zahlenspiel von 12 bzw. 13 aktiven Trägern der US-Flotte. *Midway* wurde beim letzten großen Umbau, der vier Jahre gedauert hat und Anfang 1970 beendet wurde, in die Lage versetzt, alle Flugzeuge aufnehmen zu können, die auch – damals (1970) – Träger der *Forrestal*-Klasse aufnehmen konnten. Nur:

- ☐ Während die *Forrestal*s nacheinander auch die F-14A und die S-3A in ihre Bordgeschwader aufnahmen, wurde dies auf *Midway* nicht nachvollzogen.
- ☐ Dadurch, daß *Midway* nur zwei Katapulte des Typs C-13 Mod. 1 vorzuweisen hat, ist die Startleistung auch nur etwa halb so groß wie bei der *Forrestal*-Klasse.
- ☐ Obwohl *Midway* 1975 nominell ebenfalls als CV reklassifiziert worden war, beteiligte sie sich nicht am sogenannten „CV-Konzept", d. h. sie hatte keine U-Jagd-Flugzeuge an Bord.
- ☐ Dadurch, daß *Midway* seit mehreren Jahren im japanischen Stützpunkt Yokosuka beheimatet ist, entfallen die jeweils langen Fahrten von und zur amerikanischen Westküste. Die Schiffsmaschinen werden geschont und das Schiff ist stets present, um bei Krisen im westpazifischen Raum schneller an Ort und Stelle zu sein.

Midway wurde 1980 35 Jahre alt! Dies ist ein Alter, bei dem andere Kampfschiffe zumeist den Weg allen alten Eisens gehen. Nicht so die robusten Flugzeugträger, denen man trotz aller damit verbundenen Beschränkungen Dienstzeiten von 35 und mehr Jahren zumuten kann. Nachdem *Midway* ursprünglich nach Zugang der *Carl Vinson* (CVN-70), also etwa 1982, aus dem aktiven Dienst gezogen werden sollte, wird dieses Vorhaben mit Sicherheit einer nochmaligen Überprüfung unterzogen – soweit dies das Personalproblem zuläßt. Eher steht zu erwarten, daß *Midway* ab etwa 1987 die Rolle des 13., überzähligen Trägers übernehmen wird, eine Rolle, die gegenwärtig CV-43 *Coral Sea* einnimmt. Wenn etwa 1990 CVN-72 fertiggestellt sein dürfte, wird *Midway* – dann etwa 45 Jahre alt – möglicherweise *Coral Sea* als Schulträger ablösen.
Coral Sea, die zwei Jahre jüngere Schwester der *Midway*, fungiert seit dem Zugang von CVN-69 *Dwight D. Eisenhower* im Jahre 1977 als 13., d. h. überzähliger Träger im Pazifischen Raum. Sie gab ihr Bordgeschwader CVW-15 ab und operierte fortan ohne eigenes Bordgeschwader. Sehr bald nach der Werftzeit, die von 1978 bis 1979 dauerte, war man gezwungen, die *Coral Sea* im November 1979 infolge der Iran-Krise mit einem Ad-hoc-Geschwader auszustatten und sie als Kampfträger in den Westpazifik zu entsenden, da von dort sowohl *Midway* als auch *Kitty Hawk* in Richtung Persischer Golf abgezogen worden waren. Das Ad-hoc-Geschwader umfaßte u. a. zwei Jagdstaffeln des Marine Corps sowie Elemente von CVW-14, einem Geschwader, das sonst auf CVN-65 *Enterprise* eingesetzt wird.
All dies stand in ziemlichem Gegensatz zur Absicht der Navy, die *Coral Sea* als Trainingsschiff für die beiden Reserve-Geschwader CVWR-20 und 30 einzusetzen. Ohne einen eigenen Flugzeugträger haben die Staffeln dieser beiden Geschwader nur selten die Möglichkeit, ausgiebig Bord-Übungen zu absolvieren. Dies konnte nur sporadisch geschehen, und zwar auf einem der Super-Träger, wenn dieser gerade nicht in Übersee weilte, und dann zumeist auch nur so lange, bis das eigene Geschwader an Bord kommandiert wurde. Gegenwärtig ist nicht daran zu denken, *Coral Sea* vor 1987 als Schulträger einzusetzen.
Auf der anderen Seite sollte der Schulträger *Lexington* (AVT-16) wegen fehlender Geldmittel bereits Ende der 70er Jahre ausrangiert werden, und *Coral Sea* wäre der einzige Träger gewesen, der zur Ablösung der *Lexington* zur Verfügung gestanden hät-

te. Der Kongreß jedoch rettete durch Bewilligung von Mitteln *Lexington* vor der Aussonderung; *Coral Sea* steht somit weiterhin als 13. Träger zur Verfügung.
Durch das Vorhandensein dreier Flugzeug-Katapulte ist hier die Startfolge der Flugzeuge etwas dichter als auf *Midway;* da es sich aber um C-11-Katapulte handelt, können nicht so hohe Abfluggewichte gestartet werden. Auch *Coral Sea* wird weder F-14 Tomcats noch S-3 Vikings an Bord haben, hat außerdem nicht so viel Abstellplatz (= Flugdeckfläche) wie die 10 Jahre später weit gründlicher umgebaute *Midway.* Während der 1979 beendeten Werftzeit wurden die Katapulte so modifiziert, daß auch Schulflugzeuge (sowohl Basis- wie auch Fortgeschrittenen-Trainer) gefahrlos gestartet werden können. Zuvor hat es hierbei wegen der Unzulänglichkeit der auf Kampfmaschinen ausgerichteten Katapulte Verluste gegeben. Von beiden Schiffen wurden 1979 die letzten 12,7 cm-Geschütze Mk 39 entfernt. *Coral Sea* fährt seit 1980 mit 3 CIWS Mk 15 Phalanx an Bord.
CV-42 *F. D. Roosevelt,* das dritte Schwesterschiff innerhalb dieser Klasse, wurde im Oktober 1977 nach Fertigstellung von CVN-69 außer Dienst gestellt. Der Gesamtzustand des Schiffes muß so schlecht gewesen sein, daß sich eine Konservierung nicht mehr gelohnt hat. Daher wurde das Schiff aus der Schiffsliste gestrichen und verschrottet. Angesichts des akuten Trägermangels wird seitens der Regierung Reagan die allzu rasch durchgeführte Verschrottung sehr bedauert.

Der einzige ständig in Japan beheimatete Flugzeugträger ist CV-41 *Midway,* ein Veteran aus der ersten Zeit nach dem Zweiten Weltkrieg. Das Schiff wurde hier etwa im Frühjahr 1980 aufgenommen. Die vor dem dringenden Abruf in Richtung Persischer Golf begonnene Erweiterung an der achterlichen Inselpartie konnte gerade noch durchgeführt werden, wozu auch eine neue, zusätzliche Radarstütze gehört. Nach der Rückkehr nach Japan wurde dort SPS-48-Radar hinzugefügt, ohne daß hier SPS-30 (zunächst) gleich entfernt wurde (siehe Zeichnung). Auf dem Flugdeck befinden sich Maschinen von CVW-5. USN

CV	Flugzeugträger			Klasse: *Midway*		aktiv: 2 Total: 2
Kenn-Nr.	Schiffsname	Bau-werft	Etat	fertig-gest.	Sta-tus	**Kampfsysteme**
41	*Midway*	N 2	42	45	Pa	*Bewaffnung*
43	*Coral Sea*	N 2	43	47	Pa	

Bewaffnung

41: 2 BPDMS-Starter – Mk 25 für NATO-Sea Sparrow

43: 3 CIWS – Mk 15 Phalanx

80 Fl. und H.

41: für je 2 CIWS – Mk 15 Phalanx vorgesehen.

Elektronik

Radar- und Sonaranlagen

Radar: SPS-10F/65 SPN-35A
SPS-30 SPN-41
SPS-43C SPN-44

41
außerdem: SPS-58, SPS-48

Feuerleitgeräte

41: 6 Mk 91 für Sea Sparrow

Übrige Anlagen

NTDS, TACAN URN-20, ECM/ESM WLR-8, SLQ-17

Wasserverdrängung	41: 64.000 ts; 43: 63.800 ts
Abmessungen	41: 304,9 x $\frac{67,1}{36,9}$ x 10,8 m; 43: 298,6 x $\frac{72,6}{37,0}$ x 10,8 m
Antriebsanlage	Getriebe-Turbinen, 12 Kessel
Leistung in PS/Schrauben	212.000/4
Geschwindigkeit	33 kn
Brennstoff	8.800 ts
Fahrbereich	4.500/32.5; 5.040/30; 7.800/25; 9.600/20; 11.250/15; 14.000/13
Besatzung	41: 116/2.529, m. CVW 338/4.253 43: 116/2.521, m. CVW 317/4.058

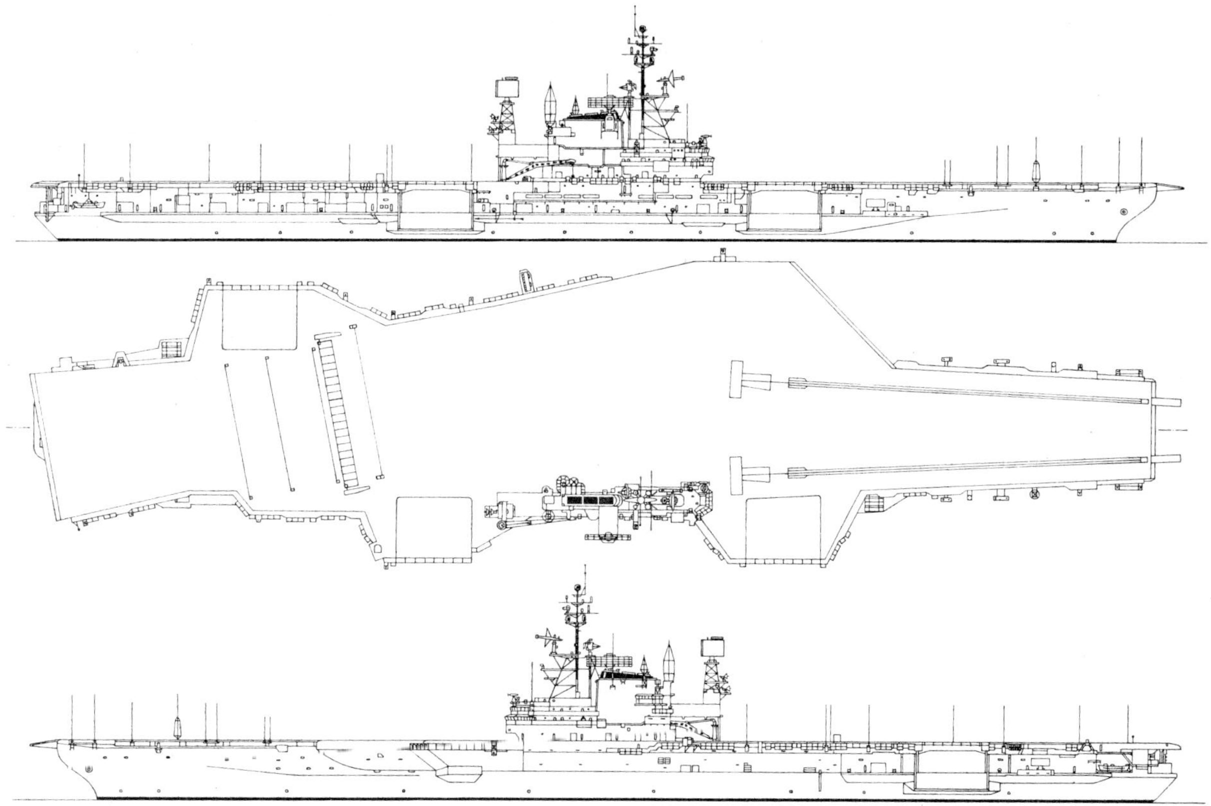

CV-41, Aussehen 1980 nach Erweiterung der Insel-Partie; 1981 wurde SPS-30-Radar durch SPS-49 ersetzt.

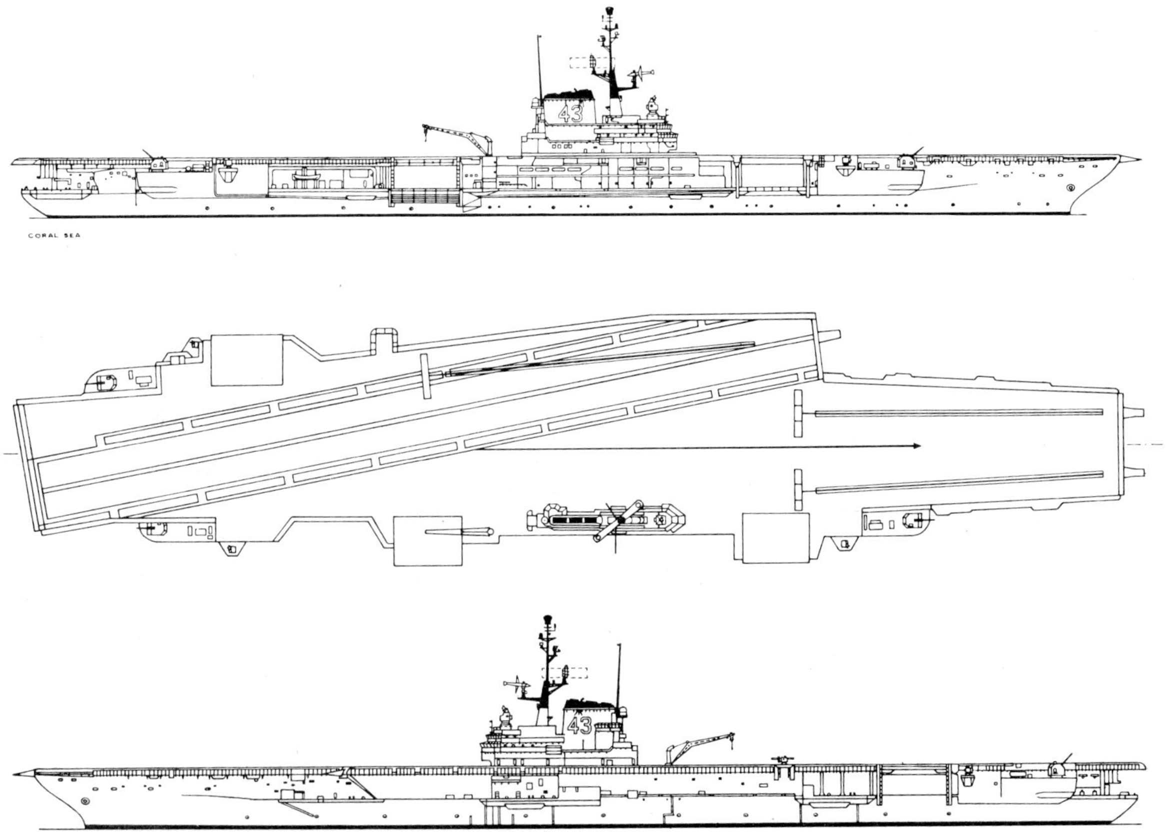

Zeichnung: K.-D. Schack. Alle 12,7-cm-L/38-Geschütze wurden zwischenzeitlich entfernt. Von den drei hinzugekommenen Phalanx-Anlagen befindet sich eine auf den Brückenaufbauten.

CV-43 *Coral Sea,* der 13. und überzählige Träger der U. S. Navy, ohne den es aber kaum geht, wurde hier Ende der 70er Jahre aufgenommen. Auf dem Flugdeck befinden sich zahlreiche Maschinen der Typen F-4, A-6, A-7. E-2 und SH-3, ferner je eine A-3 und CH-46. 1979 verlor das Schiff auch die letzten drei 12,7-cm-Geschütze Mk 39. USN

Vorliegendes Foto ist während der ersten Jahreshälfte 1980 aufgenommen worden. Es zeigt *Coral Sea* während seines ersten „Not"-Einsatzes im Westpazifik mit Maschinen von CVW-14 (sonst auf *Enterprise* „zuhause"), jedoch keine VF-1 und VF-2, deren F-14-Maschinen von CV-43 aus nicht operieren können. Die hier sichtbaren F-4 Phantoms gehören zu den Marine Corps-Staffeln VMFA-323 und 531. 1979 wurden auch die letzten alten 12,7-cm-Geschütze-L/54 entfernt, jedoch zugleich kleine Konsolen für CIWS Mk 15 Phalanx angebracht – sichtbar rechts vom abgesenkten vorderen Aufzug und achtern am Ende der Reihe von Rettungsinseln. Zwischenzeitlich erhielt *Coral Sea* drei Phalanx-Anlagen. USN

CV/CVA Bon Homme Richard-Klasse

Diese Klasse besteht aus den beiden letzten Vertretern des vormaligen Typs *Essex,* die bis zur Außerdienststellung 1971 bzw. 1976 als Angriffsträger gefahren sind und gegenwärtig noch zur Reserveflotte gehören. Ihr Gesamtzustand ist relativ schlecht, so daß eine Reaktivierung nur unter hohen Kosten möglich wäre. Bei der Konservierung wurden sämtliche elektronischen Anlagen entfernt. Da zwischenzeitlich fast alle Flugzeugtypen, die von Bord dieser Schiffe operiert haben, ausgesondert sind, könnten diese beiden Einheiten im Falle einer Reaktivierung mit AV-8, A-4, A-7 und RF-8G sowie Hubschraubern – mit einer Kapazität von rd. 50 Maschinen – eingesetzt werden. Anfang März 1981 gab die neugewählte Regierung Reagan bekannt, daß CV-34 *Oriskany* reaktiviert werden soll, wobei der Betrieb mit 60 A-4M vorgesehen war. Der Kongreß versagte jedoch aus dem Etat FY81 die geforderten Mittel hierfür, wodurch eine Reaktivierung generell in Frage gestellt ist.

CVA / CV	Flugzeugträger		Klasse: *Bon Homme Richard*			in Reserve: 2 Total: 2
Kenn-Nr.	Schiffsname	Bauwerft	Etat	fertig-gest.	Status	**Kampfsysteme**
CVA-31	*Bon Homme Richard*	N 4	42	44	Pr	
CV-34	*Oriskany*	N 4	42	50	Pr	

Wasserverdrängung	44.700 ts
Abmessungen	31: 272,6 x $\frac{58,5}{30,8}$ x 9,4 m;
	34: 271,3 x $\frac{59,5}{32,5}$ x 9,4 m
Antriebsanlage	Getriebe-Turbinen, 8 Kessel
Leistung in PS/ Schrauben	150.000 / 4
Geschwindigkeit	33 kn
Brennstoff	6.161 bis 6.750 ts
Fahrbereich	4.100/33; 10.700/25; 14.100/20; 16.900/15; 18.000/12
Besatzung	31: mit CVW 354/3.170; 34: 110/1980, m. CVW 245/3.030

Bewaffnung

31: 4 x 12,7 cm L/38 – Mk 24

34: 2 x 12,7 cm L/38 – Mk 24

80 Fl. und H.

Elektronik

Radar- und Sonaranlagen

Radar: SPS-10, SPS-30, SPS-43A, SPN-10, SPN-43

Feuerleitgeräte

31: 1 Mk 37 Mod. 20/21
3 Mk 56 Mod. 43

34: 2 Mk 37 Mod. 20/21

Übrige Anlagen

34: NTDS,
alle TACAN, ECM / ESM

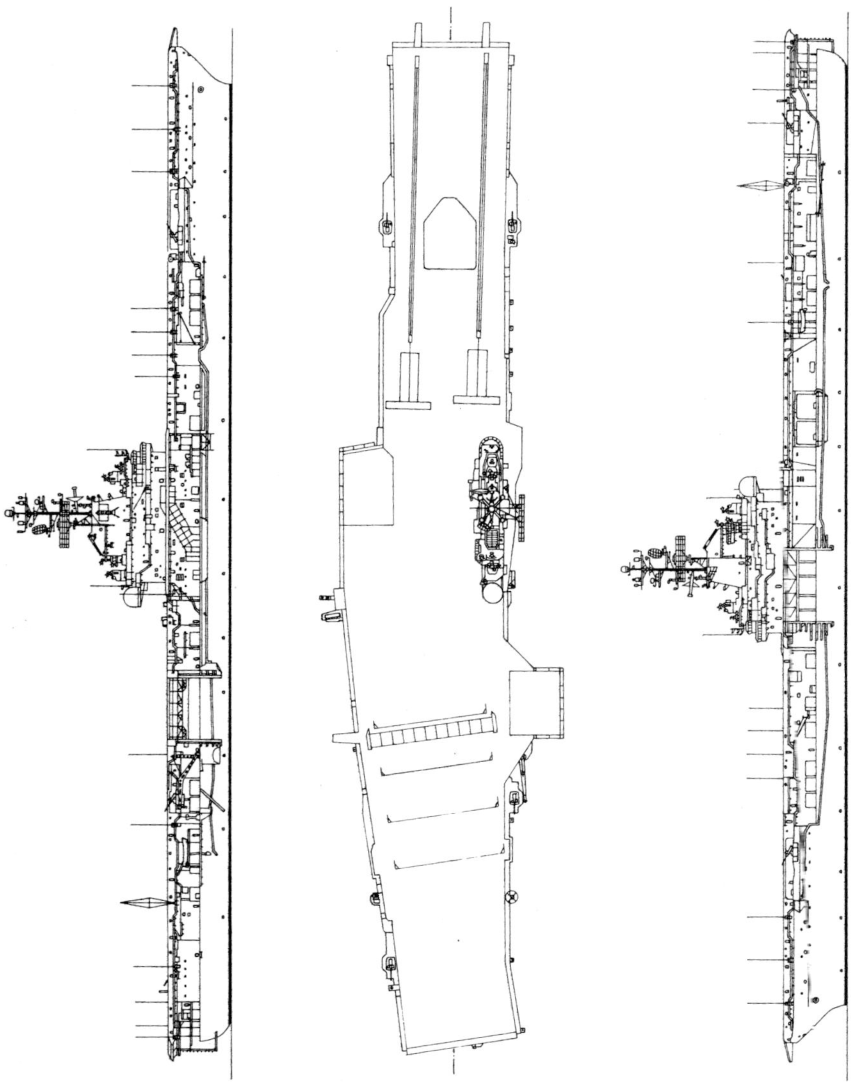

CV-34, Aussehen 1974.

CV-34 *Oriskany*, der am längsten im aktiven Dienst gewesene Angriffsträger des Typs *Essex*, aufgenommen während der letzten Jahre der aktiven Dienstzeit, Mitte der 60er Jahre. Vo

Der Kongreß bewilligte aus dem Etat FY81 kein Geld für die Reaktivierung von CV-34 *Oriskany*. Sollte diese Maßnahme trotzdem realisiert werden, so gibt es mehrere Möglichkeiten, Flugzeuge und Hubschrauber auf das Schiff zu bringen, wobei es bei den letzteren keine Probleme geben würde. Man könnte S-3A Vikings draufbringen, aber es ist anzunehmen, daß kein Mensch daran denkt. Es könnten weiterhin zwei Staffeln F-8 Crusader „entmottet" werden, was aber einen Rattenschwanz von logistischen Folgen haben würde. Weiterhin könnten A-4M Skyhawks des Marine Corps in Jäger-Funktion eingesetzt werden, oder aber AV-8 Harriers des Marine Corps. A-7 Corsairs können ohnehin hier landen, auf A-6 und E-2-Maschinen müßte und könnte man verzichten und sie den großen Trägern überlassen, in deren „Schatten" *Oriskany* ohnehin operieren würde. Denkbar ist auch der Einsatz, bei dem nur AV-8A und SH-3-Maschinen an Bord sein würden. Das allerwichtigste Problem ist allerdings die Bereitstellung von ausreichend geschultem Personal. Vorerst aber ist *Oriskany* noch bei der Reserveflotte, hier eingemottet aufgenommen am 12. August 1980 in Bremerton. WD

CVS Intrepid-Klasse

Die U.S. Navy unterhält gegenwärtig noch vier ehemalige U-Jagd-Flugzeugträger (CVS). Sie befinden sich seit mehreren Jahren eingemottet bei der Reserveflotte, wo sie für den Fall einer Mobilisierung größeren Ausmaßes bereitgehalten werden. Eine Reaktivierung dieser Schiffe würde viele Monate in Anspruch nehmen. Mit Rücksicht darauf, daß die meisten Flugzeugtypen, die früher von diesen Trägern aus operiert haben, inzwischen ausgesondert wurden (F-8, A-4, S-2, E-1 u. a.), käme im Mobilmachungsfall nur eine Verwendung entweder als Hubschrauberträger oder als Flugzeugtransporter in Frage. In beiden Fällen könnten die Schiffe mit Rücksicht auf ihre Größe nur sehr unwirtschaftlich betrieben werden.
Einflußreiche Kreise bemühen sich darum, daß *Intrepid* nach der späteren Streichung Museumsschiff in New York wird.

CVS	U-Jagd-Flugzeugträger			Klasse: *Intrepid*		in Reserve: 4 Total: 4
Kenn-Nr.	Schiffsname	Bauwerft	Etat	fertiggest.	Status	**Kampfsysteme**
11	*Intrepid*	N 2	40	43	Ar	
12	*Hornet*	N 2	40	43	Pr	
20	*Bennington*	N 4	41	44	Pr	
38	*Shangri La*	N 3	42	44	Ar	

Wasserverdrängung	11 u. 38: 44.700; 12 u. 20: 40.600 ts
Abmessungen	12 u. 20: 272,6 x $\frac{58,5}{30,8}$ x 9,4 m; 11 u. 38: 272,6 x $\frac{58,5}{30,8}$ x 9,4 m
Antriebsanlage	Getriebe-Turbinen, 8 Kessel
Leistung in PS/Schrauben	150.000/4
Geschwindigkeit	33 kn
Brennstoff	6.161 bis 6.750 ts
Fahrbereich	4.100/33; 10.700/25; 14.100/20; 16.900/15; 18.000/12
Besatzung	115/1.500

Kampfsysteme

Bewaffnung

4 x 12,7 cm L/38 – Mk 24
als CVS 50 Fl. und H.

Elektronik

Radar- und Sonaranlagen

Radar: SPS-10, SPN-10, SPS-30, SPN-43, SPS-43A (11: SPS-37)

Sonar: 12 und 20: SQS-23 Bugsonar

Feuerleitgeräte

1 Mk 37 Mod. 20/21
2 bis 3 Mk 56 Mod. 43

Übrige Anlagen

TACAN, ECM/ESM

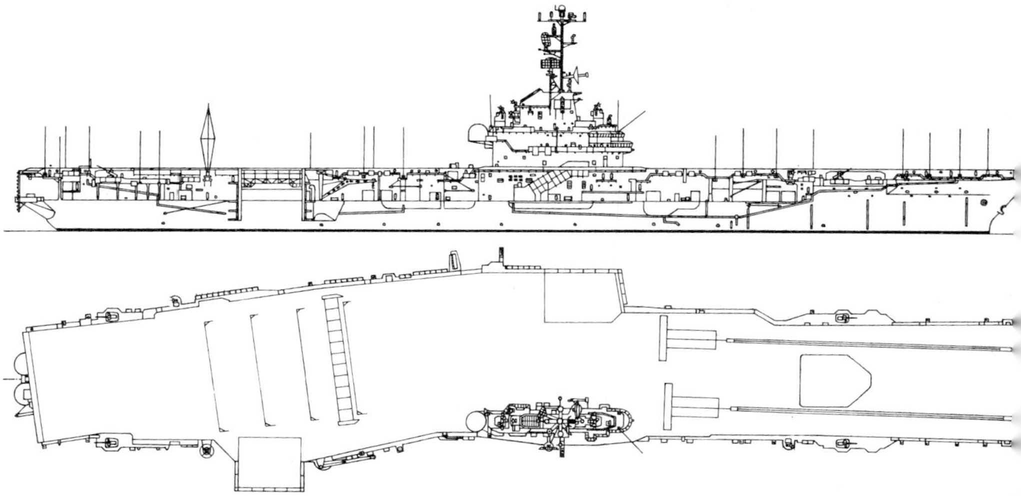

CVS-11, letztes Aussehen vor Außerdienststellung.

Neben CVS-20 *Bennington* ist CVS-12 *Hornet* der zweite noch vorhandene konservierte U-Jagd-Träger an der Westküste. Obwohl Ende der 60er Jahre aufgenommen, zeigt diese Aufnahme das letzte Aussehen des Schiffes. Weder die auf dem Flugdeck sichtbaren U-Jagdmaschinen des Typs S-2 Tracker, noch die des Typs E-1 Tracer befinden sich noch im aktiven Inventar der Flotte.
ON

CVS-38 *Shangri La,* zwar auch gegenwärtig noch als U-Jagd-Träger der Reserve klassifiziert und in Philadelphia nahe BB *Iowa* und *Wisconsin* eingemottet liegend, fuhr niemals als CVS. Sollte es jemals nochmals zu einer Reaktivierung kommen, so würde hier eine ähnliche Prognose gültig sein, wie bei *Oriskany.* USN

CVS-11 *Intrepid,* außer CVS-9 *Essex* der einzige modernisierte Träger dieses Typs, der die große Radarantenne SPS-43 niemals geführt hat, ist neben *Shangri La* der einzige eingemottete CVS an der Ostküste. Es besteht kaum Aussicht, daß das Schiff jemals reaktiviert wird. Dagegen bemühen sich einflußreiche Kreise, das Schiff nach der erfolgten Streichung von der Navy abzukaufen und es als Museumsschiff in New York einzurichten. USN

CVS-10 *Yorktown* bleibt auch nach der Streichung aus der Namensliste der USN der interessierten Nachwelt erhalten, und zwar als Museumsschiff in Charleston, South Carolina. Die Aufnahme zeigt das Schiff auf ihrem Liegeplatz, und sie entstand am 19. Juli 1980. Es wäre sicherlich instruktiver gewesen, hätte man das Schiff komplett in seinem letzten Zustand belassen. Die Entfernung von Geschützen und Radarantennen, die ohnedies antiquarisch waren, erscheint unverständlich. WD

AVT Lexington-Klasse

Lexington ist der letzte noch im aktiven Dienst befindliche Vertreter der ruhmreichen *Essex*-Klasse, von der im Zweiten Weltkrieg 24 Einheiten fertiggestellt wurden. Nachdem das Schiff zunächst während des Krieges entscheidend zum Sieg der Amerikaner im Pazifik beigetragen hat und im Anschluß an die Modernisierung gemäß SCB-27A mehrere Jahre zunächst als CVA operiert hat, wurde *Lexington* zwar als CVS reklassifiziert, ohne jedoch als CVS eingesetzt gewesen zu sein. Bereits Anfang 1962 wurden die ersten vorbereitenden Maßnahmen zur Umwandlung in einen Schul-Flugzeugträger eingeleitet. Sie wurden jedoch wegen der Kuba-Krise zunächst eingestellt, so daß *Lexington* erst Ende 1963 als Nachfolger von CVS-36 *Antietam* die neue Aufgabe als Schulträger übernehmen konnte. Anfang 1969 erfolgte die Umklassifizierung als CVT. Diese Kennung wurde allein von *Lexington* geführt. 1978 erhielt das Schiff die Kennung AVT-16, womit sie nun auch kennungsmäßig nicht mehr zu den Flugzeugträgern gehört, sondern zu den Hilfsschiffen.
Die Aussonderung der *Lexington* war für FY80 vorprogrammiert; wegen der stets angespannten Situation wurde sie jedoch bis FY87 wieder verschoben. Der Kongreß selbst hat von sich aus zusätzliche Mittel bewilligt, um *Lexington* noch bis in die 80er Jahre als Schulträger beibehalten zu können. Damit soll vor allem die Möglichkeit offengelassen werden, daß CV-43 *Coral Sea* (der bereits als der nächste Schulträger ausgewählt ist!) noch weiterhin als (13.) Flugzeugträger bei der Aktiven Flotte verbleiben kann. Wie bitter notwendig ein solcher zusätzlicher Träger ist, hat sich Ende 1979 gezeigt, als zwei Träger allein schon im Indischen Ozean eingesetzt werden mußten und *Coral Sea* wieder einspringen mußte.
Lexington ist in Pensacola, Florida beheimatet, einem der Zentren der Seeflieger-Ausbildung. Die einzige Aufgabe des Schiffes besteht darin, als Plattform für die Flugdeck-Qualifikation der angehenden Piloten zu fungieren. Alle Wartungs-Einrichtungen und Flugzeug-Werkstätten wurden ausgebaut, ebenso die vormaligen Waffenstationen, die Operationszentrale usw. Die Besatzung wurde stark verkleinert und an Bord verblieben nur diejenigen elektronischen Mittel, die für die Flugzeugkontrolle erforderlich sind. Bereits seit längerer Zeit verfügt *Lexington* über keine Geschütze mehr.

AVT	Schul-Flugzeugträger			Klasse: *Lexington*		aktiv: 1 Total: 1
Kenn-Nr.	Schiffsname	Bauwerft	Etat	fertig-gest.	Status	**Kampfsysteme**
16	*Lexington*	B 4	40	43	ATR	*Bewaffnung*
						Elektronik
						Radar- und Sonaranlagen
						Radar: SPS-10 SPN-6 SPS-12 SPS-43A
Wasserverdrängung	42.113 ts					Feuerleitgeräte
Abmessungen	$272{,}7 \times \frac{58{,}5}{30{,}8} \times 9{,}4$ m					
Antriebsanlage	Getriebe-Turbinen, 8 Kessel					
Leistung in PS/ Schrauben	150.000 / 4					
Geschwindigkeit	33 kn					
Brennstoff	6.750 ts					
Fahrbereich						Übrige Anlagen
Besatzung	als AVT: 75/1.365					TACAN

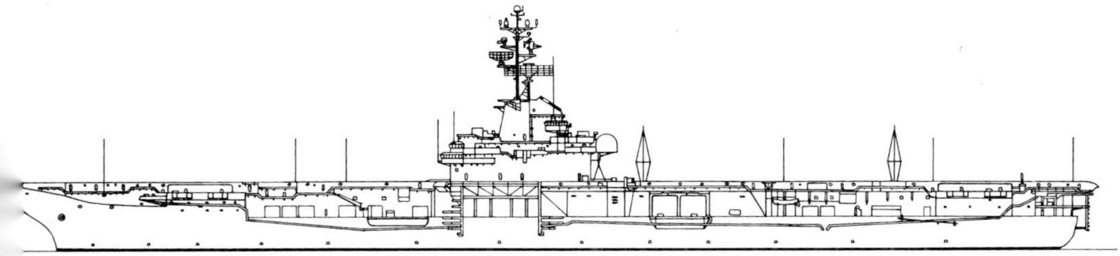

AVT-16, gegenwärtiges Aussehen als Schulträger.

Seitdem dieses Foto von AVT-16 *Lexington* (damals noch als CVS-16 klassifiziert) am 16. August 1968 aufgenommen wurde, hat sich am Aussehen des gegenwärtig noch aktiven Schulträgers einiges geändert. Alles, was nicht der unmittelbaren Aufgabe dienlich war, wurde entfernt, so die beiden FLG Mk 37, dann auch die letzten 12,7-cm-Kanonen L/38 und die meisten Radaranlagen. SPS-43 blieb an Bord; es ist bekannt, daß auch diese große Anlage gern zur Kontrolle der Flugbewegungen der eigenen Flugzeuge herangezogen wird. *Lexington* wird nach gegenwärtigen Planungen noch etwa bis 1986/87 Schulträger bleiben. USN

15.12 Überwasser-Kampfschiffe

*15.121 Schlachtschiffe**

BB Iowa-Klasse

Die vier immer noch in der Liste der amerikanischen Kriegsschiffe verzeichneten, in Reserve liegenden Schlachtschiffe dieser Klasse sind die letzten vorhandenen Schlachtschiffe überhaupt. Durch das Vorhandensein der schweren Schiffsgeschütze vom Kaliber 40,6 cm eignen sich diese Schiffe vor allem für den Beschuß von Landzielen, sei es bei Landungsoperationen oder als Unterstützung eigener Landstreitkräfte im erweiterten Küstenbereich. Da diese schweren Geschütze im Vietnamkrieg zum Beschuß gegnerischer Befestigungen nötig waren, wurde *New Jersey* nach der Reaktivierung (für 21,5 Mio $) im April 1968 erneut in Dienst gestellt. Nach einem einzigen Einsatz im Westpazifik begann die „Vietnamisierung" dieses Krieges, die den endgültigen Rückzug der Amerikaner aus Vietnam einleitete und letztlich zur Besetzung Süd-Vietnams durch die nord-vietnamesischen Streitkräfte führte. Als Folge dieser Tatsache wurde *New Jersey* im September 1969 wieder außer Dienst gestellt und in die Reserveflotte überführt, wo sie – in Bremerton – dem Schwesterschiff *Missouri* (BB-63) Gesellschaft leistet.

Die Auswahl der *New Jersey* zur Reaktivierung war seinerzeit die einzige mögliche Alternative. Die Voraussetzungen, um etwa *Iowa* (BB-61) mit der moderneren Elektronik auszurüsten, waren nicht gegeben. *Missouri* war 1950 auf Grund gelaufen und hatte seitdem dadurch Geschwindigkeitsverlust zu beklagen. Während der letzten Außerdienststellungs-Werftliegezeit entstand auf der *Wisconsin* ein Kurzschluß-Feuer im Bereich der beiden vorderen Geschütztürme, durch das zahlreiche elektrische Leitungen in Mitleidenschaft gezogen wurden. Dieser Schaden wurde nicht mehr repariert. Das war der Grund, daß die Wahl zur Reaktivierung auf die einzige noch voll intakte Einheit, nämlich auf *New Jersey* fiel. Unter Berücksichtigung all des vorstehend Ausgeführten konnte man nur darüber staunen, daß der Kongreß und die Navy immer noch Mittel dafür aufwenden, um diese bis zu 36 Jahre alten Schiffe schwimmfähig zu erhalten.

Bei dieser letzten Reaktivierung wurde selbstverständlich die vorher vorhandene und zuvor bei der Konservierung entfernte 40-mm-Flak nicht mehr eingesetzt. Für den Küstenbeschuß stand jedoch neben der 40,6-cm-Artillerie auch noch die gesamte Batterie von 20 Rohren des Kalibers 12,7 cm L/38 zur Verfügung. Dadurch, daß das Schiff nur als Feuerschutzschiff Verwendung finden sollte, wurden bei der Reaktivierung andere Bereiche ganz ausgespart, so daß die Besatzung auf 70/1400 Mann begrenzt werden konnte, also mehr als 1000 Mann weniger als während des Einsatzes im Zweiten Weltkrieg, bei dem noch zahlreiche leichte Maschinenwaffen zu bedienen waren. Bei der Reaktivierung wurden einige geringfügige Neuerungen eingeführt, so eine Nachrichtenverbindungsantenne auf der Back und zwei WLR-6-ECCM-Antennen auf dem et-

* Das Thema „Schlachtschiffe der U.S. Navy im Zweiten Weltkrieg" wurde vom Verfasser in großer Ausführlichkeit in einem Buch behandelt, das unter dem gleichlautenden Titel im Jahre 1976 beim vormaligen J. F. Lehmanns Verlag (jetzt Bernard & Graefe Verlag) in München erschienen ist. Der nachfolgende Abschnitt über die Schlachtschiffe der *Iowa*-Klasse bezieht sich voll und ganz auf den Inhalt des Textes zu dieser Klasse im vorstehend genannten Buch. Aus Zweckmäßigkeitsgründen wird hier auf zahlreiche raumgreifende Wiederholungen verzichtet.

was modifizierten Vormars. Die alte Radarantenne SPS-6 wurde wieder angebracht. Einige Innenräume, darunter auch die Admirals-Suite, wurden nicht mehr in Betrieb genommen.
Dies sind die letzten noch ausgiebig gepanzerten Kriegsschiffe der Welt, Vertreter einer vergangenen Epoche. Wegen ihrer schweren Geschütze und der großen Stabilität eignen sie sich jedoch – eine sehr intensive Modernisierung vorausgesetzt – zur Verwendung als Unterstützungsschiffe bei amphibischen Operationen und für „showing-the flag"-Aufgaben, wobei der ausreichend vorhandene Raum sowohl einen umfangreicheren Umbau gestattet wie auch die Anbringung von modernen Lenkwaffen-Anlagen, insbesondere zur Bekämpfung gegnerischer Überwassereinheiten.
Anfang März 1981 gab die neugewählte Regierung Reagan bekannt, daß BB-61 *Iowa* und 62 *New Jersey* wieder in Dienst gestellt werden sollen, später vermutlich auch die beiden Schwesterschiffe. Der Kongreß bewilligte die im Rahmen von FY81 und FY82 angeforderten Mittel.

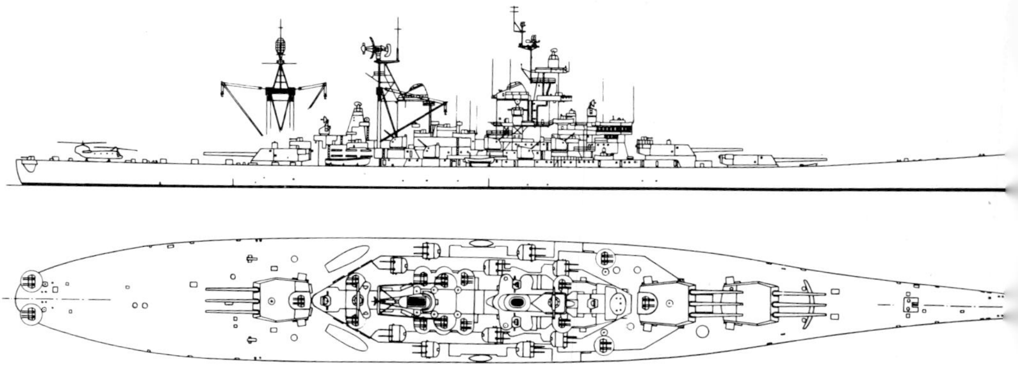

BB-64, Aussehen 1958, kurz vor der Außerdienststellung.

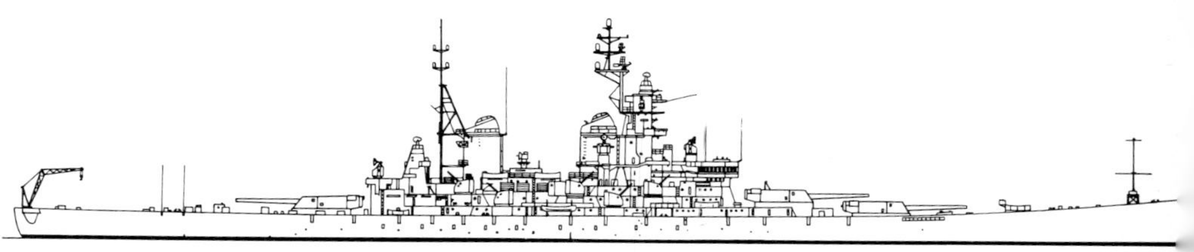

BB-62, Aussehen ab 1968.

BB	Schlachtschiffe			Klasse: *Iowa*		in Reserve: 4 Total: 4
Kenn-Nr.	Schiffsname	Bauwerft	Etat	fertiggest.	Status	**Kampfsysteme**
61	*Iowa*	N 4	40	43	Ar	
62	*New Jersey*	P 2	40	43	Pr	
63	*Missouri*	N 4	40	44	Pr	
64	*Wisconsin*	P 2	40	44	Ar	

Bewaffnung

9 x 40,6 cm-L/50 – Mk 7 Mod. 0
20 x 12,7 cm-L/38$_2$ – Mk 28 Mod. 0/10

etliche 40 mm$_4$ Mk 2 nur auf 63

Elektronik

Radar- und Sonaranlagen

Radar: 62: SPS-53A
SPS-10F
SPS-6C

übrige früher: SG-6
SPS-8A
SPS-10

Feuerleitgeräte

4 Mk 37 Mod. 8/9/10
2 Mk 38 Mod. 4/5
1 Mk 40 Mod. 1
1 Mk 51 Mod. 2
2 Mk 63 Mod. 6

Übrige Anlagen

62: ECM/ESM WLR-6, CHAFFROC Mk 28

Wasserverdrängung	59.000 ts
Abmessungen	270,4 x 33,0 x 11,6 m
Antriebsanlage	Getriebe-Turbinen, 8 Kessel
Leistung in PS/Schrauben	212.000/4
Geschwindigkeit	33 kn
Brennstoff	8.800 ts
Fahrbereich	
Besatzung	~ 2.860 (62 beim letzten Einsatz: 70/1.556)

USS *Iowa* (BB-61), Leitschiff der letzten realisierten Klasse von Schlachtschiffen der U. S. Navy, aufgenommen im Jahre 1954. Obwohl damals die 7,6-cm-Geschütze L/50 bereits eingeführt waren, findet man hier in den Wannen noch die 40-mm-Bofors-Vierlinge. Auf dem vorderen Mast sieht man die Radarantenne SG-6, die mit der späteren SPS-6-Antenne identisch ist. Auf dem achteren Mast ruht die SP-Antenne, eine Anlage, die im Kriege vor allem zur Leitung von Flugzeugen bestimmt war. Die beiden Flugzeug-Katapulte sind von Bord gegeben worden; auf der Schanz findet man nicht nur einen Hubschrauber-Landeplatz, sondern auch noch mehrere hinter dem achteren Geschützturm aufgestellte Verkehrsboote. RPh

Anfang 1968 entstand dieses Foto der für Feuerschutzaufgaben reaktivierten *New Jersey* (BB-62). Auffallend ist hier die stark verankerte Antenne auf dem Backdeck. Der am zweiten Schornstein angebrachte Radarmast beherbergt nur noch einige Radioantennen. Auf Turm B ist ein Gerät zur Durchführung von „high-line"-Übersetz-Manövern von Schiff zu Schiff aufgerichtet worden. USN

Nach der Reaktivierung von BB-62 *New Jersey* im Jahre 1967 verblieben in Philadelphia nur noch zwei konservierte Schlachtschiffe. Das 1969 aufgenommene Foto zeigt BB-61 *Iowa,* daneben BB-64 *Wisconsin* und CVS-36 *Antietam.* Auf *Iowa* wurden die 40-mm-Flak nicht mit konserviert. INRO

Von vorn aufgenommene Schlachtschiffe weisen auf die große Schlagkraft dieser Schiffe hin, weil dabei oft die meisten Geschütze ins Blickfeld geraten. Entgegen früheren Annahmen wurden für den Einsatz vor Vietnam *sämtliche* 12,7-cm-Geschütze reaktiviert, nicht dagegen auch alle FLG Mk 56. Letztere vor allem deswegen nicht, weil auch noch die vier FLG Mk 37 einsatzfähig gemacht wurden. Wesentliche Umbaumaßnahme war 1967 die Erweiterung des Vormarses zwecks Unterbringung von damals neuen ECCM-Anlagen. Seitlich herausragend erkennt man die beiden Antennengruppen der WLR-6-Anlage, die seinerzeit als solche noch nicht gleich richtig indentifiziert werden konnten. Diese Aufnahme enstand 1967/68. MPh

Von der Schönheit der Linienführung und der gleichmäßigen und harmonischen Anlage der Aufbauten zeugt dieses in japanischen Gewässern aufgenommene Foto der *New Jersey* während der einzig gebliebenen Einsatzfahrt in den Westpazifik. SW

Oben links: Nach der letzten Außerdienststellung kehrte *New Jersey* nicht mehr zur Ostküste zurück, sondern wurde in Bremerton konserviert – wie man damals meinte – zum letztenmal. Inzwischen ist – im Sommer 1981 – die erneute Reaktivierung des Schiffes beschlossene Sache. Dieses Foto des Mittelschiffes wurde im April 1981 am Liegeplatz vis-a-vis der *Missouri* aufgenommen. Zu beobachten sind: der Turmmast mit dem für ECCM erweiterten Vormars, die ECCM-Ausleger ohne Antennengruppe WLR-6, eines von vier FLG Mk 37 ohne FL-Radar, die leeren Unterkonstruktionen für FLG Mk 56, drei 12,7-cm-L/38-Doppeltürme und die leeren Wannen, in denen vor vielen Jahren noch 20- und 40-mm-Flak aufgestellt waren. Beachtenswert ist die gute Kondition des Farbanstrichs. AM

Oben rechts: Im Gegensatz zum umgebauten Turmmast der *New Jersey* findet man denselben der *Missouri* noch im Urzustand. Markant ist hier Mk 38, das vordere Leitgerät für die 40,6-cm-Geschütze, wie es zuoberst auf dem Turmmast zu sehen ist. Die Aufnahme entstand im April 1981 in Bremerton. AM

BB-63 *Missouri,* aufgenommen 1950 im Mittelmeer. Die Bezeichnung der Radarantenne auf dem vorderen Mast ist nach wie vor noch nicht bekanntgeworden. Auf dem achteren Mast findet man SG und – etwas tiefer – SP. Imposant ist – neben den 40,6-cm-Drillingstürmen – die Masse der 12,7-cm- und der 40-mm-Flak. Auf den FLG Mk 37 befinden sich noch die während des Krieges im Gebrauch befindlichen FL-Radarantennen Mk 12/22. Es ist interessant, daß bei diesem Schiff der achtere Radarmast völlig vom Schornstein-Mantel gestützt wird. MB

USS *Missouri* an seinem Liegeplatz in Bremerton, Wash. Es ist das einzige Schiff der Klasse, das nur einmal „eingemottet" wurde. Die runden Kuppeln über den Geschützwannen zeugen davon, daß auch die 40-mm-Flak mitkonserviert wurde. Dagegen wurden sämtliche Ortungs- und FL-Antennen vor der Konservierung entfernt. Das Foto entstand am 24. August 1980. WD

BB-64 *Wisconsin,* aufgenommen im Jahre 1944. So schön, wie dieses Schiff zu jener Zeit ausgesehen hat, so schlecht ist sein gegenwärtiger Zustand bei der Reserveflotte. Während der Konservierungsarbeiten gab es einen Brand, der einen Teil der elektrischen Leitungen vernichtete. Der Schaden wurde dann nicht mehr repariert. Außerdem wurden wichtige Anlagen der *Wisconsin* im Jahre 1967 entfernt, um sie auf der damals reaktivierten *New Jersey* zu verwenden. Eine Reaktivierung der *Wisconsin* würde höchstwahrscheinlich die meisten Geldmittel verschlingen.
RPh

Als die Lenkwaffen-Ära bei der U. S. Navy begann, gab es auch Vorschläge, die vier *Iowas* unter Beibehaltung eines Teiles der Rohrbewaffnung zu Lenkwaffenschiffen umzubauen; doch hieraus wurde nichts. Anfang der 60er Jahre gab es ernsthafte Vorschläge, dieselben als Amphibische Kommandoschiffe umzubauen. Während die beiden vorderen 40,6-cm-Türme beibehalten werden sollten, würde das Achterschiff eine Hubschrauberplattform erhalten, von der aus Truppen an Land geflogen werden könnten. Auch aus diesen Plänen wurde dann nichts. Das vorliegende Foto zeigt ein umgestaltetes Modell, das die Form des nunmehr beabsichtigten Umbaus verdeutlicht. USNIP

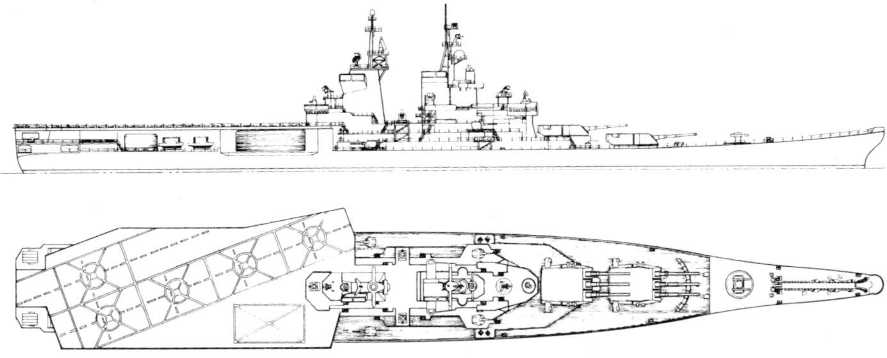

Die Invasion der Sowjetunion in Afghanistan, gepaart mit der Erkenntnis, daß die Sowjetmarine – neben fast einem Dutzend anderer Kreuzer – auch zwei ca. 25.000 ts verdrängende atomangetriebene Lenkwaffenträger baut, führten zu erneuten offiziellen und privaten Überlegungen, in welcher Weise die alten Schlachtschiffe umgebaut, reaktiviert und als eine Art Gegengewicht zu den sowjetischen Kreuzer-Neubauten eingesetzt werden könnten. Der vorliegende Vorschlag von H. P. Pulver sieht ebenfalls eine Überdeckung des Achterschiffes mit einem Hangar für Hubschrauber und VTOL-Maschinen samt kurzem Schräglandedeck vor. Der vordere Gefechtsturm würde gekürzt, die Schornsteine aber verlängert und durch seitlich geneigte Abgasstutzen modifiziert werden. Die Bewaffnung würde bestehen aus: 6x40,6-cm-Geschützen L/50, 4x12,7-cm-Geschützen L/54 Mk 45, 3 CIWS Mk 15 Phalanx, 1 Starter Mk 26 für Standard MR-FK und Harpoon, 2 Startkanister für je vier Tomahawk-FK. Die Elektronik würde umfassen: Radar SPS-40B und SPS-48, SPS-55 und TACAN; die Geschütze würden entweder durch die modifizierten Mk 13-FLG, oder aber durch Mk 86 geleitet. USNIP

15.122 Kreuzer

CGN Virginia-Klasse

Diese vier Atom-Kreuzer entstanden aus dem sogenannten DXGN-Programm, aus dem ursprünglich der Bau von noch mehr solchen Einheiten geplant war. Diese Schiffe haben viel Ähnlichkeit mit denen der vorangegangenen *California*-Klasse, aus der sie praktisch hervorgegangen sind. Nach Fertigstellung der *Arkansas* wären diese Schiffe die vorerst letzten Atomkreuzer der U.S. Navy. Sehr hohe Baukosten sind der Grund dafür, daß weitere Planungen auf diesem Gebiet z. Zt. wenig Chance auf Realisierung haben, darunter auch die Planung für die CGN-42-Nachfolger-Klasse, für die die Bauwerft in Newport News bereits einen Entwurfs-Auftrag hat. CGN-42 selbst sollte zunächst die fünfte Einheit der *Virginia*-Klasse werden; später wäre dieses Schiff als Leitschiff einer neuen, mit der AEGIS-Anlage ausgestatteten Klasse von Atom-Kreuzern geworden.
Vertragliche Kontroversen zwischen der Bauwerft und der Navy sowie sonstige werfteigene Probleme waren Ursache dafür, daß es beim Bau der *Virginia*-Klasse erhebliche Verzögerungen gegeben hat.
Es gibt einige wesentliche Merkmale, die die *Virginia*-Klasse von der vorangegangenen *California*-Klasse unterscheiden:

- □ zwei Mk 26-Starter an Stelle von zwei Mk 13;
- □ kantige Macks an Stelle von abgerundeten;
- □ sämtliche Haupt-Rohr- und Lenkwaffen befinden sich auf dem Hauptdeck;
- □ hier fehlt der ASROC-Werfer samt Nachlademagazin, wodurch die Schiffe etwas kürzer sind;
- □ Hubschrauber können in einem im Achterschiff unter dem Hauptdeck eingerichteten Hangar einsatzmäßig mitgeführt werden;
- □ nur eine FL-Anlage Mk 74, d. h. auch nur zwei dazugehörige Beleuchter;
- □ weniger kompakte Aufbauten-Blöcke.

Wie bekannt wird, sollen die Atom-Antriebsanlagen dieser Schiffe jeweils 2.600 ts schwer sein. 1978 wurde beschlossen, diese Schiffe *nicht* mit LAMPS III-Hubschraubern auszurüsten. Dies geschah wohl als Folge der Reduktion des gesamten LAMPS III-Programms. Danach soll die SH-60B vor allem auf U-Jagd-Schiffen eingesetzt werden, diese Kreuzer sind aber primär Flugzeugabwehrschiffe. Bemerkenswert ist, daß erstmalig nach dem Zweiten Weltkrieg wieder ein Schiff einen Hangar im Achterschiff unter dem Hauptdeck führt. Die beiden Hubschrauber werden, wenn sie nicht benötigt werden, mittels eines Aufzuges in den Hangar befördert.
Derzeit sind auch diese Kreuzer mit FK des Typs Standard SM-1 ausgerüstet, die Umrüstung auf SM-2 wird im Laufe der frühen 80er Jahre vorgenommen werden. *Virginia* war eines der ersten Schiffe, das mit der Eloka-Anlage SLQ-32 (V)3 ausgestattet wurde. Wesentlich aber ist, daß diese Schiffe bereits für eine spätere Umrüstung auf AEGIS vorbereitet sind. Dies betrifft sowohl die Struktur der Schiffsaufbauten wie auch die elektrische Anlage, die dafür besonders leistungsstark sein muß.
Die vordere Lenkwaffenanlage Mk 26 Mod. 0 ist auch für den Abschuß von ASROC eingerichtet; im Magazin sind 20 ASROC zusätzlich zu den 40 Standard-FK untergebracht. Theoretisch könnten auch Harpoon-FK über diesen Starter abgeschossen werden, jedoch zieht man die Verwendung von außen angebrachten Rohren vor, um die Kapazität des vorderen FK-Magazins nicht zu sehr in Anspruch nehmen zu müssen. Somit kann jedes Schiff 80 Standard-FK und 20 ASROC mitführen.

Diesen Schiffen wird nachgesagt, daß sie den Offizieren und Mannschaften einen relativ hohen Wohnkomfort bieten.
In der seinerzeitigen Euphorie bei der Planung dieser Klasse, die im Rahmen einer „total package"-Ausschreibung vergeben werden sollte, bestand die Absicht, acht bis elf Einheiten dieses Typs zu bauen. Da es sich um die z. Zt. wichtigsten Begleitschiffe von Atom-Flugzeugträgern handelt, ist zwar die Zukunft der CGN generell mit dem Bau weiterer CVN eng geknüpft; man könnte sich jedoch auch vorstellen, daß CGN sehr wohl selbständige Aufgaben erfüllen oder auch als Flaggschiffe von Überwasser-Kampfgruppen fungieren könnten.
Preissteigerungen infolge Inflation und Mehrkosten im Laufe der Zeitspanne von 10 Jahren seit der Bewilligung von CGN-38 (damals noch DLGN-38!) machten sich bei den Werft- und den Gesamtkosten stark bemerkbar. Der Kostenvoranschlag für die Werftkosten der ersten drei Einheiten sah 1972 ca. 85 Mio $ je Schiff vor. Die Bauwerft in Newport News machte recht hohe Nachtragskosten geltend, so daß letztlich 1979 durch Gerichtsbeschluß für *Arkansas* eine Werftkostensumme von 182,3 Mio $ festgelegt wurde. Auch bei den Gesamtbaukosten gab es naturgemäß Erhöhungen. 1972 hatte man

□ für *Virginia* ca. 222 Mio, für *Texas* ca. 213,8 Mio und für *Mississippi* ca. 208 Mio $ veranschlagt, 1973 für CGN-42 278 Mio $.

Nach der Neuaufstellung der Werftkostensumme sollen nunmehr die Gesamtkosten für *Arkansas* 337 Mio $ betragen. Nach amtlichen Informationen betragen seit etwa Mitte 1978 auf den Rahmen des gesamten CGN-38-Programms bezogen die Durchschnittskosten für ein Schiff 320,8 Mio $.
Mit der Umrüstung auf Standard SM-2 MR soll 1983 begonnen werden.

Dieses am 28. Juli 1976 aufgenommene Luftbild von *Virginia* verdeutlicht die große Breite des Rumpfes von über 19 m. Einige noch leere Decksflächen auf den Aufbauten bilden die Raumreserve für noch zu installierende Teile von Kampfsystemen. Die beiden Mk 26-Starter sind nach Backbord geschwenkt, die vor dem vorderen Starter markierte viereckige Fläche kennzeichnet die Stelle, an der Hubschrauber beim „Vertical Replenishment" ihre Lasten absetzen müssen. NN

CGN	Atomangetriebene Lenkwaffenkreuzer			Klasse: *Virginia*		aktiv: 4 Total: 4
Kenn-Nr.	Schiffsname	Bau-werft	Etat	fertig-gest.	Sta-tus	**Kampfsysteme**
38	*Virginia*	N 2	70	76	Aa	*Bewaffnung*
39	*Texas*	N 2	71	77	Aa	
40	*Mississippi*	N 2	72	78	Aa	2 x 12,7 cm-L/45 – Mk 45 1 Starter$_2$ Mk 26 Mod. 0 für Standard-SM-1-MR/ ASROC vorn 1 Starter$_2$ Mk 26 Mod. 1 für SM-1-Standard-MR achtern 2 Starter$_4$ Mk 141 für Harpoon 6 UTR – Mk 32 2 H. LAMPS für 2 x 20 mm-CIWS-Mk 15 Phalanx u. f. Tomahawk vorg.
41	*Arkansas*	N 2	75	80	Aa	
						Elektronik
						Radar- und Sonaranlagen
						Radar: SPS-40B SPS-48A SPS-55 *Sonar:* SQS-53A
						Feuerleitgeräte
						1 Mk 86 Mod. 5 f. Geschütze u. Lenkw. 1 Mk 74 Mod. 5 f. Lenkwaffen 1 Mk 116 Mod. 1 f. U-Jagd
Wasserverdrängung Abmessungen Antriebsanlage Leistung in PS/ Schrauben Geschwindigkeit Brennstoff Fahrbereich Besatzung	11.260 ts 178,3 x 19,2 x 9,0 m 2 Atom-Reaktoren D2G, Getriebe-Turbinen · /2 + 30 kn 27/415					Übrige Anlagen
						NTDS, TACAN URN-20, ECM/ESM SLQ-32

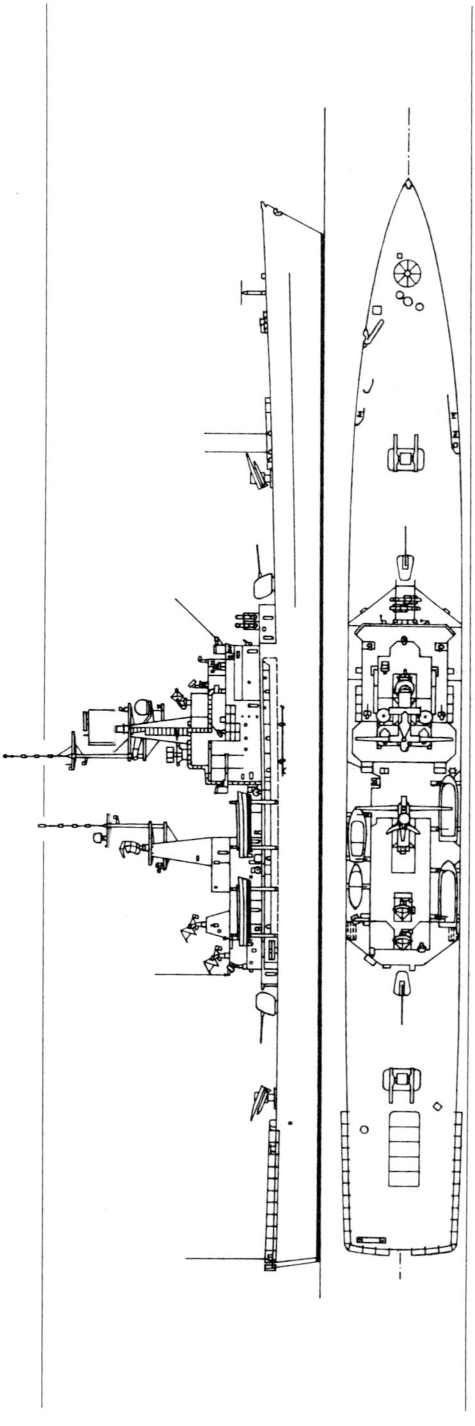

Während der Probefahrten im Jahre 1977 wurde diese Luftaufnahme von CGN-39 *Texas* aufgenommen, auf der insbesondere die ganz achtern gekennzeichnete Hubschrauber-Landefläche bemerkenswert ist. Nicht gesondert markiert wurde hier der Umriß des schmalen, länglichen Aufzuges, mittels dessen Bordhubschrauber in den unter dem Hauptdeck befindlichen Hangar verbracht werden können. Auch achtern weist der Schiffskörper fast die volle Breite auf. NN

Die Klarheit der Linienführung des Schiffskörpers und der Aufbauten dieser zunächst letzten Klasse von atomangetriebenen Kreuzern wird auf diesem Foto deutlich. Abgebildet ist das Leitschiff CGN-38 *Virginia;* die Aufnahme wurde im September 1978 während eines NATO-Manövers in der Nordsee gemacht. Gegenüber der CG-47-Klasse ist hier die umgekehrte Reihenfolge der beiden Haupt-Waffenanlagen festzustellen. Hier gibt es nur zwei Radarbeleuchter SPG-51; wenn erforderlich, kann jedoch SPG-60 (zur Geschütz-FL-Anlage Mk 86 gehörend und auf der oberen Brückenfläche sichtbar!) zur FK-Leitung hinzugenommen werden. Unterhalb der vorderen Maststenge ist eine Antennengruppe SLQ-32 zu erkennen. AK

Detailfoto von *Virginia,* aufgenommen am 16. Juli 1980 in Norfolk. An der obersten Konsole des Vordermastes findet man die relativ unscheinbare Radarantenne SPS-55. Unter SPS-48 ruht SPQ-9, zugleich mit dem darunter aufgestellten Beleuchter SPG-60 (STIR) als Bestandteil der FL-Anlage Mk 86. Unmittelbar unter SPG-60 ruht auf einer niedrigen Stütze die Satellitenantenne OE-82. Seitlich des vorderen Macks sieht man die Antennengruppe von SLQ-32 (V)3. Die darunter sichtbare, noch leere Plattform ist für die spätere Aufstellung von CIWS-Mk 15 Phalanx bestimmt. Vor der Brücke sind die Unterkonstruktionen für zwei Satz Harpoon-Starter angebracht. Die Rohre selbst fehlen hier noch. Die beiden Arme des Lenkwaffenstarters Mk 26 ragen senkrecht in die Höhe. WD

Eine weitere Aufnahme der *Texas,* die am 7. Juli 1977 geschossen wurde, zeigt die beiden im Heckspiegel angebrachten Öffnungen, durch die am Kabel die Torpedo-Ablenk- und Geräuschbojen des Systems SLQ-25 Nixie herabgelassen werden können. Interessant sind auch die drei Quer-Rahen, die vermutlich aus Kunststoff gefertigt sind. NN

CGN-40 *Mississippi,* das dritte Schiff der *Virginia*-Klasse, aufgenommen während der Probefahrt am 27. Juni 1978. Auch hier bedingt das Vorhandensein des schweren Sonar-Wulstes der Anlage SQS-53 die besondere Anordnung der beiden Anker. NN

„Artists impression" von CGN-42. Hier sollte das vorhandene Inventar an Waffen – darunter auch Tomahawk – mit dem AEGIS-System kombiniert und in ein atomangetriebenes Schiff eingebracht werden, das außerdem auch noch eine ausladende Landeplattform haben würde. Hier würden auf jeden Fall auf jeden Mk 26-Starter *zwei* Radarbeleuchter anfallen. Die Interesselosigkeit der Carter-Regierung an einer entscheidenden Stärkung der U. S. Navy gegenüber der stark anwachsenden sowjetischen Flotte war es, der die CGN-42-Klasse zum Opfer fiel. USN

Auf dieser Probefahrtaufnahme der *Mississippi* sieht man deutlich die diversen Funk-Peitschenantennen und die noch leeren Plattformen für CIWS Mk 15 Phalanx und für die Antennengruppen von SLQ-32. NN

1980 kam auch das letzte der vier Schiffe der *Virginia*-Klasse, CGN-41 *Arkansas* zur Flotte. In diesem Jahr entstand auch die Aufnahme des gerade fertiggestellten Schiffes. NN

CGN California-Klasse

Nachdem sich der Bau von Atom-Trägern bei der U.S. Navy durchgesetzt hatte (CVN-68 wurde 1967 bewilligt und CVN-69 drei Jahre später) ging es darum, durch den zunehmenden Bau von damals so bezeichneten Atom-Fregatten (DLGN) ausreichend atomangetriebene Begleitschiffe bereitzustellen, damit schnelle, vom Treibstoff-Nachschub unabhängige „Nuclear Task Forces" gebildet werden können. Man war in den 60er Jahren noch so optimistisch zu glauben, daß man pro Atom-Träger vier Atom-Begleiter haben mußte und auch konnte. Mit dem Entwurf der *California* startete die Navy den Versuch, in den darauffolgenden Jahren zu einer adäquaten Zahl von Atom-Begleitern zu gelangen. Heute weiß man, daß dieser Versuch in quantitativer Hinsicht wegen der enorm angestiegenen Baukosten nicht gelungen ist. 1988, wenn CVN-71 zur Flotte stößt, wird die U.S. Navy über nicht mehr als neun Atom-Begleiter verfügen, nicht einmal zwei Einheiten pro CVN.
Von der Konzeption her ist *California* keineswegs als Nachfolgerin der *Long Beach* anzusehen, sondern eher als Nachfolgerin der *Bainbridge/Truxtun.* Insbesondere gegenüber *Truxtun* mag man wegen der quantitativen Verdoppelung der Rohrwaffen und der Lenkwaffen-Starter von einer Verbesserung sprechen. In Wirklichkeit wurde durch die Installation der Mk 13-Starter an Stelle der Mk 10 die Möglichkeit genommen, die längeren und weiter reichenden Standard-FK „extended range" zu verschießen. Und die Verwendung der Leichtmetall-Kanonen Mk 45 mag Gewichts- und Unterhalts-Vorteile mit sich gebracht haben; die Chance, als Flugabwehrgeschütze mit hoher Schußfolge eingesetzt zu werden, sind weit geringer als bei der allerdings wesentlich schwereren Mk 42-Kanone.
Dies waren die ersten Schiffe, die mit dem seinerzeit eingeführten Tartar-D-System ausgestattet wurden. Später wurde Tartar-D durch die Standard SM-1 MR ersetzt. Vor dem ASROC-Starter befindet sich ein geräumiges Nachlademagazin, dessen Kapazität zum Unterschied von der entsprechenden Dotierung bei den Mk 26-Anlagen immer noch geheim gehalten wird. Jedes der beiden FK-Magazine faßt 40 FK. Im Gegensatz zur nachfolgenden *Virginia*-Klasse gibt es hier keinen Hubschrauber-Hangar. Auf der geräumigen Landefläche jedoch kann ein Hubschrauber offen mitgeführt werden. Bemerkenswert ist, daß hier – ähnlich wie auf *Truxtun* und bei den Fregatten der *Knox*-Klasse – die UTR des Typs Mk 32 paarweise übereinander in den achteren Aufbauten installiert sind, von wo aus die Torpedos schräg nach vorne verschossen werden können.
Wie bekannt wird, reicht eine Uran-Ladung für die beiden Atom-Reaktoren für eine Betriebsdauer von zehn Jahren oder eine Seestrecke von ca. 700 000 sm. Die beiden ersten Kernladungen sollen 11,5 Mio $ gekostet haben.
Ursprünglich sollte aus dem Etat FY68 noch eine dritte Einheit dieser Klasse gebaut werden. Wegen der steil ansteigenden Baukosten wurde der Bau jedoch suspendiert. Man meinte, es wäre besser, die bewilligten Mittel dem DXGN-Programm zuzuführen, in der Hoffnung, daß die aus diesem „total package"-Programm gewonnenen Schiffe preiswerter zu haben sein würden. Ein Irrtum, wie sich später herausstellte.
Die Werftkosten der beiden Schiffe beliefen sich auf ca. 71,7 Mio $. Die veranschlagten Gesamtbaukosten betrugen für das Leitschiff 200 Mio, für das Folgeschiff 180 Mio $. Letztlich aber kostete der Bau der *California* ca. 221,4 Mio und der von *South Carolina* ca. 199,5 Mio $.
Die Umrüstung auf AEGIS ist hier zur Zeit noch nicht programmiert. Wenn sie später doch durchgeführt werden soll, ist nicht auszuschließen, daß hierfür die elektrische Anlage leistungsmäßig verstärkt werden müßte. Lebenswichtige Teile der Schiffe werden etwa 1986/87 zusätzlich durch Kevlar-Kunststoff-Panzerung geschützt.

CGN	Atomangetriebene Lenkwaffenkreuzer			Klasse: *California*		aktiv: 2 Total: 2
Kenn-Nr.	Schiffsname	Bau-werft	Etat	fertig-gest.	Sta-tus	**Kampfsysteme**
36	*California*	N 2	67	74	Aa	*Bewaffnung*
37	*South Carolina*	N 2	68	75	Aa	

Bewaffnung

2 x 12,7 cm-L/54 – Mk 45
2 Starter Mk 13 Mod. 3 für Standard-MR
1 $ASROC_8$ – Mk 16
4 UTR – Mk 32

für 2 x 20 mm-CIWS – Mk 15 Phalanx, Harpoon und Tomahawk vorgesehen.

Elektronik

Radar- und Sonaranlagen

Radar: SPS-10
SPS-40B
SPS-48A

Sonar: SQS-26CX

Feuerleitgeräte

1 Mk 11 Mod. 13
2 Mk 74 Mod. 2 f. Lenkwaffen
1 Mk 86 Mod. 3 f. Geschütze
1 Mk 114 Mod. 23 f. U-Jagd

Übrige Anlagen

NTDS, TACAN URN-20, ECM/ESM SLQ-32

Wasserverdrängung	10.150 ts
Abmessungen	181,7 x 18,6 x 9,6 m
Antriebsanlage	2 Atom-Reaktoren D2G, Getriebe-Turbinen
Leistung in PS/ Schrauben	· /2
Geschwindigkeit	+ 30 kn
Brennstoff	
Fahrbereich	
Besatzung	28/512

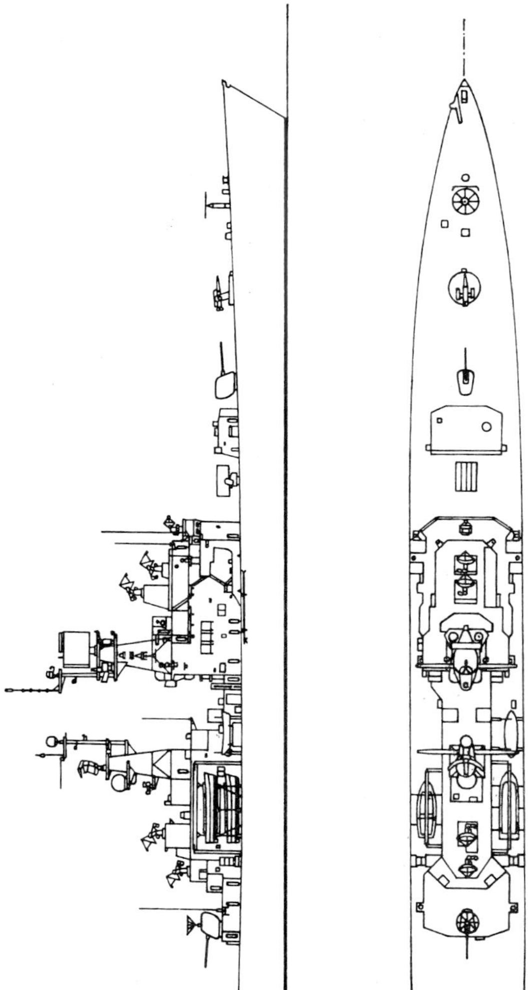

CGN-36 California-Klasse, Aussehen ab 1980.

Etwa um die Länge des hier vorhandenen ASROC-Starters ist CGN-36 *California* länger als *Virginia,* die über keinen solchen Starter verfügt. Diese Aufnahme entstand, als die Besatzung des Schiffes am 28. Juni 1977 vor der britischen Königin Elisabeth II. paradierte. Es ist bemerkenswert, daß alle neueren CGN bislang im atlantischen Raum versammelt sind, während sich im Pazifik nur die drei älteren befinden. Es ist zur Gewohnheit geworden, daß bei der temporären Bildung eine „Nuclear Task Force" je ein Schiff der *California*- und der *Virginia*-Klasse eingesetzt wird. Te

Bei der selben Gelegenheit, jedoch bereits am 24. Juni 1977, entstand diese Detailaufnahme der achteren Aufbauten von *California.* Auf der dicken Maststenge findet man TACAN URN-20 und zwei Funkantennen, an der Spitze des Mack SPS-40-Radar. Darunter ist der Radom von SPQ-9 und – noch etwas tiefer – das ebenfalls zur FL-Anlage Mk 86 gehörende optische Zielgerät. Weiterhin sind sichtbar: die beiden zum achteren Mk 13-Starter gehörenden Radarbeleuchter SPG-51 und die zur Anlage SRN-9 gehörende Satelliten-Navigationsantenne. Gr

Diese Aufnahme von CGN-37 *South Carolina* entstand am 30. Oktober 1974, also noch vor der Indienststellung des Schiffes. Der ASROC-Starter ist nach achtern gedreht. In dieser Position kann die Nachladung der acht Zellen aus dem Torpedo-Magazin erfolgen. *California* und *South Carolina* besitzen achtern keinen Hangar für Hubschrauber. Im Gegensatz zur *Virginia* ist der Heckspiegel leicht abgerundet. NN

Links: Brückenaufbau und vorderer Mack von *South Carolina,* aufgenommen bei der selben Gelegenheit. Vorn am Brückenrand sieht man SPG-60 STIR, die einzige vorn angebrachte Komponente der Geschütz-FL-Anlage Mk 86. Dahinter die beiden etwas größeren Beleuchter SPG-51. Auf der Spitze der Maststenge befindet sich SPS-10-Radar, auf der Spitze des Mack SPS-48. Links unten im Bild ein Salutgeschütz. Te

Rechts: Detailfoto des vorderen Mack mit Entlüftungsstutzen, ECM-Elektronik und SPS-48-Radar. Zum Unterschied von *Virginia* sind hier die Macks nicht kantig sondern abgerundet. Te

Ganz unscheinbar in den achteren Aufbauten der *South Carolina* integriert: Austritt des Steuerbord-Paares der UTR-Mk 32. Bei der nachfolgenden *Virginia*-Klasse kehrte man aus nicht ersichtlichen Gründen wieder zur offenen Aufstellung der Mk 32-Drillingssätze zurück. Te

Als Begle.ter von CVN-68 *Nimitz* besuchte *South Carolina* im August 1975 Bremerhaven. Das Foto zeigt das Schiff kurz vor dem Anlegen an der Columbus-Kaje. Te

Blick auf das vordere 12,7-cm-Geschütz Mk 45 und das geräumige Nachlademagazin für ASROC, dessen Dachfläche oft beliebter Platz für die Bord-Musikkapelle ist. Te

CGN-Truxtun-Klasse

Viereinhalb Jahre nach dem zweiten atomangetriebenen Einzelgänger *Bainbridge* folgt der dritte, damals als DLGN-35 klassifiziert. An sich befand sich dieses Schiff unter sechs weiteren, konventionell angetriebenen Einheiten der *Belknap*-Klasse auf der Anforderungsliste des Etats FY 62. Der Kongreß bestimmte aber, daß das siebente Schiff Atom-Antrieb erhalten sollte. Somit wurde *Truxtun* nach einem veränderten *Belknap*-Entwurf fertiggestellt, wobei Abmessungen und Wasserverdrängung erhöht wurden. Der Hangar erlaubt die Unterbringung von nur einem Hubschrauber des Typs SH-2D/F. 1978 wurde beschlossen, daß *Truxtun* nicht zu den Schiffen gehören wird, die LAMPS III-Hubschrauber erhalten. Die Bewaffnung gleicht generell derjenigen der *Belknap*-Klasse, nur die Anordnung ist hier anders: Vorne findet man die 12,7-cm-L/54-Kanone Mk 42 und achtern den Terrier-Starter Mk 10 Mod. 7. Im dahinter unter dem Hubschrauberdeck untergebrachten FK-Magazin können 40 Standard SM-1 ER und 20 ASROC mitgeführt werden. Die UTR Mk 32 sind paarweise übereinander in den achteren Aufbauten untergebracht. Die U-Jagd-Torpedos Mk 46 werden schräg nach vorne abgefeuert. Die vormals im Achterschiff installierten Torpedorohre Mk 25 für drahtgesteuerte U-Jagd-Torpedos wurden zwischenzeitlich entfernt und die Öffnungen zugeschweißt. Was *Truxtun* ebenso deutlich von der *Belknap*-Klasse unterscheidet, sind die beiden überdimensionierten, Öl-Bohrtürmen ähnelnden Vierbein-Gittermaste an Stelle der Macks. Die Atom-Antriebsanlage gleicht der auf *Bainbridge.*
Bisher ist nicht bekanntgeworden, daß *Truxtun* in ähnlich umfassender Weise modernisiert werden soll wie Bainbridge in den Jahren 1974-1976. Die Baukosten der *Truxtun* beliefen sich auf 138,7 Mio $.
Die ECM/ESM-Anlage WLR-6 wird im übrigen bald durch SLQ-32(V)3 ersetzt.

Dieses am 15. Mai 1967 aufgenommene Werftfoto zeigt den achteren Teil von *Truxtun.* Hinter dem mit einem Rolltor verschlossenen Hangar befindet sich eine fernlenkbare Hubschrauber-Drohne. Die hohen Vierbeinmaste verleihen dem Schiff nicht gerade ein besonders vorteilhaftes Aussehen. NYSB

CGN	Atomangetriebene Lenkwaffenkreuzer			Klasse: *Truxtun*		aktiv: 1 Total: 1
Kenn-Nr.	Schiffsname	Bau-werft	Etat	fertig-gest.	Sta-tus	**Kampfsysteme**
35	*Truxtun*	N 5	62	67	Pa	*Bewaffnung*

1 x 12,7 cm-L/54 – Mk 42
1 Starter$_2$ Mk 10 Mod. 7 für Standard-ER/ASROC
2 Starter$_4$ Mk 141 Mod. 0 für Harpoon
4 UTR – Mk 32
1 H. LAMPS-SH-2

für 2 x 20 mm-CIWS – Mk 15 Phalanx vorgesehen.

Elektronik

Radar- und Sonaranlagen

Radar: SPS-10
SPS-40
SPS-48

Sonar: SQS-26

Feuerleitgeräte

1 Mk 11 Mod. 1
2 Mk 76 Mod. 4 f. Lenkwaffen
1 Mk 68 Mod. 8 f. Geschütz
2 Mk 51 für 7,6 cm-L/50 (ohne Radar)
1 Mk 114 Mod. 12 f. U-Jagd

Übrige Anlagen

NTDS, TACAN URN-20, ECM/ESM WLR-6

Wasserverdrängung	9.200 ts
Abmessungen	172,0 x 17,7 x 9,4 m
Antriebsanlage	2 Atom-Reaktoren D2G, Getriebe-Turbinen
Leistung in PS/ Schrauben	~ 60.000/2
Geschwindigkeit	+ 30 kn
Brennstoff	
Fahrbereich	150.000/30
Besatzung	41/467 + 6/12 Verbandsstab

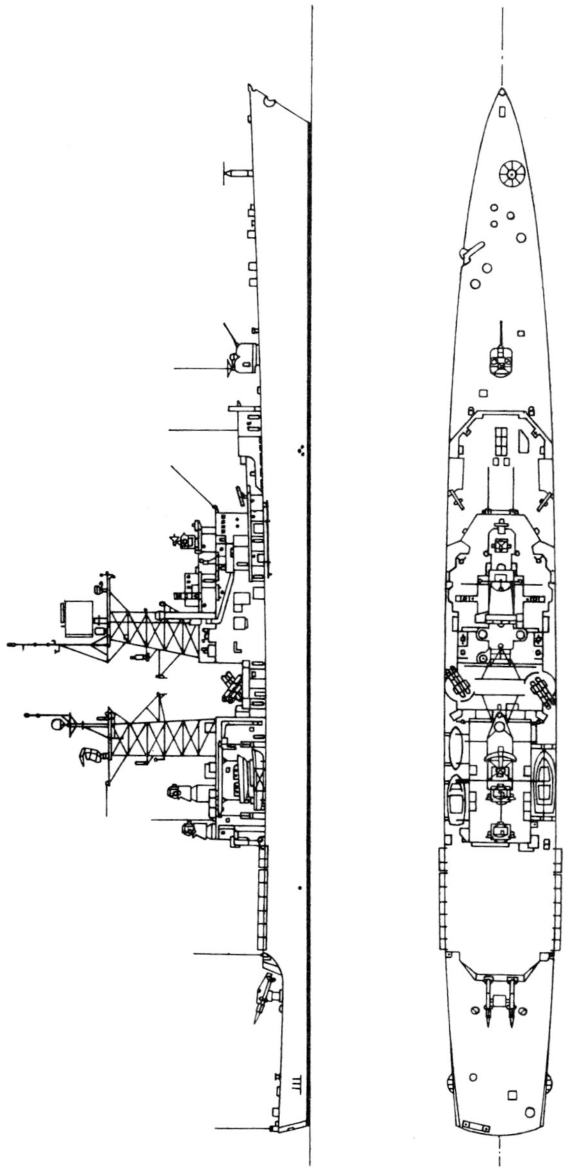

CGN-35 Truxtun, Aussehen ab 1980.

Mehr als elf Jahre später: *Truxtun* im Hafen von San Diego, aufgenommen am 2. November 1978. Die Vertiefung für die UTR-Mk 25 ist noch vorhanden, die UTR selbst jedoch wurden entfernt und die entsprechenden Öffnungen zugeschweißt. FrV

Einige Tage zuvor, am 23. April 1967 aufgenommen: Achteransicht auf *Truxtun.* Bei dem auf dem Mk 10-Starter sichtbaren FK handelt es sich offensichtlich um einen Übungs- bzw. Demonstrations-FK ohne aufmontierte Stabilisierungs-Flossen. Mitten im etwas gewölbten Heckspiegel befanden sich bei Fertigstellung die Austritte von zwei UTR Mk 25 für drahtgesteuerte Torpedos. NYSB

CGN-35 *Truxtun,* im Jahre der Aufnahme 1968 noch als DLGN-35 klassifiziert. Dies ist die jüngste von vier atomangetriebenen Einheiten der ersten Generation. Bemerkenswert ist der lange Vorbau vor der Brücke. Typisch für dieses Schiff sind die beiden dicht hintereinander stehenden, überdimensionierten Vierbein-Gittermaste. Das Arrangement der beiden Haupt-Waffenanlagen entspricht hier der umgekehrten Folge der nachfolgend beschriebenen *Belknap*-Klasse. USN

CGN Bainbridge-Klasse

So wie *Truxtun* die atomgetriebene Parallelentwicklung zur *Belknap*-Klasse ist, ist *Bainbridge* praktisch die Atom-Version der *Leahy*-Klasse. Zwei Lenkwaffen-Anlagen Mk 10 in „double-end"-Anordnung und zwei Doppellafetten mit Geschützen des Kalibers 7,6 cm L/50 waren bei Fertigstellung kennzeichnend für beide Entwürfe. Wie bei der *Leahy*-Klasse findet man hier auch keinen Hangar, so daß ein Hubschrauber nur zeitweilig mitgeführt werden kann.
Zwölf Jahre nach Indienststellung unterzog sich *Bainbridge* einer Modernisierung, bei der ihr Aussehen beträchtlich zum Vorteil verändert wurde. Das um den achteren Radarmast aufgestellt neue Deckshaus beherbergt Offizierskabinen und den Kontrollraum für die Kampfsysteme, einschließlich der neu hinzugekommenen NTDS-Anlage. Die 7,6-cm-Geschütze wurden für eine relativ kurze Zeit durch 20-mm-Maschinengeschütze ersetzt, bis die Installation von CIWS Mk 15 Phalanx erfolgt. In den kommenden Jahren werden – wie bei allen anderen Kampfschiff-Klassen auch – ständige Verbesserungen an den Kampfsystemen vorgenommen. So wird SQS-23-Sonar gegen SQQ-23 PAIR ausgetauscht.
Die Baukosten der *Bainbridge* beliefen sich auf 163,6 Mio $.

CGN	Atomangetriebene Lenkwaffenkreuzer			Klasse: *Bainbridge*		aktiv: 1 Total: 1
Kenn-Nr.	Schiffsname	Bau-werft	Etat	fertig-gest.	Sta-tus	**Kampfsysteme**
25	*Bainbridge*	B 4	59	62	Pa	*Bewaffnung*

Bewaffnung

2 x 20 mm – Mk 67
1 Starter$_2$ Mk 10 Mod. 5 vorn
1 Starter$_2$ Mk 10 Mod. 6 achtern, beide f. Standard-ER
2 Starter$_4$ Mk 141 Mod. 0 für Harpoon
1 ASROC$_8$ – Mk 16
6 UTR – Mk 32

für 2 x 20 mm-CIWS – Mk 15 Phalanx vorgesehen.

Elektronik

Radar- und Sonaranlagen

Radar: SPS-10D
SPS-37 (wird durch SPS-49 ersetzt)
SPS-48A

Sonar: SQS-23,
später SQQ-23

Feuerleitgeräte

1 Mk 7 Mod. 0
2 Mk 76 Mod. 1 f. Lenkwaffen
1 Mk 111 Mod. 6 f. U-Jagd

Übrige Anlagen

NTDS, TACAN URN-20, ECM/ESM WLR-6, später SLQ-32

Wasserverdrängung	8.580 ts
Abmessungen	172,5 x 17,7 x 7,9 m
Antriebsanlage	2 Atom-Reaktoren D2G, Getriebe-Turbinen
Leistung in PS/ Schrauben	~ 60.000/2
Geschwindigkeit	34 kn
Brennstoff	
Fahrbereich	90.000/30
Besatzung	32/437

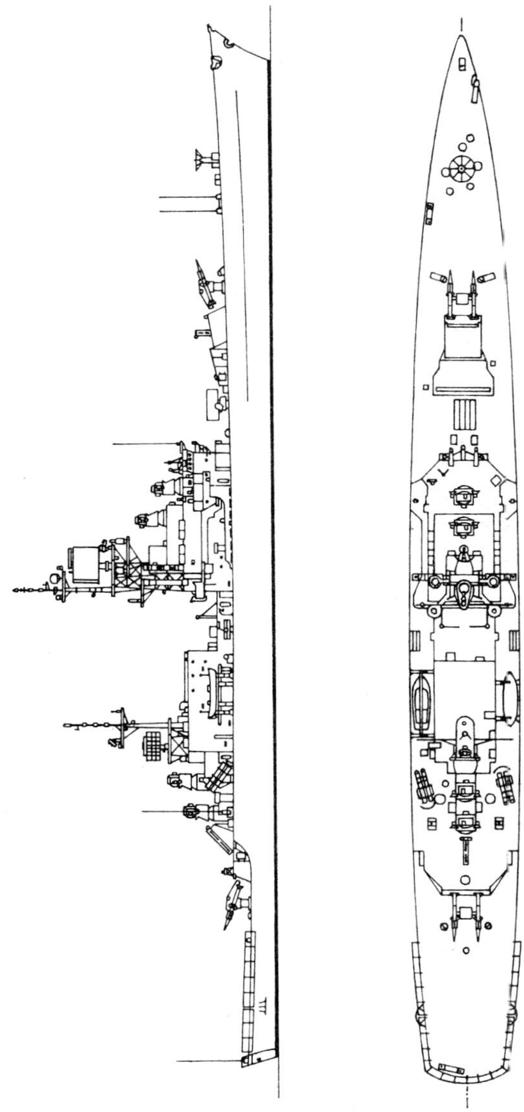

CGN-25 Bainbridge-Klasse.

CGN- damals noch DLGN-25 *Bainbridge,* aufgenommen im April 1970 vor der Küste von Hawaii. Nach anfänglicher Verwendung von 3D-Radar-SPS-39 findet man nunmehr SPS-52 auf dem vorderen Mast. Das Arrangement der drei Haupt-Waffenanlagen entspricht dem der nachfolgend beschriebenen *Leahy*-Klasse. USN

Im selben Zeitraum aufgenommen: *Bainbridge*, gesehen von Backbord achtern. Beim Umbau wurde SPS-52-Radar gegen SPS-48 ausgetauscht; SPS-37 wird sehr bald durch SPS-49 ersetzt. Die ECCM-Anlage WLR-6 ist zunächst an Bord verblieben, wird aber später höchstwahrscheinlich durch SLQ-32 ersetzt. Im Heckspiegel sind Öffnungen für das Herablassen von Geräuschbojen sichtbar. USN

Der 1976/77 durchgeführte Umbau führte dazu, daß *Bainbridge* insgesamt ein gefälligeres Aussehen bekam. Nach Entfernung der 7,6-cm-Flak verfügt das Schiff künftig nur noch über die zum Einbau vorgesehenen CIWS-Mk 15 Phalanx. Auf diesem, im April 1977 aufgenommenen Foto führt *Bainbridge* noch keine Harpoon-Starter. Bezüglich der Lage derselben wird auf die Zeichnung verwiesen. USN

CGN Long Beach-Klasse

Berücksichtigt man, daß bereits während des Zweiten Weltkrieges und kurz danach die Wasserverdrängung sowohl der Schweren wie auch der Leichten Kreuzer die 10000-ts-Grenze beträchtlich überschritten hat, so läßt sich die Reklassifizierung des größten Teiles der vormaligen DLG/DLGN am 30. 6. 1975, deren Wasserverdrängung mehr oder weniger bei 10000 ts und darunter lag, eher mit deren Stellungswert im Rahmen der Flotte erklären. *Long Beach* dagegen war mit seinen über 17000 ts sicherlich der einzige „echte" neue Kreuzer des Jahrzehntes der aufblühenden Lenkwaffen-Ära der 50er und der 60er Jahre, obgleich dieses Schiff ursprünglich nur eine „Fregatte" mit 7800 ts Wasserverdrängung werden sollte.
In der seinerzeitigen Euphorie der Umstellung der bordgestützten Luftverteidigung von Fla-Geschützen auf Lenkwaffen jedoch ging es dann aber unter anderem vor allem darum, einen Kreuzertyp zu entwickeln, der für die Begleitung und den ausreichenden Fla-Schutz von atomgetriebenen Flugzeugträgern konzipiert sein sollte, bei dem es aber um relativ gleichbleibend hohe Geschwindigkeit und Seeausdauer, gepaart mit einer Überfülle an Flugkörper-Kapazität ankam. Da die Entwicklung von Atomreaktoren für Überwasserschiffe ab ca. 9000 ts inzwischen bis zur Einsatzreife gediehen war, wählte man auch für dieses Schiff Atomantrieb. Bei der Zuteilung der Baunummer (= Kennung) gab es ebenfalls Änderungen: Im Oktober 1956 wurde das einzige bewilligte Schiff dieser Klasse – das ursprünglich *Brooklyn* heißen sollte – als CLGN-160 klassifiziert; 1957 änderte man die Bezeichnung in CGN-160, vereinte dann aber im Juli 1957 alle Lenkwaffen-Kreuzer zu einer Baunummernreihe und änderte abermals die Kennung in CGN-9.
Nach dem Entwurf entstand ein Schiff mit sehr schlankem Schiffskörper, etwas abgerundetem Heckspiegel und hochgezogenem Vordersteven. In der Höhe der vorderen Lenkwaffenstarter findet man Knickspanten. Der Aufbautenblock ist durchgehend von recht weit vorne bis zu 4/5 der Schiffslänge nach achtern. Das vordere Drittel der Aufbauten umfaßt zwei FK-Magazine, vor bzw. auf denen je ein Terrier-Doppelstarter Mk 10 installiert ist. Beide Magazine fassen insgesamt 120 FK des Musters Standard SM-1 ER. Das achtere Ende der Aufbauten war bis 1979 einem Magazin für 46 Ta-

los-FK vorbehalten. Darauf befand sich die umfangreiche Leit- und Kontroll-Elektronik (je zwei SPG-49 und SPW-2), dahinter der Talos-Starter Mk 12. Typisch für dieses Schiff ist der kastenartige Brückenaufbau, dessen sieben Decks durch einen Aufzug verbunden sind und dessen Form ein wenig der der Insel des ersten Atom-Trägers *Enterprise* (damals CVAN-65) zur Zeit der Fertigstellung ähnelt. Der Grund hierfür ist der große Platzbedarf für die großen Flächenantennen des Radarsystems SPS-32/33, die an den Flanken der Brückenaufbauten senkrecht befestigt wurden. Der langgestreckte mittlere Teil des Aufbautendecks sollte weiteren Waffensystemen vorbehalten werden. Zuerst war die Aufstellung eines Starters für den Marsch-Flugkörper Regulus II vorgesehen. Dann sollten noch acht Startrohre für die ballistischen Polaris-FK senkrecht eingelassen werden. Beide Vorhaben wurden jedoch 1961 aufgegeben. Wie sehr auch dieser Kreuzer in zweiter Linie Aufgaben der Sicherung gegen Unterseeschiffe übernehmen muß, ersieht man daraus, daß auch U-Jagd-Waffen installiert wurden: ein ASROC-Werfer sowie beidseitig je drei UTR Mk 32, etwa in Höhe der Brükke. Eine Bugsonaranlage SQS-23 ist ebenfalls vorhanden. Dort wo ursprünglich der Regulus-Starter vorgesehen war, wurde das Aufbaudeck durchgezogen, so daß mehr geschlossener Raum entstand. Darauf montierte man Anfang 1963 beiderseits je ein Einzelgeschütz des Kalibers 12,7 cm L/38 Mk 30. Dies soll auf Veranlassung des damaligen Präsidenten Kennedy geschehen sein, dem es als ehemaligem Seeoffizier allmählich unheimlich wurde, daß all diese mächtigen und kostbaren Atomschiffe sich nicht einmal gegen ein angreifendes kleines Schnellboot wehren konnten. Mit Ausnahme der Verwendung von stärkeren und widerstandsfähigeren Schiffsbaustählen in Verbindung mit Leichtmetallaufbauten vermißt man heute die früher bei Kreuzern übliche Panzerung. Trotzdem verzeichnet man die durch den Gewichtsanteil der Kampfsysteme größer gewordene Wasserverdrängung.
Das Schiff erhielt die computergesteuerte Kommando-Auswertungs- und Übermittlungsanlage NTDS, die fortan auf zahlreichen größeren Schiffen installiert wurde. *Long Beach* blieb Einzelgänger seiner Klasse und wird als erstes Überwasser-Atom-Kriegsschiff der Welt in die Marinegeschichte eingehen. Daß Atomschiffe ebenfalls einen „Schornstein“ haben können, ist daran zu erkennen, daß *Long Beach* hinter dem ASROC-Gerät einen kleinen Rauchabzug besitzt, der zur schiffseigenen Müllverbrennungsanlage gehört. Müll wird aus naheliegenden Gründen nicht mehr über Bord geworfen, sondern soweit möglich vollständig verbrannt.
Auf *Long Beach* kann achtern ein Hubschrauber landen. Eine ständige Stationierung ist wegen des fehlenden Hangars nicht möglich. Das Schiff ist zur Mitnahme eines kleineren Stabes eingerichtet. Es verfügt über einen Diesel-Notantrieb, der im Falle, daß die Atom-Antriebsanlage ausfallen sollte oder daß Reaktoren abgeschaltet werden müssen, auf die Antriebswellen geschaltet werden kann, so daß das Schiff mit eigener Kraft langsam weiterzufahren vermag. Die Reaktoren selbst gleichen sehr denen auf der *Enterprise.* Mit der ersten Uranladung fuhr *Long Beach* 167000 sm, die Kerne wurden 1965/66 ersetzt.
Nach Indienststellung bei der Atlantischen Flotte folgte bereits im Januar 1962 eine Fahrt nach Europa. Während der Werftliegezeit 1962/63 erfolgte die nachträgliche Installation von SPS-33-Radar und der beiden 12,7-cm-Einzeltürme sowie der beiden Geschütz-FL-Anlagen Mk 56. Im August 1963 folgte eine Mittelmeerfahrt, danach – ab Mai 1964 – zusammen mit *Enterprise* und *Bainbridge* die Bildung der „Nuklear Task Force 1“. Vom Juli bis zum Oktober 1964 folgte eine gemeinsame Reise dieses Kampfverbandes um die Weltkugel. Die Operationen beinhalteten den üblichen Flugbetrieb des Trägers ohne normalen Flotten-Nachschub in See. Die durchschnittliche Geschwindigkeit betrug damals 25 kn. Nach der Rückkehr von der Weltreise blieb *Long*

Beach zunächst weiterhin an der Ostküste und wurde im Februar 1966 zur Westküste verlegt. Vor der Vietnam-Küste wurde *Long Beach* zur Leitung der über dem Festland operierenden Flugzeuge eingesetzt. 1968 schoß das Schiff selbst mit Talos-FK zwei MiG-Flugzeuge über dem Festland ab.
Die seinerzeitigen Baukosten betrugen hier 332,9 Mio $, was zu Anfang der 60er Jahre für einen Nicht-Flugzeugträger sehr viel Geld war.
Mit Rücksicht auf ihre guten schiffbaulichen Qualitäten beabsichtigt die Navy, die *Long Beach* insgesamt 40 Jahre in Dienst zu behalten, d. h. etwa bis zum Jahre 2002. Als die Idee von der Schaffung von „Strike Cruisers" mit mehreren Kampfsystemen aufkam, unter denen vor allem die AEGIS/Mk 26-Kombination, aber auch die Verwendung des Marsch-FK Tomahawk an erster Stelle stand, plante die Navy 1977 ernstlich, auch die *Long Beach* ab Anfang der 80er Jahre als „Strike Cruiser" umzubauen (siehe Foto). Aus den Etats FY 77, 78 und 79 sollten hierfür insgesamt 783 Mio $ bereitgestellt werden. Diese Maßnahme war auch deswegen schon notwendig, weil nach Auslaufen der Talos-Produktion die Lenkwaffenanlage Mk 12 auf dem Achterschiff nutzlos geworden war und entfernt werden mußte. Wie manch eine gestartete Initiative der Navy wurde auch dieser Umbau letztlich von der Carter-Regierung abgesagt, nicht ohne Versicherung, *Long Beach* würde zwischen 1979 und 1981 einem bescheideneren Umbau unterzogen, der aus dem Unterhaltungs- und Instandsetzungs-Fonds finanziert würde. Dies scheint sich nunmehr in Etappen zu vollziehen. Bereits Anfang 1980, als *Long Beach* eine Einsatzfahrt in den Westpazifik unternahm, präsentierte sie sich noch mit den bisher geführten Radaranlagen, die demnächst durch SPS-48 und 49 ersetzt werden sollen. Die beiden FL-Anlagen SPG-49/SPW-2 wurden entfernt und an Stelle des ebenfalls entfernten Starters Mk 12 findet man jetzt zwei Vierrohr-Starter für Harpoon-FK. Die weiteren Maßnahmen werden wohl im Laufe der kommenden Werftliegezeiten durchgeführt. Die Installation der AEGIS-Anlage steht offensichtlich nicht mehr auf dem Programm und auch die beiden Mk 10-Starter werden noch an Bord bleiben. SQS-23-Sonar wird jedoch durch SQQ-23 PAIR ersetzt.Seit 1981 befindet sich *Long Beach* in der Marinewerft Puget Sound im Bremerton und wird dort umgebaut.

In den ersten 17 Jahren der Dienstzeit gab es bei CGN-9 *Long Beach* keine nennenswerte Änderungen des Aussehens. Dieses Foto stammt aus dem Januar 1962, als das Schiff unter besonderen Sicherheitsvorkehrungen Bremerhaven besuchte. Die waagerechten Antennen-Abdeckungen von SPS-32-Radar sind bereits angebracht, die senkrechten von SPS-33 jedoch noch nicht. Auch fehlen hier noch die kurz danach installierten beiden 12,7-cm-Geschütze L/38. Normale Anker-Anordnung, da nur SQS-23 ohne Bugsonarwulst vorhanden ist. In dem kubischen Brückenaufbau befindet sich ein Personenaufzug mit sieben Haltestellen. Te

CGN	Atomangetriebene Lenkwaffenkreuzer			Klasse: *Long Beach*		aktiv: 1 Total: 1
Kenn-Nr.	**Schiffsname**	**Bauwerft**	**Etat**	**fertiggest.**	**Status**	**Kampfsysteme**
9	*Long Beach*	B 4	57	61	Pa	

Kampfsysteme

Bewaffnung

2 x 12,7 cm-L/38 – Mk 30
2 Starter$_2$ Mk 10 Mod. 1/2 für Standard-ER
2 Starter$_4$ Mk 141 für Harpoon später 2 weitere
1 ASROC$_8$ – Mk 16
6 UTR – Mk 32

für 2 x 20 mm-CIWS – Mk 15 Phalanx vorgesehen.

Elektronik

Radar- und Sonaranlagen

Radar: SPS-10/65
SPS-12, später SPS-49
4 SPS-32 } werden
4 SPS-33 } entfernt

Sonar: SQS-23 Bugsonar, später SQQ-23

Feuerleitgeräte

1 Mk 6 Mod. 0
2 Mk 56 Mod. 43 f. Geschütze
4 Mk 76 Mod. 1 f. Standard
1 Mk 111 Mod. 5 f. U-Jagd

Übrige Anlagen

NTDS, TACAN URN-20, ECM/ESM WLR-6, später SLQ-32

Wasserverdrängung	17.350 ts
Abmessungen	219,8 x 22,3 x 9,4 m
Antriebsanlage	2 Atom-Reaktoren C1W, Getriebe-Turbinen
Leistung in PS/Schrauben	~ 80.000/2
Geschwindigkeit	30,5 kn
Brennstoff	
Fahrbereich	90.000/30; 360.000/20
Besatzung	79/1081

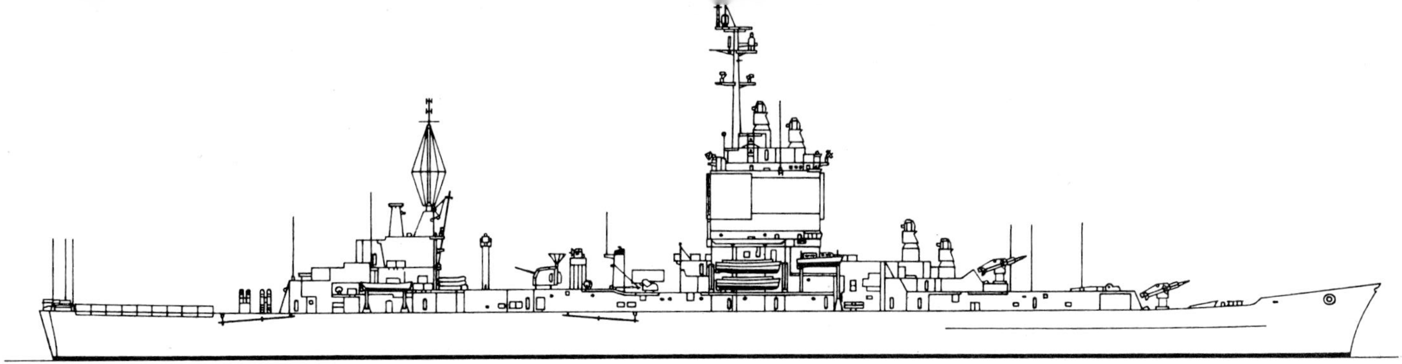

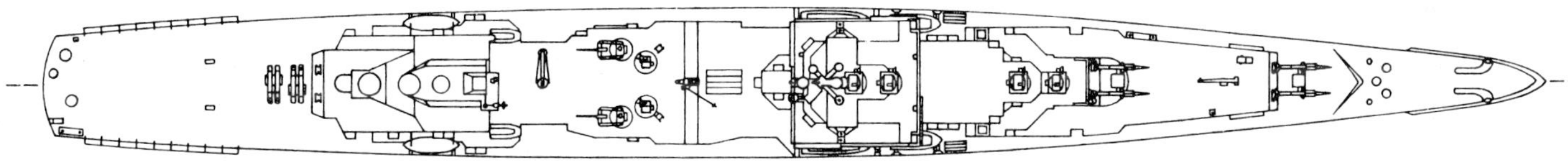

Obere und mittlere Zeichnung: CGN-9 im Zwischenstadium 1980, nach Entfernung der Talos-Anlage; untere Zeichnung: voraussichtliches Aussehen nach „Halbzeit“-Umbau 1980–1983.

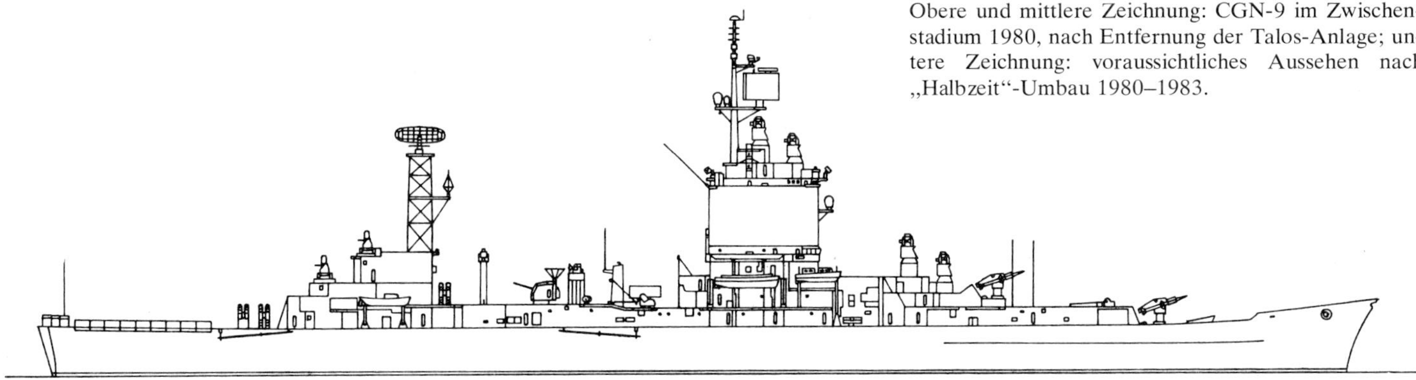

Ein Jahr später: *Long Beach,* aufgenommen vor der Marinewerft Philadelphia am 1. April 1963. SPS-33-Radar, die beiden 12,7-cm-Kanonen und zwei FLG Mk 56 sind nun an Bord. Hinter dem ASROC-Starter sieht man den Rauchabzug der bordeigenen Müll-Verbrennungsanlage. So sah das Schiff – abgesehen davon, daß zwischenzeitlich auch noch SPS-12-Radar angebracht wurde – bis 1976 aus. USN

Long Beach, aufgenommen etwa 1978. Hinzugekommen sind: SPS-12-Radarantenne auf der Mastspitze sowie WLR-6 an den Flanken der Brücke. Geringfügige Änderungen gab es bei den achteren Aufbauten, wo eine seitlich herausragende Plattform mit den beiden kleinen Navigations-Radarantennen entfernt wurde. USN

Wäre *Long Beach* mit den Mitteln der Etatjahre 1977/78/79, wie geplant, zum „Strike Cruiser" umgebaut worden, würde ihr Aussehen wie auf der vorliegenden „artists impression" sein. Dies wäre einem sehr radikalen Umbau gleichkommen, der nach gegenwärtigen Verhältnissen nahezu 1 Milliarde $ verschlungen hätte. Noch von der Regierung des Präsidenten Ford wurde dieser Umbau suspendiert, genau wie später die Produktion der 20,3-cm-Kanone Mk 71 durch die Regierung Carter. USN

An Stelle des suspendierten großen Umbaus wird nun *Long Beach* in zwei Stufen in weit geringerem Maße modernisiert. Während der Werftinstandsetzung 1978/79 wurde die erste Stufe realisiert. Das vorliegende, im Mai 1979 aufgenommene Foto zeigt das Resultat: hierbei wurde lediglich die achtern befindliche Lenkwaffenanlage Talos Mk 12 samt der dazugehörigen Elektronik (SPG-49 und SPW-2) entfernt und an deren Stelle vorerst zwei vierrohrige Harpoon-Starter aufgestellt. In diesem Zustand fuhr CGN-9 im Herbst 1979 in den Einsatz im Westpazifik, bevor es dann ab Sommer 1980 erneut in die Werft ging. USN

▲ Nach der Rückkehr aus dem Westpazifik wurde *Long Beach* Mitte August in San Diego aufgenommen. Das Foto zeigt die Veränderungen an den achteren Aufbauten und die Aufstellung der beiden Mk 141-Starter für Harpoon auf dem Achterschiff. WD

◀ Bei der selben Gelegenheit aufgenommen: die bemerkenswerte Bugansicht dieses Kreuzers, dessen Aufbauten niemals hätten so hoch sein können, wären sie nicht aus Leichtmetall-Legierungen hergestellt. Es ist zu bemerken, daß bereits bei der vorangegangenen Werftzeit die Radaranlage SPS-12 entfernt wurde. WD

Einzelheiten des seinerzeit geplanten Umbaus von *Long Beach* als „Strike Cruiser" sind auch aus der vorstehenden Zeichnung zu erkennen. ▼ AB,III

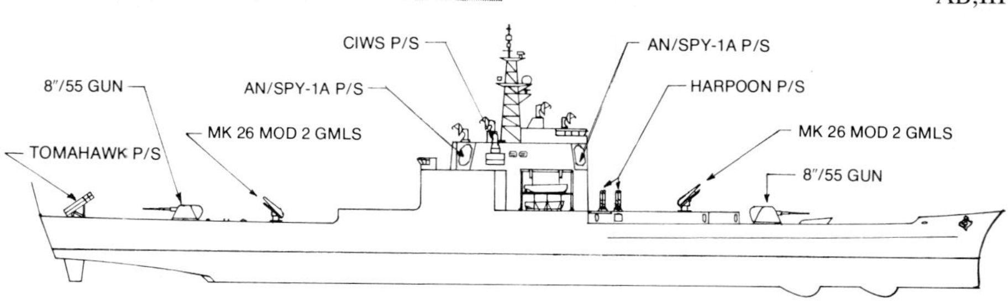

Ab 1980/81 gilt es, von diesen vier Paar Radaranlagen SPS-32/33 endgültig Abschied zu nehmen. Deutlich abgesetzt von den Brückenaufbauten ragt die Antennengruppe von WLR-6. Alle vier FLG SPG-55 sind zu sehen. WD

Zwischen 1980 und 1982 wird nun die zweite Stufe der Modernisierung realisiert. Auf dieser „artists impression“ erkennt man nun die Entfernung von SPS-32/33 und die Installation von SPS-48 und 49, aber auch die Beibehaltung der beiden Mk 10-Starter sowie der 12,7-cm-Geschütze. Neu ist der Vierbein-Gittermast. Zwei weitere Harpoon-Starter sollen aufgestellt werden. USN

1979/80 galt es Abschied zu nehmen von zwei letzten Vertretern der ersten Generation von Lenkwaffenkreuzern, die nach dem Zweiten Weltkrieg durch Umbau entstanden waren. Die beiden Fotos zeigen CG-5 *Oklahoma City,* vormals CL-91, aufgenommen 1979 beim Einlaufen in Kure, Japan. *Oklahoma City* war mehrere Jahre lang permanentes Flaggschiff des Befehlshabers der VII. U. S.-Flotte im Westpazifik, mit Heimathafen Yokosuka. Ende 1979 wurde das Schiff außer Dienst gestellt und durch LCC-19 *Blue Ridge* ersetzt. Damit ging die drittletzte Talos-Anlage außer Dienst. SW

CG Ticonderoga-Klasse

Diese teuersten jemals gebauten Kreuzer der U.S. Navy wurden zunächst als Lenkwaffen-Zerstörer geplant und entworfen. Drei Gründe scheinen dafür maßgebend gewesen zu sein, daß im Januar 1980 die Umklassifizierung zu Lenkwaffen-Kreuzern erfolgte:

- ☐ Einmal fiel es schwer, dem amerikanischen Steuerzahler glaubhaft zu erklären, wieso ein *Zerstörer* über 900 Mio $ kostet.
- ☐ Dann aber erhalten diese Schiffe durch die Verwendung der kombinierten Radar- und FL-Anlage AEGIS in der Tat eine so hervorragende Luftabwehr-Kapazität, daß sie als Hauptschiffe der Flotte angesehen werden können.
- ☐ Auch von der Größe her passen diese Schiffe durchaus in die Kreuzer-Gattung.

Zu ironischen Scherzen aufgelegte Beobachter der amerikanischen maritimen Szene führen noch zusätzlich aus, daß man vermutlich mit dem Terminus „Kreuzer" versuchen möchte, den Sowjets mehr Angst einzujagen, als dies mit dem Wort „Zerstörer" der Fall wäre.

Der Grund dafür, daß die Navy ohne diese so teueren Schiffe in den 80er Jahren und danach nicht auskommen kann, ist vor allem im Vorhandensein des AEGIS-Systems zu suchen. Über dessen Wirksamkeit wird nur in Superlativen berichtet, ist es doch die bisher erste und einzige Anlage, mit der simultan zahlreiche Luftziele erfaßt, verfolgt und als Ziel klassifiziert werden können. Zugleich werden von der Datenverarbeitungsanlage die Schußwerte ausgerechnet und auf die Lenkwaffenanlagen übertragen, von wo aus automatisch die Freigabe der Schiff/Luft-FK des Typs Standard erfolgt. Mit diesen Eigenschaften qualifizieren sich diese AEGIS-Schiffe hauptsächlich für zwei wichtige Aufgaben:

- ☐ weitreichender Schutz von Träger-Kampfgruppen gegen schnelle Luftziele (Flugzeuge und Flugkörper);
- ☐ Einsatz in offensiven Überwasser-Kampfgruppen zur Bekämpfung von gegnerischen Über- und Unterwasser-Streitkräften.

Ein wesentliches Merkmal dieser Klasse ist die weitgehende Anlehnung an den Zerstörer-Entwurf der *Spruance*-Klasse (DD-963), mit dem sie den Schiffskörper und die Art der Antriebsanlage gemeinsam hat. Die Installation der AEGIS-Anlage und der zahlreichen Kampfsysteme bringt die Erhöhung der Wasserverdrängung gegenüber der *Spruance* von mehr als 1000 ts mit sich.

Beim Bau der *Spruance*-Klasse hatte die Ingalls-Werft die volle Verantwortung für die „schlüsselfertige" Übergabe der Schiffe. Das heißt, daß sie nicht nur den eigentlichen Entwurf ausgearbeitet, sondern auch die Beschaffung der Kampfsysteme und ihre Integration in den Entwurf koordiniert hat. Den Entwurf für die CG-47-Klasse arbeitete die Navy in Zusammenarbeit mit der Ingalls-Werft aus. Die Navy hat hier auch die Verantwortung für die Beschaffung der Kampfsysteme, während die Werft die Schiffe zu einem bestimmten Werftkostenpreis baut. Bisher sieht es so aus, als wenn die Navy den Bau dieser Schiffe ohne einen entsprechenden Wettbewerb, also „freihändig" an die Ingalls-Werft vergeben wird, weil diese Werft die erforderlichen Erfahrungen besitzt, um die Schiffe schnellstmöglich bis zur Einsatzfähigkeit zu bringen.

Gewisse Unklarheit herrscht noch über die Anzahl der zu bauenden Schiffe dieser Klasse. Hierbei gibt es verschiedene Alternativen:

- ☐ Wollte man jedem der zwölf Flugzeugträger zwei AEGIS-Begleiter beigeben, so müßten 24 Schiffe fertiggestellt werden.

- □ Setzt man voraus, daß im Laufe der 80er Jahre eventuell vier oder gar sechs der noch neuen Atom-Kreuzer der *California-* und der *Virginia-*Klassen ebenfalls AEGIS erhalten, verringert sich die Zahl der für Trägergruppen erforderlichen CG-47-Schiffe auf 18.
- □ In diesem Falle könnte man – bei Beibehaltung der Zahl 24 – sechs Schiffe bei Überwasser-Kampfgruppen verwenden.

Je Trägergruppe sollen in jedem Fall zwei AEGIS-Schiffe vorhanden sein. Zur Zeit der Abfassung dieser Zeilen sieht es so aus, als beabsichtige zumindest die Navy, bis zum letzten Drittel der 80er Jahre doch 24 Schiffe dieser Klasse zu fordern, bevor evtl. der Entwurf für weitere, möglicherweise etwas kleinere AEGIS-Schiffe ausführungsreif wird.
Interessant sind einige Einzelheiten zu dieser Klasse. So wäre z. B. der Einbau einer 20,3-cm-Kanone Mk 71 (unter der Voraussetzung, daß die gestoppte Weiterentwicklung wieder freigegeben würde!) hier nicht möglich, weil die Ausdehnung der FK-Magazine zu groß ist. Der ASROC-Starter fehlt auf diesen Schiffen, jedoch können AS-

Die Bedeutung dieser neuen, mit dem AEGIS-System ausgestatteten Schiffe für die Flotte wird nicht zuletzt dadurch unterstrichen, daß dieselben – obwohl sie nur wenig schwerer als die DD der *Spruance*-Klasse sind – nunmehr zu Lenkwaffenkreuzern aufgewertet wurden. Die Illustratoren-Zeichnung von CG-47 *Ticonderoga* veranschaulicht deutlich, daß zahlreiche Kampfsysteme in doppelter Anzahl vorhanden sind, so je eine Radargruppe SPY-1A vorn und achtern, ebenso Lenkwaffenstarter Mk 26, die Mk 45-Geschütze, Mk 15-CIWS, Harpoon auf dem Achterschiff, Mk 32-UTR, SLQ-32 (unterhalb von Phalanx zu sehen!), je zwei Radarbeleuchter SPG-62 vorn und achtern. Das generelle Layout der Antriebsanlage entspricht dem der *Spruance*-Klasse; die Abgasrohre wurden bis zur Häßlichkeit verlängert und verändert. Bemerkenswert ist das auf dem Vorschiff festzustellende erhöhte Schanzkleid, durch das die vordere Waffengruppe vor überkommenden Brechern erfolgreicher geschützt werden soll. Ing

Während der Ausdockung am 25. 4. 1981 entstand dieses erste Foto von CG-47 *Ticonderoga* in seinem Element. Im Gegensatz zum seinerzeitigen Leitschiff *Spruance* (DD-963) kam *Ticonderoga* ohne Geschütze und Lenkwaffenstarter zu Wasser. Bemerkenswert sind die Öffnungen am Unterbau des Brückenhauses, in die während der Ausrüstung die Allzweck-Antennen SPY-1 installiert werden. Die gegenüber *Spruance* verlängerten Schornstein-Rohre fehlen hier noch, dagegen befindet sich – seitlich des Mittelaufbaus zu erkennen – bereits die Konsole neben dem vorderen Schornstein, auf dem später CIWS Mk 15 ruhen wird. Ing

ROC-Raketentorpedos über den vorderen Starter Mk 26 Mod. 1 gestartet werden. Im vorderen FK-Magazin werden 20 ASROC geführt, so daß noch Platz für 24 Standard-FK übrigbleibt. Die Kapazität des achteren FK-Magazins reicht für 44 Standard-FK. Die Verwendung der Eloka-Anlage SLQ-32 ist gewiß. Dagegen scheint festzustehen, daß die beiden Schiffsgeschütze vom Kaliber 12,7 cm hier keine Fla-Komponente haben werden. Die Geschütz-FL-Anlage Mk 86 Mod. 9 verfügt hier über keinen SPG-60 (STIR)-Beleuchter und die vier FL-Anlagen Mk 99 mit ihren Beleuchtern SPG-62 sind nur mit den Lenkwaffenanlagen gekoppelt. Beschlossen ist auch die Verwendung von sogenannten VLS-Lenkwaffen-Anlagen (VLS = *vertical launching system),* bei denen unter Wegfall der Starter die FK senkrecht aus Silos verschossen würden. Da die Erprobung dieses Systems bereits im Gange ist, kann man davon ausgehen, daß in dieser Hinsicht der CG-47-Entwurf entsprechend geändert wird.

Das wesentliche äußere Merkmal der AEGIS-Anlage sind die vier nicht rotierenden Radaranlagen SPY-1 in Phasen-Anordnung, die einen ziemlichen Platzbedarf haben und die Gestaltung der Schiffsaufbauten maßgeblich beeinflussen. Die Brücke ist daher höher als bei der *Spruance*-Klasse. Und zum Unterschied von dieser sind hier die aus dem Schornsteinmantel herausragenden Abgasrohre etwas länger, was der Schönheit der Schiffe nicht unbedingt dienlich ist.

Dank der AEGIS-Anlage werden die Gesamtbaukosten dieser Schiffe enorm hoch sein. Die Bauwerft Ingalls erhält lt. Bauvertrag für CG-47 die Summe von 287,8 Mio $. Nach Fertigstellung wird dieses Leitschiff möglicherweise nahezu eine Milliarde $ kosten, wobei allerdings die Kosten für die Entwicklung enthalten sind. Der Bau der ersten Folgeschiffe wird aber auch jeweils mehr als 1 Milliarde $ verschlingen.

CG	Lenkwaffenkreuzer			Klasse: *Ticonderoga*		aktiv: Total:
Kenn-Nr.	Schiffsname	Bau-werft	Etat	fertig-gest.	Sta-tus	**Kampfsysteme**
47	*Ticonderoga*	I 1	78	83		*Bewaffnung*
48		I 1	80			
49		I 1	81			2 x 12,7 cm-L/54 – Mk 45
50		I 1	81			2 x 20 mm-CIWS – Mk 15 Phalanx

Bewaffnung (Fortsetzung):

2 x 12,7 cm-L/54 – Mk 45
2 x 20 mm-CIWS – Mk 15 Phalanx
2 Starter$_2$ Mk 26 Mod.1 für Standard-MR (der vordere auch für ASROC)
2 Harpoon-Starter$_4$ Mk 141
6 UTR – Mk 32
2 H. LAMPS-SH-60B

ab CG-51 möglicherweise VLS-FK-Magazin an Stelle von Mk 26 Starter

Elektronik

Radar- und Sonaranlagen

Radar: SPS-55,
evtl. SPS-59(V)
4 SPY-1A

Sonar: SQS-53
TACTAS SQR-19

Feuerleitgeräte

1 AEGIS Mk 1
1 Mk 86 Mod. 9 f. Geschütze
4 Mk 99 f. Lenkwaffen mit SPG-62
1 Mk 116 f. U-Jagd

Übrige Anlagen

TACAN URN-20,
ECM/ESM SLQ-32, SLQ-25

Wasserverdrängung	8.910 ts
Abmessungen	171,7 x 16,8 x 10,2 m
Antriebsanlage	Gas-Turbinen
Leistung in PS/ Schrauben	80.000/2
Geschwindigkeit	+ 30 kn
Brennstoff	
Fahrbereich	6.000/20
Besatzung	29/289; 33/327 mit Verbandsstab

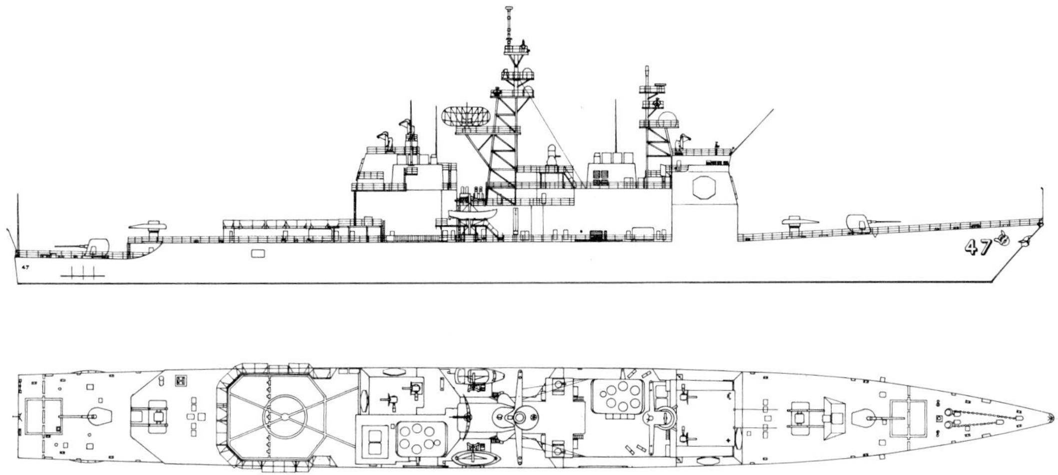

Zeichnung: A. D. Baker III; voraussichtliches Aussehen der ersten 4–5 Einheiten der CG-47-Klasse; Folgeschiffe werden vermutlich VLS-Startanlagen erhalten, unter Wegfall der beiden Starter Mk 26.

CG Belknap-Klasse

Die „single-end“-Anordnung der Lenkwaffenanlage und die Verwendung einer einzelnen Mk 42-Kanone des Kalibers 12,7 cm L/54 haben Schiffe dieser Klasse mit CGN-35 *Truxtun* gemeinsam, nur – wie dort schon erwähnt – in entgegengesetzter Aufstellung: hier befindet sich der Starter Mk 10 Mod. 7 vorne auf der Back, während das Geschütz achtern aufgestellt ist. Die ursprünglich auf diesen Schiffen aufgestellten Mk 42-Geschütze gehörten dem Modell 7 an; sie entstammten dem Vorrat derjenigen Geschütze, die ab Anfang der 60er Jahre von den vier Trägern der *Forrestal*-Klasse entfernt wurden.
Die bei dieser Klasse eingesetzte größere Sonaranlage SQS-26BX und andere Verbesserungen bewirkten, daß diese Schiffe etwas größer und schwerer wurden, als die der *Leahy*-Klasse. Auch hier wurden die UTR Mk 32 in die Aufbauten eingebaut, so daß hinter den paarweise übereinander verlegten Rohren ein Nachladeraum vorgesehen werden konnte. Der kombinierte ASROC/Terrier-Starter Mk 10 wurde inoffiziell auch unter der Bezeichnung ASTER-Starter bekannt. Bei Fertigstellung hatten alle Einheiten beiderseits eine Kanone des Kalibers 7,6 cm L/50 Mk 34. An deren Stelle traten seit Ende der 70er Jahre zunehmend Rohr-Starter Mk 141 für Harpoon-FK. Das FK-Magazin faßt 40 Standard SM-1 ER und 20 ASROC. Der Hangar ist zur Unterbringung eines Hubschraubers vom Typ SH-2 ausgelegt. 1978 wurde beschlossen, daß diese Hubschrauber (auch als LAMPS 1 bezeichnet) weiterhin beibehalten werden, auch nachdem SH-60B (LAMPS III) frontreif wird. Die Elektroanlage dieser Schiffe hat eine Leistung von 6900 kW. Während des Baues erhielten diese Schiffe beidseitig ein Torpedorohr Mk 25 für drahtgesteuerte U-Jagd-Torpedos, dies ebenfalls in den achteren Aufbauten. Diese Rohre wurden jedoch bald wieder entfernt.
Merkwürdigerweise verlautete von offizieller Seite kaum jemals etwas über die Baukosten dieser Schiffe. Der Schiffskörper dieser Einheiten wurde aus Stahl gefertigt, die Aufbauten aus Leichtmetall-Legierungen. Daß eine solche Praxis neben den Vorteilen der Gewichtseinsparung auch Nachteile haben kann, erwies sich in tragischer Weise, als am 22. November 1975 im Ionischen Meer das Leitschiff *Belknap* mit dem Flugzeugträger *John F. Kennedy* kollidierte und dabei unter den Backbord-Überhang dieses Trägers kam. Durch die Streifbewegung bei der Berührung der beiden Schiffe wurden sofort die eingeschalteten elektronischen Anlagen erfaßt. Es entstand eine gewaltige Funken-Entwicklung, durch die ein Großbrand entstand, bei dem die Leichtmetall-Aufbauten viel schneller zum schmelzen kamen, als wenn sie ebenfalls aus Stahl gewesen wären. Während die Einrichtungen im Schiffsinneren bei dieser Katastrophe kaum nennenswert in Mitleidenschaft gezogen wurden und auch die beiden Haupt-Waffenanlagen – Lenkwaffenstarter und Mk 42-Kanone – unbeschädigt blieben, wurden die gesamten Aufbauten samt allen dort angebrachten elektronischen Anlagen ein Opfer der Flammen. Acht Besatzungsangehörige fanden damals den Tod.*

Über zwei Jahre danach lag *Belknap* in einem Becken der Marinewerft in Philadelphia, angeblich so lange, bis die Überlegungen zur Umplanung bei der Wiederherstellung des Schiffes beendet waren. Mit den eigentlichen Reparaturarbeiten begann man erst am 8. Januar 1978. Es gab ausgiebige Diskussionen darüber, ob man den Verlust der Aufbauten nicht dazu nutzen sollte, das Schiff in modernerer Weise wieder instandzuset-

* Der Verfasser hat über den folgenschweren Unfall der *Belknap* im Jahre 1975 zweimal ausführlicher berichtet, und zwar in Heft 1 und Heft 11/1976 der MARINE-RUNDSCHAU.

zen, ggf. sogar unter Einschluß von AEGIS-Anlagen. Indessen, wie so oft: Man hat zwei Jahre dafür gebraucht, um festzustellen, daß man für keinerlei Experimente auf diesem Gebiet ausreichend Geld hat und daß *Belknap* demzufolge – zumindest äußerlich – nahezu genauso wiederhergestellt würde, wie vor dem Unfall. Es wurden allerdings Modernisierungen bei den Kampfsystemen vorgenommen. An Stelle von SPS-37- wurde SPS-49-Radar installiert, vorn kam SPS-48C zum Einsatz; all dies war auch für CG-27, 28 und 30 ohnehin geplant. Das Schiff erhielt in der Werft mit Mod. 10 die neueste Version der Mk 42-Kanone. *Belknap* kam nach der Reparatur erst Ende April 1980 wieder in Dienst. Das Schiff behielt seinen Starter Mk 10; die dazugehörige FL-Anlage Mk 76 wurde zum Einsatz von FK des Musters Standard SM-2 ER modifiziert. Die bisherige Sonaranlage SQS-26BX wurde gegen die verbesserte Version SQS-53A ausgetauscht.
Wainwright war mit seinem Mk 10-Starter Testschiff für den Einsatz der Standard SM-2. Es bestehen Pläne, zumindest noch *Wainwright,* wahrscheinlich jedoch alle weiteren Schiffe dieser Klasse möglicherweise nach Muster *Belknap* zu modernisieren. Hier soll später u. a. auch die neue Radaranlage SYS installiert werden.
Sterett war vermutlich die erste Einheit dieser Klasse, die etwa 1977 zwei Vierrohrstarter für Harpoon aufzuweisen hatte, und *Fox* fungierte ebenfalls 1977 als Versuchsschiff für den Bordeinsatz von Tomahawk-Marsch-FK, wobei auf dem Achterschiff ein Doppel-Startkanister angebracht war. Nicht nur *Belknap,* sondern gewiß auch alle Schwesterschiffe werden im Laufe der nächsten Zeit mit Harpoon sowie mit CIWS Mk 15 Phalanx ausgestattet, nachdem die 7,6-cm-Geschütze entfernt worden sind. *Fox* war 1971 das erste Schiff, das zu Versuchszwecken gleich drei LAMPS-I-Hubschrauber an Bord nahm; dies waren damals die noch nicht modifizierten Maschinen des Typs UH-2D, die später als SH-2D und SH-2F reklassifiziert wurden.

CG-26 *Belknap,* das Leitschiff der gleichnamigen Klasse von ehemaligen DLGs, präsentiert sich hier in Breitseite im Mittelmeer am 7. September 1973, also noch vor dem verhängnisvollen Zusammenstoß mit dem Flugzeugträger *John F. Kennedy* im November 1975, bei dem die gesamten Aufbauten ausbrannten. Auf der Plattform befindet sich ein LAMPS I-Hubschrauber des Typs SH-2. Beachtenswert ist auf diesen Schiffen die Schräge des hinter dem Mk 10-Starter befindlichen FK-Magazins für Standard/ASROC-FK. Durch die Einführung der gemischten Sortierung im Magazin konnte auf die Aufstellung eines gesonderten ASROC-Starters verzichtet werden. Gr

CG	Lenkwaffenkreuzer	Klasse: *Belknap*	aktiv: 9	Total: 9

Kenn-Nr.	Schiffsname	Bauwerft	Etat	fertiggest.	Status
26	*Belknap*	B 1	61	64	Aa
27	*Josephus Daniels*	B 1	61	65	Aa
28	*Wainwright*	B 1	61	66	Aa
29	*Jouett*	P 3	62	66	Pa
30	*Horne*	S 1	62	67	Pa
31	*Sterett*	P 3	62	67	Pa
32	*William H. Standley*	B 1	62	66	Aa
33	*Fox*	T 2	62	66	Pa
34	*Biddle*	B 1	62	67	Aa

Wasserverdrängung	7.930 ts
Abmessungen	166,7 x 16,7 x 8,7 m
Antriebsanlage	Getriebe-Turbinen, 4 Kessel
Leistung in PS/ Schrauben	85.000/2
Geschwindigkeit	34 kn
Brennstoff	
Fahrbereich	2.500/30; 7.100/20; 8.000/14
Besatzung	31/387

Kampfsysteme

Bewaffnung

1 x 12,7 cm-L/54 – Mk 42
1 Starter$_2$ Mk 10 Mod. 7 für Standard-ER/ASROC
1 Starter$_4$ Mk 141 Mod. 0 für Harpoon
6 UTR – Mk 32
1 H. LAMPS-SH-2

für 2 x 20 mm-CIWS Mk 15 Phalanx vorgesehen;
ab 1983 Tomahawk.

Elektronik

Radar- und Sonaranlagen

Radar:	SPS-10F
29, 31-34:	SPS-40A
übrige:	SPS-43 m. Antenne SPS-37 (26 hat SPS-49)
alle:	SPS-48
Sonar:	SQS-26, 26 hat SQS-53A

Feuerleitgeräte

1 Mk 11 Mod. 0
2 Mk 76 Mod. 4/6 f. Lenkwaffen
1 Mk 68 Mod. 8 f. Geschütz
1 Mk 114 Mod. 9/12 f- U-Jagd

26 hat 2 Mk 76, Mod. 9,
1 Mk 116, Mod. 3 und
1 Mk 68, Mod. 16

Übrige Anlagen

NTDS, TACAN URN-20, ECM/ESM WLR-6 bzw. SLQ-32, 26: SLQ-25

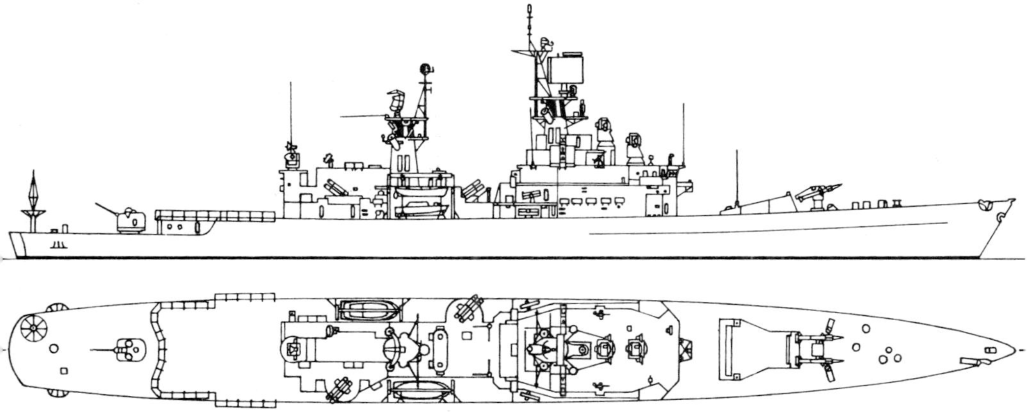

CG-31, Aussehen ab 1980; Einheiten mit Phalanx haben an der Steuerbordseite einen Harpoon-Starter weniger.

Mitte 1981 verfügen weit über 100 US-Überwasserschiffe über je zwei Harpoon-Kanisterstarter Mk 141, so auch USS *Wainwright* (CG-28), hier aufgenommen am 13. April 1981 im Mittelmeer. Go

Es fehlte an Mitteln, um die völlig zerstörten Aufbauten der *Belknap* in neuer, modernerer Form zu erneuern, oder gar, um AEGIS zu installieren. – Eine Maßnahme übrigens, die die Fertigstellung des reparierten Schiffes noch viel länger hinausgezögert hätte. So präsentiert sich *Belknap* hier nach erfolgter Reparatur am 7. April 1980 auf dem Delaware-Fluß während der Abnahme-Fahrt. Die Aufbauten wurden in der alten Form wiederhergestellt; einzige sichtbare Neuerungen bestehen im Weglassen der Geschützwannen, im Vorhandensein von SPS-49-Radar, von Eloka-Anlage SLQ-32, der Satelliten-Verbindungsantennen OE-82 und der Kunststoff-Funkantennen am Heck. Sowohl Phalanx Mk 15 wie auch die Harpoon-Starter fehlen noch. Auf dem FK-Magazin vor der Brücke ist das Munitions-Übernahmegerät ausgefahren. USN

Dieses achterliche Detailbild der *Belknap* entstand am 12. April 1981 in Norfolk. Inzwischen erhielt das Schiff auch zwei Geschützanlagen Mk 15 Phalanx, die – mit weißen Radarhauben – deutlich wahrgenommen werden können. Es erscheint jedoch nicht mehr ganz sicher, ob sich daneben auch noch Harpoon-Starter an Bord befinden, denn hinter den Unterkonstruktionen kann man keine Startrohre entdecken. Ebenso deutlich wahrnehmbar sind die Antennengruppen von SLQ-32 und von WSC-3 (OE-82). JK

CG-27 *Josephus Daniels,* aufgenommen am 19. November 1976 vor Toulon. Inzwischen wurde auf dem achteren Mack die Radarantenne SPS-49 angebracht. P+L

Detailfoto der vorderen Lenkwaffenanlage Mk 10 samt FK-Magazin und Vorderfront der Brücke von CG-28 *Wainwright.* Die beiden Schrägstutzen, die unterhalb der Übungs-FK zu beobachten sind, stellen Austritte einer starken Druckluftanlage dar, mit der nicht funktionierende FK vom Starter „weggepustet" werden, um schnell dem nachfolgenden Platz zu machen. Te

Hier wurde CG-28 *Wainwright* am 16. Februar 1980 im Mittelmeer vor Taormina aufgenommen. Diejenigen Schiffe der Klasse, die mit *Wainwright* noch über SPS-37-Radar verfügen, dürften demnächst auf SPS-49 umgerüstet werden. Man erkennt auf der Vorderkante der Brücke die Satellitenantenne OE-82. Die beiden 7,6-cm-Geschütze sind bereits entfernt, die Harpoon-Starter dagegen noch nicht installiert worden. Gr

CG-32 *William H. Standley,* aufgenommen 1976 vor Villefranche an der französischen Riviera. Hier findet man SPS-40-Radar auf dem achteren Mack, während CG-26, 27, 28 und 30 ursprünglich noch SPS-37 hatten. P+L

Oben: CG-*Fox,* damals noch DLG-33 *Fox,* bei Geschwindigkeits-Probefahrt im Jahre 1966. Die hier noch in den Wannen sichtbaren 7,6-cm-Einzelgeschütze werden allesamt entfernt und an deren Stelle Harpoon-Vierfachstarter Mk 141 aufgestellt. TSh

Mitte: CG-34 *Biddle,* das jüngste Schiff der *Belknap*-Klasse, aufgenommen am 24. Februar 1979 vor Genua. Unterhalb des vorderen Mack (über den UTR Mk 32) sieht man den Starter Mk 28 für lange Düppelraketen. Gh

Unten: Detailfoto der achteren Aufbauten der *Biddle:* achterer Mack, Funkantenne und Rückseite des FL-Gerätes Mk 68 mit aufgesetzter Radarantenne SPG-53. Das Bootsdavit ist leer, die Rettungsflöße hängen an der Außenwand des Hangars. Das Foto entstand im Mai 1973 in Norfolk. Pe

33

34

CG Leahy-Klasse

Der Entwurf für diese z. Zt. kleinsten Lenkwaffenkreuzer der U. S. Navy stammt aus den ausgehenden 50er Jahren. Zunächst als *Frigates* (DLG) klassifiziert, wurden auch diese Schiffe am 30. Juni 1975 vom damaligen *Chief of Naval Operations,* Admiral Holloway, als Kreuzer reklassifiziert. Mit dieser Klasse kamen zugleich zwei Neuerungen im Kriegsschiffsbau auf:

- ☐ die Verwendung von Mast/Schornstein-Kombinationen, die fortan als „Mack" (= Verballhornung der Worte *Ma*st und Sta*ck*) in die Terminologie eingingen, und
- ☐ die „double-end"-Anordnung von Lenkwaffen-Anlagen, d. h. die Aufstellung je einer Anlage an beiden Enden des Schiffes, vorn und achtern.

Wie man vernimmt, sollen diese Schiffe die größte Reichweite unter allen mit Dampfantrieb und Getriebe-Turbinen ausgestatteten Überwasserschiffen der USN haben. Die Leistung der elektrischen Anlage beträgt hier 5 100 kW.
Nur wenige Jahre nach der Fertigstellung wurden zwischen 1968 und 1973 sämtliche Einheiten erstmalig modernisiert. Hierbei erhielten sie SPS-48-Radar an Stelle des vormaligen SPS-39 bzw. SPS-52. Installiert wurden FL-Anlagen Mk 76, mit denen auch FK des Typs Standard SM-1 ER geleitet werden können. Außerdem erhielten alle Einheiten dabei NTDS (= *Naval Tactical Data System).* Die Mittschiffsaufbauten wurden erweitert, wodurch mehr geschlossener Raum entstand. Die durchschnittlichen Werftkosten dieser ersten Modernisierung betrugen je Schiff ca. 8 Mio $. Insgesamt scheinen die Modernisierungskosten ca. 36,1 Mio $ je Schiff betragen zu haben. Über die ursprünglichen Baukosten verlautete bisher merkwürdigerweise nichts.
Zwischenzeitlich zeichnet sich die zweite Phase der Modernisierung dieser Klasse ab. Darunter fallen u. a. die Zusatzausrüstung mit CIWS Mk 15 Phalanx, Ausbau der 7,6-cm-Doppellafetten, Aufstellung von Harpoon-Startern Mk 141, fortschreitende Umstellung auf FK des Typs SM-2 ER, Einbau von neuesten Eloka-Anlagen und Austausch von SPS-37- gegen SPS-49-Radar. Als erstes Schiff erhielt *Dale* etwa 1976 SPS-49 auf dem achteren Mack. Außerdem sollen ab 1983 die alten Sonaranlagen des Typs SQS-23 durch Einbau von SQQ-23 PAIR auf den neuesten Stand gebracht werden. Vorgesehen ist auch die Installation des Radar-Zusatzsystems SYS.
Leahy fungierte ab Herbst 1975 eine Zeit lang als Plattform für Versuche mit den beiden ECCM-Anlagen SLQ-31 und SLQ-32, von denen an jeder Seite des vorderen

CG-19, Aussehen 1981 mit Harpoon und SPS-49-Radar.

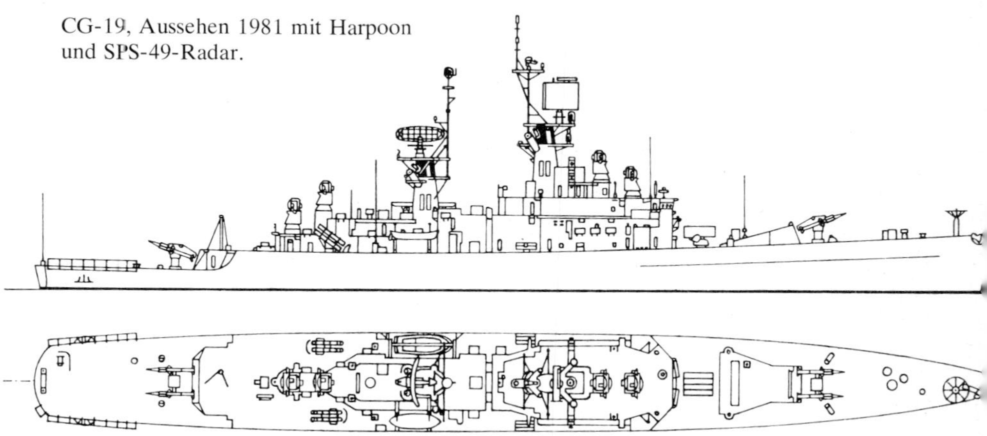

CG	Lenkwaffenkreuzer			Klasse: *Leahy*		aktiv: 9 Total: 9
Kenn-Nr.	Schiffsname	Bau-werft	Etat	fertig-gest.	Sta-tus	**Kampfsysteme**
16	*Leahy*	B 1	58	62	Pa	
17	*Harry E. Yarnell*	B 1	58	63	Aa	
18	*Worden*	B 1	58	63	Pa	
19	*Dale*	N 5	59	63	Aa	
20	*Richmond K. Turner*	N 5	59	64	Aa	
21	*Gridley*	P 6	59	63	Pa	
22	*England*	T 2	59	63	Pa	
23	*Halsey*	S 1	59	63	Pa	
24	*Reeves*	P 3	59	64	Pa	

Bewaffnung

1 $Starter_2$ Mk 10 Mod. 5 vorn
1 $Starter_2$ Mk 10 Mod. 6 achtern
beide für Standard-ER
1 $ASROC_8$ – Mk 16
6 UTR – Mk 32

Elektronik

Radar- und Sonaranlagen

Radar: alle: SPS-10, SPS-53
19: SPS-49
übrige: SPS-43 mit SPS-37 Antenne
alle: SPS-48

Sonar: SQQ-23

Feuerleitgeräte

1 Mk 11 Mod. 2
4 Mk 76 Mod. 5/6 für Lenkwaffen
1 Mk 114 Mod. 20 für U-Jagd

Übrige Anlagen

NTDS, TACAN URN-20, ECM/ESM WLR-6

Wasserverdrängung	7.800 ts
Abmessungen	162,5 x 16,8 x 7,9 m
Antriebsanlage	Getriebe-Turbinen, 4 Kessel
Leistung in PS/Schrauben	85.000/2
Geschwindigkeit	34 kn
Brennstoff	1.800 ts
Fahrbereich	2.500/30; 8.000/14
Besatzung	37/414

Macks eine Antennengruppe aufgestellt wurde. Nach Vergleichsversuchen fiel dann bekanntlich die Wahl auf SLQ-32, die Anlage, die fortan in zahlreichen Exemplaren zum Bau in Auftrag gegeben wurde. Ab 1980 beginnt die Umrüstung auf FK des Typs Standard SM-2 ER, *Harry E. Yarnell* soll als erste Einheit umgerüstet werden. Die vorstehend erwähnten Ergänzungs-Anlagen werden in der Reihenfolge der Lieferung nacheinander während der Werftliegezeiten installiert.

CG-Leahy, damals noch DLG-16 *Leahy,* das Leitschiff der gleichnamigen Klasse, aufgenommen am 5. Mai 1974 während einer Einsatzfahrt im Mittelmeer. Das Arrangement der Waffenanlagen entspricht dem auf CGN-25 *Bainbridge.* AF

Im November 1977 besuchte CG-17 *Harry E. Yarnell* Hamburg; an Bord war der damalige Befehlshaber der II. U. S.-Flotte, Vice-Admiral W. McDonald. Te

Links: Bei der selben Gelegenheit aufgenommen: Details der vorderen Aufbauten von CG-17. Der vordere Mack beherbergt SPS-48-Radar und ECM-Antennen, seitlich davon die Antennengruppe der ECCM-Anlage WLR-6, unter dem Baldachin der Drillingssatz mit UTR Mk 32. Te

Rechts: Zuoberst auf dem vorderen Mack von CG-17 findet man SPS-10-Radar, auf dem achteren Mack TACAN URN-20. Im Bild links gerade noch sichtbar ist einer von vier Radarbeleuchtern SPG-55. Te

Dieses Foto von – damals – DLG-18 *Worden* entstand im Juli 1963 und zeigt das Aussehen aller Schiffe dieser Klasse vor der Ende der 60er Jahre durchgeführten Modernisierung der Kampfsysteme. Auf dem vorderen Mack befindet sich SPS-39-Radar, auf dem achteren SPS-37. Zwei Schiffe dieser Klasse jedoch – darunter auch *Worden* – hatten nur zwei anstatt vier Radarbeleuchter SPG-55. Wegen des Vorhandenseins je einer Lenkwaffenanlage Mk 10 an jedem Ende des Schiffes wurden diese Schiffe im Volks-Jargon der Navy als „double-enders" bezeichnet. USN

Zum Vergleich nochmal *Worden,* aufgenommen im Januar 1971 nach beendeter Modernisierung. Das Mittelschiff und die Brücke erhielten mehr geschlossenen Raum, die Macks neue, z.T. verlängerte Maststengen. An Stelle von SPS-39-Radar findet man jetzt SPS-48; SPS-37 verblieb jedoch. Wegen des Zugangs von Aufbauten erscheint nun der achtere Mack kürzer. Hier wurden die beiden fehlenden SPG-55 nachinstalliert. BIW

Der Austausch der betagten Radaranlagen SPS-37 begann etwa 1976, als CG-19 *Dale* die erste *Serien*-Ausfertigung von SPS-49 erhielt. Das Foto entstand am 5. Juli 1976 vor New York. Te

Bei der selben Gelegenheit am 5. Juli 1976 aufgenommen: das Mittelschiff von CG-20 *Richmond K. Turner.* Die beiden Starter Mk 10 sind leer. Te

Richmond K. Turner nach der Flottenschau im Hafen von New York. Blick auf die beiden SPG-55-Geräte und die Steuerbord-7,6-cm-Lafette in der angedeuteten Wanne. Nach Entfernung der Doppelafette wird hier beiderseits ein Harpoon-Starter Mk 141 seinen Platz finden. Te

Der damalige DLG-23 *Halsey* war das andere Schiff der *Leahy*-Klasse, das nur zwei Radarbeleuchter SPG-55 an Bord hatte. Hier präsentiert sich das Schiff im Dezember 1972 nach Beendigung der großen Modernisierung, und man sieht, daß auch hiernach – im Gegensatz zu *Worden* – keine weiteren SPG-55 dazugekommen sind. BIW

Bug- und Heck-Ansicht von damals DLG-24 *Reeves,* aufgenommen unmittelbar nach der Modernisierung am 7. Juli 1970. Eine „Baubude“ befindet sich noch auf dem Achterschiff. Auffallend ist hier die damals an Stelle der SPS-52-Radarantenne installierte Antenne SPS-48 sowie die beiden seitlich des vorderen Macks angebrachten Eloka-Antennengruppen der Anlage WLR-6. Die Nachrichtenverbindungsantenne auf der Back befindet sich außerhalb der Schiffsachse. BIW

CA Des Moines-Klasse

Dies sind die beiden letzten, nunmehr in Reserve liegenden konventionell bewaffneten Schweren Kreuzer der USN, die noch über je neun 20,3-cm-Rohre verfügen, die in voll-automatischen Drillingstürmen untergebracht sind. Diese beiden Schiffe zusammen mit dem dritten Schwesterschiff *Newport News* (CA-148) lösten sich in den 50er Jahren als Flaggschiffe der 6. Flotte im Mittelmeer ab. *Newport News*, die bei einer Explosion vor Vietnam am 1. Oktober 1972 die Funktionsfähigkeit des vorderen überhöhten 20,3-cm-Turmes einbüßte, war außerdem – bis zur Außerdienststellung mehrmals – auch Flaggschiff der 2. Flotte. Die Streichung erfolgte am 30. Juni 1978. Zwei Jahre danach befand sich jedoch das Schiff in Philadelphia unter den beiden Schwesterschiffen, jedoch noch im Besitz aller Radarantennen.

Des Moines und *Salem* dagegen wurden bereits 1959 bzw. 1961 zur Reserveflotte verlegt. Anfang 1980 wurden aus Anlaß der Afghanistan-Krise in der Fachpresse Forderungen laut, daß angesichts des Mangels an geeigneten Schiffen für „showing-the-flag"-Aufgaben („die auch wie Kriegsschiffe aussehen!") diese beiden Kreuzer reaktiviert werden, um endlich einmal wieder schwere Geschütze für die Landungs-Unterstützung zur Verfügung zu haben. Diese Stimmen verdichteten sich noch Anfang 1981.

Der Entwurf für diese Schiffe stammt noch aus dem Zweiten Weltkrieg; die Schiffe mußten größer werden als ihre Vorgänger, weil die größeren 20,3-cm-Türme mehr Platz beanspruchten. Alles in allem sollten 12 Schiffe gebaut werden, der Bau von neun Einheiten (CA-140 bis 143 und CA-149 bis 153) wurde jedoch bei Kriegsende suspendiert. Im Gegensatz zu *Des Moines* ist *Salem* voll klimatisiert.

Seit bereits 20 Jahren befindet sich das Leitschiff der Klasse von seinerzeit drei Schweren Kreuzern, CA-134 *Des Moines*, bei der Reserveflotte. Obwohl kaum Chancen bestehen, daß das Schiff jemals wieder reaktiviert wird, scheut sich offensichtlich der Kongreß, diese allerletzten Schiffe mit den für die Landungsunterstützung so wichtigen 20,3-cm-Geschützen zur Verschrottung freizugeben. Auf dem Achterschiff sieht man noch zwei Wannen mit 7,6-cm-Geschützen. Mit dem Bordkran werden Verkehrsboote vom Deck in den darunter liegenden Heck-Hangar befördert. Auf dem vorderen Pfahlmast befand sich damals SPS-6-Radar, auf dem achteren SP. INRO

CA	Schwere Kreuzer			Klasse: *Des Moines*		in Reserve: 2 Total: 2
Kenn-Nr.	Schiffsname	Bau-werft	Etat	fertig-gest.	Sta-tus	**Kampfsysteme**
134	*Des Moines*	B 4	42	48	Ar	
139	*Salem*	B 4	42	49	Ar	

Bewaffnung

9 x 20,3 cm-L/55_3 – Mk 16
12 x 12,7 cm-L/38_2 – Mk 32
16 x 7,6 cm-L/50_2 – Mk 32

Elektronik

Radar- und Sonaranlagen

Radar:
zuletzt beide: SPS-10, SG-6, SPS-8A
139 dazu: SPS-12

Feuerleitgeräte

134:
2 Mk 54 Mod. 1/10 f. 20,3 cm
4 Mk 37 Mod. 50/51/96 f. 12,7 cm
4 Mk 56 Mod. 15 } f. 7,6 cm
2 Mk 63 Mod. 23 }

139:
2 Mk 54 Mod. 0/1
4 Mk 37 Mod. 39/84/96
4 Mk 56 Mod. 15
2 Mk 63 Mod. 11

Übrige Anlagen

TACAN URN-6

Wasserverdrängung	21.500 ts
Abmessungen	218,4 x 23,3 x 7,9 m
Antriebsanlage	Getriebe-Turbinen, 4 Kessel
Leistung in PS/Schrauben	120.000/4
Geschwindigkeit	33 kn
Brennstoff	
Fahrbereich	
Besatzung	~ 1.300

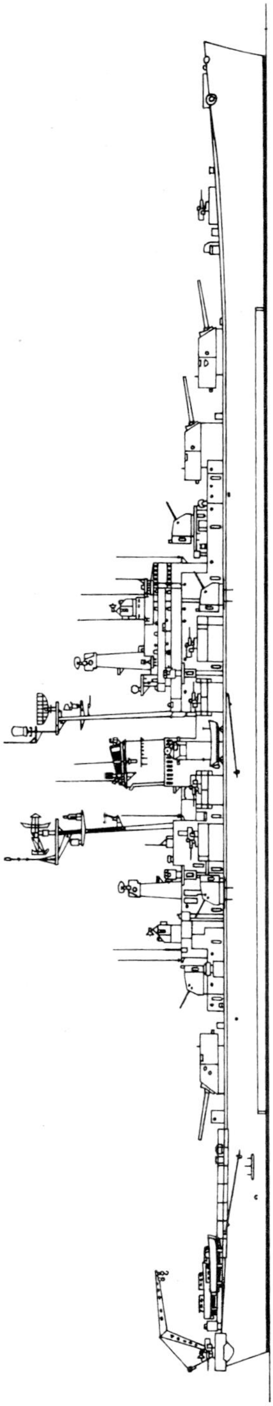

CA-139, Aussehen 1959.

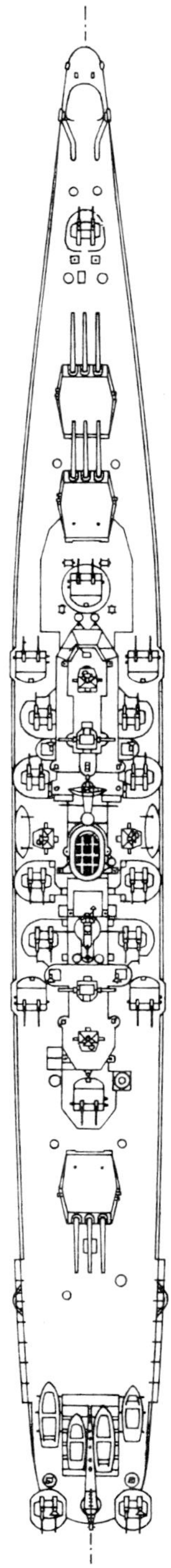

CA-134, Aussehen 1961.

Die ausgesprochen harmonische Linienführung dieser letzten wirklich schönen Kriegsschiffe wird aus dem Luftbild von CA-139 *Salem* deutlich, das am 6. Juni 1952 aufgenommen wurde. Bemerkenswert ist der damals vorhandene dunkle Anstrich der Horizontalflächen von Backdeck und Geschütztürmen. *Salem* ging bereits Anfang 1959 außer Dienst. USN

Das dritte Schiff der Klasse, CA-148 *Newport News,* diente bis zum Jahre 1975. Es wurde 1962 modifiziert, um als Flaggschiff der II. und zeitweise der VI. Flotte mehr Stabsangehörige aufnehmen zu können. Das Foto zeigt *Newport News* auf der Elbe beim Verlassen Hamburgs nach einem Besuch im Jahre 1966. Zu erkennen sind die Radarantennen SPS-37, 8A und 6. Te

Eines der letzten amtlichen Fotos der *Newport News,* aufgenommen im Oktober 1974 im Atlantik, wo das Schiff jahrelang Flaggschiff des Befehlshabers der II. U. S.-Flotte war. Nach der zwei Jahre zuvor vor Vietnam erfolgten Explosion im Innern des Turmes B wurde das zerstörte mittlere 20,3-cm-Rohr entfernt und der Turm B stillgelegt. Wie zu sehen ist, wurden kurz vor der Außerdienststellung auch die letzten 7,6-cm-Geschütze entfernt. Drei Jahre nach der Außerdienststellung wurde *Newport News* gestrichen. USN

Ein aufschlußreiches Foto zeigt CA-139 *Salem* und CA-148 *Newport News* nahe beieinander am 14. Juli 1980 bei der kleinen Ansammlung von Reserveschiffen, die sich noch dort befinden. Vorhanden sind also noch SPS-29 (auf dem Vordermast), SPS-8A und SPS-6 (auf dem achteren). Ferner verfügen die FL-Anlagen Mk 54 und Mk 37 immer noch über ihre assoziierten Radarantennen, obwohl das Schiff aus der Schiffsliste gestrichen ist. WD

15.123 Zerstörer

DDG Kidd-Klasse*

Diese vier neuesten Lenkwaffen-Zerstörer verdankt die U. S. Navy der Revolution im Iran! Die bei Beginn der Revolution bei der Ingalls-Werft bereits für Iran in Bau befindlichen Zerstörer wurden Anfang 1979 von den neuen Machthabern abbestellt. Durch Anstrengungen der Navy und Einsicht von seiten der Regierung Carter und des Kongresses konnten alle vier Einheiten aus Mitteln des Ergänzungs-Etats FY79S für 1,3 Milliarden $ übernommen werden, so daß der zwischen der Navy und Ingalls abgeschlossene Bauvertrag ohne Unterbrechung abgewickelt werden konnte.
Bei diesen Schiffen handelt es sich um die beträchtlich wirksamere Lenkwaffen-Version des Grundtyps *Spruance* (DD-963). Unter Verzicht auf den ASROC-Starter

* Der Verfasser berichtete ausführlich über die Entstehung dieser Klasse und über die Übernahme der vier DDG durch die U. S. Navy in Heft 8/1979 und 4/1980 der MARINE-RUNDSCHAU.

Mk 16 und den BPDMS-Starter Mk 29 wurden unter Beibehaltung beider 12,7-cm-Geschütze Mk 45 zwei Lenkwaffenanlagen Mk 26 installiert, von denen die achtere (Mod. 1) auch für den Abschuß von ASROC geeignet ist. Das vordere und das achtern befindliche FK-Magazin haben eine Gesamtkapazität von 80 Standard und 20 ASROC. Die meisten übrigen Eigenschaften – wie übrigens auch das Aussehen – entsprechen weitgehend denen des Grundtyps.
Als Kompensation für den aus FY79 durch das Veto des Präsidenten Carter gestrichenen Flugzeugträger wurde vom Verteidigungsminister Brown im Rahmen des Ergänzungs-Haushalts FY79S u. a. auch eine Einheit genau dieses Typs auf die Anforderungsliste gesetzt. Hierfür waren 543 Mio $ vorgesehen. Die sich dann überstürzenden Ereignisse haben dazu geführt, daß dieses Schiff dann letztlich doch nicht mehr gefordert wurde, die Navy jedoch dafür gleich vier Schiffe desselben Typs erhielt, die

- wesentlich früher fertiggestellt werden und
- mit 350 Mio $ je Schiff auch noch wesentlich preiswerter sind, da der Bauvertrag viel früher abgeschlossen worden war.

Auch diese Schiffe sollen Harpoon und Phalanx Mk 15 erhalten. Dank der Einbeziehung in die Fließbandproduktionsreihe der West-Werft von Ingalls werden diese Schiffe so schnell gebaut, daß sie allesamt bis zum Ende 1981 abgeliefert sein werden.

Zu den zahlreichen, nicht realisierten Schiffbauprojekten der U. S. Navy gehört auch dieser konventionell angetriebene Lenkwaffenzerstörer, der 1972 unter der Arbeitsbezeichnung DGX rangierte. Er sollte mit zwei AEGIS-Anlagen ausgerüstet werden, jedoch nur eine Lenkwaffenanlage Mk 76 an Bord haben. Ein Serien-Exemplar sollte zu jener Zeit nicht mehr als 150 Mio $ kosten. Von diesem Vorentwurf wurden schließlich keine Schiffe in Auftrag gegeben. Stattdessen wurden dann die jetzigen Kreuzer der *Ticonderoga*-Klasse (CG-, vormals DDG-47-Klasse) ausgewählt, die zwar zwei Mk 76-Anlagen haben, dafür aber auch nahezu sechsmal so teuer werden, wie DGX kalkuliert wurde. USN

DDG	Lenkwaffen-Zerstörer	Klasse: *Kidd*	aktiv: 4	Total: 4

Kenn-Nr.	Schiffsname	Bauwerft	Etat	fertig-gest.	Status
993	*Kidd*	I 1	79 S	81	Aa
994	*Chandler*	I 1	79 S	81	
995	*Callaghan*	I 1	79 S	81	
996	*Scott*	I 1	79 S	81	

Wasserverdrängung	8.140 ts
Abmessungen	171,7 x 16,8 x 9,1 m
Antriebsanlage	Gas-Turbinen
Leistung in PS/ Schrauben	80.000/2
Geschwindigkeit	+ 30 kn
Brennstoff	
Fahrbereich	3.300/30; 6.000/20
Besatzung	34/299

Kampfsysteme

Bewaffnung

2 x 12,7 cm-L/54 – Mk 45
1 Starter$_2$ Mk 26 Mod. 0 für Standard-MR
1 Starter Mk 26 Mod. 1 achtern f. Standard-ER/ASROC
2 Starter$_4$ Mk 141 f. Harpoon
6 UTR – Mk 32
2 H. LAMPS-SH-2 bzw. SH-60B

Elektronik

Radar- und Sonaranlagen

Radar: SPS-55, SPS-53
SPS-48

Sonar: SQS-53

Feuerleitgeräte

1 Mk 86 Mod. 5 f. Geschütze
2 Mk 74 f. Lenkwaffen
1 Mk 116 f. U-Jagd

Übrige Anlagen

TACAN URN-20, ECM/ESM SLQ-32, SLQ-25

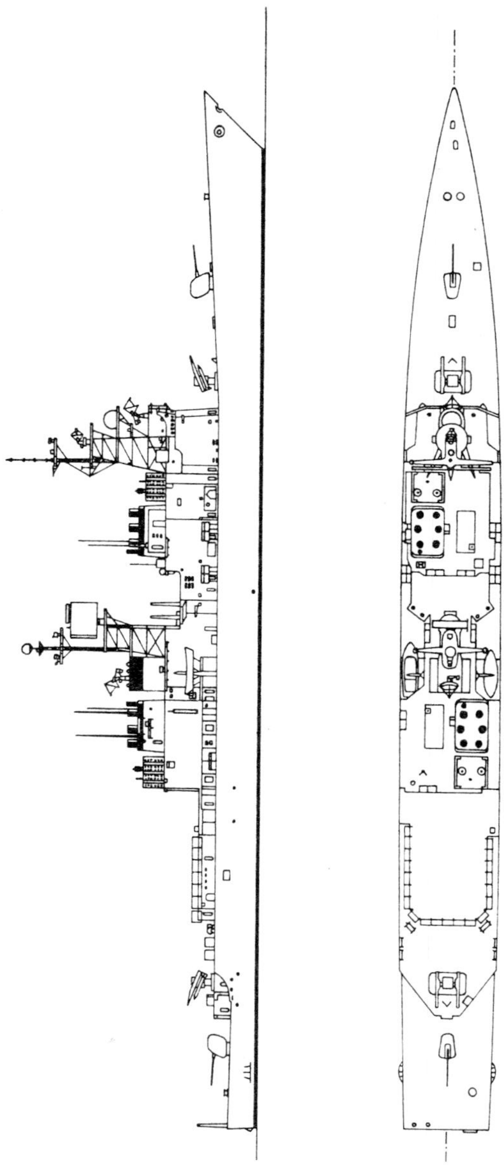

DDG-993 Kidd-Klasse.

DDG-993 *Kidd* ist das Leitschiff der Klasse von vier DDG, die als Schiffe der iranischen Marine begonnen und nach der Revolution im Iran von der U. S. Navy übernommen werden konnten. Die beiden bei den Probefahrten aufgenommenen Fotos stammen vom Herbst 1980, es sind die ersten veröffentlichten Fotos dieses Schiffes. Wesentliche Unterschiede zur *Spruance*-Klasse, abgesehen von den Waffen und der Elektronik: der hinter dem achteren Mast sichtbare Unterbau für SPG-51 ähnelt stark einem dritten Schornstein; der Hangar ist nach Backbord breiter und somit an die Maße von LAMPS III angepaßt. Es gibt hier nur zwei Radarbeleuchter SPG-51. Die Schornsteinröhren sind anders angeordnet als auf *Spruance*. Hier fehlt sowohl Harpoon wie auch Phalanx und die ECM/ECCM-Elektronik. L

DDG Farragut-Klasse

Dies sind zugleich mit der *Charles F. Adams*-Klasse Lenkwaffenschiffe der ersten Generation. In Anlehnung an die seinerzeitige Dreiteilung in die Lenkwaffensysteme Talos, Terrier und Tartar wurden diese drei Systeme ihrer unterschiedlichen Größe wegen auf verschieden großen Schiffen installiert:

□ Talos auf den „ganz“ großen Einheiten, den Kreuzer-Umbauten, aus denen dann die *Albany*-Klasse und die *Little Rock*-Klasse (samt USS *Galveston*) wurden, sowie auf dem damals neuen Kreuzer *Long Beach*.

□ Terrier auf anderen Kreuzer-Umbauten der *Springfield*-Klasse (samt USS *Topeka*), auf den neun gebauten „frigates“ des damaligen Verständnisses, d. h. DLG/DLGN, sowie ebenfalls auf *Long Beach*.

□ Tartar auf den kleineren, ebenfalls neu erbauten DDG, denen sich in den Folgejahren noch einige Umbauten hinzugesellten, sowie als Zweitanlagen auf den Umbauten der *Albany*-Klasse.

Die zehn Einheiten der *Farragut*-Klasse gehörten zu der mittleren Gruppe der Terrier-Träger und erhielten damals die Kennung DLG-6 bis 15. Ihre direkten Nachfolger waren dann die Schiffe der zweiten Lenkwaffengeneration, die *Leahy*- und die *Belknap*-Klasse, sowie die beiden Parallel-Entwicklungen mit Atomantrieb *Bainbridge* und *Truxtun*. Schiffe der *Farragut*-Klasse blieben bis zum 1. Juli 1975 DLG. Die damals erfolgte Umklassifizierung von Lenkwaffenschiffen brachte Inkonsequenzen mit sich. Nicht allein die Art des Lenkwaffensystems war fortan ein Kriterium dafür, was von Fregatte zum Kreuzer aufgewertet bzw. was als Zerstörer etwas tiefer eingestuft wurde, sondern u. a. auch wieder einmal die Größe der Schiffe. So wurden im Zuge dieser Neuordnung die zehn *Farraguts* als Lenkwaffen-Zerstörer zu DDG-37 bis 46 reklassifiziert. Dies war im übrigen die einzige Klasse, die hierbei auch ihre Kenn-Nummer wechseln mußte. Hierdurch wurden Schiffe dieser Klasse die einzigen *Zerstörer*, die Terrier-FK führten. Offensichtlich war man der Ansicht, daß Schiffe mit 5.800 ts Wasserverdrängung denn doch etwas zu klein sind, um als Kreuzer angesprochen zu werden. Die Atomkreuzer der *California*-Klasse dagegen (vormals noch als DLGN eingestuft!) erhielten „nur“ die Tartar-D-Anlage mit weit geringerer Reichweite, wurden aber ab 1975 wegen ihrer Größe zu Kreuzern befördert. Soviel zur Klassifikation.

Die vier zuerst fertiggestellten Schiffe *Farragut, Luce, Dewey* und *Preble* wurden zunächst mit der ersten Terrier-Version ausgestattet, der „beam riding“ BW-1, wobei die assoziierten Leitgeräte SPQ-5 waren. Die übrigen Einheiten erhielten gleich die „homing“-Version BT-3 mit den Kontroll- und Leitgeräten SPG-55.
Bereits 1964 begann die Planung für eine umfangreiche Modernisierungsaktion, die – in unterschiedlichem Außmaß durchgeführt – ab FY 66 begann und zum Ziele hatte, nunmehr alle Einheiten (auch der beiden Nachfolge-Klassen!) auf *einen* Standard zu bringen. Während die ursprünglichen Baukosten ca. 52 Mio $ je Schiff betrugen, verschlang die Modernisierung – je nach Umfang und Zeitpunkt – nochmals 29 bis 50 Mio $. Der Durchschnitt der Modernisierungskosten betrug ca. 39 Mio $. Das letzte Schiff wurde erst 1977 fertig.

Manches wurde bei dieser ersten Modernisierung verändert:

□ Nachdem *Coontz* und *King* von Anbeginn NTDS an Bord hatten, erhielten nunmehr auch die restlichen Schiffe diese wertvolle Anlage.

□ Auf *Farragut* wurde vor der Brücke ein Nachlademagazin für ASROC und ein Rechenzentrum angebracht. Aus Gründen der Schiffs-Stabilität und zur Einsparung von Geldmitteln wurde diese Maßnahme bei den restlichen Schiffen nicht mehr wiederholt.

- ☐ Alle Einheiten erhielten vorne einen neuen Vierbein-Gittermast an Stelle des alten Dreibeinmastes.
- ☐ Nachdem alle Einheiten der Klasse mit SPS-39-Radaranlagen fertiggestellt worden waren und relativ kurze Zeit danach lediglich die Antenne des Nachfolgesystems SPS-52 erhielten, wurde diese zweite Antenne auf allen Schiffen nunmehr durch SPS-48 ersetzt. Die SPS-29/37 auf dem achteren Mast blieb jedoch noch erhalten.
- ☐ Die seitlich des achteren Mastes befindlichen Doppel-Lafetten mit Geschützen des Kalibers 7,6 cm L/50 wurden samt den dazugehörigen FL-Geräten Mk 70 entfernt.
- ☐ Durch den Einbau der FL-Anlage Mk 76 wurde die Voraussetzung zur Verwendung der Flugkörper Standard SM-1 ER an Stelle der inzwischen veralteten Terrier geschaffen. Auf den vier erstgebauten Schiffen wurde dabei SPQ-5 gegen SPG-55 ausgetauscht.
- ☐ Bei der Modernisierung erhielt *Farragut* einen etwas höheren Antennenmast auf dem achteren Gittermast als die übrigen Schiffe.

Diese relativ großen Schiffe waren stets gut für die Verwendung als Versuchsplattformen für neue Waffen und Geräte. So wurde auf *Coontz* 1968 das elektronische „check-out"-System TEAMS ausprobiert, das später auf den Fregatten der *Knox*-Klasse Einzug fand. Unmittelbar vor der ein Jahr andauernden Modernisierung erhielt *Coontz* 1972 zwei 20-mm-Geschützanlagen Vulcan, die hier im Zusammenwirken mit der bordeigenen FL-Anlage Mk 68 getestet wurden und nicht etwa als Bestandteil der

Vor der 1975 erfolgten Reklassifizierung als Lenkwaffenzerstörer (DDG) waren die Einheiten der *Farragut*-Klasse als Fregatten (DLG) eingestuft, und diese großen Fregatten bewaffnete man damals mit Terrier-Lenkwaffenanlagen. Nach erfolgter Reklassifizierung sind dies also die einzigen Lenkwaffen-*Zerstörer,* die durch das Vorhandensein einer Mk 10-Anlage in die Lage versetzt wurden, Standard-ER-Flugkörper zu starten. Obwohl Lenkwaffenschiffe der ersten Generation, sind dies besonders wertvolle Schiffe, dies um so mehr, als noch ein 12,7-cm-Geschütz vorhanden und die U-Jagd-Komponente ausreichend vertreten ist. Dieses im Juni 1961 in der Kieler Förde aufgenommene Foto zeigt das erste fertiggestellte Schiff der Klasse, DLG-14 *Dewey,* zu jener Zeit unter dem Kommando des Commander Elmo Zumwalt, dem späteren Chief of Naval Operations und Initiatoren einiger Schiffsbauprogramme. Beachtenswert sind hier die erste 3D-Anlage-SPS-39, die beiden damals noch vorhandenen FK-Leitgeräte-SPQ 5, die ältere TACAN-Antenne URN-6 und der am Heck aufgestellte Justier-Mast für die Leitgeräte. Te

DDG	Lenkwaffen-Zerstörer			Klasse: *Farragut*		aktiv: 10 Total: 10
Kenn-Nr.	Schiffsname	Bau-werft	Etat	fertig-gest.	Sta-tus	**Kampfsysteme**
37	*Farragut*	B 4	56	60	Aa	*Bewaffnung*
38	*Luce*	B 4	56	61	Aa	
39	*Macdonough*	B 4	56	61	Aa	1 x 12,7 cm-L/54 – Mk 42
40	*Coontz*	P 3	56	60	Aa	1 $Starter_2$ Mk 10 Mod. 0_2 für Standard-ER
41	*King*	P 3	56	60	Aa	2 $Harpoon\text{-}Starter_4$ – Mk 141
42	*Mahan*	S 1	56	60	Aa	für 2 x 20 mm-CIWS – Mk 15 Phalanx vorgesehen
43	*Dahlgren*	P 2	57	61	Aa	1 $ASROC_8$ – Mk 16
44	*William V. Pratt*	P 2	57	61	Aa	6 UTR – Mk 32
45	*Dewey*	B 1	57	59	Aa	
46	*Preble*	B 1	57	60	Aa	

Elektronik

Radar- und Sonaranlagen

Radar: SPS-10B, SPS-53, SPS-37, Ersatz durch SPS-49
SPS-48

Sonar: SQQ-23

Feuerleitgeräte

1 Mk 3 Mod. 3 auf 41;
auf übrigen:
1 Mk 11 Mod. 4

1 Mk 68 Mod. 6 f. Geschütz
2 Mk 76 Mod. 3/7 f. Lenkwaffen
1 Mk 111 Mod. 8 f. U-Jagd

Übrige Anlagen

NTDS, TACAN URN-20, ECM/ESM WLR-6, später SLQ-32

Wasserverdrängung	5.800 ts
Abmessungen	156,2 x 15,9 x 7,6 m
Antriebsanlage	Getriebe-Turbinen, 4 Kessel
Leistung in PS/Schrauben	85.000/2
Geschwindigkeit	34 kn
Brennstoff	900 ts
Fahrbereich	1.500/30; 4.000/20; 6.000/14
Besatzung	21/356 + 7/12 Verbandsstab

damals so bezeichneten Vulcan/Phalanx-Anlagen anzusehen sind. Nach Ende der Testreihe verblieben die Geschütze noch an Bord, um etwa 1977/78 gegen Harpoon-Starter ausgetauscht zu werden. *King* dagegen führte zu Testzwecken vom August 1973 bis zum März 1974, also noch vor der großen Modernisierung, die komplette CIWS-Anlage Vulcan/Phalanx Mk 15, die auf dem Achterschiff aufgestellt war. Auf *Mahan* wurde etwa 1978/79 die Ergänzungs-Ortungsanlage SYR-1 erprobt. *W. V. Pratt* erhält, möglicherweise als erstes Schiff der Klasse, etwa *1980* die Eloka-Anlage SLQ-32 und Phalanx Mk 15. *Dewey* war Anfang 1971 das erste modernisierte Schiff, das die verbesserte Terrier II-FK erhielt. *Preble* führte bereits etwa 1964 zu Testzwecken SPS-48-Radar, also lange bevor diese Anlage in Serie ging.

All diese Schiffe sind voll klimatisiert und können einen Verbandsstab aus 7/19 Mann aufnehmen, weswegen sie gern als DESRON-Flaggschiffe verwendet werden. Anfang der 80er Jahre werden vermutlich alle Einheiten Harpoon, Phalanx Mk 15 und SLQ-32 erhalten; bereits Ende der 70er Jahre begann man mit dem Austausch von SPS-37-Radar gegen SPS-49. Dagegen dürfte wegen des fortgeschrittenen Alters und auch aus strukturellen Gründen die Sonaranlage SQQ-23 an Bord bleiben und nicht gegen SQS-53 ausgetauscht werden. SQQ-23-Sonar, auch PAIR genannt, verfügt über zwei flachere Sonardome im Schiffsboden. Die Dotierung im FK-Magazin beträgt 40 Standard-FK. Im Rahmen der Modernisierung sollen auch Voraussetzungen für die Verwendung von Standard SM-2 geschaffen werden.

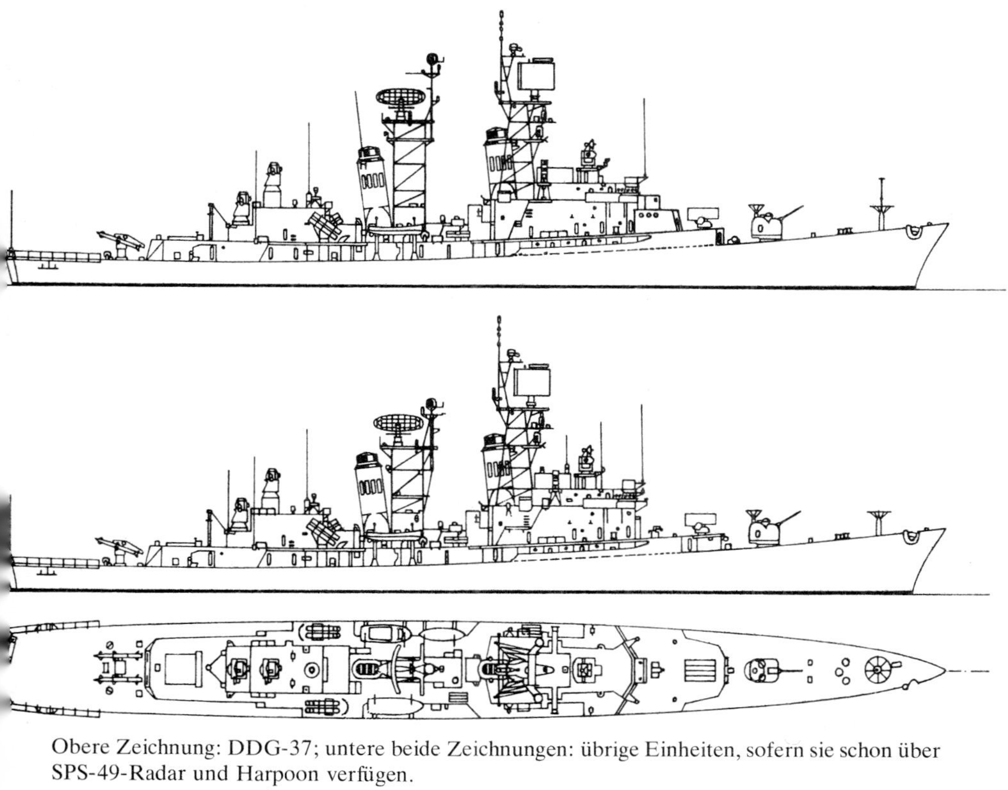

Obere Zeichnung: DDG-37; untere beide Zeichnungen: übrige Einheiten, sofern sie schon über SPS-49-Radar und Harpoon verfügen.

DLG-12 *Dahlgren,* Teilansicht des Schiffes, aufgenommen am 26. April 1965 vor der Küste von Sizilien. Auch hier findet man den Justier-Mast ganz achtern, aber *Dahlgren* gehörte zu denjenigen Einheiten der Klasse, die von Anbeginn die moderneren SPG-55-Radarbeleuchter hatten. Die hier sichtbaren Doppellafetten 7,6-cm L/50 wurden während der großen Modernisierung Ende der 60er bis Mitte der 70er Jahre von allen Schiffen entfernt. AF

Am 5. Juli 1976 vor New York aufgenommen: das Klassen-Leitschiff *Farragut,* hier mit der seit Mitte 1975 gültigen DDG-Kenn-Nummer 37. Die Ergebnisse der äußerlich durchgeführten Veränderungen während der großen Modernisierung sind sichtbar: SPS-48-Radar und TACAN-URN-20, Entfernung der 7,6-cm-Doppellafetten. Als einziges Schiff der Klasse erhielt *Farragut* das vor der Brücke sichtbare Magazin für ASROC-Torpedos, eine Maßnahme, die bei später modernisierten Schiffen nicht mehr wiederholt wurde, weil sie angeblich zu kostspielig war. Es kann jedoch vermutet werden, daß hier auch Stabilitätsgründe eine Rolle gespielt haben. Te

DLG-10 *King* war das letzte Schiff der Klasse, das die große Modernisierung Mitte der 70er Jahre durchmachte. Noch davor fungierte es jedoch als Testschiff für CIWS Mk 15-Phalanx. Das Foto entstand etwa Anfang 1974, und es zeigt die Phalanx-Versuchsanlage auf dem Achterdeck der *King.* Unter Beibehaltung der SPS-39-Anlage wurde lediglich die hier sichtbare SPS-52-Antenne gegen die ursprüngliche ausgetauscht. USN

DLG-15 *Preble,* aufgenommen am 8. Juli 1970, unmittelbar nach Ende der Modernisierung. *Preble* war das erste Schiff, das bereits 1963/64 zu Versuchszwecken die Radaranlage SPS-48 an Bord hatte. USN

Mitte 1975 wurde aus DLG-12 *Dahlgren* DDG-43. Die Verbesserungen schreiten fort mit der Installation von zwei Harpoon-Startern Mk 141, die an der Stelle aufgestellt wurden, an der früher die 7,6-cm-Geschütze standen. Die veraltete Anlage SPS-37 wurde endlich gegen SPS-49 ausgetauscht. Dies soll auf allen Schiffen der Klasse durchgeführt werden. Das obere Foto wurde am 20. Mai 1980, das untere am 10. Juni 1980 vor Genua aufgenommen. Auf dem oberen Foto sieht man, daß die SPS-49-Antenne aus Gründen der Stabilisation weit nach vorn geneigt werden kann.
Gh

Dieses am 19. Juli 1980 in Charleston aufgenommene Detailfoto zeigt, daß auch DDG-44 *William V. Pratt* bereits SPS-49-Radar hat.
WD

DDG-35 *Mitscher* gehört zu denjenigen interessanten DDG-Umbauten, die leider deswegen zu früh die Flotte verlassen mußten, weil keine Mittel für die nächstfällige intensive Werftinstandsetzung vorhanden waren. *Mitscher* war ursprünglich als DL-2-Leitschiff einer Klasse von vier „frigates" mit hauptsächlich Rohrbewaffnung, bevor es 1966/68 zusammen mit dem Schwesterschiff *John S. McCain* (DL-3) zu Tartar-Lenkwaffenzerstörern mit den Kennungen DDG-35/36 umgebaut wurde. Vermutlich auch deswegen, weil es bei diesen Schiffen Probleme mit der Antriebsanlage gab, wurden sie beide 1978 aufgelegt und gestrichen. Dieses Foto der *Mitscher* entstand am 11. Februar 1969 vor der Marinewerft in Philadelphia. Bemerkenswert sind die beiden Vierbein-Gittermaste zur Aufnahme der Radarantennen SPS-10, 37 und 48. Die TACAN-Antenne-URN-6 wurde später gegen URN-20 ausgetauscht. Vor dem ASROC-Starter findet man ein geräumiges Torpedomagazin. Auf die Anlage einer Hubschrauberfläche mußte hier verzichtet werden. USN

DDG Charles F. Adams-Klasse

Ebenfalls zur ersten Generation der Lenkwaffenschiffe gehörend, bilden diese Schiffe die kleinere und daher preiswertere Komponente. Die Gesamtbaukosten je Schiff sollen hier ca. 34 Mio $ betragen haben. Es handelt sich um einen erfolgreichen Typ, dessen Vorteile dazu beigetragen haben mögen, daß die Marinen der Bundesrepublik Deutschland und Australiens je drei Einheiten eines jeweils geringfügig abgewandelten Typs in den Staaten bauen ließen. Deren amerikanische Baunummern waren DDG-28 bis 30 bzw. DDG-25 bis 27. In der U. S. Navy werden diese Schiffe wegen ihrer guten See-Eigenschaften und der hohen Geschwindigkeit sowie der ausgewogenen Bewaffnung und Ausstattung hauptsächlich bei den Träger-Kampfgruppen verwendet.
Die Bauaufträge für diese 23 Schiffe wurden an sechs Werften vergeben, so daß die ganze Klasse in knapp vier Jahren komplettiert werden konnte. Die ersten acht Einheiten waren zunächst noch als DD-952 bis 959 klassifiziert und zum Bau freigegeben. Dies sollten zunächst auch konventionell bewaffnete Zerstörer eines verbesserten Typs *Forrest Sherman* werden. Im August 1956 erfolgte die Umklassifizierung als DDG-952 bis 959. Erst im Juni 1957 wurden sie dann als DDG-2 bis 9 umklassifiziert. DDG-1 war das Versuchsschiff *Gyatt*, das dem Typ *Gearing* angehörte und vorher als DD-712 bei der Flotte war. Die restlichen Einheiten wurden dann von vornherein als DDG-10 bis 23 eingestuft.
Auch vom Entwurf als DDG her konnten diese Schiffe ihre Abstammung von der *Forrest Sherman*-Klasse nicht verleugnen. An Stelle des dort vorhandenen achteren 12,7-cm-Geschützes Mk 42 – jedoch wegen der Höhe des FK-Magazins erhöht – wurde der Starter aufgestellt. Der Zugang neuer Waffen und Geräte bewirkte, daß bereits in der kurzen Zeitspanne während der Konstruktion dieser Klasse Umplanungen vorgenommen wurden, so daß nach Komplettierung festgestellt werden konnte, daß die Schiffe im Aussehen und von der Ausrüstung her voneinander abwichen. Drei wesentliche Unterschiede konnte man damals registrieren, die auch noch Mitte 1981 ihre Gültigkeit haben:

- □ DDG-2 bis 14 haben einen Tartar-Doppelstarter Mk 11 Mod. 0; ab DDG-15 findet man dort einen Solostarter Mk 13 Mod. 0. Lediglich zur Information sei gesagt, daß die Nachladekapazität von maximal 8 FK in der Minute bei beiden Startern gleich sein soll.
- □ Die vorgenannten ersten 13 Schiffe erhielten auf dem Vordermast SPS-29C-Radar, während sich hier ab DDG-15 SPS-40 befindet.
- □ Alle 23 Einheiten führen SQS-23-Sonar; DDG-2 bis 19 haben einen Rumpf-Sonardom, während ab DDG-20 ein Bug-Sonardom vorhanden ist. Diese Schiffe erkennt man auch aus spitz vorlicher Lage (wenn die Kenn-Nummer nicht sichtbar ist!) an der Ankerklüse im Vordersteven.

Die Dotierung im FK-Magazin beträgt 40 Standard SM-1 MR; über den Mk 13-Starter können wahlweise auch Harpoon-FK gestartet werden.
Ab etwa 1974 wurden zwölf Schiffe dieser Klasse zum Abschuß des FK Standard ARM modifiziert; darunter befindet sich auch *Joseph Strauss*, während die Namen der übrigen so modifizierten Schiffe nicht bekanntgeworden sind.
Alle Einheiten wurden mit 3-D-Radar SPS-39A fertiggestellt; diese Anlagen befinden sich auch gegenwärtig noch an Bord, nur wurde auf allen Schiffen inzwischen die zum System SPS-52 gehörende Antenne SPA-72 installiert. *Towers* war in den 70er Jahren eine kurze Zeit Testschiff für das leichtere Lenkwaffensystem ASMD. Zum Serieneinbau kam es nicht. Vom Dezember 1978 bis zum April 1979 wurde auf *Towers* die neue

Radaranlage SYS-1 getestet. *Hoel* erhielt 1972/73 das Nahabwehr-Lenkwaffensystem Sea Chaparral zu Versuchszwecken. Auch dieses System kam nicht in Serien-Fertigung.

Die ältesten Schiffe dieser Klasse befinden sich 1980 – mit Ausnahme der Werftliegezeiten – praktisch seit 20 Jahren ununterbrochen im aktiven Dienst. Dank der guten Materialqualität will die Navy diese Schiffe insgesamt 35 bis 40 Jahre im Dienst halten. Das bedeutet, daß etwa ab 1980 lebensverlängernde Maßnahmen eingeleitet werden müssen. In der Tat besteht die Absicht, diese Schiffe durch Modernisierung der Kampfsysteme bedeutend aufzuwerten und sie für die restliche Dienstzeit dem gegenwärtig gültigen Standard anzupassen. Lediglich der Gesamtumfang dieser Maßnahme und die Finanzierungsart, mit der die Modernisierung etwa ab FY80 begonnen werden sollte, sind z. Zt. noch nicht eindeutig fixiert. Hierbei wurden abwechselnd die verschiedensten Kombinationen bekanntgegeben. Zunächst hieß es, die gesamte Klasse würde zwischen FY80 und FY83 aus dem Fonds für „Große Umbauten“, praktisch aus dem Schiffs-Beschaffungsfonds, mit jeweils sechs bzw. fünf Schiffen pro Jahr, finanziert. Es sah aus, als würde dies in etwa in der Form der seinerzeitigen Bewilligung von Mitteln für das FRAM I-Programm geschehen. Aber wie so oft: die Kostenentwicklung samt einer sehr hohen Inflationsrate bewirkten, daß von dem Maximalprogramm der Modernisierung offensichtlich große Abstriche gemacht werden müssen. So verlautete zunächst Anfang 1979 von gut unterrichteter Seite, daß nur die zehn jüngsten Einheiten (also ab DDG-15) modernisiert würden, und zwar aus dem laufenden Fonds für Unterhaltung und Instandsetzung, was dem Verfahren bei der Finanzierung der seinerzeitigen FRAM II-Umbauten entsprechen würde.

Die 13 älteren Einheiten sollten ohne Modernisierung etwa Mitte der 80er Jahre Schulschiffe der NRF werden. Anderen, ebenso gut unterrichteten Quellen war zu entnehmen, daß im Gegensatz hierzu DDG-2 bis 14 modernisiert werden sollen. Wie an der Anzahl der Schiffe, so werden vermutlich auch am Umfang der Maßnahme Abstriche gemacht. Dies mag insgesamt Grund dafür sein, daß die Modernisierung dieser Klasse schon seit einigen Jahren im alljährlich veröffentlichten Fünfjahresplan nicht mehr enthalten ist, so daß Evidenz über den tatsächlichen Umfang erschwert sein wird. Dennoch soll nachfolgend das „Maximal“-Programm dargestellt werden, ohne Rücksicht darauf, wieviel Schiffe nun und in welchem Maße modernisiert werden. Folgende Maßnahmen standen auf dem Programm:

- ☐ Die vorhandenen Lenkwaffen-Anlagen werden beibehalten; die FK-Magazine werden in der Weise modifiziert, daß sie 4 bis 8 Harpoon und 32 bis 36 Standard SM-1 MR – wahlweise Standard ARM – aufzunehmen vermögen.
- ☐ Die vorhandenen älteren Modelle der 12,7-cm-Kanone Mk 42 werden gegen Mod. 10 ausgetauscht.
- ☐ Unter der Bezeichnung *Infrared Guided Projectile* (IRGP) sollen zu einem späteren Zeitpunkt infrarotgesteuerte 12,7-cm-Geschoße Verwendung finden, die – aus den 12,7-cm-Rohren abgeschossen – ebenfalls zur Abwehr von FK eingesetzt werden und dies vor allem bei Schiffen, die weder über BPDMS noch über Phalanx verfügen.
- ☐ Aus Gewichtsgründen werden diese Schiffe weder BPDMS noch Phalanx erhalten; somit bleibt der ASROC-Starter Mk 16 an Bord.
- ☐ Vorgesehen ist dagegen der Einbau der ECCM-Anlage SLQ-32(V)2 samt Düppelwerfern Mk 36 (RBOC).
- ☐ Die Radarelektronik wird erneuert. Alle modernisierten Einheiten erhalten auf

dem Vordermast SPS-40C/D und SPS-65, allerdings letzteres mit der bereits vorhandenen Antenne SPS-10. Die alten SPS-39-Anlagen werden gegen SPS-52B ausgetauscht. Zusatz-Radar SYS-1 soll angeblich ebenfalls installiert werden.

- ☐ Die betagten Sonaranlagen SQS-23 sollen zur Version SQQ-23 (PAIR) mit zwei Rumpf-Sonarwülsten aufgewertet werden. Der Beginn hierzu wurde bereits gemacht.
- ☐ Die Geschütz-FL-Anlage Mk 68 wird zugunsten Mk 86 Mod. 5 entfernt. Das Vorhandensein des zu dieser Anlage gehörenden Radar-Beleuchters SPG-60 (STIR) stellt zugleich die Erhöhung der Abwehrkapazität dar: mit diesem Gerät und den beiden SPG-51-Beleuchtern können zugleich drei Luftziele bekämpft werden.
- ☐ Die Lenkwaffen-FL-Anlage Mk 74 wird durch Modifizierung als Mod. 8 verbessert.
- ☐ Durch Verwendung von Digitalanlagen an Stelle der älteren Analog-Rechenanlagen wird die Reaktionszeit der Schiffs-Kampfsysteme von bisher vier auf nur eine Minute verkürzt.

Nach Verlautbarung gleichfalls gut unterrichteter Quellen soll die Auswahl der zu modernisierenden Einheiten quer durch die Klasse gehen. Erstes Schiff soll danach DDG-3 *John King* sein; bei den nächsten Kandidaten spricht man von DDG-10, 19 und 21. Bei der ständig steigenden Inflationsrate kann man mit Recht bezweifeln, ob auch nur zehn Schiffe modernisiert werden. Zunächst soll jedenfalls eine Navy-Studie die Vor-und Nachteile der Modernisierung auf privaten bzw. auf Marinewerften in Vergleich setzen.

Typisch für das ursprüngliche Aussehen der ersten Schiffe der *Charles F. Adams*-Klasse war DDG-3 *John King,* hier aufgenommen etwa 1961. Man erkennt Elemente der vorangegangenen *Forrest Sherman*-Klasse. Kennzeichnend für die ersten zwölf Schiffe ist gegenwärtig noch das Vorhandensein der Starteranlage Mk 11 und der auf dem Vordermast befindliche Radarschirm SPS-37. Auf der Schornstein-Stütze befindet sich die erste Antenne der SPS-39-Radaranlage. Auf der Brücke steht die Geschütz-FL-Anlage Mk 68, hinter dem zweiten Schornstein übereinander angeordnet sind die beiden Radarbeleuchter SPG-51. Als dieses Foto aufgenommen wurde, war *John King* Flaggschiff von DESDIV 182. Zu jener Zeit bestand DESRON 18 nur aus Lenkwaffenschiffen. USN

DDG	Lenkwaffen-Zerstörer	Klasse: *Charles F. Adams*	aktiv: 23	Total: 23

Kenn-Nr.	Schiffsname	Bauwerft	Etat	fertiggest.	Status
2	*Charles F. Adams*	B 1	57	60	Aa
3	*John King*	B 1	57	61	Aa
4	*Lawrence*	N 5	57	62	Aa
5	*Claude V. Ricketts*	N 5	57	62	Aa
6	*Barney*	N 5	57	62	Aa
7	*Henry B. Wilson*	D 1	57	60	Pa
8	*Lynde McCormick*	D 1	57	61	Pa
9	*Towers*	T 1	57	61	Pa
10	*Sampson*	B 1	58	61	Aa
11	*Sellers*	B 1	58	61	Aa
12	*Robison*	D 1	58	61	Pa
13	*Hoel*	D 1	58	62	Pa
14	*Buchanan*	T 1	58	62	Pa
15	*Berkeley*	N 5	59	62	Pa
16	*Joseph Strauss*	N 5	59	63	Pa
17	*Conyngham*	N 5	59	63	Aa
18	*Semmes*	A 1	59	62	Aa
19	*Tattnall*	A 1	59	63	Aa
20	*Goldsborough*	P 6	60	63	Pa
21	*Cochrane*	P 6	60	64	Pa
22	*Benjamin Stoddert*	P 6	60	64	Pa
23	*Richard E. Byrd*	T 1	61	64	Aa
24	*Waddell*	T 1	61	64	Pa

Wasserverdrängung	4.500 ts
Abmessungen	133,2 x 14,3 x 6,1 m
Antriebsanlage	Getriebe-Turbinen, 4 Kessel
Leistung in PS/ Schrauben	70.000/2
Geschwindigkeit	+ 31,5 kn
Brennstoff	900 ts
Fahrbereich	1.600/30; 4.500/20; 6.000/14
Besatzung	24/330

Kampfsysteme

Bewaffnung

2 x 12,7 cm-L/54 – Mk 42
2-14: 1 Starter$_2$ Mk 11 Mod. 0 f. Tartar/Standard-SM-1 MR
15-23: 1 Starter Mk 13 Mod. 0 f. Tartar/Standard-MR beide auch für Harpoon
1 ASROC$_8$ – Mk 16
6 UTR – Mk 32

Elektronik

Radar- und Sonaranlagen

Radar: SPS-10C/65
2-14: SPS-37, später evtl. SPS-49
15-23: SPS-40
alle: SPS-39A-Anlage mit Antenne SPS-52 später SPS-52B
Sonar: SQS-23 (bei 20 bis 24 als Bugsonar, sonst Rumpf-Sonardom, einige bereits SQQ-23)

Feuerleitgeräte

1 Mk 4 Mod. 0/1 Waffenleitanlage, später MK13
1 Mk 68 Mod. 4 f. Geschütze später evtl. Mk 86
2 Mk 74 Mod. C/6/7 f. Lenkwaffen, später Mod. 8
2-15: Mk 111, Mod. 2 f. U-Jagd
16-24: Mk 114 Mod. 1 f. U-Jagd

Übrige Anlagen

TACAN URN-20, ECM/ESM WLR-6, später SLQ-32, SYS-1

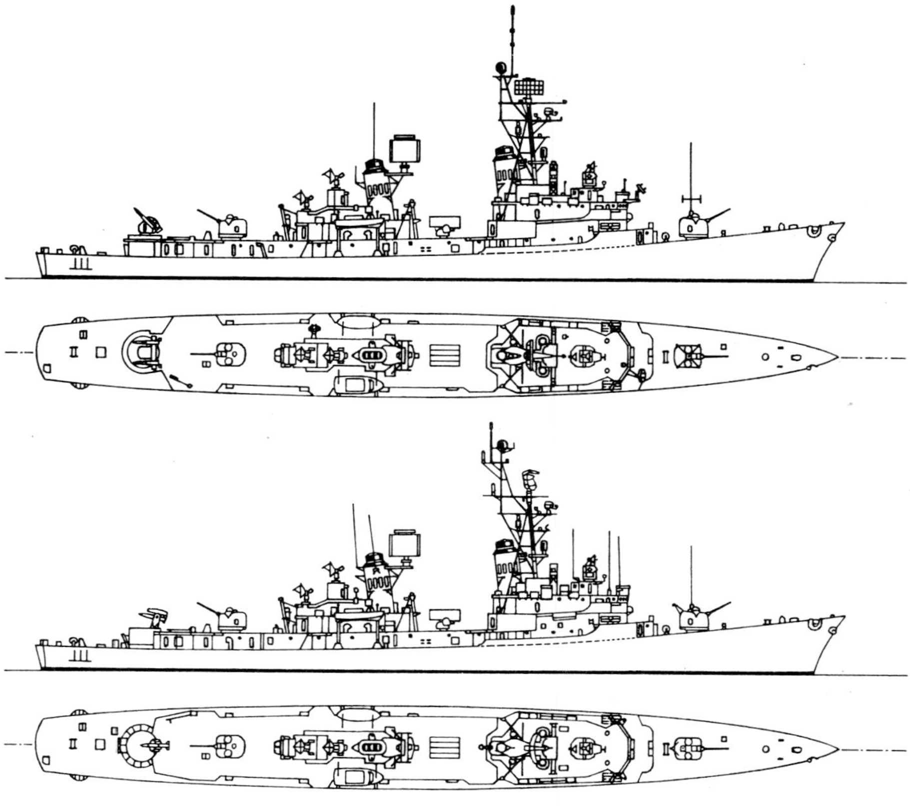

Obere beide Zeichnungen: DDG-2 bis DDG-14 mit Tartar-Starter Mk 11 und SPS-37-Radar; untere beide Zeichnungen: DDG-15 bis DDG-24 mit Tartar-Starter Mk 13 und SPS-40-Radar.

DDG-7 *Henry B. Wilson,* aufgenommen Mitte August 1980 auslaufend San Diego. SPS-10-Radar und FLG Mk 68 präsentieren sich breitseits. Automatische Rettungsinseln. WD

DDG-6 *Barney,* aufgenommen im Jahre 1969 mit paradierender Besatzung zu Ehren der britischen Königin Elisabeth II. während einer NATO-Flottenschau an der Reede von Spithead.
Te

Fast wie ein Schattenriß wirkt die Mitte 1970 vor Neapel aufgenommene Silhouette von DDG-23 *Richard E. Byrd.* Die Konturen stechen scharf vom Mittelmeer-Dunst ab. Gegenüber *John King* und *Barney* unterscheidet sich DDG-23 durch einen spitzeren Vordersteven mit Ankerklüse; diese Anordnung ist Folge der Anbringung eines Bug-Sonarwulstes für das SQS-23-Sonar. Im Gegensatz zu *John King* findet man hier TACAN-URN-20, die Radarantennen SPS-10, 40 und 52 (unter Belassung der Komponenten von SPS-39) und den leichteren Lenkwaffenstarter Mk 13.
Te

Einzelheiten des Mittelschiffes von DDG-4 *Lawrence,* aufgenommen am 30. März 1979 vor Sizilien. Unter den schwarzen Abdeckungen der ECM-Antennen findet man die Antennengruppe der ECCM-Anlage WLR-6. Beachtenswert ist die viereckige Form der Basis des zweiten Schornsteins, auf dessen Stütze die SPS-52-Radarantenne einen IFF-Querbalken aufzuweisen hat. Einige Schiffe dieser Klasse erhielten an der Steuerbordseite neben den Brückenaufbauten ein ASROC-Torpedomagazin. Zwischen dem achteren Geschützturm Mk 42 und den Aufbauten sieht man ein ausgefahrenes Munitions-Übernahmegerät. Ein Torpedo-Nachladekran steht außerdem hinter dem ASROC-Starter. Gr

Ende der 70er Jahre wurde dieses Foto von DDG-17 *Conyngham* im Mittelmeer aufgenommen. Das auf dem Hauptdeck abgestützte ASROC-Torpedomagazin seitlich vom vorderen Schornstein kann deutlich ausgemacht werden. Gh

Die guten Qualitäten der *Charles F. Adams*-Klasse zahlten sich für die amerikanische Schiffsbauindustrie aus. Je drei Schiffe dieses Typs wurden für die Marinen Australiens (1965/67) und der Bundesrepublik Deutschland (1969/70) gebaut. Die Australier verzichteten auf ASROC und setzten ihre Eigenentwicklung IKARA ein. Den entsprechenden Starter und das sehr geräumige Nachlademagazin sieht man auf diesem Detailfoto von HMAS *Brisbane* (D-41), das am 28. Juni 1977 vor Portsmouth, England, aufgenommen wurde. Mit Ausnahme des kleinen Radoms auf der Brücke unterscheiden sich ansonsten die australischen Schiffe von den amerikanischen des gleichen Typs nur noch an dem etwas mehr ins Grünliche gehenden Anstrich. Gr

Generell entsprechen die drei deutschen DDG in der Ausrüstung den amerikanischen Schiffen ab DDG-15. Sie unterscheiden sich von diesen lediglich durch die Veränderung der Form der beiden Schornsteine, von denen sich der achtere sogar zu einem kleinen Mack gemausert hat. Dieses Foto der *Mölders* (D-186) wurde während der Kieler Woche 1971 aufgenommen. Te

Ebenfalls 1971 während der Kanal-Passage aufgenommen: *Rommel* (D-187), hier mit den automatisch aufblasbaren Rettungsinseln, über die zahlreiche amerikanische Schiffe bis heute noch nicht verfügen.
Te

DDG Decatur-Klasse

Dies sind vier ältere Umbauten mit eher eingeschränkten Flugzeugabwehr-Eigenschaften, die ein Produkt der seinerzeitigen Spaltung der *Forrest Sherman*-Klasse waren. Diese fand ab 1965 statt. Von den 18 DD dieser Klasse wurden zunächst vier aus dem Etat FY64 zu Lenkwaffen-Zerstörern umgebaut. Die Umklassifizierung erfolgte im September 1966 bzw. im März 1967:

DD-932 wurde DDG-32
DD-936 wurde DDG-31
DD-947 wurde DDG-34
DD-949 wurde DDG-33

Nach Umbau wurden die vier Schiffe 1967/68 wieder in Dienst der Pazifischen Flotte gestellt. Beim Umbau wurden folgende Maßnahmen wirksam:

- ☐ Ausbau der beiden achteren Geschütztürme Mk 42.
- ☐ Installation einer Tartar-Lenkwaffenanlage mit einem Solostarter Mk 13 Mod. 1 samt FK-Magazin für 40 Standard SM-1 MR.
- ☐ Aufstellung eines geräumigen Leichtmetall-Deckshauses, in dem sich *kein* Nachlademagazin für das davor aufgestellte ASROC-Gerät befindet.
- ☐ Installation der Lenkwaffen-FL-Anlage Mk 74 Mod. 2, die leider über nur einen Radar-Beleuchter SPG-51 verfügt, so daß jeweils nur ein FK ins Ziel geleitet werden kann. Allerdings können mit dem Geschütz-FLG Mk 68 Mod. 9/10 ebenfalls FK geleitet werden, wie man sagt!

- □ Aufstellung von zwei schweren Vierbein-Gittermasten zur Unterstützung von Radarantennen.
- □ Installation der 3-D-Radaranlage SPS-48 unter Beibehaltung der zuvor geführten Luftraum-Überwachungsantennen SPS-37 bzw. 40.
- □ Auf das Anbringen eines DASH-Landedecks wurde nach Scheitern des DASH-Programms verzichtet.

Alle vier Schiffe sind voll klimatisiert. *Parsons* und *Somers* haben vorn einen etwas höheren Freibord. Bei dem vor der Brücke befindlichen niedrigen Aufbau handelt es sich vermutlich *nicht* um ein Nachlademagazin für UTR Mk 32. Mit Ausnahme von Düppelwerfern Mk 36 sollen diese recht betagten Schiffe keine nennenswerten neuen Kampfsysteme mehr erhalten.

Dieses 1971 aufgenommene Breitseit-Foto von DDG-32 *John Paul Jones* zeigt insgesamt die Veränderungen und die verbliebenen Gemeinsamkeiten mit der Ur-Klasse *Forrest Sherman.* Die Umbaumaßnahmen werden erst ab Schiffsmitte deutlich: Vierbein-Gittermast mit SPS-48-Radar und TACAN URN-20, ASROC ohne automatische Nachlademöglichkeit, hohes Deckshaus mit nur einem Radarbeleuchter SPG-51 sowie Mk 13-Tartar-Starter achtern. INRO

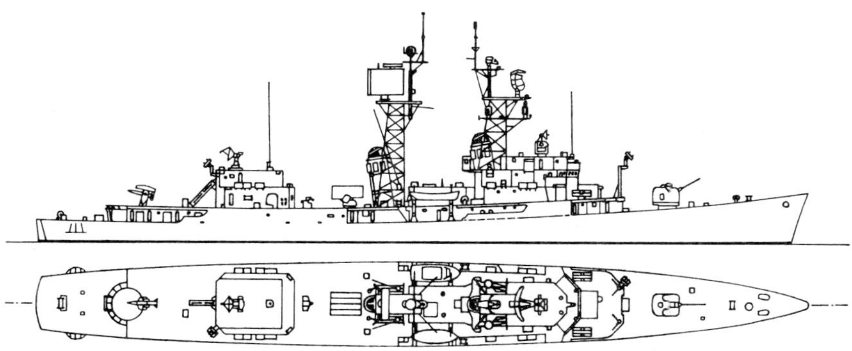

DDG-34, Aussehen 1980.

DDG	Lenkwaffen-Zerstörer			Klasse: *Decatur*		aktiv: 4 Total: 4
Kenn-Nr.	Schiffsname	Bau-werft	Etat	fertig-gest.	Sta-tus	**Kampfsysteme**
31	*Decatur*	B 4	54	56/67	Pa	*Bewaffnung*
32	*John Paul Jones*	B 1	53	56/67	Pa	
33	*Parsons*	I 2	56	59/67	Pa	1 x 12,7 cm-L/54 – Mk 42
34	*Somers*	B 1	56	59/68	Pa	1 Starter Mk 13 Mod. 1 für Tartar/Standard-MR
						1 $ASROC_8$ – Mk 16
						6 UTR – Mk 32
						Elektronik
						Radar- und Sonaranlagen
						Radar: SPS-10
						34: SPS-40
						übrige: SPS-29E
						alle: SPS-48
						Sonar: SQS-23
						Feuerleitgeräte
						1 Mk 4 Mod. 5
						1 Mk 68 Mod. 9/10 f. Geschütz
						1 Mk 74 Mod. 2 f. Lenkwaffen
						1 Mk 114 Mod. 17 f. U-Jagd

Wasserverdrängung	4.150 ts
Abmessungen	127,5 x 13,8 x 6,1 m
Antriebsanlage	Getriebe-Turbinen, 4 Kessel
Leistung in PS/ Schrauben	70.000/2
Geschwindigkeit	+ 32,5 kn
Brennstoff	
Fahrbereich	3.800/20
Besatzung	25/339

Übrige Anlagen

TACAN URN-20,
ECM/ESM WLR-6

Eine weitere Aufnahme der *John Paul Jones* verdeutlicht Details der achterlichen Schiffspartie. Das hohe Deckshaus beherbergt keinen Hangar. Ähnlich wie bei den U-Jagd-Umbauten der *Barry*-Klasse wurde hier teilweise durch Erhöhung der Außenhaut mehr geschlossener Raum geschaffen. Das Foto entstand am 27. September 1967 vor der Marinewerft Philadelphia. USN

DDG-33 *Parsons,* aufgenommen am 3. Mai 1971 in San Diego. Gleiche Umbau-Charakteristik wie DDG-32. LRC

Am 4. April 1968 vor der Marinewerft San Francisco aufgenommen wurde DDG-34 *Somers*. Alle vier Schiffe dieser Klasse behielten auf dem Vordermast diejenigen Radar-Antennen, die sie schon vor dem Umbau hatten. Über dem vorderen 12,7-cm-Geschütz befindet sich eine der frühen Satellitenantennen. USN

DD Spruance-Klasse *

Ende der 60er Jahre gab es bei der U. S. Navy Bestrebungen, Kosten von Schiffsneubauten unter anderem dadurch niedriger zu halten, daß größere Stückzahlen an eine einzige Werft zum Bau vergeben werden sollten. Dies nannte man „Total Package System". Insgesamt gesehen, hat sich dieses System nicht bewährt, weil seine Vorteile durch die entstandenen Kostensteigerungen und die Inflation wieder zunichte gemacht wurden. Als nützlich erwiesen sich allerdings die Erfahrungen im zunächst mit Anlaufschwierigkeiten verbundenen Groß-Sektionsbau.

Für den Bereich der Überwasser-Kampfschiffe waren seinerzeit – abgesehen von der LHA-1-Klasse – im Rahmen des „Total Package"-Vorhabens drei Programme initiiert worden:

* Der Verfasser hat mehrfach umfassend über Entstehung, Entwicklung und Eigenschaften der *Spruance*-Klasse und deren Abwandlungen berichtet, so in den Heften 3/1974, 1/1976, 1/1978, 8/1979, 12/1979 und 1/1980 der MARINE-RUNDSCHAU.

DX zur Schaffung von U-Jagd-Zerstörern als Ersatz für die etwa 100 FRAM I- und FRAM II-Zerstörer, die Mitte der 70er Jahre infolge Erreichens der Altersgrenze auszuscheiden hatten. Hieraus entstand die *Spruance*-Klasse.

DXG zur Schaffung der zweiten Generation von Lenkwaffen-Zerstörern, die jedoch aus dem DX-Entwurf entwickelt werden und mit DX viele Anlagenteile gemeinsam haben sollten. Das Programm als solches wurde in der gewünschten Zeitperiode nicht realisiert; auf Umwegen aber bedeutet der Zugang der *Kidd*-Klasse eine verspätete Realisierung des DXG-Vorhabens in bescheidenerem Umfang.

DXGN zur Schaffung einer angemessenen Zahl von atomgetriebenen Begleitern für die hinzukommenden Atom-Flugzeugträger. Hieraus entstand dann – allerdings nicht unter „Total Package"-Prämissen vergeben – die *Virginia*-Klasse.

Angesichts der relativ großen Zahl vorhandener Lenkwaffenschiffe und angesichts der unzulänglichen Eignung der Fregatten der *Knox*-Klasse für den Einsatz bei Träger-Kampfgruppen erscheint die Absicht der Navy, ihren Flugzeugträgern größere und schnellere U-Jagd-Schiffe beizugeben, durchaus verständlich. Wie so oft wurde jedoch auch diese Klasse heftig kritisiert, weil sie für ihre Größe zunächst unterbewaffnet erschien. Ihre Qualitäten liegen jedoch gerade darin, daß vom Entwurf her ein großes Maß an Konvertibilität gegeben ist. So lassen sich sowohl die beiden Geschütze, wie auch das ASROC-Gerät und der Sea Sparrow-Starter Mk 29 mit relativ wenig Aufwand gegen andere Modul-Anlagen austauschen, so vor allem gegen Lenkwaffenanlagen Mk 26 oder gegen ein 20,3-cm-Geschütz Mk 71. Es ist auch seitens der Navy beabsichtigt, dies zumindest teilweise ab Mitte der 80er Jahre zu bewerkstelligen.

Hinzu kommt noch, daß durch weitgehende Automation, insbesondere bei der Antriebsanlage, die Zahl der Besatzungsmitglieder um 20 % niedriger ist als bei vergleichbaren Schiffen.

Wie bei vielen neuen Schiffsbauprogrammen, gab es auch hier anfangs aus den verschiedensten Ursachen starke Verzögerungen bei der Ablieferung der Schiffe. Nach Überwindung der Anlauf-Schwierigkeiten jedoch bot die Ingalls-Werft letztlich ein Musterbeispiel für das Funktionieren beim Bau recht großer Schiffe im Groß-Sektionsbau. Von dieser Werft wurden alle 30 ursprünglich vergebenen Einheiten innerhalb von fünf Jahren abgeliefert, und dazu noch die fünf riesigen LHA der *Tarawa*-Klasse in viereinhalb Jahren. Allerdings beträgt der Gesamt-Verzug bei der *Spruance*-Klasse rd. zwei Jahre.

Bei beiden Programmen war als Novum zu verzeichnen, daß der Werft – nach Bekanntgabe der Grund-Spezifikation seitens der Navy – vertraglich nicht nur der Bau der Schiffe übertragen wurde, sondern auch die baureife Weiterplanung des vorher beim gewonnenen Wettbewerb vorgestellten Vorentwurfes. Zu den vertraglichen Leistungen gehörte außerdem auch die volle Verantwortung für die Koordinierung und für die Beschaffung der meisten Kampfsysteme.

Dadurch, daß der Vertrag Mitte 1970 zustandekam, d. h. vor mehr als 10 Jahren, konnten die Durchschnittskosten je Schiff vergleichsweise niedrig gehalten werden, trotz zusätzlicher Ausgleichszahlungen, die durch die Navy geleistet wurden. Die Kosten je Schiff betrugen Anfang 1980 im Schnitt rd. 145 Mio $.

Schiffe dieser Klasse sind die ersten *großen* Einheiten der *Navy* mit Gasturbinenantrieb, der sich bisher im Einsatz bestens bewährt hat. Die Schiffe selbst haben sehr gute See- und Manövriereigenschaften, da die Antriebsanlage sehr flexibel ist. Ein kleines Handikap sind allerdings die sehr hohen, blockartigen Aufbauten, die bei geringer Geschwindigkeit, vor allem bei Anlegemanövern windempfindlich sind. Vom Kaltstart der Gasturbinen bis zum Erreichen des für die Höchstgeschwindigkeit erforderlichen Vollschubes vergehen – im Gegensatz zu Schiffen mit Dampfturbinenantrieb und Kesselbetrieb – nur 12 Minuten. Es werden aber nur ganz selten alle vier Gasturbinen des Modells LM2500 zugleich in Betrieb genommen. Mit einer Gasturbine erreicht das Schiff eine Geschwindigkeit von 19 kn, mit zwei Gasturbinen gar 27 kn. Die beiden restlichen werden nur dazugeschaltet, wenn die Höchstgeschwindigkeit von rd. 33 kn erreicht werden soll. Dies führt entsprechend zu einer großen Reichweite bzw. zu einem relativ sparsamen Treibstoffverbrauch. Die Wahl des Gasturbinenantriebes wirkte sich auch in einem geringeren Bedarf an Maschinen-Personal aus. So fallen u. a. die Aktivitäten bei der sonst permanent erforderlichen Kesselreinigung weg. Auch die Werftliegezeiten werden dadurch verkürzt, daß Antriebsreparaturen größtenteils nicht mehr an Bord durchgeführt werden, da eine Gasturbine von trainiertem Personal innerhalb von 48 bis 72 Stunden gegen eine andere ausgetauscht werden kann.
Der Entwurf umfaßt auch eine umfangreiche Isolierung gegen Eigengeräusche der Antriebsanlage, was sowohl angesichts der Ortung durch gegnerische Unterseeschiffe von Bedeutung ist wie auch im Hinblick auf die Voraussetzung für einen störungsfreien Betrieb der eigenen Sonaranlage.
Im Achterschiff befindet sich Raumreserve für eine VDS-Anlage (VDS = *Variable Depth Sonar*). Es war vorgesehen, dort SQS-35 zu installieren, eine Anlage, die auf zahlreichen Schiffen der *Knox*-Klasse vorhanden ist. Auf den Einbau wurde nicht nur deswegen verzichtet, weil SQS-53 alleine für sich schon sehr wirksam ist, sondern weil zwischenzeitlich vorgesehen ist, ab etwa 1985 die TACTAS-Anlage SQR-19 zu installieren, die vielseitiger anwendbar sein wird als SQS-35.

Je 12,7-cm-Geschütz stehen 600 Schuß Munition zur Verfügung. Im Nachlademagazin unter dem ASROC-Starter sind 16 FK untergebracht. Jedes Schiff kann außerdem mindestens 14 U-Jagd-Torpedos mitführen. Zwei Bord-Aufbereitungsanlagen destillieren pro Tag 27.700 l Speisewasser. Zu den Eloka-Anlagen gehört u. a. auch SLQ-25 „Nixie“, eine Schlepp-Boje, die auf Schraubengeräusche ansprechende Torpedos ablenken soll. Die elektrische Anlage hat eine Leistung von 6.000 kW; Strom wird durch drei kleinere Gasturbinen-Generatoren erzeugt.
Auch beim Bewilligungsprozeß dieser Schiffe gab es zunächst Verzögerungen. Die ersten fünf Einheiten wurden schon aus dem Etat FY 69 gefordert, jedoch noch nicht bewilligt. Aus FY 70 wurden dann ebenfalls fünf Schiffe gefordert, jedoch nur drei bewilligt. Der „Nachzügler“ DD-997 wurde aus FY 78 bewilligt. Er sollte ursprünglich einem modifizierten Typ angehören, der einen vergrößerten Hangar zur Aufnahme von mehr Hubschraubern haben sollte. Da aber der Kongreß für dieses Schiff nur 310 Mio $ vorsah, gab es keine Mittel mehr für Umplanungen. So soll dieses Schiff seinen 30 Vorgängern gleichen. Was würde, so fragt man sich, ein vergrößerter Hangar nutzen, wenn die Navy ohnehin nicht imstande ist, ausreichend Bord-Hubschrauber bereitzustellen.
Auf DD-968 *Arthur W. Radford* wurden 1979 erstmalig Bord-Anpassungsversuche mit einem 1 : 1-Modell des LAMPS III-Hubschraubers SH-60B durchgeführt, parallel zu den gleichen Versuchen auf FFG-7 *O. H. Perry*. Obwohl die Schiffe zwei LAMPS I-Hubschrauber aufnehmen können, hat die Navy Mühe, auch jeweils nur einen aufzubringen, da der Mangel groß ist.

DD	Zerstörer			Klasse: *Spruance*		aktiv: 30 Total: 31
Kenn-Nr.	Schiffsname	Bau-werft	Etat	fertig-gest.	Sta-tus	**Kampfsysteme**
963	*Spruance*	I 1	70	75	Aa	*Bewaffnung*
964	*Paul F. Forster*	I 1	70	76	Pa	2 x12,7 cm-L/54 – Mk 45
965	*Kinkaid*	I 1	70	76	Pa	1 BPDMS-Starter$_8$ – Mk 29 für NATO-Sea Sparrow
966	*Hewitt*	I 1	71	76	Pa	2 Harpoon-Starter$_4$ – MK 141
967	*Elliott*	I 1	71	77	Pa	1 ASROC$_8$ – Mk 16
968	*Arthur W. Radford*	I 1	71	77	Aa	6 UTR – Mk 32
969	*Peterson*	I 1	71	77	Aa	2 H. LAMPS SH-2 bzw. SH-60B
970	*Caron*	I 1	71	77	Aa	für 2 x 20 mm-CIWS – Mk 15 Phalanx und VLS vorgesehen.
971	*David R. Ray*	I 1	71	77	Pa	*Elektronik*
972	*Oldendorf*	I 1	72	78	Pa	Radar- und Sonaranlagen
973	*John Young*	I 1	72	78	Pa	*Radar:* SPS-40A
974	*Comte de Grasse*	I 1	72	78	Aa	SPS-55,
975	*O'Brien*	I 1	72	77	Pa	für IPD/TAS Mk 23 vorgesehen
976	*Merrill*	I 1	72	78	Pa	*Sonar:* SQS-53
977	*Briscoe*	I 1	72	78	Aa	für TACTAS SQR-19 vorgesehen
978	*Stump*	I 1	72	78	Aa	Feuerleitgeräte
979	*Conolly*	I 1	74	78	Aa	1 Mk 86 Mod. 3
980	*Moosbrugger*	I 1	74	78	Aa	1 Mk 116 Mod. 0 f. U-Jagd
981	*John Hancock*	I 1	74	79	Aa	1 Mk 91 Mod. 0 f. Sea Sparrow
982	*Nicholson*	I 1	74	79	Aa	Übrige Anlagen
983	*John Rodgers*	I 1	74	79	Aa	NTDS, TACAN URN-20, ECM/ESM SLQ-32, SLQ-25
984	*Leftwich*	I 1	74	79	Pa	
985	*Cushing*	I 1	74	79	Pa	
986	*Harry W. Hill*	I 1	75	79	Pa	
987	*O'Bannon*	I 1	75	79	Aa	
988	*Thorn*	I 1	75	80	Aa	
989	*Deyo*	I 1	75	80	Aa	
990	*Ingersoll*	I 1	75	80	Pa	
991	*Fife*	I 1	75	80	Pa	
992	*Fletcher*	I 1	75	80	Pa	
997		I 1	78	83		

Wasserverdrängung	7.892 ts
Abmessungen	171,1 x 16,8 x 8,8 m
Antriebsanlage	Gas-Turbinen
Leistung in PS/ Schrauben	80.000/2 Verstellschrauben
Geschwindigkeit	~ 33 kn
Brennstoff	
Fahrbereich	6.000/20
Besatzung	22/237

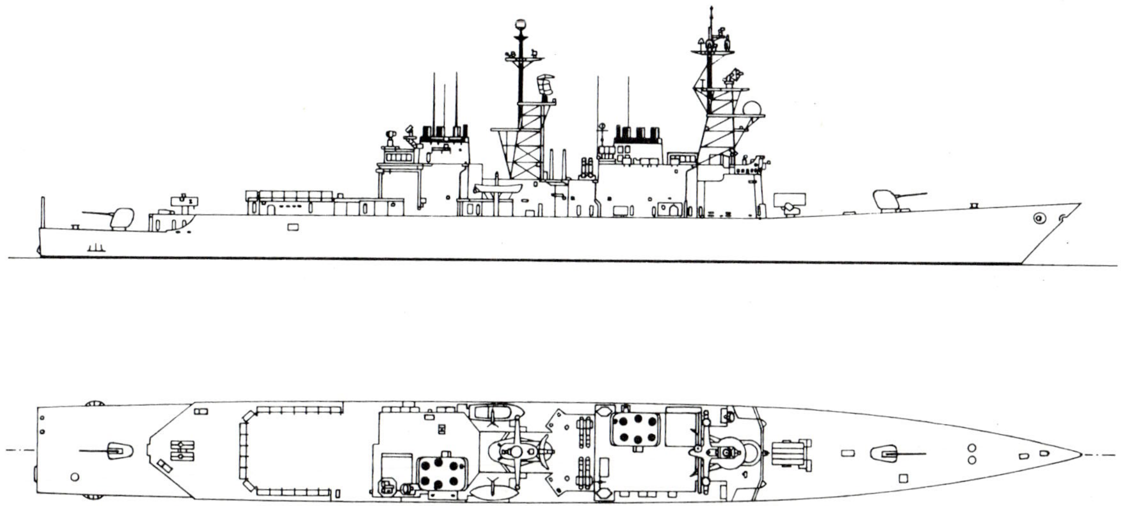

DD-963-Klasse: Aussehen aller Einheiten, die bereits über Harpoon-Starter und SLG-32 verfügen.

Der Zugang von 31 Zerstörern der *Spruance*-Klasse hat für die U. S. Navy eine große Bedeutung. Zwar wurden die alten, nach FRAM I modernisierten Weltkriegs-Zerstörer bestenfalls im Verhältnis 31 : 79 ersetzt, doch ist die Gesamt-Kapazität der neuen DD – insbesondere bei der Schiffselektronik – bei etwa gleichbleibender Zahl der Besatzungsmitglieder weit größer. Zwei Jahre nach der offiziellen Indienststellung besuchte das Leitschiff *Spruance* (DD-963) Travemünde, bei welcher Gelegenheit dieses Foto entstand. Auffallend ist der absolut flache Heckspiegel und die beiden dickeren Fiberglas-Antennen darüber. Die Nachrüstung mit dem NATO-BPDMS-Starter Mk 92 nebst FLG Mk 91 und mit der Grundausstattung an ECM-Antennen erfolgte nach Indienststellung in einer Marinewerft. Te

Spruance während eines Mittelmeer-Einsatzes, aufgenommen im Oktober 1978 vor der französischen Riviera. Längst haben Zerstörer die Ausmaße der früheren leichten Kreuzer erreicht. Mit über 170 m Länge, mit ihrem weit nach achtern verlängerten Hauptdeck und den hohen Aufbauten sind dies voluminöse Einheiten, wie auch beim Vergleich mit den Matrosen auf dem Vorschiff festgestellt werden kann. Navigieren und Hafenanlegemanöver bei starkem Seitenwind können hier zum Problem werden. P+L

Etwa in diesem Zustand wurde *Spruance* und ein großer Teil der Schwesterschiffe an die Navy abgegeben. Laut Vertrag entfiel für die Bauwerft die Anbringung des BPDMS-Starters Mk 29 und der ECM/ECCM-Elektronik. Der hier sichtbare Heck-Einschnitt auf der *Spruance* war seinerzeit bei der Planung für die Unterbringung des älteren Radar-Düppelwerfers Mk 28 bestimmt. Als klar wurde, daß dieser Werfer zugunsten von vier leichteren und viel kleineren RBOC Mk 135 (zur Mk 36-Anlage gehörend!) weichen würden, wurden Achterdeck und Außenhaut komplettiert und damit der Einschnitt geschlossen. Die vorliegende Luftaufnahme entstand im Sommer 1975. L

DD-964 *Paul F. Forster,* aufgenommen nach Abgabe an die USN und nach der Überführung zur Westküste der USA. Auf dieser Heckaufnahme werden die Breitenverhältnisse deutlich. Die beiden breiten Schornsteinmäntel nehmen die Hälfte der Aufbauten ein, und die Gasturbinen-Rauchabzüge ragen in unschöner Weise weit aus dem Mantel heraus. Bemerkenswerterweise sind hier die Öffnungen für das Herablassen der Torpedo-Ablenkbojen im Heckspiegel nicht sichtbar. Auch hier fehlen noch der Mk 29-Starter mit dem FLG Mk 91. Später einmal wird der Heckspiegel einen Ausschnitt für die tiefenverstellbare Sonaranlage SQR-19 TACTAS aufweisen. USN

DD-968 *Arthur W. Radford,* hier aufgenommen am 30. Mai 1979 vor Taormina im Mittelmeer. Der Vordermast beherbergt die ECM-Elektronik, und hinter dem vorderen Schornstein befinden sich zwei Starter Mk 141, aus denen DD-968 als erstes Schiff im Mittelmeer Schießerfolge mit Harpoon-FK erzielte. Gr

Am 19. Oktober 1979 in Hamburg aufgenommen: Mittelschiff von DD-974 *Comte de Grasse.* Am zweiten Schornstein wurde die Satellitenantenne OE-82 montiert. Neben dem vorderen Schornstein beidseitig angebracht wurden die Antennengruppen der ECCM-Anlage SLQ-32(V)2; dagegen fehlen die ECM-Anlagen auf dem Vordermast. Zwischen SLQ-32 und den Stabantennen sind bereits die Untergestelle für die noch anzubringenden Harpoon-Starter festzustellen. Te

Und so sehen die bereits angebrachten Mk 141-Vierrohrstarter auf DD-970 *Caron* aus. Im Vordergrund: eine Fiberglas-Stabantenne. Die Aufnahme wurde am 20. August 1979 im Mittelmeer gemacht. Gr

Bei der selben Gelegenheit aufgenommen: Detailaufnahme von *Caron;* das Schiebetor des LAMPS-Hangars, die Lufteinlässe für die Gasturbinen, darüber das Sea Sparrow-Leitgerät Mk 91, links davon die Satellitenantenne OE-82 sowie die Kamine der Gasturbinenanlage. Gr

Im Frühsommer 1978 bei Parallelfahrt aufgenommen: DD-973 *John Young* und LHA-3 *Belleau Wood* kurz vor der Ablieferung an die Navy. Die beiden Schiffe entwickeln hier eine beträchtliche Geschwindigkeit. L

967

DD-975 *O'Brien,* aufgenommen im Herbst 1977 bei Versuchsfahrten. Es ist bemerkenswert, daß diese modernen Schiffe immer noch keine automatischen Rettungsinseln mitführen. L

Etwa ab DD-986 traten neue vertragliche Klauseln in Kraft. Wie hier DD-988 *Thorn,* so wurden die restlichen Einheiten der Klasse schon auf der Bauwerft und vor Ablieferung des Schiffes mit dem Starter Mk 29 und dem FLG Mk 91 ausgerüstet, nicht jedoch mit ECM. Es sieht so aus, als wenn hier bereits die Plattform – neben dem vorderen Schornstein – vorbereitet wurde, um SLQ-32 aufzunehmen. L

◀ Im August 1976 aufgenommen wurde der emsige Baubetrieb auf der West-Werft von Ingalls Shipbuilding Division auf dem Pascagoula-Fluß. Im Vordergrund, kurz vor der Fertigstellung auf dem Ausdockungs-Ponton, befindet sich DD-967 *Elliot.* Zum Schutz des Sonar-Hartgummi-Wulstes wurde das Schiff so weit vorne aufgebockt, daß der Sonardom, der ja tiefer reicht als der Schiffsboden, frei „hängt“. Im Hintergrund kann man deutlich die drei Rumpf-Sektionen von LHA-3 *Belleau Wood* kurz vor der Zusammenfügung beobachten. L

Als vorerst letztes Schiff kam die 30. Einheit der Klasse DD-992 *Fletcher* am 12. Juli 1980 in Dienst und wurde der Pazifischen Flotte zugeteilt. Kurz davor dürfte das vorliegende Foto entstanden sein. Bemerkenswert sind die vier kastenartigen Container seitlich vom Mk 29-Starter, deren Aufgabe bislang noch nicht definiert werden konnte. Die gleichen Kästen befinden sich auch auf DDG-993 *Kidd*. Es steht fest, daß bei Starts von den geschwenkten Startern aus diese Kästen dem Rückstrahl der Flugkörper ausgesetzt sind. Knapp einen Monat nach Indienststellung findet man *Fletcher* schon in San Diego, noch im gleichen Zustand, wie hier abgebildet. DD-997, das „Anhängsel" der *Spruance*-Klasse, wird vermutlich erst im Anschluß an die vier DDG der *Kidd*-Klasse und an CG-47 *Ticonderoga* auf das Produktionsband gesetzt. L

Hätte Bath Iron Works seinerzeit den DDX-Wettbewerb gewonnen und nicht Litton/Ingalls, so würden heute die Schiffe der *Spruance*-Klasse so aussehen, wie auf dem Modellbild ersichtlich. BIW